De Palabra y Obra en el Nuevo Mundo

Traducciones de

María Corniero (cap. 13)
Nilda Domenech (cap. 18)
Alberto Villalba (caps. 8, 9 y 10)
Beatriz Urrea (caps. 5 y 17)

Revisión técnica de

Manuel Gutiérrez Estévez

DE PALABRA Y OBRA EN EL NUEVO MUNDO

1. IMÁGENES INTERÉTNICAS

MIGUEL LEÓN-PORTILLA
MANUEL GUTIÉRREZ ESTÉVEZ
GARY H. GOSSEN
J. JORGE KLOR DE ALVA
(eds.)

E. Acosta-Belén, R. Adorno, J. J. Arrom, J. Axtell, G. Baudot, C. Crocker, C. García-Gual, G. H. Gossen, G. Grünberg, M. Gutiérrez Estévez, C. Junqueira, J. J. Klor de Alva, M. León-Portilla, E. Magaña, J. M. Muria, A. Ortiz, D. Swett, J. Szemiński

siglo veintiuno editores
MÉXICO
ESPANA
ARGENTINA
COLOMBIA

siglo veintiuno editores, sa
CERRO DEL AGUA, 248. 04310 MEXICO, D.F.

siglo veintiuno de españa editores, sa
C/ PLAZA, 5. 28043 MADRID. ESPAÑA

siglo veintiuno argentina editores, sa

siglo veintiuno de colombia, ltda
CARRERA 14, 80-44, BOGOTA. COLOMBIA

Primera edición, junio de 1992

En coedición con Extremadura En-clave 92,
Junta de Extremadura y Siglo XXI Editores, México

Impreso y hecho en España
Printed and made in Spain

Diseño de la cubierta: Pedro Arjona

ISBN: 84-323-0751-3 (Obra completa)
ISBN: 84-323-0752-1 (vol. 1 *Imágenes interétnicas*)
Depósito legal: M. 19.759-1992

Compuesto en EFCA, S. A.
Avda. Doctor Federico Rubio y Galí, 16. 28039 Madrid

Impreso en Closas-Orcoyen, S. L. Polígono Igarsa
Paracuellos de Jarama (Madrid)

ÍNDICE

PALABRAS DEL PRESIDENTE DE LA JUNTA DE EXTREMADURA XI
PRÓLOGO XIII
AGRADECIMIENTOS XXIII

UN PREÁMBULO: IMÁGENES DE ALTERIDAD ANTES DE 1492 1

1. LA VISIÓN DE LOS OTROS EN LA ANTIGÜEDAD CLÁSICA, *Carlos García-Gual* 7

I. Los otros son los bárbaros, 7.—II. Desde el centro del mundo, 9.—III. El entorno geográfico y el carácter de los pueblos, 12.—IV. La admiración y la tolerancia de Heródoto, 16.—V. La antítesis griego-bárbara tras las Guerras Médicas, 19.—VI. La superación de la antítesis y la idea de la humanidad, 21.—VII. Los otros fantásticos y lejanos, 24.—VIII. Relatos de viajes fabulosos. Los monstruos de Oriente, 28.—IX. Hacia una ínsula lejana y dichosa, 30.—X. Epílogo, 33.

2. IMÁGENES DE LOS OTROS EN MESOAMÉRICA ANTES DEL ENCUENTRO, *Miguel León-Portilla* 35

I. Los nahuas y su entorno cultural, 36.—II. Gentes mucho más apartadas y extrañas, 41.—III. El encuentro con un jefe chichimeca, 44.—IV. Otros, todavía más apartados, portentosos y admirados, 47.—V. La imagen del yo colectivo concebida en función de la alteridad portentosa, 50.—VI. La postrera alteridad que se percibe antes del encuentro, 53.

ASOMBRO Y DUDA 57

3. LAS PRIMERAS IMÁGENES OPUESTAS Y EL DEBATE SOBRE LA DIGNIDAD DEL INDIO, *José Juan Arrom* 63

I. Las opuestas imágenes, 64.—II. Los inicios del gran debate, 69.—III. De Aristóteles a Las Casas y Sepúlveda, 77.—IV. Del enfrentamiento a la convivencia, 80.

4. NAHUAS Y ESPAÑOLES: DIOSES, DEMONIOS Y NIÑOS, *Georges Baudot* 87

I. Cosmogonía mesoamericana y alteridad, 88.—II. La imagen del español en la visión mesoamericana, 92.—III. La imagen del amerindio en la visión europea, 103.

5. PRIMERAS IMÁGENES ÉTNICAS EN NORTEAMÉRICA, *James Axtell* 115

I. Prejuicios sobre el «otro», 117.—II. Profecías y memorias de los nativos, 119.—III. Los dioses blancos, 120.—IV. Bienvenida a los forasteros, 122.—V. El proceso de americanización, 125.—VI. El poder del blanco, 128.—VII. Domesticar la diferencia, 132.—VIII. Tomar la tierra, 133.—IX. Ética de situación, 134.—X. La hospitalidad europea, 135.—XI. Rituales, 136.—XII. Clasificar a los norteamericanos, 137.—XIII. Dominar las lenguas, 139.—XIV. Los raptos, 140.—XV. Los segundos encuentros, 141.

6. EL SACERDOTE CANÍBAL. UNA VISIÓN KALIÑA DE LOS MISIONEROS, *Edmundo Magaña* 143

Introducción, 143.—I. El sacerdote caníbal, 146.—II. Conclusiones, 163.

REPULSA Y CONDENA 165

7. EL MUNDO ANDINO DOMINADO POR LOS «MUERTOS REBELDES», *Jan Szemiński* 171

Conclusión, 192.

8. LAS VARIACIONES DEL MAL EN UNA FIESTA TZOTZIL, *Gary H. Gossen* 195

I. Prólogo: monos y hombres, 195.—II. El «Festival de Juegos» como texto, 198.—III. El «Festival de Juegos» en el contexto etnográfico, 200.—IV. La evolución de la etnicidad en el mundo moderno: textos dentro de textos, 204.—V. Los Pasiones como permutaciones del mal, 215.—VI. El *bahbin*, el culto del terrateniente y el ladino, 226.—VII. Los monos otra vez, 228.—VIII. Una perspectiva sobre las imágenes del «otro» en sociedades que viven en el tiempo cíclico, 234.

9. EL HOMBRE-MONO CON OJOS DE METAL. MANERAS BORORO DE APODAR A LOS OTROS, *Christopher Crocker* 237

Consideraciones previas, 237.—I. Principios indígenas de clasificación: mitos y otras realidades, 239.—II. Un inciso etnográfico: la reciprocidad bororo como hecho social, 242.—III. Otras interpretaciones del «otro»: observaciones metodológicas y teóricas, 244.—IV. Paradigmas morales: el sistema bororo, 246.—V. Los apodos como clasificaciones: hombre-mono con ojos de metal, 250.—VI. Haciendo al «civilizado»: representaciones interpretadas, 253.—VII. El otro en palabras: la «civilización» occidental en el mito, 258.—VIII. El fracaso del paradigma: los bororo en la historia de Brasil, 262.—Post scriptum, 263.

10. MISIONEROS JESUITAS E INDIOS «RECALCITRANTES» EN LA AMAZONIA COLONIAL, *David Sweet* 265

I. Las «relaciones jesuitas» para maynas y pará, 267.—II. Humanidad, 270.—III. Capacidad, 275.—IV. Gobierno, 278.—V. Barbarie, 283.—VI. Religiosidad, 285.—VII. Docilidad, 288.—VIII. Conclusiones, 289.

11. LA VIOLENCIA DEL ESTIGMA: «BLANCOS» Y TUPÍ-GUARANÍ, *Georg Grünberg* 293

I. ¿Será persona el blanco?, 295.—II. Las pacificaciones fracasadas, 299.—III. Los cazadores de la muerte, 303.—IV. ¿Una alianza hispano-guaraní o un malentendido semántico?, 306.—V. Conclusión, 308.

ACOMODO Y AFIRMACIÓN 311

12. CONCEPTOS EUROPEOS EN LA DESCRIPCIÓN DE LA SOCIEDAD NAHUA, *José María Muriá* 319

I. Introducción, 319.—II. Un ejemplo particular: el gobierno de Tlaxcala, 322.—III. El problema: su trascendencia y sus variables, 328.—IV. Conclusiones, 336.

13. EL DISCURSO NAHUA Y LA APROPIACIÓN DE LO EUROPEO, *J. Jorge Klor de Alva* 339

I. Introducción. ¿Qué es un discurso colonial?, 339.—II. La moral nahua y los discursos políticos, 340.—III. El otro como relato familiar, 345.—IV. Primeros encuentros y la contranarrativa de la continuidad, 351.—V. ¿Qué conclusiones pueden extraerse de todo lo expuesto?, 355.—VI. Palabras del náhuatl en las letras extranjeras, 357.

14. EL INDIO LADINO EN EL PERÚ COLONIAL, *Rolena Adorno* 369

I. Introducción, 369.—II. El indio ladino como *takiunquero*, 374.—III. El indio ladino como visitador, 379.—IV. El indio ladino como pleitista, 389.—V. El indio ladino como escritor, 391.—VI. Conclusión: identidad y alteridad, 393.

15. LO PROPIO Y LO AJENO EN LAS REPRESENTACIONES DEL INCA, *Alejandro Ortiz Rescaniere* 397

I. El Inca, moderador de un presente mediatizado, 397.—II. Los matices de la medianía, 401.—III. El mito y algunas definiciones sociales elementales, 404.—IV. Reflexiones finales, 415.

16. MAYAS Y «MAYEROS»: LOS ANTEPASADOS COMO OTROS, *Manuel Gutiérrez Estévez* 417

I. Mayas y mayeros, 419.—II. Cosmogonía maya e historia, 426.—III. El poder de las ruinas, 433.—IV. Los antepasados como otros, 438.

17. CONCIENCIA DE SÍ MISMOS Y DE OTROS ENTRE LOS KAINGÁNG, KAMAIURÁ Y «CINTA LARGA», *Carmen Junqueira* 443

I. Una primera aproximación al tema, 443.—II. Concepto de la autoimagen, 444.—III. Datos de una trayectoria, 445.—IV. El universo kamaiurá, 450.—V. Cazadores y guerreros, 455.—VI. Proceso de formación de la imagen frente al otro, 460.

18. IDEOLOGÍA COLONIALISTA Y CULTURAL NACIONAL PUERTORRIQUEÑA, *Edna Acosta-Belén* 463

I. Introducción, 463.—II. El proceso de americanización y la búsqueda de una definición de la cultura nacional, 468.—III. Puerto Rico como vitrina de la democracia, 484.—IV. El puertorriqueño dócil, 486.—V. El emigrante puertorriqueño, 491.—VI. El proceso de redescubrimiento, 497.

BIBLIOGRAFÍA 499

ÍNDICE DE NOMBRES 527

ÍNDICE DE PUEBLOS Y LUGARES 537

Hay oportunidades consideradas como históricas que no sólo deben responder al hecho simple de las efemérides, sino que marcan la obligación de provocar todo un movimiento en torno a ellas para que, desde su conmemoración, se tenga una nueva visión enriquecedora de la circunstancia que las rodea.

El Quinto Centenario del Encuentro entre Dos Mundos que conmemoramos en 1992 está rodeado por un extenso programa de trabajo que, desde hace años, ha intensificado una serie de realizaciones, estudios, congresos y publicaciones en torno a los hechos históricos, a los personajes y al esclarecimiento de las llamadas «luces y sombras» que rodearon al Descubrimiento de América.

Esta visión histórica, que se completa con una nueva filosofía de Encuentro tendente a reforzar los puntos de vinculación entre España y Latinoamérica, necesita de otra dimensión científica, que sirva como soporte a la visión mutua, a las influencias que se derivaron de aquel hecho y al exacto conocimiento de los pueblos que hace 500 años tuvieron la oportunidad de encontrarse. Desde la antropología, podemos encontrar multitud de claves para definir exactamente los grados y la intensidad de lo que se define muy bien en el proyecto «De Palabra y Obra en el Nuevo Mundo».

Este trabajo, que tiene como sede y como motor

a Extremadura, «De Palabra y Obra en el Nuevo Mundo», es sin duda el más ambicioso de los emprendidos hasta ahora y su objetivo se une a los objetivos de la propia Junta de Extremadura que, con motivo del Quinto Centenario, desarrolla las actividades necesarias para el estrechamiento de vínculos de todo tipo con Latinoamérica.

La participación en el proyecto de ilustres especialistas, antropólogos americanos y europeos, le da una dimensión más y es sin duda un ejemplo de colaboración, que no es otra cosa que la consecuencia obligada y la primera lección a aprender en la conmemoración de esta efeméride. Esa vinculación más fuerte, basada en la colaboración y el trabajo conjunto y tendente al aumento del conocimiento científico de los hechos históricos, en los que fuimos protagonistas, es el mejor mensaje y el mejor fruto que desde el proyecto «De Palabra y Obra en el Nuevo Mundo» podemos ofrecer.

Tener en nuestras manos los volúmenes que recogen los trabajos llevados a cabo en los años del proyecto, supone ante todo un trabajo determinante y un material imprescindible para considerar nuevamente la historia.

Juan Carlos RODRÍGUEZ IBARRA
Presidente de la Junta de Extremadura

PRÓLOGO

Cuanto se ofrece en estas páginas responde a un proyecto colectivo de investigación. Ha sido éste un proyecto diseñado y discutido por un reducido grupo de colegas, previamente reunidos en circunstancias que interesa aquí describir. Como todo lo humano, tales circunstancias, además de implicar antiguas relaciones profesionales entre nosotros, se ubican en un tiempo y espacio determinados. En cuanto al tiempo, es necesario declarar que ha sido un lapso propicio, en modo alguno neutro o aséptico, sino portador en sí mismo de interés, por no decir preocupación, respecto al tema del proyecto en la investigación que se emprendió. Curiosamente, la otra coordenada circunstancial, el espacio, guardó también relación con el objeto o materia de trabajo.

En muchas partes del mundo, pero sobre todo en España y otros países europeos y, muy particularmente en las Américas, es éste un tiempo en que se trae al recuerdo el inicio de un proceso histórico que llegó a afectar y transformar de raíz a la humanidad entera. Dicho proceso ha sido y sigue siendo evocado y valorado por muchos, y de modos a veces radicalmente distintos.

En el contexto temporal de una conmemoración, mucho más prolongada tal vez que cualquier otra —la del V Centenario—, no hace falta puntualizar ahora de qué, se ha concebido, discutido y realizado este proyecto de investigación. Si esta circunstancia de tiempo no es neutra, tampoco parece serlo la del espacio. El proyecto se concibió y gestó en un lugar de modo alguno indiferente al proceso en cuestión. De Extremadura, España, proceden muchos de los hombres que se impusieron a los amerindios, conquistándolos o, como otros lo expresan, invadiendo sus tierras. También de Extremadura, del convento franciscano de Belvís de Monroy, salieron los

León-Portilla, M.; Gutiérrez Estévez, M.; Gossen, G. H., y Klor de Alva, J. J. (eds.), *De Palabra y Obra en el Nuevo Mundo*, vol. 1, *Imágenes interétnicas*, Madrid, Siglo XXI de España, 1992, pp. XIII-XXII.

primeros doce misioneros enviados a México que, además de cristianizar, tomaron sobre sí la difícil tarea de la defensa de los derechos indígenas. El proyecto, que enseguida describiremos, se forjó en varias sesiones de trabajo de quienes suscribimos este prólogo (junto con Manuel M. Marzal), celebradas a lo largo de 1986-1987 precisamente en la ciudad de Trujillo, Cáceres o Alta Extremadura, patria chica de Francisco Pizarro, conocido como «el conquistador del Perú».

Tales han sido las circunstancias en las que el proyecto, de meramente concebido, pasó a ser una realidad. Si en ello ha habido algún determinismo, éste podrá o no reconocerse analizando el proyecto y lo alcanzado en él. Comencemos por describirlo.

DE PALABRA Y OBRA EN EL NUEVO MUNDO

Desde no pocos puntos de vista y con propósitos a veces muy diferentes y aun contradictorios entre sí, se contempla en la actualidad el proceso que desató el desembarco de Colón el 12 de octubre de 1492 en Guanahaní, una pequeña isla de las Bahamas. Pensaron cándidamente algunos que, de modo parecido a lo que ocurrió en muchos lugares en 1892, el V Centenario iba a festejarse como el descubrimiento llevado a cabo por europeos, del hemisferio que antes les estaba oculto. Había que celebrar, una vez más, esa gesta. España y otras naciones europeas y, por supuesto, las del continente americano, debían unir sus voces, felicitándose unas a otras por lo que ocurrió hace cinco siglos. La fecha era un símbolo. Marcaba el inicio de la europeización e inserción en el cristianismo de un gran continente, el otro hemisferio que, increíblemente, había estado durante milenios al margen de la historia. Enmarcando así al V Centenario, resultaba claro cómo había que proceder. Importaba recordar al mundo lo que entonces se inició y más tarde se consumó. Millones de indígenas americanos habían entrado al fin en el ámbito de la civilización occidental. Extensiones inmensas, los cerca de cuarenta millones de km^2, superficie terrestre del hemisferio por tanto tiempo ignorado, se habían abierto ya a la expansión europeocristiana. Festejar esto implicaba organizar grandes eventos, republicar los testimonios europeos del descubrimiento y las conquistas, erigir nuevos monumentos y otras muchas cosas más.

Lamentablemente para quienes así pensaban, comenzaron a oírse bien pronto voces discordantes. Hablaban ellas de destrucción de las culturas amerindias, incluso de genocidios, inicio de los modernos colonialismos, incremento de la esclavitud a niveles insospechados con los millones de africanos transportados al Nuevo Mundo. Grupos de indígenas y no-indígenas, incluso en España y otras naciones europeas, han señalado el V Centenario como tiempo de dolor y execración. Con sonrisa burlona gentes de otros países europeos que no se sentían involucradas de forma directa en lo que hace medio milenio se inició, se han sumado unas veces a las voces de repudio y, otras, han optado por distraer su atención de ese tema, para concentrarla en el 1992 como año de trascendental importancia para la unidad europea. Poco les importa a ellos lo que ocurrió hace cinco siglos.

Los que nos reunimos en el viejo convento de «La Coria», sede de la Fundación Xavier de Salas en Trujillo de Extremadura, es decir, los que ahora editamos este volumen, lo hicimos porque creímos que el tiempo ni neutro ni aséptico cercano al V Centenario, era ciertamente propicio para emprender un proyecto de reflexión y análisis con un enfoque a la vez histórico y antropológico. Seguimos pensando que tiene sentido inquirir de nueva forma lo que ha sido y puede significar, el proceso que culminó nada menos que en la globalización de la humanidad.

«De Palabra y Obra en el Nuevo Mundo» fue el rubro bajo el cual enunciamos originalmente el proyecto. Desde nuestras perspectivas contemporáneas, y las de los otros que iban a ser invitados a participar, el proyecto buscaba repensar de forma distinta lo que fue el proceso del encuentro de pueblos, confrontación imprevisible de dos mundos.

En ese encuentro de gentes, antes radicalmente desconocidas unas de otras, muchas veces estalló la violencia. En «De Palabra y Obra», como lo expresa la oración cristiana del «Yo pecador», hubo transgresión de preceptos, unos tenidos como divinos, otros considerados como de ley natural. El Nuevo Mundo se convirtió en escenario, como ningún otro antes o después, en el que actores innumerables pronunciaron palabras de asombro y duda, repulsa y condena, acomodo y afirmación. Tales palabras son portadoras de imágenes. Unos y otros, los que ya estaban con sus innumerables formas de cultura, y los que llegan, invaden y conquistan, los que predican el evangelio, los que son traídos como esclavos, los aventureros de toda índole, los funcionarios de la corona, tienen que aprehender a los antes desconocidos, situarlos en sus respectivas visiones del mundo, para encauzar luego el encuentro y desarrollar formas de acción en lo que piensan les será de provecho.

LAS IMÁGENES MUTUAS

Justamente otros se han ocupado ya de lo que puede significar e implicar el proceso cognoscitivo que se dirige a captar la peculiaridad de hombres, pueblos y culturas tenidas como extrañas. En años recientes ha sido casi una moda escribir historia para descubrir lo que gentes de una determinada cultura expresaron acerca de quienes tenían como extraños, desconocidos, «otros».

Tal enfoque histórico tiene en realidad muy antiguos antecedentes. Cabe recordar las aportaciones de historiadores que han aducido testimonios consignados por viajeros, desde los días de Heródoto, que pintan costumbres de otros pueblos que les resultan exóticos y aun extravagantes. Y es bien conocido que humanistas, como el célebre fray Bernardino de Sahagún (1500-1590), motivaron a indígenas sobrevivientes de la conquista de México, a dar su testimonio de lo ocurrido, a expresar su «visión de los vencidos».

En el proyecto que concebimos tuvimos en cuenta esto. Nuestro propósito no era ir en busca de objetividades testimoniales. Tampoco lo fue reunir meramente cuantos elementos se pudieran para elaborar luego meros elencos de expresiones, palabras portadoras de imágenes interétnicas, por muy interesantes que pudieran parecer. Pensamos desde un principio que la atención había que dirigirla al análisis de imágenes que denominamos interétnicas, en cuanto que se producían, recíprocamente, en situaciones de contacto entre gentes de culturas muy diferentes. Las imágenes analizadas abarcan, por supuesto, tiempos y lugares muy distintos, desde el desembarco de Colón hasta casos como el de los puertorriqueños contemporáneos en Nueva York. Interesaban no sólo las imágenes de «los otros», sino sobre todo, siempre que fuera posible, las imágenes mutuas en muy variadas situaciones de contacto.

Discutimos también la posibilidad de introducir, a modo de categorías, algunas distinciones entre las diversas situaciones de contacto en las que se produjeron las respectivas palabras portadoras de imágenes interétnicas. Sin propósitos exhaustivos, quisimos identificar las que pudieran considerarse como géneros más frecuentes de situaciones de contacto, de las que surgen las palabras-imágenes interétnicas.

La reflexión sobre la formación de las palabras-imágenes, nos movió luego a introducir varias cuestiones que nos parecieron concatenadas. Una de ellas se refirió a la posibilidad de detectar relaciones entre imágenes interétnicas y acciones acontecidas también en situaciones de contacto intercultural. De hecho, en algunas de las imágenes que analizamos a través de sus correspondientes discursos textuales, fue frecuente encontrar valoraciones de actitudes y comportamientos. La gama de cuestiones que así se nos plantearon abarcó puntos tales como el de las posibles relaciones de significación de un encuentro y las imágenes mutuas que antes, durante o después de él se producen. Y más allá de las relaciones de significación cabía pensar en análisis de situaciones en las que la acción misma interétnica pudiera implicar diversas formas de dependencia, condicionamiento, selección y estructuración a partir de una imagen preconcebida.

Concatenando unas ideas con otras, nos preguntamos luego al diseñar el proyecto, si sería posible llegar a identificar algunas categorías —por ejemplo, concepción cíclica o lineal del tiempo— que, en situaciones de encuentro interétnico, se muestren como enmarcando al otro. Esto se vinculaba obviamente a los propios marcos culturales y conceptuales de los participantes, que funcionan como referenciales al producirse el contacto.

En este volumen presentamos el conjunto de trabajos que fundamentalmente se refieren a la elaboración de imágenes interétnicas.

Puesto que en el largo proceso del encuentro en el Nuevo Mundo han sido muchos los participantes —indígenas, europeos, africanos y asiáticos—, está claro que las posibilidades abiertas a la pesquisa son muy amplias. A ellas dirigen su atención quienes aceptaron participar con nosotros para inquirir lo que fue ocurriendo en distintas situaciones de contacto. Lo hacen teniendo en cuenta el «elenco heurístico» diseñado por nosotros, para orientar la identificación de casos representativos, de cualquier lugar y tiempo, a lo largo del encuentro.

En forma implícita o explícita, percibimos en las imágenes analizadas un tono o sentido que conlleva una apreciación: «los otros» son gente bárbara; «yo», en cambio, y el pueblo al que pertenezco, somos civilizados, tenemos la religión verdadera, ella y nuestras otras creaciones son las que deben transformar la vida del otro. Tal vez alguien dude de la validez de tal doble concepto («civilización» y «barbarie») para encaminar la investigación al recordar que, tanto en Mesoamérica como en el ámbito andino, los indígenas, en un momento inicial, se refirieron a los españoles como «dioses venidos de más allá de las aguas inmensas». No los habían tenido, por tanto, como bárbaros. La objeción se desvanece al evocar también que el comportamiento de los conquistadores influyó decisivamente en la formación de otra imagen. En los textos en lengua náhuatl se aplica luego a los conquistadores el nombre de *popolocas,* palabra que significa gente salvaje. Curiosamente, como la voz griega *bárbaros,* con su parecida estructuración de fonemas repetidos, denota ella que «el otro» es incapaz de hablar una lengua culta y armoniosa. Tener como bárbaros a los otros perdura de múltiples formas. Con frecuencia se dice, por ejemplo, que los indios contemporáneos no hablan lenguas sino dialectos. También se ha oído respecto de los Estados Unidos de Norteamérica que serían mucho más prósperos si en ellos no hubiera negros, chicanos, puertorriqueños y otros.

Por otra parte, hay casos en que la imagen de esos que unos tienen como bárbaros, la alteran otros tan radicalmente, que esos mismos aparecen como gente en verdad admirable y digna de aprecio. Ejemplos de esto los ofrecen las imágenes mutuas que llegaron a elaborar Bartolomé de las Casas acerca de los indios de México y Perú, como hombres de grandes virtudes, y la que algunos mesoamericanos concibieron y expresaron sobre un español, el mismo fraile, en el que vieron su más grande protector.

Volviendo al tema de la presentación y análisis de imágenes, diremos que no se ha adoptado siempre un orden cronológico o geográfico. Hay una primera situación, antes incluso de iniciarse el encuentro. La presentamos aquí bajo el título de «Un Preámbulo: imágenes de alteridad antes de 1492», relativo a las producidas tanto en el Viejo como en el Nuevo Mundo. Abarcan ellas las que se forjaron unos acerca de otros grupos con culturas distintas y asimismo las de seres fantásticos y portentosos. Dos aportaciones de este género se incluyen en este libro: «La visión de los otros en la Antigüedad clásica» y la de título paralelo referida a los mexicas de Mesoamérica.

Además del interés intrínseco del análisis de esas imágenes anteriores al encuentro, hay en esto otro aspecto de considerable interés.

Para los europeos, el bagaje cultural de lo que pensaron los griegos fue un factor que ejerció gran influencia en su modo de concebir el mundo y de forjarse imágenes del otro. Con tal bagaje, y obviamente con el de su visión judeocristiana, habrían de adentrarse en el Nuevo Mundo. Y cabe pensar por igual que las imágenes propias de los mexicas, incluyendo las referidas a sus dioses y otros seres portentosos, jugaron un papel importante en el proceso de las representaciones mutuas.

Situación en extremo frecuente, al ocurrir los primeros contactos, es la que dio origen a imágenes mutuas de «asombro y duda». Los indígenas, mesoamericanos, del área andina, norteamericanos y otros, expresan lo que piensan acerca de los misteriosos forasteros, esos invasores que se han adentrado en sus propias tierras. Los discursos textuales indígenas no son muy abundantes, ya que sólo algunos se transcribieron, bien sea por indios o por europeos, sobre todo por frailes misioneros. Los hay también de tiempos modernos y contemporáneos recogidos por los etnólogos. Los europeos, por su parte, registran en informes, cartas, alegatos, crónicas y otros documentos, lo que imaginan o creen saber, en medio de su original asombro y duda, acerca de los habitantes nativos de esas tierras antes ni siquiera sospechadas. El asombro es causado por lo nunca antes visto; la duda, es indicio de no acabar de saber quién es el otro: ¿de dónde provienen los indios? ¿Descienden de las tribus perdidas de Israel? ¿Son los españoles dioses o bárbaros? Cuatro aportaciones recoge este libro sobre distintas imágenes interétnicas de asombro y duda.

Palabras de «repulsa y condena» son portadoras de imágenes que, en otras situaciones, se fueron forjando. El contacto se iba haciendo permanente. Los indios son vistos como esclavizados por el Demonio que les impuso ritos satánicos como los sacrificios humanos y la antropofagia. Se repite que son perezosos, abyectos, serviles, mentirosos, pleitistas, nada dignos de confianza. Las repulsas y condenas resuenan hasta el presente. Los negros, por ser descendientes de Caín, ¿están siempre condenados a la esclavitud? ¿Son ellos preferibles a los indios? ¿Cómo los ven, por su parte, los nativos? ¿Hay testimonios de africanos acerca de los europeos y los amerindios? Como lo muestran los trabajos que aquí se incluyen, las repulsas y condenas continúan hasta los tiempos presentes. Desde luego que los participantes en el proyecto introducen tan sólo el análisis de algunas de estas imágenes, antiguas y modernas, que pueden considerarse representativas.

Hay otro género de situaciones. En función de ellas encontramos expresiones de «acomodo y afirmación». Si los antes desconocidos no hubieran entrado en contacto, invadiendo el escenario de la propia tierra y cultura, «si no hubieran destruido lo nuestro», pero como de hecho han venido a imponerse, es necesario reacomodarse a sí mismo, pensar quién se es a partir del choque y la sumisión.

Y, de modo paralelo, el europeo se plantea: si «yo» no hubiera llegado y sometido a los pueblos indígenas, mi «yo» sería muy diferente, libre de las tensiones que aquí me acosan, seguiría otros rumbos. La pesquisa conduce a la identificación y análisis de imágenes de géneros muy distintos. ¿Es la imagen del yo que se forja el europeo expresión de su anhelo de justificación ante su comportamiento frente al indígena? ¿Cómo se concibe él ante los otros europeos que no se han trasladado al Nuevo Mundo? ¿Pretende hacerse pasar por lo que no es y quiere convencerse de ello? ¿Cuál es la imagen que de sí mismos, en su nueva circunstancia, se forjan frailes, encomenderos, mineros, soldados, oficiales reales? Los casos analizados llegan también hasta el presente, como el de indígenas que reafirman su identidad contraponiéndola a la de sus ancestros anteriores al contacto.

Los participantes en el proyecto han atendido a distintos casos dentro de estos géneros de situaciones en las que el «yo» busca afirmarse aun a costa de compromisos. Abarcan tiempos y lugares distintos. Son imágenes interétnicas en las que a veces el «yo» busca la comprensión de sí mismo, la readaptación de su ser frente a aquellos con los que tiene que coexistir ahora.

Lo que acabamos de expresar acerca de la gama de situaciones en que se producen estas imágenes, deja entrever que detenerse en el análisis de la palabra portadora de ellas sería dejar trunca la investigación. Tratar con el hombre, la mujer o la gente antes lejanos, obliga a elaborar su imagen, al menos a inventarla. El contacto, en el que los participantes están en posesión de sus respectivas imágenes, puede circunscribirse a la comunicación oral. Pero también puede no limitarse a ella. La comunicación oral con la imagen meramente inventada o más o menos elaborada, suele ser inicio de diversas formas de interacción.

Dijimos antes que la reflexión en torno a las imágenes mutuas nos llevó al tema de la interacción, los encuentros interétnicos, también de géneros muy diferentes. El tema suponía inquirir las relaciones entre la palabra que porta la imagen y la obra que se deriva del encuentro interétnico. Los encuentros pueden ser de índole muy diversa. Pero más allá de sus diferencias, todos presuponen en quienes participan en ellos algún vislumbre de quién es o puede ser aquel con el que se interactúa.

No nos compete introducir aquí en forma pormenorizada lo que ha sido tema de una segunda parte en el proyecto, cuyos resultados recoge otro volumen. Pero pensamos que, al menos, es necesario esbozar un planteamiento. El proyecto se ha concebido a la luz de una epistemología de la historia. Es obvio que el tema de «las imágenes mutuas» conlleva elementos de interés epistémico. Pero, al relacionarlo con el otro enfoque sobre los encuentros interétnicos, se acrecienta su relevancia. Ya percibimos una primera, inescapable, relación: se forjan las imágenes mutuas para explicarse o inventarse con quiénes, unos y otros, se están comunicando.

La investigación sobre los encuentros interétnicos se abre también a una amplia gama de situaciones. Los que concebimos este proyecto, hemos dedicado tiempo a la reflexión en busca de una identificación de las situaciones más frecuentes y de particular interés en que ocurren los encuentros interétnicos en el Nuevo Mundo. Anticipamos solamente ahora que entre tales situaciones nos hemos fijado en las que enunciamos bajo los siguientes rubros: situaciones de «pugna y desolación»; otras, muy distintas, que resultan en «proteccionismo y sumisión»; otras, que abren la posibilidad de «reconstruir el sentido del propio ser» o las que pueden describirse como de «negociaciones de la identidad».

Con el propósito de repensar desde nuestras perspectivas contemporáneas el proceso que culminó en la globalización de la humanidad, concebimos este proyecto. Como lo expusimos en páginas anteriores, al irlo diseñando, fuimos concatenando varias ideas y planteamientos. Señalamos cómo, partiendo del análisis de las imágenes interétnicas, se abría un campo mucho más amplio a la investigación. Ahora, al escribir esta introducción al que es primer volumen, portador de una parte de nuestro trabajo, queremos expresar formalmente la pregunta que enmarca a la vez lo que será nuestro siguiente paso: ¿Tiene sentido plantearse, como hipótesis, si pueden y cómo, las representaciones recíprocas, producir a través del discurso textual, estructuras de significación capaces de motivar, seleccionar y delimitar una, entre varias posibles opciones, en el desarrollo de la acción? La pregunta puede ampliarse y proseguirse de varias formas. Una de ellas es ésta: ¿hasta qué punto puede ser la palabra, como portadora de estructuras donantes de sentido, la que no sólo organiza, sino pone en marcha la acción? Y, si esto ocurre ¿es posible identificar categorías culturales y conceptuales que, en determinados casos, enmarcan y dan sentido al proceso que lleva a la actuación interétnica?

El conjunto de aportaciones que se incluyen en éste y en sucesivos volúmenes, concebidas no precisamente para demostrar ésta u otras hipótesis, y enmarcadas desde los puntos de vista e ideologías de los distintos participantes, constituyen análisis y valoraciones que habremos de considerar en ulteriores fases de la investigación. Ahora, en tanto que, con nuestros colegas, proseguimos en la reflexión antropológica e histórica que hemos iniciado, hacemos ya entrega de lo hasta aquí alcanzado.

MIGUEL LEÓN-PORTILLA
MANUEL GUTIÉRREZ ESTÉVEZ
GARY H. GOSSEN
J. JORGE KLOR DE ALVA

Convento de «La Coria», Trujillo, enero de 1992

AGRADECIMIENTOS

El programa de investigaciones «De Palabra y Obra en el Nuevo Mundo» ha implicado, durante seis años, hasta ahora, a 68 investigadores de 18 países diferentes y ha celebrado 3 simposios públicos en España y Estados Unidos y está, necesariamente, en deuda con las numerosas instituciones y personas que han colaborado en su compleja realización.

La primera mención que ha de hacerse es a la Junta de Extremadura que, a través de su programa Extremadura En-clave 92, ha patrocinado y financiado en su mayor parte nuestro programa de investigaciones. El término «agradecimiento» es, en este caso, insuficiente para expresar nuestra deuda; sin el apoyo de las autoridades extremeñas, la obra que el lector tiene en sus manos, y los otros cuatro volúmenes, que configuran, por el momento, la serie «De Palabra y Obra en el Nuevo Mundo» no se hubiera llevado a cabo. El presidente de la Junta de Extremadura, excmo. señor don Juan Carlos Rodríguez Ibarra; el vicepresidente, excmo. señor don Antonio Ventura, y el director de Extremadura En-clave 92, don Luis Ángel Ruiz de Gopegui han sabido, de una forma ejemplar, combinar el apoyo eficaz a nuestro proyecto, con la más grata cortesía y con un exquisito respeto hacia la libertad intelectual.

La Comisión Nacional del Quinto Centenario, y su vicepresidenta doña Pina López-Gay, apoyó el proyecto cuando éste, todavía, era sólo un esquema de intenciones; su patrocinio, en aquellos meses iniciales, fue decisivo para poder organizar las reuniones en las que articular nuestras ideas.

La comisión mexicana para el Quinto Centenario del Encuentro de Dos Mundos acogió, también con entusiasmo, un proyecto que, en alguna medida, constituye un desarrollo intelectual de la concepción con que México ha planteado la conmemoración de 1992.

La Universidad Estatal de Nueva York en Albany ha constitui-

León-Portilla, M.; Gutiérrez Estévez, M.; Gossen, G. H., y Klor de Alva, J. J. (eds.), *De Palabra y Obra en el Nuevo Mundo,* vol. 1, *Imágenes interétnicas,* Madrid, Siglo XXI de España, 1992, pp. XXIII-XXIV.

do, junto con la Junta de Extremadura, la otra columna principal sobre la que se ha podido edificar este programa de investigaciones. Sus rectores, Vincent O'Leary y Patrick Swygert, impulsaron la cooperación financiera y facilitaron, al máximo, los simposios celebrados en Albany.

El Instituto de Estudios Mesoamericanos, de la Universidad de Albany, ha colaborado generosamente en la edición en inglés de las publicaciones que han resultado de nuestro trabajo. Otras instituciones norteamericanas, prestando soporte financiero, han participado en el patrocinio del proyecto: Hearst Newspaper Corporation, Albany International Corporation, Norstar Bankcorp, Lucius N. Littauer Foundation, Wenner-Gren Foundation, Rockefeller Center of Albany y, especialmente, la alcaldía de la ciudad de Albany y su titular Thomas M. Whalen.

El Comité Conjunto Hispano-Norteamericano para la Cooperación Cultural y Educativa nos prestó, también, su ayuda para la primera reunión, en octubre de 1986, en que preparamos todo el programa de investigaciones y simposios futuros.

La Pontificia Universidad Católica del Perú, gracias a los buenos oficios de nuestro querido colega M. Marzal, ha colaborado con el programa editando un volumen complementario a los de la serie «De Palabra y Obra en el Nuevo Mundo».

La realización de todo nuestro proyecto ha sido especialmente grata por haber dispuesto de la hospitalidad que la Fundación Xavier de Salas nos ofreció en su sede, en el convento de La Coria en Trujillo (Cáceres). Las atenciones y el afecto que hemos recibido de su presidenta, doña Carmen Ortueta de Salas, constituirán para nosotros un recuerdo imborrable. El secretario de la Fundación, don Jaime de Salas, ha tenido la responsabilidad de la gestión administrativa del proyecto y su eficacia y gentileza han contribuido a su éxito.

Otras muchas personas han prestado su ayuda. El Ayuntamiento de Trujillo, con su alcalde don Benigno Fernández, funcionarios de la Comunidad Autónoma de Extremadura, profesionales de los medios de comunicación y profesores de la Universidad de Cáceres han tratado este proyecto con el interés dedicado a un asunto propio. Extremadura ha sido, pues, a través de su sociedad civil y de sus instituciones, el motor de esta reflexión internacional sobre el sentido del encuentro de culturas que se inició en 1492. Nuestro mayor reconocimiento por ello.

UN PREÁMBULO: IMÁGENES DE ALTERIDAD ANTES DE 1492

«Es natural que los griegos dominen a los bárbaros [...].»

EURÍPIDES, *Ifigenia en Áulide*

«Los toltecas, eran hijos de Quetzalcóatl [...], eran sabios, todas sus obras eran buenas, maravillosas, ponían en ellas su corazón endiosado [...]»

Testimonio mexica, *Códice Florentino.*

El encuentro de dos mundos trajo consigo, en suma, la globalización de la humanidad. Al encontrarse por vez primera hombres que radicalmente se desconocían entre sí, tuvieron que forjarse, unos y otros, imágenes mutuas. Era necesario comprender o inventar, en medio del asombro y la duda, quiénes eran esos que así, de pronto, se les tornaban presentes.

Muy amplia es la gama de imágenes mutuas que se forjaron europeos y amerindios y, más tarde, también africanos y asiáticos. Tales imágenes, más allá de múltiples diferencias, coinciden todas en ser representaciones de gentes antes insospechadas, ignoradas, radicalmente diferentes, que vivían en mundos distintos dentro del mismo planeta. Según se imaginara o concibiera a esas gentes, antes radicalmente desconocidas, así habría luego que comportarse con ellas.

Ahora bien, contemplando, obviamente desde nuestras perspectivas contemporáneas, las cadenas de representaciones que se fueron produciendo de ésos antes desconocidos, no sólo de sus rostros, armas y atavíos, sino también de sus formas de actuar y pensar, se nos viene a la mente una pregunta: ¿Antes del encuentro, existía en uno y otro de esos dos mundos —los dos hemisferios— parecida

León-Portilla, M.; Gutiérrez Estévez, M.; Gossen, G. H., y Klor de Alva, J. J. (eds.), *De Palabra y Obra en el Nuevo Mundo,* vol. 1, *Imágenes interétnicas,* Madrid, Siglo XXI de España, 1992, pp. 1-6.

experiencia, la de forjarse imágenes de gentes distintas y, por mucho tiempo, radicalmente desconocidas?

No parece ociosa esta pregunta. En la confrontación de gentes, antes aisladas a través de milenios, quienes participan en el largo proceso son portadores de sus propios y distintos bagajes de cultura. En esos bagajes, había, ciertamente, imágenes de otros hombres y mujeres, en diversos grados diferentes. Había también imágenes de seres fantásticos, portentosos, divinos, demoníacos, propicios o adversos. Cada pueblo, cada ser humano, poseía su propio repertorio, imaginería esencialmente ligada a sus propias creencias y visión del mundo.

Es imposible querer abarcar el repertorio sin límites de las imágenes que, de otros, llevaban consigo los europeos, los amerindios, los africanos y cuantos fueron participando en el radical encuentro. Sin embargo, al toparse los desconocidos, los del Viejo o del Nuevo Mundo, para intentar comprenderse, todos hubieron de acudir a sus propios inventarios de imágenes.

Dos muestras de las forjas de éstas antes del encuentro son aquí objeto de especial atención. Una, presentada por C. García-Gual, proviene de la Antigüedad, en la que vivieron los griegos. Variadas formas de alteridad experimentaron éstos frente a otros, del Asia y del África, a los que llamaron bárbaros. Aplicar a ellos tal designación significaba motejarlos a partir de su habla, «bar-bar», tenida como torpe y malsonante. Esos bárbaros, fueran de donde fueran, eran a todas luces inferiores a los griegos, a quienes correspondía, como cosa natural, dominarlos.

Podría hablarse de un gran museo de imágenes de pueblos distintos y seres fantásticos, debidas a los griegos. En ese museo se encontraría mucho de lo que después heredaron los demás europeos. Por esto, hablar de la imaginería concebida por los griegos, es más que pertinente para adentrarse en el tema que aquí interesa.

Volviendo luego la mirada al que se llamó Nuevo Mundo, Miguel León-Portilla aduce y analiza aquí varios testimonios acerca de lo que pensaban los nahuas de Mesoamérica sobre algunos pueblos vecinos y otros más apartados de ellos. Como en el caso de los griegos, también en éstos resulta posible hurgar en lo que fue su conciencia de alteridad. El propósito es percibir qué es lo que esos testimonios pueden revelarnos. ¿Cómo hablaron, por ejemplo, los hombres de lengua náhuatl, los mexicas o aztecas, acerca de sus vecinos, gentes de idioma y cultura un tanto distinta? La pregunta debe ir más allá. Sabemos que los griegos y otros pueblos de la Antigüedad abarcaron en su concepción de la alteridad seres portentosos y fantásticos. Algo semejante acaeció entre los visitantes de Mesoamérica. Las imágenes de una alteridad portentosa difieren, por supuesto, en el caso de los griegos y mesoamericanos. Unas y otras deben entenderse en función de sus respectivas visiones del mundo. Pero como aconteció a los europeos que, conscientes o no de ello, eran portadores del legado de los griegos e inevitablemente a él acudían para iluminar lo antes desconocido, así también los mesoamericanos echaban mano de lo suyo, mitos y creencias, como las que decían haber recibido de los toltecas, sabios seguidores de Quetzalcóatl.

El acercamiento al tema de «las imágenes interétnicas antes del encuentro» es requerido preámbulo que ayudará a comprender mejor cuanto sucedió después, cuando se produjo el contacto. Sólo así podrá abrirse un ojo más penetrante para valorar hasta qué punto las imágenes preexistentes en ambos hemisferios acerca de otros, fantásticos o reales, influyeron o condicionaron las captaciones de alteridad en quienes se enfrentaron, de múltiples formas, a lo largo del encuentro.

1. LA VISIÓN DE LOS OTROS EN LA ANTIGÜEDAD CLÁSICA

CARLOS GARCÍA-GUAL

Universidad Complutense, Madrid

I. LOS OTROS SON LOS BÁRBAROS

Desde el primer párrafo de su *Historia*, el jonio Heródoto nos presenta a los humanos divididos en griegos y bárbaros [1]. *Bárbaroi* son los que no hablan en griego, los que balbucean o mascullan otras lenguas, aquellos con los que es difícil comunicarse y entenderse. Esas gentes son por esencia *los otros.* Con una lengua extraña, esos extranjeros no alcanzan lo racional de modo tan diáfano como el hablante griego, según un arraigado prejuicio helénico. Si la lengua expresa el *lógos,* palabra y razón, según la semántica del término griego, ese *lógos* que es lo más característico del ser humano, según la famosa definición de Aristóteles, la lengua griega conviene como ninguna otra a la racionalidad, que eleva al hombre por encima de los animales carentes del *lógos* [2].

[1] Ya Platón advierte, en su *Político* 262 c-d, que la división de la humanidad en griegos y bárbaros es una extrema simplificación de escaso alcance desde una perspectiva filosófica. Sin embargo, la categoría de «bárbaro» se mantuvo a lo largo de toda la historia del mundo griego, por encima de la diferencia de civilización entre los distintos pueblos a los que comprendía. Había bárbaros civilizadísimos, como los egipcios, y otros más salvajes, como los escitas, por ejemplo.

[2] El «bárbaro» es, en un principio, el que habla otra lengua; pero pronto pasa a ser visto como alguien intelectualmente inferior, más bruto y atrasado que los que se comunican en griego, como si esta lengua fuera por esencia la raíz de la cultura. El deslizamiento del sentido del término hacia esa connotación despectiva fue fácil. Como señala H. C. Baldry (en el vol. col. *Grecs et Barbares,* Vandoeuvres - Ginebra, Fondation Hardt 1961, p. 69): «Este aspecto queda esclarecido en el doble significado del término *lógos,* tanto palabra hablada como razón, tanto lenguaje inteligible como realización del orden. El *bárbaros,* en mi opinión, es el hombre que carecía de *lógos* en ambos sentidos: partiendo de la idea de que su lenguaje carecía de sentido tan

León-Portilla, M.; Gutiérrez Estévez, M.; Gossen, G. H., y Klor de Alva, J. J. (eds.), *De Palabra y Obra en el Nuevo Mundo,* vol. 1, *Imágenes interétnicas,* Madrid, Siglo XXI de España, 1992, pp. 7-34.

La diferencia de lengua es la marca fundamental de la alteridad. Comunidad política, racial, religiosa, cultural, todo eso resulta algo secundario frente a esa comunidad en la palabra, como si, por un raro poder mágico, la unidad lingüística no se fundara en la convención y la historia común, sino en la propia naturaleza; como si fuera una distinción de naturaleza, *phýsei,* y no de convención, *nómōi.* No resulta, sin embargo, injustificado que los griegos, tan dispersados en pequeñas ciudades y diversas tierras, se empeñaran en considerar a la lengua (por encima de las variantes dialectales) como una marca fundamental de su identidad cultural.

Grandes exploradores, colonizadores, comerciantes y conquistadores, los griegos sintieron curiosamente un desinterés notable por todas las lenguas ajenas, como si la lengua griega fuera el vehículo por excelencia de la razón y la expresión «lógica» de la realidad. «Helenismo» viene de *hellenízein* «hablar griego».

Este énfasis en la lengua como factor de identificación les hizo menospreciar otros rasgos diferenciadores, como la raza, la religión o los hábitos y costumbres. Los griegos fueron, en general, muy comprensivos y tolerantes respecto a los otros pueblos, porque pensaban que su superioridad se fundaba en su ventaja cultural, en su *paideía,* y no en rasgos físicos peculiares. Frente a los «bárbaros» los defensores del helenismo consideraban característico de su civilización el amor a la libertad, el afán de saber y el gusto por la belleza y la moderación.

Con las conquistas de Alejandro Magno, la cultura helénica —y la lengua, convertida en una *koiné* internacional— logró una enorme expansión. La civilización superior se expresaba en griego y los ideales clásicos se universalizaron. Los romanos aceptaron los logros del helenismo como base cultural. Es Cicerón quien mejor recoge esa idea de la *humanitas* común a todos los civilizados, una idea e ideal que los estoicos habían difundido con fervor filosófico y cosmopolita. Como ser civilizado, el hombre accede a esa humanidad que está por encima de cualquier diferencia de raza, nación, religión y condición social. Como seres racionales, somos hijos de un mismo dios y pobladores de un mismo universo, hermanos bajo un mismo

---

sólo hacía falta dar un paso para afirmar que su visión y modo de vida tampoco tenían sentido ni verdadero orden». Todavía Heródoto, como Homero, tiene una idea de la unidad de la especie humana por encima de diferencias de lengua y costumbres; la antítesis de lo griego frente a lo bárbaro se acentúa después.

sol y una misma razón cósmica. Sigue habiendo, desde luego, esclavos y libres, ricos y pobres, ciudadanos romanos y metecos, opresores y oprimidos, pero todos, gracias a la cultura y la palabra, pueden lograr una libertad espiritual, todos pueden escapar a la barbarie. La *humanitas* es un hermoso ideal estoico que resaltará también el cristianismo. Sólo el no civilizado, el violento y marginal, es un «bárbaro» que puede y debe ser redimido, conquistado, humanizado. (El Cristianismo agregará luego un matiz; también los paganos y los infieles serán vistos como esencialmente bárbaros, al no pertenecer a la religión que se pretende verdadera y única).

II. DESDE EL CENTRO DEL MUNDO

Heródoto comienza —en *Historia,* IV, 36— su disertación acerca de la geografía conocida con una crítica a sus predecesores:

> me río al ver que ya muchos han dibujado mapas de la tierra y que nadie los ha explicado con sensatez. Éstos pintan al Océano fluyendo en torno a la tierra, que es como un círculo trazado a compás, y hacen a Asia igual a Europa.

La lista de precursores geógrafos —en el sentido estricto del término— había empezado con Anaximandro de Mileto, el discípulo del sabio Tales. Anaximandro fue el primero en trazar sobre un *pímax* ese perfil de la tierra; Hecateo de Mileto lo retocó más tarde, dándole una precisión mayor. Según estos pioneros de la geografía, las tierras formaban un círculo y en su centro estaba Grecia y, en el centro de Grecia, Delfos. El famoso santuario de Apolo estaba en «el ombligo del mundo», y en él podría haberse apoyado el compás para dibujar esa circunferencia terráquea que definía el mundo habitado, al que rodeaba el Océano semimítico y nebuloso.

Aun en Anaximandro el filósofo y en el logógrafo Hecateo la imagen del mundo conserva claras trazas de abolengo mítico. Con sus palabras un tanto irónicas Heródoto quiere marcar una distancia crítica frente a sus precursores. No va a darnos un nuevo mapa de formas geométricas puras, sino una descripción empírica del mundo conocido, aunque sea con noticias un tanto vagas. Por eso empieza rechazando esa visión tan esquemática del círculo con Asia gemela de Europa, que le parece a él forjada *a priori* y muy ingenua.

Con su descripción, Heródoto da un paso importante hacia la construcción de una imagen de la tierra habitada más ajustada a la realidad, es decir, más científica, en cuanto que se funda sobre noticias y datos reunidos para ello. Sin embargo, está claro que, pese a toda su buena voluntad crítica, la información de que dispone no le permite prescindir de las creencias tradicionales de tal representación y que tiene que echar mano de especulaciones imaginativas propias en varios lugares de su esquema. De ahí esa ambigüedad tan característica del «padre de la Historia»; también su mapa resultará luego demasiado ingenuo.

No sólo incide en algún grave error de bulto, como cuando dice que Europa es tan extensa como Asia y África juntas y aun más ancha que ambas, sino que vuelve a incurrir en esquemas geométricos sorprendentes para nosotros; como cuando imagina una precisa simetría entre el norte y el sur de su mapa. Al Istro «que atraviesa Europa» se le opone el Nilo «que cruza Libia» (es decir África) y hay un extraño contraste entre las gentes del Norte y las del Sur. El centro del mapa está formado por un Mediterráneo por el que pasa un ecuador que postula similitudes y equilibrios opuestos entre su norte y su sur, con una simetría muy del gusto de los griegos de la época antigua [3].

El verdadero centro resulta del cruce de dos ejes: la línea que va por el medio del Mediterráneo y la vertical que cruza de la desembocadura del Istro (nuestro Danubio) al frontero Nilo. Y en ese centro queda —¿cómo no?— la zona costera del Asia Menor, esa Jonia que es la patria de la ilustración y del propio Heródoto. Ya no es Delfos, sino la costa del Egeo, y más precisamente Jonia quien ocupa el lugar central de la *oikouméne* o tierra habitada. Un centro no sólo geográfico, sino también cultural, para una perspectiva menos simplista que la anterior, pero inevitablemente fundada, como

---

[3] Sobre la geografía mítica de los griegos, *cf.* A. Ballabriga, *Le Soleil et le Tartare. L'image mythique du monde en Grèce archaïque*, París, 1986. Sobre la crítica de Heródoto, *cf.* Fr. Hartog, *Le miroir d'Hérodote. Éssai sur la répresentation de l'autre*, París, Gallimard, 1980; especialmente pp. 33 ss. por lo que toca a las simetrías de ese mapa.

Es interesante el cambio de Delfos a Jonia como centro del mapa. Jonia no sólo tiene a su favor su clima suave, sino además su apertura; desde allí se puede viajar fácilmente a cualquier parte por mar. *Cf.* H. Diller en el vol. colectivo *Grecs et Barbares,* p. 65. La representación del espacio geográfico tiene claras connotaciones ideológicas, como señala bien J. P. Vernant en *Los orígenes del pensamiento griego,* Buenos Aires, Eudeba, 1965, p. 102.

aquélla, en la preferencia por un espacio conocido, desde el que el historiador traza su visión del mundo que le rodea.

Habitando en pequeñas ciudades costeras o próximas al mar, los griegos fueron, desde antiguo, marinos, comerciantes, exploradores, aventureros. «Nosotros, los que estamos entre las columnas de Heracles y el Fasis —es decir, de Gibraltar al fondo oriental del Mar Negro— habitamos una breve porción de la tierra, viviendo en torno al mar como hormigas y ranas en torno a una charca», escribió Platón (*Fedón,* 109b), presentando un símil que subraya bien el espacio central que el Mediterráneo ocupa en esa imagen geográfica. Por los innúmeros y húmedos senderos, como decía Homero, se extendió la civilización helénica. A los remotos confines de ese ámbito llegaron primero los héroes míticos, como Heracles, Jasón y los Argonautas y Ulises, y luego los marinos audaces y los colonizadores de ciudades de nombre helénico. La zona costera fue siempre mejor conocida que el interior de esas lejanas tierras. Al Este y al Sur encontraron los griegos pueblos antiguos y de gran cultura, como los persas y los egipcios; al Norte y al Oeste toparon con gentes menos doctas [4]. Pero en todas las direcciones más allá de lo conocido sospecharon espacios misteriosos, ámbitos del mito que albergaban prodigios, monstruos y maravillas. Más allá de Persia se extendía la India con sus maravillosos prestigios; del otro extremo, el Jardín de las Hespérides y el tremendo Océano inexplorado. A medida que la distancia al centro —es decir, al Egeo— se hace mayor, los encuentros con seres extraños, maravillas y monstruos se hacen más posibles. Si toda la tierra habitable, la *ecúmene,* es como una vasta isla rodeada por el Océano (como suponen Platón —*Tim.*24c, *Critias.*108e—, Eratóstenes y Posidonio) lo prodigioso y lo más desconocido se encuentran en sus bordes. Según la leyenda, la desaforada marcha de Alejandro hacia el Este, hasta cruzar el Indo, estaba guiada por el anhelo del joven monarca por alcanzar el confín oriental de la tierra, el límite oceánico más allá de la India fabulosa.

---

[4] Sobre la obra de Heródoto la bibliografía es enorme. Por citar dos títulos recientes, véanse C. Darbo-Peschanski, *Le discours du particulier. Essai sur l'enquête hérodotéenne,* París, Du Seuil, 1987, y el vol. colectivo *Herodotus and the Invention of the History,* en *Arethusa,* 1987, y los estudios de J. S. Lasso de la Vega, «La objetividad del historiador en Heródoto», en su libro *De Safo a Platón,* Barcelona, Planeta, 1976, pp. 171-240, y C. Schrader, «Heródoto», en *Historia de la Literatura Griega,* Madrid, Cátedra, 1988, pp. 503-536. Cito la versión española de C. Schrader, *Heródoto, Historias,* 5 vols., Madrid, Biblioteca Clásica Gredos, 1977-1989.

III. EL ENTORNO GEOGRÁFICO Y EL CARÁCTER DE LOS PUEBLOS

Contemporáneo de Heródoto y próximo a él por su contexto cultural es el autor del tratado *Sobre las aguas, aires y lugares*, atribuido tradicionalmente a Hipócrates. Este médico ilustrado, cercano al fundador de la medicina científica griega, si no el mismo Hipócrates, escribe en el último tercio del siglo V a.C. una breve, pero jugosa consideración acerca de la influencia del ambiente en la formación del carácter de los pueblos [5]. Compara el modo de ser de los habitantes de diversas regiones de Europa y Asia (y también del norte de África, pero hemos perdido los capítulos acerca de los libios y los etíopes), y trata de explicar la superioridad del carácter helénico.

Según este jonio viajero y aficionado a la etnología, la especie humana es fundamentalmente una, con variantes de raza poco significativas a efectos de la formación del temperamento y carácter de un pueblo. Son, en cambio, el clima, el entorno geográfico (aires, aguas y terrenos varios), la alimentación y los hábitos de vida lo que, en sus diferencias, configuran el modo de ser y pensar de las gentes. Casi la mitad de su opúsculo (caps. 12 a 24) explica por tales motivos la superioridad intelectual y moral de los europeos sobre los asiáticos, y de los griegos sobre los otros europeos. (Como Heródoto se interesa por pueblos míticos, como los macrocéfalos y las amazonas, y por los escitas nórdicos, bárbaros nómadas).

Son, pues, según sus explicaciones sencillas y concretas, los factores del clima (frío, calor, humedad, calidad del suelo, etc.) los que

---

[5] Hoy preferimos hablar de este autor como de un médico hipocrático de la primera generación, ya que la atribución al mismo Hipócrates es dudosa. *Cf.* mi introducción a *Tratados hipocráticos,* I, Madrid, Biblioteca Clásica Gredos, 1983, y la trad. española de la obra en *Tratados hipocráticos,* II, *ibid.*, 1986, M. Pohlenz (en su libro *Hippokrates und die Begründung der wissenschaftlichen Medizin,* Berlín, De Gruyter, 1938, pp. 15 ss.), ya señaló claramente la influencia de la sofística en este atractivo texto. Su autor evita caer en un determinismo físico burdo, y admite la combinación de *phýsis* y *nómos* en la formación del carácter peculiar de un pueblo. Por otro lado, todavía resultan muy brillantes los comentarios del benemérito Littré, el gran editor de estos textos médicos, hace siglo y medio, en su prólogo, *cf. Hippocrates Opera Omnia,* vol. II, París, 1840, p. 3.

Destaquemos que este ilustrado médico no es, en modo alguno, un racista, como no lo fueron nunca los griegos, *cf.* Cl. Calame, «Nature humaine et environnement: le racisme bien temperé d'Hippocrate» en el vol. colectivo *Sciences et racisme,* Lausana, Payot, 1986, pp. 75-100. En el mismo volumen véase el trabajo de Cl. Bérard, «L'image de l'Autre et le héros étranger», pp. 5-22.

determinan el modo de vivir de los pobladores; y, luego, los hábitos de vida con los que ellos responden al medio los que configuran un específico modo de pensar y sentir. Naturaleza y costumbres se complementan en esa formación del carácter distintivo de los pueblos; *phýsis* y *nómos* —de acuerdo con la terminología sofística de la época— colaboran en la configuración del *ethos* de una tribu o una nación.

En la contraposición de Europa y Asia (I, 12) comienza destacando que «todo cuanto se produce en Asia es mucho más bello y mayor; allí el clima es más suave y las gentes tienen un carácter más amable y más dócil. La causa es el gran equilibrio de las estaciones [...]». Y es precisamente en la Jonia donde el aire es más sereno y más mitigado el cambio de las estaciones; allí son mejores las aguas y las cosechas más abundantes: «Ése es el país más próximo, por su naturaleza, a la primavera [...]».

Pero la bondad y suavidad del clima produce un relajamiento o un cierto afeminamiento de sus pobladores: «Ni el coraje viril ni la resistencia a las fatigas ni el ánimo esforzado y valiente podrían producirse en semejante entorno natural, ya sea la raza indígena o de otro origen, sino que forzosamente allí reina la voluptuosidad [...]». Para que el carácter —lo que los griegos denominaban *thymós* [6]— se afirme y cobre dureza y audacia conviene que el hombre tenga que hacer frente a un entorno más hostil, como sucede en Europa y en la Grecia continental. En la placentera condición natural de Asia se han implantado famosas monarquías. La mayoría de aquellas amables comarcas están sometidas a déspotas orientales y regidas por reyes absolutos. Tanto la naturaleza como las costumbres relajadas contribuyen a la cobardía y el servilismo de los asiáticos (Hdto., I, 16). En claro contraste, son violentos y rudos los habitantes de la Europa nórdica. La humedad y el frío condicionan el modo de ser de los escitas y de los vecinos del Fasis. En respuesta a un clima áspero y de tremendos cambios, los habitantes de Europa son más belicosos, variables, violentos y animosos que los de Asia y tienen instituciones de mucha mayor libertad [7].

---

[6] Como señala M. Pohlenz, ob. cit., p. 17, la diferencia en que aquí se insiste es la del *thymós*, palabra difícil de traducir, algo así como «ánimo» o «carácter», una cualidad anímica que es energía, ímpetu hacia altos ideales, coraje y dureza en la lucha, que tienen los griegos y menos los asiáticos.

[7] Lo que de Asia conoce el autor es la zona vecina al Mediterráneo, fundamentalmente el Asia Menor; y lo que conoce de Europa es también la porción más próxima a Grecia. Pero en la época de fines del siglo V a.C. era usual esa denominación.

Reafirma el autor su tesis general: los climas con fuertes contrastes, las tierras ásperas y soleadas y el mayor rigor del ambiente invitan a que los hombres resulten más decididos al trabajo y a la guerra, a luchar por su independencia y defender su libertad. Piensa en la dura geografía griega y en sus gentes esforzadas y austeras, en contraste con la molicie asiática.

Quiero llamar la atención sobre dos interesantes textos en los que hay un eco de esta teoría hipocrática. La idea de que la respuesta al medio natural determina el carácter del pueblo que habita una región determinada, tal como la expone el autor de *Sobre los aires, aguas y lugares,* resuena en un curioso excurso con el que concluye Heródoto su *Historia.* En IX, 122, es el rey persa Ciro, el magnánimo y ejemplar conquistador, quien patrocina la idea de que sólo sobre un suelo áspero y de duro clima puede formarse un pueblo esforzado en la lucha y amante del poder y celoso de la libertad. A los consejeros persas que aconsejaban trasladar su corte a las regiones prósperas que había conquistado, les replicó que en tal caso se prepararan para la sumisión, porque, dice el texto de Heródoto, «en las regiones con clima suave —concluyó— suelen criarse hombres de idéntico carácter, ya que es de todo punto imposible que un mismo territorio produzca frutos maravillosos y hombres valerosos en el terreno militar». Los persas, entonces, reconocieron su error y se alejaron convencidos por la apreciación de Ciro, así que prefirieron poseer un imperio, residiendo en un terreno pedregoso, a cultivar fértiles llanuras siendo esclavos de otros [8].

Conviene leer entre líneas, probablemente, el elogio del pueblo griego, habitante de un territorio pobre y áspero, al menos en contraste con la Jonia primaveral y el Asia fértil, pero que cría a hombres valientes, esforzados y defensores de la libertad, frente a los bárbaros proclives por su naturaleza a la molicie y al servilismo, a la confusión y a la esclavitud. A las influencias del entorno geográfico responden las de las instituciones de cada pueblo, que están de

---

[8] No es raro que Heródoto coloque en ámbito persa alguna consideración de origen helénico. (Lo hace también con la famosa discusión sobre el mejor régimen político). El elogio de la tierra pobre, sometida a los rigores de un clima duro, como promotora de la aventura y la acción esforzada, podría referirse muy precisamente al Ática, así como a otras zonas de Grecia mucho menos fértiles que la Jonia costera. La dureza de sus tierras empujó a muchos aventureros helenos a emigrar y a colonizar otras, con temple valeroso y resuelto. Algo parecido podría aplicarse a quienes fueron de las comarcas ásperas de nuestra Extremadura hacia más allá del Atlántico.

algún modo en consonancia con aquéllas y coinciden en la determinación de un tipo de hombres ajustados a la naturaleza y hábitos adquiridos.

El segundo pasaje en el que nos parece encontrar una alusión al texto hipocrático es bastante posterior. Está en la *Política* de Aristóteles (VII, 7, 1327b), compuesta casi un siglo más tarde, cuando tal vez tales ideas eran un tópico bien conocido, ilustrado por las victorias de Alejandro en Asia,

> los que habitan en lugares fríos y en Europa están llenos de arrojo, pero faltos de reflexión y de habilidad técnica; por lo que viven con mayor libertad, pero sin organización política e incapacitados para dominar a sus vecinos. Los de Asia, en cambio, son de espíritu más reflexivo y técnico, pero son cobardes, por lo que viven sometidos y esclavos. Pero el pueblo griego, del mismo modo que ocupa un espacio intermedio entre ellos, así tiene las cualidades de unos y otros pueblos, ya que es valeroso y reflexivo. Por eso vive en libertad, con las mejores formas de organización política y con la posibilidad de dominar a todos si es que alcanzara una unidad política.

Es muy importante esta consideración aristotélica (recoge influencias de Isócrates y de otros pensadores políticos) que, tomando como base el virtuoso carácter natural de los helenos, situados entre los extremos de los europeos y los asiáticos, reivindica la soberanía griega sobre todos los bárbaros, en un imperio sólo condicionado por la previa unidad política nacional [9].

Aristóteles intentó justificar la esclavitud teóricamente, defendiendo la tesis de la superioridad de lo griego y la inferioridad natural de los bárbaros. Sus ideas tuvieron una extraordinaria influencia en las discusiones sobre el derecho a esclavizar a los indios tras el descubrimiento de América, como muy bien ha analizado A. Pagden en su excelente estudio [10]. Dentro del mundo helénico, sin em-

---

[9] Las palabras de Aristóteles están referidas muy probablemente a Alejandro, bajo cuyo mandato se había superado la tradicional división de Grecia en pequeños y conflictivos Estados, las famosas *póleis* tan celosas de su autonomía. También este texto debía de sonar muy bien en la España del siglo XVI, unida bajo un mismo cetro y con una vocación de conquista y de imperio universal.

[10] El libro de A. Pagden, *La caída del hombre natural. El indio americano y los orígenes de la etonología comparativa*, Madrid Alianza, 1988, señala muy bien la influencia de las ideas de Aristóteles sobre la esclavitud, así como la concepción helénica del «bárbaro», recobrada en esa época del Descubrimiento. Pero en la Grecia antigua hubo ideas más avanzadas en contra de la teoría de Aristóteles, que éste

bargo, esa teoría de Aristóteles tenía un marcado tinte conservador y reaccionario (frente a las ideas de algunos sofistas), y muestra el empeño por justificar ideológicamente la tradicional institución de la esclavitud, que el filósofo considera imprescindible para el desarrollo de su civilización.

IV. LA ADMIRACIÓN Y LA TOLERANCIA DE HERÓDOTO

Aristóteles, aunque interesado en las costumbres de los bárbaros, tenía una tremenda creencia en la superioridad helénica. Volvamos ahora a Heródoto, nuestro primer historiador, de espíritu muy distinto. Comenzó su «informe de una investigación», es decir, su *historíes apódexis,* su «Historia», para salvar del olvido «los hechos grandes y admirables [...] tanto de griegos como de bárbaros» y darnos una amplia perspectiva de los pueblos que entraron en el magno conflicto bélico de griegos y persas. Tenía la curiosidad del antropólogo y del viajero ilustrado. En su prosa subsiste un cierto afán épico en la narración del pasado glorioso y una atención crítica al presente y un innegable empeño humanista al considerar a los diversos pueblos «bárbaros», contrastados con los griegos en una hábil comprensión de su alteridad.

Guiado por la admiración —el *thaumázein* que, según Aristóteles, es también el motor de la filosofía— Heródoto rememora el esplendor de los lidios, el sorprendente mundo de los egipcios, la vida esteparia de los escitas, el desarrollo del imperio de los persas, antes de centrarse en el relato de la gran guerra. Viajero por Egipto, Asia Menor, Escitia meridional, Babilonia, Creta y otras islas del Egeo, las comarcas de Grecia y el sur de Italia, con una curiosidad universal, el llamado «Padre de la Historia» es también el primer antropólogo helénico. Su origen jonio le facilitó esa capacidad de comprensión y su sentido trágico de la existencia humana una perspectiva humanista para referir los hechos de los hombres. Mucho más crítico que su predecesor Hecateo de Mileto, se interesó por los hábitos de vida y los monumentos y los mitos de otros pueblos, con

---

combate, *cf.* M. I. Finley, *Ancient Slavery and Modern Ideology,* Londres, Chatto-Windus, 1980, y J. Vogt, *Ancient Slavery and the Ideal of Man,* trad. inglesa, Oxford, B. Blackwell, 1974.

un talante singularmente abierto y reflexivo, interesado por entender a los «otros». (En claro contraste, Tucídides no siente el menor interés por los bárbaros, a los que considera como gente atrasada) [11].

Conviene resaltar la actitud ejemplar de este jonio ilustrado, contemporáneo de los grandes sofistas. No tiene Heródoto, ciertamente, la actitud severa de Tucídides, que centra lo histórico en lo político y bélico; no es tan riguroso en su método crítico ni tan limitado. En comparación con su sucesor, nos parece divertido y novelero, curioso y prolijo, un antropólogo disfrazado de historiador. Pero es justamente esa mirada panorámica y su gusto por lo pintoresco y distinto, lo que le hace tan sugerente y tan actual [12].

Ejemplar, también, en su intento por comprender a los otros en su alteridad y su tolerancia nacida de la actitud receptiva y jamás censuradora del historiador. Hay en el «homérico» Heródoto un verdadero gusto por narrar y hacer partícipe a su público del espectáculo, y ese *Lust zu fabulieren* es una característica amable y moderna que le identifica.

Como otros historiadores helenos, Heródoto no aprendió ninguna otra lengua aparte de su griego natal. Con todo, llegó a preguntarse, con su inextinguible curiosidad, cuál sería la lengua más antigua y nos relata un curioso experimento sobre el tema [13]. Como no sabía idiomas, tuvo que depender de intérpretes que más de una vez le enredaron y engañaron, sobre todo en Egipto. Ese prejuicio y desdén por aprender otras lenguas es, como hemos dicho, un rasgo típico.

La variedad de usos y costumbres según los pueblos, incluidos los usos y creencias religiosas, era algo bien conocido y que los sofistas habían destacado y discutido. Frente a la naturaleza humana, universal, estaban las costumbres, convencionales y distintas. La oposición entre lo universal de la *phýsis* y lo variable de los *nómoi* evidenciaba, según Protágoras y otros sofistas, lo convencional y artificial de la cultura. Heródoto lo sabía bien [14].

---

[11] Como señala, con su habitual agudeza, A. Momigliano contrasta la admiración y el interés de Heródoto con la escasa preocupación de otros historiadores por entender a los otros. Así Polibio, muy en la línea de Tucídides al respecto, *cf.* A. Momigliano, *Sagesses barbares. Les limites de l'hellénisation*, trad. francesa, París, Maspero, 1979.

[12] Sobre los primeros libros de la *Historia* de Heródoto remito al inteligente y brillante libro de F. Hartog, ob. cit.

[13] Es el curioso experimento del faraón Psamético, contado en *Hist.*, II, 2.

[14] Es clásico el estudio de F. Heinimann, *Nomos und Physis: Herkunft und Be-*

Como buen alumno de los sofistas, Heródoto advierte la relatividad de las normas y costumbres: cada pueblo tiene y prefiere las suyas, y es sabio el respetarlas. «Si a los hombres se les diera a escoger entre todas las costumbres, invitándoles a elegir las más perfectas, cada cual, después de una detenida reflexión, escogería para sí las suyas», dice en un conocido pasaje (Hdto., III, 38). Y, como ejemplo, añade:

durante el reinado de Darío, este monarca convocó a los griegos que estaban en su corte y les preguntó por cuánto dinero accederían a comerse los cadáveres de sus padres. Ellos respondieron que no lo harían a ningún precio. Acto seguido Darío convocó a los indios llamados calatias, que devoran a sus progenitores, y les preguntó, en presencia de los griegos, que seguían la conversación por medio de un intérprete, por qué suma consentirían en quemar en una hoguera los restos mortales de sus padres; ellos entonces se pusieron a vociferar, rogándole que no blasfemara. Ésta es, pues, la creencia general; y me parece que Píndaro hizo bien al decir que la costumbre es la reina del mundo.

La interpretación de la frase del poeta Píndaro: *nómos pántōn basileús* («la costumbre es el rey»), tal vez no sea la más correcta, pero es muy significativa de esa actitud tolerante de Heródoto [15]. Ya Jenófanes había subrayado en unos célebres versos que cada pueblo se representa a los dioses según su propia figura: los de los tracios son pelirrojos y de ojos azules, y los de los etíopes de tez oscura y chatos (frg. 14 D). Heródoto no pregona la superioridad de unos sobre otros, sino que aconseja el respeto a las costumbres propias de cada pueblo como una actitud sensata y piadosa. Desatino le parece que Cambises en Egipto profanara templos y sepulturas, y que Jerjes destruyera los santuarios y altares griegos (Hdto., *Hist.*, III, 18).

---

deutung einer Antithese im griechischen Denken des 5 Jahrhunderts, Basilea, 1945 (reed. Darmstadt, 1976), y muy claro el resumen de la cuestión hecho por W. K. C. Guthrie en su *Historia de la Filosofía Griega,* III, trad. española, Madrid, Biblioteca Clásica Gredos, 1988, pp. 64-138.

[15] Sobre el lema y su alcance, véase M. Gigante, *Nomos basileus,* Nápoles, Glaux, 1956.

V. LA ANTÍTESIS GRIEGO-BÁRBARA TRAS LAS GUERRAS MÉDICAS

La confrontación con los bárbaros tuvo para los atenienses y sus aliados unos momentos estelares: las batallas llamadas Guerras Médicas, en las que, por dos veces, en 490 y 480 a.C., los griegos derrotaron a los invasores asiáticos. Tanto en la de Maratón como en las de Platea y Salamina los griegos unidos derrotaron a un enemigo de fuerzas muy superiores. La repetida victoria se prestaba a una interpretación ideológica: había vencido el griego sobre el bárbaro por sus cualidades superiores de cuerpo y espíritu; había triunfado la libertad frente al despotismo asiático; los heroicos combatientes de Grecia habían demostrado su superior virtud ante las hordas bárbaras. No sólo fue un triunfo táctico, sino una expresión de la excelencia helénica, de la *areté* de todo un pueblo.

Ya en Heródoto se percibe la consciencia de esa superioridad del ánimo de quienes pelean por su patria, leyes y libertades, pero es algo después, en escritores de la Atenas democrática, en Eurípides, Isócrates, Platón y Aristóteles, cuando encontramos ecos claros de esa ideología surgida tras la victoria. Los valores del espíritu griego se definen frente a los bárbaros (representados por los persas fundamentalmente): amor a la libertad, obediencia a las leyes, orden e inteligencia unidos a un gusto por la belleza austera y humana, y gran coraje en defensa de estos ideales. Los progresos de la democracia ateniense en el ordenamiento político coronan ese afán civilizador de Grecia. Como señalará explícitamente Aristóteles, la *pólis* es la comunidad perfecta y en su marco institucional se realiza el individuo más capacitado para el desarrollo de la vida racional. Frente a la disciplina y la educación helénicas los bárbaros aparecen atrasados, rudos, torpes y tumultuosos. Es justo, pues, que los griegos esclavicen a los bárbaros, según Eurípides, Isócrates y Aristóteles, para bien de unos y otros.

De hecho, en la Atenas clásica, los esclavos, en su gran mayoría, procedían de pueblos bárbaros. Y eran esclavos que, en la apurada justificación aristotélica, podrían definirse como «esclavos por naturaleza». Para ellos mismos era conveniente esa esclavitud, de acuerdo con la tesis de Aristóteles.

Pero la superioridad del griego procede no de la excelencia de casta o raza, sino de su educación superior. La ciudad le ha educado para la libertad y la justicia, para la vida buena y racional, para el goce individual de los valores culturales. Así se proyecta la interpretación ideológica de la victoria de los griegos, una victoria que los atenienses utilizan en beneficio de su política imperialista, y que resultará también útil en época posterior, para la campaña panhelénica contra Asia, deseada por oradores como Isócrates y realizada por Alejandro. El monarca macedonio pudo presentarse ante los griegos como el vengador de los ataques asiáticos. Pero, de manera muy significativa, no cumplió luego el consejo de su preceptor Aristóteles de que tratara a los griegos como amigos y a los asiáticos como esclavos. Al contrario, trató de unir a unos y otros para un fecundo mestizaje cultural, considerando a ambos como súbditos del mismo imperio y miembros de una misma civilización.

El esclavo es, en el ámbito civil antiguo, *el otro* por excelencia. No deja de ser significativo que se le haya asimilado al bárbaro. En la sociedad esclavista helénica (como eran esclavistas todas las del mundo antiguo) hubo polémicas sobre el tema. Tan sólo evocaré algunos testimonios. Es interesante observar que, por un lado, se niega una diferencia física entre los hombres, mientras, por el otro, se afirma una superioridad del griego y, por tanto, su derecho a esclavizar a otros, para beneficio mutuo.

«Por naturaleza todos hemos nacido iguales» escribe el sofista Antifonte (frg. 44 D). Y Sófocles pone en boca de un coro de esclavos tracios (en su *Tereo,* frg. 532 N): «Que una sola es la raza de los seres humanos nos lo ha mostrado este día a todos nosotros. Ninguno nació superior a otro. Pero a los unos nos arrastra el destino de la desdicha, y a otros la felicidad; a unos nos ha empujado a la esclavitud y nos abruma el yugo del infortunio».

En la *Medea* de Eurípides un cínico Jasón afirma que ha pagado con creces los favores de su esposa Medea al haberla traído a tierra griega, donde puede vivir bajo las leyes y no recurrir a la violencia y donde ha adquirido un renombre que no tendría en su oscuro país natal (*cf. Medea,* 525 ss.). La actuación de Medea expresa su carácter bárbaro, pero las frases de Jasón resuenan como una cruel ironía. Bárbara y mujer, Medea es más noble y digna que su taimado esposo. Casandra en el *Agamenón* y Hécuba en las *Troyanas* son cautivas bárbaras de inolvidable dignidad [16].

---

[16] Acerca de las mujeres esclavizadas y bárbaras en el drama de Eurípides, véanse los libros de H. Bacon, *Barbarians in Greek Tragedy,* Yale University Press, 1961 y K. Synodinou, *On the Concept of Slavery in Euripides,* Joannina University Press,

En cambio, en la *Ifigenia en Áulide* del último trágico, la heroína exclama, al dirigirse al sacrificio en favor del ejército, que «es natural que los griegos dominen a los bárbaros». Aristóteles, al citar este verso en su *Política* (1252b), lo glosa así: «el supuesto es que lo bárbaro y lo esclavo es lo mismo *por naturaleza» (hōs tautò phýsei bárbaron kaì doûlon ón).* No deja de ser una brillante paradoja que la educación en la libertad haga a los unos, los griegos, dignos de someter a los otros, los bárbaros, por encima de la condición humana reconocida a todos.

En la misma línea está el famoso consejo de Aristóteles a Alejandro, que se portara «con los griegos como guía y con los bárbaros como amo, y que tratara a los griegos como a amigos y parientes, mientras que con los bárbaros podía utilizarlos como a animales o plantas» (según Plutarco en *De la fortuna o la virtud de Alejandro,* 329 b). Aun en Posidonio resuena un eco de la idea de que hay pueblos destinados a la esclavitud «por la debilidad de su inteligencia».

VI. LA SUPERACIÓN DE LA ANTÍTESIS Y LA IDEA DE LA HUMANIDAD

Hacia la conclusión de su libro Eratóstenes desaprueba a quienes han propuesto una división bipartita de todo el género humano en griegos y bárbaros, así como a los que aconsejaron a Alejandro que tratara a los griegos como amigos y a los bárbaros como enemigos. Mejor es, afirma, trazar esa división según la virtud o el vicio. Pues, en efecto, hay muchos malos entre los griegos y hay entre los bárbaros muchos civilizados, como los indios y los arianos, así como lo son los romanos y los cartagineses, que tienen tan admirables regímenes políticos. Por ese motivo Alejandro, sin hacer caso a esos consejeros, trató de acoger a todos los hombres de valía que pudo y les colmó de beneficio.

En este párrafo Estrabón (I, 4, 9) recoge la opinión de otro gran geógrafo, el helenístico Eratóstenes, y se suma a ella. Frente a la división tradicional, aquí se propone otra, basada en razones éticas, entre malvados y viciosos. Tanto por el grado avanzado de su civilización como por sus virtudes, los indios, romanos y cartagineses

1977. Sobre la esclavitud según Aristóteles puede verse mi prólogo a la traducción española de la *Política,* Madrid, Alianza, 1986, pp. 26-32.

ya no son bárbaros, sino civilizados, *asteîoi,* y en mayor medida que muchos griegos [17].

Continúa Estrabón:

como si al trazar tal distinción, poniendo a unos bajo el reproche y a otros bajo el elogio, se hiciera por otra razón más que porque entre éstos se impone lo político y legal y lo propio de la educación y de las buenas razones, y entre los otros lo contrario. De modo que Alejandro, al desatender tales consejos y admitir tal parecer, actuaba en consecuencia con su sentido y no al revés, con buena reflexión.

Al retomar esta crítica, Estrabón la apoya en la idea de la unidad del género humano, tal como había sido postulada por los estoicos. Probablemente ya Eratóstenes reflejaba las doctrinas de su maestro, el estoico Estratón de Quíos (de mediados del siglo III a.C.) [18].

Es interesante observar cómo estos escritores eran bien conscientes de que la actuación de Alejandro había resultado decisiva para la superación de la antítesis griego frente a bárbaro. Al atender al mérito personal y no al origen nacional, en contra de los consejos de Aristóteles, Alejandro se había anticipado a sugerir, mediante la acción política, la idea (los estoicos la proclamarán) de la fraternidad universal en un universo gobernado por una providencia única. Los filósofos que hicieron profesión de cosmopolitismo y que teorizaron

---

[17] La *areté* se desarrolla en el marco de una elevada civilización, como la de los pueblos mencionados, en el concepto de los griegos de la época helenística. No deja de ser un síntoma interesante que no se aluda ya al afán de libertad que era un rasgo tan destacado en la época clásica. En el helenismo posalejandrino la monarquía era el régimen habitual de gobierno, tanto entre los griegos como en esos pueblos civilizados. Según Estrabón lo civilizado se define por *tò nómimon* (acorde con las leyes), *tò politikón* (el ámbito cívico) y *tò paideías kai lógōn oikeîon* (lo propio de la educación o cultura y de los razonamientos), tres trazos helénicos y poco exclusivos.

[18] *Cf.* H. C. Baldry, en *The Unity of Mankind in Greek Thought,* Cambridge, Cambridge University Press, 1965, pp. 151 ss. Traduzco unas líneas: «Una de las cosas que logró la filosofía de Zenón fue superar la distinción de griego y bárbaro. Introdujo la idea del cosmopolitismo, trascendiendo el patriotismo; habló del mundo entero, la *ecúmene,* como la verdadera patria del hombre; de una comunidad que abrazaba a todos los seres racionales, sin considerar la distinción entre griego y bárbaro, entre libre y esclavo. De acuerdo con esta doctrina, el filósofo se siente él mismo ciudadano de un Estado al que pertenece toda la Humanidad, un Estado cuyos límites están marcados por el curso del sol. En el Estado ideal de Zenón todos los seres humanos son ciudadanos». (La diferencia que subsiste es la del «sabio» frente a los «necios»; del «educado» frente a los «ineducados»; sólo la educación hace libres de espíritu a todos).

sobre esa unidad del género humano, basada en la participación de todos los hombres en la razón, principio divino de la naturaleza, expresaron la idea con claridad. La tesis se desarrolló en época helenística y en el mundo regido ya por Roma, y la podemos encontrar muy bien expuesta en los tratados de Cicerón, buen divulgador de los filósofos helenísticos. Por otra parte, también la aparición del concepto de «historia universal» en la obra de Polibio es un avance significativo en la misma dirección [19].

Los romanos recogieron de los griegos el impulso civilizador y los mejores logros de su cultura. Al proclamar la idea de una *humanitas* que es patrimonio común de todo hombre civilizado, se alzaban por encima de aquella distinción ya demasiado provinciana, en un momento en que Grecia ya no era el centro del mundo político. Esa *humanitas* recoge la noción de una civilización de ideales y formas culturales próximas a las de la educación o *paideía* helénica, pero que ya no es exclusiva de ningún pueblo, sino que ha sido exportada de Grecia y Roma para ser difundida por todo el orbe de la civilización [20].

Cuando los romanos se lanzaron a la conquista del Mediterráneo se encontraron con un ámbito ya civilizado, en gran parte por los griegos. Admitieron su cultura y se insertaron en los moldes educativos del helenismo. Un hecho sintomático es que, frente al desinterés griego por otras lenguas, la literatura latina comience con la traducción de la *Odisea* de Silio Itálico y el teatro latino se nutra de adaptaciones de temas griegos. Los romanos se sirvieron de viajeros, historiadores y geógrafos griegos para comprender su mundo y su destino histórico. Filósofos como Panecio y Posidonio tuvieron una enorme influencia y orientaron sus investigaciones hacia un ámbito romano. La filosofía, tras una etapa de recelo, fue en Roma una continuación de la helénica. Como ya dijimos, es en Cicerón donde la idea de una *humanitas* alcanza perfiles más claros. La distinción frente a los bárbaros es cuestión de civilización; es la afirmación de una ética y una cultura superior lo que distingue al verdadero hom-

---

[19] Baldry, ob. cit., pp. 113-166.

[20] *Cf.* J. P. V. D. Balsdon, *Romans and Aliens*, Londres, Duckworth, 1981, y Y. A. Dauge, *Le Barbare. Recherches sur la conception romaine de la barbarie et la civilisation*, Bruselas, Latomus, 1981, y los arts. de H. Kuch ỹ A. Scarcella en el vol. editado por J. Herrmann y R. Müller, *Die Antike und Europa-Zentrum und Peripherie in der antiken Welt*, Berlín, Akademie, V., 1989.

bre, de valor universal, frente a los bárbaros caracterizados por su ignorancia ruda y su salvajismo.

Este cosmopolitismo y humanismo romanos tienen raíces estoicas y son el terreno sobre el que se despliega lo mejor del cristianismo en su vocación universal. Sobre ese *humus* humanista, la nueva religión insistirá en que todos los hombres son hijos de Dios y hermanos en un mismo camino y peregrinaje terreno. Mientras que los estoicos marcaban una distinción entre los sabios y los necios (los *sophoí* y los *phaûloi*) que de algún modo quedó superada en la formulación romana, menos rigurosa y menos intelectualista, el cristiano encuentra una nueva barrera: la que marca la aceptación de la fe, con un credo dogmático. Como sucedió con la proclama estoica, el aspecto revolucionario de tales ideas tardó mucho en alterar las estructuras sociales del mundo antiguo. (Es decir, siguió habiendo esclavos y libres, pese a las declaraciones de humanidad y fraternidad).

VII. LOS OTROS FANTÁSTICOS Y LEJANOS

Sería dejar aún más incompleto este ensayo si no hiciéramos referencia a esos «otros» situados en los márgenes del mundo que no han logrado certificación empírica, sino que integran una fabulosa fauna humana o casi humana, criaturas semimíticas y paranovelescas, que la fantasía antigua albergó en lejanos horizontes, monstruos y maravillas de secular pervivencia [21]. Hasta los fines de la Edad Media, dos mil años después de Homero y aún más, se transmiten esas imágenes de pueblos y seres fabulosos, que a finales de la Antigüedad divulgaron textos como el variopinto *Fisiólogo* (siglo II) [22] o la llamada *Novela de Alejandro,* de enorme repercusión posterior [23], y

[21] Que los pueblos exóticos, con sus perfiles fabulosos y sus hábitos míticos, quedaran situados en los márgenes del mundo es algo muy claramente comprensible. Ya lo advertía Plutarco (*Teseo,* I, 1): más allá de las tierras conocidas, los geógrafos de su tiempo colocaban el territorio de los pueblos míticos, *cf.* H. Schwabl, «Bild der fremden Welt bei den frühen Griechen», en el citado *Grecs et Barbares,* pp. 28 ss.; y, en el mismo libro, H. Diller, p. 63 y O. Reverdin, pp. 98-103.

[22] *Cf.* N. Guglielmi, *El fisiólogo, Bestiario medieval,* con introducción y notas, Buenos Aires, Eudeba, 1971.

[23] Sobre la difusión de la llamada *Novela de Alejandro,* así como sobre su origen, véase mi versión y prólogo: *Pseudo Calístenes. Vida y hazañas de Alejandro de Macedonia,* Madrid, Biblioteca Clásica Gredos, 1977, con alguna bibliografía.

que pasan por algún catálogo como el *Liber de monstrorum diversibus generibus* (siglo XII ó XIII) y el *Libro de las maravillas* de Juan de Mandeville (1365-71), tan difundido por la imprenta en el siglo XV. Rabelais se burla en pleno Renacimiento de toda esa literatura, parodiando sus disparates, como mucho antes lo había hecho, en sus *Relatos verídicos o Verdadera historia,* el satírico Luciano (siglo II d.C.). Esas mismas parodias atestiguan la pervivencia del género y su popularidad. También estos «otros» habitantes de fantásticas lejanías son un legado antiguo, de indiscutible arraigo literario hasta los inicios de la Edad Moderna [24].

Ya la mitología clásica ofrecía un repertorio de seres monstruosos y pintorescos que el héroe griego en cuestión, peregrino por regiones extremas, debía afrontar. No sólo monstruos sino seres humanizados de aspecto imponente. En la *Odisea* los cíclopes, y entre ellos Polifemo, aparecen como el ejemplo máximo de salvajismo, desconocedores de la justicia y el derecho de hospitalidad, del trabajo y del vino. Polifemo es un caníbal y un ogro feroz, hijo de Posidón, de charla fácil y humor macabro. Luego están ahí los salvajes y brutales Lestrígones, los soñolientos y drogadictos Lotófagos, además de las seductoras sirenas, medio mujeres y medio pájaros (sólo después las sirenas cambiarán sus alas por una cola marina) y monstruos ligados a un lugar de espanto, como Caribdis con sus seis cabezas sobre largos cuellos y sus diez extremidades serpentinas.

También en sus viajes lejanos tuvo Heracles que enfrentarse a monstruos variados: cerca de Cádiz estaba el gigantesco Gerión, con sus tres cuerpos y cabezas, y en otros lugares luchó contra la Hidra policéfala, centauros violentos, enanos taimados, como los cércopes, además de las guerreras amazonas. La saga de los argonautas evocaba a las aladas y pestíferas harpías, un tremebundo dragón guardador del vellocino áureo, en la remota Cólquide, el broncíneo gigante Talo en Creta, etc. Otras criaturas míticas se mencionan en la *Teogonía* de Hesíodo: los gigantes de cien brazos, la Equidna, la Qui-

[24] Más detalles sobre estos monstruos y maravillas en el amplio artículo de Fr. Pfister «Von den Wundern des Morgenlandes», recogido ahora en su *Kleinen Schriften zum Alexanderroman,* Meisenheim am Glan, A. Hain, 1976, pp. 120-142. L. Sprague de Camp y W. Ley, en *De la Atlántida a El Dorado,* trad. española, Barcelona, Luis de Caralt, 1960, dan un buen panorama de la supervivencia de esos monstruos fabulosos, que perduraban en la Baja Edad Media y aun en el siglo XV, en la literatura de viajes.

mera, la Esfinge, Tifeo; los grifos, los sátiros, los silenos y los panes son otras figuras de ese repertorio tradicional.

Junto a las figuras de esta fauna mítica hay que mencionar a otros pueblos semifabulosos, los que están situados en una geografía más real. Ya Homero menciona a los piadosos etíopes y a los pigmeos, que luchan contra las cigüeñas (*Il.* III, 6 ss.). Hesíodo nombra (frg. 153 Merk.-West) a los cabezas grandes *(macrocéfalos)* y a los semiperros *(hemikýnes)*, idénticos sin duda a los cinocéfalos de autores posteriores. Aristeas de Proconeso, al relatar su gran viaje nórdico, más allá de Escitia, habló de los isedones y de los arimaspos (con un solo ojo en la frente, como los cíclopes) que peleaban contra los grifos, guardianes del oro. El poema de Aristeas (siglo VII) se perdió pronto [25].

Hacia Oriente viajó Escílax de Carianda (último tercio del siglo VI) y trajo noticias de la India y de Arabia y de pueblos exóticos, como los macrocéfalos, los esciápodos (con un solo pie, que les sirve de sombrilla cuando se tumban), los monoftalmos y los otoliknos (con orejas tan grandes como sacos).

Hecateo, lector de Escílax, le había tomado en préstamo los esciápodos o «pies de sombra» (frg. 327), los pigmeos (328) y el Ave Fénix (que también describe Heródoto). Junto a estos seres aparecen en la literatura griega el hipopótamo y el cocodrilo (Hdto., II, 68-71). También Heródoto leyó a Escílax y menciona a los conocidos cinocéfalos (IV, 191), los monoculares arimaspos (III, 116; IV, 13.27), los grifos enterradores del oro (IV, 13.27; III, 116) y el Ave Fénix (II, 73). Añade a los acéfalos del norte de África, con ojos en el pecho (IV, 191) y los aigípodes, «de pies de cabra», en el lejano norte (IV, 25). Menciona también a una fabulosa doncella de cuerpo de serpiente que trató de seducir a Heracles (IV, 8 ss.). Habla además de las serpientes aladas de Arabia (II, 75 ss.; III, 107-109) y de las enormes hormigas del norte de la India, mayores que zorros y menores que perros que con su excavar la arena descubren el oro (III, 2).

Medio siglo después de Heródoto escribió Ctesias, médico en la corte real persa, sus *Persiká* e *Indiká.* Vuelve a hablarnos de los «pies de sombra», los hombres orejudos, los monoftalmos, los pigmeos, los cinocéfalos y los grifos; refiere hombres con ocho

---

[25] Véase el libro de J. D. P. Bolton, *Aristeas of Proconnesus*, Oxford, Clarendon Press, 1962.

dedos en cada mano y diez en cada pie; describe el Unicornio por primera vez y, por noticias persas, menciona al tigre y al papagayo [26].

El sofista Antifonte introdujo en sus escritos a los «pies de sombra», los «macrocéfalos» y los «trogloditas», porque piensa que tanto estas criaturas humanas como griegos y bárbaros tienen la misma naturaleza y deben vivir en concordia (*cf.* frgs. 45-47).

Es muy curiosa esa mezcolanza de noticias y de pueblos, situados todos ellos en comarcas remotas. Como ya lo estaban los hiperbóreos y los etíopes, pueblos ambos famosos por su piedad, al norte y al sur de la *ecúmene.* Mientras que el oeste y el sur no producen nuevas criaturas fabulosas, la tendencia fue pronto a trasladarlas al Oriente. (Los arimaspos y los grifos de Heródoto procedían del norte). En esa fauna pintoresca los seres fantásticos se codean con los animales simplemente exóticos: el unicornio es vecino del tigre, el ave fénix del hipopótamo y las hormigas gigantes del papagayo. Algunos pueblos de los que informan los viajeros parecen bien estudiados: así los macrocéfalos, las amazonas, los pigmeos, y, más cercanos a la realidad etnológica, los ictiófagos («comedores de pescado») de las costas del Índico [27]. Las noticias de los primeros antropólogos se mezclan con las fantasías mitológicas.

Nearco, el almirante de Alejandro, describió surcando el Índico las primeras ballenas. El episodio novelesco de la isla que se sumerge bajo los pies del náufrago está en Luciano y en Sindbad el Marino; es una ballena. Onesícrito encontró en la India un pueblo tan piadoso como los hiperbóreos o los etíopes de Homero: los gimnosofistas, que conversaron con Alejandro en una famosa ficción. La India descrita por Ctesias y por Hermesianacte es un manual de zoología fantástica y de imágenes que preludian maravillas de las *Mil y una noches.* Oriente fabuloso por el que los griegos penetran como

---

[26] Sobre Ctesias, los datos están recogidos en el libro de R. Henry, *Ctésias. La Perse, L'Inde, Les sommaires de Photius,* Bruselas, Col. Lebègue, 1947.

[27] Algunos de estos pueblos son más míticos y más perdurables que otros en la imaginación y la literatura. Tal es el caso de las persistentes amazonas. (Véase ahora sobre sus orígenes, W. B. Tyrrel, *Amazons,* Baltimore, Londres, 1984). Otros, como los humildes «ictiófagos» o «comedores de pescado» están muy cercanos a la realidad etnográfica (*cf.* el análisis preciso de O. Longo, «I mangiatori di pesci: regime alimentare e quadro culturale», en *Materiali e discussioni per l'analissi dei testi classici,* núm. 18, Pisa, Giardini, 1987, pp. 9-55). Sobre Nearco y Onesícrito, *cf.* P. Pédech, *Historiens compagnons d'Alexandre,* París, Les Belles Lettres, 1984.

conquistadores y como exploradores y de donde volverán, como volvió Alejandro, sin alcanzar el extremo anhelado de la tierra. Que Alejandro muriera extrañamente en Babilonia y fuera luego a quedar embalsamado en Egipto, en fúnebre viaje del Éufrates al Nilo, es otro episodio histórico que bien vale como símbolo de esa apertura helénica a Oriente.

VIII. RELATOS DE VIAJES FABULOSOS. LOS MONSTRUOS DE ORIENTE

La literatura de viajes fabulosos tiene en la *Odisea* su precedente épico, como señaló el satírico Luciano. Pero se desarrolló mucho en época helenística, con los relatos en prosa de los viajeros hacia el Oriente lejano, tras las huellas de la ruta de Alejandro. Nearco, Onesícrito y otros de sus acompañantes trajeron noticias de primera mano. Nearco en su travesía del Índico vio las grandes ballenas y admiró el modo de vivir de los ictiófagos. Onesícrito se entrevistó con los brahmanes y atestiguó la sabiduría ascética de los gimnosofistas. Pero narraron hechos aún más extraños. Nearco había visto una tribu de hombres primitivos, recubiertos por entero de pelos, que utilizaban sus largas uñas curvas como herramientas para sus construcciones. Baiton describió a unos habitantes del Himalaya que tenían los dedos de los pies hacia atrás y corrían velocísimos. Esos *opisthodáctyloi* que viven en las nieves son recordados por san Agustín (*De Civitate Dei,* XVIII, 6).

Píteas de Masalia, en su viaje por el norte de Europa vio a los hombres con pezuñas de caballo *(hippodes)* y a los de largas orejas (ya descritos por Ctesias; éstos podían abrigarse con ellas). Megástenes, enviado por Tolomeo II al rey de Pataliputra en el Ganges, escribió sobre sus prodigios: habló del unicornio, los orejudos, los opistodáctilos, los monoftalmos (de un solo ojo), los cinocéfalos (cabezas de perro), los pigmeos, las enormes hormigas enterradoras del oro, y las serpientes aladas; y también de los hombres sin boca (*ástomoi;* se alimentaban por el olfato), los sin nariz *(árrinoi),* los larguimembres de enormes patas *(makroskeleîs),* los pies veloces (*okýpodes,* tal vez de lana), los «panes», que como el dios agreste tenían cráneo puntiagudo y patas de cabra; y de los cercopitecos de larga cola (acaso unos mandriles) y de los escorpiones alados.

Toda esa fauna, con algunos añadidos, reaparece en el texto del Pseudo Calístenes, que relata las maravillas y los monstruos que encontrara Alejandro Magno en su desaforado avance por la India fabulosa.

La fauna fantástica que aparece en este relato popular de comienzos del siglo III d.C. es un repertorio pintoresco, que pervivirá largo tiempo en la imaginación occidental. Serpientes voladoras, ratas mayores que zorros, murciélagos carniceros, cangrejos gigantes, causan horror en la noche; y de la selva surge el magnífico *odontotýranos*, enorme y acorazado rinoceronte, de inmensas proporciones. Pululan extraños homínidos, unos con un solo pie y larga cola, otros alargados y lisos como árboles semovientes o redondos y cubiertos por entero de pelos. Uno de esos monstruos devora a mordiscos a la hetera que le acercan para domesticarlo. Entre las selvas y las nieblas de Oriente vegetan esos seres híbridos, espantosos y circenses, al margen de la historia. Con la audacia de un redivivo Heracles y la curiosidad de un nuevo Ulises, Alejandro, mitificado por la fantasía novelesca, asiste al desfile de los prodigios orientales.

A través de variantes versiones y traducciones sin cuento, este libro se difundió admirablemente, y su fauna se propagó a otros relatos, sumándose a los prodigios de Oriente de más antiguo abolengo, en la Antigüedad tardía y la Edad Media. Desde el *Fisiólogo* al libro de Juan de Mandeville pervive esta zoología fantástica (emulada por J. L. Borges mucho después). Centauros y amazonas vienen de época remota; los arimaspos, los dendritas, los opistodáctilos, los esciápodos y los gigantones velludos de las selvas y las nieves se han incorporado al mítico tropel en época posterior. Todos pueblan esos misteriosos confines del Oriente prodigioso, feraz, maravilloso.

Reflexionando sobre tales noticias, san Agustín [28] (en su libro *De Civitate Dei*, XVI, 8) se pregunta si todas estas criaturas humanoides proceden de Adán, y afirma que, si corresponden al concepto de ser humano, *animal rationale atque mortale*, son hombres, pese a su extraño aspecto, y una nueva muestra de la omnipotencia de Dios, que los ha creado, y Él sabe con qué fin.

En el Extremo Oriente los acompañantes de Alejandro no sólo ven una fauna en la que lo humano y lo bestial y aun lo vegetal

---

[28] San Agustín toma de autores latinos —como Plinio, *Hist. Nat.*, VII, 2, 10-30, Aulo Gelio, *Noct. Att.*, IX, 4, 6-10, y otros— las descripciones de esos monstruos ya tradicionales.

parecían mezclarse, sino que encontraron pueblos y hombres sabios, como los brahmanes gimnosofistas y prodigios inolvidables, como los árboles parlantes del Sol y de la Luna, y rozaron la fuente de la eterna juventud en el nebuloso País de los Felices. Tal vez el colmo del salvajismo lo represente el gigantón velludo de la tierra de los melófagos (II, 36) al que le ofrecen una mujer (con la intención de domesticarlo, como ya en el *Poema de Gilgamés* se hizo con Enkidu) y él se abalanza a devorarla. Es un homínido salvaje que ni siquiera habla, sino que ladra como un perro. En claro contraste con tantos monstruos y salvajes, en ese Extremo Oriente habitan los seres (el pueblo de la seda, los chinos), situados más allá del Ganges, según el final de la *Epistula ad Aristotelem.* Es un pueblo pacífico y justo, que se nutre de alimentos muy sencillos, de pan, verduras y agua (es decir, se abstienen de carne, como los órficos helénicos), e ignoran el adulterio, el homicidio, el perjurio y la embriaguez.

Si los espacios lejanos están llenos de monstruos y bestias feroces, también hay en ellos maravillas de virtud. A las selvas se contraponen los jardines y las fuentes, a los terribles encuentros los paraísos de idealismo utópico. Mientras que el mundo civilizado se iba uniformizando en sus ideales éticos y en sus hábitos civilizados, bajo la *paideía* helenística y la disciplina romana, en esos confines fabulosos brillaban los señuelos fantasmagóricos de una alteridad seductora. Ya la imaginación utópica de algunos filósofos habían descrito otras islas felices, como la misteriosa Atlántida del viejo Platón, situada en el Occidente y acaso resurgente del mar algún día [29].

IX. HACIA UNA ÍNSULA LEJANA Y DICHOSA

El tema del «salvaje inocente y feliz» no se presenta en la literatura griega, aunque el bucolismo helenístico y romano sí nos pinte una felicidad campestre al margen de las ciudades tumultuosas y opresi-

[29] Ya Platón había escrito sobre esa mítica Atlántida, en contraposición a la decadente Atenas, y el audaz Evémero compuso un relato de viajes de gran éxito, contando su navegación hasta Panquea, una misteriosa ínsula oriental (Tapróbana o Ceilán tal vez), donde convivió con un pueblo primitivo y donde aprendió mucho sobre los dioses antiguos. Véase el libro de J. Ferguson, *Utopias of the Classical World,* Nueva York, 1975.

vas. En los mitos se pintaba una existencia paradisíaca más allá de esta vida, para unos cuantos espíritus privilegiados, resucitados en los Campos Elíseos. Los viajeros hacia confines remotos no perdieron quizás la esperanza de encontrar una lejana Arcadia tan feliz como la utópica Atlántida de Platón.

Unos pocos relatos hablaban de esos fabulosos ámbitos de maravilla, al margen de la civilización. Pero sólo por un par de resúmenes y por la descarada parodia de Luciano (en su *Verdadera historia*) conocemos un par de esas obras perdidas, en las que se expresaba un ansia por viajar y evadirse a lejanías seductoras. En las *Maravillas más allá de Tule* Antonio Diógenes contaba cómo sus héroes se recorrían todo el Occidente (el norte de España, desde luego) y recalaban en Islandia, y luego, por medios mágicos, se remontaban a la luna. Luciano lo supera en fantasía al relatar su viaje a la luna, sus encuentros con los selenitas y las guerras interestelares. Lo que en Luciano es una broma pudo tener otros tintes en el texto fantástico de Antonio Diógenes, cuyo mismo título nos parece tan sugestivo.

Se nos ha perdido también el relato novelesco de Yambulo [30], en el que nos contaba su viaje por el océano Índico hasta una isla paradisíaca, cuya población ofrece unos rasgos un tanto idealizados y utópicos. Dice Luciano que esa autobiografía de Yambulo era un «relato no carente de gracia», pero increíble. Por el resumen de Diodoro de Siracusa (*Hist.*, II, 55-60) sabemos algo de su trama. Tal vez vale la pena recordarla aquí.

Este Yambulo, que por su nombre tal vez fuera un sirio o un fenicio del siglo II ó I a.C., escribió un relato autobiográfico de aventuras oceánicas. Por afán de comerciar, el joven Yambulo viajaba por Arabia cuando fue capturado por unos bandidos, llevado a Etiopía y, allí, ofrecido como víctima propiciatoria, arrojado sobre una balsa al Océano. Tras un largo viaje marino de cuatro meses, llegó a una isla magnífica, en un archipiélago de siete.

En la isla (según algunos estudiosos modernos, tal vez Ceilán o Mali o alguna del Mar de la Sonda) fue bien acogido por los indígenas. Situada cerca del Ecuador, goza de noches y días siempre equilibrados, clima excelente, agua marina suavemente mecida por ciertos vientos y mareas que resulta dulce, y produce generosas y

[30] Muchos de esos rasgos entroncan con los de las narraciones utópicas, como ya señalé en *Los orígenes de la novela*, Madrid, Itsmo, 1972.

rápidas cosechas de frutos exóticos y tropicales. Allí vive Yambulo siete años entre los nativos, todos idénticos en su aspecto. (Eso decían los griegos de pueblos como los etíopes, de características raciales diferentes a las de su raza, y a cuyos individuos les resultaba difícil identificar). Pero eran unos seres novedosos: de cuatro codos de alto, con amplios orificios nasales (tal vez para alimentarse de olores, como algunos otros seres fantásticos), poseían además una lengua dividida en dos, con la que podían hablar todos los idiomas, imitar el canto de los pájaros y hablar a la vez con dos personas en distinto coloquio. Vivían ciento cincuenta años sin enfermar jamás y a esa edad se suicidaban acostándose sobre unas plantas de aroma mortífero. Sus cuerpos, abandonados en la playa, eran recogidos por la marea oceánica.

Este pueblo, muy religioso, habitaba en comunidades de hasta cuatrocientos miembros y el más viejo ejercía el poder. Las mujeres eran comunes, así como los niños, y las matronas que vigilaban a los pequeños los cambiaban para que los padres no pudieran identificarlos. Trabajo y comida eran variados y practicados en una paz patriarcal. Tenían un extraño sistema de escritura con siete signos, que mediante una cuádruple modificación de cada uno permitía obtener veintiocho variantes gráficas elementales. Practicaban muchos saberes y, de modo especial, eran expertos en astronomía.

Al cabo de los siete años Yambulo fue arrestado como malhechor y hombre de malas costumbres y devuelto en otra balsa al mar. Tras unos meses de navegación nuestro protagonista llegó a la India, y de allí cruzando Persia arribó de nuevo a Grecia.

En el breve resumen de Diodoro percibimos cómo en el relato se mezclan motivos míticos (siete islas, siete años; el paraíso tropical isleño con sus felices pobladores; un pueblo que habla todas las lenguas y conversa con los pájaros), utópicos (comunidades sencillas gobernadas por el más viejo de la tribu, comunidad de mujeres e hijos, como en las propuestas de Platón y los cínicos) y detalles etnográficos de un sabor pintoresco.

El náufrago, que admira este maravilloso y pacífico edén, acaba siendo expulsado del paraíso, sin duda por su falta de inocencia, por sus costumbres de occidental corrompido por su civilización. Se trata de un tema de raíces psicológicas generales, una visión de la utopía que ha resurgido en otros tiempos. Yambulo es aquí el bárbaro arribado a un paraíso perdido en el Océano donde no existen los males de la civilización helénica.

Tanto esos horizontes lejanos, paranovelescos, como los libros de maravillas *(parádoxa)*, centones de intención popular, y los proyectos utópicos de los filósofos, testifican un anhelo hacia un mundo menos contaminado por la cultura corruptora y opresiva, un mundo perdido donde podría encontrarse otra imagen de la felicidad, entre otras gentes y en otro paísaje. Yambulo es, en cierto modo, el reverso de Ulises.

X. EPÍLOGO

Unos famosos versos de la tragedia *Medea* de Séneca, a propósito de la aventura de la mítica nave Argo, celebran la extensión de lo civilizado y la universalidad de lo explorado; pero, a la vez, sorprendentemente, profetizan nuevas tierras allende el Océano, por Occidente, más allá de la extrema isla de Tule. Canta el coro

> toda barrera ha sido eliminada/ y en nuevas tierras erigen sus murallas las ciudades./ Nada ha dejado donde antes estaba/ el orbe, al hacerse transitable./ El indio bebe en el helado Aras;/ los persas, en el Elba y en el Rin./ Tiempos vendrán al paso de los años/ en que libere el Océano las barreras del mundo/ y se abra la tierra en toda su extensión/ y Tetis nos descubra nuevos mundos/ y el confín de la tierra ya no sea Tule. [v. 369-79].

Más allá de Tule (tal vez Islandia), por el misterioso océano, hacia el Oeste, auguraba el estoico latino, a mediados del siglo I d.C., «nuevos orbes». Más allá de Tule, en la ficción novelesca y fantástica, habían ido los protagonistas de los relatos de Antonio Diógenes y de Luciano, a los que ya aludimos. Pero no habían arribado a tierras más occidentales, sino, en un pintoresco vuelo, uno y otro habían llegado hasta la luna.

Hernando Colón anotó, en su ejemplar de las tragedias de Séneca, al margen de este pasaje: *«Haec prophetia expleta est per patrem meum Christoforum Colon almirantem anno 1492»*. Cruzando el Océano, *mare ignotum* para los antiguos, Colón creyó haber alcanzado el Oriente, el fabuloso continente de las mil maravillas, pródigo en oro y en especias. No es nada extraño que se empeñara en encontrar allí, en esos horizontes selváticos, los monstruos y los prodigios que los antiguos habían relatado. Los mitos y las utopías de origen helénico resonaban en la visionaria inquietud del descubridor, como detalladamente ha estudiado ahora J. Gil [31], y con su fantasmagoría orientaron los ensueños y las miradas de los conquistadores.

[31] Juan Gil, *Mitos y utopías del Descubrimiento;* 1. *Colón y su tiempo;* 2. *El Pacífico;* 3. *El Dorado,* Madrid, Alianza, 1989, (*cf.* especialmente I, 29-56). Añado esta nota al texto ya compuesto, pues la aparición de estos tres tomos es posterior a su redacción; pero me alegro de poder dar aquí noticia de su interés.

2. IMÁGENES DE LOS OTROS EN MESOAMÉRICA ANTES DEL ENCUENTRO

MIGUEL LEÓN-PORTILLA

Universidad Nacional Autónoma de México

Asomarse al luminoso mar Mediterráneo fue para los hombres del Viejo Mundo oportunidad de contemplar gentes distintas por sus culturas y lenguas y también por sus cuerpos y aun el color de los mismos. La aportación de Carlos García-Gual nos muestra cómo los griegos dejaron abundantes testimonios sobre sus experiencias y reacciones al entrar en contacto con los pueblos de Persia, Mesopotamia, Israel, Fenicia, Egipto y otros lugares del norte de África. Los griegos que habían marchado con Alejandro en sus campañas de conquista, se habían encontrado con los escitas y también con los pueblos de la India. Asimismo los romanos y luego los distintos pueblos de Europa sabían que, más allá, en las tierras de Asia y África, vivían hombres muy distintos de ellos. Los griegos los llamaron «bárbaros» porque eran los no iguales, considerados casi siempre como torpes e inferiores.

En el Viejo Mundo, no sólo los europeos sino muchos de sus diversos habitantes en África y Asia, incluyeron en sus respectivos bagajes de cultura la idea y la experiencia de haberse topado con otros básicamente distintos.

Una experiencia, aún más radical, trajo consigo para los europeos, y desde luego también para los indígenas de América «el encuentro de dos mundos», es decir, el proceso a través del cual los hombres de los dos hemisferios, aislados a través de milenios, fueron entrando en contacto. De tal experiencia hablan, del lado europeo, innumerables crónicas y relatos, algunos tan desafortunados que provocarían dudas sobre la racionalidad de «esos recién descubiertos». Otros, en cambio, mucho más penetrantes, debidos en ocasiones a

León-Portilla, M.; Gutiérrez Estévez, M.; Gossen, G. H., y Klor de Alva, J. J. (eds.), *De Palabra y Obra en el Nuevo Mundo*, vol. 1, *Imágenes interétnicas*, Madrid, Siglo XXI de España, 1992, pp. 35-56.

auténticos humanistas que percibieron lo valioso y lo extraordinario en las culturas de los amerindios.

A su vez, del lado indígena, existen otros testimonios, con palabras de asombro y de duda acerca de los barbudos poseedores de tubos que escupen fuego, esos desconocidos, o por un momento tenidos como Quetzalcóatl y otros dioses que retornan. En el segundo volumen de esta obra me ocupo de los relatos indígenas acerca de profecías y portentos a través de los cuales los mesoamericanos buscaron explicarse bien sea lo que iba a ocurrir o quizá lo que estaba ya sucediendo o aun también lo que se había ya consumado.

Ahora la pesquisa es diferente. El propósito es escudriñar en algunos textos indígenas de la antigua tradición lo que pudo ser una experiencia paralela entre los mesoamericanos antes del encuentro con los europeos. La cuestión que aquí interesa es analizar y valorar lo peculiar en las vivencias de los pueblos de lengua náhuatl de la región central de México, al establecer contacto con sus vecinos mesoamericanos y con otros grupos más alejados, portadores de elementos culturales a veces distintos y hablantes de lenguas para ellos no inteligibles. Ampliando la pesquisa, atenderá ella asimismo a los conceptos y vivencias en relación con otros seres imaginados como portentosos que, de un modo o de otro, son tenidos como extraños en el contexto de la propia cultura.

I. LOS NAHUAS Y SU ENTORNO CULTURAL

Se conservan testimonios de la tradición prehispánica, sobre todo debidos a los nahuas, mayas y mixtecas. Los proporcionan los códices o libros indígenas que escaparon a las destrucciones que siguieron a la conquista, así como textos en las correspondientes lenguas nativas, derivados de la tradición oral, escritos ya con el alfabeto desde tempranas fechas en el siglo XVI. Sobre todo en el caso de los nahuas (mexicas o aztecas, tezcocanos, tlaxcaltecas...), hay un cierto número de testimonios que hablan de diferentes pueblos conocidos por ellos. Varios de esos testimonios integran una sección en la documentación náhuatl recogida por fray Bernardino de Sahagún. Y aunque, es cierto que, específicamente en los textos que describen «al otro», la expresión de los indígenas nahuas sigue un cierto esquema propuesto por el fraile, es también verdad que, yendo a veces más allá del cuestionario que allí se trasluce, la palabra en náhuatl alude a rasgos que reflejan lo que se pensaba acerca del carácter más íntimo de esos pueblos, unos cercanos y otros habitantes de regiones algo apartadas. Es a través de esos rasgos donde —libre de toda influencia extraña— aflora la imagen náhuatl de gentes como los otomíes, huaxtecos y otros varios pueblos.

Con los otomíes —cuya lengua pertenece no sólo a una familia distinta sino a un tronco del todo apartado— los nahuas habían mantenido contactos generalmente pacíficos a través de los siglos. Los otomíes vivían —y continúan haciéndolo— en regiones periféricas a los grandes centros de población, muchas veces en zonas que pueden tenerse como «de refugio». La imagen que de ellos prevalecía entre los nahuas incluye tres rasgos principales: son torpes, viven pobremente y son lascivos. He aquí lo que, en función de tales atributos, se decía acerca de los otomíes,

> no son capaces, no son hábiles [...] Por esto del que no es capaz se dice: «tú eres un otomí, un otomitazo, un tonto otomí, ¿qué, acaso, no entiendes, eres tal vez un otomí?» Los otomíes también son perezosos, aunque son fuertes. [...] Y repetían que así lo habían dejado dicho sus abuelos: «se hincha lo que se ha cavado en la tierra»; como si dijeran: «alguien mucho come, y tal vez luego pronto pierde lo que tiene. Tú, como otomí, todo lo pierdes.» He aquí otra cosa del ser y la vida de los otomíes: muy jóvenes, varoniles, todavía como niños [...] ya se les buscaban muchachas, y los señores, los que gobiernan, los guiaban...
>
> Y dizque si no tenía diez veces fuerzas el muchacho, cuando gustaba del sexo, lo dejaba (ella), lo abandonaba; y también del mismo modo la mujer, si entonces no se le juntaba jadeante, tal vez ocho, diez veces, cuando se le acercaba su compañero, luego él la dejaba, la abandonaba [...] [1].

La imagen, bastante vívida por cierto, de los otomíes, es, si bien se mira, menos negativa de lo que pudiera suponerse. Por una parte, en ella se representa a ese grupo como integrado por individuos incapaces, tontos y perezosos, tanto que, según se reitera, al torpe entre los pueblos de idioma náhuatl se le pregunta si acaso es él un otomí. Por otra, en cambio, la imagen concede importancia a una gran capacidad sexual atribuida a los otomíes. Curiosamente, los nahuas que, en otros textos, se muestran muy rígidos en materia sexual, no condenan lo que se atribuye a los otomíes, simplemente

---

[1] *Códice Florentino,* manuscritos 218-220, 1979, l. X, III, f. 130r-v.

lo describen. Hay, además, otro elemento no mencionado en este texto pero que aparece en otros y ayuda tal vez a captar la significación de la imagen que, de los otomíes, tenían los nahuas. Posiblemente por el valor que demostraban éstos cuando se veían obligados a participar en un combate al lado de los nahuas de México-Tenochtitlan, llegó a existir un rango en el ejército que ostentaba el título de *otomitl* (otomí).

Caso diferente es el que presenta la imagen acerca de otro pueblo, los huaxtecos. Éstos, que habitaban en un territorio al noreste, relativamente apartado del valle central de México, constituyen hasta hoy un grupo mayense, el más septentrional, separado de los otros hablantes de lenguas de la misma familia. A los ojos de los mexicas, que habían dominado a buena parte de los huaxtecos, éstos aparecen —como los otomíes— en una imagen en cierto modo ambivalente. Son gente que vive en una región muy rica

> allí, en Cuextla [la tierra de los huaxtecos] hace mucho calor, hay clima ardiente; allí se produce todo lo que es nuestro sustento, frutas que aquí no se ven [es decir en el valle de México], las que se dicen muy variadas, muy maravillosas, el camote [...] toda clase de algodón y de flores. Se nombra [esa región] tierra de nuestro sustento, tierra florida [...] [2].

Tras describir luego en tono de admiración las muchas joyas y atavíos con que suelen mostrarse en público hombres y mujeres huaxtecos, se alude a una costumbre que parece disgustar a los mexicas

> los hombres huaxtecos no usan *maxtles* [prenda que cubría los genitales], aunque entre ellos hay gran cantidad de manta de algodón [...] [3].

El testimonio que describe tal desnudez tiene su complemento en un relato incluido en el mismo *Códice Florentino*. Según él, en tiempos antiguos se reunieron gentes de diversos orígenes en un monte llamado Pozonaltépetl, «cerro espumoso». Allí tuvo lugar la invención de la bebida fermentada y que embriaga, el pulque. Todos gustaron de él. Los de habla náhuatl y otros bebieron cuatro veces; sólo Cuextécatl, el señor de los huaxtecos, bebió cinco veces y así se embriagó. Hallándose en tal estado, se quitó su *maxtle* —la ya

---

[2] Ob. cit., 1979, l. x, iii, f. 135r-v.

[3] Ob. cit., 1979, l. x, iii, f. 135v.

descrita prenda de ropa— y lo arrojó al suelo... De ese modo se originó la costumbre prevalente entre los huaxtecos. Y además, de la forma como entonces actuó Cuextécatl, embriagándose, tomaron ejemplo —según se refiere— los huaxtecos,

éstos siempre andan embriagados, como si hubieran consumido hierbas alucinantes.

Y si alguien [entre los nahuas] no se comportaba bien, si andaba como embeodado, se le decían estas palabras: De allí sale, del Cuextécatl. ¿Acaso también has bebido cinco veces? ¡Has bebido cinco veces! [4].

Una vez más, la imagen del otro, da base a los mexicas para poner en evidencia lo que se tiene como despreciable o malo: el otomí es tonto, «¿eres tú acaso un otomí?»; el huaxteco anda embriagado, «¿eres tú tal vez un huaxteco?».

Formando también parte del entorno cultural de los pueblos nahuas, y en particular de los mexicas, se hallaban los michhuaques o tarascos, en buena parte de lo que hoy es el Estado de Michoacán y regiones aledañas. El caso de estos michhuaques es particularmente interesante. Como los grupos de los que hablan los testimonios antes citados, los michhuaques habían tenido diversos enfrentamientos bélicos con los mexicas. Éstos nunca pudieron someterlos. Por el contrario, en una ocasión los mexicas fueron vencidos por los michhuaques. Tal vez este hecho ayude a comprender mejor la imagen que de ellos llegaron a formarse.

El texto en náhuatl comienza describiendo algunos rasgos del aspecto físico de los michhuaques que seguramente sorprendían a los mexicas. Señala que gustaban de andar con la cabeza rapada, tanto los hombres como las mujeres, aun en el caso de las ancianas. A continuación pondera la abundancia de mantenimientos que había en su tierra. Su indumentaria también es objeto de particular descripción; a diferencia de los pueblos nahuas que se vestían con su capa o *tilma* y con un *maxtle* o tapa-sexo, en ocasiones con hermosos bordados, los michhuaques se cubrían con una especie de camisas largas y sin mangas.

Elementos de interés particular en la imagen que tenían los mexicas de sus vecinos, los michhuaques, corroborado por diversas fuentes, era la atribución que se les hacía de haber pertenecido original-

[4] Ob. cit., 1979, l. X, III, f. 175v.

mente al linaje de los pueblos nahuas. De acuerdo con esa tradición los michhuaques habían marchado al lado de los pueblos nahuas en su peregrinar desde las llanuras del norte hasta la región central de México. Tan sólo que, al llegar a las inmediaciones del lago de Pátzcuaro, los michhuaques se habían quedado ahí siguiendo la consigna de una diosa que fue más tarde rival, por no decir enemiga declarada, del dios tutelar de los mexicas. Los michhuaques, que para siempre permanecieron en esas tierras y que reconocían la región del lago de Pátzcuaro como su ámbito preferido, no sólo se apartaron de los pueblos nahuas, sino que, por lo que se consideró como un portento divino, cambiaron muchas de sus costumbres e incluso su lengua. Ésta en nada se parecía al náhuatl en que se expresaban los mexicas [5].

Reflejo de la alta estima, teñida a la vez de rechazo, que experimentaban los mexicas por estos vecinos suyos lo ofrece el siguiente texto incluido en la recopilación de fray Bernardino de Sahagún:

> los michhuaques eran en verdad artistas; como los antiguos toltecas, eran expertos en el trabajo de las plumas, diestros carpinteros, talladores de la piedra, artistas de la madera, pintores, buenos artesanos. Las mujeres michhuaques eran expertas tejedoras, conocían muchas artes, hacían muy buenas capas para los hombres y hermosas sandalias. Pero he aquí cuáles eran sus defectos: los hombres no cubrían bien sus vergüenzas, tan sólo las encubrían con sus largas camisas que les llegaban a las rodillas, las que se dicen *xicolli,* que eran como camisas de mujer. [...] Las mujeres sólo hacían sus faldas, no tenían camisas, sus faldas no eran grandes [...] sólo les llegaban a las rodillas [...] [6].

Acercarse a éstas y otras imágenes elaboradas por los mexicas respecto de sus vecinos otomíes, huaxtecos, michhuaques y otros pueblos pone de manifiesto no sólo lo que atribuían de bueno y también de malo a sus vecinos, sino que deja entrever un profundo sentido de autoafirmación. Desde el punto de vista de los nahuas, y en particular de los mexicas, esos vecinos suyos que constituían su más próximo entorno cultural, a pesar de algunos atributos positivos, eran viciosos, perezosos y mal vestidos.

La idea de que «yo» soy el que sabe vivir adecuadamente, com-

---

[5] F. Alvarado Tezozómoc, *Crónica Mexicáyotl,* trad. de Adrián León, México, UNAM, 1944, pp. 9-10; D. Durán, *Historia de las Indias de Nueva España,* 2 vols., ed. de J. F. Ramírez y A. Chavero, México, 1867-1880, II, pp. 28-30.

[6] *Códice Florentino,* 1979, l. X, III, ff. 138r-139v.

portarse bien y hablar una lengua propia de gente refinada, es perceptible en estos relatos. Esos pueblos vecinos, en cambio, son toscos, no saben obrar como es debido y sus lenguas son en realidad ininteligibles. Sin embargo, esos pueblos vecinos, a pesar de sus diferencias, tenían mucho en común con los nahuas. Sus formas de organización social, religiosa, política y económica guardaban semejanzas. En el fondo, por encima de las diferencias, todos esos pueblos participaban de la misma civilización mesoamericana. Normaban sus acciones de acuerdo con los mismos sistemas calendáricos y, en última instancia, practicaban ritos muy semejantes en honor de sus dioses. En resumen, aunque diferentes, no lo eran radicalmente. Cuando los mexicas y los otros pueblos nahuas entraban en contacto con esos vecinos suyos, tenían una experiencia social ordinaria de alteridad. Otros casos había, más allá de ese entorno cultural, en los que el concepto y la vivencia de la alteridad adquirían tonos mucho más radicalmente diferenciadores.

II. GENTES MUCHO MÁS APARTADAS Y EXTRAÑAS

Esos que vivían más allá del entorno cultural formado por pueblos, en muchos aspectos afines a los mexicas y en general a los nahuas, se hallaban en realidad fuera del ámbito de Mesoamérica. En otras palabras, no pertenecían al contexto de alta cultura que, a través de milenios, se había desarrollado desde el período olmeca hasta el siglo XV en el extenso territorio del centro y sur de México y de una parte considerable de América Central. Más allá de las fronteras de Mesoamérica vivían —y hasta la fecha perduran algunos de sus descendientes— grupos de lenguas y formas de vida muy diferentes. En tanto que algunos habían recibido una cierta influencia mesoamericana, otros mantenían formas de existencia características de pueblos seminómadas.

A los ojos de los mexicas se presentaba, tal vez como un caso extremo, el de aquellos que llamaban teo-chichimecas, es decir «los genuinos o verdaderos chichimecas». Los nahuas, incluyendo a los mismos mexicas, se preciaban en ocasiones de estar emparentados con el linaje de los chichimecas. Pero lo hacían refiriéndose a ancestros suyos que, al establecerse en la región central, se habían vinculado, incluso a través de enlaces matrimoniales, con gentes de antigua estirpe tolteca. Se habían convertido así en herederos de un gran legado debido, en última instancia, al sabio sacerdote Quetzalcóatl.

Los genuinos chichimecas, según lo consigna un texto en lengua náhuatl, eran del todo silvestres, rústicos por no decir salvajes. Por eso los llamaban también zaca-chichimecas, es decir hombres que viven en medio de las yerbas silvestres. Expresamente lo señala la palabra indígena,

ca iehoantin in hueca nemi, in cuautla, in zacatla, in ixtlahuacan, in texcallan: «Viven lejos, en las sierras, entre las yerbas, en las llanuras, en los lugares pedregosos» [7].

Tanto en el *Códice Florentino,* portador de los testimonios que Sahagún recogió, de donde procede la cita anterior, como en otros manuscritos, entre ellos la *Historia Tolteca-Chichimeca,* los *Anales de Cuautitlán,* los códices *Xólotl, Tlotzin* y *Quinatzin,* abundan las referencias acerca de lo que pensaban los nahuas respecto de esos genuinos chichimecas con los que habían tenido diversas formas de contacto. Del mismo *Códice Florentino* procede la siguiente descripción de aquello que más llamó la atención de los nahuas,

éstos [los teo-chichimecas] en ninguna parte tenían casa, siempre andaban vagueando, por todas partes andaban. Sólo andaban sin rumbo, donde se les hacía de noche, allí quedaban, en una cueva, entre las rocas, allí dormían. Al que era su jefe, si cazaban alguna fiera, quizá un gato montés, los que tal vez lo atrapaban, o tal vez un ocelote o cualquier otro animal, ellos se lo entregaban, sus pieles, su carne. [...] Y este su jefe sólo tenía una compañera, sólo tenía una mujer. Estos chichimecas sólo tenían una compañera, sólo tenían una mujer. [...] Así vivían, apartados unos de otros. [...] Y el señor de los chichimecas se cubría con pieles de gatos monteses, de ocelotes o de otras fieras o tal vez con pieles de ardillas. Sobre su cabeza se ponía una como guirnalda hecha del pellejo de ardillas. Y también los demás, y sus mujeres, todos se cubrían con faldas y camisas hechas de pieles de animales. Llevaban siempre consigo sus arcos y sus flechas. Y también, cuando dormían, ponían sus arcos y flechas como cabeceras. He aquí la forma de vida de estos chichimecas: tallaban, eran expertos en tallar los pedernales, la obsidiana, las que convertían en las puntas de sus flechas. [...] Conocían muy bien las yerbas, las raíces que encontraban, sus propiedades. Y conocían también al que se llama *peyote,* lo tomaban y lo comían, y también al hongo que se llama *nanácatl.* Se reunían así, trastornados. Se juntaban y allí

---

[7] *Códice Florentino,* 1979, l. X, III, f. 120v.

bailaban, cantaban toda la noche, todo el día. Y al día siguiente de nuevo se reunían, lloraban, mucho lloraban. [...] He aquí lo que era la comida de estos chichimecas: nopales, tunas, las raíces de varias yerbas, los frutos de árboles como el mezquite y los palmitos, miel de varios cactus, miel de abejas silvestres, la carne de conejo, serpiente, venado, tigre y de todos los animales que se mueven. Como eso comían estos chichimecas, nunca enfermaban, llegaban a la vejez, morían viejos. Y si a alguno lo tomaba alguna enfermedad y le duraba tres o cuatro días y no se curaba, luego se reunían los chichimecas y le daban muerte. Le metían una flecha por el cuello. Y a los que eran muy viejos o muy viejas también les daban muerte. Así les daban muerte a los enfermos, porque decían que eran ya muy viejos, porque con eso estaban sufriendo, y para que ya no padecieran en la tierra. Y así los enterraban, con grande regocijo, y hacían fiesta por el muerto dos o tres días, bailaban, cantaban. [...] Cuando la mujer estaba embarazada, muchas veces le echaba agua por la espalda su marido, dizque con esto la bañaba como en un *temazcal* [especie de baño sauna en Mesoamérica]. Y cuando había dado a luz a la criatura, así dos, tres veces, la golpeaba el chichimeca por la espalda, a la ya parida, dizque así acaba de salir la sangre [...] [8].

Éstas y otras cosas, todas motivo de extrañeza, referían los nahuas a propósito de esos genuinos chichimecas. Acudiendo ahora a otro testimonio de la tradición indígena, encontramos semejanzas en lo que los «civilizados» pensaban acerca de esos bárbaros. La siguiente descripción procede de los *Anales de Cuautitlán:*

vinieron a acercarse los chichimecas. Vivían como flechadores, cazadores, no tenían casa, no tenían tierras. Su vestido no eran capas tejidas, solamente pieles de animal era su vestido y a veces con yerbas también lo hacían. Sus hijos se criaban tan sólo en redecillas, en cajas hechas con ramas de árboles. Los chichimecas comen tunas grandes, grandes cactus, maíz silvestre, tunas agrias. Así era su vida, así se afanaban [9].

Lejanos y muy diferentes aparecen estos chichimecas genuinos ante los ojos de los nahuas. Son gente que anda sin rumbo, no tienen casa, duermen en cuevas, visten con pieles. Hablan lengua *popoloca,* es decir, bárbara; son muy toscos, se alimentan con frutas silvestres, practican la caza pero no cuecen la carne, sus jefes no tienen más que una mujer. Y en lo que toca a sus ancianos, la forma de que-

---

[8] *Códice Florentino,* 1979, l. X, III, ff. 122r-123v.

[9] *Anales de Cuautitlán,* 1945, f. 5, en *Códice Chimalpopoca,* trad. de P. Feliciano Velázquez, México, UNAM.

rerlos parece muy extraña. En vez de cuidarlos y recoger su sabiduría hasta su último aliento, los matan con una flecha por la garganta, diciendo que así ya no habrán de sufrir. Y tampoco parecen muy cuidadosos con sus mujeres a las que así golpean cuando han dado a luz.

Por otros textos, que luego se aducirán, sabemos que se decía de ellos que no tenían dioses, sino sólo adoraban al sol y a la tierra, y que eran peligrosos hechiceros; en suma, que, viviendo en lugares inhóspitos, pasaban su existencia al modo de animales montaraces.

III. EL ENCUENTRO CON UN JEFE CHICHIMECA

Además de estas descripciones en varios manuscritos en náhuatl, se incluyen también en algunos códices representaciones plásticas del aspecto físico, indumentaria y formas de vida de los chichimecas. Ricas fuentes de información para esto son los ya mencionados *Códices Xólotl, Tlotzin* y *Quinatzin.*

Tratan ellos sobre lo que fue la penetración en el ámbito cultural de Mesoamérica de varios grupos de chichimecas, tal vez desde fines del siglo XII. Su entrada comenzó a producirse cuando se percataron de que la antigua metrópoli de Tula, donde había gobernado Quetzalcóatl, se hallaba abandonada.

El primero de los códices mencionados, el *Xólotl* lleva precisamente el nombre del caudillo que guió a un grupo de chichimecas en su avance hacia el sur. Plásticamente se ve en el códice al caudillo chichimeca, acompañado de un hijo suyo, contemplando, desde la cima de los montes, la superficie del Valle de México en busca de lugares adecuados para establecerse. La zona de los lagos era ciertamente atractiva. Abundaba en ella la pesca y en las montañas cercanas, mucho más que en las llanuras del norte, había venados y conejos sobre los que podían ejercer su habilidad de cazadores los chichimecas. Los vestigios de cultivo y lo que quedaba de los antiguos sistemas de irrigación, todo ello también representado en el *Códice Xólotl,* no interesaba entonces a los chichimecas. Pesca, caza, agua y bosques eran razones más que suficientes para adueñarse de esas tierras que no tenían quien las defendiera. Tan sólo una débil resistencia provendría de los señoríos existentes en el extremo sur del gran valle, donde vivían gentes que mantenían en alto grado la antigua cultura tolteca. A mediados del siglo XIII, varios grupos de chichimecas se fueron estableciendo en distintos lugares. Así, poco a poco, los genuinos chichimecas, antes por completo alejados del ámbito de Mesoamérica, inevitablemente empezaron a entrar en contacto con gentes de lengua náhuatl que vivían en pueblos y ciudades.

Sobre esos contactos proporcionan también información los tres códices mencionados. Aquí me limitaré a recordar un encuentro particularmente significativo entre un jefe chichimeca y un sacerdote de lengua y cultura nahuas, oriundo de Chalco en el sur del valle y cercano a los volcanes que lo circundan. El jefe chichimeca se llamaba Tlotzin, vocablo que significa «gavilán». Era él descendiente del caudillo Xólotl. El sacerdote de Chalco tenía por nombre Tecpoyo Achcauhtli, palabras que significan «el que es como señor, el que guía».

En el *Códice Tlotzin,* además de ilustrarse con pinturas y signos jeroglíficos el encuentro de estos dos personajes, se proporciona también una glosa en náhuatl que es elocuente por sí misma. Obviamente el códice y el texto en náhuatl, producto de la tradición indígena, fueron elaborados por quienes participaban en la cultura de los pueblos sedentarios poseedores ya del legado tolteca. La percepción de la alteridad del chichimeca se refleja de muchas formas a lo largo del texto. He aquí la parte principal del mismo,

Tlotzin había ido allá a Coatlinchan, iba a cazar. Por allí se le acerca un chalca, de nombre Tecpoyo Achcauhtli. Éste como que tuvo temor cuando vio a Tlotzin con su arco y su flecha. Tecpoyo Achcauhtli dijo entonces a Tlotzin: ¡Oh hijo mío, déjame vivir a tu lado! Tlotzin no comprende su lengua porque es chichimeca. Sin embargo, desde ese momento, el chalca acompañó a Tlotzin en sus cacerías. Los venados, conejos, serpientes y aves que éste cazaba, Tecpoyo Achcauhtli los llevaba a cuestas. Entonces por primera vez Tecpoyo Achcauhtli se puso a asar lo que había cazado Tlotzin. Por primera vez le dio a comer alimentos cocidos, porque antes Tlotzin comía crudo lo que había cazado. Tecpoyo Achcauhtli largo tiempo vivió al lado de Tlotzin. En una ocasión le dijo, le pidió permiso: ¡Oh hijo mío!, deja que vaya a decirles a tus servidores, los chalcas, los uitlatecas; deja que vaya a referirles cómo he llegado a verte y cómo he vivido a tu lado. Entonces Tlotzin comprendió ya un poco la lengua del chalca. Con él envió conejos y serpientes en un huacal. Pero Tecpoyo Achcauhtli regresó al lado de Tlotzin. Le dijo: ¡Oh hijo mío, ven a visitar a los chalcas que son tus servidores! Tlotzin entonces lo acompañó. Tecpoyo Achcauhtli llevaba la delantera. Los venados y conejos que flechaba Tlotzin, los llevaba él a cuestas como la primera vez. Cuando llegó Tlotzin, salieron a recibirlo los chalcas. Lo hicieron sentarse, le trajeron presentes. Le dieron tamales, atole. Tlotzin no comió los tamales, sólo bebió el atole. Entonces Tecpoyo Achcauhtli habló a los chalcas, les dijo: ¿Acaso no se ha hecho ya Tlotzin como un príncipe, como un hijo? Enseguida los chalcas se disponen a hacer ceremonias; ellos veneraban así a sus dioses. Tlotzin, como era chichimeca, no sabía como eran las ceremonias de los chalcas en honor de sus dioses. Porque los chichimecas sólo se ocupan en buscar venados y conejos, que luego se comen. Ellos sólo tienen por dios al sol, al que llaman padre. Así veneran al sol, cortan la cabeza a las serpientes, a las aves. Hacen agujeros en la tierra, rocían con sangre el pasto. Tienen también por diosa a la tierra, la llaman madre de ellos [...] [10].

El análisis de tan interesante testimonio nos permite poner de relieve los rasgos que más impresionaron al chalca en su percepción tan cercana del antes tan apartado chichimeca. Venía éste, como todos los de su grupo, con su arco y su flecha. Hablar con él resultaba imposible porque no comprendía el náhuatl. Para atraérselo, el sacerdote chalca tuvo que servir al chichimeca. Éste se alimentaba a base de lo que había cazado y todo se lo comía crudo. El sacerdote chalca le enseñó a preparar alimentos cocidos. Asimismo lo indujo a aprender un poco la lengua náhuatl.

Las creencias del chichimeca, que sólo adoraba al sol y a la tierra con ceremonias muy simples, llamaron también hondamente la atención del chalca. Éste se atrevió al fin a invitar al chichimeca a visitar la ciudad donde él vivía. El chichimeca aceptó. Camino de Chalco continuó cazando venados y conejos y Tecpoyo Achcauhtli volvió a llevarlos a cuestas. Si para los chalcas el encuentro con el chichimeca Tlotzin debió ser causa de temor y admiración, también para éste fue motivo de muchas sorpresas. Dos cosas en particular menciona este testimonio que parecieron extrañas al chichimeca. Una tuvo que ver con la comida y la otra con el culto a los dioses. Tlotzin, seguramente con trabajo, consumió un poco de atole, la bebida preparada a base de maíz. En cambio, rehusó probar los tamales. Al ver luego cómo los chalcas se disponían a hacer sus ceremonias religiosas, se sintió por completo desorientado; él ignoraba todo acerca de ellas.

El hondo sentimiento de alteridad que experimentaban los pueblos nahuas ya sedentarios y toltequizados ante esos *popolocas*, bár-

---

[10] *Códice Tlotzin y Quinatzin*, en *Anales del Museo Nacional de Arqueología, Historia y Etnografía*, época 1, t. III, México, 1886, pp. 305-320, 345-368.

baros, gente de la flecha y del arco, se diluyó en algunos casos como éste en el que al contacto inicial, siguieron otros más frecuentes. De manera casi espontánea, algunos de esos chichimecas entraron así en un proceso de aculturación. Éste llevaría a acercamientos que incluirían enlaces matrimoniales. Todo ello haría posibles los cambios deseados por quienes se veían forzados a tener por vecinos a esos *popolocas* cuya imagen era la de hombres agresivos que vivían en cuevas, casi como animales.

Obviamente no todos los chichimecas llegaron a entrar en procesos de cambio como el que aquí se ha descrito. El concepto y la vivencia de lo que eran los chichimecas habría de perdurar entre los nahuas hasta el tiempo de la conquista española. Consumada ésta, los nuevos señores de la tierra se enteraron bien pronto de la existencia de los chichimecas. Sus enfrentamientos con ellos fueron innumerables. Identidades radicalmente distintas siguieron siendo las de los chichimecas, los pueblos sedentarios y por supuesto también la de los españoles. La conciencia de esa alteridad frente al tenido como bárbaro tan sólo desapareció cuando los últimos chichimecas dejaron de existir.

IV. OTROS, TODAVÍA MÁS APARTADOS, PORTENTOSOS Y ADMIRADOS

El alejamiento no es en el espacio sino en el tiempo. Los toltecas y su sabio sacerdote Quetzalcóatl aparecen en la conciencia de los pueblos nahuas e incluso de gentes de otras lenguas, como alteridad portentosa y dechado admirable. Todo lo que es creación de los toltecas, el conjunto de sus obras, es decir la *Toltecáyotl* es no sólo bueno sino admirable y portentoso. Así se expresaban en sus cantos e historias los mexicas y otros pueblos nahua acerca de ese pasado maravilloso en el que todo se realizaba acatando lo que disponía Quetzalcóatl,

> en verdad muchos de los toltecas eran pintores, escribían en sus libros, eran escultores, trabajaban la madera y la piedra, edificaban casas y palacios, eran artistas de las plumas, alfareros. [...] En verdad eran sabios los toltecas, sus obras todas eran buenas, todas eran rectas, todas bien planeadas, todas maravillosas. [...] Los toltecas eran muy ricos, eran felices, nunca tenían po-

breza ni tristeza. [...] Los toltecas eran experimentados, acostumbraban a dialogar con su propio corazón.

Ellos dieron principio a la cuenta del año, a la cuenta de los días y los destinos. [...] Los toltecas eran sabios, tenían conocimiento experimental de las estrellas que están en el cielo. Les dieron sus nombres, conocían sus influjos. Sabían bien cómo marcha el cielo, cómo da vueltas, esto lo veían en las estrellas. [...] Eran cuidadosos de las cosas divinas, tenían un Dios, lo tenían por único Dios, lo invocaban, le hacían súplicas, su nombre era Quetzalcóatl. [...] El guardián de su Dios, su sacerdote, su nombre era también Quetzalcóatl. Y eran tan respetuosos de las cosas de Dios, que todo lo que les decía el sacerdote Quetzalcóatl lo cumplían, no lo deformaban. Él les decía, les inculcaba: Ese Dios único, Quetzalcóatl es su nombre. Nada exige sino serpientes, sino mariposas, que vosotros debéis ofrecerle, que vosotros debéis sacrificarle. Estos toltecas, según se dice, eran nahuas, no eran popolocas, se llamaban también habitantes antiguos. [...] Eran ricos porque su destreza pronto los hacía hallar riqueza. Por esto se dice ahora acerca de quien pronto descubre riquezas: Es hijo de Quetzalcóatl y Quetzalcóatl es su príncipe, es el de su linaje. Así era el ser y la vida de los toltecas [11].

Para los nahuas de tiempos posteriores, así como había sido portentosa la existencia de Quetzalcóatl con todas sus obras en favor de los toltecas, también la ruina de la antigua metrópoli de Tula y la desaparición del sabio sacerdote se presentaban como misteriosas y henchidas de portentos. Abundantes son los testimonios de la tradición indígena que se refieren a esto. A Tula habían llevado varios hechiceros empeñados en provocar la ruina de Quetzalcóatl. El principal de ellos no era otro que el supremo y arbitrario dios Tezcatlipoca, el Señor del espejo humeante. Tezcatlipoca y sus acompañantes pusieron a prueba a Quetzalcóatl. Éste, a pesar de toda su sabiduría, cayó en la tentación. Al contemplar su rostro anciano, lleno ya de arrugas, en el espejo que le puso delante Tezcatlipoca, Quetzalcóatl se sumió en profunda tristeza. El mismo dios Tezcatlipoca lo indujo luego, a modo de consuelo, a probar un licor que debía cambiarlo todo. Quetzalcóatl gustó de la bebida una y otra vez hasta que al fin quedó embriagado. Así se inició la ruina de los toltecas y el abandono de Tula.

Hubo muchos portentos y ocurrieron extraños presagios. Los hechiceros invitaron a los toltecas a participar en una extraña forma

---

[11] *Códice Matritense de la Real Academia de la Historia,* ed. facsímil de F. del Paso y Troncoso, Madrid, Hauser y Menet, 1907, ff. 173r-176v.

de fiesta. Cantaban y bailaban desde que se ponía el sol hasta la medianoche. En esa danza todos se daban empellones, muchos caían y se despeñaban luego en un barranco cercano. Poco después Tezcatlipoca ordenó a un vasallo suyo que llamase a todos los habitantes de Tula para que trabajaran en una sementera de flores, en Xochitlan, propiedad de Quetzalcóatl. Los toltecas acudieron y, cuando iban ya a trabajar, Tezcatlipoca con un trozo de madera de punta aguzada al fuego, es decir con una *coa,* instrumento para hacer agujeros donde debían depositarse las semillas, empezó a golpearlos. Dio muerte a no pocos de ellos. De los que escapaban, muchos caían en el camino y se despeñaban. Otros varios portentos realizó Tezcatlipoca. Colocándose en el mercado de Tula, puso en la palma de su mano a un danzante, era tal vez un muchacho diminuto. Allí, en la palma de su mano, bailaba. Los toltecas lo miraron y se impresionaron en extremo. Tezcatlipoca ordenó luego que dieran muerte al pequeño bailarín. Obedeciendo, le tiraron pedradas hasta matarlo. Entonces empezó a oler su cadáver. El aire mismo se volvió irrespirable. Las piedras habían alcanzado asimismo al hechicero. Su cuerpo hedía también de manera insufrible. Los toltecas intentaron arrastrarlo para echarlo fuera de Tula. Entonces se oyó otra voz que daba órdenes a todos los habitantes de la ciudad para que trajeran cuerdas y sacaran al hechicero. Su cadáver era en extremo pesado, no podía ser arrastrado. Los que tiraban de las sogas caían unos sobre otros, se daban empellones y al fin se despeñaban.

Por las noches salían grandes llamaradas de un cerro y se escuchaba un voz que decía, «¡Ay, toltecas, ya se acaba nuestra dicha, ya perecemos, ya está por acabar la *Toltecáyotl,* ya va a cumplirse nuestro adverso destino! ¿Qué será de nosotros, a dónde iremos, a dónde tendremos que ir?».

Acosado por Tezcatlipoca y los otros hechiceros, Quetzalcóatl abandonó su ciudad y emprendió la huida. Los toltecas sobrevivientes le siguieron por algún tiempo. A medida que continuaba su huida, muchos de los toltecas se fueron dispersando. Algunos quedaron en las orillas de los lagos en el Valle de México y en otros lugares cercanos. Otros marcharon a regiones muy apartadas. La palabra indígena recuerda así lo que entonces ocurrió,

y en tal forma creían los toltecas en su sacerdote Quetzalcóatl, y de tal manera eran obedientes y dados a las cosas de su dios y muy temerosos de él, que todos obedecieron a Quetzalcóatl, todos le creyeron cuando abandonó a Tula. [...] Y tanto confiaban en Quetzalcóatl que se fueron con él, le confiaron sus mujeres, sus hijos, sus enfermos. Se pusieron en pie, se pusieron en movimiento los ancianos, las ancianas, nadie dejó de obedecer, todos se pusieron en movimiento. [...] Enseguida se fue él hacia el interior del mar, hacia la tierra del color rojo, se fue a desaparecer, él nuestro príncipe Quetzalcóatl [...] [12].

V. LA IMAGEN DEL YO COLECTIVO CONCEBIDA EN FUNCIÓN DE LA ALTERIDAD PORTENTOSA

Al elaborar su propia historia, los mexicas mostraron complacencia en repetir que, siendo originalmente un pueblo débil y menesteroso, habían podido transformarse hasta convertirse en la nación más poderosa. Ellos habían sabido cumplir con su destino. Éste les había sido anunciado y otorgado por su dios protector, Huitzilopochtli. Los mexicas repetían en sus relatos que, cumpliendo las órdenes de su dios protector, habían abandonado las llanuras del norte y marchado en busca de una laguna en la que debían encontrar la señal anunciada, el águila erguida sobre un nopal devorando una serpiente. Pero a lo largo de su marcha, así lo refiere su antigua tradición,

al venir, cuando fueron siguiendo su camino, no fueron recibidos en parte alguna. Por todas partes eran reprendidos. Nadie conocía su rostro. Por todas partes les decían: ¿quiénes sois vosotros? ¿De dónde venís? Así, en ninguna parte podían establecerse, se les echaba fuera, se les perseguía [13].

Confiar en su propia fuerza de voluntad y en el destino que les había asignado su dios, fueron decisivos, al decir de los mismos mexicas, en el logro de su grandeza. Justamente su destino implicaba encontrar la forma de salir del anonimato, de esa situación en la que nadie conocía su rostro. Otros pueblos, dentro del mismo ámbito cultural de Mesoamérica, habían buscado también el modo de legitimarse a sí mismos. En términos de su concepción cíclica del tiempo, pensaban que era menester que la antigua grandeza volviera a realizarse en ellos. Para eso había que vincularse con lo que había sido la raíz del poder y la grandeza. Extraordinaria grandeza había

[12] *Códice Matritense...*, 1908, f. 180r.
[13] *Códice Matritense...*, 1907, f. 196v.

habido en Tula, cuando reinó allí Quetzalcóatl. Según la tradición, otras grandes Tulas habían existido también mucho antes. Quienes las habían gobernado y habían hecho posible su portentoso florecer, tuvieron también que abandonarlas. Se recordaba que Quetzalcóatl y otros muchos antes que él, vinculados todos a una *Toltecáyotl,* se habían marchado hacia el Oriente pero habían dejado dicho que volverían y entonces todo habría de renacer.

Citaré, a modo de ejemplo, dos casos de pueblos muy distintos entre sí, cuyos gobernantes supremos, para legitimarse, buscaron vincular su propio yo a la alteridad portentosa de Quetzalcóatl y los toltecas. El primero es el del señor de nombre calendárico 4-Viento, Serpiente de Fuego, en la segunda dinastía de Tilantongo en Oaxaca. Con base en la interpretación de los códices mixtecos notó Alfonso Caso a propósito del señor 4-Viento,

> emprende éste una serie de visitas, viendo a otros reyes de la Mixteca. [...] Va entonces a un sitio que se llama Río del maíz y en ese lugar se encuentra con el rey 4-Tigre Antifaz Negro. [...] Éste era señor de un lugar que tiene por glifo el símbolo del *tule* o espadaña por lo que podemos llamarle Tula y, el hecho de que en ese lugar es donde se consagra a los reyes, nos lleva a pensar en la posibilidad de que se trate de la vieja Tula. [...] El señor 4-Tigre agujera la nariz a 4-Viento y lo convierte entonces en *tecuhtli* dándole así la posibilidad de ser rey [14].

Otro testimonio aún más explícito lo encontramos en el *Popol Vuh.* Se recuerda en él que hubo un momento en que el pueblo quiché no tenía ya poder alguno. Su destino parecía ser sólo servir a otros. En tal coyuntura los señores quichés marcharon al Oriente para ir a recibir, de Nácxit Topiltzin, «la investidura del reino»,

> cuando llegaron allá al Oriente, cuando fueron a recibir la investidura del reino, éste era el nombre del señor, rey del Oriente a donde llegaron. Cuando llegaron ante el señor Nácxit, que éste era el nombre del Gran Señor, el Único Juez de todos los reinos, él les dio las insignias del reino y todos sus distintivos [15].

Nácxit, vocablo nahua que significa «cuatro pies» (tal vez en el

---

[14] A. Caso, *Reyes y reinos de la Mixteca,* 2 vols., México, UNAM, 1977-1978, I, pp. 81-82.

[15] *Popol Vuh, Las antiguas historias del Quiché,* trad. de Adrián Recinos, México, FCE, 1953, pp. 218-219.

sentido de «el que mucho camina»), era uno de los títulos propios de Quetzalcóatl. Era él asimismo Señor del Oriente, porque por ese rumbo desapareció después de su huida de Tula. Portentosamente el señorío de los quichés se legitimó. Sus señores, al recibir la investidura del reino, en función de la alteridad portentosa, tuvieron ya una imagen digna de sí mismos. Entre otras cosas, como lo asienta el mismo *Popol Vuh,* habían recibido allí también las pinturas de Tula —*utzibal Tulam*—, aquello en que ponían sus historias [16].

Los cakchiqueles, también de estirpe maya, recordaban asimismo que habían marchado a obtener la investidura del mando ante el mismo señor Nácxit,

> llegaron ante Méhuac y Nácxit, que era en verdad un gran rey. Entonces los agasajaron y fueron ungidos como Ahau Ahpop, el Señor de la Estera [es decir el Señor del Mando]. Los vistieron, les horadaron la nariz y les dieron sus cargos y las flores llamadas *cimpoal.* [...] Y dirigiéndose a todos, dijo el Señor Nácxit: Os daré a todos el señorío [...] [17].

Nada tiene de extraño, por consiguiente, que los mexicas y los otros pueblos nahuas, para adquirir rostro y legitimarse, buscaran relacionarse estrechamente con la antigua alteridad portentosa. Ello lo obtuvieron por un doble camino. Por una parte se vincularon a través de matrimonios con gentes de Culhuacan, de estirpe tolteca. Más directamente aún lo lograron al elegir como primer soberano suyo al señor Acamapichtli, noble culhuacano también de linaje tolteca.

La persuasión de los mexicas de haber adquirido así rostro, aparece implícita y explícita en numerosos testimonios de la tradición indígena. Los *pipiltin* o nobles, al proclamar una y otra vez que pertenecen a un linaje digno de aprecio, evocan su vinculación con Quetzalcóatl. Una sola muestra aduciré, de las muchas que se incluyen en los *huehuehtlahtolli,* testimonios de la Antigua Palabra. Así lo expresó un anciano principal y sabio en el arte de bien hablar, dirigiéndose al supremo gobernante de los mexicas. El pueblo y muchos dignatarios, personas del estrato de los *pipiltin,* habían escuchado antes lo expresado por el supremo gobernante,

---

[16] *Popol Vuh...,* 1953, p. 222.

[17] *Anales de los Cakchiqueles* (Memorial de Sololá), ed. de Adrián Recinos, México, FCE, 1950, pp. 67-68.

aquí toman, recogen tu reverenciada palabra [la del Supremo Gobernante] los señores nuestros, los que descienden de gente de linaje, los que son cabellera de él, brote de él, los muy estimados, los que son jades, ajorcas, sus hijos, los que son de su aliento, de él, de nuestro príncipe, Topiltzin, del que es de nuestro linaje, Quetzalcóatl, que gracias a él viven, gracias a él han nacido [...] [18].

Siendo como los jades, vida de él, sus hijos, su aliento, los señores mexicas, para siempre ya vinculados al portentoso Quetzalcóatl, tienen ya un rostro, gracias a él viven y, por obra suya, además de haber nacido, ejercen el mando.

VI. LA POSTRERA ALTERIDAD QUE SE PERCIBE ANTES DEL ENCUENTRO

Como en el caso de la ruina de Tula, también en México-Tenochtitlán, la nueva Tula de los mexicas, se dice que llegó un día en que empezaron a ocurrir portentos espantables. Se vio una enorme espiga de fuego, que se mostraba como si estuviera goteando, como si estuviera punzando el cielo. Entre el pueblo había alboroto general. Se daban palmadas en los labios, había un grande azoro. Otro día ardió el templo de Huitzilopochtli. De su interior salían lenguas de fuego, grandes llamaradas. El agua de la laguna hirvió. El viento la hizo alborotarse con furia,

y muchas veces, por la noche, se oía a una mujer que lloraba, que iba gritando por la noche, andaba dando gritos y decía: Hijitos míos, pues ya tenemos que irnos muy lejos. Y a veces decía: ¿Hijitos míos, a dónde os llevaré?

Moctecuhzoma contempló en un espejo, hallado en la mollera de un pájaro, gentes extrañas que venían deprisa, muy estiradas, que se daban empellones. Se hacían la guerra los unos a otros y los traían a cuestas unos como venados. [...] Y muchas veces también aparecían hombres deformes, personas monstruosas, tenían dos cabezas y un solo cuerpo [...] [19].

Los portentos en México-Tenochtitlan, como había sucedido en la Tula de Quetzalcóatl, prenunciaron la desgracia. Sólo que ésta por

---

[18] *Códice Florentino,* 1979, l. VI, II, f. 67v.

[19] *Códice Florentino,* 1979, l. XII, III, ff. 1r-3r.

un momento, a pesar de los pronósticos, no llegó a percibirse del todo. Testimonios de la palabra indígena, de orígenes distintos como son los *Anales de Cuauhtitlán, los Anales de Tlatelolco,* los textos en náhuatl recogidos por fray Bernardino de Sahagún y otros, refieren lo que llegaron a pensar entonces Moctecuhzoma y algunos de sus sabios. ¿Se aproximaba acaso el momento en que iba a cumplirse el anunciado retorno de Quetzalcóatl? ¿Era todo un sueño, como lo expresó Moctecuhzoma al encontrarse, frente a frente con Hernán Cortés?

Extraña alteridad se le tornaba presente. Hombres a cuestas de animales nunca antes vistos, llegados todos de más allá de las aguas inmensas, poseedores de grandes tubos que escupían fuego y piedras, gente, en fin, de rostros extraños. Para comprender quiénes eran esos que, tal vez en cumplimiento de lo que anunciaban los libros de los destinos, entraban ya con aire de poder y de mando en el corazón de la ciudad, Moctecuhzoma hubo de acudir a lo expresado por los sacerdotes que habían consultado sus libros. Era entonces el año 1-Caña, el de idéntico signo al del Señor de los toltecas, 1-Caña Quetzalcóatl. Se había marchado él por el Oriente y ahora esos otros del Oriente venían.

La alteridad radical de esos desconocidos por el momento pareció comprensible. Se enmarcó en función de otra alteridad, también apartada y remota, pero con la que se estaba ya vinculado, la alteridad de Quetzalcóatl. Fue ésta la postrera percepción de alteridad antes de que el encuentro, con todas sus trágicas consecuencias, disipara para siempre el equívoco. Cuando ello ocurrió, a raíz de la matanza perpetrada en el Templo Mayor de la ciudad, en la fiesta de Tóxcatl, por aquel hombre rubio, Pedro de Alvarado, al que apodaban Tonatiuh, «el sol», los mexicas y otros pueblos nahua, acudiendo a su repertorio de imágenes de otros, llamaron *popolocas,* bárbaros, a los hombres de Castilla.

Los chichimecas, esos vagabundos que causaban temor, de costumbres extrañas, siempre armados, de lengua ininteligible, recibían también el nombre de *popolocas.* Insostenible ya la imagen de la remota alteridad portentosa de Quetzalcóatl, se encuentra otra, que se tiene por más acertada, la de esos otros antes alejados en el espacio, los bárbaros *popolocas,* chichimecas.

Al modo de un juego de espejos, como aquel que protagonizó el dios Tezcatlipoca al mostrar a Quetzalcóatl su mágico espejo, también ahora en la angustiada conciencia de Moctecuhzoma y de los mexicas las imágenes cambian con rapidez portentosa. Después de haber visto esa grande espiga de fuego, las aguas hirvientes de la laguna encrespada, tras haber contemplado un cometa y escuchado a la diosa madre que llora y se pregunta a dónde tendrá que llevar a su pueblo, en medio de visiones de seres monstruosos con dos cabezas, la alteridad mal comprendida, más que consuelo es origen de renovada angustia.

De esos portentos y profecías me ocupo en forma directa en un trabajo incluido en el segundo volumen de esta obra. Allí hurgo en lo que, no ya para Moctecuhzoma, sino para los sobrevivientes a la Conquista, pudieron significar los dichos portentos y profecías, aun cuando tal vez fueran imaginados y enunciados consumada su derrota. Lo interesante es notar ahora cómo dentro de su pensamiento cíclico, los indígenas sitúan y explican en función de aconteceres portentosos la ruina de «la otra» gran ciudad, la Tula de Quetzalcóatl, y asimismo la de México-Tenochtitlan que es a su vez la Tula de Moctecuhzoma.

La venida de los hombres de Castilla, aunque no fueran ellos Quetzalcóatl y los dioses acompañantes, entra así en la compleja red del pensamiento cíclico mesoamericano. La identidad de los españoles se confunde en un principio, pero al conocerse mejor, se relaciona con la de los *popolocas.* Como tales quedan ya situados en el contexto conceptual de los mexicas.

Ahora bien, esos *popolocas,* hombres de Castilla, que se han impuesto, pronto tendrán a su vez que hacer frente a los genuinos chichimecas, también *popolocas.* Éstos impedirán por un tiempo el avance de los españoles hacia el Norte. Se rebelarán con violencia y por un momento llegarán a poner en entredicho la seguridad del nuevo virreinato. A la postre serán vencidos, aniquilados, suprimidos para siempre.

La alteridad de los toltecas, la alteridad de los chichimecas dejarán de ser percibidas ya, poco a poco, por los descendientes de los mexicas. Irán quedando olvidadas. Nuevas creencias y nuevas realidades se impondrán a ellos.

Otras serán las alteridades que se tornarán visibles, que vendrán a ser vivencia de unos y otros, vencidos y vencedores. Serán ellas las alteridades de los nuevos rostros que aparecen y se forjan a lo largo de los años y de los siglos. Son alteridades cercanas en el espacio, y tanto que a partir de ellas —es decir de las diversas «castas» de la Colonia— se fue forjando, poco a poco, un nuevo rostro mestizo. Ese rostro alcanzará mayoría de edad, él y su propia cultura, afincados sobre todo en las dos principales alteridades que antes se enfrentaron con violencia. En él se subsumen también las antiguas alteridades portentosas y mágicas. Portador de la identidad de la mayor parte de los modernos mexicanos, a sus ojos, los llamados indios y también los españoles vuelven a presentarse como otras tantas alteridades. Pero ellas no son ya radicalmente distintas sino del género de la experiencia social ordinaria. El mexicano moderno, de un modo o de otro, no ve como del todo extraños a indios y españoles. En realidad, su propio ser guarda relación insuprimible con unos y otros.

ASOMBRO Y DUDA

> «Y hallándose los unos a los otros, no se entendían ni sabían qué se responder»
>
> DIEGO DURÁN, *Historia de las Indias de Nueva España.*

En forma elocuente y concisa se expresó así el dominico Diego Durán que evangelizó a grupos nahuas en México hacia mediados del siglo XVI. En el encuentro de los hombres de dos mundos —«hallándose los unos con los otros»— inevitablemente aparecen el asombro y la duda: «no se entendían ni sabían qué se responder [...]». Aunque cabe añadir ahora que probablemente amerindios y europeos, más allá de la duda, creyeron en un principio que sí comprendían quiénes eran los otros.

Las más tempranas imágenes mutuas en el ámbito de las Antillas y después en Tierra Firme, en México y Perú, y en todo el continente, son portadoras de asombro frente a lo antes conocido. La duda provoca ansiedad. Las primeras imágenes son, muchas veces, elaboración apresurada y urgida de la inventiva de unos y otros. Así lo muestra el estudio de J. J. Arrom en torno al debate, reflejo de lo que se pensaba a propósito de la dignidad del indio, en principio el que se había conocido en las Antillas. Quedaron allí al descubierto las imágenes del buen salvaje y de los semihombres en última instancia irracionales.

Concebir a los europeos como dioses, al menos por corto tiempo, no fue cosa infrecuente, según G. Baudot. Ocurrió en México y en la zona andina. Tema de otra aportación es el de la invención deificante que concibe a Hernán Cortés y los españoles como Quetzalcóatl y los dioses que consuman su anunciado retorno. A tal

---

León-Portilla, M.; Gutiérrez Estévez, M.; Gossen, G. H., y Klor de Alva, J. J. (eds.), *De Palabra y Obra en el Nuevo Mundo,* vol. 1, *Imágenes interétnicas,* Madrid, Siglo XXI de España, 1992, pp. 57-62.

interpretación suceden otras, entre ellas las de considerar a esos recién llegados como *popolocas* o «bárbaros» que vienen para imponerse y apoderarse del oro y de todo cuanto es valioso.

A su vez, los indios son vistos en Mesoamérica, como criaturas que viven cautivas del Demonio. Son débiles, serviles, como niños. Al asombro acompaña casi siempre la duda. Ello ocurre en unos y otros. Los indígenas, bien sea del Caribe, Mesoamérica, Norte o Suramérica, se sienten también urgidos de saber quiénes son esos que han llegado y que, con aires de mando, invaden tierras y derrocan señores. Sus imágenes de los desconocidos casi nunca resisten la prueba del tiempo. Los modos de obrar de los europeos obligan a los indígenas a introducir cambios en sus imágenes. A veces, éstas son totalmente sustituidas por otras. La forja de las representaciones de los otros se adapta para abarcar sus modos de proceder. Una gama de éstas es analizada en el trabajo de J. Axtell que atiende a las primeras imágenes que se forjaron los ingleses acerca de los indios en Norteamérica. Los llamados «padres peregrinos», es decir, los ingleses que, a principios del siglo XVII, se topan con los indios, hablan del «primer encuentro». Se conservan testimonios que tratan de expresar lo que los indios pensaron acerca de las varias oleadas de europeos que se les tornaron presentes. Sus imágenes incluyen desde actualizaciones de viejos mitos que se aplican a los otros, hasta afanes por volvérselos comprensibles adentrándose en el conocimiento incluso de su lengua.

Una experiencia distinta es también objeto de análisis por E. Magaña: la visión que de los misioneros llegaron a forjarse los indios kaliñas de Surinam. Aplicando al religioso europeo creencias que les parecían corresponder a lo que se decía era su forma de actuar, los kaliñas elaboran una extraña imagen, la del sacerdote europeo que es caníbal, como se había dicho, desde los días de Cristóbal Colón, acerca de los caribes de las pequeñas Antillas. Del nombre de esos caribes provino el vocablo de caníbal. Los kaliña elaboran una imagen del sacerdote europeo que rivaliza con la que tuvieron Colón y su gente y luego otros muchos acerca de los caribes.

En extremo variadas son las imágenes que se forjaron los europeos de los indios y luego también de los africanos traídos como esclavos al Nuevo Mundo. En realidad, había muchos indios distintos con muy variadas formas de vida. Esto dificultó la comprensión que de ellos alcanzaron a tener los europeos. Sin embargo, es interesante notar que se desarrollan estereotipos que resistirán, a veces, el paso del tiempo. Entre esos estereotipos están la atribución a casi todos los indios de rasgos como éstos: son perezosos, mentirosos y traidores; es muy difícil saber lo que piensan, no quieren cambiar sus formas de ser, no parecen o no quieren darse cuenta de que el modo de vivir del europeo es el verdaderamente bueno, el que debe ser imitado.

Imágenes de asombro y duda, con ellas se inició, como a tientas, el encuentro de dos mundos, con todos sus enfrentamientos, traumas e intercambios culturales. En medio de la incomprensión —«no se entendían»— fueron éstas las imágenes que, desde otros puntos de vista, como los nuestros contemporáneos, nos ayudan a inferir mucho de lo que entonces comenzó a suceder.

3. LAS PRIMERAS IMÁGENES OPUESTAS Y EL DEBATE SOBRE LA DIGNIDAD DEL INDIO

JOSÉ JUAN ARROM
Yale University

El 12 de octubre de 1492 se enfrentaron en un pequeño islote antillano dos mundos disímiles y recíprocamente desconocidos. En las carabelas llegaron navegantes europeos, portadores de una cosmovisión forjada en milenios de convivencias e influencias interculturales. En Guanahaní contempló su arribo un grupo de los principales moradores del archipiélago cincumcaribe —los taínos o arahuacos insulares— poseedores de una visión totalmente diferente del hombre y del universo, formada asimismo en siglos de adaptaciones y migraciones desde las riberas amazónicas hasta las costas antillanas [1].

De los europeos y sus milenarias relaciones interculturales existen extensos estudios. De los taínos nos ha tocado partir de cero para averiguar cómo se veían a sí mismos y a los otros indígenas que habitaban las islas, y precisar luego las contradictorias imágenes que se formaron de los recién llegados: una, ilusoria, cuando creyeron que veían seres inmortales que venían siguiendo el curso del sol; la otra, realista, cuando comprobaron que aquellos seres eran hombres mortales y muchos de ellos opresores y rapaces. Las imágenes que los europeos se formaron de los aborígenes son también opuestas y se inician precisamente el 12 de octubre: para Colón unos son humanos y otros son bestiales. Esa cruel dicotomía persistió a lo largo de los siglos coloniales y, de un modo u otro, se ha prolongado hasta nuestros días.

---

[1] I. Rouse, «The Taínos», en *Migrations in Prehistory,* New Haven, Londres, Yale University Press, 1986, pp. 106-156.

León-Portilla, M.; Gutiérrez Estévez, M.; Gossen, G. H., y Klor de Alva, J. J. (eds.), *De Palabra y Obra en el Nuevo Mundo,* vol. 1, *Imágenes interétnicas,* Madrid, Siglo XXI de España, 1992, pp. 63-86.

I. LAS OPUESTAS IMÁGENES

Pocas veces en la historia de la humanidad la percepción incompleta y deformada del otro ha tenido efectos tan calamitosos. A fin de concretar esas posturas comencemos por las que los taínos tuvieron de sí mismos y de los demás moradores del archipiélago. Si nos remontamos a sus mitos de creación podremos vislumbrar el carácter raigalmente etnocéntrico de las primeras. Creyendo haber surgido del seno de la tierra, explicaban que en la montaña sagrada de Cauta existían dos grutas. Por la mayor, llamada *Cacibajagua* («Cacimba o Caverna de Jagua») salieron los primeros taínos; por la menor, llamada *Amayauna* («Sin Valor o Mérito») aparecieron los otros. Los otros eran los *ciboneyes* (de *ciba* «piedra» e *igney* «hombre») que constituían los escasos remanentes de migraciones anteriores, vivían en la edad de piedra y ocupaban apartadas zonas de Cuba y La Española; los *ciguayos,* que ocupaban un pequeño territorio en la parte noroeste de esta última, y de quienes sólo sabemos que eran flecheros, usaban el pelo largo y hablaban un idioma diferente, y los que a sí mismos se dieron el nombre de *caribes* (de *caraí* «señor» y *be* «fuerte, poderoso»), que habían comenzado a asentarse en algunas de las Antillas Menores, y desde ellas hacían expediciones predatorias contra los taínos [2].

Ésa era la situación cuando aparecieron por el horizonte los navíos colombinos. No se sabe exactamente qué pensaron los indígenas de aquellos seres, barbados y vestidos, que llegaban en altas canoas a manera de casas flotantes, y eran poseedores del trueno y del rayo. Colón, interpretando a su modo los ambiguos signos gestuales que le hacían, dio por sentado que los tomaron por dioses. Esa presuntuosa interpretación corrió con fortuna, y los que llegaron tras él afirmaban que los creían venidos del cielo, invencibles e inmortales [3]. Pero lo cierto es que a los pocos meses del desembarco en La Española, los habitantes de esa isla comprobaron que no eran invencibles ni divinos ni inmortales. Exasperados por los desmanes de la guarnición que el Almirante había dejado en el fuerte de la Na-

---

[2] J. J. Arrom, *Estudios de lexicología antillana,* La Habana, Casa de las Américas, 1980, pp. 94-95.

[3] G. F. de Oviedo, *Historia general y natural de las Indias,* Madrid, Biblioteca de Autores Españoles, 1959, l. XVI, cap. VIII.

vidad, Caonabó y su gente correspondieron a la violencia con la violencia y los exterminaron a todos [4]. Y la comprobación continuó. Según apunta Oviedo, «al principio del 1504 se alzaron los indios de la provincia del Higüey [...] y mataron a la flecha los soldados». Más adelante, en la conquista de Puerto Rico, Agüeybaná y los suyos «mataron a don Cristóbal [de Sotomayor] e a otros cristianos que iban con él [que eran otros cuatro], a macanazos [...] e flechándolos» [5]. A mayor abundancia, conocida la noticia por los indios de La Española, «el cacique Andrés [...] que se tenía por pariente del otro cacique que había muerto al dicho don Cristóbal [...] juntó en su casa a todos los más caciques de esta provincia de Higüey y mucha gente, e hicieron grandes fiestas y alegrías [...] y acordaron entre sí diciendo que pues el cacique Agüeybaná en la isla de San Juan mataba los cristianos [...] así lo debían ellos hacer, pues ya los indios eran manícatos, que quiere decir esforzados, y que los cristianos no eran nada» [6].

Imagen muy distinta es la que aparece en un documento antes no aducido a este respecto. Se trata del testimonio recogido de un cacique de La Española, hacia 1498, por fray Ramón Pané,

> y dicen que este cacique afirmó haber hablado con Yucahuguamá [el Ser Supremo], quien le había dicho que cuantos después de su muerte quedasen vivos, gozarían poco tiempo de su dominio, porque vendría a su país una gente vestida, que los habría de dominar y matar, y que se morirían de hambre. Pero ellos pensaron primero que éstos habrían de ser los caribes; mas luego, considerando que éstos no hacían sino robar y huir, creyeron que otra gente habría de ser aquella que decía el *cemí*. De donde ahora creen que se trata del Almirante y la gente que lleva consigo [7].

Anglería, quien sin duda manejó el manuscrito de Pané, repite esta profecía, aunque con algunas variantes al texto. Cito su versión porque las variantes arrojan alguna luz sobre la manera en que interpretaba el relato taíno. Lo refiere así:

---

[4] H. Pérez de Oliva, *Historia de la invención de las Indias*, estudio, edición y notas de J. J. Arrom, Bogotá, Instituto Caro y Cuervo, 1965, p. 64.

[5] G. F. de Oviedo, ob. cit., l. XVI, cap. V.

[6] L. Hanke, *Interrogatorio jeronimiano 1517*, en E. Rodríguez Demorizi, *Los dominicos y las encomiendas de indios de la isla Española...*, 1971, pp. 346-347. He modernizado grafías, acentuación y puntuación.

[7] R. Pané, *Relación acerca de las antigüedades de los indios*, nueva versión con notas y apéndices de J. J. Arrom, México, Siglo XXI, 1974, p. 48.

los nuestros hallaron entre los insulares la noticia tristísima de que hubo en otro tiempo dos régulos, uno de los cuales fue progenitor de Guarionex, a quien ya hemos mencionado muchas veces, los cuales se abstuvieron de comer y beber por espacio de cinco días seguidos para que los *zemes* les revelaran algo de las cosas futuras. Habiéndose hecho agradables a los *zemes* con aquel ayuno, contaron que éstos les habían respondido que no pasarían muchos años antes de que llegaran a aquella isla gente cubierta de vestidos que acabaría con todos los ritos y ceremonias de la isla, y a todos sus hijos los mataría o los privaría de libertad. Los jóvenes, conjeturando que fuesen los caníbales, cuando los veían acercarse, tenían resuelto salvarse por la fuga, y nunca más entraron en combate con ellos; pero cuando de veras vieron a los españoles que habían invadido su isla, consultando entre sí acerca de este asunto, resolvieron que ésta era aquella gente profetizada. Y no se equivocaron; ya están todos sometidos a los cristianos, y muertos todos los que se opusieron, ni queda memoria de los *zemes* [...] [8].

Este fatídico augurio requiere algunos comentarios. Es bien sabido que aztecas e incas tuvieron presagios análogos. Se ha pensado que esas profecías fueron difundidas por los conquistadores para justificar sus actos como inexorable cumplimiento de un designio divino. En años recientes he sugerido que tal vez se haya debido al concepto que los pueblos amerindios tuvieron del tiempo. Aztecas, mayas, incas, y también los taínos, creyeron que la humanidad pasaba por ciclos sucesivos, cada uno de los cuales terminaba en un cataclismo: había terremotos, tempestades e inundaciones, se oscurecían los astros, la tierra se volvía y perecía el género humano. Luego se aplacaban los elementos, volvían a brillar los astros, renacía la naturaleza y comenzaba un nuevo ciclo para el hombre. Bien pudiera ser que el sagaz cacique vislumbró que el arribo de los europeos señalaba la extinción de su pueblo y el ocaso de su cultura.

De las imágenes que los taínos se formaron de los españoles pasemos a las que éstos concibieron de los indígenas. Las primeras noticias las escribe Colón apenas llega. Y han dejado una estela tan amplia que hemos de observarlas detenidamente. En los apuntes que asentó —sin cambiar la fecha de la entrada del día once— consigna lo siguiente:

me pareció que era gente muy pobre de todo. Ellos andan todos desnudos como su madre los parió, y también las mujeres. [...] Muy bien hechos, de

[8] R. Pané, ob. cit., pp. 100-101.

muy hermosos cuerpos y muy buenas caras. Los cabellos gruesos cuasi como sedas de cola de caballo, y cortos [...] Son de la color de los canarios, y ni negros ni blancos. Ellos no traen armas ni las conocen, porque les amostré espadas y las tomaban por el filo, y se cortaban con ignorancia. No tienen algún fierro. Sus azagayas son unas varas sin hierro, y algunas de ellas tienen al cabo un diente de pez, y otras de otras cosas. Ellos todos a una mano son de buena estatura de grandeza y buenos gestos, bien hechos. Yo vide algunos que tenían señales de heridas en sus cuerpos, y les hice señas qué era aquello, y ellos me amostraron cómo allí venían gente de otras islas que estaban cerca y los querían tomar y se defendían. Y yo creí, y creo, que aquí vienen de tierra firme a tomarlos por cautivos. Ellos deben ser buenos servidores y de buen ingenio, que veo que muy presto dicen todo lo que les decía. Y creo que ligeramente se harían cristianos, que me pareció que ninguna secta tenían.

El 13 de octubre confirma muchos de esos pormenores y agrega:

luego que amaneció vinieron a la playa muchos de estos hombres, todos mancebos, como dicho tengo. Y todos de buena estatura, gente muy hermosa. Los cabellos no crespos, salvo corredíos y gruesos, como sedas de caballo. Y todos de la frente y cabeza muy ancha, más que otra generación que hasta aquí haya visto. Y los ojos muy hermosos y no pequeños. [...] Las piernas muy derechas, dos a una mano, y no barriga, salvo muy bien hecha. [...] Traían ovillos de algodón hilado y papagayos y azagayas y otras cositas que sería tedio de escribir, y todo daban por cualquiera cosa que se les diese. Y yo estaba atento y trabajaba de saber si había oro. Y vide que algunos de ellos traían un pedazuelo colgado en un agujero que tienen en la nariz. [...] Todo lo que tienen lo dan por cualquier cosa que les den; que hasta los pedazos de las escudillas y de las tazas de vidrio rotas rescataban, hasta que vide dar 16 ovillos de algodón por tres ceotís de Portugal, que es una blanca de Castilla, y en ellos habría más de una arroba de algodón hilado. [...] Aquí nace en esta isla [...] y también aquí nace el oro que traen colgado a la nariz.

Y al siguiente día 14 escribe la noticia que echaría a volar el mito del origen divino de los españoles:

cuando veían que no curaba de ir a tierra, se echaban a la mar nadando y venían; entendíamos que nos preguntaban si éramos venidos del cielo. Y vino un viejo en el batel dentro, y otros a voces grandes llamaban todos, hombres y mujeres: «Venid a ver los hombres que vinieron del cielo; traedles de comer y de beber». Vinieron muchos y muchas mujeres, cada uno con algo, dando gracias a Dios y echándose en el suelo y levantaban las manos al cielo.

Colón, desconociendo la lengua de los indios, no supo a ciencia cierta lo que le decían. Pero los observó con tal cuidado que sus descripciones siguen siendo válidas en todos sus pormenores: el color de la piel, la textura del cabello, el achatamiento de la frente, la disposición corporal. Apoyándose, además, en la experiencia adquirida en sus viajes por el Mediterráneo y las costas de África, los contempló desde cambiantes puntos de vista: «desnudos e inocentes» (el hombre natural), «buenos servidores» (el hombre económico), «de buen ingenio, que presto aprenden» (el hombre social), y «fáciles de convertir al cristianismo» (el hombre religioso). Pero detrás de esas múltiples facetas aparece una percepción fundamental: sin vestidos, sin armas, sin hierro, sin aparente religión, sin conocimiento del valor de las cosas, carecen de cultura. Dan gruesos ovillos de algodón hilado y aves del país por monedas de exiguo valor, pedazos de escudillas y tazas rotas. Ingenua y mansamente cambiaban bienes naturales por bienes culturales. La imagen colombina del taíno quedaba fijada como paradigma del «buen salvaje».

La de los caribes es más compleja. Al principio nos informa que venía «gente de otras islas que estaban cerca y los querían tomar y se defendían. Y yo creí y creo que aquí vienen de tierra firme y los tomaban por cautivos». Luego, combinando los signos gestuales que observa con viejos mitos mediterráneos y recuerdos de lecturas de Marco Polo, el 4 de noviembre declara que «lejos de allí había hombres de un ojo, y otros con hocicos de perro, que comían a los hombres, y que en tomando uno lo degollaban, y le bebían la sangre, y le cortaban la natura». El 23 relaciona el mito con el nombre: los indios le dijeron que «había gente que tenía un ojo en la frente y otros que se llamaban caníbales, a quien mostraban gran miedo [...] porque los comían, y que son gente muy armada». Piensa entonces que, pues tenían armas, serían «gente de razón». Siguen las confusiones y las variantes grafías: *canibas, canimas, caníbales, caribas.* El 26 de diciembre oye mejor y escribe: «Los de Canima, que ellos llaman caribes». Estas borrosas percepciones colombinas crearon los dobletes *caribe* y *caníbal,* y establecieron, en contraposición al paradigma del buen salvaje, el del indio feroz, sanguinario, brutal. La dicotomía era clara y precisa: hombre o bestia.

II. LOS INICIOS DEL GRAN DEBATE

Con el siempre creciente número de los que fueron llegando después de Colón, aparecen nuevos matices y se perfilan otras aristas en esta imagen general. La conceptualización literal del indio como bestia sólo pudiera explicar la costumbre de «aperrearlos»; es decir, echarlos a que los mastines de los invasores los destrozaran y comieran. Quienes lo duden pueden referirse a Oviedo, quien sin el menor indicio de compasión explica: «Ha de entender el lector que aperrear es hacer que perros le comiesen o matasen, despedazando al indio, porque los conquistadores en Indias siempre han usado en la guerra traer lebreles e perros bravos e denodados; e por tanto se dijo de suso montería de indios» [9].

Bien conocidas son ésas y otras iniquidades perpetradas contra los indígenas: de las «monterías de indios», por ejemplo, he citado otros casos en un estudio sobre el inca Garcilaso (véase Arrom, *Estudios de lexicología antillana,* 1980). Ahora bien, para no detenerme a exponer la magnitud y crudeza de tales acciones, me limitaré a resumir, pues incide en el tema que exploro, que hubo otros factores que contribuyeron a diezmar la población taína. Numerosas muertes ocurrieron en los desiguales enfrentamientos armados o fueron causadas por el agobiante laboreo de las minas, el escaso descanso e insuficiente alimentación que se les daba, y los suicidios en masa para escapar de insufribles maltratos y la consternación de haber perdido su libertad, su organización social y sus más caros valores culturales. Pero más letal que la espada y la lanza, el caballo y el perro, las armas de fuego y los demás factores a que me he referido, fue la introducción de enfermedades europeas. Una sola epidemia, la de viruelas que se extendió por las Antillas en 1518 arrasó con casi la mitad de los aborígenes [10].

No obstante ese trágico desplome poblacional, los indígenas antillanos no desaparecieron del todo. Muchos de los que se sometieron a las crueles condiciones de las encomiendas de algún modo lograron sobrevivir. Otros, en su desesperación, huyeron a lo más intrincado de los montes: a éstos se les llamó «indios alzados» o «cimarrones». Estos cimarrones fueron perseguidos con perros, y si

---

[9] G. F. de Oviedo, ob. cit., l. XVII, cap. XXIII.

[10] B. de las Casas, *Historia de las Indias,* México, FCE, 1951, l. III, cap. CLXXVIII.

eran capturados, se les sometía nuevamente a perpetua esclavitud. Otros, más escurridizos, lograron burlar las cuadrillas de sus perseguidores y sobrevivieron en sus escondrijos hasta que, con el andar de los años, se incorporaron y asimilaron a la cultura dominante. Y no faltaron los que, más audaces y denodados, desde sus refugios ofrecieron valerosa resistencia. Tales fueron los memorables casos del cacique Enriquillo en La Española, de Guamá en la extremidad oriental de Cuba y de Agüeybaná en San Juan Bautista de Puerto Rico. Y debo indicar, además, otro proceso al que se ha prestado escasa atención hasta ahora. Me refiero a las relaciones maritales, fuesen efímeras o permanentes, entre los españoles y las «mujeres de la tierra». Ese proceso, aunque más humano, no fue menos eficaz para abolir la cultura taína. De su impacto y de sus inesperadas consecuencias sociales y culturales me ocuparé más adelante.

En tanto, en aquellas circunstancias se levanta de pronto una voz que vigorosamente cuestiona tal estado de cosas. Me refiero, desde luego, a fray Antón de Montesinos. La de Montesinos, empero, no fue voz aislada y única. Bien lo explica Las Casas:

> en este tiempo ya los religiosos de Santo Domingo habían considerado la triste vida y aspérrimo cautiverio que la gente natural de esta isla padecía. [...] [Así que comenzaron] a tratar entre sí de la fealdad y enormidad de tan nunca oída injusticia, diciendo así: ¿Éstos no son hombres? ¿Con éstos no se deben guardar y cumplir los preceptos de caridad y justicia? ¿Éstos no tenían sus tierras propias y sus señores y señoríos? ¿Éstos hannos ofendido en algo? [11].

En esas meditaciones andaban cuando un conquistador, Juan Garcés, arrepentido de su pasado comportamiento, «descubrió a los religiosos muy en particular las execrables crueldades que él y todos los demás en estas inocentes gentes habían cometido». Impuestos de todos aquellos desmanes, resolvieron «cómo se había de predicar [...] Firmáronlo todos de sus nombres para que pareciese que no sólo del que hubiese de predicar, pero que de parecer y deliberación y consentimiento y aprobación de todos procedía». Fray Pedro de Córdoba, vicario de la Orden, ordenó a fray Antón que así lo hiciese en el sermón del cuarto domingo de Adviento de 1511. Éste, con inusitado coraje, pronunció la ya clásica reprobación que Las Casas recogió en estos términos:

---

[11] B. de las Casas, ob. cit., l. II, pp. 441 ss.

[...] todos estáis en pecado mortal y en él vivís y morís, por la crueldad y tiranía que usáis con estas inocentes gentes. Decid, ¿con qué derecho y con qué justicia tenéis en tan cruel y horrible servidumbre aquestos indios? ¿Con qué autoridad habéis hecho tan detestables guerras a estas gentes que estaban en sus tierras mansas y pacíficas, donde tan infinitas de ellas, con muertes y estragos nunca oídos, habéis consumido? ¿Cómo los tenéis tan opresos y fatigados, sin dalles de comer ni curallos en sus enfermedades, que de los excesivos trabajos que les dais incurren y se os mueren, y por mejor dicho, los matáis, por sacar y adquirir oro cada día? [...] ¿Éstos, no son hombres? ¿No tienen ánimas racionales?

El sermón causó agrias murmuraciones y un gran alboroto. Los empecinados feligreses acudieron al almirante don Diego Colón para que castigase «como a hombre escandaloso, sembrador de doctrina nueva [...] a aquel fraile que había predicado tan grandes desvaríos». Montesinos no cejó: al domingo siguiente reiteró cuanto había dicho en el sermón anterior. Y luego, con la aprobación de su Orden, partió a España para hacer oír su protesta en la Corte. La intrépida gestión de los dominicos dio por resultado que en diciembre de 1512 se promulgaran las Leyes de Burgos, primer documento que estatuyó jurídicamente la naturaleza humana del indígena americano [12].

Al ser jurídicamente declarados seres humanos y no bestias, se hizo necesario construir un nuevo modelo retórico que justificase la continuación de las inicuas condiciones en las que se les explotaba. El más copioso de los alegatos a ese efecto lo escribió, precisamente hacia 1512, otro fraile, llamado Tomás Ortiz. Comienza así:

Éstas son las propiedades de los indios por donde no merecen libertades: comen carne humana en la Tierra Firme; son sodométicos más que generación alguna; ninguna justicia hay entre ellos; andan desnudos; no tienen amor ni vergüenza; son estólidos alocados. No guardan verdad sino es en su provecho; son inconstantes; no saben qué cosa sea consejo; son ingratísimos y amigos de novedades. Se precian de embeodarse, que tienen vinos de diversas hierbas y frutos y granos [...] y con tomar humos que también de otras hierbas que emborrachan, y comerlas. Son bestiales y précianse de ser abominables en vicios; ninguna obediencia ni cortesía tienen mozos a viejos ni hijos a padres. No son capaces de doctrina ni castigo; son traidores, crueles y vengativos, que nunca perdonan; inimicísimos de religión. Son

---

[12] L. Hanke, *The Struggle for Justice in the Conquest of America,* Boston y Toronto, Little, Brown and Co., 1965, pp. 23-25 [*La lucha por la justicia en la conquista de América,* Madrid, Istmo, 1988].

haraganes, ladrones; son de juicios muy terrestres y bajos; no guardan fe ni orden. No se guardan lealtad maridos a mujeres, ni mujeres a maridos. Son hechiceros y agoreros y cobardes como liebres. Son sucios. [...] No tienen arte ni maña de hombres.

El fraile continúa enumerando, entre otras acusaciones, que «son sin barbas, y si algunas les nacen, pélanlas y arráncanlas». Redondea el alegato afirmando: «En fin, digo que nunca crió Dios tan cocida gente en vicios y bestialidades, sin mixtura alguna de bondad o policía». Y concluye: «Son insensatos como asnos y no tienen en nada matarse» [13].

Lo que fray Tomás Ortiz se proponía con esta retahíla de vituperios era demostrar la inferioridad del hombre americano y justificar, apoyado en Aristóteles, que constituía el prototipo del siervo por naturaleza. De todos modos, dejaba formulado el catálogo de acusaciones que desde entonces darían pábulo al interminable monólogo de la indignidad del indio.

Los ecos de estas imputaciones resuenan en todo el ámbito de la sociedad colonial antillana. Para comprobar cuán generalizadas estaban estas ideas entre los vecinos más influyentes de La Española me apoyaré en los testimonios recogidos en un documento recientemente publicado en su totalidad. Me refiero al *Interrogatorio jeronimiano, 1517* [14]. Luego de preguntados los testigos cuánto tiempo hacía que residían en «estas islas de las Indias» y qué conocimiento tienen de las costumbres de los naturales (preguntas 1 y 2), continúa el interrogatorio (modernizando parcialmente las grafías) así:

3. *item* sean preguntados si saben, creen, vieron, oyeron decir que los tales indios, en especial los de esta Isla Española, así hembras como varones, son de tal saber y capacidad todos o alguno de ellos que sean para ponerlos en libertad entera, y que cada uno de ellos podrá venir políticamente sabiendo adquirir por sus manos de qué se mantengan, agora sacando oro por su batea, y haciendo conucos y vendiendo el pan de ellos, o cogiendo por jornales o de otra cualquier manera según acá los castellanos viven, y sepan guardar lo que así adquirieren para lo gastar en sus necesidades. [...] 4. *item* sean preguntados si saben, etc. que será bien traer los tales caciques e indios de sus yucayeques y asientos [...] a otros asientos más cerca de los castellanos para que puedan ser mejor doctrinados e instruidos en las cosas de

---

[13] P. M. de Anglería, *Décadas del Nuevo Mundo*, Buenos Aires, Bajel, 1944, pp. 519-520.

[14] L. Hanke, ob. cit., 1971, pp. 273-354.

nuestra santa fe y tratados en sus necesidades, y que esta traslación y mudanza se debe hacer aunque sea contra su voluntad, y si se seguirá de tal mutación, no siendo voluntariamente de ellos, o irse a los montes huyendo, y si se levantarán contra los cristianos o si se podrán de esto seguir otros daños algunos [15].

Como las tres preguntas siguientes en cierto modo resultan redundantes, citaré a continuación lo más significativo de las principales respuestas. El primer testigo, Antón Villasante, vecino de la ciudad de Santo Domingo, a la tercera pregunta responde

que no tienen ellos ni ellas capacidad para poderse regir ni gobernar como ninguna persona española por rústica que sea, y que si algunos de ellos hay serán de los que se han criado con los españoles, y aún estos no tienen entera razón ni aún mediana para poder hacer nada de lo que en dicha pregunta se contiene sin tener persona española para que se lo mande hacer, porque como dicho tengo son más amigos de vicios y de destruir lo que tienen que no de adquirir nada para sí que sea bueno. [...] 4. A la cuarta pregunta dice que será muy bueno y provechoso que se traigan de sus tierras acá junto con los españoles [...] y de esta manera no se levantarían ningunos contra los españoles porque estando juntos estarían domados y vistos cada día, y con esto no tendrían lugar de tener malos vicios ni pensamientos que luego no sería sabido por los españoles [16].

El segundo informante, Juan Mosquera, visitador y vecino de dicha ciudad, a la tercera pregunta dijo de dichos indios que

no es gente para poder vivir por sí según y de la manera que viven los españoles porque no tienen [...] habilidad ni capacidad para poder vivir por sí solos políticamente. [...] A la cuarta pregunta dijo que [...] sería bien traerlos a las estancias de los españoles donde tuviesen la conversación con ellos y los pudiesen doctrinar y enseñar [...] porque [...] podrían de contino oír misa y confesarse [...] [17].

El próximo informante, Gonzalo de Campo, vecino de dicha ciudad, declara en respuesta a la tercera pregunta que

algunas personas principales de los dichos indios tienen alguna manera de razón para en las cosas de la isla que ellos antes que vinieran los españoles

[15] L. Hanke, ob. cit., 1971, p. 275.
[16] L. Hanke, ob. cit., 1971, pp. 276-277.
[17] L. Hanke, ob. cit., 1971, pp. 280-281.

trataban. [...] En los demás no se ha visto en los dichos caciques ni indios ni en algunos de ellos capacidad ni razón para aplicarse a otra manera de vivir como hacemos los españoles u otras naciones, antes huyen y se apartan de todo género de trabajo. [...] A la cuarta digo [...] se deben mudar los dichos indios cerca de los pueblos y asientos de los españoles, aunque sea contra su voluntad, porque en ellos no han razón para conocer el bien que de mudarlos se les puede seguir [18].

El cuarto informante, Jerónimo de Agüero, regidor de la villa de Santiago, respondió que son «inclinados a vicios de lujuria, y gula, y pereza, y andarse por los montes donde nunca viesen cristianos ni comunicasen con ellos». Y añade: «Ninguno de ellos tiene capacidad para que enteramente pueda vivir en entera libertad porque [...] carecen de saber contratar ni vender cosa ninguna de las que tienen» [19].

Enfadoso sería brindar otras citas: todos están de acuerdo en que los indígenas carecen de razón para vivir independientemente dentro del sistema económico y los patrones culturales impuestos por los conquistadores y que, por consiguiente, han de ser desalojados de sus *yucayeques* y obligados a servir bajo las órdenes de los españoles. En lo único que a veces varían es en la enumeración de los «vicios y necedades» que les atribuyen. Un vecino asevera que, puestos en libertad, «tornarían a sus vicios y bestialidades primeras» [20]. Y para mencionar sólo uno más, el decimotercer testigo, Marcos de Aguilar, agrega otra curiosa bestialidad: «son inclinados a lavarse muchas veces, de noche y día, que es una de las cosas que les acorta la vida, porque saliendo de los areítos y de jugar al batey, sudando se lanzan al agua» [21].

Demostrada la unanimidad de pareceres de estos piadosos vecinos, procedamos a examinar las opiniones de uno de los más encumbrados cronistas de la época, Gonzalo Fernández de Oviedo. Con más tiempo y sagacidad que sus vecinos de La Española no se limita a nombrar vicios, sino que describe en detalle alguno de ellos, destaca el carácter satánico de sus ritos y ceremonias y, anticipando a Lombroso, les atribuye características craneales acaso de interés para los estudiosos de la antropología física. Examinemos algunos

---

[18] L. Hanke, ob. cit., 1971, pp. 283-284.
[19] L. Hanke, ob. cit., 1971, p. 288.
[20] L. Hanke, ob. cit., 1971, p. 314.
[21] L. Hanke, ob. cit., 1971, p. 339.

ejemplos sacados de su *Historia general y natural de las Indias.* A manera de información general declara:

esta gente de su natural es ociosa e viciosa e de poco trabajo, e melancólicos e cobardes, viles y mal inclinados, mentirosos e de poca memoria e de ninguna constancia. Muchos de ellos, por su pasatiempo, se mataron con ponzoña por no trabajar, y otros se ahorcaron por sus manos propias [22].

Pasando de lo general a lo específico ofrece mayores precisiones en el libro V. En el «Proemio» advierte ya que se propone exponer «algunas causas por qué se acabaron y murieron los indios de esta isla Española»,

y porque mejor se entienda que esta culpa e castigo está principalmente fundado en los delitos e abominables, costumbres e ritos de esta gente, se dirán alguna parte de ellos y de sus culpas en aqueste libro quinto. Por lo cual fácilmente se puede colegir la rectitud de Dios, e cuán misericordioso ha sido con esta generación, esperando tantos siglos a que se enmendasen. [...] Pero, en fin, estos indios, por la mayor parte de ellos, es nación muy desviada de querer entender la fe católica; y es machacar en hierro frío pensar que han de ser cristianos. [...] [Pues no] tienen las cabezas como otras gentes, sino de tan recios e gruesos cascos, que el principal aviso que los cristianos tienen cuando con ellos pelean e vienen a las manos, es no darles cuchilladas en la cabeza, porque se rompen las espadas. Y así como tienen el casco grueso, así tienen el entendimiento bestial y mal inclinado.

De esas bestialidades y malas inclinaciones llenará los tres siguientes capítulos. El título del capítulo primero comienza: «Que trata de las imágenes del diablo que tenían los indios, y de sus idolatrías [...]». Entrando en materia expone:

no he hallado en esta generación cosa entre ellos más antiguamente pintada ni esculpida o de relieve entallada, ni tan principalmente acatada y reverenciada, como la figura abominable y descomulgada del demonio, en muchas y diversas maneras pintado o esculpido, o de bulto, con muchas cabezas y colas, y disformes y espantables, y caninas y feroces dentaduras, con grandes colmillos, y desmesuradas orejas, con encendidos ojos de dragón y feroz serpiente, y de muy diferenciadas suertes, y tales, que la menos espantable pone mucho temor y admiración. Y esles tan sociable y común, que no solamente en una parte de la casa le tienen figurado, más aún en los bancos

---

[22] G. F. de Oviedo, ob. cit., l. III, cap. VI.

en que se asientan (que ellos llaman *duho*), a significar que no está solo el que se sienta, sino él y su adversario. Y en madera, y de barro y de oro, y en otras cosas, cuantas ellos pueden, lo esculpen y entallan, o pintan, regañando y ferocísimo, como quien él es. Al cual ellos llaman *cemí* [...].

Habiendo demostrado Fernández de Oviedo la naturaleza satánica de su religión (compárese con la *Relación* de Pané), refiere algunas de las no menos diabólicas consecuencias en las costumbres. En el capítulo II informa que «usaban los indios de esta isla, entre otros vicios, uno muy malo, que es tomar unas ahumadas, que ellos llaman tabaco». Y en el capítulo III, al describir los matrimonios indígenas, dice:

el cacique Behechio tuvo treinta mujeres propias, y no solamente para el uso y ayuntamiento que naturalmente suelen haber los casados con sus mujeres, pero para otros bestiales y nefandos pecados; porque el cacique Guacanagarí tenía ciertas mujeres con quien él se ayuntaba según las víboras lo hacen [...].

Luego de abundar en otras gráficas menudencias, concluye estos tres largos capítulos con una emocionada acción de gracias:

ya se desterró Satanás de esta isla; ya cesó todo con cesar y acabarse la vida a los más de los indios, y porque los que quedan de ellos son ya muy pocos y en servicio de los cristianos o en su amistad [23].

Como la obra de Oviedo fue la primera en publicarse, y las de Las Casas, Fernando Colón, Ramón Pané, Hernán Pérez de Oliva y otros aparecieron mucho después, por largo tiempo sus informes sobre los indígenas antillanos fueron los más conocidos y autorizados. Esa primacía llevó a otros cronistas a seguirle al pie de la letra. Francisco López de Gómara, por ejemplo, en 1552 escribe: «Facilísimamente se juntan con las mujeres, y aún como cuervos y víboras y peor; dejando aparte que son grandísimos sodométicos, holgazanes, mentirosos, ingratos, mudables y ruines» [24]. Y Francisco Támara repite:

---

[23] G. F. de Oviedo, ob. cit., l. III, cap. III, p. 124.

[24] *Historia general de las Indias,* Madrid, Biblioteca de Autores Españoles, 1852, p. 173.

es gente viciosa, ociosa, de poco trabajo, melancólicos, cobardes, viles, mal inclinados, mentirosos, ingratos, de poca memoria y de ninguna fuerza, idólatras, dados y acostumbrados en pecados nefandos y abominables. Adoran al demonio que ellos llaman *cemí* [...] [25].

III. DE ARISTÓTELES A LAS CASAS Y SEPÚLVEDA

Como seguir la trayectoria de estas reiteraciones en autores posteriores nos apartaría demasiado de nuestro objetivo, presentaremos lo esencial del debate en el que se enfrentaron los dos tenaces expositores de los argumentos en favor y en contra de la libertad de los indios: Las Casas y Sepúlveda.

Destacamos que ambos contendientes eran andaluces (sevillano el primero, cordobés el segundo), ambos poseían una vasta erudición humanista, ambos habían tomado el hábito de frailes dominicos y ambos apoyaban sus razonamientos en las mismas ideas postuladas por Aristóteles en cuanto a los siervos *a natura*. Diferían únicamente en la aplicación al hombre americano.

Lo escrito por Aristóteles a este respecto se halla en *La política*, l. I, sección 5. Acudiendo a la reciente y excelente versión de Manuel Briceño Jáuregui, SJ (Bogotá, 1988), citemos lo sustancial de los pasajes del Estagirita; dicen:

5. pero ¿existe alguien destinado por la naturaleza a ser esclavo, para quien semejante condición sea justa y conveniente? O ¿toda esclavitud es contra la naturaleza? [...] Que unos manden y otros obedezcan es algo no sólo inevitable sino conveniente, y ya desde el momento de nacer unos son marcados para la sujeción, otros para el mando. Hay muchas clases de gobernantes y de súbditos (el mejor gobierno es siempre el que tiene mejores súbditos, por ejemplo, mejor hombres que fieras). [...] El ser vivo, primero que todo, consta de alma y cuerpo: de los cuales uno por naturaleza es el que gobierna y el otro el gobernado. [...] Es posible ver, pues [...] que el gobierno del alma sobre el cuerpo, como el de la inteligencia y del elemento racional sobre el afectivo, es natural y conveniente; mas la igualdad o la relación inversa es siempre a todos perjudicial. [...] Donde, pues, existe tal diferencia como la del alma y el cuerpo, el hombre y la fiera (tal el caso de aquellos cuyo oficio es el servicio corporal, y es el mejor que pueden de-

[25] *El libro de las costumbres de todas las gentes del mundo, y de las Indias*, Anvers, En casa de Martín Nucio, 1556, ff. 253 r-254 v.

sempeñar), ésos son por naturaleza esclavos, y nada mejor hay para ellos, según lo dicho, que vivir bajo la autoridad del amo. [...] Es claro, pues, que unos hombres son libres por naturaleza, y esclavos otros, y que por esta razón la esclavitud es conveniente y justa para éstos [26].

Hasta aquí, en síntesis, lo escrito por Aristóteles. Para no caer en lo que pudiera llamarse «presentismo» —es decir, juzgar desde el presente lo que ocurrió hace siglos, y en circunstancias muy distintas— prestemos atención a la nota en que el traductor cita a Defourny: «La falla de Aristóteles, su única falla, será el haber convertido en necesidad y utilidad absolutas y universales, una necesidad y utilidad históricas y temporales, salidas de un estado económico pasajero cuyas transformaciones ulteriores no previó».

Tales son los principios ideológicos cuya aplicabilidad a los indoamericanos condujeron a que Las Casas y Sepúlveda se enfrentaran en el memorable debate llevado a cabo en Valladolid, la primera sesión entre agosto y septiembre de 1550, y la segunda sesión entre abril y mayo de 1551.

Los argumentos esgrimidos por ambos adversarios han sido recogidos en sendos escritos. La pieza central de Las Casas es la *Apologética historia de las Indias,* un extensísimo tratado en el cual reúne sus argumentos avalándolos con un copioso despliegue de informes etnológicos y de citas de autoridades, que hacen de aquella obra una enciclopédica defensa de la «dignidad de la naturaleza humana del indio» [27]. De nuevo incide, aunque tangencialmente, en la *Historia de las Indias* [28]. Y es en ésta donde más brevemente resume lo esencial de sus ideas al respecto. En el «Prólogo» declara ya que la escribe, entre otras razones, «por librar mi nación española del error y engaño gravísimo y perniciosísimo en que vive y siempre hasta hoy ha vivido, estimando de estas océanas gentes faltarles el ser de hombres, haciéndolos brutales bestias incapaces de virtud y doctrina» [29]. Y en el texto más adelante esclarece:

las condiciones o cualidades que ha de tener el hombre para ser siervo *a natura* son, según el Filósofo, principalmente que carezca de juicio de razón [...] porque dice allí Aristóteles que el tal ha de diferir tanto del común

---

[26] Ob. cit., pp. 140-142.
[27] 1909.
[28] 1951.
[29] *Historia de las Indias,* I, p. 20.

modo de razón que los hombres discretos y prudentes tienen, como difiere el cuerpo del alma y la bestia del hombre. [...] [Que los indios] no sean siervos *a natura* pruébase claramente mostrando todo el contrario. Manifiesto es que estas gentes, en todas estas Indias, las hallamos en pueblos y grandes pueblos poblados, que es señal y argumento grande de razón; hallámoslas con señores poderosos que las regían y gobernaban; hallámoslas pacíficas y en sus repúblicas ordenadas y que cada uno de los vecinos tenía y gozaba de su hacienda, casa y estado. Esto era imposible hacerse, ni conservarse tanta gente juntada, sin paz, ni la paz sin justicia, como es todo averiguado [30].

Enumera luego otras razones y concluye declarando de nuevo lo esencial de su tesis: «el ser de la naturaleza humana consiste, y principalmente, en ser racional».

Sepúlveda expuso sus argumentos en el libro *Democrates alter, sive justis belli causis apud indos* [31]. Sintetiza lo fundamental de las pruebas que aporta en el pulido párrafo que traducido al español dice así:

bien puedes comprender ¡oh Leopoldo! si es que conoces las costumbres y naturaleza de una y otra gente, que con perfecto derecho los españoles imperan sobre estos bárbaros del Nuevo Mundo e islas adyacentes, los cuales en prudencia, ingenio, virtud y humanidad son tan inferiores a los españoles como los niños a los adultos y las mujeres a los varones, habiendo entre ellos tanta diferencia como la que va de gentes fieras y crueles a gentes clementísimas, de los pródigos e intemperantes a los continentes y templados, y estoy por decir que de monos a hombres.

De este modo quedaban asumidas las irreconciliables posturas que escindieron a aquella generación y a todas las demás desde entonces. Porque el problema allí planteado se ha convertido en una constante en las letras y en la sociedad de nuestro continente.

---

[30] *Historia de las Indias,* III, p. 348.

[31] J. G. de Sepúlveda, trad. de M. Menéndez y Pelayo, *Boletín de la Real Academia de la Historia,* núm. 21, 1892; *Demócratas segundo* o *De las justas causas de la guerra contra los indios,* ed. crítica bilingüe, trad. de Ángel Losada, 2.ª ed., Madrid, Consejo Superior de Investigaciones Científicas, Instituto Francisco de Vitoria, 1984.

IV. DEL ENFRENTAMIENTO A LA CONVIVENCIA

Mientras en España resonaban las exaltadas voces del debate, en las Antillas actuaba un silencioso proceso que afectaría de manera más profunda la vida, las costumbres, los gustos, las ideas y hasta la modalidad de la lengua que comenzó a hablarse en la incipiente sociedad antillana. Me refiero a los enlaces interétnicos que dieron una distinta y radical respuesta al debate. Para puntualizar aspectos fundamentales de este otro proceso acudiré de nuevo a documentos que las destaquen y concreten.

El primero que he de consignar data de 1498, y lo escojo porque revela, desde fecha temprana, la actitud que el español común tuvo hacia tales uniones y hacia la consiguiente prole. Sabido es que una parte de los que fueron con Colón en su segundo viaje pronto se sublevaron. Para poner fin a esa situación se suscribió el «Acuerdo que se hizo entre el Almirante, Roldán y los demás rebeldes». La sesión que nos interesa dice:

> lo que se acuerda y capitula con el alcalde Francisco Roldán y su compañía para su despacho y viaje a Castilla es lo que sigue: 1 Primeramente, que el señor Almirante le haga dar dos buenos navíos. [...] 2 Asimismo, que dará Su Señoría orden para que les sea pagado todo el sueldo que hasta el día de la fecha se les debiese. 3 Asimismo hará que se les den los esclavos de la merced que se hizo a la gente. [...] Y porque algunos de la dicha compañía tienen mujeres preñadas o que han parido, que las dichas mujeres, si quisieren llevarlas, vayan en lugar de los dichos esclavos, y los hijos sean libres y los lleven consigo [32].

Consecuencia de ese acuerdo y confirmación de la actitud asumida es la noticia dada a conocer por Vicente Murga Sanz:

> Miguel Díaz de Aux, aragonés, natural de Barbastro, es el que inicia un nuevo rumbo, imprevisto e insospechado, cuando se junta y casa con la célebre cacica conocida después con el nombre cristiano de Catarina, y de ambos nació Miguelito, a quien su padre reconoce como hijo muy querido en el testamento que hizo en Sevilla a 2 de julio de 1504 cuando Miguelito tenía ya los ocho años de edad [33].

---

[32] F. Colón, *Vida del almirante don Cristóbal Colón,* México, FCE, 1947, pp. 248-249.

[33] *Cedulario puertorriqueño,* Río Piedras, Universidad de Puerto Rico, 1964, vol. III, t. II, XLVII.

Estas citas son tempranos exponentes de la actitud del español medio hacia su consorte indígena y los vástagos nacidos de ambos. En tales circunstancias el rey Fernando se percató de la necesidad de legitimar aquellas uniones. En 1514 —apenas dos años después de las Leyes de Burgos— envió al gobernador de La Española la siguiente «Provisión que manda que las indias se puedan casar con españoles»:

> por la presente doy licencia y facultad a cualesquier personas naturales de estos dichos reinos para que libremente se puedan casar con mujeres naturales de dicha isla sin caer ni incurrir por ello en pena alguna[34].

A principios del siguiente año de 1515 extiende el alcance de lo anteriormente decretado mediante otra provisión en la que especifica: «Mi voluntad es que las dichas indias e indios tengan entera libertad para se casar con quien quisieren, así con indios como con naturales de estas partes» [35].

Legitimados aquellos enlaces —pese a la oposición de algunos de sus consejeros— aumentaron de tal modo que Las Casas afirma que vio en

> una villa, en el mismo asiento que el rey Behechio tuvo su casa real, de sesenta o setenta españoles vecinos, casados todos con aquellas señoras o mujeres de los señores e hijas, que eran tan hermosas cuanto podían ser las más hermosas damas que hubiese en nuestra Castilla [36].

El testimonio de Las Casas está ampliamente confirmado en un documento, suscrito precisamente en 1514, en que se da cuenta del repartimiento de indios encomendados a los «vecinos y moradores de dicha isla» Española [37]. Las 186 páginas que ocupa la publicación contienen casi un censo completo de los pobladores españoles, especificando sus cargos u oficios, lugar de residencia, estado civil y número de indios que recibieron. Para nuestra investigación resulta sumamente significativo el número de los «casados con mujeres de

---

[34] CODOIN, Colección de documentos inéditos relativos al descubrimiento, conquista y organización de las antiguas posesiones españolas de Ultramar, Madrid, 2.ª serie, IX, pp. 22-23.

[35] CODOIN, *ibid.*, pp. 52-53.

[36] *Apologética historia de las Indias,* Madrid, 1909, l. III, cap. CXCVII.

[37] CODOIN, Madrid, 1.ª serie, I, pp. 50-236.

Castilla», el de los casados «con mujeres de la tierra», los que aparecen simplemente «casados», sin especificar la procedencia de la consorte, y el número, no menos cuantioso, de quienes no se indica su estado civil. Teniendo en cuenta la escasez de españolas en la colonia, es de pensar que un considerable número de las no descritas fuesen también «de la tierra». De modo que la mayoría de los enlaces legitimados o no, eran con mujeres indígenas.

La legitimación alcanzó asimismo a las islas de Cuba y de San Juan de Puerto Rico, cuya colonización había comenzado en 1511. Para concretar la frecuencia y extensión del proceso citaré el curioso documento en el que se acusa al gobernador de Cuba de haberla contravenido. Aparece en la Relación de los cargos que resultaron contra Gonzalo de Guzmán, teniente que fue de gobernador en esta isla Fernandina. Año de 1532,

> se le hace cargo que debiendo de ser los matrimonios libres para que cada uno que los quisiera contraer los pueda libremente contraer, e seyendo servicio de Dios e bien e abundancia e consecución de la ysla e tierra que los españoles se casaran con mujeres de la isla e tierra. [...] el dicho Gonzalo de Guzmán, no mirando lo suso dicho, porque Francisco Freyle e García Arias e Francisco Martín, vecinos de Bayamo, se casaron con mujeres de la tierra, e por mano de clérigo [...] el dicho Gonzalo de Guzmán de hecho y contra derecho hizo e mandó prender e los hizo traer presos a esta ciudad, diciendo que sin su licencia se habían casado [38].

El crecido número de enlaces entre hombres europeos y mujeres «de la tierra» tuvo consecuencias que afectaron profundamente la formación étnica y los patrones culturales de aquella embrionaria sociedad. La primera, paradójicamente, es que contribuyó en gran medida a la eliminación del taíno como activo grupo humano. Aunque en 1515 se había autorizado el enlace de españolas e indios, por lo general era el español, obligado por la escasez de mujeres europeas, el que se unía con la taína. La taína, además de los encantos femeninos que alaban Las Casas y otros cronistas, resultaba compañera muy deseable. Con dulzura y comprensión le ayudó a adaptarse a la nueva tierra, tan distinta y tan distante de sus lares nativos. Le enseñó a comer los platos que le preparaba con productos locales; a saborear las exóticas frutas cuyas cualidades ella conocía; a guarecerse del calor y de la lluvia en bohíos y caneyes; a descansar en

[38] CODOIN, Madrid, 2.ª serie, IV, pp. 234-235.

frescas hamacas, y en fin, a disfrutar plenamente de la vida en el trópico. Y desde el punto de vista económico, si era cacica o mujer principal aportaba los bienes y los naborías que poseía. El español, por su parte, ofrecía seguridad para ella y sus hijos, y la hacía partícipe del prestigio social de pertenecer a la clase dominante. Hasta qué punto actuaron éstas y las anteriores causas puede inferirse de la «Carta de fray Diego Sarmiento, Obispo de Cuba hecha en la villa del Bayamo a 20 de abril de 1556» [39], en la cual observa: «Los indios se van acabando, y no se multiplican porque los españoles y mestizos, por falta de mujeres, se casan con indias, y el indio que puede haber una de ochenta años, lo tiene a buena ventura».

La observación del Obispo tal vez sea exagerada. De todos modos explica puntualmente que, disminuidas las posibilidades de los indios de reproducirse, los taínos se fueron extinguiendo gradualmente como grupo étnico. El derrumbe fue aún más calamitoso al quedar sumergidos los sobrevivientes bajo la cultura del conquistador. Perdieron el idioma, los usos y costumbres, las creencias religiosas, la organización económica y social, en fin, el sistema de valores que constituye la identidad cultural de un pueblo. Por eso la fecha de la carta marca un hito importante: hacia mediados del siglo XVI la cultura y el pueblo taínos habían quedado irremisiblemente asimilados.

En la carta del Obispo se vislumbra otro cambio de no escasa importancia demográfica y cultural. En la emergente sociedad antillana ha ido en aumento el número de hijos de madre indígena y padre europeo. Pero éstos —importa destacarlo— ya no eran indígenas como la madre ni europeos como el padre. Para diferenciarlos se les llamó, como se ha visto, «mestizos».

Una percepción recortada del término *mestizo* puede conducir a interpretaciones superficiales de la realidad humana que designa. Etimológicamente conlleva el sentido de «mezcla». De ahí que el verbo *mestizar*, tal como lo define la Real Academia Española (DRAE, 1984) signifique «mezclar castas por ayuntamiento o cópula de individuos que no pertenecen a una misma». Observemos otras características que nada tienen que ver con mezcolanza de castas o consumaciones de cópulas. Desconocemos, por ejemplo, la posterior trayectoria vital del Miguelito de ocho años, hijo de Miguel Díaz de Aux, que se nos quedó en Sevilla. Pero tenemos noticias de otro Miguelito, na-

[39] CODOIN, Madrid, 2.ª serie, V, p. 554.

cido en Cuba y mestizo también, al que encontramos ejerciendo el sacerdocio en su isla natal, justamente por los años en que se estaban extinguiendo los taínos de Bayamo. El Obispo informa al Emperador, en carta fechada en Santiago en junio de 1544, que la iglesia de aquella ciudad estaba servida por «tres curas, uno predicador, otro bachiller y un mestizo, natural de ésta, que estudió en Sevilla y Alcalá de Henares, sabe el canto llano, tañe los órganos, enseña gramática y es de vida ejemplar y lo llevo siempre conmigo» [40]. Otra carta, escrita por Juan de Agramonte en febrero de 1547, expone que «Miguel Velázquez, canónigo, mozo de edad, anciano en doctrina y ejemplo, hijo de un vecino de ésta, por cuya diligencia está bien servida la iglesia» [41]. Este sacerdote, que en 1547 tendría unos treinta y cinco años, que viajaba con el Obispo por toda la isla y estaba al corriente de todo lo que sucedía en ella, en ese mismo año escribe al Obispo una carta en la que patentiza sus sentimientos patrios en esta frase: «Triste tierra, como tierra tiranizada y de señorío». Al expresar su angustia en impecable prosa renacentista demuestra que no es indio que desconozca la escritura y la cultura españolas ni español que tuviese sus raíces afincadas en la Península Ibérica. Es emblema del antillano cabal, profundamente vinculado ya a su tierra nativa.

Miguel Velázquez es uno entre muchos. En las Antillas de mediados del siglo XVI son numerosos los hijos de madres taínas y padres españoles, y también de españolas y españoles, de negras y negros, y de las demás combinaciones posibles entre los diversos grupos étnicos. Ahora bien, no es mirándolos por fuera, sino atendiendo a sus sentimientos más íntimos, que nos percatamos de que constituyen un conjunto humano que tiene en común haberse formado en una sociedad diferente de las de sus progenitores. Esa sociedad, más que mezcla de colores de piel es síntesis de las culturas que en ella se funden. El haberse criado en ese distinto ambiente social, el saberse diferente de sus mayores, es lo que les confiere un fuerte sentimiento de apego a todo lo que caracteriza y distingue sus modos de vida. Ellos hablan la lengua española con acento y lexemas de acá; gustan de platos elaborados y condimentados con productos de acá; viven y visten adaptándose a la ecología y el clima de acá; son, en fin, hombres y mujeres de su tiempo y de su tierra. Y su

---

[40] J. J. Arrom, *En el fiel de América*, Roma, Bulzoni Editor, 1985, p. 138.
[41] J. J. Arrom, *ibid.*

tierra, su patria, está acá. A estos hombres y mujeres pronto comenzó a designárseles con un nuevo gentilicio: *criollos*. Con este término se soslayaban los matices raciales para afirmar las características culturales de su raigal americanidad [42].

Procedamos a un último comentario. Si las opuestas posturas asumidas por los contendientes en el viejo debate todavía se proyectan subrepticiamente en las ideologías que hoy nos polarizan, lo esencial del debate quedó resuelto en la práctica desde mediados del siglo XVI. Los indios no fueron exterminados del todo, sino que los sobrevivientes se asimilaron y fundieron dentro de la nueva sociedad criolla. En las interacciones ocurridas durante esa larga y lenta convivencia trasmitieron mucho de lo que hoy constituye nuestro patrimonio cultural: contribuyeron a la formación de la modalidad antillana de la lengua, a la adopción de sus modelos habitacionales, al cultivo y consumo de frutos de la tierra, a la manufactura de bateas, cestas, cernidores y otros objetos del ajuar doméstico, a la transferencia de técnicas culinarias y, en fin, a usos, costumbres, tradiciones y creencias religiosas. En la lenta y prolongada convivencia, en ese toma y daca de las relaciones humanas, la frontera entre la asimilación y la integración también fue desapareciendo. Ha sido así que «los-otros» han pasado a ser parte integral del «nos-otros».

---

[42] J. J. Arrom, *Certidumbre de América*, Madrid, Gredos, 1971, pp. 11-26; *Esquema generacional de las letras hispanoamericanas*, Bogotá, Instituto Caro y Cuervo, 1977, pp. 42-52.

4. NAHUAS Y ESPAÑOLES: DIOSES, DEMONIOS Y NIÑOS

GEORGES BAUDOT
Université de Toulouse-Le Mirail

Al encontrarse por vez primera amerindios y europeos en Mesoamérica, en la primera mitad del siglo XVI, el asombro y la duda revistieron características de auténtica consustancialidad con cualquiera de las interpretaciones elaboradas entonces para entender, clasificar y valorar aquella tremenda noticia de alteridad que se recibió como la marca misma del Encuentro. Por primera vez, quizá, para cada uno de los grupos humanos que coincidían, la conciencia de alteridad se fundamentó y se pensó a escala universal. De ahí que todo análisis del tema «asombro y duda ante los otros», en un área de altas civilizaciones urbanas como es Mesoamérica, donde existen a la vez religiones y construcciones mítico-filosóficas amerindias de grandiosa coherencia, pero también ambiciones metahistóricas cruciales por parte de los evangelizadores europeos, principie con la evocación de un discurso de la «novedad».

Novedad al hallarse con un Otro inesperado, en apariencia inexplicable, y hasta ahora nunca discurrido, que subrayan las representaciones imaginadas o ritualizadas del Otro antes del contacto concreto. Novedad pasmosa al ser revelación para unos y otros la existencia de Otra humanidad radicalmente distinta, ya que parece cierto que, desde el principio, pese a muchas dudas mutuas, siempre se pensó por ambas partes estar en presencia de otros humanos, incluso cuando se llegaba a dudar de que fueran sólo protohumanos o seudohumanos. Novedad, por fin, de tan difícil comprensión cuando se intentó encajarla lógicamente (o por lo menos con un mínimo de coherencia) en una cosmogonía o en una explicación armoniosa y entendible de la finalidad, del lugar y del destino de la aventura humana. Por estas razones, me parece que la interrogación esencial será la que trate de situar las imágenes de asombro y de duda acerca

---

León-Portilla, M.; Gutiérrez Estévez, M.; Gossen, G. H., y Klor de Alva, J. J. (eds.), *De Palabra y Obra en el Nuevo Mundo*, vol. 1, *Imágenes interétnicas*, Madrid, Siglo XXI de España, 1992, pp. 87-114.

de lo que son los Otros, dentro del problema metahistórico subyacente y condicionante que la presencia de un Otro inesperado implica en las construcciones conceptuales de cada cual. O en otros términos, ¿tenía el Otro cabida en la construcción cosmogónica de cada una de las humanidades en presencia?

I. COSMOGONÍA MESOAMERICANA Y ALTERIDAD

El amerindio de Mesoamérica concebía otras humanidades, pero sólo ubicadas en el tiempo y no en el espacio. En una dimensión del Universo pero no en la otra. Eran humanidades anteriores a la nuestra, acaecidas en el pasado y remontando el tiempo, destruidas periódicamente a lo largo de un lento fluir de siglos, integradas en un mundo de universos sucesivos. Lo expresa con diáfana claridad el tan famoso mito de los cinco Soles narrado en una buena docena de textos antiguos y sobre todo en el manuscrito náhuatl de 1558 dado a conocer por Paso y Troncoso, Walter Lehmann, Primo Feliciano Velázquez, Miguel León-Portilla, etc... [1] y a cuyas informaciones nos atenemos para esta ocasión.

Cuatro universos o «Soles» habían existido antes del actual o por lo menos anteriores al del encuentro con los españoles. Cada uno de ellos se identificaba y significaba en monumentos o en monolitos con la fecha de su destrucción. Y así, el primer mundo o «Sol»: *nahui-ocelotl,* «4-Jaguar», era un Sol de Tierra y a la vez un Sol de Noche, cuyo rumbo era el Norte, y que había visto a la humanidad de entonces destruida por los jaguares, siendo el jaguar *nahualli,* «doble animal», de Tezcatlipoca. El segundo Sol, *nahui-ehécatl,* «4-Viento», era un Sol de aire, cuyo rumbo era el Oeste y vio a su humanidad transformada en monos, en simios, por Quetzalcóatl me-

---

[1] Véanse F. del Paso y Troncoso, *Leyenda de los Soles continuada con otras leyendas y noticias. Relación anónima escrita en lengua mexicana el año 1558,* Florencia, Tip. de Salvador Landi, 1903; W. Lehmann, *Die Geschichte der Königneiche von Colhuacan und Mexico,* Stuttgart, 1938, pp. 332-327; *Códice Chimalpopoca. Anales de Guauhtitlán y Leyenda de los Soles,* trad. de P. Feliciano Velázquez, México, UNAM, 1975; M. León-Portilla, *La filosofía náhuatl estudiada en sus fuentes,* México, UNAM, 1966, pp. 110-112; por fin conviene destacar el estudio de R. Moreno, «Los cinco Soles cosmogónicos», en *Estudios de cultura náhuatl,* México, UNAM, 1967, vol. VII, pp. 183-210.

diante un huracán mágico. El tercer Sol, *nahui-quiáhuitl*, «4-Lluvia», era un Sol de fuego, rojo, de rumbo Este, y había de ser consumido por una lluvia de fuego. El cuarto Sol, *nahui-atl*, «4-Agua», Sol de agua, de rumbo Sur, había de ver destruida a su humanidad por un tremendo diluvio, por una inundación que duraría cincuenta y dos años, es decir un *xiuhmolpilli* o «ligadura de años» entero en que los hombres se volvieron peces y al venirse abajo el cielo perecieron luego.

La humanidad que vivían los mesoamericanos al realizarse el encuentro con Europa era la última, la quinta, el Quinto Sol: *nahui-ollin*, «4-Terremoto», o aún «4-Movimiento», ya que el glifo *ollin*, que tiene forma de cruz de San Andrés y que encierra el rostro del Sol en la piedra del sol o calendario azteca, tiene un doble sentido de terremoto, de cataclismo con el que finalizará el quinto Sol, y de movimiento que es el de la primera aurora al ponerse en marcha el disco solar. Su rumbo es el centro. La humanidad, fundada aquí por el sacrificio de los dioses en Teotihuacán y por el sacrificio de Quetzalcóatl sobre los huesos de los muertos en Mictlán, es la que recibe el impacto europeo. Las circunstancias propias del cataclismo que dará cuenta de esta humanidad son especialmente dignas de tenerse en cuenta. Efectivamente, podrían ofrecer una ínfima y tímida posibilidad de integrar al europeo venido de allende los mares, del otro lado del *Ilhuicaatl*, «del agua-de-cielo», de Oriente. Efectivamente, el mito predice la ineludible desaparición de la humanidad en un descomunal terremoto que hará surgir de las entrañas de Occidente a los monstruos del crepúsculo, parecidos a esqueletos humanos, a las *Tzitzimime*, que se arrojarán entonces desde el segundo cielo sobre los últimos hombres para acabar con ellos [2].

Se impone, pues, la interrogación. ¿Podía acaso el encuentro con Europa valorarse para los amerindios asombrados como un terremoto, y la conquista de México-Tenochtitlan pensarse como la catástrofe profetizada como final del quinto Sol?

Si consideramos las ideas mesoamericanas con respecto al espacio

---

[2] «Historia de los mexicanos por sus pinturas», en *Teogonía e historia de los mexicanos*, ed. de A. M. Garibay K., México, 1965, p. 69: «...4. En el segundo cielo dicen que hay unas mujeres que no tienen carne, sino huesos y dícense *tezauhcihuah*, y por otro nombre, *tzitzimime*. Y éstas estaban allí para cuando el mundo acabase, que aquéllas habían de comer a todos los hombres». Subrayemos que en el *Códice Borgia* (ed. de Seler, México, FCE, 1963), p. 72, el centro, encrucijada en donde se unen los cuatro rumbos del espacio, está marcado por el rostro de las *tzitzimime*.

nos hallamos ante un espacio horizontal que parte del centro y se distribuye por los cuatro rumbos cardinales hasta tocar con las aguas celestes, *Ilhuicaatl,* las que se juntan con el cielo en la línea del horizonte y que son el anillo de agua que rodea a la tierra *(Cemanáhuac).* Cada rumbo, más allá del horizonte marcado por el agua del mar, conlleva una morada sagrada, *Tlalocan* al Este, *Mictlán* al Norte, *Tamoanchan* al Oeste, *Uitztlampa* al Sur.

El espacio vertical se repartía hacia arriba en trece cielos y hacia abajo en nueve infiernos. Parece obvio que de algunos de estos espacios, horizontales o verticales, debían de proceder los europeos, aunque surgían en el Sol *nahui-ollin,* es decir en el Sol cuyo rumbo era el centro mismo, aquel que el *Códice Borgia* marca con el rostro de las *Tzitzimime,* aunque otros textos las señalen como monstruos de las entrañas de Occidente. Ahora, como bien sabemos, el pensamiento cosmológico de los mesoamericanos no distinguía radicalmente las nociones de tiempo y espacio sino más bien funcionaba en un tiempo espacializado y no concebía un espacio y un tiempo, sino como tan luminosamente lo analiza Jacques Soustelle,

> [...] los espacios-tiempos en los que están sumidos los fenómenos naturales y los actos humanos se impregnan de cualidades propias en cada lugar y en cada instante. Cada «lugar-instante», complejo en cuanto a la perspectiva y al acontecimiento, determina irresistible y previsiblemente todo cuanto allí se asienta [3].

De este modo el conjunto: centro, *nahui-ollin,* segundo cielo y aparición de los españoles forma una posibilidad de figura semántica bastante coherente dentro de la cosmogonía mesoamericana. Cabe preguntarse entonces si en algunos de los relatos de la conquista elaborados por los propios amerindios existe alguna imagen de asombro o de duda que haya supuesto un intento de asimilar a las *Tzitzimime* con los conquistadores españoles. La cuestión es tanto más delicada, que ya en los propios textos del mito de los soles cosmogónicos son muy pobres las indicaciones sobre el modo de representar a los hombres de las humanidades desaparecidas, fuera de algunos escuetos detalles sobre su alimentación, como el *mízquitl* (mezquite, *prosopis dulcis*) de la humanidad de 4-Viento, el *acicintli* (semilla acuática o mala hierba) de los hombres de 4-Agua o el maíz

[3] J. Soustelle, «L'univers des Aztèques», en *La pensée cosmologique des anciens Mexicains,* París, Hermann, 1979, V, p. 165.

que comen los humanos del Sol actual. De hecho la idea de que la destrucción de México-Tenochtitlan podía ser interpretada como el fin del Quinto Sol y como otra fase del duelo cósmico que hace alternarse a Quetzalcóatl y Tezcatlipoca, se consideró años después de la conquista. Véase por ejemplo al cronista tlaxcalteca Diego Muñoz Camargo que nos lo aclara sin titubeos:

tienen por muy cierto que ha de haber otro fin é que ha de ser por fuego, é que la tierra ha de tragarse a los hombres, que todo el universo mundo se ha de abrasar, é que han de bajar del cielo los dioses y las estrellas, é que personalmente han de destruir a los hombres del mundo y a caballos, e que las estrellas han de venir en figuras de salvajes, y éste es el último fin que ha de haber en el mundo. Cuando los nuestros [4] llegaron a esta provincia [...] entendieron que era llegado el fin del mundo según las señales y apariencias tan claras que veían [5].

Ahora, estas «estrellas [que] han de venir en figuras de salvajes» no parece ser que fueran asimiladas a la imagen de los españoles. A la hora de evocar su imagen y antes de haberlos visto realmente, se les supuso toda clase de cualidades más o menos monstruosas, pero ninguna coincide con las *Tzitzimime.* Así, Diego Durán nos dice que al convocar Moctecuhzoma a los pintores más ancianos de Malinalco, de Chalco y otras partes, éstos le enseñaron gran variedad de hombres-monstruos asimilables a los europeos por venir:

[...] los de Malinalco sacaron una pintura y se la mostraron; en la cual estaban pintados unos hombres con un ojo en la frente, como cíclopes, y le dijeron que sus antepasados les dijeron que aquéllos habían de venir a esta tierra y la habían de poseer. Y otros, que no tenían más de un pie. Los del Marquesado [de Oaxaca] le dijeron y mostraron una pintura en la cual estaban pintados unos hombres, medio peces, de la cintura abajo, y le dijeron que aquéllos habían de venir a esta tierra. Otros le mostraron unos hombres pintados, medio hombres, medio culebras [6].

---

[4] D. Muñoz Camargo, mestizo, hijo de español extremeño y de madre amerindia tlaxcalteca, fue educado enteramente por su padre y a la usanza española. De ahí deriva el que se sintiera y tuviese por español.

[5] D. Muñoz Camargo, *Historia de Tlaxcala,* México, Oficina Tip. de la Secretaría de Fomento, 1892, p. 154.

[6] Fray Diego Durán, *Historia de las Indias de Nueva España e Islas de la Tierra Firme,* 1967, II, p. 514.

Sin embargo, es obvio que no hacían falta estas asimilaciones exactas para que los europeos fueran percibidos como seres de un más allá extraño y desconcertante.

II. LA IMAGEN DEL ESPAÑOL EN LA VISIÓN MESOAMERICANA

Las primeras imágenes que los mexicanos elaboran al encontrar por vez primera a los españoles son casi todas de índole magicorreligiosa a pesar de ser el fruto de una percepción directa y atentísima. Desde un principio los barcos son obras de dioses:

> [...] admirados de ver una cosa tan poderosa y con tantos apartados y retretes y cubiertas, pareciólES cosa divina más que humana, y cosa de gran ingenio [...] [7].

La apariencia física de los europeos, su indumentaria, sus armas, sus alimentos, todo era objeto de asombro, y de un asombro desconcertado que se traduce por los intentos de identificación por analogía que todos conocemos. Así los caballos vienen a ser venados: «[...] los que los llevan a cuestas, sus venados, es como si fueran tan grandes como las terrazas de las casas [...]», y las armas de fuego son «trompetas de fuego» de pestilencial aliento,

> [...] y, aún [Moctecuhzoma] se creyó medio muerto cuando oyó cómo por su orden estalla la trompeta de fuego, cómo se oye el trueno cuando estalla, cómo aturde, cómo ensordece nuestros oídos. Y, cuando estalla, hay como un guijarro redondo que sale de ella, se pone a llover fuego a gotitas, a espumar; y su humo es muy repugnante, de olor sofocante, que golpea la cabeza de las gentes; y cuando choca con una montaña es como si la tirara, como si se hundiera; y un árbol es hecho pedazos, como si se disolviera, como si le soplaran encima.

Los españoles son extraterrestres inhumanos con imagen de extraños «robots» de acero venidos de otro planeta:

> [...] únicamente, todo es de metal, así sus ingenios de guerra; de metal se

[7] Ob. cit., p. 508.

visten; de metal cubren sus cabezas, de metal son sus espadas, de metal sus arcos, de metal sus escudos, de metal sus lanzas [...] [8].

Y lo que puede vislumbrarse detrás de este carapacho metálico no es menos asombroso ya que

[...] por todas partes cubren sus cuerpos, sólo aparecen sus rostros, muy blancos; tienen rostros como de tiza; tienen cabellos amarillos, sin embargo algunos tienen cabellos negros; su barba es larga y amarilla también, son barbi-amarillos; son crespos, rizados [...] [9].

La imagen más completa y a la vez más impresionante que habían de recordar los *mexicas* de los invasores es, sin duda alguna, la ofrecida por el escalofriante desfile que marcó su entrada en la capital azteca y que evoca con tantísima fuerza el capítulo XV entero del libro XII del *Códice Florentino.* A él remitimos por no poder aquí citarlo por falta de espacio. De esta presencia y de su impacto, del asombro causado, da cuenta de modo muy significativo la dificultad de los propios amerindios por representar y figurar con dibujos y pinturas a los españoles en un primer tiempo.

Atestigua de ello un extraordinario párrafo de Diego Durán en que Moctecuhzoma no acaba de entender ni de organizar conceptualmente las imágenes de los españoles:

[...] el pintor pintó al navío de la forma que lo había visto, y juntamente pintó a los españoles, con sus barbas largas y los rostros blancos y el cuerpo vestido de diferentes colores, y sus sombreros en las cabezas, y gorras, y sus espadas ceñidas. Moctecuhzoma cuando los vido quedó admirado [...] y le dijo: —Por ventura ¿sabes algo de esto que aquí has pintado? ¿Dejáronte tus antepasados alguna pintura o relación de estos hombres, que hayan de venir o aportar a esta tierra? [10].

Y el *Códice Florentino* confirma con creces:

[...] y cuando oyó lo que contaban los mensajeros, fue grandemente espantado, extrañado, fue grandemente maravillado [...] fue extremadamente ate-

---

[8] *Códice Florentino,* manuscrito 218-220 de la Colección Palatina, Biblioteca de Florencia, reproducción facsimilar por el gobierno mexicano, 1979, l. XII, VII.

[9] *Ibid.*

[10] Fray Diego Durán, ob. cit., p. 513.

rrorizado, como si estuviera medio muerto; su corazón se atormentaba, su corazón se volcaba [...] [11].

La percepción de la alimentación de los europeos es otra de las fuentes de imágenes de asombro más significativas. Las imágenes representan algo no reconocible que se intenta identificar con referencias muy vagas, muy indefinidas. El *Códice Florentino*, por ejemplo, así nos describe esta primera visión:

y su comida es como comida de hombres, muy grande, blanca, ligera como si fueran migajas, como si fuera tallo de maíz tierno; tiene buen gusto como si fuera harina de tallo de maíz, bastante dulce, bastante suave, es como suave de comer, es dulce de comer [12].

Lo confirman las fuentes amerindias utilizadas por Diego Durán en su *Historia de las Indias* ... que ensalzan particularmente los efectos del vino español:

[...] y que la bebida era tan buena y suave, que luego les quitó el sentido [...] [13].

Pero, quizá lo que más nos interese aquí es la inmediata integración de estas percepciones en un contexto magicorreligioso relacionado con figuras míticas previas:

y dándole unos pedazos de bizcocho, Moctecuhzoma los probó y dijo que parecía piedra de tosca y haciendo traer un pedazo de tosca, la estuvo cotejando el uno con el otro, y viendo que lo uno era pesado y lo otro tan liviano, llamó a sus corcovados y mandóles que lo probasen y en probándolo dijeron que era dulce y suave. Él, temiendo de comerlo, dijo que era cosa de los dioses, que no quería usar de alguna irreverencia y, llamando a los sacerdotes, mandóles que lo llevasen a la ciudad de Tulan con mucha solemnidad y que lo enterrasen en el templo de Quetzalcóatl, cuyos hijos eran los que habían venido [14].

Añadamos que el idioma de los invasores fue, por fin, también motivo de asombro al acaecer el primer encuentro:

---

[11] *Códice Florentino, ibid.*
[12] *Códice Florentino, ibid.*
[13] Fray Diego Durán, ob. cit., p. 510.
[14] Fray Diego Durán, *ibid.*

> [...] y cuando el Marqués hubo oído el discurso de Moctecuhzoma, entonces, luego habló a Malintzin, le habló en lengua bárbara, le dijo en su jerigonza [...] [*ipopolochcopa;* del verbo *popoloca:* «gruñir, tartamudear, rezongar»] [15].

Las características, tanto de las capacidades de comprensión del encuentro con los europeos que ofrecía la cosmogonía amerindia, como de estas imágenes suscitadas por el encuentro mismo, nos llevan a contemplar ahora las peculiaridades de la respuesta conceptual de los amerindios. Su primera consecuencia es la de haber suscitado una reacción de angustia y espanto descomunales. Los textos han insistido siempre (*Códice Florentino, Anales de Tlatelolco,* Diego Durán, etc...) en la tremenda preocupación que originara la presencia española en la mente de Moctecuhzoma, al punto de suscitar en él reacciones de huida atemorizada y un anhelo profundo por esconderse y rechazar la realidad que se avecinaba [16].

Sin embargo, observaremos que esta reacción no fue sólo de Moctecuhzoma sino general, y que el miedo que desencadenaron las imágenes de asombro al realizarse el encuentro fue compartido por el conjunto de las poblaciones en sumo grado. Los testimonios que de ello procura el *Códice Florentino* nos parecen los más elocuentes. Ya antes del encuentro físico con los españoles las noticias que de ellos se tenía infundaban pavor, un tremendo espanto ante lo desconocido y lo irreconocible:

> y ya, también, todos los señores andaban con gran espanto. Uno andaba espantado, atónito, uno manifestaba angustia, inquietud; la gente se consultaba, se reunía en grupos, se juntaba. Se lloraba, se lloraba muy fuerte, se lloraba por los demás. Ya sólo se veían cuellos mustios, cuellos inclinados. Se saludaba la gente llorando, se lloraba unos con otros, para saludarse. Se animaba a los demás, se acariciaban los cabellos de los demás, se acariciaba el cabello de los niños. Los padres decían: «¡Ay! ¡hijitos queridos! ¿Cómo os puede ocurrir a vosotros, a vosotros, lo que pronto va a pasar?». Y las madres decían: «¡Queridos hijitos! ¿Cómo, vosotros, os vais a maravillar de lo que pronto os va a pasar?» [17].

Las modalidades y peripecias del encuentro mismo irán agravan-

---

[15] *Códice Florentino,* l. XII, XVI.

[16] *Códice Florentino,* l. XII, VI, VII, IX; Diego Durán, *His.* II, cap. LXII, pp. 491 ss.

[17] *Códice Florentino,* l. XII, IX.

do esta reacción y construyendo imágenes de pavor cada vez más intensas. Así, la matanza de Cholula y la ida a México

y, entonces, todos los hombres del pueblo se turbaron, de tal suerte que se agitaron muy a menudo. Porque era como si temblase la tierra, como si la tierra había acabado por incendiarse, como si todo le girara a uno ante los ojos; el espanto era lo de todos [...] [18].

Aquí, seguramente, sí parece ser que más de un mesoamericano pensó en la catástrofe que marcaba la terminación del Quinto Sol. Muñoz Camargo lo evoca sin titubeos de manera bastante diáfana

[...] las gentes se turbaron no por temor de perder sus tierras, reynos y señoríos, sino por entender que el mundo era acabado, que todas las generaciones de él habían de perecer y que era llegada la fin, pues los dioses habían bajado del cielo y no había que pensar en otra cosa, sino que era llegado el acabamiento y consumación del mundo, y que todo había de perecer y acabarse [...] [19].

Acrecienta y amplifica dicha reacción de terror la presencia física de unos europeos que se ven cada vez más como seres sobrenaturales, de aspecto profundamente inhumano, cubiertos de metal, como extraños «robots» venidos de otro mundo. La imagen del hombre vestido de acero es parte ineludible de esta figura de significado omnipresente

sus lanzas de metal, sus lanzas a lo murciélago, era como si lanzaran rayos. Y sus espadas de metal, como agua ondeaban. Era como si resonaran sus corpiños de metal, sus cascos de metal. Y otros vienen incluso todos de metal, vienen enteramente hechos de metal, vienen lanzando rayos. Aquí vinieron esparciendo grandes espantos, vinieron aquí sembrando gran terror, aquí los miraron con gran temor, aquí se les tuvo mucho miedo [...] [20].

¿Cómo podía, entonces, integrarse tal imagen dentro de los marcos conceptuales que ya hemos evocado? De un modo bastante lógico, por cierto. Seres tan radicalmente Otros, tan extraños y dotados de tantos poderes, sólo podían ser divinidades, situarse en las esferas superiores de la construcción cosmogónica. ¿*Tzitzimime* ha-

---

[18] *Códice Florentino, ibid.*, XI.

[19] D. Muñoz Camargo, ob. cit., pp. 172-173.

[20] *Códice Florentino*, l. XII, XI.

bitantes del segundo cielo y actores del final de *nahui-ollin*? Más aún, dioses particulares, *sui generis*, imprevistos pero anunciados. El hecho de que los europeos fueron conceptuados como divinidades lo especifican los textos más fidedignos. Bástenos ahora para nuestro propósito las numerosas indicaciones que contiene el *Códice Florentino*, y entre otras posibles, ésta elegida por su peculiar claridad

> y Moctecuhzoma había actuado así porque los creía dioses, los tenía por dioses, les celebraba culto como a dioses. Por eso eran llamados, por eso eran nombrados: «los dioses-venidos-del-cielo»; y los negros fueron llamados: «los dioses-sucios» [...] [21].

Y, como lo precisamos hace poco, eran dioses anunciados y profetizados, dioses que habían sido precedidos por toda una larga serie de portentos unos años antes. Miguel León-Portilla explica ampliamente cuáles fueron dichos portentos y profecías y analiza para nosotros sus posibles explicaciones y vínculos históricos. Por tanto, no insistiremos en ello. Es una faceta fundamental de la «divinización» de los europeos que nos permite el acercamiento a la otra posibilidad que hay de integrar las imágenes de asombro y duda de los mesoamericanos en un aspecto de la cosmogonía amerindia, y esta vez en un mito de grandísimo relieve para las creencias aborígenes, el de la Serpiente Emplumada o Quetzalcóatl.

Sabido es de todos que este mito, originado en el preclásico de Mesoamérica, omnipresente en el horizonte del clásico, traduce en su lenguaje mitológico de manera maravillosa el afán del humano por superar su condición, por ir más allá de su soporte biológico, vital y telúrico y alcanzar el mundo aéreo del discurso organizado y de la civilización urbana. Reactivado y reelaborado por la Historia en el posclásico, cobra formas definitivas con la leyenda-mito de Ce Acatl Topiltzin Quetzalcóatl, soberano-sacerdote de Tula o Tollan, la ciudad áurea de las nostalgias mesoamericanas. Después de un reinado infinitamente feliz y exitoso, el soberano Quetzalcóatl, vencido por las malas trampas y los ardides de Tezcatlipoca Titlacauan, emprende una larga huida hacia Oriente hasta llegar a las orillas del mar luminoso, del mar Caribe, a Tlillan Tlapallan, el país rojo y negro, donde según los *Anales de Cuauhtitlán*,

> [...] en este año 1 acatl, habiendo llegado a la orilla celeste del agua divina,

---

[21] *Códice Florentino*, l. XIII, VIII.

se paró, lloró, cogió sus arreos, aderezó su insignia de plumas y su máscara de turquesas. [...] Luego que se atavió, él mismo se prendió fuego y se quemó. [...] Se dice que cuando ardió, al punto se encumbraron sus cenizas, y que aparecieron a verlas todas las aves preciosas que se remontan y visitan el cielo. [...] Al acabarse sus cenizas, al momento vieron encumbrarse el corazón de Quetzalcóatl. Según sabían, fue al cielo y entró en el cielo. Decían los viejos que se convirtió en la estrella que al alba sale, así como dicen que apareció cuando murió Quetzalcóatl, a quien por eso nombraban el Señor del alba [...] [22].

El aspecto más crucial del mito para nuestros peculiares intereses ahora es la profecía de su ineludible retorno para volver a reinar en Mesoamérica. Lo expresa muy a las claras el texto del *Códice Vaticano A:*

sin embargo dicen que al tiempo de su entrada [al mar] dijo que se esforzaran en esperar su retorno, el cual sería a su debido tiempo, y así lo esperan aún. Cuando los españoles vinieron a este país creyeron que era él. [...] Nació Quetzalcóatl en el día que llaman uno caña, según su antigua cuenta, y por eso pensaron que los españoles fueran su dios, porque dicen que predijo que había de venir una gente barbada que los había de sujetar [...] [23].

Y lo confirma Alva Ixtlilxóchitl:

[...] y que de allí a cinco mil doce años volvería de nuevo a esta tierra en el año ce acatl y castigaría a los descendientes de los reyes sus competidores [...] [24].

Los textos elaborados por los propios amerindios para dar cuenta del encuentro con los españoles justifican casi todos sus asombros, sus espantos y sus sorpresas, por el retorno de Quetzalcóatl personificado o representado por Cortés y/o por los españoles. *El Códice Florentino* lo repite hasta la saciedad:

y, cuando se hubieron acercado muy cerca de los españoles [...] pensaron que era él, nuestro señor Quetzalcóatl, que había llegado [...] [l. XII, II].

---

[22] Ed. 1945, p. 11.

[23] *Códice Vaticano* A, 1964-1967, III, pp. 36-37.

[24] F. Alva Ixtlilxóchitl, *Obras históricas,* 2 vols., ed. E. O'Gorman, México, UNAM, 1975, I, p. 282.

O aun:

cuando oyó esto Moctecuhzoma, en seguida mandó mensajeros, como si creyera, como si se convenciera que era él, nuestro señor Quetzalcóatl, que había venido a surgir. Porque estaba grabado en su corazón que vendría un día, que surgiría para conocer su estera, su sitial [l. XII, III].

Y las fuentes amerindias de Diego Durán utilizan constantemente tal argumento:

[...] y que sepas de raíz si es el que nuestros antepasados llamaron Topiltzin, y, por otro nombre, Quetzalcóatl, el cual dicen nuestras historias que se fue de esta tierra y dejó dicho que habían de volver a reinar en esta tierra, él o sus hijos [...] [25].

Dando a veces a entender que esta profecía se fundamentaba en códices pictográficos de gran antigüedad prehispánica:

ellos [los de Cuitláhuac y los de Mízquic] fueron y trajeron sus antiguas pinturas y dijeron cómo sus antepasados les dijeron cómo habían de venir a esta tierra los hijos de Quetzalcóatl, y que la habían de poseer y tornar a recobrar lo que era suyo antiguamente [...] [26].

A decir verdad, esta interpretación, aunque a todas luces procure una buena integración conceptual de los asombros amerindios dentro de un marco cosmogónico coherente, ha sido cuestionada y discutida como una interpolación europea, como una explicación *a posteriori* propia de textos tardíos (1550, como más tempranos) y fruto de unas manipulaciones originadas en las estrategias del propio Cortés. Se hace ver que todos los textos de que hoy disponemos, aun los amerindios, llevan más o menos la huella del discurso histórico de los conquistadores; el más precoz de todos, los *Anales de Tlatelolco* de 1528, no menciona este mito y a través de las *Cartas de Relación* o de Gómara puede haberse difundido esta interpretación.

No nos parece posible tal influencia y en tal grado si tenemos en cuenta los textos, sus fechas y los datos que hoy conocemos sobre las construcciones cosmogónicas de Mesoamérica. Los *Anales de Tlatelolco* resumen muy escuetamente toda la primera parte del encuen-

---

[25] Fray Diego Durán, ob. cit., p. 507.
[26] Fray Diego Durán, ob. cit., p. 514.

tro con los españoles que es cuando funcionó realmente la idea del retorno de Quetzalcóatl. Por otra parte, López de Gómara publica su *Historia de las Indias y conquista de México* en 1552, y ésta es confiscada y prohibida a partir de noviembre de 1553, es decir, que realmente ya era muy tardía para cualquier influencia en textos que llevan muchos, más o menos, las mismas fechas. Lo mismo pasa, en verdad con las *Cartas de relación,* en especial con la segunda que trae el discurso de Moctecuhzoma en la relación del primer encuentro con Cortés y que está fechada en 1520, publicada en Sevilla por Cromberger en 1522, y asimismo confiscada y prohibida en 1527, es decir, un año antes de la fecha que ostenta el manuscrito de los *Anales de Tlatelolco.*

¿Cabe pensar que tantos y tan diversos textos redactados por los propios amerindios, documentados en sus fuentes antiguas y originales, celosos de su propia versión de los acontecimientos increíbles que les había tocado vivir, aferrados a la autenticidad de sus discursos y lenguajes, como de hecho se puede comprobar leyéndolos en sus propios idiomas, hayan podido vehicular y creerse una patraña inventada por el conquistador para mejor oprimirlos? Parece más verosímil que el Moctecuhzoma del texto del *Códice Florentino* creyera lo mismo que el Moctecuhzoma que recibía a Cortés en noviembre de 1519. Aunque bien sabemos que la astucia de las mujeres no tiene límites y que Malintzin era inteligentísima, parece dudoso que lograra explicar tan pormenorizadamente al conquistador un mito complejo que sólo había de conocer la elite mesoamericana y que Cortés no se hallaba muy preparado para entender y aprovechar de este modo. Cortés, como fino táctico que era, sí entendió en seguida, al oír el discurso de recibimiento de Moctecuhzoma, el provecho que podía temporalmente sacar de este equívoco, pero sólo después de haber oído al *tlatoani* de los mexicas, y así lo dice en su segunda *Carta:*

> [...] yo le respondí a todo lo que me dijo, satisfaciendo a aquello que me pareció que convenía, en especial en hacerle creer que Vuestra Majestad era a quién ellos esperaban.

Por fin, si cotejamos el texto del discurso de Moctecuhzoma al recibir a Cortés el 9 de noviembre de 1519 tal y como lo ofrece el *Códice Florentino,* con el texto del mismo discurso tal y como lo restituye Cortés en la segunda *Carta de Relación* salimos por fin de dudas. En efecto, ya sea por la obligada traducción de Malintzin que probablemente resumió, abrevió y, llevada por las prisas de una traducción inmediata trastocó algo, ya sea porque Cortés sólo recordaba vagamente aquel discurso, el hecho es que el texto de las *Cartas de Relación* no es sino la sombra pálida e incoherente, a veces completamente insignificante y confusa, del discurso transcrito por el *Códice Florentino*. Desde luego no vemos cómo el pasaje nebuloso de las *Cartas* hubiera podido manipular e influenciar a tantos, y tan bien estructurados, textos amerindios como son aquellos que integran así a los conquistadores en una explicación cosmológicamente aceptable.

La alteridad radical que percibían en los españoles sólo se ajustaba a la categoría de la divinidad, por esencia fundamentalmente Otra. Y de hecho los textos amerindios, o de fuentes amerindias de que disponemos así lo marcan todos al dar cuenta de los albores del encuentro. Pero la intensidad del «asombro» (susto, espanto o aun gran admiración, según reza el *Diccionario de la Real Academia Española*) no fue lo suficientemente densa como para anular toda reacción de defensa y/o de repulsa ante estos inefables «dioses». En realidad los amerindios intentaron quitárselos de encima desde el principio, y en contra de ellos y en razón de la angustia que generaban, se procuró poner en marcha procesos activos muy *sui generis*, adaptados a sus idiosincrasias sobrenaturales. A su carácter divino se les opuso una estrategia fundada en la acción mágica: el hechizo, el conjuro, el encanto. El *Códice Florentino* nos explica el primer intento de esta suerte:

> [...] por eso Moctecuhzoma mandó magos, adivinos para ver de qué condición eran los españoles, si acaso pudieran embrujarlos, echarles un hechizo, si pudieran soplarles encima, fascinarlos o aun si pudieran tirarles piedras; si pudieran aun, con palabras de hombre-búho, formar un encantamiento sobre ellos, para enfermarlos quizá, para hacerlos morir o aun quizá para que se volvieran [l. XII, VIII].

Funcionando con categorías religiosas absolutas, los mexicas oponen dioses a dioses y saben o creen que sus propios dioses ya han perdido. De este modo, la imagen que ofrecen aquí los españoles es la de una novedad y/o alteridad tan absoluta que no entra en ninguna categoría conceptual reconocible para los amerindios. Respuestas mágicas, acciones programadas por el ritual hechicero, todo se estrella ante la inaudita diferencia, y el asombro cobra entonces grados desesperantes, desmovilizantes, desmoralizantes, demoledores para el invento de otras y distintas respuestas:

[...] dijeron cómo aquellos eran dioses y que sus artes y hechicerías no les comprendían, [...] y que era gente de muy diferente modo y humor que ellos. [...] Y que la carne de aquellos «dioses» era dura y que no podía entrar en ellos ni hacer impresión cosa de encantamiento, porque no les podían hallar el corazón, porque tenían las entrañas y pechos muy oscuros y que no les hallaban carne para poder hacer en ellos algún mal [...] [27].

Otros textos podrían aducirse de la misma índole, como es por ejemplo el de Alvarado Tezozomoc en su *Crónica Mexicana* [28]. Repitiendo casi las mismas imágenes.

Las imágenes de asombro y duda elaboradas por los amerindios al acaecer los primeros momentos del encuentro, parecen así fundamentarse en una incomprensión radical del Otro, en una auténtica imposibilidad para conceptuar al Otro dentro de categorías discurribles. La única respuesta imaginada entonces por los amerindios para entender la presencia europea fue la integración en un sistema de valores religiosos y/o mágicos, en un discurso cosmológico que les era propio y que aclaraba lo sobrenatural. Veremos que pasó algo parecido, dentro de las necesidades de la doctrina cristiana, con los europeos, aunque con distintas modalidades, si bien se trataba igualmente de integrar en un mundo propio a un Otro ajeno y extraño a dicho mundo y de integrarlo a toda costa porque era la única manera de entender su presencia. Pero, para acabar aquí de subrayar lo que el «asombro» conllevó como incapacitación para comunicar con el Otro, dos relatos amerindios de la conquista de México destacan bien las tan distintas categorías discursivas en que se movían y funcionaban unos y otros, al contar cómo los españoles recibieron los primeros sacrificios humanos que, justamente, se llevaban a cabo en honor de ellos y para complacerlos:

[...] mandó [Moctecuhzoma] algunos prisioneros de guerra, bien preparados, en caso de que los españoles bebieran su sangre. Y así hicieron los mensajeros. Pero, cuando los españoles vieron aquello, sintieron gran asco; escupieron, se frontaron los párpados, cerraron los ojos, sacudieron sus cabezas.

---

[27] Fray Diego Durán, ob. cit., p. 522.

[28] Ed. de Orozco y Berra, México, 1878, pp. 700-701.

La comida, ensangrentada, la habían ensuciado los mensajeros, la habían recubierto. Esto dio mucho asco a los españoles, les dio náuseas, y así encontraron que la sangre era muy hedionda [...] [29].

O aun:

delante del Capitán se ofreció un sacrificio. Entonces, se enfureció. Cuando se ofreció al Capitán la sangre en un calabazo-del-águila, entonces, por esto mató al que le ofrecía la sangre, le golpeó con la espada [...] [30].

Maniatados ambos contrincantes por las rígidas categorías de cada discurso propio, la comunicación a este nivel no podía ser más nula, más equívoca ni más aniquilante.

III. LA IMAGEN DEL AMERINDIO EN LA VISIÓN EUROPEA

La elaboración de imágenes de asombro y duda por parte de los europeos no obedeció desde luego, y en el primer momento del Encuentro, a las mismas pautas, aunque también ellos desde el principio tuvieron que buscar referencias y expresarse por analogías a fin de integrar en su discurso la absoluta novedad del Otro, tal y como lo estaban percibiendo. Conviene, pues, dirigir ahora la mirada hacia las imágenes del Otro que producen Cortés o Bernal Díaz del Castillo (y hemos elegido especialmente para nuestro propósito testigos directos y del primerísimo instante del Encuentro), al hallarse éstos confrontados con la sociedad altamente urbanizada de los mexicas. Veremos que aquí las cosas son algo complejas, aunque una auténtica dialéctica colonial de la dependencia vaya de algún modo estructurando las imágenes del Otro. Parece que se trata de probar, de convencer, de demostrar que el Otro es un excelente hallazgo, útil, con buenas perspectivas de asimilación y de explotación, y no digamos de conversión. Lo que se percibe de su manera de vivir y lo que se transcribe en las imágenes para representarlo

---

[29] *Códice Florentino*, l. XII, VIII.

[30] *Unos Anales históricos de la nación mexicana*, manuscrito 22 bis de la Biblioteca Nacional de París, 5.ª parte: *Historia de Tlatelolco...*, más conocidos como *Anales de Tlatelolco*, en *Récits aztèques de la conquête*, ed. de G. Baudot y T. Todorov, París, Le Seuil, 1983, p. 153.

tiene una finalidad didáctica para deslumbrar y entusiasmar a los más altos responsables de la incipiente aventura colonial. Produce tales imágenes, además, el actor directo de la empresa, su promotor más interesado en lograr su buen éxito. Notemos así que las primerísimas imágenes de los indígenas mesoamericanos de Cozumel y Yucatán responden a descripciones neutras, frías, que subrayan sólo aspectos curiosos o extraños de los descritos, como son sus adornos e indumentarias, con especial énfasis en la bondad y calidad de sus instalaciones, aposentos y cultura material, traducidas a veces por las inevitables referencias analógicas a lo morisco, es decir, a lo exótico reconocible:

> [...] es una gente de mediana estatura, de cuerpos y gestos bien proporcionada, excepto que en cada provincia se diferencian ellos mismos los gestos, unos horadándose las orejas y poniéndose en ellas muy grandes y feas cosas, y otros horadándose las ternillas de las narices hasta la boca y poniéndose en ellas unas ruedas de piedras muy grandes que parecen espejos [...] y los vestidos que traen es como de almaizales muy pintados, y los hombres traen tapadas sus vergüenzas, y encima del cuerpo unas mantas muy delgadas y pintadas a manera de alquizales moriscos [...] y las mujeres principales andan vestidas de unas muy delgadas camisas de algodón muy grandes, labradas y hechas a manera de roquetes [...] [31].

Las manifestaciones de «asombro» sólo aparecerán al relatarse por vez primera la que será para los europeos la faceta más asombrosa, más ininteligible e inimaginable, del ritual religioso de los hombres de Mesoamérica: los sacrificios humanos. Pero aquí ya no se trata de asombro, sino de indignada repulsa, de violento rechazo, a todas luces imprevisto, espontáneo, pero muy rápidamente integrado en el discurso previo de la empresa colonial como la más alta y válida justificación de ésta. La imagen se inscribe, desde el principio, en un discurso represivo:

> y tienen otra cosa horrible y abominable y digna de ser punida que hasta hoy se ha visto en ninguna parte, y es que todas las veces que alguna cosa quieren pedir a sus ídolos, para que más aceptación tenga su petición toman muchas niñas o niños y aun hombres y mujeres de mayor edad, y en presencia de aquellos ídolos los abren vivos por los pechos y les sacan el corazón y las entrañas, y queman las dichas entrañas y corazón delante de los

---

[31] Hernán Cortés, *Cartas de relación*, Madrid, M. Rivadeneyra ed., 1877, pp. 9-10.

ídolos, ofreciéndoles en sacrificio aquel humo. Esto habemos visto algunos de nosotros, y los que lo han visto dicen que es la más terrible y más espantosa cosa de ver que jamás han visto [...] [32].

Asombro probablemente sincero, pero en seguida aprovechado. Es decir que una de las pocas imágenes del Otro no preelaborada ni preconcebida es de inmediato incorporada a la imagen general que programa y estructura la acción: la conquista y más tarde la evangelización:

[...] vean vuestras reales majestades si deben evitar tan gran mal y daño, y cierto Dios nuestro Señor será servido si por mano de vuestras reales altezas estas gentes fuesen introducidas y instruidas en nuestra muy sante fe católica, y comutada la devoción, fe y esperanza que en estos sus ídolos tienen, en la divina potencia de Dios [...] [33].

Y aunque apunte ya desde aquí la imagen admirativa que más tarde marcará la percepción de la sociedad altamente urbanizada de los mexicas, la intencionalidad del primer «asombro» ante el sacrificio humano cobra mayor credibilidad al asociarse a lo que ya no es fruto de una percepción directa, sino una patraña que justifica con mayores creces aún la empresa colonizadora:

[...] porque aun allende de lo que arriba hemos hecho relación a vuestras majestades de los niños y hombres y mujeres que matan y ofrecen en sus sacrificios, hemos sabido y sido informados de cierto que todos son sodomitas y usan aquel abominable pecado [...] [34].

En resumidas cuentas, gentes de grandes logros materiales y políticos, aptos para vivir una vida asimilada a la de los europeos, pero que previamente convendrá castigar rigurosamente por asesinos y maricones. La admiración, efectivamente, es el elemento clave de las imágenes que tejen el texto de la segunda carta de Cortés:

[...] la cual ciudad [Tlaxcala] es tan grande y de tanta admiración, que aunque mucho de lo que della podría decir deje, lo poco que diré creo que es casi increíble, porque es muy mayor que Granada y muy más fuerte, y de tan buenos edificios y de mucha más gente que Granada tenía al tiempo que

---

[32] *Ibid.*
[33] *Ibid.*
[34] *Ibid.*

se ganó. [...] Hay mucha loza de todas maneras y muy buena, y tal como la mejor de España. [...] Finalmente, que entre ellos hay toda manera de buena orden y policía, y es gente de toda razón y concierto; y tal, que lo mejor de África no se le iguala [...] [35].

Y al principiar Cortés la evocación de México-Tenochtitlan la admiración sube puntos y desborda con una larga serie de imágenes deslumbradas que, pese a un evidente proceso de ficcionalización y de referencia a lo maravilloso (tanto para convencer a Carlos V como para seducir a sus lectores), hablan muy claramente de la fuerza de la impresión recibida, de la indudable sinceridad de estas representaciones, pero que también sirven de alimento y de incentivo para la codicia y la ambición subyacentes en la acción de la empresa colonial. De índole parecida, es decir, francamente admirativas y deslumbradas, son las imágenes que elabora Bernal Díaz del Castillo, aunque aquí no se note tan estrepitosamente la necesidad de justificar una acción, sino la voluntad de recordar tan sólo tiempos pasados que fueron como soñados y que envuelve la noción de maravilla. Y de hecho, la gran referencia de Bernal Díaz al construir las imágenes del mundo de los mexicas en su relato es la de los libros de caballerías, los textos de ficción más disparatados de la época, los que mayor evasión procuraban, los que mejor representan lo inaudito:

y desde que vimos tantas ciudades y villas pobladas en el agua, y en tierra firme otras grandes poblazones, y aquella calzada tan derecha y por nivel cómo iba a México, nos quedamos admirados y decíamos que parecía a las cosas de encantamiento que cuentan en el libro de Amadís [...] y aun algunos de nuestros soldados decían que si aquello que veían si era entre sueños, y no es de maravillar que yo escriba aquí de esta manera, porque hay mucho que ponderar en ello que no sé como lo cuente: ver cosas nunca oídas ni aun soñadas, como veíamos [...] [36].

Representación «asombrada» o mejor admirativa, del Otro, pero que ficcionalizada y preelaborada por la dialéctica de la necesaria dependencia, reducción y transformación del Otro que conlleva la empresa «descubridora» y «conquistadora», no impedirá la acción

---

[35] *Ibid.*

[36] B. Díaz del Castillo, *Historia verdadera de la conquista de la Nueva España*, México, Porrúa, 1960, p. 147.

aniquilante, destructora, (y la desaparición de tan admiradas maravillas) que implica el discurso europeo al considerar al Otro. El Otro no es realmente Otro, sino la sombra perfectible, manipulable, transformable del Yo, y los valores propios del Otro sólo cuentan cuando son asimilables a los nuestros o reconocibles dentro de nuestras pautas. Si no, son monstruosidades, y el «asombro» es repulsa y rechazo como ante los sacrificios humanos. Y como la empresa colonial necesita razones que la justifiquen, cuando las «monstruosidades» directamente percibidas como tales no bastan, se inventan otras como la sodomía generalizada para que más indispensable parezca el escarmiento y la sujeción.

Por fin, convendría para ser más completos, tener en cuenta las imágenes que se forjaron de los amerindios aquellos que habían de recibir la misión de negar rotundamente su alteridad y de procurar con más devoción su asimilación a la humanidad cristiana de los europeos; aquellos que habían de transformar las creencias del Otro, aniquilarlas, para reemplazarlas por la doctrina católica de la metrópoli colonizadora: los evangelizadores. Un documento en verdad excepcional nos procura, en este delicado terreno, unos textos particularmente elocuentes y reveladores. Se trata del famoso diálogo establecido en 1524 por los doce «primeros» franciscanos llegados a México, con los *tlamatinime* (los sabios) mexicas, y que transcribió y pasó a limpio en 1564 fray Bernardino de Sahagún. El texto nos ofrece en lengua náhuatl la imagen primaria que de los amerindios por convertir elaboraban los religiosos seráficos que tenían precisamente a cargo esta conversión, y esto en un apretado intercambio con los Otros por antonomasia: los sacerdotes mexicanos de la religión vencida. Las imágenes ya no son las construidas por una dialéctica de la colonización, sino aquí por una dialéctica de la conversión. Notaremos, de principio, que en este diálogo «ejemplar» con los amerindios, los religiosos ya nombran a las tierras americanas tierras «nuevas», designadas por nombres inventados por los europeos: Nueva España, Indias occidentales. Así, al empezar el diálogo declaran los franciscanos:

in yancuic tlalli ipan in Nueva España tláca [...] los que están en una tierra nueva, hombres de Nueva España

O aun:

in yancuic tlalli ipanonoque in motocaiotia Indias occidentales [...] los que moran en esas tierras nuevas, las que se nombran Indias occidentales [...] [37].

De entrada, los Otros son los que habitan tierras nuevas y lejanas, que se empiezan a reducir a nivel textual nombrándolos, inventándolos, descubriéndolos

[...] allá en una tierra apartada, los que ahora, por vez primera la vieron, descubrieron a aquellos, nombrados indios, y así sólo por su decisión hicieron, así los sometieron [...] [38].

Los amerindios son seres pasivos, no activos: son vistos, aparecen

[...] después de que habéis sido vistos, después de que aparecisteis [...] [39].

Y si la conquista ha sido fuente de sufrimientos para ellos, sufrimientos que reconocen los evangelizadores, hay que considerarla como un merecido castigo porque el Otro es culpable de ofender a Dios:

[...] los que os conquistaron, los que os hicieron miserables, los que os procuraron ardientes aflicciones, con esto fuisteis castigados, para que terminarais las no pocas ofensas a su corazón, aquello que habéis vivido haciendo [...] [40].

Y en la emocionada respuesta de los *tlamatinime* mexicanos está el mejor reflejo, dolorosamente proyectado, del discurso reductor de los evangelizadores seráficos:

que no muramos, que no perezcamos, aunque nuestros dioses hayan muerto. [...] Habéis dicho que no son verdaderos dioses los nuestros. Nueva palabra es ésta, la que habéis y por ella estamos perturbados, por ella estamos espantados. [...] Y ahora, nosotros, ¿destruiremos la antigua regla de vida? [41].

---

[37] *Coloquios y doctrina cristiana... con que los doce frailes de san Francisco... convirtieron a los indios de la Nueva España*, ed. de M. León-Portilla, México, UNAM, 1986, pp. 102-103.

[38] Ob. cit., p. 105.

[39] Ob. cit., p. 110.

[40] Ob. cit., p. 113.

[41] Ob. cit., pp. 149-153.

Las imágenes que elaboran los europeos, ya sean imágenes sacadas de sociedades agrícolas neolíticas como en las Antillas, ya sea de sociedades altamente urbanizadas como en Mesoamérica, llevan todas una distorsión de origen porque dependen para su elaboración de una dialéctica colonizadora previa. Los europeos eligen las imágenes del amerindio que puedan servir para confortar y justificar su propio proyecto de sociedad o mejor dicho de expansión de su sociedad. Los amerindios sólo pretendían quitarse de encima a unos europeos percibidos, aquí sí, como «asombrosos». Estos últimos han hecho el viaje (y no los primeros) para cambiar social, religiosa y culturalmente a los Otros. Buscan las imágenes que les permitan confirmar sus proyectos, y son imágenes del Otro «previstas», en que el «asombro y la duda» son muy poco inocentes. La acción europea: descubrir, conquistar, poblar, fundar, evangelizar, explotar, está programada al margen de los discursos alimentados por las imágenes y los textos del Encuentro, y sólo recurre a ellos para asegurarse. Las imágenes del Otro se sitúan dentro de un proceso *a priori*, anterior a la representación directa del Otro y no *a posteriori* como resultado o consecuencia de esa imagen o de ese discurso textual. En el desarrollo ulterior de la acción colonizadora el discurso textual de la imagen del Otro sólo vendrá a conferir matices a la acción, flexionar secundariamente tal o cual línea de conducta, pero nada más. No determina la acción porque la Historia, la dialéctica histórica de la expansión europea, ya la había determinado antes. A diferencia de lo que pasaba cuando tratábamos de los amerindios receptores, aquí contemplamos los textos de los europeos actores, aquellos que han organizado la relación interétnica con criterios de dependencia, de conversión, de reducción, de transformación, en una palabra de colonización. Pero, ahora veremos que, aun en estas perspectivas, la imagen del amerindio podía revestir para algunos europeos visionarios características consoladoras, providenciales, insertas en las más atrevidas esperanzas del futuro humano.

Efectivamente, ¿por qué no habría de buscarse mejor la imagen del amerindio, su signo, dentro del futuro de la humanidad? A la imagen peyorativa, muy a menudo completamente negativa o por lo menos reducida que se tenía de él, ¿por qué no oponer luminosa y fervorosamente una imagen agradecida, renovada por la Sagrada Escritura, forjada por la esperanza? De una humanidad tan asombrosa y dudosa sacar un instrumento providencial para asegurar el destino metahistórico de toda la humanidad. Es lo que intentaron, también en el siglo XVI, los religiosos franciscanos acogidos a las ideas de Joaquín de Fiore y que habían depositado sus esperanzas escatológicas en la edificación de un reino milenario en América. Al hacer del amerindio el elemento básico de un futuro apocalíptico, también se le integraba en el discurso de la Sagrada Escritura, pero aquí en aquellos textos que discurrían del futuro más extremo de la humanidad, es decir el Juicio Final. Conocida es esta interpretación del papel crucial reservado a los amerindios y varios estudios ya han tratado de ella [42]. Por lo tanto, nos atendremos a lo que interesa aquí y sólo nos preocuparemos así de las imágenes del amerindio que esta interpretación elabora y en la que el «asombro» es sobre todo grata sorpresa ante virtudes y cualidades que son otros tantos signos proféticos reveladores.

Uno de los «doce primeros» evangelizadores seráficos, el famoso fray Toribio Motolinía, fue quien principió con toda autoridad la producción de este tipo de imágenes en las que el amerindio vestía las galas más preciadas de los hijos de Francisco de Asís. La pobreza primero, la fundamental pobreza evangélica que anida en el corazón mismo de la aventura franciscana, aquella que fuera la «Donna Povertà» del «poverello» de Asís, fuente de libertad y de esperanza, y que parecía aquí ser suprema virtud del amerindio considerado exclusivamente como *macehualli,* como hombre del pueblo humilde, cuya indigencia y desamparo ofrecían las mejores promesas de salvación eterna:

estos indios cuasi no tienen estorbo que les impida para ganar el cielo, de los muchos que los españoles tenemos y nos tienen sumidos, porque su vida se contenta con muy poco, y tan poco, que apenas tienen con qué se vestir ni alimentar. Su comida es muy paupérrima, y lo mismo es el vestido. Para dormir la mayor parte de ellos aún no alcanzan una estera sana. [...] Con su pobre manta se acuestan, y en despertando están aparejados para servir a Dios, y si se quieren disciplinar, no tienen estorbo ni embarazo de vestirse y desnudarse. [...] Sus colchones es la dura tierra, sin ropa ninguna; cuando mucho tienen una estera rota, y por cabecera una piedra o un pedazo de madero, y muchos ninguna cabecera, sino la tierra desnuda. Sus casas son muy pequeñas, algunas cubiertas de un solo terrado muy bajo, algunas de

---

[42] Véanse, por ejemplo, John L. Phelan, *El reino milenario de los franciscanos en el Nuevo Mundo,* México, UNAM, 1972, y nuestro propio trabajo: G. Baudot, *Utopía e historia en México. Los primeros cronistas de la civilización mexicana (1520-1569),* Madrid, Espasa-Calpe, 1983.

paja, otras como la celda de aquel santo abad Hilarión, que más parecen sepultura que no casa. Las riquezas que en tales casas pueden caber, dan testimonio de sus tesoros [43].

De esta pobreza, signo providencial ineludible, se siguen cualidades igualmente significativas de una humanidad predestinada para el Milenio:

no se desvelan en adquirir ni guardar riquezas, ni se matan por alcanzar estados ni dignidades. [...] Son pacientes, sufridos sobre manera, mansos como ovejas. Nunca me acuerdo haberlos visto guardar injuria; humildes, a todos obedientes, ya de necesidad, ya de voluntad, no saben sino servir y trabajar. [...] Es mucha la paciencia y sufrimiento que en las enfermedades tienen [...] comen y beben sin mucho ruido ni vozes. Sin rencillas ni enemistades pasan su tiempo y vida, y salen a buscar el mantenimiento a la vida humana necesario, y no más [...] [44].

Vistas estas premisas tan favorables, el discípulo más fervoroso de Motolinía, fray Gerónimo de Mendieta, terminó por hacer de los amerindios los instrumentos del destino escatológico de la humanidad, procurando primero de ellos una imagen muy peculiar, en algún modo indudablemente reductora, pese a una visión en apariencia halagadora:

[...] estaba en disposición la masa de los indios para ser de la mejor y más sana cristiandad y policía del universo mundo [...] [45].

Efectivamente, la imagen del amerindio que Mendieta elabora a continuación no deja de ser una representación minorativa que menoscaba la identidad amerindia, desvalorizando en cierta manera su madurez humana:

[...] haciéndonos padres desta mísera nación y encomendándonoslos como a hijos y niños chiquitos para que como a tales [que lo son] los criemos y

---

[43] Fray Toribio de Benavente Motolinía, *Historia de los indios de la Nueva España,* ed. de G. Baudot, Madrid, Castalia, 1985, pp. 188-189.

[44] Fray Toribio de Benavente Motolinía, *ibid.*

[45] *Carta del P. Fray Gerónimo de Mendieta al P. Comisario General Fray Francisco de Bustamante,* en *Cartas de religiosos de Nueva España,* México, Chávez-Hayhoe, 1941, I, p. 6.

doctrinemos y amparemos y corrijamos, y los conservemos y aprovechemos en la fe y policía cristiana [...] [46].

Imagen restringida que Mendieta recalca con fuerza:

[...] estos naturales son puramente niños, naturalmente subjetos y tímidos, y así con tener padre y maestro verdadero cristiano y prudente, que los amase como a hijos y como a tales los corrigiese, y como maestro los enseñase y instruyese en la fe cristiana y policía humana, no sería más una provincia entera debajo de la mano de un religioso, que una escuela de mochachos debajo de la mano de su maestro; porque puestos en subjeción y obediencia, no hay gente ni nación en el mundo más dócil que ésta para cuanto les quisieren enseñar y mandar; y por el contrario no hay fieras en las selvas más indómitas que ellos, puestos en su querer y libertad [47].

Evidentemente, para los franciscanos milenaristas estas cualidades eran sumamente positivas y no se percibían como reducciones o menguas en la imagen que procuraban de los amerindios, sino que sólo así podían destacar la perfecta idoneidad de éstos para asegurar, además de su salvación eterna, el fundamento humano de un reino de mil años anunciado por el texto del Apocalipsis como plataforma de espera para el Juicio Final (*Apocalipsis,* XX, 4-6).

El amerindio poseía la cualidad preciosa por excelencia para los frailes menores: vivía en la mayor pobreza y desamparo. Las soluciones escatológicas previstas por los inspiradores de la Orden seráfica que se instalaba en México pasaban por una constante sumisión al ideal de pobreza evangélica. Así sería posible el construir con los amerindios la otra cristiandad, próxima a la pureza evangélica, conforme al reinado del Espíritu Santo en la línea de pensamiento de un Joaquín de Fiore o de un fray Juan de Guadalupe. Se podría edificar con estos amerindios pobres, humildes y sumisos, un reino indígena y cristiano, no hispanizado:

[...] La Nueva España sería mantenida en toda cristiandad y paz y policía, sin pleito ni diferencia [...] sino en solas ocupaciones y ejercicios cristianos y religiosos con sólo tener [...] en cada provincia della un fraile de los muchos que en esta tierra están echados por los rincones, con tener las

---

[46] *Carta del P. Fray Gerónimo de Mendieta...*, ob. cit., p. 8.
[47] *Carta del P. Fray Gerónimo de Mendieta...*, ob. cit., p. 10.

espaldas seguras, y toda autoridad y poder para hacer lo que conviniese [...][48].

El amerindio, por su pobreza, desprendimiento y humildad, confirmaba su misión providencial en unas perspectivas escatológicas esenciales. Él es, en realidad, el Otro salvador del europeo, quien procura al europeo la oportunidad de participar en la redención universal. Lo permite (aquí sí) una reconocida y crucial alteridad ética y tropológica marcada por la bondad de las costumbres y cualidades amerindias. Más allá de los tiempos de la Historia, el amerindio cumpliría así con un papel grandioso asignado desde siempre en el destino humano por los designios divinos, y precisamente programado para los últimos momentos de dicha Historia. Era su peculiar modo de integrarse en la historia de los hombres y en la cosmovisión cristiana. El Encuentro con América, al «descubrir» a los amerindios, al revelarlos a los ojos atónitos del Viejo Mundo, es el signo mayúsculo del próximo término de la historia universal. Los amerindios, esta vez, eran tan Otros en la imagen que se forjaba de ellos que tal alteridad hasta permitía Otra cristiandad. Acaso, ¿no era ésta la menos injusta, la menos pervertida o subvertida, la menos viciada, de todas las imágenes que habían desfilado por las representaciones europeas que intentaban informar sobre el hombre de América y configurar su humanidad?

---

[48] *Carta del P. Fray Gerónimo de Mendieta...*, ob. cit., p. 10.

5. PRIMERAS IMÁGENES ÉTNICAS EN NORTEAMÉRICA

JAMES AXTELL

College of William and Mary, Virginia

Al toparse con los taínos de la isla de Guanahaní el 12 de octubre de 1492, Cristóbal Colón inició inadvertidamente el mayor encuentro de gentes diversas en la historia de la humanidad. En 1992, quinientos años después, muchos de nosotros —gobiernos, instituciones, comunidades— conmemoraremos y acaso celebraremos este portentoso evento de diferentes maneras, desde los evanescentes fuegos artificiales hasta las tercas publicaciones. El tema oficial del V Centenario es propiamente «El Encuentro» del llamado «Viejo Mundo» con el «Nuevo»; de la Europa (y más adelante Asia y África) con las Américas; de los europeos blancos con los «indios» —como equivocadamente los llamó Colón— de piel morena (no roja).

Pero no todo el mundo tendrá ánimos de celebrarlo, ciertamente no los descendientes de aquellos nativos que fueron lo suficientemente afortunados o listos como para sobrevivir a los catastróficos estragos de las enfermedades, guerras, injusticias y desahucios que fueron la mayor (aunque no la única) herencia de este encuentro. Ellos y un buen número de historiadores nos recordarán la espantosa pérdida de vidas en esta historia y los incalculables costos del «progreso», de la «civilización» y del «Imperio». El encuentro que conmemorarán y lamentarán está sellado con hostilidad y bañado en sangre.

En EE UU ya conocemos por nuestros libros de texto el perfil de este triste y sanguinario argumento. En nuestra imaginación colectiva hemos avistado innumerables representaciones de intrépidos exploradores y colonizadores europeos que llegaban a tierra vadeando, bajo una lluvia de flechas con punta de pedernal y entre espeluznantes gritos de guerra. Recordamos demasiado vívidamente cómo

---

León-Portilla, M.; Gutiérrez Estévez, M.; Gossen, G. H., y Klor de Alva, J. J. (eds.), *De Palabra y Obra en el Nuevo Mundo*, vol. 1, *Imágenes interétnicas*, Madrid, Siglo XXI de España, 1992, pp. 115-142.

los colonos de Roanoke desaparecieron del mapa tras los numerosos ataques perpetrados por los súbditos desnudos de Wingina, cómo los chesapeakes avanzaron cautelosamente «como osos, con arcos en sus bocas» para atacar a la primera oleada de colonos en Virginia, y cómo los nausets arrojaron sus atroces lanzas sobre los pobres peregrinos que habían desembarcado originalmente en el Cabo Cod con el fin de encontrar asilo y tolerancia religiosa en Plymouth [1].

Pero aquello que los peregrinos llamaron «El Primer Encuentro» no lo fue, excepto para ellos [2]. Recién llegados de puertos europeos, no podían saber que los nativos que tan descortésmente los recibían no estaban actuando así por atávico odio racial o primitiva xenofobia, sino por un sentimiento de venganza fundamentado en los daños que los anteriores visitantes europeos les habían causado. Por los años 1607 ó 1620, ya hacía cincuenta o cien años que muchos de los nativos de la costa atlántica habían tenido contacto con embarcaciones, personas e, incluso anteriormente, con colonias europeas. Como era de prever, muchos de estos contactos terminaron en hostilidad, recelo y miedo.

Si deseamos investigar la importancia a largo plazo de los encuentros culturales puestos en marcha por la llegada de Colón en 1492, tendremos que hacer dos cosas. Primero, debemos indagar cautelosamente sobre los primeros contactos entre indios y europeos, antes de que, a partir de relaciones conflictivas, cada grupo se viera forzado a adoptar una actitud belicosa o de absoluta desconfianza frente al otro. Esto requerirá un retorno cronológico al siglo XVI, aunque a causa del carácter poco sistemático de la exploración de Norteamérica, incluso en la zona este, podremos encontrar similares momentos inocentes ya adentrados en el siglo XVII e incluso en el XVIII. En segundo lugar, si deseamos recuperar la realidad tangible de estos primeros encuentros, debemos intentar, como si fuésemos los mismos protagonistas mirar fijamente a la cara del «otro» y escuchar —no solamente oír— los vacilantes diálogos —o tristes monólogos— que se produjeron. Puesto que «las fantasías

---

[1] Véanse D. B. Quinn, *Set Fair for Roanoke: Voyages and Colonies, 1584-1606*, Chapel Hill, University of North Carolina Press, 1985; Ph. L. Barbour (comp.), *The Jamestown Voyages under the First Charter, 1606-1609*, I, Cambridge, Hakluyt Society Publications, 2.ª serie 136-37, 1969, pp. 133-134; G. Mourt, *A Journal of the Pilgrims at Plymouth: Mourts's Relation (1622)*, ed. de D. B. Heath, Nueva York, Corinth Books, 1963, pp. 35-37.

[2] G. Mourt, ob. cit., p. 37.

que cada uno tiene sobre el otro son los hechos establecidos de una sociedad», debemos intentar imaginar las fantasías que europeos y nativos tenían los unos de los otros [3].

No será tarea fácil, ya que la gran mayoría de los documentos que han llegado a nuestras manos fueron escritos por los invasores europeos y no por los indios. Sentimos la tentación de utilizar lo que tenemos a mano, pero especialmente en este caso, debemos resistir firmemente. Caer en dicha tentación nos cegaría ante realidades como que *todos* los pueblos son etnocéntricos, que los criterios culturales siempre son relativos y que el «otro» que objetivamos es también un sujeto en primera persona, un «yo». Al leer o leer entre líneas los relatos de los primeros contactos, debemos recordar la intencionada observación de Montaigne: «El hombre tilda de barbarie todo aquello que no sea su propia conducta. [...] Los bárbaros no son más maravillosos para nosotros de lo que nosotros les parecemos a ellos, y nuestras razones no son más válidas» [4].

I. PREJUICIOS SOBRE EL «OTRO»

Antes de que los «bárbaros» de Europa y América realmente se encontraran, cada grupo tenía una idea de cómo podría ser el «otro». Gracias a su propia y reciente experiencia con otros pueblos y lugares, a las Sagradas Escrituras y a las redescubiertas bibliotecas de la Antigüedad, los europeos tenían un rico «repertorio de curiosidades» del que podían extraer información acumulada durante muchos siglos y en tres continentes. En el conocimiento colectivo de Europa podían encontrarse gentes de piel negra, morena o amarilla, al igual que gentes de piel blanca, y religiones tan diversas como el budismo, el panteísmo y el ateísmo, y un espectro de organizaciones políticas que abarcaban desde la monarquía divina hasta la anarquía natural. Pero también existían, tanto para los ilustrados como para

---

[3] Ch. Horton Cooley, *Life and the Student*, Nueva York, Alfred Knopf, 1927, pp. 201-202; R. F. Berkhofer, Jr., *A Behavioral Approach to Historical Analysis*, Nueva York, Free Press, 1969, caps. 2-3.

[4] M. de Montaigne, *The Complete Works of Montaigne*, trad. de D. M. Frame, Stanford, Stanford University Press, 1948, pp. 80, 152. [*Montaigne: ensayos completos (obra completa)*, Barcelona, Orbis, 1985, 2.ª ed.].

los crédulos, gentes extrañas que comían carne humana, que le escudriñaban a uno con un enorme ojo en mitad del pecho y, en vez de hablar, ladraban desde sus caninos hocicos. Para los europeos, los «otros» podían presentarse en una infinita diversidad de formas, colores y costumbres, pero siempre y claramente diferentes a ellos [5].

Por otro lado, la experiencia había preparado a los relativamente aislados nativos de las Américas para ver en los «otros» un reflejo bastante fiel de sí mismos o de las deidades antropomórficas que poblaban sus panteones. Mientras los europeos invariablemente percibían a los «otros» como diferentes e inferiores, los «otros» de los indios solían ser similares o superiores. Esto no quiere decir que las culturas indias carecieran de etnocentrismo, puesto que estaban tan centradas en sí mismas como cualquier otro grupo. Pero su experiencia con otros seres humanos estaba limitada a diversos grupos indígenas y, por tanto, sus categorías etnográficas eran relativamente pocas, posiblemente sólo tres.

La primera categoría la constituía su propio grupo social. Como para celebrar su etnocentrismo, los nombres que muchos, acaso la mayoría, de los grupos se daban a sí mismos significaban «el pueblo original» o «los verdaderos», en otras palabras, los únicos importantes. A sus enemigos y vecinos, por otro lado, les daban nombres como «los comedores de carne cruda» o «los feos sodomitas». Desde una perspectiva cultural, la mayoría de las diferencias advertidas eran de menor importancia o inexistentes, y simplemente se exageraban o inventaban por razones políticas u odios heredados. Bajo los recíprocos epítetos se encontraban indios de piel morena cuyas vidas eran impresionantemente similares.

Incluso en la tercera categoría de «otros» —los seres espirituales con quienes estrechamente compartían el mundo— no existía mucha variedad de un grupo a otro. Siempre que estas personas «sobrenaturales» pudieran cambiar fácilmente de apariencia y voz, especialmente cuando se les encontraba en sueños o trances inducidos, los indios de Norteamérica compartían la creencia de que todos los seres

---

[5] Véase O. P. Dickason, *The Myth of the Savage and the Beginnings of French Colonization in the Americas,* Edmonton, University of Alberta Press, 1984; J. B. Friedman, *The Monstruous Races in Medieval Art and Thought,* Cambridge, Mass., Harvard University Press, 1981; R. Bernheimer, *Wild Men in the Middle Ages: A Study in Art, Sentiment, and Demonology,* Cambridge, Mass., Harvard University Press, 1952.

vivos poseían «almas» o «espíritus» capaces de moverse libremente a través del tiempo y el espacio y de hacer daño o ayudar a otras «personas». Puesto que la magnitud de su poder era casi desconocida y que podían aparecerse con un aspecto extraño, los nativos debían tratar a todas las «personas» con respeto y cautela y ofrecerles a menudo ceremonias formales de súplica y gratitud. Así, al acercarse los europeos por vez primera al borde de aguas y bosques, los indios ya estaban preparados para tratar con «personas» extraordinarias cuyas manifestaciones físicas podrían ser muy diferentes, pero indudablemente no inferiores, a las propias [6].

II. PROFECÍAS Y MEMORIAS DE LOS NATIVOS

Incluso antes de aparecer, es posible que los hombres blancos hubieran ejercido algún poder sobre la imaginación de los indios. La llegada de los europeos puede haber sido vaticinada por chamanes considerados capaces de prever el futuro. Digo «puede haber sido» porque estas profecías sólo fueron documentadas después de haberse hecho el contacto con los letrados recién venidos. En 1540, Francisco Vázquez de Coronado se alegró al enterarse por medio de los ancianos zunis de que «había sido vaticinado hacía más de cincuenta años que gentes como nosotros vendrían y que lo harían desde la misma dirección que nosotros y que el país entero sería conquistado» [7]. Un chamán tuvo un mensaje similar para los powhatan al enfrentarse éstos a la belicosidad inglesa en la antigua Virginia. Éste predijo que «llegarían los hombres barbudos y les quitarían sus tierras y no quedaría ninguno de los indios originales en ciento cincuenta años» [8].

Las tradiciones orales sobre la llegada de los europeos, varias de ellas recopiladas poco tiempo después de haberse hecho el contacto, pero la mayoría en siglos posteriores, eran más frecuentes que las

---

[6] Véase J. Axtell, *The Invasion Within: The Contest of Cultures in Colonial North America,* Nueva York, Oxford University Press, 1985, cap. I.

[7] D. B. Quinn (comp.), *New American World: A Documentary History of North America to 1612,* I, 5 vols., Nueva York, Arno Press and Hector Bye, 1979, p. 428.

[8] J. Clayton, *The Reverend John Clayton: A Parson with a Scientific Mind: His Scientific Writins and Other Related Papers,* ed. de D. Berkeley y S. Berkeley, Charlottesville, University Press of Virginia, 1965, p. 39.

profecías. Cuando los nativos rememoraban sus primeros encuentros con los «otros» europeos, recordaban a «personas» diferentes parecidas a sus propios dioses. En 1633, un joven montagnais relataba la historia que su abuela le había contado sobre el asombro de los indios al divisar una embarcación francesa por primera vez. Al igual que muchos otros nativos de antes y después, pensaron que era una «isla móvil». Al avistar hombres a bordo, las mujeres montagnais comenzaron a preparar tiendas para ellos, «como es su costumbre cuando llegan invitados», y salieron cuatro canoas para darles la bienvenida a los desconocidos. Los franceses les dieron un barril de galletas que tenían en la embarcación y probablemente les ofrecieron vino. Pero los nativos quedaron sorprendidos al ver que esta gente «bebía sangre y comía madera» y rápidamente tiraron las desabridas galletas a las aguas del San Lorenzo. Desde entonces, los montagnais, obviamente más impresionados con la tecnología que con la cocina francesa, llamaron a los franceses *ouemichtigouchiou*, «hombres en canoa o barco de madera» [9].

III. LOS DIOSES BLANCOS

Los indios consideraban la habilidad de los europeos para inventar objetos fabulosos más como poder espiritual que como aptitud mecánica. Cuando los delawares, que en otro tiempo habitaron el litoral de Nueva Jersey y Nueva York, vieron por primera vez una embarcación holandesa, concluyeron que era «una casa extraordinariamente grande donde estaba presente el mismísimo Manitú (gran ser o ser supremo)». Al pensar que venía a visitarles, prepararon carne para un sacrificio, colocaron en orden todas sus imágenes religiosas y organizaron un gran baile para complacerle o apaciguarle. Mientras se hacían las preparaciones, los mensajeros trajeron las buenas nuevas de que los visitantes se les parecían, pero que tenían un color extraño y estaban vestidos de un modo muy raro. Cuando los holandeses hicieron su aparición, honrando a la concurrencia con una ronda de copas de licor y distribuyendo regalos de hierro y de tela, los indios confirmaron su opinión original de que todos los

[9] Jesuit Relations, *The Jesuit Relations and allied Documents*, ed. de Reuben Gold Thwaites, V, 73 vols., en 36.°, Nueva York, Pageant Book Co., 1959, pp. 119-121.

hombres blancos eran «Manitús inferiores ayudantes del Dios Supremo» —el capitán de la nave— quien «resplandecía sereno» en su traje de terciopelo rojo con deslumbrantes encajes dorados [10].

Los primeros objetos europeos provocaron la admiración de los nativos. Los europeos corroboraron con sus propios testimonios el recibimiento divino que les dispensaron los nativos. Los corteses habitantes de las Indias Occidentales —según aseguró Colón a sus reales patrocinadores—, estaban «profundamente convencidos de que yo, junto con mis navíos y hombres, era un enviado del cielo y con este convencimiento me recibieron en todas partes luego de haber superado su temor inicial» [11].

Cuatro supervivientes de la desafortunada expedición de Narváez del año 1528 también aprovecharon su reputación de dioses al cruzar del este de Texas a México. Tras el éxito alcanzado por la curación de algunos indios, Cabeza de Vaca y sus compañeros fueron considerados «hijos del sol» donde quiera que fueran. La multitud de nativos que les acompañaba juraba en cada nueva aldea que los españoles, al igual que sus propios chamanes, «tenían el poder de curar enfermos y de destruir» [12].

Habiendo leído los relatos de sus predecesores españoles antes de emprender en 1539 su propia expedición en busca de oro por el sudeste, Hernando de Soto pulió sus propios atributos divinos, sacándoles un gran brillo. Cada vez que se acercaba a una nueva provincia y necesitaba portadores, comida y guías, anunciaba a través de su intérprete que «él era el hijo del sol y que venía desde su morada», que él y sus hombres eran inmortales y que los nativos no podían esconderles nada porque la faz que surgía en el espejo colocado por De Soto frente a sus caras «le revelaría lo que estuviesen planeando o pensando» [13].

En el siglo siguiente, los indios que se encontraron por primera vez con exploradores franceses e ingleses también les consideraron dioses de un cosmos familiar. Cuando, hacia 1660, los comerciantes

---

[10] J. Heckerwelder, *History, Manners, and Customs of the Indian Nations who once Inhabited Pennsylvania and the Neighbouring States (1818)*, ed. de W. G. Reichel, Filadelfia, Historical Society of Pennsylvania, 1876, pp. 71-75.

[11] C. Columbus, *The Journal of Christopher Columbus*, ed. de L. A. Vigneras y trad. de C. Jane, Nueva York, Bramhall House, 1960, p. 196. [*Diario de Colón*, Madrid, Cultura Hispánica, 1972, 2.ª ed.].

[12] D. B. Quinn (comp.), II, ob. cit., 1979, pp. 40-46.

[13] D. B. Quinn (comp.), II, ob. cit., 1979, pp. 112, 141.

y misioneros franceses viajaron en canoa hacia los Grandes Lagos, los indios «frecuentemente les tomaban por espíritus o dioses». Luego de escuchar que los franceses eran «una especie diferente a los hombres», los potawatomi de cerca de Green Bay se quedaron sorprendidos cuando percibieron en la persona de Nicolas Perrot que los forasteros poseían formas humanas y «creyeron que era un obsequio del cielo y de los espíritus el permitir que uno de los seres celestiales se acercara a sus tierras» [14].

IV. BIENVENIDA A LOS FORASTEROS

La bienvenida y el trato tan espléndido de los nativos, convencieron todavía más a los europeos de que aquéllos los consideraban mensajeros divinos o, al menos, portadores de ciertas capacidades humanas especiales inexistentes o escasas en sus propias sociedades. Resulta difícil juzgar por las fuentes de los crédulos europeos, cuándo empezaron a darse cuenta los nativos de que los intrusos que se hallaban entre ellos no eran dioses de otra dimensión, sino seres humanos que, sin embargo, poseían «espíritus» o «almas» extraordinarias, análogas a las de sus propios chamanes y brujos que conocían a fondo las artes blancas y negras. En gran medida, los europeos fueron tratados como cualquier dignatario nativo, pero algunos aspectos de su recibimiento daban a entender que pretendían honrar a visitantes celestiales, no terrestres.

La primera señal de que los europeos pertenecían a una categoría diferente era la sensación que causaban cuando se acercaban a las aldeas indias. Deseando tocar al grupo de hechiceros errantes, los indios del sudeste «nos apretaron tanto», alardeaba Cabeza de Vaca, «que faltó poco para que nos mataran y, sin dejarnos poner los pies en el suelo, nos llevaron hacia sus aposentos. Había tal número de gente apiñada a nuestro alrededor que nos [refugiamos] en las viviendas que habían construido para nosotros» [15].

Los nativos de los Grandes Lagos y del alto Misisipí también

---

[14] L. Ph. Kellogg (comp.), *Early Narratives of the Northwest, 1634-1699. Original Narratives of Early American History*, Nueva York, Charles Scribner's Sons, 1917, pp. 74-75.

[15] D. B. Quinn (comp.), II, ob. cit., 1979, p. 45.

«devoraron con los ojos [a los primeros europeos]», aunque generalmente sin demasiado alboroto. Los potawatomi de Green Bay no «se atrevían a mirarle a la cara [a Nicolas Perrot], y las mujeres y los niños le observaban desde lejos». Del mismo modo, los illinois colmaron de atención al padre Jacques Marquette ocho años más tarde. «La gente, que jamás había visto a un francés», escribió, «no dejaba de mirarnos. Estaban tendidos en el césped a lo largo del camino, nos precedían y entonces retrocedieron para venir a vernos nuevamente. Todo esto lo hicieron sin ruido alguno y con señales de gran respeto hacia nosotros» [16].

Algunos de los ingleses que llegaron relativamente tarde a América también tuvieron que aguantar a veces las asombradas miradas de sus anfitriones nativos. Más allá de las Montañas Smoky, en el año 1674, en un pueblo de cherokees occidentales, los indios recibieron a dos criados de un comerciante de Virginia «hasta con adoración, a juzgar por sus corteses ceremonias». Los nativos invitaban a los hombres blancos a que se sentaran en un andamiaje construido especialmente para ellos para así «poder estar de pie y contemplarles y de este modo no ofenderles con su muchedumbre» [17]. Ninguno de estos célebres europeos mencionó en momento alguno su vergüenza o timidez al verse obligado a tomar parte en dichos espectáculos, pero bien podemos imaginar que hasta el hombre más arrogante y dueño de sí mismo debe haber experimentado eventualmente algún sano rubor.

El tipo de bienvenida que recibieron los europeos es una señal aún más contundente de que los indios veían en ellos a personas fuera de lo normal. Aquellos que arribaban, eran conducidos a los mejores fondeaderos y muelles. Al no poder acercarse a tierra en barcos más pequeños, los nativos frecuentemente se adentraban en el oleaje o en la corriente y los cargaban a cuestas. En el siglo XVI, en la Florida, algunos oficiales franceses viajaron a la aldea de un importante jefe a hombros, ni siquiera en las espaldas, de varios indios que querían protegerles de las aguas pantanosas [18]. Treinta años antes, en camino a Hochelaga en el alto San Lorenzo, un ro-

[16] L. Ph. Kellogg (comp.), ob. cit., pp. 75, 240.

[17] C. W. Alvord y L. Bidgood (comps.), *The firts Explorations of the Trans-Allegheny Region by the Virginians, 1650-1674*, Cleveland, Arthur H. Clark, 1912, pp. 212-213.

[18] D. B. Quinn (comp.), II, ob. cit., 1979, p. 322.

busto indio había alzado al nervudo Jacques Cartier de su chalupa y le había cargado en brazos hasta la orilla «tan fácilmente como si se hubiese tratado de un niño de seis años» [19].

Si el viaje en sí ya era una experiencia singular, la llegada debió haber sido bastante turbadora para aquellos que no tenían la menor idea de lo que les esperaba. Tan pronto como los recién llegados eran depositados en la plaza de la aldea o en la vivienda del jefe, comenzaba una alarmante ronda de roces y contactos físicos cuyo significado no era inmediatamente claro. En la península Gaspé los micmacs y los stadaconans que encontraron a Cartier le «frotaron las manos y el pecho con sus manos» como gesto de bienvenida [20]. Cincuenta años después, en las costas heladas de la isla de Baffin, comerciantes esquimales iniciaron las relaciones con John Davis y su tripulación apuntando hacia el sol mientras se daban golpes en el pecho «con tal fuerza que [los marineros] podían casi oírlos», y gritaban *iliaoute*. Cuando Davis ofreció su mano para saludar a uno de ellos al estilo inglés, el hombre le besó la mano [21].

El saludo de costumbre en Luisiana era un poco diferente. En su primer campamento cerca de Biloxi, en 1699, a Pierre LeMoyne d'Iberville y a sus oficiales les frotaron las caras con barro blanco antes de saludarles amigablemente; lo que consistía, escribió Iberville, «en pasar sus manos por sus propias caras y pechos y luego pasarlas sobre las nuestras, después alzarlas hacia el cielo frotándolas una con la otra y luego abrazarnos nuevamente» [22]. El trato más sensual, sin embargo, estaba reservado para los europeos que habían llegado caminando hasta territorio indio: sus anfitriones les daban masajes en los pies, las piernas, las rodillas, e incluso en los párpados, con un relajante aceite de oso [23].

Pero los mimos no habían hecho sino comenzar. Más tarde, los indios sentaban a los visitantes en pieles nuevas o esteras de juncos

---

[19] J. Cartier, *The voyages of Jacques Cartier,* ed. y trad. de H. P. Biggar, Ottawa, Publications of the Public Archives of Canada, núm. 11, 1924, p. 147.

[20] J. Cartier, ob. cit., p. 62.

[21] D. B. Quinn (comp.), IV, ob. cit., 1979, p. 235.

[22] P. Le M. d'Iberville, *Iberville's Gulf Journals,* ed. y trad. de R. G. McWilliams, Alabama, University of Alabama Press, 1981, p. 46; A. Pénicaut, *Fleur de Lys and Calumet: Being the Pénicaut Narrative of French Adventure in Louisiana,* ed. y trad. de R. G. McWilliams, Baton Rouge, Louisiana State University Press, 1953, p. 5.

[23] L. Ph. Kellogg (comp.), ob. cit., pp. 85-115; A. S. Salley (comp.), *Narratives of Early Carolina, 1650-1708. Original Narratives of Early American History,* Nueva York, Charles Scribner's Sons, 1911, p. 132.

y «arengaban» (en palabras de los europeos) discursos ininteligibles, les divertían con bailes, canciones y juegos y preparaban enormes banquetes con golosinas como *sagamité* (una masa de harina de maíz sazonada con grasa) y perro asado. Un maestro de ceremonias illinois, recordaba el padre Marquette, «llenó una cuchara con *sagamité* tres o cuatro veces y me la metió en la boca como si yo fuera un niño» [24]. Sin embargo, a la mayor parte de los huéspedes europeos les dejaban alimentarse por sí mismos, teniendo así mejor oportunidad de apreciar unas comidas nativas, de las que dependerían mucho más tiempo de lo que podían entonces imaginar.

V. EL PROCESO DE AMERICANIZACIÓN

Luego comenzó el difícil proceso de asimilación de los forasteros en la sociedad nativa, el convertir a los «otros» en seres todavía más parecidos a sí mismos y mantener la paz hasta que surgiera algo más pragmático. Durante los siglos XVII y XVIII en gran parte del este de Norteamérica, el vehículo más importante para establecer relaciones pacíficas era la pipa ceremonial, de 1,20 m de largo, hecha de piedra, ricamente decorada con pinturas y con largas plumas. Los europeos pronto se dieron cuenta de que la posesión de este objeto funcionaba como una especie de pasaporte en territorios hostiles y que compartir su humo sagrado era la mejor manera de conseguir éxito en asuntos diplomáticos [25].

Incluso antes, en el siglo XVI, el humo cumplió otro papel importante en la bienvenida de aquellos europeos que parecían dioses. En la Norteamérica de los nativos, el tabaco era sagrado y su humo era usado para elevar las oraciones a los cielos. Por tanto, la mejor manera de honrar a cualquier ser de gran espíritu era ofrecerle tabaco o humo. Cuando el padre Allouez le aconsejó a un indio fox que sangrara a su padre, gravemente enfermo, el hombre le respondió echándole tabaco en polvo por todo el hábito y diciendo, «sois un espíritu; acercaos y devolvedle la salud a estos enfermos; os ofrezco este tabaco como un sacrificio» [26]. Un hábito lleno de polvo era

---

[24] L. Ph. Kellogg (comp.), ob. cit., p. 242.

[25] I. W. Brown, «The Calumet Ceremony in the Southeast and its Arqueological Manifestations», *American Antiquity*, núm. 54, 1989, pp. 311-331.

[26] L. Ph. Kellogg (comp.), ob. cit., p. 129.

un precio bastante bajo para tal estatus; otros franceses tuvieron que pagar más caro. En otra parte de los Grandes Lagos, a Nicolas Perrot le soplaron humo directamente en la cara «como el honor más grande que se pudiera hacer; él sintió que lo asaban como si fuera carne», pero valerosamente «no dijo una palabra» [27]. A Perrot le fue mejor que al primer capitán francés en acercarse a los menominis en el lago Michigan: a éste le trituraron tabaco en la frente [28].

Si el ser ahumado indicaba algún tipo de afirmación religiosa, otras ceremonias demostraban la aceptación política y religiosa de los recién llegados. Más de un líder europeo tuvo el honor de ser «coronado» por sus equivalentes nativos, pero el significado exacto de dichas coronaciones todavía resulta poco claro. Cuando Jacques Cartier frotó los paralizados brazos y piernas del jefe de los hochelagas a petición del mismo, el agradecido hombre se quitó la cinta roja de piel de puerco espín que usaba como corona y se la ofreció al francés. Antes de marcharse, sin embargo, Cartier repartió una serie de herramientas de metal y artículos de joyería para recompensar a los hochelagas por su hospitalidad y su amabilidad política [29].

La educación de Cartier en la política nativa había comenzado incluso antes de haber dejado su base cerca de la futura ciudad de Quebec. En su esfuerzo por disuadirle de ir río arriba para visitar a los hochelagas en la isla de Montreal, Donnacona, el jefe de la tribu rival de los stadaconans, le ofreció como presente tres niños, entre ellos a la hija de diez años de su propia hermana y al hermano menor del intérprete nativo de Cartier. Estos obsequios humanos, como aprendió en seguida Cartier, eran ofrecidos con el fin de sellar sólidas alianzas políticas y prevenir cualquier negocio con los enemigos [30].

A los ojos de los nativos, la integración de los «otros» europeos estaba casi concluida. Pero faltaba algo. Aunque los forasteros eran honrados religiosamente y convertidos en aliados políticos, todavía no estaban unidos a ellos por los sutiles lazos del parentesco o la adopción. En las fuentes más tempranas, los observadores extranjeros raramente distinguían con claridad entre el matrimonio *á la façon*

---

[27] L. Ph. Kellogg (comp.), ob. cit., p. 85.

[28] W. J. Hoffman, *The Menomini Indians,* Washington, D. C., Bureau of American Ethnology, Pt. 1, 14th Annual Report, 1986, p. 215.

[29] J. Cartier, ob. cit., p. 164.

[30] J. Cartier, ob. cit., pp. 132-133, 143-144.

du pays (de acuerdo con las costumbres nativas) y la hospitalaria unión a corto plazo, y entendían aún menos las ceremonias de adopción cuando éstas ocurrían. Tenemos que depender, pues, de testimonios más tardíos para poder interpretar las tenues señales que recibimos de los primeros europeos, quienes raramente comprendían la lengua de sus anfitriones.

En la sociedad nativa, una persona sin pareja era *persona non grata*. El ser aceptado como miembro íntegro de una tribu o partida significaba estar emparentado —biológica o ficticiamente— con otros miembros. Así, cualquier comerciante, diplomático, misionero u oficial europeo que quisiera ejercer algún control sobre las vidas de los nativos tenía que hacerse miembro de una familia, ya fuera por medio de la adopción o del matrimonio. Sabemos que durante el siglo XVI los indios de la Florida adoptaron inmediatamente a víctimas de naufragios, entre ellas a varias mujeres que luego se casaron con nativos y tuvieron hijos mestizos con ellos [31]. También sabemos que, en los siglos siguientes, en la zona este de Norteamérica, algunos prisioneros de guerra y fugitivos contrajeron matrimonio con personas nativas y fueron adoptados y tratados como si hubiesen nacido de madres indias [32]. Es muy probable, pues, que muchos de los detalles relatados por líderes europeos, como las «arengas», las complicadas ceremonias de ofrendas de regalos, los intercambios oficiales de insignia y el acto de otorgar nombres indios, señalaran la adopción de los recién llegados como parientes ficticios.

Por la misma razón, el obsequio de mujeres nativas a los forasteros probablemente no fuera únicamente una señal de hospitalidad momentánea, sino que también implicara un voto de fidelidad a largo plazo dentro del matrimonio. En el Misisipí, en 1541, dos caciques nativos le ofrecieron a De Soto tres de sus parientes cercanos como «testimonio[s] de amor». Mientras le rogaba que tomara a su hija como esposa, un jefe le decía que «su mayor deseo era unir su sangre con la de tan gran señor». El otro jefe estaba dispuesto a ceder a sus dos rollizas hermanas para consolidar relaciones con los peligrosos «hijos del sol» [33].

Los sesenta hombres que se detuvieron con Iberville en la aldea bayogoula en 1700 indudablemente hubieran vendido su honor a un

---

[31] D. B. Quinn (comp.), II, ob. cit., p. 339.

[32] J. Axtell, ob. cit., cap. XIII.

[33] D. B. Quinn (comp.), II, ob. cit., 1979, p. 132.

bajo precio para compartir la suerte de De Soto. Cuando los franceses llegaron para tomar parte en los tres necesarios días de la ceremonia de la pipa, el jefe le preguntó a Iberville si «necesitarían el mismo número de mujeres que el que había de hombres en [su] grupo». Así como Iberville, quien no fumaba, no tenía demasiados deseos de participar en la ceremonia de la pipa, tampoco permitió la diversión de sus hombres. Les enseñó la mano a sus anfitriones y les hizo comprende que «su piel —roja y bronceada— debía mantenerse alejada de la piel blanca de los franceses» [34]. Los bayogoulas y los inutilizados franceses deben haber lamentado la pérdida de una excelente oportunidad de compartir la forma en que los primeros se comportaban ante este tipo de acontecimiento.

La atención la bienvenida que dieron los indios a los primeros europeos en llegar fueron realmente excepcionales. Ya se tratara de dioses en forma humana o de extraños mortales, estos seres eran muy diferentes a las «gentes originales» de América. Como tales, se merecían el trato más respetuoso y una total incorporación dentro de la sociedad nativa para que sus habilidades pudieran ser aprovechadas. Pero, ¿cuál era exactamente el origen de la fascinación y el poder que ejercían? ¿Qué vieron en ellos los indios que no existiera, incluso sutilmente, en sí mismos?

VI. EL PODER DEL BLANCO

Una de las diferencias era la palidez de la piel europea. En la exploración de la isla de Roanoke dirigida por Arthur Barlowe en 1584, los nativos «se quedaban maravillados, cuando nos encontrábamos cerca de ellos de la blancura de nuestra piel y deseaban tocar nuestros pechos y mirarlos» [35]. Los indios biloxi, quienes primero entraron en contacto con los franceses en 1699, también se quedaron boquiabiertos ante «los hombres de piel blanca» a su alrededor. «Por esto», observaba André Pénicaut, el carpintero del navío, «parecía que éramos muy diferentes a ellos, que tenían la piel muy tostada [...]» [36].

---

[34] A. Pénicaut, ob. cit., p. 24.

[35] D. B. Quinn y A. M. Quinn (comps.), *Virginia Voyages from Hakluyt*, Londres, Oxford University Press, 1973, pp. 9-10.

[36] A. Pénicaut, ob. cit., p. 4.

Pero la investigación tan minuciosa que hicieron los indios a los pechos, caras y brazos de los exploradores puede haber sido por lo peludo de la piel tanto como por lo pálido. Pénicaut añadió que los biloxi también quedaron sorprendidos al encontrar barbas cerradas y cabezas calvas entre los franceses, ya que ellos tenían «pelo grueso y negro que acicalaban con un gran cuidado» y, como las otras tribus del Misisipí, «se depilaban el vello de la cara igual que uno le quita el pelo a un lechón» [37]. Los genes sin mezcla de los indios aún no contienen los cromosomas que regulan la calvicie. Resulta comprensible que las barbas y los velludos pechos de los europeos provocaran una terrible fascinación en los americanos de piel lisa.

Los primeros europeos fueron ensalzados, más que por ser pálidos o peludos, por ser hombres espiritualmente poderosos, «dioses» (en palabras de los europeos) o *manitus* (en el lenguaje algonquino) parecidos a los chamanes y nigromantes indios. Las fuentes de su poder eran principalmente dos. La primera era su reputación entre los indios de poder causar o prevenir enfermedades, facultad comparable a la de los chamanes nativos, de quienes se creía tenían poderes de vida y muerte. A Jacques Cartier le pidieron que hiciera imposiciones de manos sobre todos los enfermos y lisiados en Hochelaga, como si «Cristo hubiera descendido a la tierra para salvarles» [38]. Y el cacique casqui pensó que era realmente sensato pedirle al «hijo del sol» —De Soto— que le devolviera la vista a varias personas de su aldea [39].

Al mismo tiempo, los indios creían que todo poder espiritual era un arma de doble filo: aquellos que podían curar podían también matar. Sólo los «espíritus» poderosos poseían la capacidad de embrujar o contrarrestar la brujería de otros. Cuando los colonos de Roanoke trajeron consigo, sin saberlo, enfermedades mortales europeas a la zona costera de Carolina del Norte, sus anfitriones y sus rivales los deificaron por poder matar desde lejos y permanecer ilesos [40].

La segunda fuente, y aún más importante, del poder del hombre blanco en América era su superioridad tecnológica. Como lo relatan las tradiciones orales, las embarcaciones europeas impresionaron des-

---

[37] A. Pénicaut, ob. cit., p. 112.

[38] J. Cartier, ob. cit., p. 165.

[39] D. B. Quinn (comp.), II, ob. cit., p. 130.

[40] D. B. Quinn y A. M. Quinn (comps.), ob. cit., 1973, pp. 36, 71-72, 73.

de el primer momento a los norteamericanos, que jamás habían pilotado nada más grande que sus piraguas. Colón atribuyó su recepción divina más que nada a las ropas que llevaba y a las embarcaciones [41]. Incluso hasta el 1700, muchas tribus del valle del Misisipí no habían visto nunca barcos de vela europeos. Por esto, cuando Iberville regresó a Luisiana con la flota francesa, el comandante del fuerte llevó a cuatro dignatarios nativos a que vieran las fragatas. Como era de predecirse, quedaron «sumamente sorprendidos al ver artefactos tan enormes». Cuando regresaron a Fort Biloxi, les contaron a los miembros de la tribu que les esperaban que «habían estado en los barcos que viajaban rumbo a las nubes, que había más de cincuenta aldeas en cada uno y gentíos a través de los cuales era imposible pasar, y que uno les hizo bajar a un lugar donde no se podía ver el sol o la luna». Entonces todos ellos se marcharon a la tierra de los choctaws «para contarles estas maravillas» [42].

Otro motivo para la admiración de los indios eran las armas de fuego. Cuando el jefe Donnacona, después de haber escuchado de dos de sus hombres «un maravilloso informe», le pidió a Cartier que mostrara su artillería, los franceses le complacieron descargando una docena de cañones en dirección al bosque. Los stadaconans quedaron «tan pasmados como si los cielos hubieran caído sobre ellos y comenzaron a aullar y dar alaridos tan fuertes que uno hubiera creído que el infierno se había desatado allí» [43]. Cuando Pierre Radisson y Nicolas Perrot viajaron entre los indios de Wisconsin un siglo más tarde, los nativos literalmente adoraban sus armas, cuchillas y hachas y soplaban sobre ellas humo sagrado, «como si fuera incienso» [44].

Las armas tenían una gran importancia en las luchas políticas de Norteamérica pero también despertaban la admiración de los nativos las ropas, los objetos de madera grandes o diseñados ingeniosamente y cualquier tipo de instrumento de metal. Thomas Harriot señaló la principal causa de la ensalzada opinión sobre los forasteros blancos al observar que

> la mayor parte de las cosas que vieron junto a nosotros, como brújulas de mar, cristales que soportaban el fuego, productos de pólvora, rifles, libros

[41] C. Columbus, ob. cit., p. 196.

[42] A. de Sauvole, *The Journal of Sauvole,* ed. y trad. de J. Higgingbotham, Mobile, Colonial Books, 1969, pp. 40-41.

[43] J. Cartier, ob. cit., pp. 134-135.

[44] L. Ph. Kellogg (comp.), ob. cit., pp. 46, 75.

y relojes primaverales que parecían funcionar por sí solos, les parecían tan raras y excedían de tal manera su capacidad de comprender cómo podrían ser hechas, que pensaron que era trabajo de dioses y no de hombres, o que por lo menos los dioses nos habían enseñado a hacerlo [45].

En muy poco tiempo los emprendedores recién llegados descubrieron cómo convertir la admiración de los nativos hacia la tecnología europea en situación ventajosa. La tripulación de Colón se dio cuenta de que se podía hacer una fortuna negociando con los arahuacos objetos como aros de barril de vino o pedazos de loza y cristal [46]. En el siguiente siglo, los colonos europeos del litoral de la Florida y Georgia se aprovecharon del afán de los indios en trocar el oro y la plata provenientes de naufragios de embarcaciones españolas, cuyo valor era únicamente decorativo, por pedazos de papel y naipes. En cierto momento, un hombre calusa le dio a un soldado español setenta ducados de oro a cambio de un as de diamantes [47]. El capitán George Waymouth puede haber sido el más calculador de todos. En 1605, y ante una partida de indios maines, posibles socios en el comercio de pieles, Waymouth utilizó una espada magnetizada para recoger una cuchilla y un alfiler. «Lo hicimos», confesó luego, «para que creyeran que poseíamos algún gran poder y para que por esto nos adoraran y temieran» [48].

Los diferentes grupos nativos daban nombres genéricos al hombre blanco para celebrar sus diversos poderes. Los narragansetts de Rhode Island llamaban a todos los europeos «hombres con abrigos» u «hombres con espadas». Los mohawks de Nueva York se referían a los holandeses como «trabajadores del hierro» o «fabricantes de ropas», mientras que los hurones del sur de Ontario llamaban a los franceses *agnonha*, «hombres de hierro». En el norte de Nueva Inglaterra, los pocumtucks conocían a los franceses como «hombres con cuchillas», así como se llamó «cuchillos largos» a los virginianos y más adelante a todos los hombres blancos [49]. La fuerte identificación de los «otros» europeos con sus instrumentos de muerte resulta

---

[45] D. B. Quinn y A. M. Quinn (comps.), ob. cit., p. 70.

[46] C. Columbus, ob. cit., p. 196.

[47] D. B. Quinn (comp.), II, ob. cit., p. 482; IV, pp. 236-250.

[48] D. B. Quinn y A. M. Quinn (comps.), *The English New England Voyages, 1602-1608*, Londres, Hakluyt Society Publications, 2.ª serie 161, 1983, p. 274.

[49] J. Axtell, *After Columbus: Essays in the Ethnohistory of Colonial North America*, Nueva York, Oxford University Press, 1988, pp. 135-136.

lamentablemente apropiada. Después de todo, el primer día exacto en que los lucayos conocieron a Colón en las arenas de Guanahaní en el 1492, el Almirante les mostró sus espadas y «las tomaban por el filo y se cortaban con ignorancia» [50].

VII. DOMESTICAR LA DIFERENCIA

Y sin embargo, al principio, los encuentros entre europeos e indios norteamericanos fueron en su mayoría pacíficos. Los exploradores europeos sentían demasiada curiosidad por las nuevas gentes que acababan de «descubrir» y sobre todo demasiada necesidad de ellos como para buscar conflictos sin justificación. Luego, con el tiempo, surgirían frecuentes escaramuzas a partir de malentendidos mutuos y tácticas poco diplomáticas. La necesidad inmediata de los europeos era aprender lo suficiente sobre los nativos y sus tierras como para clasificarlos, utilizarlos y finalmente dominarlos. En todos sus esfuerzos, los europeos siempre asumieron que los «otros» norteamericanos eran definitivamente inferiores —cultural y religiosamente más que racialmente— a ellos. Y así comenzaron a rehacer Norteamérica a la imagen de las varias Europas que habían dejado atrás y a interpretar a sus habitantes menos a partir de sus semejanzas, que según una serie de estereotipos normativos.

A pesar de sus decididos esfuerzos, los europeos fracasaron con respecto a la realidad tangible de Norteamérica. Aunque los diferentes imperios rivales compartían muchos de los objetivos, persiguiéndolos durante varios siglos —sus descendientes lo siguen haciendo hoy en día— sus fuerzas fueron superadas en la época colonial. Esto ocurrió principalmente debido al gran y diverso número de sociedades indias habitantes de una variada extensión geográfica y a su determinación. No obstante, los patrones de pensamiento y acción establecidos por los argonautas imperiales nos permiten vislumbrar el otro lado de los encuentros poscolombinos en Norteamérica.

---

[50] C. Columbus, ob. cit., p. 24.

VIII. TOMAR LA TIERRA

En cierto modo, la «otredad» de la tierra era más fácil de controlar, al menos intelectualmente, que la «otredad» de la gente. Antes de encontrarse con los nativos, los europeos generalmente se apropiaban de la tierra, relacionándola con escenas familiares de sus propias tierras o del extranjero. Daban nombres nuevos a las características más sobresalientes y reclamaban la tierra para sus soberanos, impidiendo así las reclamaciones de sus competidores europeos. El experto viajante Cristóbal Colón estableció un precedente más al comparar el verde de los árboles antillanos con los de su adoptada «Andalucía en el mes de mayo» y al creerse (equivocadamente) que las montañas de La Española eran más elevadas que las de «Tenerife en las Canarias» [51]. Por otro lado, la mejor manera de que un inglés más o menos trotamundos pudiese describir una gran pradera florecida en Carolina del Sur era: «un pasto nada inferior a los que he visto en Inglaterra» [52].

Aunque los indios ya les hubiesen dado nombre a muchas de las características geográficas importantes, los primeros europeos tenían sus obligaciones con los cartógrafos que les ayudaron a llegar a América. Así, les pagaban generosamente nombrando por vez primera o nuevamente todo lo que se encontraban a su alrededor. Al escoger los nombres, rendían homenaje a sus religiones, tierras natales, a sus superiores en la sociedad y también a sí mismos. Los exploradores católicos eran los más ansiosos en dar nombres religiosos, como 'San Salvador' [53]. Los nostálgicos ingleses, naturalmente, eran famosos por dar nombres de lugares ingleses a las tierras de 'Nueva Inglaterra', pero los franceses que estaban en la Florida en el siglo XVI también les pusieron los nombres de ocho famosos ríos franceses a otros ocho en Norteamérica [54]. La adulación también tenía su lugar

---

[51] C. Columbus, ob. cit., pp. 34, 109.

[52] A. S. Salley (comp.), ob. cit., p. 91.

[53] C. Columbus, ob. cit., p. 191.

[54] Véanse A. J. Krim, «Acculturation in the New England Landscape: Native and English Toponomy of Eastern Massachusetts», en *New England Prospect: Maps, Place Names, and the Historical Landscape,* ed. de Peter Benes, *Annual Proceedings of the Dublin Seminar for New England Folklife,* 1980, pp. 69-88; J. B. Harley, *New England Cartography and the Native Americans. Paper presented at the conference on the Land of Norumbega,* Portland, Maine, 1988; D. B. Quinn (comp.), II, ob. cit., pp. 292, 296.

en este proceso, como lo muestra la existencia de 'Virginia' (por Isabel I, La Reina Virgen) y 'Montreal' (*mont Royal,* en honor al rey Francisco I). Y la adulación a uno mismo nunca se quedaba demasiado atrás, como lo atestiguan 'Lake Champlain', 'Frobisher Bay' y 'Pennsylvania'.

Reclamar la tierra era poco más agotador que darle un nombre: los «descubridores» simplemente se bajaban del navío, realizaban unos pocos actos simbólicos, y adquirían así islas enteras, regiones y continentes para sus países de Europa. El 11 de octubre de 1492, Colón remó hasta la playa de Guanahaní, desplegó la bandera real y dos estandartes con la cruz, hizo proclamaciones legales de toma de posesión, correctamente apuntadas por el secretario de la flota y presenciadas por sus capitanes, y transfirió la isla a Fernando e Isabel [55].

Otro símbolo de posesión aún más popular era la gran cruz de madera, que también servía para marcar puertos y otros lugares convenientes para los compatriotas que llegaran en un futuro. Las cruces por sí solas proclamaban los derechos de posesión de los cristianos, pero no especificaban la nacionalidad a menos que se les añadiera un escudo de armas u otra insignia significativa. De esta manera, cuando los colonos de Virginia reclamaron el imperio de Powhatan para Inglaterra, se aseguraron contra cualquier ambigüedad dejando una cruz en la cabecera del río James, recientemente nombrado así, con la inscripción «Jacobus Rex 1607» [56].

IX. ÉTICA DE SITUACIÓN

El reclamo de tierras supuestamente «vírgenes» era una cosa, su dominio era otra. Los europeos pronto se dieron cuenta de que lo último era imposible sin la ayuda activa de los nativos, pues existían lazos muy fuertes, si no «derechos originales o legítimos», que unían a éstos con la tierra. Además, poseían conocimientos únicos en su género sobre la tierra y sus límites ambientales, cosa de que solían carecer los soñadores e intrigantes europeos. Por tanto, antes de que los recién llegados pudieran realizar sus metas finales de extraer ga-

---

[55] C. Columbus, ob. cit., p. 23.

[56] Ph. L. Barbour (comp.), ob. cit., 1983, p. 154.

nancias y dominar, tendrían que aprender lo bastante sobre los «otros» norteamericanos como para ganar su confianza y amistad, conseguir que les suministraran provisiones, siempre inadecuadas, y persuadirles de que revelaran dónde se encontraban las fuentes de las presuntas riquezas de Norteamérica. Al principio, los jefes europeos, empezando por Colón, instruyeron a sus hombres para que evitaran cualquier tipo de comportamiento que pudiera ofender a los más numerosos nativos.

X. LA HOSPITALIDAD EUROPEA

Conforme al antiguo proverbio «donde fueres, haz lo que vieres», los europeos suavizaron su prisa por conseguir resultados y doblegaron sus deseos originales, correspondiendo lo mejor posible a la hospitalidad de los nativos. Mientras procuraban ganarse una buena reputación por su generosidad, tal vez la virtud más importante en la sociedad norteamericana en general, también deseaban impresionar a los nativos con su tecnología superior, su inteligencia y sus poderes espirituales, características que creían que justificaba su derecho a gobernar la nueva tierra y su gente.

La hospitalidad europea no era diferente a la india, excepto en que correspondía a un espíritu más calculador y en que los recién llegados no tenían ningún deseo de reducir la diferencia e «inferioridad» de los nativos incorporándolos a sus propias familias, que de todos modos estaban ausentes en su gran mayoría. En ambos tipos de bienvenida, los elementos principales eran los banquetes, el entretenimiento y las ofrendas de regalos, lubricante esencial este último en las relaciones sociales de los indios. Para ellos, pasar la noche en una embarcación embreada y crujiente era aparentemente un deleite, tal vez más por las nuevas comidas y bebidas que les ofrecían que por la comodidad o la compañía. Comían con gusto carne, guisantes, judías, pan e incluso galletas preparadas por los europeos. A una partida de indios del sur de Nueva Inglaterra le gustó todo lo que el capitán Bartholomew Gosnold sirvió, excepto la mostaza, que «les hizo poner unas caras muy agrias» [57]. Las bebidas alcohólicas tuvieron un recibimiento variado. En la Florida,

[57] D. B. Quinn y A. M. Quinn (comps.), ob. cit., 1983, p. 154.

un jefe timucua le cogió tal afición al vino —o a la compañía— francesa que rompió una prohibición de comer durante el día para pedir que le trajeran una copa y beberla con Jean Ribault [58]. Pero los bayogoulas probaron «muy poco» del vino y del brandy que les ofreció Iberville, y quedaron muy sorprendidos cuando el francés le prendió fuego al brandy [59].

Lo que llamó la atención de los anfitriones europeos no fue el paladar de los nativos, sino el que compartieran generosamente todo lo que recibían. Colón fue el primero en notar que cuando un cacique haitiano dejó a su comitiva en la cubierta para bajar a reunirse y cenar con el Almirante, sólo probó un pedacito de cada [vianda] e «inmediatamente mandó el resto a sus acompañantes y todos comieron de ello» [60].

Una vez que les daban de comer y beber, los europeos les ofrecían serenatas. La mayoría de las expediciones por tierra y por mar traían consigo una dotación de tamborileros y trompetistas militares que tenían que ofrecer frecuentemente sus servicios para entretenimiento de los visitantes nativos. Pero algunas tripulaciones de navíos tenían músicos *bona fide*. En 1603, la «acogedora música» de un joven guitarrista de la tripulación de Martin Pring entretuvo a algunos indios algonquinos. Después de llenar de regalos al músico, bailaron alrededor de él, «veinte en un círculo [...] usando muchos gestos salvajes [y] cantando *Io, Ia, Io, Ia, Ia, Io*» [61]. Un siglo más tarde, en Luisiana, los aldeanos colapisas recibieron a una docena de franceses durante su periódica escasez de provisiones y aprendieron a bailar el minueto y *la bourrée* al acompañamiento de la magnífica música de un violinista llamado Picard [62].

XI. RITUALES

Los rituales de hospitalidad terminaban con la ofrenda de regalos a los visitantes nativos. Viniendo de las corruptas cortes y contadurías

---

[58] D. B. Quinn (comp.), II, ob. cit., p. 289.
[59] P. L. M. d'Iberville, ob. cit.
[60] C. Columbus, ob. cit., pp. 105-106; D. B. Quinn y A. M. Quinn (comps.), ob. cit., 1983, pp. 272, 275, 279.
[61] D. B. Quinn y A. M. Quinn (comps.), ob. cit., 1983, p. 220.
[62] A. Pénicaut, ob. cit., pp. 106-107, 109-110, 115.

europeas, los recién llegados solían considerar los regalos como ritual necesario para resolver algún problema. En Norteamérica, por el contrario, los regalos eran considerados «palabras», en el rico lenguaje metafórico del consejo, y garantías de la propia palabra. El posible conflicto entre los dos significados fue evitado por la necesidad de usar el intercambio de regalos a la manera nativa. Dentro de este contexto, las palabras no se podían interpretar a la ligera y era preciso actuar con absoluta honestidad, especialmente en situaciones formales o ceremoniales. Si los europeos querían mantener la paz con los nativos, la única manera de hacerlo era a través del intercambio de regalos [63].

Al igual que en Europa, ofrecer regalos a los líderes generalmente producía los mejores resultados. Así, fueron los jefes y caciques los que recibieron de Colón un atractivo cortinaje de cama, de Cartier gorras de lana roja, y de Ribault «vestidos de tela azul decorados con flores de lis» [64]. Ya que Europa y Norteamérica eran parecidas en su fidelidad a una jerarquía social, era mejor ofrecer regalos apropiados a personas de diferentes rangos.

XII. CLASIFICAR A LOS NORTEAMERICANOS

Al haber ganado una reputación provisional de «hombres generosos», los exploradores podían entonces proceder con dos actos finales de preparación antes de intentar imponer su voluntad sobre los territorios y su gente. El primero era clasificar a los norteamericanos con fines intelectuales y prácticos. Intentar entender lo nuevo de esta gente era algo natural para personas letradas cuya cultura dependía en gran medida de enciclopedias y otros compendios para poder asimilar todo lo que se sabía del mundo que crecía a su alrededor. Y entender a los «otros» norteamericanos era la única manera de derrotarles al competir por su continente.

---

[63] Véanse C. J. Jaenen, «The Role of Presents in French-Amerindian Trade», en *Explorations in Canadian Economic History: Essays in Honour of Irene M. Spry*, ed. de Duncan Cameron, Ottawa, University of Ottawa Press, 1985; W. R. Jacobs, *Wilderness Politics and Indian Gifts: The Northern Colonial Frontier, 1748-1763*, Stanford, Stanford University Press, 1950.

[64] C. Columbus, ob. cit., p. 106; J. Cartier, ob. cit., pp. 53, 166; D. B. Quinn (comp.), II, ob. cit., 1979, p. 288.

Al igual que la mayoría de la gente, los europeos solían concebir lo nuevo a partir de lo viejo, clasificar lo novedoso de acuerdo al conocimiento convencional. Por esto, la mayor parte de los exploradores comenzó a relacionarse con la novedad deslumbrante de los nativos, encasillándolos mentalmente a partir de antiguos precedentes y experiencias más cercanas. Dicha categorización también tenía la ventaja de ayudar a los lectores de narraciones del Nuevo Mundo, muy apegados a sus viejos hogares, a aprender partiendo de comparaciones con lo conocido y lo familiar.

Cuando los europeos intentaron describir a los indios y su cultura por primera vez, encasillaron sus observaciones, con frecuencia muy agudas, dentro de categorías como 'gentes de la Antigüedad', 'africanos', 'irlandeses rústicos' o, la más amplia e indefinida de todas, 'salvajes'. Las personas que Verrazano conoció en La Bahía Narragansett exhibían «los modales [...] dulces y corteses de la gente de la Antigüedad» [65]. Pero otras analogías dentro de esta categoría resultaban menos halagadoras para los indios. Cuando Theodore DeBry publicó por segunda vez el relato sobre Roanoke escrito por Harriot en 1590, incluyó en la edición varios grabados de John White representando a los indios y la vida en «Virginia». Después del índice añadió una sección con cinco ilustraciones de los pictos y antiguos britanos «para mostrar cómo [...] los habitantes de la Gran Bretaña han sido en el pasado tan salvajes como los de Virginia». Con el pelo largo, desnudo y tatuado de pies a cabeza, el feroz guerrero picto sujeta con una mano un escudo y con la otra la sangrienta cabeza de una víctima [66].

Puesto que pocos europeos tenían tanta experiencia en África como los portugueses, las primeras comparaciones entre los indios y los africanos se limitaban a la apariencia física, como el color de la piel, la textura del pelo y el tamaño de los labios. En estas comparaciones se solían enfatizar los contrastes en vez de las semejanzas y favorecer a los norteamericanos, que se aproximaban más a las normas de apariencia y belleza europeas. Los «irlandeses rústicos» y su cultura, por otra parte, eran bastante familiares para los aven-

---

[65] L. C. Wroth, *The Voyages of Giovanni da Verrazzano, 1524-1528,* New Haven, Yale University Press, 1970, p. 138.

[66] P. Hulton, *America 1585: The Complete Drawings of John White,* Chapel Hill, University of North Carolina Press, 1984, lám. 65.

tureros ingleses en Norteamérica, porque habían prestado servicio en Irlanda para tomarla bajo el dominio real de Isabel [67].

Cualquier otro comportamiento nativo o práctica social que no pudiera ser fácilmente clasificada se colocaba en la categoría de 'salvaje'. Dicha categoría era un *maremágnum* que aislaba momentáneamente lo no familiar, hasta que pudiera ser o domesticado según una familiaridad miope o aceptado bajo sus propias condiciones como la obstinada realidad de la vida indígena [68]. En cierta manera, los primeros europeos en conocer a los nativos norteamericanos fueron los más abiertos a aquella nueva realidad; más adelante, la frustración que acompañaría sus designios de dominación pervertiría permanentemente su visión y su juicio.

XIII. DOMINAR LAS LENGUAS

El último paso de preparación para los europeos antes de que comenzara su proceso de dominación en el Nuevo Mundo fue aprender a comunicarse con los indios, ya que si no podían entender sus lenguas, sus pensamientos y sentimientos permanecerían peligrosamente ocultos. Los indios se enfrentaban a la misma tarea: para poder predecir y, por tanto, controlar al «otro» tenían que entenderle. Pero al principio los nativos eran superiores en número y podían decidir los términos de las relaciones. Un francés que hizo un gran recorrido por los Grandes Lagos en 1669, habló en nombre de todos los europeos al darse cuenta, al principio de su viaje, de «cuán importante era no relacionarse con las tribus de estos países sin antes conocer su lengua y estar seguro del intérprete» [69].

---

[67] Véanse D. B. Quinn, *The Elizabethans and the Irish,* Ithaca, N. Y., Cornell University Press, 1966; N. P. Canny, *The Elizabethan Conquest of Ireland: A Pattern established, 1565-1576,* Nueva York, Barnes and Noble, 1976; J. P. Myers (comp.), *Elizabethan Ireland: A Selection of Writing by Elizabethan Writers on Ireland,* Handem, Conn., Archon Books, 1983.

[68] Véanse H. C. Porter, *The Inconstant Savage: England and the North American Indian, 1500-1660,* Londres, Duckworth, 1979; K. O. Kuperman, *Settling with the Indians: The Meeting of English and Indian Cultures in America, 1580-1640,* Totowa, N. J., Rowman and Littlefield, 1980; B. W. Sheehan, *Savagism and Civility: Indians and Englishmen in Colonial Virginia,* Cambridge, Cambridge University Press, 1980; O. P. Dickason, ob. cit.

[69] L. Ph. Kellogg (comp.), ob. cit., p. 185.

Ya que la cruda pantomima del lenguaje por gestos no era, evidentemente, lo adecuado como discurso fidedigno, había que entrenar a intérpretes de ambos lados. Esto generalmente requería un programa voluntario de intercambio de estudiantes, en lo que los franceses de Canadá y luego de Luisiana resultaron ser los más adeptos [70]. Se mandaba a niños inteligentes a vivir con los «otros» para que aprendieran no sólo sus palabras sino su realidad social y cultural. El hecho de que los estudiantes extranjeros también sirvieran de rehenes para mantener la paz no arruinó el intercambio.

Pero algunos intérpretes no eran voluntarios. Algunas expediciones europeas que llegaron después de las primeras olas de invasión tuvieron la suerte de encontrarse con compatriotas que habían sido capturados o rescatados de naufragios y luego adoptados por los indios y que ya dominaban las lenguas regionales. La expedición de De Soto nunca habría dejado la costa de la Florida de no haber rescatado a Juan Ortiz, un superviviente del desastre de Narváez que había vivido con los nativos durante doce años. Afortunadamente, aunque se parecía a los indios hasta en los tatuajes de los brazos y en el taparrabo, no había olvidado el castellano que había aprendido en Sevilla [71].

XIV. LOS RAPTOS

La necesidad de conseguir intérpretes era tan urgente para los europeos que muchos capitanes de barco arriesgaron su futura relación con los nativos al raptar a miembros de las tribus para llevarles a Europa y enseñarles su lengua [72]. Puesto que a los indios les era casi imposible distinguir entre pedir intérpretes «prestados» y secuestrar esclavos de forma permanente, lo cual hicieron los europeos en cantidades alarmantes, se puede perdonar que reaccionaran con cierta violencia ante las siguientes embarcaciones que llegaron. Colón inauguró este juego sucio en su primer viaje, pero el par de intérpretes

[70] Ph. Jacquin, *Les Indiens Blancs: Français et Indiens en Amérique du Nord (XVIe-XVIIIe siècle)*, París, Payot, 1987, cap. III; J. M. Crawford, *The Mobilian Trade Language*, Knoxville, University of Tennessee Press, 1978, pp. 30-32.

[71] D. B. Quinn (comp.), II, ob. cit., 1979, pp. 104, 137.

[72] J. Axtell, ob. cit., pp. 148-152.

que se llevó Barlowe ha resultado más famoso porque las dos personas fueron devueltas después de haber pasado un año en el extranjero para que jugaran un papel importante en la aventura colonial de Roanoke. Wanchese actuó hostilmente ante las ambiciones europeas, pero Manteo fue un instrumento, aunque sólo brevemente, en la protección de un sitio inglés en Carolina del Norte. Más tarde, en 1587, Manteo fue el primer nativo en convertirse a la Iglesia anglicana y fue nombrado jefe de la isla de Roanoke por el último gobernador inglés [73].

XV. LOS SEGUNDOS ENCUENTROS

El tener acceso al pensamiento indígena, ya fuese de forma personal o a través de agentes mediadores, animó a los europeos a emprender una serie de actos de agresión contra las tierras y libertades de los nativos. Tan pronto como lograron establecer algún grado de iniciativa política o superioridad militar, los ya pronosticables invasores comenzaron a llevar a cabo sus sueños de riqueza, hegemonía imperial y diseminación del Evangelio en el Nuevo Mundo. Para los indios como para los europeos, el «otro» todavía estaba muy lejos de ser un libro abierto. Cada lado seguía tendiendo a medir al otro con su propia escala cultural y a encontrarle deficiente.

Pero durante una prolongada serie de primeros encuentros por toda Norteamérica, estos extraños tuvieron que relacionarse desde un accidentado nivel de paridad. En ese proceso poscolombino el uno tuvo que mirar a la cara del «otro» y escuchar sus palabras con atención. Los más afortunados lograron ver una imagen y escuchar un discurso sorprendentemente parecidos a los propios. Por indistinto que fuese, habían vislumbrado lo universalmente humano por debajo de lo casualmente cultural. Tal vez éste deba ser nuestro mejor deseo para el 1992 y para el futuro.

---

[73] D. B. Quinn, ob. cit., 1985, pp. 232-236.

6. EL SACERDOTE CANÍBAL. UNA VISIÓN KALIÑA DE LOS MISIONEROS

EDMUNDO MAGAÑA

CEDLA, Amsterdam

INTRODUCCIÓN

Entre las poblaciones guayanesas [1], generalmente hablando, no se distingue entre sociedades humanas y sociedades animales y vegetales. Es común encontrar la noción de que animales y vegetales viven formando sociedades similares a la humana [2]. Los pecaríes se carac-

[1] En este escrito me ocuparé de algunos materiales kaliña de Surinam y Guayana francesa aunque creo que el modelo general de representación de los «otros» de este grupo puede considerarse común a varias poblaciones del área de las Guayanas. Los kaliña pertenecen al tronco lingüístico caribe y comparten los rasgos característicos de las tribus de la floresta tropical de las tierras bajas. Cultivan la mandioca recurriendo al sistema de roza y procesan los tubérculos por medio del tipití. Las labores agrícolas y el procesamiento culinario de los productos vegetales y animales pertenecen al ámbito femenino. Los hombres pescan y cazan. Los kaliña han estado en contacto con europeos desde los primeros encuentros. Para la etnografía kaliña véase P. Kloos (*The Maroni River Caribs of Surinam*, Assem, Van Gorcum, 1971) y E. Magaña (*Orión y la mujer Pléyades. Simbolismo astronómico de los indios kaliña de Surinam*, Amsterdam, CEDLA Latin America Studies, 44, 1988).

[2] A propósito de los tukanos orientales, Reichel-Dolmatoff escribe que «prácticamente en todos los textos que he reunido [...] los animales juegan el papel de personas. No en el sentido de que éstas desciendan de los animales o algo parecido; sino que son como animales. La imagen del animal se usa para describir otra persona: no sólo otras mujeres sino otras tribus» («Tapir Avoidance in the Colombiam Northwest Amazon», en G. Urton [comp.], *Animal Myths and Metaphors in South America*, 1985, p. 109). Crocker trata la imagen del guacamayo rojo entre los bororo «en términos de equivalencia estructural de hombres y guacamayos en cada contexto de relación distinto» («My Brother The Parrot» en G. Urton [comp.], *ibid.*, p. 13). Urton propone aproximar las metáforas animales no como parte «de una bóveda, no como estrategia humana de metáfora o práctica clasificatoria [...]. Quiero probar que los animales participan activamente en las formulaciones: síntesis metafóricas en las que ellos mismos aparecen como atributos» («Animal Metaphors and the Life Cycle in an Andean Community», en G. Urton [comp.], *ibid.*, p. 254).

León-Portilla, M.; Gutiérrez Estévez, M.; Gossen, G. H., y Klor de Alva, J. J. (eds.), *De Palabra y Obra en el Nuevo Mundo*, vol. 1, *Imágenes interétnicas*, Madrid, Siglo XXI de España, 1992, pp. 143-164.

terizan, según las nociones kaliña, por ser una organización social similar a la kaliña en tanto reconocen chamanes, jefes y aldeanos comunes. Las sociedades animales y vegetales guardan relaciones de contraprestación entre sí y con las sociedades humanas. Los hombres obtienen algunos productos [carne] de las sociedades animales del bosque y del río y las proveen, en trueque, de productos de plantación. El cultivo de estas relaciones de intercambio es indispensable para la manutención del mundo que conocen los kaliña y de las cuales depende la continuación de la vida social.

En las teorías nativas los chamanes de cada sociedad participan de una naturaleza común que permite la comunicación entre sociedades de diferentes ámbitos [3]. El chamán kaliña mantiene el contacto con los chamanes de otras sociedades y este lazo asegura el acceso de la gente de su aldea a productos del bosque, del río o de la plantación. Existe un acuerdo entre los hombres y las otras sociedades: en contraprestación de los productos o servicios que obtienen, los hombres ceden productos de plantación a los animales y procuran, respetando las reglas de caza o de consumo o de tratamiento de los animales domésticos, mantener una buena relación con los chamanes o con las sociedades animales.

Un elemento importante en la ideología nativa es que entre hombres y animales hay relaciones de intercambio que involucran las nociones sobre las enfermedades y la muerte. Después de la muerte los hombres, en camino a una aldea de ancestros, deben enfrentarse a los chamanes o jefes de varias especies animales y vegetales. Si un hombre no ha respetado las reglas de caza o de consumo, etc., puede ser eventualmente capturado por chamanes animales y vegetales para ser incorporado a esas sociedades. Los animales necesitarían aldeanos humanos para reproducirse y para localizar las plantaciones de mandioca y de ñame. Igualmente, toda enfermedad es conceptualizada como causada por jefes animales en venganza por las transgre-

[3] Habitualmente se considera al chamán como perteneciente al dominio acuático. Por esta razón se evita que se acerque a muchachas menstruantes y a parturientas (W. Ahlbrinck, *Encyclopaedië der Karaïben. Koninklijke Akademie van Wetenschappen te Amsterdam, Afd. Lett,* 27, 1931, pp. 399-408). En las teorías kaliña el chamán participa de la misma naturaleza que los chamanes de otros dominios. El que un chamán esté asociado al río más bien que al bosque depende del contexto particular de su iniciación y de su experiencia en la aldea. El sentido de identidad y la identificación de alguna aldea particular con dominios específicos puede, por esto, cambiar aún durante la supervisión de un mismo chamán.

siones de algunas reglas: la enfermedad misma es descrita como producto de las heridas o del dolor que sufre el alma humana cuando es asada o cocida por algún jefe animal. Las metáforas culinarias y caníbales pertenecen, en efecto, a la construcción del universo social en las ideologías guayanesas. Sólo un chamán, que comparte la naturaleza de otros chamanes, puede interceder frente a jefes animales. El papel del chamán consiste fundamentalmente en proveer de almas humanas a los chamanes animales: existe un acuerdo tácito entre aldeanos y chamanes por el que éstos buscarán aliados para los animales en otras aldeas, generalmente en aldeas lejanas.

Por estas razones la definición de la identidad social o tribal es siempre frágil y está siempre en proceso de cambio. El sentido de identidad se obtiene de los diferentes productos obtenidos y de las relaciones específicas que mantienen los hombres con los habitantes de otros ámbitos del universo. Y por las mismas razones toda relación sociológica —entre hombres y animales y entre hombres y hombres— es también una relación cosmológica.

A pesar del carácter imaginario de algunos personajes, las teorías nativas imponen una acción sobre el mundo a partir de estas constelaciones de ideas y modifican en grado considerable el mundo al que se refieren. Para mantener las relaciones con los pecaríes, una especie de la que se deriva un alimento animal que juega un papel importante en la dieta kaliña, los kaliña abren plantaciones considerablemente más grandes de las que necesitarían, para satisfacer, una vez plantados mandioca y ñame, las demandas de esta sociedad animal. Los pecaríes, que son animales territoriales, determinan sus rutas de migración por la presencia o ausencia de estas plantaciones de donde obtienen un producto vegetal importante para su dieta. Consecuentemente, la presencia o ausencia de estos animales en un área específica es producto de la intervención kaliña y manifiesta a su vez una relación específica entre animales y hombres. Los mitos sobre el origen de las relaciones entre animales y hombres pueden parecer extraños y pertenecientes al terreno de lo imaginario, mas las relaciones mismas, con todo, pertenecen al mundo.

Similarmente, la relación que se establece entre Luna y las mujeres y en particular entre Luna y mujeres arawak impone numerosas restricciones a las relaciones entre hombres y mujeres en la sociedad kaliña y determina las prácticas asociadas al ciclo agrícola.

De esta manera, los pecaríes y otros animales, los arawak y otras tribus vecinas, personaje Luna y varias especies botánicas y los europeos y otros pueblos no-americanos pertenecen en la mentalidad kaliña al mundo de la representación de los otros. Estas tribus y/o personaje míticos participan todos de un solo sistema general de representación. Este sistema constituye una cosmografía nativa guayanesa cuyos elementos, a pesar de sus naturalezas disímiles, guardan relaciones necesarias entre sí. Puesto que en las nociones nativas no se establece una diferencia fundamental entre sociedades animales, vegetales y humanas, un estudio sobre la representación de los otros no puede limitarse solamente a los pueblos que un investigador exterior consideraría «reales». Una aproximación quizá más completa debería ocuparse de revelar la estructura de este sistema de representación.

La representación nativa guayanesa de los europeos es poco conocida. Los europeos son generalmente conceptualizados como «hombres del mar» y pertenecen, por tanto, a otro ámbito cosmológico. Algunos mitos se han modificado para incorporar a estos extraños y los mitos les atribuyen acciones que tienen que ver con el agua o con el dominio acuático: inundaciones, diluvios, lluvias, ciclo estacional. En toda el área guayanesa circula un mito bastante curioso sobre un sacerdote caníbal que está al servicio de un jefe chamán de hábitos peculiares. El estudio de este motivo, ya que se trata de un personaje cura, puede ayudarnos a conocer la representación kaliña de los europeos y las nociones que tienen o tenían de los chamanes de Ultramar.

I. EL SACERDOTE CANÍBAL

Es difícil reconstruir la representación kaliña de los europeos y de otros pueblos no-americanos. Las informaciones con que contamos son escasas y fragmentarias y en los mitos mismos es raro encontrar personajes europeos. A diferencia de otras tribus guayanesas que parecen haber elaborado narrativas o ideologías compensatorias complejísimas sobre los europeos [4], los kaliña no parecen haberles atri-

[4] Véanse L. Drummond, «Structure and Process in the Interpretation of South American Myth: The Arawak Dog Spirit People», en *American Anthropologist*, núm. 79, 1977; A. Butt, «The Birth of a Religion», en *Journal of the Royal Anthropological Institute*, núm. 90, 1960; D. Guss, «Historical Incorporation among the

buido poderes extraordinarios o alguna relación peculiar con personajes ancestrales o con lo sobrenatural, de naturaleza diferente que las propiedades o relaciones atribuidas a otras tribus animales y/o vegetales y a otros personajes y/o grupos que conformaban el universo cosmográfico y etnográfico kaliña. En los mitos kaliña se encuentran episodios que parecen reflejar acontecimientos históricos (en particular narraciones que dan cuenta de enfrentamientos violentos con soldados holandeses y franceses) [5] pero no se advierte ninguna representación de los europeos que permitiese hablar del surgimiento de ideologías semejantes. Los materiales disponibles, sin embargo, sí parecen indicar que los europeos fueron interpretados e integrados en el conjunto de nociones cosmográficas o cosmológicas características de las poblaciones del área y que la intervención europea fue interpretada o pensada como una disrupción de las relaciones interétnicas que existían ya antes de la intervención pero ajustándose al mismo modelo que permite a los kaliña pensar las relaciones con los otros grupos de la región y/o con los habitantes de los otros dominios del universo [6].

Los europeos son habitualmente representados como caníbales. El personaje representado en la figura 1 es un miembro de una tribu de indios antropófagos que fueron llevados por los holandeses a la región para exterminar a los indios. «Cazaban a los indios, los mataban y los comían crudos», dice el mito, «y los kaliña construyeron casas subterráneas para refugiarse. Pero de nada sirvió: los perros de los caníbales siempre les encontraban. Los chamanes hicieron un plan para deshacerse de ellos. Enviaron a todos los indios a la isla del Diablo y comenzaron a tocar los tambores [para atraer a los caníbales]. Cuando éstos, en botes, cruzaban hacia la isla, los chamanes hicieron hundir los botes y los caníbales fueron comidos por

---

Makiritare: From Legend to Myth», en *Journal of Latin American Lore,* núm. 7, 1981; M. de Civrieux, *Watunna. An Orinoco Creation Cycle,* ed. y trad. de D. M. Guss, San Francisco, North Point Press, 1980; E. B. Basso, *A Musical View of the Universe. Kalapalo Myth and Ritual Performances,* Filadelfia, University of Philadelphia Press, 1985; J. Blackburn, *The White Men. The First Response of Aboriginal Peoples to the White Man,* Londres, Orbis Publishing, 1979; P. Mason, «Ethnocentrism, eurocentrism, alterity. Marginal remarks on Yekuana, Kalapalo and European Myth», en *Revindi,* núm. 1, 1988.

[5] F. P. Penard y A. Ph. Penard, *De Menschetende Aanbidders der Zonneslang,* Paramaribo, H. Heyde, 1907, p. 26.

[6] Véanse para casos similares, Basso, ob. cit., 1984; Guss, ob. cit., 1986; *cf.* Mason, ob. cit., 1988.

FIGURA 1. *Tribu de 'descabezados' en América* (véase Hulsius, 1599).

los tiburones. Sin embargo, volvieron a surgir. Viendo que nada podía hacerse contra ellos, los indios comenzaron a dispersarse y a aislarse en los bosques. Finalmente los caníbales fueron exterminados en Brasil» [7]. Aparte de la boca en el estómago o en el pecho, hay algunas noticias que informan que los caníbales blancos tenían una boca adicional en un codo y en una rodilla [8].

Los hermanos Penard lograron recoger información sobre estos personajes. En una historia se narra que en tiempos en que los indios vivían dichosos y cuando nunca escaseaban los peces en los ríos, llegaron por el mar barcos abarrotados de guerreros enemigos dirigidos por un blanco que tenía la boca en el pecho. Los blancos comenzaron a atacar a los indios, a quienes desollaban y asaban y comían. Los indios se dispersaron y luego buscaron refugio en una isla. Pairaundepo, el caníbal, se entera de la existencia de la isla y hace una gran embarcación caimán por medio de la cual se dirige

[7] E. Magaña, «Hombres salvajes y razas monstruosas de los indios kaliñas de Surinam», *Journal of Latin American Lore*, núm. 8, 1982, p. 102.

[8] *Ibid.*

FIGURA 2. *Blemmyae en la etnografía europea medieval* (véase Block Friedman, 1981).

hacia ella con la intención de exterminarlos. Los chamanes obtienen el socorro de Boa. Cuando los caníbales navegan por el Kwalu (un río en Guayana francesa), Boa emerge del agua y se traga «con cuero y pelos» a Caimán y a los caníbales. La embarcación misma quedó en el río convertida en una piedra con forma de caimán [9].

En otra historia sobre Pairaundepo (también Onone) se lee que era un blanco que tenía una boca en el pecho y ojos en la espalda. Tenía unos perros grandes como tapir con los que perseguía a los indios que se habían dispersado por el bosque. El europeo era caníbal: se comía vivos a los indios. Vivía con su mujer y su hijo en una casa y un día volvió con un chico para que sirviera de camarada de juegos de su hijo. El caníbal salió un día de caza con su mujer

[9] F. P. Penard y A. Ph. Penard, ob. cit., pp. 20-21.

dejando alimentado el fuego donde hervían en una gran marmita los restos de indios cazados hacía poco. El chico aprovechó la oportunidad para vengarse: agarró al hijo del caníbal y lo arrojó a la marmita. Los caníbales, que no pudieron atrapar al chico, abandonaron el país [10]. En otra historia recogida por los mismos autores se dice que los indios, para escapar a los caníbales, se hicieron invisibles [11].

Dos mitos recientes narran lo siguiente

Pairaundepo era un blanco caníbal que vivía en Brasil. Llegó a Surinam por el Amazonas. Llegó por el Maroni. Entonces vivían aquí (Maroni, Surinam) solamente indios. El caníbal también fue al río Surinam. Perseguía a los indios y los comía enteros. Los kaliña no sabían qué hacer para deshacerse del caníbal. Un día lo flecharon, cortaron el cuerpo en trozos y lo dejaron en el bosque. Al día siguiente el caníbal volvió a aparecer por las aldeas. Los indios pensaron entonces que debían cocerle. El caníbal era mitad hombre y mitad espíritu. Tenía sangre humana. Bastaba que una gota de su sangre quedara en tierra para que volviera a revivir. Un cabello del caníbal era suficiente para que surgiera otro caníbal. Los indios lo atraparon y lo cocieron en una marmita pero el caníbal continuaba recomponiéndose. Los hombres construyeron refugios subterráneos pero Pairaundepo se transformó en hormiga y dio con ellos. Los indios hicieron otro refugio subterráneo y plantaron calabazas arriba para que el caníbal pensara que se trataba de un sitio abandonado. Pero esta treta tampoco tuvo éxito: el refugio se desmoronó. Los indios decidieron agarrarlo y cocerle: apenas se recomponía lo volvían a cocer. Con este tratamiento el caníbal comienza a debilitarse y huye hacia el río Cotica. Allá plantó un árbol para vivir. Tenía una marmita de metal y un mortero para moler los huesos de los indios. La marmita aún se ve a orillas del río. Luego se fue a Temere, en Big Stone. Tenía hambre y se pintó él mismo en una roca. En el lugar también se ve la piedra donde se sentaba. Los indios huyeron hacia el bosque. El caníbal es la causa de que hay tan pocos indios hoy [mito narrado por Magdalena Iruwimë, galibi, Surinam, 1986] [12].

El hijo de Pairaundepo había agarrado a un chico indio para que fuese su animal doméstico *ayekï*. Repite a menudo a su padre que no lo mate para comérselo. Un día el caníbal sale al bosque y su hijo se pone a cortar leña. El chico aprovecha la oportunidad para huir: corre y se mete en un agujero de armadillo gigante. El chico cava hasta que cae al mundo subterráneo donde se encuentra con otros indios. Permaneció por mucho tiempo en esa

---

[10] F. P. Penard y A. Ph. Penard, ob. cit., pp. 37 ss.

[11] *Ibid.*

[12] Véase E. Magaña, *Contribuciones al estudio de la mitología y astronomía de los indios de las Guayanas*, Amsterdam, CEDLA Latin America Studies, 35, 1987, p. 245.

tierra pero decidió regresar a la suya. El águila *apakani* le llevó a la superficie (narrado por Bonfine Orupa, erowahte, Surinam, 1986) [13].

Además de estas historias sobre hombres caníbales, se encuentran elementos de la representación kaliña de los europeos en varias otras historias sobre un sacerdote igualmente antropófago. En una de ellas se narra que un hombre enfermó y enflaqueció hasta quedar en los huesos y que, a pesar de que los chamanes le soplaron con tabaco, no lograron descubrir el origen de su enfermedad. El sacerdote caníbal *asityane* había robado su alma —durante el sueño— y la había puesto a asar a fuego lento. El sacerdote vivía en el Amazonas. Apareció un chamán niño. Voló al cielo y recuperó su alma. El hombre sanó. Los indios celebraron entonces una fiesta de cerveza de mandioca *kasili* pero el chamán niño, temiendo que el sacerdote les visitara, no bebió. Por la noche el sacerdote, creyéndoles dormidos o ebrios, pasea por la aldea golpeando a los indios en el estómago. Se acerca a su hamaca: el chamán niño trata de agarrarle pero el sacerdote se convierte en pájaro y huye [14].

Los hermanos Penard recogieron otras noticias sobre este sacerdote. En una historia se lee que vivía en el mar. Vestía una sotana negra y llevaba tonsura. La sotana brillaba como las escamas del pez *anyumara.* El padre caníbal se alimentaba solamente de indios 'puros'. A veces se aparecía a los negros o a los indios *kabugru* (mestizos descendientes de uniones entre indios y negros) adoptando la apariencia de una hilera de dientes de mono aullador cocido. A veces se manifiesta silbando por las noches o se hace ver arriba de algún árbol [15]. En otra historia se lee que el sacerdote vivía en el río y que agarraba a los indios que evacuaban en el agua durante las fiestas. Los chamanes se reúnen, deciden acudir a Boa y organizan una fiesta *kasili.* Uno de ellos se finge ebrio y se acerca al río. Cuando el sacerdote lo agarra aparece Boa que da cuenta del caníbal [16]. En otra historia se lee que el sacerdote vivía en la costa del Maroni donde agarraba a los indios que iban a recolectar tortugas. Entonces no sabían los indios que se trataba de un sacerdote y le llamaban «el ser que parece buitre negro que vive en el agua». Un chamán decide «combatirle en su elemento»: va a la costa, se mete al agua y lo

[13] Véase E. Magaña, ob. cit., 1987, p. 251.
[14] E. Magaña, ob. cit., 1987, p. 240.
[15] F. P. Penard y A. Ph. Penard, ob. cit., p. 26.
[16] F. P. Penard y A. Ph. Penard, ob. cit., p. 34.

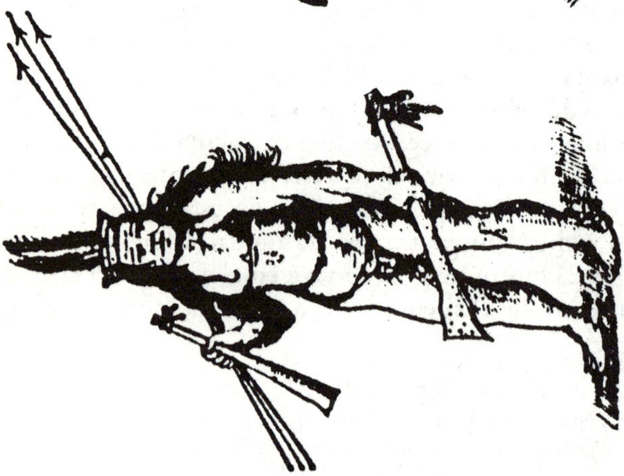

FIGURAS 3/4. *Indios representados como caníbales* (Marcgravi, 1643 en Ehrenreich, ob. cit.) *y sacerdote* (Gregório, ob. cit.).

agarra. El sacerdote logra escapar y vuela al cielo donde se convierte en estrella *asitjani* o *padruyuman* (Chamán Padre). Los sacerdotes caníbales suelen descender a la tierra como estrellas fugaces [17].

Arriba he postulado que los europeos fueron incorporados al universo cosmográfico y etnográfico kaliña y que, en este sentido, la intervención europea no causó una disrupción fundamental de la ideología kaliña. En los mitos y noticias que he expuesto arriba se encuentran varios elementos que parecen permitir esta interpretación. La representación de los europeos como caníbales no difiere sustancialmente de la representación kaliña de los otros pueblos que conocen, que habitan los diferentes niveles del universo. Como mostramos en otro lugar [18], en la ideología kaliña toda relación sociológica involucra un proceso de canibalismo. Las sociedades animales buscan establecer una relación de afinidad con los kaliña para acceder a los productos de plantación que son, a su vez, productos de la relación, como afines, entre Luna y las mujeres. Los chamanes animales admiten la predación para acceder a los productos vegetales y la predación misma se postula, también, como una relación de afinidad.

En la ideología kaliña la muerte es necesaria, pues forma parte del sistema general de contraprestaciones que unen unas sociedades a otras y que permiten la reproducción del grupo social. Las enfermedades son imaginadas como un proceso de incorporación a sociedades de otros dominios del universo y todo proceso de incorporación es, por otro lado, representado como un proceso de elaboración culinaria. En las nociones kaliña se sostiene, además, que los cazadores que no regresan del bosque y cuyos cadáveres no se encuentran han sido incorporados, como afines o como animales domésticos hijos, a sociedades animales. De los hombres que no regresan de expediciones de pesca se supone que han sido incorporados a sociedades del dominio del río. La representación kaliña de la muerte es, en este sentido, similar a la de los piaroa que sostienen que «toda muerte es un proceso de ser comido» [19]. Como entre los piaroa [20],

---

[17] F. P. Penard y A. Ph. Penard, ob. cit., pp. 34-35.

[18] E. Magaña, «Las mujeres de Luna: cultivo de la mandioca, consanguinidad y elaboración culinaria entre los kaliña de Surinam», en *Revista Antropológica,* 1988, en prensa.

[19] J. Overing, «Images of Canibalism, Death and Domination in a 'Non Violent' Society», en *Journal de la Société des Américanistes,* núm. 72, 1986, p. 87.

[20] J. Overing, ob. cit., p. 101.

en la ideología kaliña toda unión matrimonial revela un proceso de canibalismo, vale decir de incorporación de un ser extraño al universo social local. La elaboración culinaria se requiere siempre para eliminar los lazos que unen a los parientes consanguíneos, para eliminar los rastros de predación y para eliminar la memoria del nuevo miembro. Los chamanes, que guardan relaciones de consanguinidad o que participan de la misma naturaleza que los chamanes de sociedades de otros dominios del universo, deben intervenir frente a sus parientes o iguales de otros dominios para recuperar las almas de los cazadores o pescadores extraviados y/o de los enfermos. Toda muerte es interpretada como un «cambio de residencia» o un «cambio de dominio del universo».

En la representación de los europeos se encuentran los mismos elementos que en la representación de los «otros». El sacerdote y el otro europeo son caníbales y el primero se ocupa de ahumar a las almas de los indios que transporta a su país. El sacerdote cuece o asa a los indios y el rapto del alma se manifiesta como enfermedad. Otro detalle sostiene la idea que se tiene de la participación de la sangre en la constitución de la identidad. En uno de los mitos sobre el europeo caníbal ocurre que, aunque lo mataban cada vez, el caníbal se recomponía de la sangre que caía al suelo. Los indios deciden entonces cocerle una y otra vez y el caníbal, finalmente debilitado, huye. En el tratamiento de los pecaríes también se observa la regla de ahumar y cocer cuidadosamente a los animales, y las mujeres deben cuidar que el agua de las marmitas no se derrame so pena que los parientes del animal se enteren de su destino culinario [21].

En la representación de los europeos no es, pues, el canibalismo (representación que fue seguramente reforzada por las misiones al referirse a las penas que esperaban a los infieles, esto es, a quienes no obedecían al ancestro europeo, en las marmitas y hornos del infierno) lo que presenta un problema, sino que lo es la naturaleza de las relaciones que pudiese haber entre europeos y kaliñas. En la ideología guayanesa las sociedades de los diferentes dominios tienen relaciones necesarias entre sí: los pecaríes necesitan productos de plantación y afines humanos para reproducirse como grupo, los kaliña necesitan productos del bosque y afines animales, los kaliña necesitan productos de plantación y afines humanos, los arawak ne-

[21] E. F. Im Thurn, *Among the Indias of Guiana*, Londres, Kegan Paul, Trench and Co., 1883, p. 352.

FIGURA 5. *Escena del infierno* (de Mets, siglo XV, en P. Fierens, 1947).

cesitan bienes para la pesca y afines humanos, etc. La ideología guayanesa se caracteriza en realidad por el establecimiento de relaciones necesarias entre seres de diferentes dominios. El primer problema que la ideología kaliña debe resolver —o debió resolver— es, pues, la determinación del dominio o hábitat de los europeos.

Por las noticias que se encuentran en los mitos parece evidente que los europeos son conceptualizados como hombres del dominio acuático. En los mitos que hemos expuesto arriba se dice que el sacerdote caníbal vive en el mar, en los ríos o en el Amazonas. Los europeos caníbales son aliados de Caimán (un chamán del agua). La sotana del sacerdote semeja escamas. El sacerdote mismo se oculta en las riberas de los ríos para agarrar a los indios que, ebrios, evacuan en el agua. La representación de los europeos como seres del agua parece común a varias poblaciones de las Guayanas. En un mito sobre el origen de los arawak se lee que los blancos surgieron de los maderos que cayeron en el mar [22]. Un texto makusi de Guyana narra un viaje a Inglaterra realizado por un indio de la tribu como una larga travesía por el mar al final de la cual el indio subió al cielo por una puerta de nubes. Fue bautizado con agua hirviendo (vale decir, procesado culinariamente como animal doméstico) y eventualmente dio con Dios que le comunicó que los europeos le engañaban: este viaje originó el movimiento religioso conocido como *Aleluya*. La historia narra que después de morir varias veces subió finalmente al cielo acuático [23]. En fin, las historias sobre el origen o la morada acuática de los europeos podrían multiplicarse. Un mito arawak narra que un negro caníbal, que se alimentaba de sangre y que daba los cadáveres a Boa, logró atraparlo y amarrarlo junto con los blancos en el lecho de un río donde podrían vivir sin causar daño [24]. En una de las historias que mencionamos los chamanes deciden acudir a Boa (Chamán Boa) para «combatir al sacerdote caníbal en su elemento».

Los europeos son, pues, hombres acuáticos o del dominio acuático y los sacerdotes y su aliado caimán es el chamán o abuelo ancestro. Ahora bien, en las nociones kaliña el dominio acuático o las sociedades del dominio acuático controlan el acceso a los productos

---

[22] W. H. Bretk, *Legends and Myths of the Aboriginal Indians of British Guaiana*, Londres, Williams Wells Gardner, 1880, p. 9.

[23] J. Blackburn, ob. cit., pp. 70-73; *cf.* A. Butt, ob. cit.

[24] F. P. Penard y A. Ph. Penard, ob. cit., p. 46.

del río (peces) y pueden influir en el curso estacional. De acuerdo con los kaliña los asentamientos de los hombres acuáticos difieren poco de los asentamientos indígenas [25]. Las sociedades del agua (del dominio de *okoyumo*) se organizan como las sociedades indias y tienen en los peces los utensilios y bienes tecnológicos que son el equivalente de aquéllos de los indios. Llaman pan de mandioca al pez *akupa (Cynoscion acoupa)* a causa de su cabeza redonda, el caimán les sirve de banquillo, la nutria es el perro, el pez *anyumara* es el estrujador de mandioca, el lodo del lecho del río es su cerveza de mandioca, etc. [26]. Para evitar toda confusión observemos aquí que los chamanes del agua adoptan normalmente la apariencia de caimán, de boa, de manatí y de otros animales del agua —aunque pueden adoptar la apariencia de árboles ribereños y de rocas— pero los animales de estas especies no son ellos mismos chamanes del agua. Como en el caso del mundo del bosque, que es el dominio de los chamanes *Kurupi, Tïkokë* y otros que puedan adoptar apariencias de animales o de vegetales, en el dominio del agua el chamán *okoyumo* puede adoptar la apariencia de algún animal acuático. El caimán o la boa son usualmente representados como jefes del agua y subordinados al chamán o teniendo las mismas relaciones que en el mundo del bosque tienen el armadillo gigante, oso hormiguero o jaguar con los chamanes de ese dominio.

Las relaciones que se establecen entre el mundo del río y los kaliña son similares a las relaciones que hay entre éstos y el mundo del bosque. Las sociedades acuáticas carecen de mandioca y procuran establecer relaciones de alianza o de afinidad con los hombres para acceder a los productos de plantación y los chamanes del agua permiten la predación a condición de que se suministre a los peces estos productos y a condición que se postule la pesca como una relación de afinidad. Los hombres deben, además, observar otras reglas. Esta representación del mundo del río se expresa en varios terrenos de la sociedad kaliña. La pesca con arco y flecha y con arpón se organiza formando grupos de hombres unidos por lazos de consanguinidad para enfatizar la carencia de relaciones de afinidad en el mundo humano y los kaliña usan preferentemente pan de

---

[25] C. H. de Goeje, *Zondvloed en zondeval bij de Indianen van West-Indië*, Amsterdam, H.J. Paris, 1948, p. 37.

[26] W. Ahlbrinck, ob. cit., pp. 334-335; E. Magaña, *Orión y la mujer...*, ob. cit., 1988, pp. 136-138.

mandioca y/u otros productos vegetales de plantación como carnada. La idea central es que los peces se sienten atraídos por los productos de plantación.

La importancia de la mandioca en las relaciones con el mundo acuático se expresa también en otras prácticas. Cuando la estación seca se prolonga demasiado, los kaliña arrojan tallos de mandioca al río para propiciar a la gente del agua que suponen que, a modo de intercambio, apresurarán la llegada de las lluvias. Los kaliña suponen que los chamanes acuáticos pueden detener o desviar el curso de las aguas de modo que las aguas mismas y los peces no lleguen al mar en el momento indicado para subir al cielo por la Vía Láctea y caer luego a la tierra como lluvias.

La conducta de los kaliña respecto al mundo acuático juega un papel determinante en el mantenimiento del curso de las estaciones. De particular importancia es el uso del secadero. De acuerdo con las tradiciones kaliña, en tiempos remotos, cuando las estaciones no se presentaban regularmente, un chamán les enseñó el empleo del secadero y obtuvieron así el curso estacional. En realidad una de las reglas más importantes que deben observarse en relación con el mundo del agua es ahumar los peces pero nunca a orillas del agua: de proceder así se ganaría la ira del mundo acuático que provocaría una sequía prolongada [27].

Los hombres del agua se enfrentan constantemente a la búsqueda de afines humanos y particularmente de mujeres, por medio de las cuales se accede a los productos de plantación. Cuando las mujeres menstrúan deben aislarse y evitar todo contacto con el agua y con los utensilios de cocina y observar restricciones sexuales, alimentarias y lingüísticas. Estas restricciones se extienden también, durante estos períodos, a los parientes consanguíneos cercanos a las mujeres y a sus maridos (porque los maridos comparten un grado de consanguinidad con sus esposas). Se supone que cuando las mujeres

---

[27] C. van Coll, «Gegevens over Land en Volk van Suriname», en *Bijdragen tot de Taal- Land- en Volkenkunde van Nederlandsch-Indië*, núm. 55, 1903, p. 477; A. C. Cirino, *Indiaanse Vertelingen*, Paramaribo, Bolivar Editions, 1977, I, p. 16; C. H. de Goeje, *Zondvloed en zondeval bij de Indianen van West-Indië*, Amsterdam, H.J. Paris, 1948, p. 42; E. Magaña, *Orión y la mujer...*, ob. cit., 1988, p. 135; «Simbolismo y praxis kaliñas: identidad, ideología y tecnoeconomía», en *Ponencia presentada a la II Reunión Latinoamericana sobre Religión Popular, Identidad y Etnociencia*, México D.F., Escuela Nacional de Antropología e Historia, 1988; *idem*, «Orión entre los kaliñas de Surinam», en *Revista Antropológica*, 1988, en prensa.

pasan por períodos que manifiestan su fertilidad los hombres acuáticos renuevan sus esfuerzos por raptarlas o seducirlas (con ocasión de la menstruación y del parto; las restricciones que se observan en estas ocasiones son iguales).

En los mitos sobre el sacerdote caníbal hay un detalle que es bastante significativo. En uno de los mitos sucede que el sacerdote ataca a los indios cuando éstos evacuan en el río. En la práctica cotidiana, sin embargo, evacuar en el río está fuertemente prohibido, pues el río es la morada o la casa o la marmita de la gente del agua. Evacuar en el río constituye una violación grave de las relaciones que se tienen con el mundo acuático y esta conducta puede ser el motivo de que el alma del transgresor sea flechada por los chamanes peces o de que la estación seca se prolongue, hecho que estropearía las plantaciones. En el mito se agrega otro detalle importante: se dice que los hombres organizaron una fiesta *kasili* pero que el chamán no bebió. Este detalle, aparentemente insignificante, es de gran importancia. Los kaliñas llaman fiesta *kasili* a la pesca con barbasco: el veneno es mezclado con pan de mandioca y se estruja en el agua provocando lo que los kaliñas llaman la embriaguez de los peces. De la misma manera que la pesca con barbasco, que redunda en la muerte de los peces, las fiestas *kasili* indígenas son conceptualizadas como fiestas barbasco o *kasili* del mundo acuático, es decir, la pesca con barbasco es al mundo acuático lo que la fiesta *kasili* al mundo humano [28]. Los kaliña suponen que cuando los hombres se embriagan con *kasili* son presas más fáciles de los chamanes acuáticos y,

[28] La organización sociológica de la pesca presenta numerosas dificultades de interpretación. Las especies de peces determinan la tecnología y las técnicas de pesca y la organización sociológica de las actividades de pesca. Los kaliña conceptualizan la pesca con arco y flecha y arpón como caza, *o taro,* y esta manera de pescar excluye que se formen grupos de hombres unidos por lazos afinales (la caza o pesca con arco y flecha pertenece al terreno de las relaciones afinales con las sociedades del bosque o del agua). La pesca con anzuelo y nasa como 'recolección' *sapiriya,* y este tipo de pesca es familiar (en este caso, un hombre y su mujer pueden pescar juntos). La pesca con barbasco es representada como fiesta *kasili* de los peces y exige una organización comunal: es a menudo un acto deliberado de agresión contra el mundo acuático con la intención de provocar una sequía. La pesca con barbasco se realiza al comienzo de la estación de lluvias para provocar un período de tiempo seco o cuando se teme que el prolongamiento de las lluvias pueda estropear las plantaciones (E. Magaña, *Orión y la mujer Pléyades...,* ob. cit., 1988; otra discusión en Ph. Descola, *La Nature domestique. Symbolisme et praxis dans l'écologie des Achuar,* París, Éditions de la Maison des Sciences de l'Homme, 1986).

en particular, porque durante las fiestas *kasili* los hombres, temerosos de alejarse demasiado por el bosque y no pudiendo evacuar en la aldea misma, usan a menudo el río con este propósito.

Las fiestas de *kasili,* sin embargo, no pueden evitarse y por el contrario deben celebrarse periódicamente, pues la elaboración y el consumo de cerveza de mandioca se inscriben en las representaciones de Luna y del mundo de las plantaciones. Elaborando y bebiendo cerveza de mandioca se manifiesta a Luna que se está satisfecho con las plantaciones y, por lo demás, Luna mismo, que es un cazador, exige la cerveza. De acuerdo con las informaciones recogidas por Delawarde, los kaliña de Guayana francesa celebraban un *kasili* cada luna nueva para propiciar al astro [29]. De esta manera los kaliña se encuentran, como grupo social, en el intersticio formado por las necesidades y exigencias contradictorias de los habitantes de los diferentes dominios del universo y no tienen otra alternativa aparente que la de tratar de manipular, en ventaja de la sociedad kaliña, los intereses divergentes de seres disímiles; y, para ello, recurren tanto a prácticas rituales, como a prácticas que se inscriben en la organización sociológica de las actividades de subsistencia.

Los europeos, como hombres del dominio acuático, deben pues, como las otras sociedades de este dominio, participar de alguna manera en el control de los recursos del agua (peces) y en el del ciclo estacional (lluvias y sequía). En realidad se encuentran en la mitología kaliña varias historias que atribuyen las grandes inundaciones y/o diluvios de tiempos remotos a los ancestros europeos. En un mito sobre el origen de los arawak se cuenta, por ejemplo, que Dios causó el diluvio y que el kaliña que se salvó trepando a un árbol con los animales domésticos que se convertirían más tarde en sus mujeres, se llamaba Abraham. En otra historia, el dios o chamán europeo causa la inundación salvando sólo a un kaliña llamado Novi (Noé). En verdad, muchos de los mitos que conocemos como sincréticos no constituyen más que un intento de reubicar en la ideología kaliña la intervención europea. En uno de los mitos sobre los europeos caníbales se cuenta que la intervención europea originó un período de escasez de los recursos del agua (el mito que examinamos cuenta que, antes de la llegada de los caníbales, los kaliña vivían en la abundancia).

---

[29] J. B. Delawarde, «Les Galibi de la Mana et d'Iracoubo (Guyane française) (II)», en *Journal de la Societé des Américanistes,* núm. 56, 1967, p. 365.

Un problema con que aquí nos encontramos es que, en las representaciones kaliña, las relaciones con sociedades del bosque y del río son posibles por los productos de plantación que los kaliña controlan, y a los cuales esas sociedades procuran acceder. Los europeos, sin embargo, no se interesan por la mandioca. Pero como quiera que sea, puesto que existen, los europeos deben tener relaciones con otras sociedades de otros dominios y, en consecuencia, están inscritos en el proceso global de contraprestaciones que involucra la vida y la muerte. En el mito sobre el negro caníbal se lee que éste, después de beber la sangre de los indios, arrojaba sus cadáveres a Boa a modo de contraprestación por las curaciones exitosas a que Boa lo había sometido. El chamanismo mismo participa de estas representaciones: los chamanes pretenden que son consanguíneos de los aldeanos [30] y permiten que los chamanes de otros dominios 'cacen' o busquen afines en otras aldeas. Cualesquiera que sean las necesidades particulares de los caníbales blancos, la historia que provocan se inscribe en el mismo esquema: por desconocidas o pintorescas que puedan parecer sus necesidades (pues el sacerdote caníbal no requiere ni mandioca ni mujeres), su supervivencia depende, no menos que la de los indios, del rapto de almas, sea para incorporarlas en su propia sociedad, sea para satisfacer las exigencias de los seres con quienes están relacionados. Los kaliña imaginan así a los europeos desempeñando el mismo papel que los arawak imaginan de los kaliña: una participación en el control de los recursos del agua.

Los kaliña tienen dificultades en imaginar la naturaleza de las necesidades europeas. En varios relatos indígenas sobre viajes al país del sacerdote caníbal, se cuenta que los aldeanos se pasan el día cantando salmos. No necesitan trabajar, puesto que los peces se meten ellos mismos en las nasas de donde saltan a las marmitas para

---

[30] La relación entre el chamán y sus discípulos, y entre el chamán y los aldeanos se expresa recurriendo al lenguaje del parentesco consanguíneo para justificar su intervención frente a chamanes de otros dominios. Si entre el chamán y sus discípulos o pacientes no hay lazos sociológicos reales no es, desde el punto de vista indígena, pertinente (véase la discusión en Butt-Colson, «The Akawaio Shaman», en E. Basso [comp.], *Carib Speakig Indians. Culture, Society and Language*, Tucson, The University of Arizona Press, 1977, pp. 43-65; Kloos, «Becoming a pïyei: variability and similarity in Carib Shamanism», en *Antropológica*, núm. 24, 1968; «Search for health among the Maroni River Caribs», en *Bijdragen tot de Taal-, Land- en Volkenkunde*, núm. 26, 1970; Magaña, *Orión y la mujer...*, ob. cit., 1988, pp. 116-125).

cocinarse; los animales se flechan, se trocean y se ponen ellos mismos a asar; los tubérculos de mandioca se rallan, se trocean y saltan ellos mismos de los estrujadores a las planchas de mandioca para hacerse pan [31]. La mayor dificultad que experimentan los sacerdotes consiste en poblar su país: la prohibición del intercurso sexual y del consumo de cerveza provoca que sus habitantes huyan constantemente del lugar y obliga a los sacerdotes a esfuerzos renovados para raptar almas. Parece así que los sacerdotes caníbales se interesan, sobre todo, en las voces humanas (ya que raptan almas para que canten) pero los motivos de semejante necesidad me sobrepasan tanto a mí, como a los kaliña. Este investigador ha tenido la buena/mala fortuna de confirmar parcialmente la representación indígena, pues sus demandas constantes de historias y mitos no hacían más que confirmar la idea de que los chamanes ancestros de los caníbales no-americanos tienen una predilección culinaria inexplicable por las palabras. Parece ser que los europeos cuentan con ancestros o seres con quienes están relacionados, que tienen necesidades extrañas y que consideran las voces humanas como cosas buenas para comer. Hay varias prácticas cotidianas y rituales que apuntan en esta dirección. Señalemos sólo una para terminar: de manera semejante que cuando se bebe cerveza se arroja algo a tierra para propiciar (don de bebida) a los seres de la tierra y a Luna, los kaliña, antes de embarcarse en alguna expedición de pesca, «arrojan algunas palabras al río»; lo que equivale a decir que se entregan a lo que habitualmente se interpreta como 'rezar'. Que los kaliña alimenten a los caníbales acuáticos de palabras no podría extrañar si se considera que se trata de caníbales europeos, y si se considera que en la ideología kaliña tradicional, antes o durante la pesca, los hombres debían mantener un silencio estricto para no delatar sus intenciones alimentarias.

La idea de que las palabras, en las concepciones kaliña, pudiesen ser conceptualizadas como especies animales o vegetales por el ancestro europeo y/o por los europeos mismos y, por tanto, buenas para comer, puede parecer extraña pero se comprenderá quizá mejor si se presta atención a otras noticias. Existe por las Guayanas una creencia bastante extendida de que el ancestro de los europeos guarda una relación particular con las palabras: bien se alimenta de ellas, bien se ocupa, por intermedio de sus enviados, de guardarlas en

[31] F. P. Penard y A. Ph. Penard, ob. cit., p. 31.

papeles y máquinas (para esta última noción véase Guss [32]). En otro grupo guayanés existe la noción de que las palabras y/o el aliento pueden *hacer* ciertas cosas [33]. También en uno de los mitos que examinamos se advierte esta asociación: en el mito que relata que el caníbal se pintó a sí mismo en una roca *porque* tenía hambre. Es muy probable que en el dominio del ancestro europeo las palabras conozcan una manifestación material. En los mitos sobre la morada del ancestro europeo se insiste en que las labores de subsistencia no existen para que los aldeanos se dediquen a cantar, y es probable que las prácticas religiosas europeas (cantos, oraciones, reuniones colectivas para orar) hayan contribuido a fortalecer esta idea. En el mundo guayanés (donde los tiburones se alimentan de tierra o de jirones de costa, la gente del agua bebe lodo porque lo considera cerveza, la gente del bosque —*Kurupi*— tiene al escorpión por ají, los enanos subterráneos se alimentan de aromas y los indios se bañan en un río que es su padre) el régimen de alimentación del ancestro europeo se inscribe en las normas ordinarias de posibilidad [34].

II. CONCLUSIONES

El estudio de estos materiales me ha llevado a postular que no debemos definir de antemano, y sin más, el territorio de las ideologías sobre la alteridad ni el de las relaciones interétnicas. El examen de materiales guayaneses muestra, creo, que debemos ampliar considerablemente nuestras definiciones. En el estudio de las representaciones de los «otros» debemos admitir que el lugar y la definición del o de los «otros» es un terreno abierto, y que no podemos determinar de antemano ni su contenido ni su función. Él o los otros no constituye un universo cerrado. Esta proposición puede ser profundizada. Entre los kaliña y otras poblaciones guayanesas, las relaciones que se imaginan entre Luna y las mujeres —y los hijos mandioca—

---

[32] «Keeping it oral: a Yecuana ethnology», en *American Etnologist*, núm. 13, 1986, p. 423.

[33] A. Butt-Colson, «Ritual Blowing: Taling as a Causation and Cure of Illness among the Akawaio», en *Man*, núm. 56, 1956.

[34] Quiero agradecer a Fabiola Jara sus comentarios y sugerencias sobre una primera versión de este escrito.

juegan un papel de gran importancia en la definición y en el sentido de la identidad social y étnica, pues de esta relación se derivan no solamente los productos de subsistencia, sino además los conceptos en torno a los cuales se define y construye el parentesco. La representación de esta relación determina, en adición, las prácticas agrícolas y varios otros sectores de la ideología kaliña, que van desde las conductas observadas, no ritualizadas, con ocasión de ciertas fases de la luna (por ejemplo, con luna llena los kaliña procuran no exponerse a la luz del astro y permanecen en casa o bajo techo) hasta técnicas de pesca y rituales de iniciación masculina y femenina. El estudio de los sistemas de representación debería ser iniciado o postulado a partir de un terreno común de inteligibilidad (vale decir, más acá de las aproximaciones subjetivistas y/u objetivistas). Vale la pena tener en mente que el mundo real local también incluye a los otros grupos aborígenes con quienes los kaliña establecen intercambios matrimoniales y comerciales, y que estos intercambios dependen del mantenimiento o de la reproducción del mundo real. El análisis de diversos casos de representación de los otros nos conduce a otra proposición: que, a menos que se arriesgue el sin sentido, debe postularse que los elementos que forman un sistema de representación, guardan relaciones necesarias entre sí, y que la significación de cada elemento es función del sistema global de proposiciones. Esto último no requiere mayor elaboración. Me parece que los caníbales europeos no han interrumpido de manera radical el sistema de representación de los «otros» de las poblaciones guayanesas. Los materiales disponibles parecen indicar que han sido conceptualizados como teniendo un ancestro acuático o, en todo caso, capaz de intervenir en el curso estacional y que, consecuentemente, participan del mismo ciclo general de contraprestaciones del que participan las otras poblaciones del área incluyendo pecaríes, palmeras, plantas de mandioca y palabras animales/vegetales.

REPULSA Y CONDENA

«¿Qué os he hecho yo? ¿Por qué me queréis tratar de esa manera y atarme como a perro? ¿De esa manera me pagáis la buena obra que os he hecho en meteros en mi tierra y daros de lo que en ella tenía con tanta voluntad y amor? Mal lo hacéis.»

MANQU INCA, al ser arrestado por los españoles en Cuzco.

En esta sección se incluyen cinco estudios de testimonios europeos e indígenas sobre sus encuentros mutuos a lo largo de casi cinco siglos. Los casos a que se hace referencia aquí, abarcan no sólo un largo trayecto histórico que llega hasta nuestro tiempo, sino también regiones muy variadas de América, desde México y Perú hasta Brasil y el Cono Sur. Debido al etnocentrismo de quienes se confrontan, sean indígenas o europeos, las valoraciones que aparecen en los textos que siguen son rara vez comprensivas y benévolas. Tras el asombro y duda de los primeros encuentros, ambos actores suelen reaccionar y reflexionar después en tono de repulsa y condena ante el otro. Aunque este fenómeno general no le será al lector ni sorprendente ni desconocido, sí puede serlo el considerar, con detalle, algunos de los rasgos presentes en los testimonios que siguen.

En primer lugar, se verá que tanto el indígena como el europeo valora al «otro» conforme a su propio sistema de clasificación social. Son raros los casos, como el de la bien conocida obra de Bernardino de Sahagún, en los que los actores procuran comprender al ajeno averiguando quién es en su propia visión de sí mismo. Con más frecuencia, el juicio es tajante y negativo porque la matriz con la cual se clasifica al otro siempre provee, en su estructura, apartados

---

León-Portilla, M.; Gutiérrez Estévez, M.; Gossen, G. H., y Klor de Alva, J. J. (eds.), *De Palabra y Obra en el Nuevo Mundo,* vol. 1, *Imágenes interétnicas,* Madrid, Siglo XXI de España, 1992, pp. 165-170.

semánticos del margen social, en los que figuran primitivos, bárbaros, criminales, niños, muertos, herejes, paganos, animales, monstruos, etcétera.

A diferencia de las secciones anteriores, la presente aporta ejemplos de imágenes mutuas que se derivan de interacciones históricas bastante prolongadas, es decir, después del contacto inicial. Además, todos los casos que siguen se refieren a situaciones de asimetría política y económica en las cuales los actores, tanto los dominantes como los dominados, tienen presentes en su conciencia los hechos concretos de sus interacciones. Las imágenes mutuas ya han sido reificadas y han puesto en marcha, consecuentemente, acciones basadas en ellas. Esta sección, pues, no puede menos que reflejar los momentos más trágicos y destructivos de los encuentros interétnicos, momentos en los cuales las imágenes de unos y otros se tiñen de muerte, temor, desprecio y soledad.

Dos de los casos que siguen proceden del período colonial, uno de Perú, elaborado por J. Szemiński; el otro del Amazonas, escrito por D. Sweet. En el ejemplo andino se presenta una síntesis de voces alusivas a la caída de la dinastía incaica. Dichas en los años de 1565 a 1700, éstas son palabras no sólo de dolor, desolación, condena y resistencia ante el español, sino también reflexiones de autocrítica y autoculpabilidad... «¿Qué hicimos para merecer tal?». En el estudio localizado en el Amazonas colonial, se recoge la voz de justificación de los jesuitas ante su obra misionera entre los llamados «recalcitrantes» de la selva tropical. Vale la pena señalar, en este caso y en otros procedentes del Cono Sur, el exagerado tono de condena y desprecio de las imágenes sobre los indios de la zona, quienes no tienen «ni rey, ni fe, ni ley». Juicio semejante no suele ser tan acerado ante comunidades indígenas del altiplano que tienen formas de organización social más parecidas a las de Europa, mereciendo, por tanto, la consideración de «civilizados», lo que facilita su comprensión y su dominación.

Los otros tres estudios recogen testimonios que proceden del siglo XX. Son notables estos casos, no por las diferencias que muestran en comparación con los del período colonial, sino más bien por su escalofriante y trágica similitud. El encuentro entre los blancos y los tupí-guaraní de nuestro siglo, analizado por G. G. Grünberg, ha producido frecuentes matanzas de quienes son llamados los «bichos do mato». Los otros dos estudios se refieren a testimonios de los indígenas gê del Mato Grosso y de los tzotziles de Chiapas,

México. De estos últimos, sus autores Ch. Crocker y G. H. Gossen, respectivamente, muestran relatos que manifiestan su intento de establecer un diálogo con el «otro» por varios procedimientos, desde por medio de términos de parentesco hasta a través de representaciones dramatúrgicas y rituales. El lenguaje sigue la pauta arriba señalada de clasificar al «otro» dentro de matrices culturales reconocidas, pero siempre colocando al europeo en la lejanía espacial y temporal. De esta manera llegamos los europeos a ser clasificados por los indígenas como portadores vivientes de su propio pasado mitológico, más afines a los monos que a los verdaderos humanos.

7. EL MUNDO ANDINO DOMINADO POR LOS «MUERTOS REBELDES»

JAN SZEMIŃSKI

Universidad Hebrea, Jerusalén

Entre 1564-1572, terminaron los últimos intentos incas de reconquistar el *Tawantinsuyu*. Entre 1650-1720, se divulgó entre los andinos la convicción de que su fe era cristiana. Las fechas marcan el proceso que va desde la aceptación de la conquista hasta la aceptación de los dioses de los otros como propios. A la vez se divulgó en los Andes la convicción de que el Inca volvería. Y el Inca volvió, varias veces, pero en el siglo XVIII.

Dentro del período estudiado, 1564-1700, gobernaron el país dos dinastías: los incas hasta 1572, y la casa de Austria hasta 1700. Enfermedades, cambios económicos y sociales dejaron con vida cerca del 10 por 100 de la población que había habido en la época de Wayna Qapaq Inca. Fueron destruidas las posibilidades de crear reservas de agua, materias primas y comidas. Las redes de cooperación entre grupos humanos se hicieron más locales y limitadas. En los cambios participó solamente un grupo de «otros», los españoles.

Según la cosmología andina, Dios, que en el Cuzco es llamado Wira Quchan (almácigo de sustancia vital) [1], creó un cosmos compuesto de cuatro partes, a cada una de las cuales correspondía una imagen de Dios. *Qaylla pacha* contenía los límites y términos de todo; *hanaq pacha,* cielo, fue el mundo de la duración sin cambio; en *kay pacha,* este mundo, vivían los vivos y en *hurin pacha,* el mundo de adentro y de abajo, los muertos. El mundo de los muertos daba vida al mundo de los vivos, y el cielo les daba duración en forma de individuos en el caso de los hombres, y en forma de es-

[1] J. Szemiński, *From Inca Gods to Spanish Saints and Demonds, Paper in International Workshop on Indigenous Responses to Western Christianity,* Jerusalén, 1987, pp. 12-20.

León-Portilla, M.; Gutiérrez Estévez, M.; Gossen, G. H., y Klor de Alva, J. J. (eds.), *De Palabra y Obra en el Nuevo Mundo,* vol. 1, *Imágenes interétnicas,* Madrid, Siglo XXI de España, 1992, pp. 171-194.

pecies en el caso de todos los demás seres. Los muertos, antepasados, intercedían ante Dios en favor de sus descendientes.

Kay pacha estaba compuesta de dos partes: el mundo salvaje fuera del *Tawantinsuyu* y el mundo civilizado, el de *Tawantinsuyu*. *Tawantinsuyu* fue identificado con el imperio de los incas, por haber sido todo él conquistado por los incas del Cuzco. El *kay pacha* estaba rodeado por dos mares, el mar de arriba en el Oriente y el mar de abajo (Pacífico) en el Occidente [2].

La historia fue vista como una secuencia de épocas acabadas en un cataclismo de *pacha-kuti*, vuelta del mundo. Un cambio de época se entendía como un castigo de los gobernantes por incumplimiento de sus deberes. De entre varios modelos de historia, quizás en el siglo XVIII, comenzó a predominar el de tres épocas asociadas, cada una, con las tres personas de la Santísima Trinidad.

Cuando el Inca, garante del orden social e intermediario entre los humanos y las divinidades de arriba y de abajo, no cumplía sus deberes, los castigos eran mayores. Los pecados andinos tradicionalmente expresados en el saludo: *Ama suwa, ama qilla, ama llulla* —no seas ladrón, no seas perezoso, no seas mentiroso— insisten en la necesidad de un intercambio equilibrado y aceptado por ambas partes de bienes, trabajo e información, y también de mujeres, todo coordinado por el Inca. La falta de conocimiento o el intercambio desequilibrado indican un desorden en la sociedad y en el cosmos y, por tanto, merecen castigo. En el caso de los gobernantes el castigo era la pérdida del poder.

Frente a un forastero victorioso y gobernante, el *wiraqucha* español, los andinos tuvieron que saber: ¿Es el forastero un ser humano, como nosotros, los *runas*? ¿De dónde viene él y su poder? ¿Cuál fue la culpa de los incas? ¿Y la nuestra? ¿Cuáles son los deberes de los *wiraquchas* en este mundo? ¿Cómo convivir con los *wiraquchas*? ¿Y hasta cuándo? Algunas de las respuestas se conocieron rápidamente. Los *wiraquchas* fueron humanos, pero distintos de los *runa*. El Inca fue culpable, como lo comprobó su derrota.

Titu Kushi Yupanki Inca, rey en Willka Pampa fomentó y apoyó el movimiento de Taki Unquy (1560-1570). En aquel movimiento y en sus continuaciones posteriores [3], los españoles eran vistos como

---

[2] F. Guaman P. de Ayala, *Nueva crónica y buen gobierno*, ed. de J. V. Murra, R. Adorno y J. L. Urioste, Madrid, Historia-16, 1987, pp. 983-984, 1001-1002.

[3] S. Stern, «El Taki Onqoy y la sociedad andina, Huananga, siglo XVI», *Allpanchis*

Guaman Poma de Ayala: «A Topa Amaro le cortan la cavesa en el Cuzco. / Inga Uanacauri maytam rinqui? sapra aucanchicchoc manahuchayocta con cayquita cuchon» [Inca Uanacauri ¿dónde te vas? Nuestros perversos enemigos, sin culpa alguna, te han cortado el cuello].

vencedores, gracias al hecho de que su Dios había vencido a las *wakas*, divinidades andinas.

El padre Cristóbal de Molina apuntó «que de España auían enbiado a este reyno por unto de los yndios (33r). Para sanar cierta enfermedad que no se hallaba para ella medicina sino el dicho unto a cuya causa en aquellos tiempos andaban los yndios muy recatados y se extrañaban de los españoles en tanto grado que la leña, yerba o otras cosas no lo querían lleuar a casa de español por decir no los matase allá dentro para le sacar el unto» [4]. Así la muerte de un indio se convirtió en la vida de un español en otro lugar fuera de los Andes. Hoy se conoce una transformación del mismo mito. El matón se llama *ñakaq*, *pishtaku* o *lik'ichiri;* es un mestizo o blanco, a veces gringo, habla inglés, español y quechua, y exporta la grasa del cholo utilizada en EE UU y Europa para preparar medicinas y máquinas, incluyendo cohetes para el viaje a la luna [5].

Según la doctrina de Taki Unquy, los españoles, Castilla y todo lo que venía de allá, fue creado por Dios, mientras que los Andes, los indios y lo andino fue obra de las *wakas.* La victoria de las *wakas* sería un *pacha-kuti,* vuelta del mundo, en la cual perecerían los españoles y sus partidarios. La expresión utilizada fue: «Pacha tikramunqa, pacha kutimunqa» —el mundo aquí se volteará, el mundo aquí volverá— [6]. Pero el tiempo de los españoles duró, su muerte no aconteció. En 1572 en el Cuzco murió ejecutado el último rey del *Tawantinsuyu,* Thupa Amaru Inca.

En 1570, dos años antes, su hermano y antecesor Titu Kushi Yupanki Inca dictó una «Ynstrucion...» [7], como parte de su programa de conservar un estado autónomo en la región de Willka Pampa. La «Ynstrucion» contiene la imagen de los españoles en el centro de poder político inca en Willka Pampa en 1570, es decir treinta y ocho

---

Phuturinqa, vol. XVI, núm. 19, Cuzco, 1982, pp. 49-77; M. Curatola, «Mito y milenarismo en los Andes: del Taki Onqoy a Inkarri», *Allpanchis Phuturinqa,* vol. X, núm. 10, Cuzco, 1977, pp. 65-92.

[4] C. de Molina, «Relación de Favulas i Ritos de los Ingas», manuscrito, Madrid, Biblioteca Nacional, 1575, 33r.

[5] A. Ortiz Rescaniere, *De Adaneva a Inkarrí, una visión indígena de Perú,* Lima, 1973, pp. 164-165.

[6] A. Yaranga Valderrama, «Taki Onqoy ou la vision des vaincus au XVe siècle», *Histoire et problématique,* Tours, Publications de l'Université de Tours, 1978, p. 167.

[7] Titu Kushi Yupanki Inca, *Instrucción del ynga Don Diego de Castro Titu Cussi Yupangui para el muy ilustre señor licenciado Lope García de Castro,* Lima, 1985.

años después del comienzo de la conquista. El Inca asoció el nombre de los españoles *wiraqucha* con el primer informe que había recibido Ataw Wallpa Inca de los indios yungas tallanas los cuales «habían visto llegar a su tierra ciertas personas muy diferentes de nuestro hábito y traje que parecían *viracochas* que es el nombre con el cual nosotros nombrábamos antiguamente al criador de todas las cosas diciendo Tecsi Viracochan que quiere decir prencipio y hacedor de todo» [8]. A continuación el Inca enumeró traje, semblante, caballos y sus herraduras, escritura, barbas, ollas y platos de metal, arcabuces como confirmación de su carácter de *wiraquchas,* los que dan principio, o sea, su calidad de antepasados y muertos.

Según el relato Ataw Wallpa Inca había invitado a chicha a los primeros españoles encontrados, los cuales la derramaron en vez de beberla. Así los españoles no correspondieron en el trato al Inca. Recibieron de él lo mejor posible: chicha del rey. El acto establecía entre ellos y él un intercambio de servicios y bienes, pero los *wiraquchas* rechazaron el intercambio. El rechazo aparece más claramente en las palabras atribuidas a Manqu Inca al ser arrestado por los españoles en el Cuzco: «¿Qué os he hecho yo? ¿Por qué me queréis tratar de esa manera y atarme como a perro? ¿De esa manera me pagáis la buena obra que os he hecho en meteros en mi tierra y daros de lo que en ella tenía con tanta voluntad y amor? Mal lo hacéis.» Después los llamó «dimonios» y no *wiraquchas,* quienes sólo pidieron oro y plata [9]. Así el rasgo más importante de los españoles es no corresponder adecuadamente a las acciones andinas: pagan con mal el bien recibido. Son codiciosos rompiendo la redistribución simétrica de bienes, y adúlteros y ladrones, al tratar de llevarse la *quya,* hermana y mujer de Manqu Inca. Manqu Inca llegó entonces a la siguiente conclusión: «Pues eso manda el Viracochan que toméis por fuerza la hacienda y mugeres de naidie no se usa tal entre nosotros y bien digo yo que vosotros no sois hijos de Viracochan sino de *supay* que es el nonbre del demonio en nuestra lengua» [10].

Vistos por el Inca los *wiraquchas* rompieron todas las reglas de reciprocidad entre los hombres o entre los hombres y las divinidades. El Inca fue *Wira Quchanpa churin,* hijo del Wira Quchan o su sirviente, dependiente, que cumple sus órdenes. Los españoles no fueron llamados *Wira Quchanpa churinkuna,* hijos del *Wira Qu-*

[8] Titu Kushi Yupanki Inca, ob. cit., p. 2.
[9] Titu Kushi Yupanki Inca, ob. cit., p. 8.
[10] Titu Kushi Yupanki Inca, ob. cit., p. 9.

chan, sino *wiraquchas*, lo cual estableció su clasificación dentro de un grupo de antepasados. Manqu Inca sugirió que los *wiraqucha*, en verdad, son hijos de *supay*.

Hoy *supaypa wawan* —hijo, hija o bebé de *supay*— es una expresión muy grosera y ofensiva [11]. *Wawa* significa hijo o hija, y en caso de divinidad, sirviente de una mujer. *Supaypa wawan* es hijo de una *supay*. *Supay* cuyo nombre viene de la raíz *supa* —sombra de una persona [12], es la sombra que pare a los españoles, sus hijos y siervos. En los Andes la sombra se asocia con la noche, el mundo de abajo y de los muertos. En Huánuco, hoy, *supaypa wawan* significa «persona vil de origen dudoso. Es un insulto muy grave entre los campesinos. Entre las gentes del pueblo se emplea como broma leve» [13]. Aquí, campesino es igual a indio, y gentes del pueblo a *wiraquchas*. Las personas de *kay pacha*, este mundo, tienen origen conocido por tener en él a sus antepasados y padres. Así *wiraqucha* y *supaypa wawan* tienen un significado común, el de persona no de este mundo. Su calidad de vil se confirma por su comportamiento que no respeta ninguna regla de reciprocidad: son *suwa* —ladrones—, *qilla* —perezosos—, *llulla* —mentirosos—, y además adúlteros. Manqu Inca mandó: «a estos barbudos [...] no les creáis cosa que dixieren porque mienten mucho». El Inca mandó también resistirse a los españoles, conservar la religión y esperar su regreso [14].

Según los partidarios de Taki Unquy el poder español tuvo origen en la victoria del Dios cristiano sobre las *wakas*, las cuales podrían vencerlo en el futuro, momento en el cual regresarían las *wakas* y el Inca. Los *wiraquchas* fueron por el año 1570 considerados un subgrupo especial de los antepasados que se llevaron la vida de los indios para convertirla en suya propia. Son entonces unos antepasados al revés. La tierra, el tiempo y el mundo tienen que cambiar y dar vueltas, si no el dominio español acabará con la muerte de todos los indios [15].

---

[11] Véase J. A. Lira, *Diccionario kechwa-español*, Bogotá, 1982, p. 275.

[12] A. Ricardo, *Vocabulario y phrasis en la lengua general de los indios del Perú, llamada quichua, y en la lengua española*, Lima, 1951, p. 32; *cf.* Fray Domingo de Santo Tomás, *Lexicon o vocabulario de la lengua general del Perú*, Lima, 1951, pp. 40, 279, y L. Bertonio, *Vocabulario de la lengua aymara*, II, Suli, 1612, p. 328.

[13] J. Pulgar Vidal, *Notas para un diccionario de huanuquenismos*, Lima, 1967, p. 147.

[14] Titu Kushi Yupanki Inca, ob. cit., p. 23.

[15] M. Mróz, «Los runa y los wiraqucha: Estudios sobre la ideología social andina a través de la tradición oral quechua», manuscrito, Varsovia, 1984, p. 94.

En una descripción quechua de ritos y mitos de Huarochiri, de 1598 ó 1607, la aparición de los *wiraquchas* está localizada en Caxa Marca (Cajamarca) y siempre descrita con las palabras: *«wiraquchakuna paqarimurqan rikurimurqan»* [16]. *Rikurimu* —«aparece aquí»—, describe la acción en la cual alguien pasa de un espacio en el que estuvo invisible, a otro, en el que se vuelve visible. *Paqarimu* —con los significados de «brotar» desde la tierra, «amanecer» y «nacer»—, no deja dudas de que los *wiraquchas* aparecieron brotando desde el mundo de abajo, porque en este mundo bajo el cielo uno es visible.

La aparición de los *wiraquchas* causó una reinterpretación de los viejos mitos. Así el narrador cuenta:

Ichaqa kay Quni Rayap kasqanraqmi ñatrqa wiraquchap kasqanman tinkun. Porque runakuna ña muchaspapas 'Quni Raya, Wira Qucha, Runa kamaq, Pacha kamaq, ima kaykayuq qammi kanki, qampam trakrayki, qampaq runayki'ñispa muchaq karqan. Ima hayka sasa ruranakta qallariypaqpas paytaraqmi machukuna kukanta pachaman wischuspa 'kayta yuyachiway, amutachiway, Quni Raya Wira Qucha'ñispa mana wiraquchaktaqa rikuspataq ancha ñawpa rimaq muchaq karqanku. [«Sin embargo la existencia de Quni Raya tal vez se asocia con la existencia de los *wiraquchas* porque la gente adorándolo le solía adorar diciendo: "¡Quni Raya, Wira Qucha, Alma del ser humano, Alma del tiempo-espacio! De todo y cuanto hay tú eres el dueño. Tuyas son las chacras, para ti existe el hombre." Al comenzar cualquier tarea difícil, los abuelos, echando su coca a la tierra primero, le decían a él: "Hazme recordar esto, hazme entenderlo, Quni Raya Wira Qucha", y sin haber visto a los *wira-quchas* en tiempos antiguos solían hablarle y adorarlo»] [17].

En otra oportunidad el narrador informa que Quni Raya Wira Qucha *«qutrapi trayaspaqa hinalla qutraman yaykuspa chiqacharqan. Chaytaga kanan runakunaqa "Castillamanmi chiqacharqan" ñispa ñinku. Ñawpa pachapas "huk pachaman rirqan" ñispam ñirqan»*, «cuando hubo llegado al mar, entró en el mar y se fue derecho. De esto ahora la gente dice: "Se fue derecho a Castilla". En tiempos antiguos decía: "Se fue a otro mundo"» [18]. El narrador tachó esta versión y la sustituyó por otra, perteneciente a otro ciclo de apariciones y hechos de Quni Raya Wira Qucha. Sin embargo,

[16] Véase G. Taylor, *Ritos y tradiciones de Huarochiri del siglo XVII*, Lima, 1987, IX, p. 99; XIV, p. 32.

[17] G. Taylor, ob. cit., I, pp. 16-18.

[18] G. Taylor, ob. cit., II, p. 47.

la versión tachada localiza a *huk pacha,* otro mundo, y a Castilla en el mismo lugar: mundo de la noche y de la muerte, el de abajo. En *kay pacha,* este mundo, no hay lugar para Castilla [19]. Los *wiraquchas* son descritos como torturadores, ladrones, bravos y salvajes, que hablan de manera incorrecta [20] pero el narrador ve ciertas similitudes entre ellos y los runas: hazañas, alimentan sus muertos, tienen especialistas, doctores [21].

En el año 1615 acabó su obra don Felipe Guaman Poma de Ayala, *kuraka,* intérprete y científico, poeta y dibujante. La comparación de sus dos dibujos aquí «Pontifical Mundo» [22] y «Mapa Mvndi del Reino de las Indias» [23] demuestra que en este mundo existen solamente las Indias con el centro en el Cuzco. Encima de las Indias está el cielo y debajo de ellas se encuentra Castilla. La descripción que acompaña el dibujo del «mundo pontifical» permite comparar rasgos de:

Yndias	*Castilla*
en lo alto de España	en lo abajo de las Yndias
tierra en el día = yndia	tierra en la noche = Castilla, Roma, Turquía,
riqueza de oro y plata	pobreza de oro y plata.

«Los filósofos, astrólogos, poetas los sabían la tierra y la altura y la riqueza del mundo que no hay otro en el mundo que haya criado Dios de tanta riqueza porque ésta es más alto grado del sol. Y así escenifica por la astrología que quiso llamarse hijo del sol y llamalle padre al sol» [24].

En oposición a las Indias, se entiende que Castilla es un mundo de pobreza, más alejado del sol. Por la astrología su rey no puede llamarse como el Inca, hijo del sol; tiene que llamarse hijo de la divinidad del mundo de abajo, *Pacha Kamaq,* Alma del Mundo, asociado con la noche, terremotos, muerte y antepasados, pero también con el conocimiento del futuro. Así el cronista localiza direc-

---

[19] G. Taylor, ob. cit., p. 22.
[20] G. Taylor, ob. cit., XVIII, pp. 5-22.
[21] G. Taylor, ob. cit., Intr. pp. 1-3; V, p. 18; XXVIII, p. 3.
[22] F. Guaman P. de Ayala, ob. cit., 1987, pp. 42, 42.
[23] F. Guaman P. de Ayala, ob. cit., pp. 983-984, 1001-1002.
[24] F. Guaman P. de Ayala, ob. cit., pp. 43, 43.

Guaman Poma de Ayala: «Pontifical Mundo / Las Yndias del Pirú en lo alto de España / Castilla en lo avajo de las Yndias».

tamente al rey de España y al Papa en el *hurin pacha,* que él mismo traduce como «ynfierno» [25].

El español tiene su apariencia propia y debida. Un *kuraka* «si tiene barbas de camarón cocido que parecerá mestizo, cholo, mala casta, mulato, zambahigo». Un español «sin barbas» «parecerá puta vieja cara de una máscara. Al español le honra las barbas y si tubiera cabellos como yndio pareciera salvage animal bruto [...] y si tiene barbas luego le dicen los yndios *uiracocha*» [26].

El cronista describe a los españoles como lo hizo Titu Kushi Yupanki. Son *suwa, qilla* y *llulla.* Al describir a los indios y su origen, añadió:

> Si luego le enviara Dios a sus profetas o apóstoles fueran santicimos honbres que no los enviara la más perversa animal que la de los españoles teniendo letra y voz de profeta y de patriarcas, apóstoles, evangelistas y santos enseñándole asi mismo la santa madre yglesia de Roma hierran y mienten con la cudicia de la plata. No siguen por la ley de Dios ni del evangelio ni de la predicación. Y de los dichos españoles se enseñan los dichos yndios deste reyno malos cutumbres y no obedecen a Dios ni a sus padres ni a sus madres y a los mayores ni a la justicia como lo manda Dios [27].

Como buen cristiano, el cronista compuso también oraciones en las cuales pide a Dios que le guarde de *tukuy wira-qucha suwa runa llatanakuqkuna,* «todos los españoles ladrones que desnudan a los indios» [28].

Afirma que los españoles se encuentran fuera de su lugar. Los llama *mitmaq Castillamanta shamuq* —forasteros advenedizos de Castilla— y subraya que Castilla es de los españoles, las Indias de los indios y Guinea de los negros [29]. Es malo que sean advenedizos, pero mucho peor es que enseñen malas costumbres a los indios: «el uiracocha lo enseñó porque ellos son cudiciosos de plata oro y ropa ladrón puto puta snubidente a Dios y a su rey luxuria soberbia auaricia gula enbidia pereza todo lo trajo a este reyno» [30].

La convicción de que los españoles son rebeldes contra Dios y el rey se repite en la crónica muchas veces. Su función es la de

---

25 F. Guaman P. de Ayala, ob. cit., pp. 54, 54.
26 F. Guaman P. de Ayala, ob. cit., pp. 787, 801.
27 F. Guaman P. de Ayala, ob. cit., pp. 61, 61.
28 F. Guaman P. de Ayala, ob. cit., pp. 837, 851.
29 F. Guaman P. de Ayala, ob. cit., pp. 915, 929.
30 F. Guaman P. de Ayala, ob. cit., pp. 858 y 872.

convencer al Rey que el gobierno de Indias debe pertenecer al Rey y en su nombre a los *kurakas* e incas, y no a los funcionarios enviados de España. En fin, el cronista los acusa no sólo de pecados sino también de rebelión contra el rey y de herejía, por desobedecer a Dios. Pizarro y Almagro, embajadores del emperador [31], «saltaron en tierra en el puerto de Tumbes, trayendo el qurason solo a lo fue enviado como embajador a besalle los manos del rey Ynga. Como uido la riquiesa oro y plata con la qudicia mató al Ynga Ataguallpa» [32]. Así la codicia condujo a los españoles a rebelarse contra las órdenes recibidas. Un embajador mató a su superior, el rey Inca. El proceso de rebelarse se repite muchas veces: «Su Magestad es tan gran sancto que a todos quantos perlados y bizorreys vienen encargado con los pobres naturales, los perlados lo propio, todo la mar trae el favor de los pobres yndios. En saliendo en la tierra luego es contra los yndios pobres de Jesucristo» [33].

De algún modo el mal traído por los españoles fue merecido por los indios. *Pacha-kuti* o *pacha-tikra* es

> pestilencia, castigo de Dios helarse el mayz y papas, caer granisos sobre la comida, tanbien es pestilencia a que envia Dios a los malos cristianos a robar hazienda a los pobres, quitalles sus mugeres y a sus hijas y servirse de ellas, tanbien se dice milagro y pestilencia de como se despueblan y salirse ausentes los yndios de sus pueblos [...] tanbien es castigo de Dios murir muchos yndios, minas de azogue y de la plata y otros murir de azogado y estar muy malo padeciendo gran trabajo cinco o seys años sin murirse y despues de muerto dexar a sus mugeres y hijos huerfanos y pobres [34].

La descripción de los *wiraquchas* en la corte de Ataw Wallpa Inca no difiere de las que se repiten hasta hoy en los mitos de la muerte del Inca o en la «Tragedia de la muerte de Ataw Wallpa». Parecen todos iguales, «amortajados» [35]. Utilizan *qillqa*-escritura, tienen caras cubiertas de lana y «trayyan las pixas colgadas atras larguicimos» [36]. Según Mróz [37], éste último rasgo indica la relación de

---

[31] F. Guaman P. de Ayala, ob. cit., pp. 45, 45.
[32] F. Guaman P. de Ayala, ob. cit., pp. 47, 47.
[33] F. Guaman P. de Ayala, ob. cit., pp. 366, 366.
[34] F. Guaman P. de Ayala, ob. cit., pp. 95, 95.
[35] F. Guaman P. de Ayala, ob. cit., pp. 370, 372.
[36] F. Guaman P. de Ayala, ob. cit., pp. 380, 382.
[37] «Los viracochas de la conquista: Entre un mito andino y un prejuicio cristiano», en Ponencia presentada en el VIII Congreso de AHILA, Hungría, 1987, pp. 12-13.

Guaman Poma de Ayala: «Mapa Mundi del Reino de
Mar de Norte / Otro reino llamado Collasuio sale el
(...incompleto) / Otro reino llamado Chinchaisuio

Un reino llamado Antisuyu hacia el derecho de la
eino llamado Condesuio hacia la Mar de Sur, llanos
sol».

los españoles hacia la vida: incapaces de darla, sólo pueden llevársela. «Los españoles se desparramaron [...] haciendo gente yanaconas yndios, buscando cada uno sus venturas y buscauan sus remedios» [38]. La última información indica que don Felipe Guaman Poma también identificó a los españoles con los *pishtakus*, los degolladores. Otros rasgos de los conquistadores eran la falta de entendimiento con los indios y su comportamiento sexual, que causó la existencia de mestizos cholos y mulatos [39].

La prueba final de la rebelión de los españoles son los dibujos y descripciones de la muerte de Ataw Wallpa Inca [40] y de la de Thupa Amaru Inca [41]. La muerte en ambos casos es dibujada de igual manera. Pizarro y Toledo quisieron ser más que el rey, entonces se alzaron contra el rey. La culpa es mayor aún: «como pudo sentenciar un caballero a su rey y si no le matara toda la riqueza fuera del emperador y si descubriera todas las minas» [42].

La muerte de un rey no debe quedar impune. Al constatar que Toledo había degollado al rey de Perú, añadió el cronista: «Si entonces su Majestad enviara un juez que fuera degollado en el mismo tablado pero no quiso como fue tan cristiano el rey lo dexó por sus pecados y por el castigo de la soberbia se degolló el mismo don Francisco de Toledo» [43].

La culpa andina, posiblemente la idolatría, ya no parece importante, fue castigada. Ahora hay que castigar a los españoles. Don Felipe Guaman Poma los quiere enviar a España o a Chile, lejos de los Andes [44]. Otro cronista indio, don Joan de Santacruz Pachacuti Yamqui de Salca Maygua, igualmente describió a Pizarro como a un embajador. La imagen de españoles embajadores rebeldes no fue entonces propia de un solo cronista, sino de todo un estrato social.

Otro grupo de descripciones de los españoles se encuentra en las *wankas*. *Wanka* es un género literario anterior a la conquista que describe acontecimientos trágicos y dramáticos. Tiene dos formas básicas: *wanka* poema y *wanka* drama. Un acontecimiento tan grave como lo fue la conquista encontró su reflejo en las *wankas* que

---

[38] Ob. cit., pp. 395, 397.

[39] F. Guaman P. de Ayala, ob. cit., pp. 446-448, 527-548, 541-555.

[40] Ob. cit., pp. 390, 392.

[41] Ob. cit., pp. 451, 453.

[42] Ob. cit., pp. 391, 393.

[43] Ob. cit., pp. 937, 951.

[44] Ob. cit., pp. 942-943, 956-957.

Guaman Poma de Ayala: «Conquista. Córtanle la cavesa a Atagualpa Inga / umanta cuchum [córtanle la cabeza] / Murió Atagualpa en la ciudad de Caxamarca».

describen la muerte del Inca y expresan la fe en su regreso [45]. Mercedes López Baralt [46] comprobó que las *wankas* poemas expresan en forma más concisa el mismo mensaje que las *wankas* dramas. Las *wankas* poemas conocidas provienen de Quito, Cuzco y Charcas, evitan hispanismos y son difíciles de fechar. Los españoles son descritos como enemigos blancos, de corazón sucio-*millay sunqu*-bravos y salvajes de la *puna,* o sea de los confines del mundo, fuera de la cultura y civilización, enemigos del *Qusqu.* Una *wanka* atribuida al siglo XVIII los describe con la metáfora de *yana k'uychi,* arco iris negro, símbolo del mundo al revés, desordenado por la muerte del Inca.

Para la formación y transmisión de imágenes populares mucho más importantes fueron las *wankas* dramas, las cuales pueden titularse en conjunto «Tragedia de la muerte de Ataw Wallpa». Ejemplos y textos hoy conocidos provienen de lugares tan dispersos como Cajamarca, Chiquian, Carhuamayo, Paruro, Oruro, Cochabamba, Clisa, Potosí. Sus versiones fueron descritas o publicadas por Meneses y Guardia Mayorga [47], Salazar y Urbano. El análisis etnohistórico más importante del drama fue hecho por Wachtel [48], el cual observó que el mensaje del drama es un triunfo imaginario sobre los españoles y una obligación de resistencia real en contra de su dominio.

El texto más antiguo conocido proviene de 1877, de Cochabamba. A pesar de las diferencias, todos los textos parecen ser transformaciones de un solo original, escrito probablemente en el dialecto cusqueño del siglo XVI [49]. Las modificaciones introducidas durante

---

[45] J. Lara, *La literatura de los quechuas. Ensayo y Antología,* La Paz, 1969, pp. 212-218.

[46] *The yana K'uychi or Black Rainbow in Atawallpa's Elegy: A look at the Andean Metaphor of Liminality in the Cultural Context,* Amsterdam, 1986, pp. 264-296.

[47] T. Meneses, «Debate de los incas», anónimo, *Kuntur, Perú en la cultura,* trad. y notas de T. Meneses, Lima, 1987, núm. 5, pp. 25-40; C. H. Bahmori, *La conquista de los españoles y el teatro indígena americano,* Tucumán, 1955; J. Lara, *Ataw Wallpaj p'uchukakuyninpa wankan: Tragedia de fin de Ataw Wallpa,* Cochabamba, 1957; F. Humantinco, L. Millares y E. Sulca, *Los incas en el recuerdo poético andino,* en prensa, 1987; H. O. Urbano, «Del sexo, el incesto y los ancestros de Inkarri: Mito, utopía e historia en las sociedades andinas», *Allpanchis Phutuninqa,* vol. XV, núms. 17-18, Cuzco, 1981, pp. 77-104.

[48] N. Wachtel, *La vision des vaincus: Les indiens du Pérou avant la conquête espagnole, 1530-1570,* París, 1971.

[49] J.-Ph. Husson, *La poésie quechua dans la cronique de Felipe Waman Poma de Ayala,* París, 1985, pp. 336, 234-263.

siglos, que hicieron aparecer personajes con distintas modalidades como Colón, Thupa Amaro, Tupaq Katari, la Virgen María y soldados españoles en uniforme del ejército boliviano, confirman que para el público el drama no ha perdido su actualidad. A veces, por ejemplo en Chiquian y en Carhuamayo, la representación del drama se asoció a la fiesta de Santa Rosa de Lima. A ella se le atribuyeron durante el siglo XVIII las profecías del retorno del Inca.

La versión que utilicé es la de Cochabamba [50] por ser más larga, sin uso del castellano y en un quechua muy puro. El argumento comienza con los presagios de Ataw Wallpa, que interpretados por Waylla Wisa, sumo sacerdote, anuncian la llegada de los españoles. Los encuentros y conversaciones con los españoles acaban con la muerte del Inca, el cual antes de morir divide la herencia y maldice a los españoles. Pizarro trae su cabeza al rey de España y luego es condenado por haber asesinado a un rey.

Ataw Wallpa vio en su sueño

awqa q'illay runakuna chichimunku millay-millay kikin hallp'a uramanta, wasinchikta wankurqayanku, llapa wak'akunanchikpa quri wasinkunatari llapata waykapayanku. [«Gente guerrera de fierro brotan de manera requeterepugnante desde lo abajo de la misma tierra, destruyen nuestras casas una por una, de todos nuestros dioses sus casas doradas completamente las ranchean»] [51].

Una vez entendido el presagio, Waylla Wisa para ver a los españoles pide ayuda a Anu Tara, el dios antepasado de los perros, el cual puede ver lo invisible para los ojos de un humano. Los españoles son barbudos, cubiertos de fierro, blancos, dueños de arcabuces y de escritura, como en todos los testimonios andinos de hoy. El diálogo entre los españoles y los incas no puede ser directo, sino a través del intérprete, Fillipillu. Los *awqa sunk'a* —enemigos barbudos—, solamente mueven las bocas y quedan mudos. Su escritura es comparada a huellas de pájaros y hormigas, y no parece un rasgo cultural. La información que les llega a los incas a través del intérprete es contradictoria y posiblemente falsa. Waylla Wisa pregunta

Awqa sunk'a puka runa, Ima muyuq wayrataq hallp'aykuman llaqtaykuman apamurqasunki? [«¡Enemigo barbudo, hombre rojo! ¿Qué remolino del viento a nuestra tierra, a nuestro país te ha traído?»].

---

[50] J. Lara, ob. cit., 1957.
[51] J. Lara, ob. cit., 1957, p. 70.

Fillipillu traduce la respuesta de Almagro
Kay sinchiq apu nisunki: Nuqaykuqa hamusqayku quri qulqita mask'aspa. [«Este señor valiente te dice: "Nosotros hemos venido buscando oro y plata"»], e inmediatamente después también un grito del padre Valverde *«Kay tayta umuqa nin: "Mana. Nuqaykuqa hamuyku sullull kaq Wira Quchata qankunawan riqsichinaykupaq"».* [«Este padre sacerdote dice: "No. Nosotros venimos para haceros conocer al Dios que es verdadero"»] [52].

«En el remolino del viento se manifiesta una fuerza maligna que sale de las profundidades del subsuelo —*Manqha Pacha*— y busca hacer daño a la tierra» [53].

Dos datos más aclaran el origen de los españoles y las causas de la derrota del Inca. Tukuy Hallp'a —Toda la Tierra quiere a Pizarro— [54]. El Sol y la Luna protectores de los incas se contraponen a *sullul kaq Wira Qucha*, el Dios que es verdadero, protector de los *wiraquchas.* Los españoles vienen entonces del mundo de abajo y de los muertos. La culpa de los incas es no haber mantenido relaciones apropiadas con las divinidades de abajo. Tal interpretación se encuentra confirmada por las palabras de Ataw Wallpa Inca dirigidas a Pizarro.

A yawya sinchiq munasqay wiraquchaman rikch'aq apu! Ña makiykipiña kani. Imapaqñá phiñakunki? Ichapas sayk'usqa kasqanki? Asllalantan samarikuy. Ichas ruphaypaq atisqanpas chayamunki? Kay quri sach'aypaq urallanpipas llanthurikuy [«¡O mi querido señor que pareces ser un *wiraqucha*! Ya en tu mano me encuentro ¿Por qué te pones furioso? ¿Quizás estás cansado? ¡Que descanses bien! ¿Quizás vencido por el calor has llegado? Debajo de este árbol de oro escóndete en la sombra»] [55].

Cuando Pizarro declaró su intención de llevarse al Inca o matarlo, el Inca pronunció una maldición larga, cuya parte esencial es la siguiente:

Yaykuy, qhapaq kay! Lluqsimuy, wakcha kay! [«¡Entra allá, riqueza!; Sal aquí, pobreza!»] [56].

---

[52] J. Lara, ob. cit., 1957, pp. 94-96.
[53] H. van den Berg, o.s.s., *Diccionario religioso aymara,* Iquitos, 1985, p. 188.
[54] H. van den Berg, ob. cit., p. 112.
[55] H. van den Berg, ob. cit., p. 138.
[56] H. van den Berg, ob. cit., p. 148.

Al despedir a su hijo, el Inca describe el futuro:

Kay hallp'aypi churiykunata awqa sunk'a runakuna kamachiq qhiparinqanku. Karu qhipa hamuqkuna churiykunari yuyarispa sapan apu Ataw Wallpa Inka taytankuqpata kay llaqtan kasqanta kutichinqanku tikrachinqanku hallp'ankuman tukuy awqa kasqanta kutichinqanku tikrachinqanku hallp'ankuman tukuy awqa sunk'akunata qurinchikman qulquinchikman aysakamuq runakunata [«En esta tierra a mis hijos gente barbuda y guerrera gobernando quedará. Los que vendrán en el fuguro lejano, hijos míos, pensando que este país había sido del único señor Ataw Wallpa Inca, su padre, los harán volver, los harán regresar a su tierra, a todos los guerreros barbudos, a la gente que estira la mano a nuestro oro, a nuestra plata»] [57].

Ataw Wallpa manda a su hijo a esconderse en Willka Pampa sin admitir a ningún español por ser éstos unos traidores. Los maldice profetizando que ni la gente ni los animales ni los pájaros les obedecerán voluntariamente. Sigue la escena con la muerte del Inca y expresiones de fe en su regreso. Finalmente Pizarro entrega la cabeza y la corona del Inca a España, y España le responde:

Imatan niwanki, Pisarru? Upallatan saqiwanki. Imaynan chayta ruramunki? Chay uya apamuwasqayki ñuqaq uyay kikillantaq. Hayk'aqtaq ñuqa kacharqayki kay Inkata wañuchiqta? Kunanqa muchuchisqan kanki [«¿Qué me dices, Pizarro? Me dejas atontado. ¿Cómo lo hiciste? Esa cara que me has traído, es la misma que mi propia cara. Y ¿cuándo te he enviado para que mates a este Inca? Ahora estás condenado»] [58].

En respuesta Pizarro invoca a Jehová y maldice su suerte, después cae muerto. Su linaje es condenado al exterminio. España lo llama *saqra awqa*, enemigo malo. *Saqra* tiene y tuvo un significado de malo e insociable [59]. González Holguín [60] lo definió así: «Çacra runa. Hombre vil, suzio, bronco, feo».

El mensaje de la obra explica que los españoles llegaron por ciertas culpas de los indios, pero introdujeron el caos social y cósmico, matando al Inca y tomando el poder. Así se convierten en

---

57 H. van den Berg, ob. cit., p. 160.

58 H. van den Berg, ob. cit., p. 188.

59 M. Mróz, ob. cit., 1984, pp. 26, 30-43.

60 D. González Holguín, *Vocabulario de la lengua general de todo el Perú llamada lengua qquichua o del Inca compuesto por el padre Diego Gonçalez Holguín de la Compañía de Jesús, natural de Cáceres*, Lima, 1952, p. 75.

rebeldes contra España misma. Los españoles son gente del mundo de abajo, de la muerte. Matando en este mundo al Inca y a la gente se rebelan contra España, su propia autoridad. El hecho de que la pieza sigue siendo representada desde quizás 1555 hasta hoy le da una importancia especial. Generaciones de andinos recordaban así su riqueza y gobierno perdido, la conquista, la fe en el Inca que regresaría, la condena de la conquista y de los españoles, rebeldes contra el rey y contra Dios. Cada vez volvían a aprender que el mundo dura en caos, y la culpa del caos es de los españoles, muertos rebeldes.

En todos los textos analizados, el presente pertenece al tiempo del gobierno de los *wiraquchas* malvados y referentes a la categoría de los antepasados. Los juicios contra las idolatrías del siglo XVII, estudiados por Huertas [61] y Duviols [62], contienen datos abundantes sobre la actitud hacia los *wiraquchas.* Los *wiraquchas* tienen sus dioses protectores: Jesús, todos los Santos y el Dios cristiano. Al indio le está prohibido adorarlos, porque su vida, comida y condiciones de vida diaria no dependen de Jesús ni de los Santos, sino de los dioses indígenas, las *wakas* y los *mallkis,* momias de los antepasados. Para pedirles lo necesario hay que ser ritualmente puro: uno no puede comer, vestir ni utilizar nada español ni tampoco entrar en la iglesia. Para que los dioses escuchen a los andinos, hay que celebrar los ritos de purificación. Entre otras cosas pedidas, los testigos enumeran protección contra cualquier contacto con los españoles, que «no les hiciesen agrabios los viracochas españoles», «los españoles no viniessen a este dicho pueblo», «los españoles hagan buenos tratamientos» [63].

Aquellos testimonios de rechazo a lo español aparecen a lo largo de los juicios de idolatrías hasta comienzos del siglo XVIII. En uno de los testimonios del año 1662, el *kuraka* don Alonso Calla Poma, admite que se vistió como «ynga con otros dos yndios [...] y otros yndios se vistieron como españoles, hicieron como una guerra para holgarse» [64]. Al parecer, una parte de los ritos festivos de techar una casa nueva, consistía en la representación de la «Tragedia de la muerte de Ataw Wallpa», la cual les recordó a los presentes, que el tiem-

---

[61] *La religión en una sociedad rural andina, siglo XVII,* Ayacucho, 1981.

[62] P. Duviols, *Etnohistoire religieuse du Pérou colonial,* documentos editados por Pierre Duviols, París, 1971; *Cultura andina y represión. Procesos y visitas de idolatrías y hechicerías, Cajatambo, siglo XVII,* Cuzco, 1986.

[63] P. Duviols, ob. cit., 1986, pp. 21, 59, 95.

[64] P. Duviols, ob. cit., 1986, p. 350.

po de los españoles acabaría también un día. Mientras que gobiernan, es el deber de los *runas* conservar su tradición, para ser buenos andinos y buena gente, y más aún, para sobrevivir, porque los dioses cristianos no dan vida sino muerte. Ricardo Palma [65] cuenta una tradición fechada en 1671, según la cual, en el Cuzco, los bethlemitas fueron considerados *ñak'aq*, degolladores que «degollaban a los enfermos para sacarles las enjundias y hacer manteca para las boticas de su Majestad».

Dos procesos importantes transformaron la visión andina del mundo en los siglos posteriores. Entre 1650-1720 los andinos finalmente reconocieron los cultos implantados por la Iglesia como suyos propios. El lugar de estos cultos en la religión andina espera su investigación, pero los andinos llegaron a la conclusión obvia, que si ellos mismos son cristianos y buenos además, entonces los *wiraquchas* no pueden ser cristianos buenos porque no conocen a las divinidades del buen cristiano: *Pacha Mama* —Madre Tierra—, los cerros, mientras que el andino sí conoce los cultos de los *wiraquchas.* Cuando el Inca regresó, como aconteció por ejemplo en 1780-1783, todos los buenos cristianos andinos supieron que el tiempo de los *wiraquchas* iba a acabarse, y que hubo que matarlos a todos, por herejes, pecadores y malos cristianos, desobedientes al Inca. Tal actitud tuvo su prolongación en los siglos XIX y XX, pero ya transformada por la independencia.

Con la independencia, *wiraqucha* español se convirtió en peruano, boliviano o ecuatoriano. Ya no fue simplemente *wiraqucha* sino *misti* —mestizo—, o sea alguien por lo menos parcialmente andino. Así, peruano puede significar «nosotros los indios» en oposición a ellos, los *mistis* o *wiraquchas,* y también puede significar «ellos los mistis» en oposición a «nosotros los indios». El país de origen de aquellos *mistis* o *wiraquchas* sigue siendo el mundo de abajo. Los rasgos de los *mistis* son los mismos que los de los *wiraquchas.* Los describe bien un canto de los indios rebeldes de la provincia de Canas (Perú) en 1921.

Yaw ladrun, suwa! Sipisaykin kunan, karaju! Imamanmi hamuranki wasiykuta llaqtaykuta, karaju? Pin qankunaq wasiykichista llaqtaykichista rin? Qankuna nirankichisraqcha: «Karaju! kunantawanmi ñawpaq hina qunqurchaspa sirwiwanki!» nispa. Kunan p'unchaymanta chayqa, karaju, tukuka-

---

[65] R. Palma, *Tradiciones peruanas,* 1953, p. 441.

pun! Tukuyta qunqanayki, suwa-suwa runakuna! Maytaq chakrayku? Maytaq uywayku? Suwa alqu mistikuna! Kunan makiykupi wañunkichis. Kunan manañan ñawpaq hinachu kayku. Manañan musphaykuchu ni puñuykuchu. Kunanqa allintañan rikch'ariyku, karaju. [«¡Oye ladrón ratero! ¡Ahora te mataré carajo! ¿Para qué has venido a nuestra casa, a nuestro pueblo, carajo? ¿Quién va a vuestras casas, a vuestros pueblos? Quizás dijiste todavía diciendo: "Carajo y ahora como antes arrodillándote me servirás". Desde ahora esto, carajo, se ha terminado. ¡De todo tienes que olvidarte, gente requeterratera! ¿Dónde están nuestras chacras? ¿Dónde están nuestros animales? ¡Mestizos perros rateros! ¡Ahora moriréis en nuestra mano! ¡Ahora ya no somos como antes! Ya no soñamos ni dormimos. ¡Ahora ya hemos despertado bien, carajo!». La traducción del editor contiene un verso más, ausente en la versión quechua: «Ahora morirán todos como perros blancos, carajo!»] [66].

CONCLUSIÓN

Ya en el siglo XVI se creó una imagen del español conquistador, que, con modificaciones, perdura hasta los tiempos actuales. Hoy la imagen incluye también a los *mistis.*

Wiraqucha español es hijo de la sombra, muerto rebelde, salido del mundo de abajo, el cual por la voluntad divina conquistó el *Tawantinsuyu* como castigo a los indios por sus pecados. Entre sus pecados el mayor fue el no haber sabido mantener relaciones apropiadas con el mundo de abajo.

La imagen de los *wiraquchas* es compuesta de la negación de las cinco obligaciones de un *runa.* El *wiraqucha* es ladrón, perezoso, mentiroso, no sabe escoger debidamente sus mujeres y no respeta al Inca. La rebelión de los *wiraquchas* consiste en haber matado al Inca y en oprimir a los indios rompiendo todas las reglas andinas del comportamiento civilizado.

Los *wiraquchas* son unos bárbaros absolutos. Antes de la conquista existió en el *Tawantinsuyu* el concepto del bárbaro, opuesto a la gente del *Tawantinsuyu,* la civilizada. Confines del imperio fue-

[66] A. Valencia Espinosa, «Las batallas de Rumitaqe-Movimientos campesinos de 1921 en Canas», en *Rebeliones indígenas quechuas y aymaras. Homenaje al Bicentenario de la Rebelión Campesina Thupa Amaro, 1780-1980,* J. Flores Ochoa y A. Valencia Espinosa, Cuzco, 1980, pp. 112-113.

ron habitados por los bárbaros. Siempre cada nombre dado a los bárbaros fue un estereotipo de un rasgo bárbaro: *Iskay Uya* —Dos Caras fueron mentirosos—, *Warmi Awqa* —Mujeres Guerreras confundieron papeles de los sexos—, *Purum Awqa* —Guerreros Dispersos, no respetaron al Inca. Solamente la imagen de los *wiraquchas* fue compuesta de una negación absoluta de los rasgos de un *runa.*

Si la imagen del «otro» y «ajeno» fuese construida solamente por negación de los rasgos del autoestereotipo, en tal caso su valor cognitivo habría de ser nulo, porque sería imposible diferenciar un grupo «ajeno» de otro grupo «ajeno». Cuando la negación es total, el «otro» se convierte en negación de un ser humano. Los andinos recibieron una prueba de que, a pesar de todo, los *wiraquchas* fueron gente viviente: violaron sus mujeres y las fecundaron. Esto comprobó su calidad de personas vivientes, y a la vez su calidad de muertos rebeldes, por durar en este mundo y comportarse tan inhumanamente.

El gobierno de los *wiraquchas* ha de acabar con el regreso del Inca o con la muerte de todos los indios. Cuando vuelva el Inca, los *wiraquchas* serán reenviados a su país, al país de los muertos, o —según algunos mitos del siglo XX— transformados en verdaderos seres humanos.

8. LAS VARIACIONES DEL MAL EN UNA FIESTA TZOTZIL

GARY H. GOSSEN

University of New York at Albany

I. PRÓLOGO: MONOS Y HOMBRES

Eran las 5.30 de una brumosa mañana de 1978. Conduciendo mi «jeep», acababa de bajar por una pequeña cuenca erosionada donde se halla el centro ceremonial de San Juan Chamula, una comunidad maya tzotzil de la altiplanicie de Chiapas. Por sus características, es la comunidad india dominante en esa zona, con más de cien mil personas de habla, costumbres y descendencia mayas [1]. Era a mediados de febrero, época de Carnaval, y la comunidad se hallaba celebrando su gran fiesta anual, el «Festival de Juegos» *(k'in tahimoltik).* Este acontecimiento es la más importante de las fiestas en San Juan Chamula, la que atrae la mayor asistencia de público en el ciclo ritual del año. Atrae la ilusionada participación de muchos miles de mayas de las tierras altas de Chiapas, así como a turistas extranjeros y mexicanos.

Mientras bajaba en mi «jeep» por la inclinada carretera que lleva al centro ceremonial, me fijé en una escena directamente sacada de una película de Fellini. Un grupo turístico extranjero, obviamente bien informado sobre el momento oportuno para presenciar las festividades tradicionales mayas, estaba discretamente estacionado en una pradera, justo fuera de la carretera que conduce hasta el centro

[1] Véanse G. H. Gossen, «Temporal and spatial equivalents in Chamula ritual symbolism», en W. Lessa y E. Z. Vogt (comps.), *Reader in comparative religion: An anthropological approach*, 3.ª ed., Nueva York, Harper and Row, 1972; R. Pozas, *Chamula: un pueblo indio de los altos de Chiapas*, México, D.F., Instituto Nacional Indigenista, 1959.

León-Portilla, M.; Gutiérrez Estévez, M.; Gossen, G. H., y Klor de Alva, J. J. (eds.), *De Palabra y Obra en el Nuevo Mundo*, vol. 1, *Imágenes interétnicas*, Madrid, Siglo XXI de España, 1992, pp. 195-236.

ceremonial. Aunque la ubicación no resultaba molesta entre las nieblas de la madrugada, resaltaba el hecho mismo pues no en vano el escenario circundante lo poblaban las ovejas que pastaban y los maizales. El vehículo que estaba estacionado en este paisaje era también un «jeep» que sujetaba un remolque de aluminio con puerta trasera. Ésta se hallaba abierta y un grupo confiado de ocho personas que hablaban en voz baja, se sentaba en sillas plegables en un semicírculo en torno a la puerta abierta. Estaban tomando té en tazas de cerámica blanca, esperando que comenzase la acción en el centro ceremonial, a unos ciento ochenta metros carretera abajo. El grupo estaba formado por cuatro parejas de mediana edad, todas vestidas con discretas chaquetas de algodón, a cuadros, y pantalones deteriorados. Obviamente eran turistas expertos; el escenario poco realista no alteraba su serenidad. Su calma y seguridad eran notables mientras tomaban el té a la luz tenue de la madrugada.

Me eché fuera de la carretera, picado por la curiosidad ante el estrafalario espectáculo. Como mirón desvergonzado, tenía que saber quiénes eran. ¿Cómo podían estar tan sosegados? ¿No sabían que los chamulas estaban considerados como bravos y violentos? ¿No sabían que éste era el cuarto día del Carnaval, el día de la destrucción y reconstrucción ritual del universo?

Me presenté, hablando español, y recibí miradas curiosas, pues mi propia apariencia era la de turista excéntrico y, para empezar, debería haberme expresado en inglés. «Good morning», fue la respuesta. «We don't speak Spanish», declaró una gruesa señora sesentona. El acento era británico. La escena podría haberse convertido en un grato intercambio de banalidades entre turistas, con un té para mí, si los chamulas no se hubiesen adueñado de su propio terreno.

La escena cinematográfica de Fellini continuó desarrollándose. El remolque, estacionado incorrectamente en la pradera con ovejas, que de alguien serían, se vio asediado de repente. Desde la niebla arremolinada y ascendente con el calor del día, surgió una avalancha de cuerpos y un coro de gritos y alaridos agresivos e iracundos. Ocho chamulas se acercaron al escenario, vestidos con ropas que sobresaltaron los espíritus occidentales de los turistas ingleses.

Los intrusos estaban vestidos con sombreros negros cónicos de piel, gafas oscuras, abrigos de algodón negro, camisas blancas visibles bajo los mismos y calzones negros cortos, con ribetes rojos. De sus cinturones de piel de serpiente colgaban unos cuernos de vaca vacíos y secos. En una mano blandían secos látigos de pene de toro;

en la otra, sonajeros de calabaza que sacudían con furia mientras anunciaban su precipitada llegada con gritos de guerra.

Lo más sorprendente para los turistas ingleses es que los agresivos chamulas nada decían. El mensaje se expresaba en gritos, aullidos, cháchara, chillidos y gestos iracundos, incluyendo puños cerrados y latigazos amenazadores. Aunque yo sabía que los visitantes chamulas eran los famosos personajes «monos» del carnaval chamula, su presencia resultaba un verdadero aguafiestas. Los turistas ingleses, que no los esperaban en ese momento y lugar, estaban muy asustados. Además, los personajes «monos» persistían vehementes en su griterío.

La compostura de los ingleses desapareció del todo. No podían marcharse, pues estaban rodeados. No podían comunicarse, pues los chamulas se estaban comportando como salvajes. Varias tazas de té cayeron a la hierba entre la agitación de recoger las sillas y las mesas con la esperanza de una marcha rápida. No obstante, los chamulas no lo permitirían. Era un momento de profundo pánico. Por fin, a pesar de mi pasmo y encantamiento logré comprender que mi presencia podía ser de alguna utilidad para resolver tal situación.

Pasando de los gritos al tzotzil, uno de los «monos» chamula me dijo, cuando me reconoció como rostro familiar, que tradujese los siguientes mensajes para los turistas:

Mensaje 1: Tendrían que retirar su vehículo y su remolque del prado.

Mensaje 2: Tendrían que adquirir un permiso turístico en el Ayuntamiento.

Mensaje 3: Tendrían que mantener su material fotográfico absolutamente lejos durante los acontecimientos venideros.

Traduje obedientemente y no me alarmé por el curioso incidente, pues tengo registrados abundantes y similares encuentros en mis notas de campo, y pensé que «entendía» yo lo que estaba ocurriendo. Los «monos» hacían simplemente su trabajo. No obstante, los ingleses estaban perplejos. Nada más dijeron ni a mí ni al «mono» chamula, sino que acabaron de recoger sus sillas plegables y su cocina de propano, y se dispusieron a marcharse. Por parte de los «monos», no había sentimientos de rencor. Entre risas estridentes, levantaron su asedio para dejar que los ingleses se marchasen, incluso dándoles un empujoncito cuando los neumáticos comenzaron a rodar por la hierba cubierta de rocío. Lamenté no lograr escuchar el contenido de la conversación del grupo inglés cuando se marchaban, tan ilesos como aterrados.

La ironía del episodio que acabo de narrar me encantó porque pensé —después de haber tenido cuatro oportunidades (en 1968, 1969, 1977 y 1978) de presenciar y participar en el extraordinario festival que los ingleses se perdían— que entendía lo que estaba ocurriendo, incluso en este espectáculo secundario, espontáneo, que nadie había ensayado. De hecho, los ingleses eran, de modo bastante inconsciente, personajes de la función ritual. En verdad, habrían sido bienvenidos e incluso habrían hecho más divertida la fiesta si se hubiesen quedado y seguido las sencillas normas que los «monos» habían anunciado, pues ellos, como los «monos» mismos, eran los conquistadores invitados. Podían incluso haber sido invitados a los grandes banquetes de mediodía, donde los personajes rituales anfitriones, los Pasiones, celebrarían de modo ritual la destrucción de la sociedad chamula entregando alimentos gratis a todos los asistentes. Los invasores, los «otros», triunfarían ritualmente. Era día de triunfo para monos, lacandones, guatemaltecos, ingleses, españoles, mexicanos, rameras y travestidos.

El hecho es que el papel que los pobres ingleses comenzaron a interpretar, pero no pudieron terminar, está escrito por la lógica del festival, que es un impresionante drama histórico de la destrucción y reconstrucción de la sociedad chamula por el fuego y el Sol/Cristo renovado. Si los extranjeros se hubiesen quedado para interpretar sus papeles, la fiesta habría ganado con ello.

II. EL «FESTIVAL DE JUEGOS» COMO TEXTO

Este hecho extraordinario es seguramente uno de los grandes rituales de renovación cósmica de las Américas, más pequeño aunque quizá comparable al carnaval de Río de Janeiro en cuanto a su complejidad cósmica. En el carnaval chamula, la épica cíclica de cuatro períodos de la creación se reinterpreta en un escenario ritual que es realmente el cosmos entero y dura unos dos meses cada año, desde el 1 de enero hasta el miércoles de ceniza. Implica complejos papeles rituales para más de dos mil doscientas personas (lo que es importante en una comunidad de cien mil personas) y consume recursos humanos y económicos a gran escala, hablando en términos relativos.

Muchas personas contraen deudas para toda su vida por interpretar sus papeles en este ritual. Los principales actores solicitan sus papeles hasta con quince años de antelación y, a menudo, emplean veinte años para pagar las deudas contraídas por cumplir con sus obligaciones. En esencia, el sacrificio de llevar a cabo este festival implica vidas enteras de trabajo productivo, pues se trata de la vida misma, en particular, de la supervivencia de San Juan Chamula.

Su propia exégesis de la base lógica para su gasto de tiempo, dinero y energía social a tan heroica escala habla por sí misma: «Si no hacemos esto, moriremos.» El presente trabajo estudia por qué se atribuye tal densidad metafísica y existencial a lo que es, a simple vista, una gran fiesta, un acontecimiento que ellos mismos denominan «Festival de Juegos». Mi propósito en esta ocasión es estudiar, como un texto cultural, las representaciones rituales del «otro», según aparecen en este festival con gran complejidad.

Es obvio que miles de comunidades indias y campesinas de América Latina, incluso en la época actual, no tienen acceso a la palabra escrita como medio de registrar sus percepciones y concepciones de su experiencia histórica, en relación con otros pueblos y naciones con quienes han entrado en contacto. También es verdad que estas mismas comunidades han sido observadores y cronistas cuidadosos de su experiencia histórica. Nos corresponde aprender a leer sus narrativas y rituales orales como lo que son: importantes documentos culturales e históricos.

A continuación espero revelar referentes de información (textos sobre textos) para la representación de la etnicidad y «otredad» cultural según aparecen en los símbolos rituales del «Festival de Juegos» maya tzotzil, que es un acontecimiento sincrético quintaesenciado, tanto un ritual precolombino de solsticio de invierno como una forma afín del carnaval cristiano precuaresmal. Como la más importante fiesta anual, es la que subsume todas las demás; en una comunidad que también gasta enormes recursos en representar ocho grandes festivales y once festivales menores de santos, incluyendo complejas ceremonias de iniciación y rituales de despedida para sus autoridades civiles y religiosas.

III. EL «FESTIVAL DE JUEGOS» EN EL CONTEXTO ETNOGRÁFICO

El carnaval chamula no ha pasado desapercibido en el registro etnográfico. Desde que Ricardo Pozas escribió por primera vez sobre los chamulas [2] hasta el presente [3], el «Festival de Juegos» ha sido tratado con interés investigador. En fecha reciente he intentado dar una visión general del detalle etnográfico del festival en relación con su poderoso mensaje de comentario y crítica sociales [4]. Dado que el festival es, literalmente, una enciclopedia de conocimiento y comentario culturales, ningún pequeño gesto puede hacerle justicia. Por ello, este documento se limitará de modo específico a asuntos de etnicidad, los que hacen que los visitantes ingleses fuesen bienvenidos y también no bienvenidos; los que hicieron co-conspiradores a los ingleses y a los «monos». Ruego paciencia al lector si a continuación encuentra cierta repetición en cuanto al material etnográfico y textual expuesto en mi reciente trabajo sobre el asunto. La repetición es necesaria para situar las nuevas estructuras de contextualidad en un armazón interpretativo adecuado.

Los chamulas describen el «Festival de Juegos», de modo afectivo, como el mejor *(mas lek)* de todos los acontecimientos del ciclo ritual anual. Es el más concurrido entre los más de veinte acontecimientos públicos principales que se celebran anualmente en el Centro de ceremonias, atrayendo a cientos de hombres de las plantaciones de café y a miles de familias que vienen a pie y en camión para

---

[2] Ob. cit.

[3] Véanse V. R. Bricker, *Ritual humor in Highland Chiapas,* Austin, University of Texas Press, 1973; *id., The Indian Christ, the Indian King: The Historical Substrate of Maya Mith and Ritual,* Austin, University of Texas Press, 1981; *id.,* «The calendrical Meaning of Ritual among the Maya», en V. R. Bricker y G. H. Gossen (comps.), *Etnographic Encounters in Southern Mesoamerica: Essays in honor of Z. Vogt, Jr.,* vol. III, Albany, Nueva York, Institute for Mesoamerican Studies, 1989; P. R. Linn, «Chamula Carnival: the "Soul" of Celebration», en V. Turner (comp.), *Celebration: Studies in Festivity and Ritual,* Whashington, D.C., Smithsonian Institution, 1982; K. Ochiai, *Cuando los santos vienen marchando: Rituales públicos intercomunitarios tzotziles,* México, Centro de Estudios Indígenas, serie Monografías 3, Univ. Autónoma de Chiapas, 1985.

[4] G. H. Gossen, «The Chamula Festival of Games: Native Macroanalysis and Social Commentary in a Maya Carnival», en G. H. Gossen (comp.), *Symbol and Meaning Leyend the Clossed Community: Essays in Mesoamerican Ideas,* vol. I, Albany, Nueva York, Institute for Mesoamerican Studies, Studies in Culture and Society, 1986.

presenciar los «Días Perdidos» del febrero loco. Estos términos se refieren al armazón temporal crucial del festival. El «febrero loco» es una traducción de *loko pebrero,* que es la pronunciación tzotzil del *loco febrero* español. Esta frase introduce la «carta española», un tipo de mito escrito en una «carta» que se lee con burlona seriedad en muchas ocasiones durante el festival. La expresión «febrero loco» se refiere a la bien conocida temporada de carnaval inmediatamente anterior a la Cuaresma en el calendario cristiano. No obstante, en esta expresión, como sucede en gran parte del contenido temático del acontecimiento, existe un referente cristiano y uno maya tradicional. El festival coincide también con el antiguo mes maya de *č'ay k'in.* Este nombre de mes significa en tzotzil «festival perdido», «días perdidos», «calor perdido», y se relaciona con la antigua palabra yucateca para «señor» o «sacerdote», *ah k'in* [5]. Este mes se sitúa hacia la época del solsticio de invierno en el antiguo calendario solar maya, y era el curioso «mes» de cinco días en este sistema, conocido como el *ha'ab* (18 meses de 20 días, más un mes especial de cinco días, en total 365 días). Este calendario aún perdura en Chamula y sigue usándose como un almanaque agrícola [6]. No obstante, el «mes» de cinco días de *č'ay k'in* es adaptado por las autoridades para que coincida con el tradicional carnaval cristiano precuaresmal de cuatro días (sábado a martes de carnaval), más el miércoles de Ceniza. Cualquiera que sea su historia cristiana y maya antiguas, el festival se celebra actualmente en una época de inactividad agrícola —la temporada seca y fría— un tiempo intermedio en que nadie siembra, cuida o cosecha maíz.

La época anómala del ciclo anual complementa otros rasgos peculiares del festival. Dura cinco días; todos los demás festivales del ciclo anual duran tres días. También es el festival más caro en cuanto a gastos de los patrocinadores rituales y abarca el principal esfuerzo anual de las más altas autoridades religiosas. No obstante, es peculiar en cuanto que se celebra totalmente fuera de la iglesia y no implica culto alguno a los santos. Es un tiempo de barbarie, demonios, monos preculturales, guerra armada con mexicanos, guatemaltecos y

[5] M. León-Portilla, *Tiempo y realidad en el pensamiento maya,* Ciudad de México, Instituto de Investigaciones Históricas, UNAM, 1968.

[6] G. H. Gossen, «A Chamula Calendar board from Chiapas, Mexico», en N. Hammand (comp.), *Mesoamerican Archaelogy: New Approaches,* Austin, University of Texas, Press, 1974.

españoles, un tiempo de abandono y suspensión de las normas y de la conducta ordinaria.

Una clave nativa de todos estos hechos anómalos es el nombre del acontecimiento mismo, *k'in tahimoltik*, el «Festival de Juegos». Es un tiempo de juego y juegos rituales intensos, una nueva representación de la horrible infancia de la humanidad, antes del establecimiento del día y de la noche, una época en que no había normas cósmicas, sobrenaturales o humanas; una época antes de que el Sol apareciese en el cielo para diferenciar el día de la noche y para dar el primer calor que destruyó a los adversarios míticos del Sol.

Existe un bien conocido referente mítico chamula que aporta los detalles de la muerte de la deidad Sol/Cristo a manos de las fuerzas del mal: los monos preculturales, demonios y judíos [7]. Parafraseado con brevedad, el relato es el siguiente:

> el Sol/Cristo nació de la Luna/Virgen María como su segundo hijo. Fue azotado y clavado en un árbol, pero resucita. En este primer día de la era mítica primitiva, va al borde de la Tierra, marcado por el horizonte occidental, conocido en tzotzil como el lugar del «calor menguante». En el segundo día, desciende al Inframundo. En el tercer día, va más allá del nadir del universo, aún en el Inframundo, y al cuadrante sudeste del universo. En el cuarto día, surge del horizonte oriental, emergiendo del Inframundo en el cuadrante nordeste del universo. Esto marca el gran momento cosmogónico, la primera aparición del Sol/Cristo en el nuevo universo. Al llegar al cenit del cielo al final del cuarto día de la creación, el Sol/Cristo da al universo, por vez primera, calor y luz suficientes para matar a sus adversarios. En el quinto día, se establece el orden en el universo cuando el Sol/Cristo va al cuadrante noroeste, descendiendo al horizonte occidental para señalar el final del primer dia «real» de la humanidad. Con esto, se establecen las categorías de tiempo, espacio y orden cósmico en el inicio de la Primera Creación. Dicha creación es ulteriormente destruida y restaurada tres veces más por el Sol/Cristo como castigo de la ineptitud humana. La última de éstas es la actual Cuarta Creación.

Para el presente trabajo, es importante resaltar que son precisamente los cinco días primordiales de la Primera Creación, según se plantea antes, los que se recapitulan ritualmente en el Festival de Juegos de cinco días de duración: cuatro días de caos y anticipación,

---

[7] Véase G. H. Gossen, ob. cit., 1972; *id.*, *Chamulas in the World of the Sun: Time and Space in a Maya Oral Tradition*, Cambridge, Harvard University Press, 1974, p. 337.

culminando en su paseo sobre paja ardiendo, que simboliza la primera ascensión del Sol/Cristo al cenit, en la tarde del cuarto día; el quinto día es el primer día de Cuaresma, conocido en tzotzil como «miércoles de pescado» *(melculiš tiʔ čoy)*.

¿Por qué San Juan Chamula invierte tal tiempo, tanta energía social y, hablando en términos relativos, tales sumas enormes de dinero y recursos en representar un hecho cuyo guión está redactado y cuyo resultado está fijado? ¿Por qué importa tanto? Ninguna respuesta simple es suficiente, pero la más convincente para esta pregunta procede de los chamulas. Responden de modo bastante sencillo: «Es la costumbre. Si no lo hacemos, y bien, moriremos.» ¿Qué quieren decir exactamente?

Creo que están valorando, en un idioma complejo, quiénes son como una minoría triunfante, aunque asediada, en el México moderno. Victor Turner, en una de sus numerosas incursiones por el significado de la acción ritual, dijo que el ritual expresa «la costumbre quintaesencial [...] el extracto refinado [...] de muchos modos acostumbrados de comportarse, pensar y sentir existentes desde hace mucho tiempo» [8]. Elaborando la idea de otro modo, dijo que el ritual es «la reafirmación periódica de los términos en los que las personas de una cultura particular deben interactuar si tiene que existir algún tipo de vida social coherente [...] crea o recrea las categorías mediante las cuales las personas captan la realidad: los axiomas subyacentes a la estructura de la sociedad y las leyes de los órdenes natural y moral» [9].

El «Festival de Juegos» logra tal autovaloración destruyendo y reconstruyendo de modo ritual la comunidad moral. Los chamulas representan y ganan una batalla moral, militar y étnica que no es distinta de su lucha cotidiana con las fuerzas destructivas internas y con las fuerzas étnicas intrusas del exterior. El lento movimiento de la acción ritual al comienzo del festival se concentra en el espacio social periférico, los bosques y los ranchos ganaderos de las tierras bajas, ambos asociados a seres malignos y al mundo mestizo mexicano. Las fuerzas destructivas invaden el Centro ceremonial mismo cuando se llevan a cabo los preparativos para el festival. A un ritmo

---

[8] V. Turner, *The Drums of Affliction: A Study of the Religious Process among the Ndembu of Zambia*, Oxford, Clarendon Press and the International African Institute, 1968, p. 23.

[9] V. Turner, ob. cit., pp. 6-7.

acelerado, las escenas diarias familiares —el hogar, el sueño, el trabajo, el placer, el sexo— quedan a un lado, a medida que los chamulas vuelven a un modo primitivo, a su propia infancia. El fuego de los hogares se apaga y la vida «se hace primitiva». No hay trabajo, sueño o sexo, sólo el correr y la actividad febril de guerra y destrucción. La victoria ritual de la valencia negativa de la experiencia humana se logra cuando los ejércitos triunfantes descienden de los santuarios de las cimas de las montañas en la mañana del martes para vencer a todos los chamulas, desde la periferia al centro. Su derrota está representada simbólicamente por el cierre con tablas claveteadas de la entrada principal de la iglesia, impidiendo así el acceso a ella. Finalmente, el Sol/Cristo triunfante predomina, el jaguar y el Sol/Cristo derrotan a los soldados y «monos», cuando todo el séquito ritual purga su modo negativo corriendo por el «Sendero de Dios» (el paseo de fuego), como si ellos mismos fuesen el Sol/Cristo embarcado en su primera ascensión al cielo. Así, Chamula se reconstruye ella misma mediante el Festival de Juegos, arrastrando a toda la comunidad a un enorme viaje a través del espacio y del tiempo. A lo largo del camino, recrean en la representación ritual lo que los chamulas han experimentado como pueblo dentro del universo social más grande de México y del mundo en general. Finalmente, «sienten» por qué es crucial mantener el centro del universo moral, San Juan Chamula mismo, libre de la intervención extranjera y de la corrupción moral.

IV. LA EVOLUCIÓN DE LA ETNICIDAD EN EL MUNDO MODERNO: TEXTOS DENTRO DE TEXTOS

Entre los temas clave de la memoria histórica que se movilizan durante los rituales anticipatorios y el acontecimiento real de cinco días de duración está el de la «otredad» étnica. En el transcurso de la destrucción ritual del universo que se recapitula en este drama ritual, los principales adversarios extranjeros, tanto recientes como pretéritos, de la sociedad chamula se representan mediante personajes rituales. Su presencia, por supuesto su omnipresencia, como actores principales en el festival se anuncia en docenas de ocasiones durante el mismo mediante la lectura formal de lo que se conoce como «la Carta Española». Este recitado es el mito-carta del festival y es significativo en cuanto no tiene un nombre tzotzil. Se conoce simplemente como la *Carta Española.* El Pregonero «lee» (en realidad, lo recita de memoria) en español brutal y burlón. Es una invitación a la guerra, la destrucción y la inmoralidad. Aquí se da el texto del guión de 1979:

¡Chamulas!
¡Febrero loco!
Hoy es el veinticuatro de febrero de 1979.

El primer soldado llegó a Ciudad de México;
Llegó a Guatemala;
Llegó a Tuxtla (Gutiérrez);
Llegó a Chiapa (de Corzo);
Llegó a San Cristóbal (de las Casas);
Llegó con banderas;
Llegó con tambores;
Llegó con trompetas.
¡Viva! ¡Viva!

¡Compañeros ciudadanos!
El segundo caballero llegó a Ciudad de México;
Llegó a Guatemala;
Llegó a Tuxtla (Gutiérrez);
Llegó a Chiapa (de Corzo);
Llegó a San Cristóbal (de las Casas).
Llegó con banderas;
Llegó con tambores;
Llegó con trompetas.
¡Viva! ¡Viva!

El último caballero llegó a Ciudad de México;
Llegó a Tuxtla (Gutiérrez);
Llegó a Chiapa (de Corzo);
Llegó a San Cristóbal (de las Casas).
Llegó con fuegos artificiales;
Llegó con cañones;
Llegó con pífanos;
Llegó con clarines;
Llegó con banderas;
Llegó con trompetas.
Mariano Ortega y Juan Gutiérrez llegaron con su joven dama, Nana María Cocorina.
Se van juntos al bosque para hacer el amor.

Vuelven comiendo caramelos, comiendo melcocha y morcillas.
¡Viva Mariano Ortega!

(Gossen, s.f.)

Nótese que esta oración es un tipo de celebración burlona de la guerra. Todo el personal se suma en los tres roncos coros de «¡Viva!» mientras alza los puños y acuerda celebrar la destrucción de su mundo. No sólo se dice esto en español, la lengua precivilizada que todas las personas hablaban antes que el Sol/Cristo trajese orden al universo, sino que también da un tipo de letanía de la procedencia de las amenazas históricas de la periferia: México, Tuxtla Gutiérrez, Chiapa de Corzo, San Cristóbal de las Casas y Guatemala. Todos estos lugares están relacionados con el mundo extranjero de lengua española, y todos, durante siglos, han sido el lugar de origen de incursiones armadas en el territorio chamula. Los símbolos mencionados —cañones, tambores, trompetas, explosivos— son los pertrechos de la guerra. Los dos nombres mencionados —Juan Gutiérrez y Mariano Ortega— son figuras militares y políticas reales que fueron relevantes en la historia de Chiapas del siglo XIX.

Mariano Ortega (históricamente, Juan Ortega) fue un político reaccionario que apoyó el imperio establecido por Maximiliano en México durante la intervención francesa de 1861-1867. El 7 de mayo de 1863, Ortega invadió y ocupó el departamento de San Cristóbal, que por entonces incluía a Chamula. La ocupación duró hasta el 24 de enero de 1864. Entonces se convirtió en un merodeador vagabundo para la causa centralista. Por ello, Ortega llegó a ser identificado como un adversario militar de la autonomía chamula, que se expresó en la así denominada «guerra chamula de castas de 1867-1870». Durante este período, Chamula se alineó con las tropas federales de Juárez que lucharon para derrotar a los centralistas mexicanos y a los imperialistas franceses. Perdieron las tropas federales, y en el proceso, el movimiento de revitalización de Chamula, que había sido tolerado por el gobierno de Juárez, fue liquidado. Ortega también es identificado con la disputa sobre fronteras entre México y Guatemala del mismo período, pues muchas de sus tropas se reclutaron en América Central, y porque utilizó Guatemala como base para sus ataques a las ciudades de Chiapas [10].

---

[10] V. R. Bricker, ob. cit., 1973, p. 87 [*Humor ritual en la Altiplanicie de Chiapas*, México, FCE, 1986].

Juan Gutiérrez fue un partidario del federalismo y de la autonomía local para el Estado de Chiapas durante la primera mitad del siglo XIX. Llegó a ser gobernador de Chiapas en 1830, y durante los años siguientes mandó tropas federalistas en incursiones por todo Chiapas. Organizó un ataque al bastión conservador de San Cristóbal de las Casas. Este hecho afectó de modo indirecto a Chamula [11].

Pese a los vínculos directos con el registro escrito de la historia de Chiapas, realmente los referentes del texto de la «Carta Española» son la guerra «genérica» y la intervención extranjera. Es un comentario telescópico sobre toda intervención extranjera, remontándose incluso a la Conquista y quizá incluso a la época precolombina. Lo último se sugiere por el vínculo del segundo caballero con el jefe lacandón (véase apartado V, más adelante). La asociación con la Conquista es sugerida por Nana María Cocorina, que es claramente un tipo de personaje Malinche. Además, los nombres de lugar mencionados, particularmente Ciudad de México y Chiapa de Corzo, son significativos. La primera fue, por supuesto, el lugar de la principal victoria de la Conquista de Cortés en 1521, en Tenochtitlan. Chiapa de Corzo fue el lugar de la primera victoria militar decisiva de los españoles sobre los indios de Chiapas en 1524.

Para adensar y profundizar la imagen contextual de por qué la *Carta Española* (un texto) es importante como un mito carta de este ritual (también un texto), es necesario volver a otros dos textos para comprender por qué los temas español y mestizo, y por supuesto el idioma español mismo, se representan como *previos a* más que como cronológicamente *posteriores* a los hechos que condujeron al mundo moderno. (Después de todo, ¿no conocen «todos» que el contacto sustancial con Europa llegó a un continente que ya estaba habitado?) Después hay dos textos narrativos que revelan la serialidad de la creación de la etnicidad en el mundo moderno. Es decir, que los hechos aquí discutidos pertenecen a la Segunda y Tercera del ciclo de cuatro Creaciones de Chamula, siendo la Cuarta el mundo contemporáneo, como verá el lector. Las comunidades indias, al ser moralmente superiores, son las realmente civilizadas; los mestizos y ladinos, aunque mayoría, son con todo, en opinión de los chamulas, sus contemporáneos primitivos.

El primer texto trata sobre el origen de los ladinos mismos en la Segunda Creación. Los hechos comienzan aquí cuando se envía un

---

[11] V. R. Bricker, ob. cit., pp. 87-88.

diluvio primitivo como castigo del Sol/Cristo al Segundo Pueblo por conducta impropia.

Esto es un relato de una mujer ladina y su perro.
Esta mujer se hallaba a punto de ahogarse cuando ocurrió el gran diluvio [12].

Entonces ocurrió que la mujer [dijo esto]:
«Todos moriremos ahora», dijo la mujer.

Entonces ocurrió que la gente dijo esto:
«Bien, ¿qué se puede hacer al respecto?»
«Todos moriremos ahora», dijeron los antepasados.

Entonces los cielos se oscurecieron.
Las nubes se juntaron.

Luego llovió durante quince días.
Llovió muy fuerte.

Luego, durante el gran diluvio,
Un espíritu habló desde encima de las nubes.

Pero ellos [la gente] no podían ver de dónde venía el sonido.
«¿De dónde viene eso, en el nombre de Dios?», dijeron cuando miraban fijamente al cielo [13].
Pero no pudieron descubrir quién era el que hablaba.

«¡Ojo! Vais a morir ahora.»
«¡Kokorín! ¡Kokorín! ¡Kokorín!», dijo Nuestro Señor Sol/Cristo desde las nubes [14].

Con eso, la gente huyó hasta el pie de un árbol.
Otros antepasados buscaron refugio en cuevas.

Todos los indios murieron.
Sólo quedó una mujer ladina.

---

[12] El narrador explicó que estos hechos se produjeron al final de la Segunda Creación, «hace unos 5 000 años». No obstante, debería tenerse presente que éstos son períodos de tiempo relativos. No existe consistencia alguna en absoluto de una persona a otra respecto a la antigüedad de las Creaciones.

[13] La mención de Dios no es aquí una invocación. En este contexto, es una imprecación.

[14] Éste es el sonido de un canto de gallo en tzotzil. Puede estar relacionado con el canto del gallo en la época de la Pasión de Cristo.

Cuando toda la gente hubo perecido, Nuestro Señor Sol/Cristo regresó.
Vino para ver si todos sus hijos habían perecido realmente[15].

Nuestro Señor Sol/Cristo no quería que ellos se comiesen a sus propios hijos.
No querían que ellos se comiesen unos a otros.

Por eso los antepasados murieron en el diluvio.
¡Llovió tanto tiempo!

Cuando el diluvio cesó, Nuestro Señor Sol/Cristo regresó.
Vino para ver si todos sus hijos habían perecido realmente.

Cuando Nuestro Señor Sol/Cristo bajó, ocurrió que no todos habían perecido.
Uno de sus hijos estaba todavía vivo.

Cuando Nuestro Señor Sol/Cristo regresó, encontró a una mujer ladina y a su perro.
Allí encontró a la mujer ladina sentada en la cima de una montaña con su perro[16].

«¿Qué estás haciendo aquí?», preguntó Nuestro Señor Sol/Cristo.
«Nada, en realidad. Es sólo que la inundación estaba cubriendo la tierra», dijo la mujer ladina.

¿Cómo te salvaste?
«¿No te ahogaste en la inundación?», preguntó Nuestro Señor Sol/Cristo.

«No, no me ahogué.
Subí aquí.

Mi perro me trajo.
Y aquí permanecí con mi perro», dijo la mujer.

«Muy bien. Quédate aquí, entonces.
Veremos lo que ocurre contigo», dijo Nuestro Señor Sol/Cristo.

En eso, la mujer ladina comenzó a hablar con su perro:
«¿Dónde vamos a ir, mi pequeño perrito?», preguntó la mujer.

Esto fue lo que el perro dijo:
«No tengo ni idea de a dónde vamos a ir», replicó el perro.

---

[15] El narrador explicó que indios y ladinos aún hablaban el mismo idioma (español) y por ello no eran claramente distinguibles unos de otros en la época de estos hechos. Estaban siendo castigados por el diluvio porque habían comido a sus propios hijos.

[16] El diluvio les había aislado en una cima de montaña. Así es como habían escapado del mismo.

Con eso, el desdichado perro se volvió juguetón.
La condenada mujer agarró a su desdichado perro.

Ella abrió su falda.
Colocó a su perrito justo cerca de su culo.

Ahora, el perro no tenía idea de cómo hacer para meter su pene en ella.
Confuso, se quedó ahí, gimoteando.

La condenada mujer dijo a su desdichado perro:
«¿No sabes cómo follar?», preguntó ella al desdichado perro.

Bueno, el perro no respondió.
Se quedó allí, mirando alrededor.

Entonces, la repugnante mujer apretó a su desdichado perro contra su vagina.
Bueno, cuando el perro fue apretado contra la vagina de la mujer, comenzó a tener una erección.

Así habló la mujer:
«Métela dentro», dijo la repugnante mujer.
«Está bien», dijo el perro.

Entonces ocurrió que el perro no tenía un pene muy largo.
Así que la condenada mujer tiró del pene del perro.
Con eso, apareció el nudo del perro [17].

Esto es lo que le ocurrió al perro.
La parte larga del pene del perro salió toda.
Pero finalmente se quedó enganchado.
Ocurrió que el pene del perro se quedó atrapado en la vagina de la repugnante mujer.

Así que la repugnante mujer intentó sacarlo.
Así que intentó sacar el pene del perro.

Finalmente, apareció el pene del perro.
El perro miró su pene, ahora que el nudo no estaba ya enganchado.
Así es cómo los perros llegaron a tener nudos de pene.

Ahora, esta repugnante mujer se había quedado embarazada.
Cuando dio a luz, tuvo un niñito ladino.
Y ése es el origen de los ladinos.

(Gossen, s.f.)

---

[17] Aquí, la referencia es al «nudo» que se produce con frecuencia en el pene de un perro durante la monta, provocando a veces que los perros «se enganchen».

En la secuencia lógica viene el texto siguiente sobre cómo el español, y no los idiomas indios, fue la *lingua franca* de la Tercera Creación.

Existe un relato sobre los ladinos.
De dónde vinieron.

Bien, hace mucho tiempo, Nuestro Padre Sol dio alma por vez primera a los ladinos.
Les formó con arcilla.

Cuando hubo formado al primer ser humano,
Entonces comenzó a hacer al segundo ser humano.

Después que nuestro Padre Sol les hubo formado con arcilla,
La arcilla resultó parecerse exactamente a muñequitos.
Fue entonces cuando comenzó a dar a la arcilla imágenes de sus almas.

Fue en la época en que Nuestro Padre Sol estaba creando la Tierra cuando moldeó la arcilla.
El primero a quien dio un alma fue el primero que había hecho.
Comenzó a frotar y restregar la imagen cuando comenzó a colocar un alma en el primer ser humano.

Cuando hubo colocado un alma en el primer ser humano,
Fue entonces cuando comenzó a colocar un alma en el segundo ser humano, en el segundo que había formado con arcilla.
Fue luego cuando Nuestro Padre Sol colocó un alma en el segundo ser humano.

Cuando Nuestro Padre Sol hubo terminado de darles sus almas,
Esos que habían sido anteriormente sólo arcilla comenzaron a transformarse en seres humanos,
Esos que Nuestro Padre Sol había formado.

Cuando los dos hombres comenzaron a convertirse en seres humanos,
Caminaban del mismo modo.
Trabajaban del mismo modo.
Hablaban del mismo modo solamente en español,
Esos dos hombres de hace mucho tiempo.

Aún tenían el mismo idioma que era precisamente el español.
El tzotzil, el verdadero idioma, aún no existía[18].

---

[18] *Ba¢'i k'op*, «el verdadero idioma», es la palabra tzotzil para referirse a la lengua tzotzil. La palabra *ba¢'i* también significa «verdadero», «correcto», «genuino». Así, se inserta una medida de patrioterismo lingüístico en el nombre mismo del idioma.

La gente comenzó a multiplicarse.
A medida que se multiplicaban, hablaban del mismo modo, solamente en un idioma, el español.

Dado que hablaban el mismo idioma, comenzaron a poner ideas en su idioma.
«¿Vamos a buscar a Nuestro Padre Sol arriba?», preguntaron.

«Pero, ¿cómo subiremos?
¿Alguien tiene ideas?», preguntaron.

«Vamos, sería mejor hacer una escalera.
Podemos subir y encontrar a Nuestro Padre Sol y hablar con él», dijo la gente.

«Pero, ¿cómo construiremos la escalera?», preguntaron ellos.
«Sería mejor construir una escalera de cemento», dijo la gente.
Así que comenzaron a construir la escalera de cemento.

Cuando comenzaron a construir la escalera de cemento,
Unos prepararon el mortero,
Otros recogieron piedras,
Otros amontonaron las piedras.

La escalera de cemento aún no estaba terminada, cuando faltaron piedras.
«¡Traed más piedras!
¡Traed más mortero!

¡Las piedras se han acabado!
¡Traed algunas más!

¡El mortero se ha acabado!
¡Preparad un poco más!», dijeron ellos.

«¡Venid a ayudar!
¡El mortero se ha acabado!
¡Venid a ayudar!», dijeron ellos.
Pues los idiomas que hablaban todos era el mismo [19].

La escalera que estaban construyendo se elevó rápidamente.
Gente distinta vino cada día para construir la escalera de cemento.

Todos hablaban el mismo idioma.
Entendían la misma lengua.

---

[19] Esta serie de frases emocionales sirve para resaltar que, por supuesto, todos hablaban un solo idioma y, por ello, eran capaces de comunicarse y trabajar juntos.

«Bien, que no hablen ellos el mismo idioma».
Así dijo Nuestro Padre Sol cuando comenzó a pensar en ello.

«¡Fijáos! Casi me han alcanzado», dijo Nuestro Padre Sol.
«No, que no hablen ellos el mismo idioma».
Así dijo Nuestro Padre Sol cuando comenzó a pensar en ello.

«Sería mejor para mí confundir sus lenguas.
Veamos si se entienden unos a otros cuando hablen ahora.
Veamos si se entienden unos a otros cuando hablen entre ellos sobre lo que están haciendo», dijo Nuestro Padre Sol.

Cuando Nuestro Padre Sol confundió las lenguas, ellos estaban en la mitad de su obra.
Fue cuando estaban en la mitad de la construcción de la escalera de cemento.

Cuando su idioma cambió, no pudieron ya entender lo que se estaban diciendo unos a otros.
Cuando trabajaban, no entendían ya lo que los otros les pedían.

Cuando estaban construyendo la escalera, se quedó ahí, a medio acabar.
Ocurrió que no entèndían ya lo que se estaban diciendo unos a otros.
Ocurrió que Nuestro Padre cambió muchísimo el idioma de ellos.

Ocurrió que comenzó a obligarnos a hablar solamente tzotzil, la verdadera lengua.
Quienes la utilizan son indios.
Por eso aquellos de nosotros que son indios hablan solamente tzotzil.

Veis, ocurrió que nuestras almas entraron en segundo lugar.
Primero entraron las almas de quienes fueron nuestros antepasados en épocas antiguas [20].

Aquellos de nosotros que éramos los hijos del segundo hombre fuimos apartados.
Quedamos con el nombre de «indios» [21].

---

[20] La lógica de esta disposición —los ladinos, primero, y los indios, en segundo lugar, en el orden de adquisición del lenguaje— es conforme al punto de vista chamula sobre que los santos, que son el antepasado común de toda la gente, son ladinos. Como aquéllos, éstos tienen mayor poder que los indios en la mayoría de los ámbitos. Además, casi todas las imágenes chamula de los santos, así como las de Nuestro Padre Sol y Nuestra Madre Luna, tienen piel blanca y rasgos no indios. De modo paradójico, aun así es verdad que los chamulas se consideran moralmente superiores a los ladinos, y que el tzotzil es el «verdadero idioma», no el español.

[21] Aquí se refleja un punto de vista chamula de la realidad política compartido

Ocurrió de otro modo con el primer hombre.
Fue el primero en recibir un alma.
Quedó con el nombre de español[22].
Recibió el primer idioma.

Todo el mundo hablaba aún solamente español en épocas antiguas.
Por eso sucedió que los ladinos son también llamados españoles.

Hablan solamente castellano.
Por eso hemos aprendido español[23].

Veis, fue el primer idioma que Nuestro Padre Sol dio hace mucho tiempo.
Por eso sólo hay un idioma, español, que todos debemos aprender.

Veis, los ladinos hablan solamente español.
Por eso nuestro Padre Sol dio primero almas a los ladinos.

Cuando Nuestro Padre Sol confundió las lenguas, la gente comenzó a separarse.
Se esparcieron;
Algunos fueron a las tierras bajas,
Algunos fueron a las tierras altas.

Quienes se marcharon juntos fueron los que tenían el mismo idioma.
Los diferentes grupos se dividieron según el idioma que tuviesen en común.

Ocurrió que los diferentes grupos no se entendían unos a otros.
Por eso permanecemos separados aquéllos de nosotros que aún hablamos tzotzil, la verdadera lengua, hoy día.

(Gossen, s.f.)

---

de modo común, a saber: que al dividir el pueblo indio en grupos pequeños, Nuestro Padre Sol difuminó esencialmente su poder para actuar como un grupo unificado con poder político y económico significativo.

[22] *Kašlan* es la palabra tzotzil que significa ladino o portador de la tradición cultural mexicana de habla española. Procede de *castellano,* que se refiere al castellano o lengua española. Así, la identidad étnica y lingüística se unen de modo explícito en el pensamiento chamula.

[23] Durante varios decenios, el objetivo de la enseñanza primaria india mexicana ha sido enseñar español a los niños indios, facilitando con ello su participación en la cultura nacional mexicana. Esta política se llama *castellanización* y generalmente ha utilizado los textos en lengua india sólo para la enseñanza elemental de la idea de los sonidos en relación con los símbolos escritos. Después de los primeros años, el español es «idealmente» la lengua de instrucción. La alfabetización en lenguas indias nunca ha sido un objetivo específico de la enseñanza india en el México moderno.

V. LOS PASIONES COMO PERMUTACIONES DEL MAL

Los primeros patrocinadores y principales figuras rituales del Festival de Juegos son los *pašyonetik* o «Pasiones», que designan la Pasión cristiana, y que es uno de los estratos históricos representados en el festival precuaresmal.

Hay seis Pasiones: un entrante y un saliente para cada uno de los tres barrios de los chamulas. Estas son sorprendentes figuras que contemplar, y llevan un ropaje que se parece más a un traje suelto de dos prendas de pijama rojo con perneras hasta las rodillas. El sombrero está hecho con una larga pieza de algodón blanco que se enrolla como un gran turbante, con las puntas sueltas colgando a la espalda. El simbolismo del color es importante. El rojo es el símbolo del Sol naciente y el Este, y el blanco es el símbolo del Norte y del Sol en su cenit, en la mayoría de las comunidades mayas antiguas y contemporáneas. Es útil estudiar los Pasiones como símbolos del festival mismo, pues encarnan los dos aspectos opuestos del bien y el mal, como muchas de las deidades de aspecto dual de la antigüedad mesoamericana. Los Pasiones son los custodios, los patrocinadores y los actores en el culto a la cabeza del Sol/Cristo, que es la principal deidad honrada en el festival. La cabeza del Sol/Cristo se representa con el conjunto de cuatro puntas metálicas de cuatro astas de bandera. Cada uno de los tres conjuntos (uno para cada barrio) de dichas puntas se guarda en un cofre sagrado de madera, que se saca durante el festival y que, durante el resto del año, se mantiene en la casa del Pasión en curso en un santuario, tipo cámara, elaborado y hecho de bromeliáceas colgantes. El Pasión renueva las flores cada veinte días, con plegarias, incienso y licor de ron, según el calendario fijado por los antiguos meses del calendario solar. En la época del festival, las puntas se sujetan a palos (los esqueletos del Sol/Cristo) y estandartes (el cuerpo del Sol/Cristo), y largos flecos de cintas multicolores (simbolizando su radiación) se sujetan a los palos para crear cuatro banderas con cintas colgando por debajo de la punta. Estas banderas representan las cuatro posiciones del Sol/Cristo en su movimiento aparente, aurora, cenit, crepúsculo y nadir. Juntas, estas cuatro banderas, llevadas en un circuito en sentido contrario a las agujas del reloj, representan la totalidad del Sol/Cristo. El Pasión como patrocinador de este culto, es el «portador» o «transportador» de la carga del Sol/Cristo en la Tierra, según el lenguaje de su juramento de oficio. En el Festival de Juegos, el Pasión se convierte «en el Sol/Cristo» y se dirigen a él como «Señor del paraíso, Señor del Cielo»: También lleva un collar de cintas, que reafirma el motivo de cintas de las banderas. Su cabeza rodeada por las cintas es como la cabeza de Sol/Cristo, y la gente que se dirige a él ritualmente se inclina para besar su collar antes de hablar.

Con toda esta «valencia» positiva, cada Pasión es también la esencia del mal. El aspecto maligno se distingue con facilidad en los títulos utilizados para dirigirse a los tres Pasiones y hablar con ellos. Estos términos se clasifican, según está clasificada la sociedad chamula misma, de *mayor* a *menor* (de más viejo a más joven). Cada año, los tres barrios rotan los títulos. El más anciano —el más maligno, en este contexto— es el Pasión Soldado, que se asocia con los ejércitos españoles, mexicanos y guatemaltecos que han invadido a los chamulas en el transcurso de los siglos (véanse las figuras 1 y 2) [24].

El Pasión clasificado en segundo lugar también se conoce como el «jefe lacandón». Este título se refiere a un grupo maya de las tierras bajas, los lacandones, cuyos miembros (unos pocos cientos) viven aún en la selva al Este de Chamula. Los chamulas los temen y no les gustan, los consideran salvajes y primitivos (véanse las figuras 3 y 4).

Así, el segundo Pasión es un símbolo de los adversarios indios, de quienes los chamulas tenían muchos antes de la Conquista, entre ellos los toltecas y aztecas del centro de México. El Pasión clasificado en segundo lugar también se conoce como el *ska? benal pašyon*. Esto se traduce mejor como «Pasión vinculante», sugiriendo una función de «vincular» el Pasión Soldado con el Pasión Dama Española clasificado en tercer lugar [25]. Dicho tercer Pasión tiene un título

---

[24] Este dibujo y los siguientes los encargué en 1978-79 a un dotado artista chamula. En un principio encargué estos dibujos como ilustraciones de asociación libre de los textos narrativos, algunos de los cuales aparecen en este documento. Nunca pedí al artista que ilustrase fragmentos particulares de los textos. Tuvo total libertad para elegir sus temas de un *corpus* de 184 textos transcritos, algunos de los cuales había aportado él mismo. Yo esperaba que estos dibujos podrían servir para el fin de lograr una «crítica» de la literatura narrativa de un modo que no me implicase como entrevistador, ya que él resaltaría el detalle etnográfico, y también, mediante los temas que elegía para ilustrar, destacaba los que yo podía haber tomado por insignificantes. Los dibujos tienen texto mío en relación con los temas a los que corresponden.

[25] Véase V. R. Bricker, ob. cit., p. 98, para un debate sobre la etimología.

femenino, el de *sinyora* (del español *señora,* «dama») o *šinulan an¢* («mujer apestosa»). El Pasión Dama Española representa la presencia cultural mestiza mexicana y también el culto de Malinche, la amante e intérprete india de Cortés, que tan celebrada es en todo México como una traidora a su propio pueblo, los mexicanos nativos. Entre el séquito del Pasión Dama Española hay un personaje femenino (en realidad, un hombre hallado culpable de delitos sexuales por el tribunal chamula), que lleva un sucio y blanco vestido antiguo de

FIGURA 1. *Encuentro en la Cuarta Creación con el soldado español: Conquista.* Dibujo de Mariano López Calixto.

FIGURA 2. *Encuentro de mujer chamula de la Cuarta Creación con soldado revolucionario mexicano.* Dibujo de Mariano López Calixto.

novia. Se comporta como un payaso, coqueteando y dando cabriolas como una puta en el séquito del Pasión. Incluso, en un momento del ritual, simula el contacto sexual con los tambores sagrados. Tiene libertad para hacer sugerentes observaciones al personal del ritual. Con toda esta carga negativa, el Pasión Dama Española es también tratado, en su aspecto positivo, como la «Sagrada Madre del Paraíso», refiriéndose a la dualidad Luna/Virgen María.

De este modo, los tres títulos de los Pasiones representan simultáneamente las fuerzas morales definitivas en el universo —el Sol/Cristo con su madre la Luna/Virgen María— y los diversos ad-

FIGURA 3. *Retrato chamula de hombre/mujer lacandón.* Dibujo de Mariano López Calixto.

versarios del orden moral: ejércitos invasores de no chamulas, extranjeros y otros indios; e incluso el enemigo interior: la conducta sexual inmoral. Es útil señalar los referentes textuales intraculturales que comentan los respectivos valores negativos de los Pasiones. «El Pasión Soldado» se ha comentado anteriormente como el principal asunto de la «Carta Española».

El Segundo Pasión, conocido como «El Jefe Lacandón», lo identifica con otros adversarios indios como conspiradores malignos. Puede resultar una sorpresa ver clasificadas a las demás comunidades indias como enemigos y amenazas en la visión chamula del mundo (véase la figura 4). Pero vale la pena recordar las circunstancias de las logradas alianzas de Cortés con los adversarios indios de los

FIGURA 4. *Brujo tenejapa (tzeltal) recogiendo excremento de murciélago.* Dibujo de Mariano López Calixto.

aztecas para comprender que este modelo no ha desaparecido de la conciencia mesoamericana. Los chamulas, incluso hoy día, creen que los demás indios son tan amenazadores como los soldados invasores y la cultura mexicana dominante para su supervivencia. Aquí damos un texto recitado por un chamula en 1978. A propósito, el narrador es actualmente el alcalde de Chamula, así que sus impresiones son probablemente opiniones mantenidas tanto de modo privado como público.

Éste es un relato del pueblo Lacandón de Chiapas.
La gente dice que son muy malvados[26].

No se puede decir si una persona es hombre o mujer;
Tienen los mismos cortes de pelo,
Tienen las mismas ropas,
Llevan las mismas túnicas.
No se sabe si es un hombre o una mujer.

Por esta razón, esto es lo que la gente dice:
Allí, en la tierra de los lacandones, muerden,
Pues la gente es como bestias de la selva.

Lo que es más, como perros tienen leones.
Como gatos, tienen jaguares.
Eso es lo que la gente dice.

Por supuesto, no tienen perros,
Ni siquiera gatos,
Nada de eso,
Los lacandones sólo crían animales salvajes.

Lo que es más, si sus leones y jaguares no son alimentados,
muerden.
Sus perros son muy malos.

Y no tienen siquiera gallinas,
Pues no tienen sitio para incubar sus pollitos.
[La razón es que la gente misma] vive en lo profundo de la selva.

No tienen modo de matar animales salvajes.
Sólo poseen arcos.
Como armas, fabrican flechas.
Así es tal gente.

---

26 Los lacandones son un grupo de unos pocos cientos de mayas de las tierras bajas que viven en los restos del bosque tropical lluvioso del sudeste de Chiapas. Su estilo de vida tradicional, basado en la caza y la horticultura a pequeña escala, está seriamente amenazado en nuestra época porque su hábitat está siendo destruido para dejar paso a una industria maderera y ganadera en expansión. Los lacandones tradicionales, tanto hombres como mujeres, llevan largas túnicas de algodón tejidas en casa, y ambos sexos llevan largo su cabello. Aunque pocos en número, van a San Cristóbal con cierta frecuencia. Dado que son radicalmente diferentes en vestido y apariencia de los indios de las tierras altas, provocan típicamente comentarios de la gente tzotzil cuando les ven en las calles.

Cuando quieren casarse,
husmean en la entrepierna del otro para saber si es hombre o mujer.

Cuando la gente quiere encontrar esposa,
pregunta a los demás si es hombre o mujer.

Si la persona es una mujer [dice ella]: «¿Por qué preguntas?
¿Podrías estar interesado [por mí]?», dice la lacandón.

«¿Puedo ver si tienes coño?», dice el hombre que está buscando esposa.
Entonces el que ha preguntado si la persona es hombre o mujer abre su túnica por completo.
Muestra su pene.

Entonces, si la persona [a quien él está hablando] es una mujer,
Tendrá ahora a la vista una hermosa vagina arrugada.
Entonces, cuando el que ha preguntado si ella es una mujer ve esto, se siente muy contento.

Directamente, la abrazará a ella.
Directamente, se la llevará al lecho.

Pero siempre es posible que ella pueda darle falsas ilusiones.
[A veces ocurre que] al abrir su túnica, se ríe cuando la mirada del demandante encuentra que tiene miembro en vez de vagina.

Ella levantará su túnica y se verán sus pelotas totalmente destacando allí.
[Lo que resultó ser un] hombre tendrá pelotas tan grandes como las de un toro.
«Oh, tienes un jodido colgajo», dice el demandante.
Si, por otro lado, la persona resulta ser una mujer, van derechos al asunto, tocándose mutuamente la entrepierna.

«¿Eres un hombre o una mujer? No tengo ni idea», se dicen los lacandones unos a otros.
Incluso si son mujeres, tienen barba.
Por eso no se puede decir si una persona es hombre o mujer.

Ahora, la razón por la que los lacandones son llamados lacandones es que no cocinan más que piedras [27].
Confunden las piedras con huevos de gallina.
Y las cocinan [como alimento].

---

[27] De todos los sacramentos católicos romanos, el bautismo es el único al que los chamulas atribuyen significación en la creencia y en la práctica. Los bautismos se llevan a cabo generalmente en días festivos en la iglesia del Centro Ceremonial Cha-

Hubo una vez una de esas personas que vio que su amigo estaba hirviendo piedras.
«¿Por qué pones las piedras a cocer?»
«¿No puedes ver que no son más que jodidas piedras?», dijo su amigo.

Con esto, el que estaba hirviendo las piedras dijo: «¡Oh, soy un jodido cocedor de piedras!»
Por eso estas gentes reciben el nombre de lacandones.

Por eso los chamulas dicen acerca de ellos:
«Dicen que son como animales salvajes, pues no están seguro de si estas personas son buenas o malas.

Dicen que tienen enormes bocas,
y que sus orejas son muy grandes.»

Cuando es tiempo de bautizar a sus hijos [lo hacen con] un gran palo.
Y ni siquiera tienen compadres.
Se quedan ahí solos cuando se bautizan sus hijos.
Ni siquiera hay una iglesia para el bautismo[28].

Lo que es más, si resulta que no les gustan mucho sus hijos, ni siquiera los crían.
Cuando mueren, ni siquiera los queman.

Arrojan sus hijos a la corriente para que se pudran.
Cuando fallecen, vienen los zopilotes.

Tratan a sus hijos como a cualquier perro viejo,
Arrojan a sus hijos.

---

mula, pues éstas son las únicas ocasiones en que los sacerdotes son bienvenidos en dicho lugar. El contexto del bautismo es siempre muy social. No sólo se hacen bautismos en una sola ocasión para gran número de niños, sino que también se producen en medio de la actividad del festival que implica a cientos de observadores casuales. Además, cuando una familia bautiza a un niño, es costumbre (y también la ley eclesial) que consiga uno o más grupos de padrinos para encargarse de la educación y crianza espiritual y material del niño. Los padrinos, según la costumbre hispánica, también se convierten en compadres de los padres del niño. Éste es un vínculo social muy importante en la sociedad chamula, pues crea alianzas entre adultos que van más allá de los lazos consanguíneos y de afinidad. Estos vínculos no basados en el parentesco son importantes para el bienestar político, personal. La cooperación de los compadres es crucial para hacer frente a las exigencias tanto de la vida privada como pública en la sociedad chamula. Como tal, el vínculo del compadre es más significativo que la relación padrino-niño. Todo lo anterior ayuda a explicar por qué el narrador de este texto resalta las irregularidades distinguidas en las costumbres bautismales lacandonas.

[28] Véase nota 27.

En cuanto a sus penes, estas gentes los tienen grandes,
Los lacandones tienen penes tan grandes como el de un burro viejo.

En cuanto a las vaginas de las mujeres, ocurre lo mismo:
Son largas y anchas.

Éste es el final del relato de los lacandones.

(Gossen, s.f.)

El Tercer Pasión, conocido como el «Pasión Dama Española», representa otra valencia del mal, que es el mundo mexicano contemporáneo. Las incrustaciones simbólicas son complejas e incluyen a la figura histórica de la Malinche, así como la «repugnante mujer ladina» que «salvó» a sus antepasados de la extinción teniendo trato sexual con un perro. Esta figura también es representada de modo ritual por el consorte de este Pasión, que es interpretado por un hombre chamula que lleva un antiguo vestido de novia y que coquetea con el Pasión e intenta «seducirle» durante todo el festival.

Aunque los Pasiones representan estas principales permutaciones del mal en el universo chamula de valoración étnica, es importante recordar que también representan tanto a «Nuestro Padre» como al «Señor de la Gloria», un fenómeno sincrético que incluye elementos de la deidad solar precolombina y a Jesucristo. Una vez que ellos y su séquito son purgados por el pase ritual sobre el fuego, que se produce en el mediodía del cuarto día del festival, se despojan de su valencia negativa y se convierten en servidores, realmente en símbolos terrenales de las responsabilidades de la deidad Sol/Cristo: el creador y sostenedor definitivo del universo chamula.

Esta carga simbólica multivalente lleva consigo una identificación explícita del Sol/Cristo con la identidad étnica ladina. El vínculo del Sol/Cristo con un semblante blanco y rasgos europeos se da en gran parte del lenguaje ritual asociado con su culto. Se le menciona durante el Festival de Juegos en frases tales como: *Muk'ta kašlan,* Gran Ladino; *muk'ta patron,* Gran Patrón.

Además, el adjetivo *sak* («blanco») y sus derivados se usan para referirse a la radiación del Sol/Cristo. Esto se mezcla con asociaciones mayas antiguas de la *blancura* con el punto cardinal Norte, con el cenit, y con el solsticio de verano, tiempos y direcciones percibidos como de máxima intensidad solar diaria y anual. Finalmente, las imágenes católicas-romanas de santos que se hallan en la iglesia Chamula, a quienes los chamulas clasifican como los hermanos más jóvenes del Sol/Cristo, tienen un color de piel blanco, no indio, de modo muy explícito. Así se plantea una paradoja que produce perplejidad: la autoridad moral final parece estar conectada con las fuerzas simbólicas mismas —blancura e identidad ladina— que la sociedad chamula actual clasifica como sus principales adversarios. ¿Cómo su adversario puede ser también su deidad fundamental? (véase la figura 5.)

FIGURA 5. *San Juan como español, mestizo, ladino, bíblico, pastoreando piedras mágicas para la construcción de una iglesia.* Dibujo de Mariano López Calixto.

Esta paradoja quizá pueda resolverse recordando que, según la tradición narrativa, la cultura y la etnicidad (ladinas) españolas proceden de una fase primitiva en la secuencia de la diferenciación étnica. Esta prioridad da a la identidad ladina un potencial tanto para el bien como para el mal. Lo bueno se expresa por el vínculo de la blancura y la cultura ladina con la divinidad y la antigüedad. Lo malo se expresa mediante la enorme lista de barbaridades que cometió la gente original, que eran ladinos. Sólo el pueblo tzotzil chamula, que vino después, superó estas deficiencias de conducta. La mayoría de los ladinos modernos son clasificados exactamente como dictan los relatos chamula: como sus contemporáneos primitivos. Los ladinos «buenos» de su panteón religioso son deidades que *realmente comparten* un potencial común con los indios y ladinos modernos. Éstos simplemente no han aprovechado mucho sus oportunidades; aquéllos sí lo han hecho y, hablando en sentido moral, han llevado a cabo un progreso evolutivo. Es una visión no diferente de la visión europea del siglo XIX de la evolución social según se halla en el darwinismo social, pero con una inversión irónica de papeles, siendo los europeos los «hermanitos blancos» de los indios. Un irónico giro final es que no se excluye a los ladinos de ser o llegar a ser «buenos», y superar sus desventajas evolutivas. Es duro para ellos, pero puede ocurrir. Por ejemplo, los chamulas tienen en su tradición oral abundantes elogios para Miguel Hidalgo, prócer de la Independencia mexicana. Él simplemente superó las barreras para la realización de su potencial.

VI. EL *BAHBIN*, EL CULTO DEL TERRATENIENTE Y EL LADINO

Otra importante alusión étnica del «Festival de Juegos», silenciosa pero poderosa, es el tamborilero hereditario (*bahbin* o «tamborilero de olla»). El Señor del Tambor es un cargo hereditario que se transmite de padre a hijo. El tambor en cuestión es un objeto muy sagrado, y tiene un ritual de mantenimiento periódico similar al de los objetos que representan al Sol/Cristo. Los tres tambores (uno para cada barrio) son realmente dobles tambores de cerámica, cada parte del cual está cubierta con una membrana animal porosa. Tienen unos 20 cm de altura y 12 cm de diámetro. Cuando hay que utilizarlos, los recipientes de cerámica se llenan con agua a diferentes niveles, lo que produce un efecto bitonal al ser percutidos con la mano. Los tambores están asociados con un conocido relato mítico de una hija del Señor de la Tierra (Dueño del Monte) que se casa con un ser humano. La esposa tiene poder mágico para hacer que los alimentos se multipliquen. Este poder es malentendido por su marido, que cree que ella está intentando engañarle y malgasta los alimentos. En castigo, él la golpea, lo que la enfurece y hace que vaya a casa de su padre, el Señor de la Tierra. Para sus dos hijos ella deja dos vasijas mágicas, que al ser frotadas producirán alimentos; una produce tortillas y la otra frijoles. Esto funciona bien hasta que el padre se siente celoso por el suministro mágico de alimentos para sus hijos y rompe las vasijas. Esto enfurece al Señor de la Tierra, que envía una fuerte tempestad de truenos que mata al hombre. Los niños son transformados en ardillas, obligados para siempre a buscar alimentos silvestres.

Este relato forma el trasfondo para entender la función central de los tambores en el «Festival de Juegos», pues en varias ocasiones se espera que los Pasiones alimenten a las muchedumbres. El tambor se asocia con un abundante suministro de alimentos, como en el mito antes mencionado. En un sentido, el tambor facilita esto, pues es tocado antes, durante y después del banquete ritual que los Pasiones deben proporcionar. Este festín se llama *kompiral* (del español *convidar*). El Pasión siente gran presión social para aportar abundancia de buey y sopa de col, tamales de frijol, pan blanco, ron y café endulzado para que todos los presentes puedan comer. Así, la percusión del tambor como un centro de atención ritual para las danzas en los banquetes se empareja estrechamente con el frotado por los huérfanos de la vasija mágica, en la antigüedad, para producir un interminable suministro de alimentos en ausencia de su madre. Por supuesto, se mencionan las dos vasijas de modo bromista como «pechos». Por ello, el Señor del Tambor conecta el culto del Sol/Cristo con el principio femenino y con el culto del Señor de la Tierra, que a su vez se asocia de modo explícito con el ámbito cultural mestizo mexicano en la tradición narrativa chamula. En algún sentido, en el culto del tambor se reconoce la dependencia económica conjunta del mundo indio respecto de él mismo y de los productos de la economía mexicana. Uno de los alimentos «producidos» por el tambor en el festín es, notablemente, los bollos de pan blanco, «el pan mexicano» *(kašlan vah)*, que es radicalmente distinto de la dieta india cotidiana basada en el maíz.

La cuestión más crítica tratada en el culto del tambor es que el Señor de la Tierra ladino de la antigüedad era bueno y generoso; incluso actualmente envía la lluvia. El otro aspecto del mismo, un contemporáneo sobrenatural, es negativo; se representa como un blanco ladino, un terrateniente mexicano elegantemente ataviado que vive con su esposa en habitaciones palaciegas en las cavernas y túneles de la Tierra, siempre preparado para engañar, capturar, matar, esclavizar y extorsionar dinero y servicios de los indios (véase la figura 6). Los valores negativos de la identidad ladina del Señor de la Tierra se simbolizan, en estilo muy críptico, por las pieles de serpiente que los «monos» llevan como cinturones. Los Señores de la Tierra crían serpientes (sus «gallinas») como sus animales domésticos favoritos. El vínculo de monos = ladinos = gallinas = serpientes = Señores de la Tierra, se logra mediante la lógica de la malévola identificación de los Señores de la Tierra con la destrucción de la vida y del bienestar en el presente, ya que los monos estaban asociados con la vida y el bienestar en el pasado. Los monos, al verse derrotados, junto con los judíos y los demonios, mataron al Sol/Cristo en el preámbulo de la Primera Creación.

La valencia negativa del Señor de la Tierra se simboliza además en el «Festival de Juegos» por el tributo ritual exigido *(patan)* que se paga al Señor de la Tierra, en forma de fragmentos de vasijas que se ofrecen a las pozas de agua en el cuarto día (el día del clímax) del «Festival de Juegos». (El vínculo entre fragmentos cerámicos y el tributo es un misterio para mí.) El tributo a las pozas se paga inmediatamente antes del banquete final, que tiene como centro de atención los tambores sagrados, como representaciones rituales de las vasijas mágicas productoras de alimentos de la hija del Señor de la Tierra que ella dejó en la Antigüedad a los hijos de su infeliz matrimonio con un ser humano.

En resumen, el asunto de los Señores-de-la-Tierra-como-ladinos tiene una valencia tanto negativa como positiva, tanto dadora de vida (mediante la lluvia y el suministro interminable de alimentos) como negadora de vida (mediante la economía monetaria y la servidumbre).

VII. LOS MONOS OTRA VEZ

Con todo el ambiguo comentario étnico que predomina en este importante festival, nada hay tan omnipresente como los ubicuos per-

FIGURA 6. *Encuentro en la Cuarta Creación de un hombre chamula con el Señor de la Tierra.* Dibujo de Mariano López Calixto.

sonajes de «monos» que hostigaban a los ingleses en el primer apartado de este ensayo. ¿Quiénes son ellos exactamente?

Nadie que haya asistido alguna vez al carnaval en Chamula puede evitar sentirse impresionado y posiblemente aterrado por los cientos de hombres y muchachos que vagan por el festival y siguen la acción vestidos como soldados franceses del siglo XIX, junto con levitas rojas y negras, con faldillas, pantalones cortos y sombreros cónicos de piel de mono, quizá tomados de modelos europeos de piel de oso. Bricker ha demostrado [29] que los orígenes de este curioso traje son bastante recientes, datando probablemente de la época del emperador Maximiliano, el conocido período de la «Intervención francesa» (de 1861 a 1867) en la historia de México. Cualquiera que sea su origen, se denominan *mašetik* o «monos», y según la exégesis común representan a los monos malignos de la Antigüedad primitiva, que, con los demonios y los judíos, mataron al Sol/Cristo. Ellos afirman este tema antisocial de varios modos. Llevan cinturones de piel de serpiente, simbolizando al caprichoso Señor de la Tierra. Según la explicación dada, este ser, que vive en las cavernas y controla la lluvia y la riqueza monetaria, se relaciona con los mestizos mexicanos. El «mono» lleva látigos de pene seco de toro del modelo utilizado por los vaqueros mestizos tradicionales y tiene gafas de sol, también asociadas con el moderno ámbito cultural mexicano. También lleva cuernos llenos de ron y chile en polvo, que puede beber a placer.

Los «monos», con sus rostros ennegrecidos con carbón vegetal, representan el aspecto maligno del cosmos, las malas sombras, el extranjero, el primitivo y el enemigo. Incluso hablan un español burlón mezclado con ruidos animales, en vez del tzotzil, como parte de su rutina verbal. Son payasos y bromistas, moviéndose constantemente por todas partes, gastando bromas y amenazando, con obscenidad explícita. Así, como los demás personajes rituales del festival, tienen un aspecto dual. Representan no sólo las fuerzas del mal y la condición humana primitiva, sino también los policías del festival, guardianes del orden público. Sirven como los guardias del personal ritual y también como su conciencia; se encargan de vigilar constantemente a las autoridades rituales para asegurar que respetan las normas de abstinencia sexual. Hay «monos» sujetos y «monos» libres. Los primeros, en grupos de cuatro, son una parte formal del séquito de cada autoridad. Así, para cada uno de los seis grupos completos de personal (formados por Pasión, Flor, Comisario y Ordinario), hay 16 monos, haciendo un total de 112 «monos» sujetos. Hay también cientos de «monos» libres aulladores. Cualquier hombre puede vestirse como un «mono», incluso la principal autoridad civil, el Presidente Municipal. Aúllan, riendo, bromeando, cantando y dedicados a todo tipo de amenazas y manifestaciones de obsceni-

---

[29] V. R. Bricker, ob. cit., pp. 91-93.

dad en presencia de cualquiera. Como «monos», no están sujetos a las reglas cotidianas normales de la conducta humana, y aun así, se encargan de mantener el orden público. Son seres preculturales que vigilan una representación del caos precultural. Es una contradicción que tiene sentido perverso en el contexto del festival. Finalmente, el simbolismo del color de los «monos», predominantemente negro, se asocia con el Oeste, la dirección del «calor menguante», y con la muerte y la negación, precisamente el opuesto cósmico del rojo y del «calor ascendente», que son las asociaciones simbólicas dominantes de los Pasiones.

La extraña historia de los monos en la cosmogonía chamula les atribuye no sólo una existencia anterior al cosmos y al Sol/Cristo,

FIGURA 7. *Utopía de la Primera Creación.* Dibujo de Mariano López Calixto.

sino también una existencia continua como una sombra del pasado humano. Este vínculo con el experimento humano procede de que se cree que son gente caída y transformada tempranamente. El Sol/Cristo descubrió a unas pocas personas que habían logrado sobrevivir al diluvio primitivo que él había enviado como castigo a su primera creación humana experimental (véase la figura 7). No le gustó la primera gente, pues no podía hablar, cantar ni danzar. Al haber sobrevivido ilícitamente al diluvio, desarrollaron la costumbre de matar a sus propios hijos y hacerles picadillo como relleno de carne para sus tamales (véase la figura 8). Por este pecado, el Sol/Cristo transformó a estos supervivientes depravados en monos (véanse las figuras 9 y 10). Estos temas mitológicos se expresan en un oscuro hecho preliminar en el «Festival de Juegos» donde las esposas de los Pasiones (en su valencia negativa) intercambian y consumen de modo ritual tamales de frijol tamaño bebé (de unos 40 cm) llamados *tama-*

FIGURA 8. *Pecado de la Primera Creación*. Dibujo de Mariano López Calixto.

FIGURA 9. *Transformación de la Primera Creación.* Dibujo de Mariano López Calixto.

li' h'olol («tamales bebé»). (Nótese que la expresión emplea la palabra *tamali'*, derivada del español mexicano *tamal,* del náhuatl, más que la palabra tzotzil usual para tamales de frijol, *cenekul vah.*) Este tema de las barbaridades preculturales de los monos se expresa también en la terminología de las etapas del ciclo vital humano. Todos los niños no bautizados se llaman *mašetik* («monos»). Así, para repetir un viejo dicho que resulta ser verdad en Chamula, la ontogenia recapitula la filogenia.

¿Qué ocurre con el infortunado encuentro de los ingleses con los «monos» en el episodio inicial de este trabajo? Ellos, como los «monos», representaban el pasado de la Humanidad con todas sus imperfecciones. Los ingleses eran personajes en el drama sin saberlo siquiera. Llegaron, según el cálculo geográfico chamula, de los lími-

FIGURA 10. *Marginación de los monos.* Dibujo de Mariano López Calixto.

tes de la Tierra, que, en la experiencia chamula, le lleva a uno a las tierras bajas de la selva tropical en casi todas las direcciones, precisamente donde se sabe que viven los monos, los extranjeros, los ladinos y la gente afroamericana. El encuentro de los «monos» con los ingleses era, así, una reunión de seres iguales, de primos muy, muy antiguos que vuelven a su patria pero no son lo bastante capaces de comunicarse.

VIII. UNA PERSPECTIVA SOBRE LAS IMÁGENES DEL «OTRO» EN SOCIEDADES QUE VIVEN EN EL TIEMPO CÍCLICO

Las conclusiones que pueden extraerse de este estudio se pueden resumir de modo rápido, aunque no a la ligera.

1. Las cosmologías basadas en el cálculo de un tiempo cíclico, que se descubrieron comúnmente en todo el Nuevo Mundo cuando el Viejo Mundo inició el contacto, tenían sin duda, y conservan hoy

día, un complejo aparato cognitivo con el que clasificarse ellas mismas en relación con el otro. En muchos casos, sin duda, las variantes de los nuevos «otros» se mezclarían con episodios ya existentes; por supuesto dándoles interpretaciones de episodios y seres que ya existían en sus propias trayectorias evolutivas. Los sistemas de cálculo de tiempo cíclico tienden a no olvidar el pasado, pues, en un sentido real, el pasado está siempre dispuesto para repetirse en alguna nueva permutación. Así, las tradiciones orales y los dramas históricos de las comunidades indígenas, con su compleja incrustación de textos dentro de textos, tienen un gran potencial para amplificar el discurso histórico sobre los encuentros étnicos poscontacto que han creado el Nuevo Mundo como lo conocemos hoy día. Con esfuerzo, es posible comprender con alguna precisión lo que los «monos» pensaban y sentían sobre su encuentro con los ingleses y por qué actuaban como lo hacían, incluso a pesar de que el encuentro «histórico» mismo fue trivial y espontáneo, ni siquiera redactado de modo específico para su interpretación en el festival. Lo importante es que la «muesca» lógica para situar a los ingleses existía antes que ellos viniesen y habría permanecido «latente» en la cosmovisión de los tzotziles incluso si nunca hubiesen llegado; pues los tzotziles habían tratado con ellos y con su modelo en su propio viaje evolutivo a través de las Cuatro Creaciones.

2. Este sentido de *déjà vu,* en la visión del mundo de las comunidades que viven en el tiempo cíclico, está relacionado de modo lógico con la representación ritual del «otro» como una parte del propio ser de los actores. Por ejemplo, monos y ladinos e identidad mexicana no son solamente inversiones rituales invocadas por los chamulas para resaltar el mal de quienes no son como los chamulas; estas «otras» identidades se invocan porque son parte del propio ser anterior de los chamulas como actores mal-logrados en creaciones anteriores. También se sabe que los pecados de su propio pasado que aquéllos reconocen, recuerdan y representan como encontrados en los «otros» étnicos actuales son, de hecho, parte de su propio potencial para la conducta en el futuro. Por ejemplo, el fenómeno de llegar a ser un ladino, de un chamula que se ladiniza, se produce frecuentemente alrededor de ellos. Así, el «otro» es anterior a ellos, en un sentido etiológico, «en» su potencial de conducta en el presente temporal, y es también una amenaza para su futuro. Con una respetuosa inclinación de cabeza para Freud, que llegó a estas mismas conclusiones por un camino muy distinto, termino este trabajo.

9. EL HOMBRE-MONO CON OJOS DE METAL. MANERAS BORORO DE APODAR A LOS OTROS

CHRISTOPHER CROCKER

University of Virginia

CONSIDERACIONES PREVIAS

Este trabajo se refiere a los bororo del Mato Grosso, Brasil. Este pueblo ha intrigado durante mucho tiempo a los antropólogos, principalmente a Claude Lévi-Strauss, debido a la complejidad de su organización social, a sus complicadas ceremonias y amplia mitología. Igualmente se distinguen, como las sociedades gê relacionadas, por la porfiada tenacidad con que procuran preservar sus modos tradicionales de vida. Una de las consecuencias parecía ser, cuando viví con ellos a mediados de los años sesenta, su inminente extinción física: la población había pasado de unos 5 000 individuos a comienzos de los años cincuenta, a menos de 500, y en el tiempo en que estuve entre ellos las muertes superaban en número a los nacimientos. Aquí sólo intento explicar cómo y por qué los bororo y sus vecinos indígenas han rechazado y condenado tan profundamente, y con consecuencias tan trágicas, a los «otros» occidentales.

Mis argumentos parten del supuesto de que los indios de esta región etnográfica tienden a compartir una doble y vinculada sociocosmología. Se basa ésta, primero, en la convicción de que el mundo de los humanos, de los seres naturales y las fuerzas místicas posee un orden único, eterno, lógico y moral. Pero también expresa, en segundo lugar, la apreciación de que los «otros», tanto humanos como no humanos, interpretan (transforman) y viven sus versiones de ese orden moral, más especialmente en la vida de las cosas mundanas y en las acciones simbólicas. Esta última frase es mi propia versión de la perspicaz estrategia de Todorov cuando dice: «Para

---

León-Portilla, M.; Gutiérrez Estévez, M.; Gossen, G. H., y Klor de Alva, J. J. (eds.), *De Palabra y Obra en el Nuevo Mundo*, vol. 1, *Imágenes interétnicas*, Madrid, Siglo XXI de España, 1992, pp. 237-264.

hablar de las formas y de las especies de comunicación, me coloqué primero en una perspectiva tipológica: los indios favorecen el intercambio con el mundo; los europeos, el intercambio con los seres humanos» [1].

La naturaleza de ese orden lógico/moral puede definirse y justificarse con rapidez debido a la amplitud con que aparece en la bibliografía antropológica reciente. Por supuesto, tengo presente toda la obra de Lévi-Strauss, pero especialmente, aquí y para mis fines, las *Mitológicas* [2]. Otros autores, aunque discrepen de Lévi-Strauss en minucias de detalle etnográfico e interpretación analítica, basan sus planteamientos en algún paradigma estructuralista (o «modelo elemental») [3]. Este paradigma intenta reflejar una única lógica clasificatoria que relaciona las categorías de las personas humanas, ordena los atributos y las acciones de las especies naturales, y controla las operaciones de las fuerzas místicas. Este mundo «totémico» analógico está impregnado de oposiciones generalizadoras (p. e., «crudo/cocido») comunes a la naturaleza y a la cultura, pero también de sus transformaciones o mediaciones sistemáticas en el mito y el ritual. Las oposiciones recurrentes significativas en las «palabras nativas» aquí estudiadas incluirán masculino/femenino, viejo/joven, muerto/vivo, superior/inferior, rico/pobre y asesino/asesinado. Aunque estas díadas son casi siempre asimétricas, en tanto que uno de los polos se «resalta» moralmente sobre el otro, el resultado de todas las inversiones y reversiones parece ser la relativización de toda je-

---

[1] T. Todorov, *The Conquest of America*, Nueva York, Harper and Row, 1984, p. 252 [*La Conquista de América. La cuestión del otro*, México, Siglo XXI, 1987 (1.ª ed. en francés, 1982), p. 262].

[2] *The Raw and the Cooked*, Chicago, University of Chicago Press, 1969 [*Mitológicas, I. Lo crudo y lo cocido*, México, FCE, 1972]; *From Honey to Ashes*, Chicago, Un. of Chicago Press, 1973 [*Mitológicas II. De la miel a las cenizas*, México, FCE, 1972, 1.ª ed.]; *The Origin of Table Manners*, Nueva York, Harper and Row, 1978 [*El origen de las maneras de mesa. Mitológicas III*, México, Siglo XXI, 1984, 5.ª ed.]; *The Naked Man*, Nueva York, Harper and Row, 1981 [*El hombre desnudo. Mitológicas IV*, México, Siglo XXI, 1983, 3.ª ed.].

[3] Véanse D. Maybury-Lewis, *Dialectal Societies*, Cambridge, Harvard University Press, 1979; R. da Matta, *Un mundo divido: A estructura social dos indios apinaye*, Petropolis, Editora Vozes, 1976; E. Basso, *A Musical View of the Universe: Kalapalo Myth and Ritual Performance*, Filadelfia, University of Pennsylvania Press, 1985; A. Seeger, *Nature and Society in Central Brazil*, Cambridge, Harvard University Press, 1981; S. Hugh-Jones, *The Palm and the Pleiades*, Cambridge, Cambridge University Press, 1978.

rarquía. Es decir, el paradigma afirma de inmediato el orden asimétrico del mundo y su mediación a través de la reciprocidad. Así, no existen aquí «donantes» y «receptores» categóricos ni perpetuos: todos poseen y son poseídos. Y es esto lo que varía profundamente a través del tiempo.

La consciencia de este último punto ha sido quizá el cambio más profundo en la comprensión del paradigma entre los etnógrafos de la Suramérica indígena durante los dos últimos decenios. Pero la documentación de tal cambio histórico ha resultado ser notoriamente difícil de elaborar, debido, en gran medida, a la insistencia de los informantes sobre la inmutabilidad del paradigma. Parte de mi material reciente muestra precisamente cuán correcta es tal actitud, con qué éxito el orden moral absorbe radicalmente las nuevas «cosas» y los modos nuevos de relación, cuán justificados están los indios en mantener que «Plus ça change, plus ça reste la même chose» («cuanto más cambia, más sigue siendo lo mismo»). Pero intentaré demostrar lo contrario de esta flexibilidad, cómo cuando una innovación amenaza radicalmente cualquier asimilación, es «rechazada y condenada» por ello, aunque no sin malestar y perturbación sociales. Para atender por qué ocurre esto, necesitamos estudiar precisamente cómo el paradigma codifica diversos tipos de «otros».

I. PRINCIPIOS INDÍGENAS DE CLASIFICACIÓN: MITOS Y OTRAS REALIDADES

Para el orden moral indio, el «otro» se manifiesta de tres formas traslapadas: especies naturales, fuerzas místicas y «humanos extraños». Respecto al primero de estos modos, cualquiera mínimamente familiarizado con los mitos suramericanos conoce precisamente de qué modo tan difuso el «otro» está presente en forma de animal, ave, insecto, reptil. Estos seres son totalmente personas: cultivan, cazan, cocinan, se adornan, pero, sobre todo, hablan, sin ser conscientes de ello, y en la lengua nativa. A menudo tienen consortes humanos o ellos mismos se convierten en consortes de los hombres, aspecto crucial sobre el que volveré en seguida. Por supuesto, el intercambio con estas criaturas proporciona la arquitectura y el flujo narrativo de los mitos, pero de un modo bastante diferente al de los protagonistas animales en las narraciones populares indoeuropeas o africanas [4]. Lo mismo sucede con la segunda forma —las fuerzas místicas—, que son o bien «nosotros mismos», humanos reconocibles, disfrazados como héroes o antepasados culturales gemelos, o bien ellos mismos son una especie natural, al menos en un tiempo mítico. Igualmente ocurre en las ceremonias, que, en la inmensa mayoría de los casos por mí conocidos, intentan representar —literalmente— modos naturales/sobrenaturales de ser mediante una deslumbrante diversidad de símbolos: pinturas corporales, adornos de plumas y pieles, danzas y canciones. Mediante todo esto, esos seres, que ordinariamente aparecen disfrazados como miembros de una u otra especie o se manifiestan en la lluvia o en el fuego o en los sueños, participan de modo total y sensible de ese paradigma moral que ordena las relaciones entre diversas categorías de «nosotros mismos». Por supuesto, mediante el intercambio de productos tomados de las especies naturales y de las fuerzas místicas —plumas, garras, dientes, y, finalmente, alimento— estas categorías se definen e incluso podría decirse que llegan a existir [5].

Esto último fue la base para mi segunda característica de la doble sociocosmología compartida por los indios de las tierras bajas de Suramérica: una apreciación de cómo los otros (principalmente, las especies naturales) interpretan y «viven» ese único orden moral. Algunas criaturas, tales como los carnívoros, pueden hacerlo de manera competitiva con inferiores a los seres humanos (pero nótese que los mitos parecen preocuparse de neutralizar este desequilibrio; por ejemplo, mediante la frecuente atribución al jaguar de la capacidad de cocinar). No obstante, otras criaturas son retratadas como existiendo en modos paralelos y comparables con los de los seres humanos. Por ejemplo, las aves tienen familias, hogares, dietas estacionales, «lenguas» distintivas e incluso división del trabajo por género; ¿no son, quizá, como tantos clanes (endógamos)? Ésta puede ser una razón del profundo interés de los indios de esta área cultural por las aves y sus plumas y los usos ornamentales de los mismos, así como su importancia en ceremonias y mitos. Si el mundo nuer es inteligible como un «idioma bovino», seguramente estos amerindios ar-

---

[4] C. Lévi-Strauss, *The View from Afar*, Nueva York, Basic Books, 1985, p. 168 [*Palabra dada*, Madrid, Espasa-Calpe, 1984; *La mirada distante*, Barcelona, Argos, 1985].

[5] Véase G. Urton, *Animal Myths and Metaphors in South America*, Salt Lake City, University of Utah Press, 1985.

ticulan un idioma «pajarero». A esto puede deberse también el hecho de que Lévi-Strauss, en sus obras más teóricas, privilegie tan a menudo a las aves como ilustrando la mente salvaje en su fase más analógica. Debería añadirse que, en algunas zonas de esta área (la cuenca amazónica), los peces, los reptiles y la vida marina parecen generalmente ser considerados como un espejo acuático invertido del aire y de sus habitantes [6].

Hasta ahora, mi caracterización de esta sociocosmología aduce que la oposición Sí Mismo/Otro no se corresponde con la oposición entre Cultura y Naturaleza, que se manifiesta tanto dentro como fuera de la sociedad humana (a través de mitades constituyentes: centro/periferia, masculino/femenino, vivo/muerto, etc.) y que su apreciación, tan estética como cualquier otra cosa, crea la base para todas las relaciones de reciprocidad dentro y entre estas numerosas categorías opuestas. Pero la lógica de este paradigma moral parece vacilar cuando se encara con el otro «extranjero», esos seres posible o probablemente humanos, pero difíciles de traducir a los términos de esa lógica. Mucho de lo que sigue se refiere precisamente a cómo en las palabras nativas (en los actos simbólicos) se intenta aplicar una diversidad de interpretaciones, comenzando por las que hacen de los «extranjeros» seres reconocibles, aunque sea sólo marginalmente, como «indios». Así, los mitos y los relatos orales describen seres que, a diferencia de las aves, animales y reptiles, eran claramente *sub specie humana,* pero lo bastante «como nosotros» como para que sus adornos y armas pudiesen ser tomados como otras tantas plumas y garras, después de matar a sus portadores, por supuesto. La cuestión central para estos textos, etnohistóricos y de los indios contemporáneos, es si estos otros seres podrían ser tomados del modo más total: esto es, desposados y fecundados para tener descendencia.

Aunque este tema se abordará en seguida, he de hacer dos observaciones preliminares. Primera: como indiqué antes, los mitos nos retratan frecuentemente a nosotros los seres humanos como consortes de criaturas salvajes y a ellas como «casadas» entre sí. Pero estas uniones casi siempre terminan en un desastre mortal para los individuos implicados; aun así, sus muertes son la fuente de nuevos «productos», ya sean culturales (adornos, algodón cultivado, fuegos de cocina) o naturales (nuevas especies de plantas, epidemias, estre-

---

[6] S. Hugh-Jones, ob. cit.; Roe, 1986.

llas). Por otro lado, tales innovaciones en la «materia» de este mundo también se describen como debidas a las acciones de héroes culturales. (Auké, el héroe cultural mesiánico gê, es totalmente excepcional por combinar estos temas: soltero, sin edad y quizá incluso asexuado, su muerte o muertes producen nuevos «bienes» igualmente ambiguos: armas, ganado y «civilizados». Él es claramente el resultado de un intento indio de adaptar la cosmología tradicional a la de los misioneros cristianos, que simplemente no sirve).

Segunda observación: estos matrimonios míticos son rigurosamente simétricos respecto a los géneros de los consortes. Es decir, hembras humanas tienen tan a menudo compañeros «salvajes» como los machos humanos. Esto es consecuente con la reciprocidad directa exigida por los sistemas de intercambio restringido, según Lévi-Strauss [7]; cancela diestramente la cuestión de quién está haciendo precisamente lo «adecuado». Es decir, estos sistemas no admiten relación perpetua alguna de superordenación y subordinación, de «desigualdad», ni siquiera ante el dominio de la Naturaleza, ni siquiera al confrontarse con fuerzas místicas tales como la muerte y los antepasados. El ser humano no es más que los animales ni menos que los ángeles: seguramente se trata de un orden moral fundamentalmente distinto del asumido por Occidente, ya sea en el siglo XVI o en el XX.

II. UN INCISO ETNOGRÁFICO: LA RECIPROCIDAD BORORO COMO HECHO SOCIAL

En este punto podría ser útil aportar un ejemplo de lo que tengo presente al resaltar la omnipresencia del «intercambio directo». Gran parte de la vida moral/jurídica de los indios bororo gira en torno a lo que ellos denominan *mori-xe*, «deuda» o «don». Si, por ejemplo, mi perro muerde al hijo de otra persona o, sin darme cuenta, hiero a un compañero mientras cazamos, debo compensarles adecuadamente abonando una indemnización, o entregando un adorno, un cuchillo o una vasija. Esto se llama *mori-xe*. Debo mucho más a quienes me proporcionan un cónyuge; pero mis familiares políticos me compensarán en su momento por los servicios que les presto al

[7] Ob. cit., 1969, pp. 98-145 y 478-497.

dar albergue y alimentar a mi esposa y al engendrar hijos para su clan. (Los bororo son matrilineales y poseen lo que se describe generalmente como «mitades exógamas» divididas cada una en cuatro clanes matrilineales.) Los pagos por estas obligaciones, a menudo en forma de comida especialmente preparada, se denominan, una vez más, *mori-xe*. Después, si soy herido por una criatura salvaje, algún otro bororo debe matar a esa criatura (o a otro miembro de su especie) y compensarme así. Si yo fuese picado por una avispa o mordido por una serpiente, mi cuñado o mi cuñada (según mi género) matarán a ese animal; mis familiares y yo le recompensaremos con adornos y platos sabrosos. Todos estos intercambios, la ejecución y sus recompensas, son igualmente *mori-xe*.

Finalmente, cuando yo muera, ya sea por epidemia o que me mate un animal salvaje o que sea asesinado por otra persona, mi muerte debe vengarse matando al responsable o a su representante [8]. Esta venganza, el ejemplo supremo de *mori-xe* para los bororo, deberá nuevamente aplicarla mi familiar político, el esposo de mi hermana o el hermano de mi esposa (pero siempre, aquí, un hombre, incluso si «yo» soy una mujer). El ejecutor es ampliamente recompensado por su acción mediante donaciones de pinturas corporales, adornos, armas, incluso una esposa si carece de ella; pero él, a cambio, debe aportar a los familiares del fallecido el producto más sabroso (caza, cerdos salvajes, tapires, etc.) [9]. Tan importantes son estos últimos intercambios que pueden ser continuados, a su muerte, por el propio «vengador» del ejecutor.

Por formalmente simétrica que pueda ser la lógica de la *mori-xe*, los bororo resaltan que, en la práctica, toda transacción debería ser cualitativamente «más» que las que la preceden; esto es, como señaló Mauss tan lúcidamente hace más de sesenta años (en 1925), cada intercambiador intenta siempre ser acreedor más que deudor. Pero son tan numerosos y abundantes los intercambios, que cada individuo es tan deudor como acreedor en cualquier momento. Así, la red de reciprocidad no se anula tanto como se aviva por la muerte; como dicen los bororo, «*mori-xe* jamás termina, sino que sigue y sigue y sigue». Y es así porque el ser o seres ejecutados por el vengador rara

---

[8] J. C. Crocker, *Vital Souls: Bororo Cosmology, Natural Symbolism and Shamanism*, Tucson, University of Arizona Press, pp. 280-290.

[9] J. C. Crocker, «Selves and Alters among the Eastern Bororo», en D. Maybury-Lewis, *Dialectical Societies*, pp. 249-300, Cambridge, Harvard University Press, 1979.

vez son considerados recompensa adecuada por la persona muerta. Más bien, se considera como uno de los pagos de una serie de pagos aplazados. Esto es totalmente cierto si el ejecutor es asesinado mientras intenta cumplir la *mori-xe:* entonces su vengador adeuda, al menos, dos muertes. El hecho inmediato, en este contexto general, es que durante la mayor parte de los dos últimos siglos, muchos bororo fueron asesinados por brasileños, y la lógica de la reciprocidad de la *mori-xe* empujó a estos indios a matar a otros tantos brasileños, si no más. Es bastante curioso que esta razonable aplicación de nuestra occidental y muy antigua *Lex talionis* parezca no haber sorprendido a los observadores ajenos hasta hace bastante poco [10]. Aquí, entonces, tenemos un ejemplo claro y trágico de cómo la moralidad del paradigma condujo a la condena del «otro» en palabra y obra.

III. OTRAS INTERPRETACIONES DEL «OTRO»: OBSERVACIONES METODOLÓGICAS Y TEÓRICAS

Pocos son los ejemplos que puedo aportar de los encuentros históricos del paradigma con Occidente. Muy conocida es la carencia, para esta área cultural, de documentos tan magníficos como las biografías nativas y las etnohistorias halladas palabra por palabra en otros lugares del Nuevo Mundo [11]. Por supuesto, existe un amplio *corpus* de mitos, y más adelante me esforzaré todo lo posible en señalar su relevancia para los objetivos de este trabajo. No resultará fácil, pues uno de los rasgos notables de estos relatos es la muy escasa atención que prestan a los «otros» del Viejo Mundo. (Los mitos gê referentes a Auké, ya mencionados, son excepcionales a este respecto.) Pero, reflexionando sobre ello, esta carencia me pareció, en cierto modo, una ventaja tanto para mis problemas metodológicos como para algunos de los debates teóricos en curso dentro de la antropología. En definitiva, una de las cuestiones centrales de estos debates parece ser la naturaleza misma de los textos y de sus

---

[10] G. Mussolini, «Os meios de defesa contra a molestia e a morte em duos tribos brasileiras», *Revista do Arquino Municipal,* CX, Sao Paulo, Brasil, 1945, pp. 7-152.

[11] J. Hemming, *Red Gold: The Conquest of the Brazilian Indians,* Cambridge, Harvard University Press, 1978.

interpretaciones, especialmente los presentados como «etnografías», pero también los registrados como «palabras nativas» [12]. Tales preocupaciones son, ciertamente, tan antiguas como la disciplina misma, y fueron estudiadas de modo detallado por algunos de sus exponentes más distinguidos: Malinowski, Evans-Pritchard y Lévi-Strauss, justamente aquellos que han sido (y creo que erróneamente) condenados por Geertz por su «mala fe» epistemológica. Pero estoy de acuerdo en que los problemas de interpretación parecen especialmente agudos en la actualidad, dada la búsqueda moderna de «autenticidad» e «intersubjetividad».

La «ventaja» que mi carencia de material histórico podría suponer me la sugirió la magnífica revisión efectuada por Michael Carrithers [13] de las críticas de Geertz a la «escritura etnográfica». Carrithers sugiere que los buenos etnógrafos siempre canalizan las «verdades» de sus propios textos y su comprensión de los mismos mediante el fragmento o incidente «expresivo». Lo «expresivo» habla «más fuerte que las palabras» (la frase es mía), en cuanto revela cómo, en una sociedad determinada, «se imaginan, se desean, se practican, se logran o se echan a perder las relaciones» [14]. Y aunque los «cómos» de estas acciones podrían ser particulares de esa sociedad, los «porqués... atestiguan una más general capacidad humana, llámada sociabilidad, que es tan poderosa que permite el establecimiento de vínculos incluso con extranjeros» [15]. Estas observaciones son especialmente atractivas por cuanto nos permiten considerar cómo los etnógrafos de un área cultural particular reconocen de modo espontáneo ciertos hechos como especialmente «expresivos» de las cualidades humanas únicas de esa área. Lévi-Strauss señala en alguna parte que sabría si un mito es amerindio aun cuando escuchase sólo unas pocas frases del mismo, pero declara que se siente profundamente perplejo en cuanto a cómo puede lograrlo. En gran parte del resto de este trabajo me apoyaré en «incidentes expresivos»

---

[12] *Cf.* especialmente C. Geertz, *Works and Lives: The Anthropologist as Author*, Cambridge, Polity Press, 1988 [*El antropólogo como autor*, Barcelona, Paidós, 1989], para el primer asunto, y R. Handler, *Nationalism and the Politics of Culture in Quebec*, Madison, University of Wisconsin Press, 1988, para el segundo.

[13] M. Carrithers, «The Anthropologist as Author: Geertz' Works and Lives», *Anthropology Today*, vol. IV, núm. 4, 1988.

[14] M. Carrithers, ob. cit., p. 21.

[15] M. Carrithers, ob. cit.

para ilustrar qué problemas en la traducción «impiden» a los pueblos nativos de Sudamérica «establecer vínculos con extranjeros».

Voy a comenzar con dos ejemplos especialmente sorprendentes, tanto más interesantes cuanto que, aunque ambos proceden de indios americanos canadienses, me resultaron chocantemente «suramericanos». El primero procede de una conferencia reciente de Marshall Sahlins en la Universidad de Virginia sobre un tema muy relacionado con el de este libro. Señaló cómo dos misioneros jesuitas, en el siglo XVII, pasaron su primer invierno con un pequeño grupo de indios cree, adoptando muchas de sus costumbres y aprendiendo así mucho de su cultura. No obstante, se sintieron totalmente confusos cuando llegó finalmente la primavera y los cree les presentaron un gran recipiente de corteza de abedul lleno de lo que resultó ser moco humano, que los indios consideraron un regalo muy adecuado para «establecer vínculos con extranjeros». Las palabras nativas fueron: «Os vemos sonándoos cuidadosamente la nariz con trozos de tela y guardándolos después en vuestros bolsillos, por lo que pensamos que eso [el moco] debe ser especialmente valioso para vosotros.»

El otro ejemplo lo aportó un colega, Stephen Sharp, que trabaja incluso más al norte, entre los indios chippewa de los Territorios del Noroeste. Una vez, él y un buen amigo (nativo) estaban cazando, cuando encontraron dos caribúes. El amigo de Steve disparó primero seis veces al animal por el lado derecho pero, aunque no estaba muy lejos y generalmente era un excelente tirador, falló cada vez. Steve disparó entonces una vez al caribú por el lado izquierdo, y le mató. «Ah», dijo su amigo, «te "pidió" que le matases». Esta noción, por la cual uno mismo se sacrifica o es «ejecutado» de otro modo por la naturaleza o por las fuerzas místicas, es muy común entre indios americanos, pero rara vez se expresa de modo tan claro.

IV. PARADIGMAS MORALES: EL SISTEMA BORORO

Antes de zambullirnos en algunos «incidentes expresivos» comparables de Suramérica, he de esbozar los fundamentos de la clasificación lógica bororo. Son básicos porque, como principios generativos de orden moral, subyacen a todas las «palabras nativas»: mitos, conductas simbólicas, la dinámica sutil por la que se negocian las reglas de reciprocidad en la vida diaria. Esta sociedad acaso no sea perfectamente representativa de las de esta área cultural, pero sí, tal vez, la mejor conocida de todas las sociedades de las tierras bajas tanto etnográfica como históricamente. Esto se debe en gran parte a que, como Lévi-Strauss nunca ha dejado de resaltar, unos pocos miembros de la Orden salesiana, que llevan viviendo entre los bororo más de cincuenta años, investigan de modo ejemplar esta sociedad [16]. Ciertamente, aquí la distancia entre el «sí mismo» nativo y el «otro» occidental se ha salvado con un largo e intenso intercambio marcado por el respeto y el profundo afecto por ambas partes. Este trabajo puede considerarse mi propia *mori-xe* por esta ejemplar colaboración salesiana-bororo y para su principal informador, Akirio Bororo Kejewu (1897?-1958).

Los bororo se describen generalmente como divididos en mitades formadas cada una por cuatro clanes; la pertenencia a estas unidades sociales es matrilineal y la residencia posmatrimonial, uxorilocal. (Demasiada jerga antropológica). Esta sociedad abarca el cosmos en términos de dos principios antitéticos que denominaré aquí lo «mutable» y lo «inmutable», o lo «histórico» y lo «trascendente». El primero no implica cambios irreversibles sino más bien los ritmos de la naturaleza, las secuencias renovadas de nacimiento, vida, muerte, decadencia y renacimiento (un ejemplo de lo que Leach denomina historia «cíclica», opuesta a la historia «lineal») [17]. Cada uno de estos principios se encarna en esa díada que llamamos mitades: una, *Exerae,* tiene como sus principales iconos los emblemas del cambio repetitivo, el sol y la luna, *Meri* y *Ari.* La otra mitad, *Tugarege,* se muestra primero en los antepasados y en todo lo que manifiesta permanencia: colores, rocas y montañas, cursos de agua. Como estos principios son evidentemente tan variables en el mundo fenoménico —por supuesto, todo participa en mayor o menor grado de cada uno— se dividen ambos en cuatro conjuntos de subprincipios (nuevamente en jerga antropológica, «clanes» y «tótems»). El supuesto básico de la clasificación bororo es que todo en el mundo

---

[16] J. Wilbert y K. Simoneau, *Folk Literature of the Bororo Indians,* Los Angeles, UCLA Latin American Center Publications, University of California, 1983, XV-XIX.

[17] E. Leach, «Two Essays Concerning the Symbolic Representation of Time», en *Rethinking Anthropology,* Londres, The Athone Press, pp. 130-132 [«Dos ensayos sobre la representación simbólica del tiempo», en *Replanteamiento de la Antropología,* Barcelona, Seix Barral, 2.ª ed., 1972].

«encaja» en una u otra de estas óctuples divisiones. Pero precisamente el cómo y el porqué «encajan» constituye un problema importante para los bororo, que aunque están profundamente convencidos de la verdad de su paradigma, a menudo no saben cómo explicar que algunas entidades «encajen» con otras, y cuál es la «semejanza familiar» que une las cosas en el seno de cualquiera de las ocho divisiones. Como veremos, estaban y están particularmente confusos sobre dónde situar la «materia» occidental.

En mi opinión, esto tiene menos que ver con la novedad de los productos extraños que con ciertas ambigüedades de los relatos bororo sobre cómo las cosas y los seres llegaron originariamente a existir y fueron situados dentro del orden clasificatorio. Como veremos, los mitos bororo tienen en común con muchos otros del Nuevo Mundo la frecuente preocupación por los orígenes. (¿Quizá debido a un impulso general de «probar» o «ampliar» la lógica del paradigma? ¿Para establecer la base moral de nuevos intercambios?) Los informantes dicen que tanto en los tiempos míticos como en su propio pasado humano, las cosas nuevas pertenecían absolutamente al primer bororo que las encontró, que les dio un nombre propio y así adquirió ciertos derechos sobre ellas para sus unidades sociales («linaje», «clan» y «mitad», en jerga otra vez). Pero ulteriormente, el nombrador/propietario transmitió *in perpetuum* alguno de estos derechos o todos ellos a personas de la otra mitad, casi siempre sus familiares políticos e hijos. Entiendo que mis informantes quieren decir que tales regalos se hicieron conforme al espíritu de reciprocidad que vincula a las mitades, pero que también expresaban la lógica categorial de que «lo semejante va con lo semejante», que la cosa nueva «pertenecía» a uno de los cuatro conjuntos preexistentes de la otra mitad. Pero cuando les pedí que explicasen los principios subyacentes a un conjunto de ejemplos, mis amigos consideraron cualquier asociación como evidente por sí misma, recurrieron a un razonamiento ingenioso pero claramente *ad hoc,* o confesaron su propia perplejidad. Es decir, no intentaron generalizar los principios sino que los tomaron como datos, incluso si en tal o cual ejemplo resultaba incomprensible la asociación. Sólo ahora, después de casi tres decenios de pensar sobre este asunto, comienzo a captar el orden subyacente a estas asociaciones aparentemente caprichosas.

Por ejemplo, la mayoría de las entidades del Viejo Mundo «encajan» con la *Exerae,* la mitad apropiada para la representación de lo mutable e histórico. Pero esto es una razón porque yo lo caracterizo así; los bororo nunca lo harían de esta manera. Las personas occidentales que insisten en integrarse en este pueblo reciben nombres propios de miembros de la *Exerae.* Yo fui formalmente llamado *Meriutawara,* literalmente «Senderos del sol», pero refiriéndose al nimbo solar justo antes o después del mal tiempo, un «perro sol». El sol se asocia particularmente con el clan *Exerae* denominado *Bado Jebage Xebegiwuge,* los «Planificadores inferiores del pueblo», cuyas tareas sociales incluyen la de orientar el plano del pueblo a lo largo de un eje solar Este-Oeste cuando el pueblo se traslada de lugar, y la de asegurar, así, el orden ceremonial y normativo. (El asunto no está tan claro: muchos otros aspectos del sol, incluyendo adornos, pinturas corporales y otros nombres propios referidos a ello, son «poseídos» por clanes de ambas mitades [18].) Mi título no era tan lisonjero como podría parecer a primera vista, según será evidente más adelante, pero a los bororo se les ocurrieron otros matices clasificatorios adicionales.

Después de haber vivido con ellos durante un año aproximadamente, un amigo sugirió que el nombre que me dieron resultaba especialmente adecuado ya que yo era genéricamente un *merikano* (del portugués «americano»; en lengua bororo, la /a/ es muda); *kano* significa el brazo humano —«los brazos del sol»— o «pequeño rayo solar». Además, los bororo habían observado hace algún tiempo la presencia nueva de puntos de luz en lento movimiento en los cielos nocturnos; se les explicó que éstos eran satélites situados en órbita por los *merikanos.* Finalmente, en su experiencia, todos los aeroplanos ligeros que ocasionalmente volaban por encima de ellos o que —muy infrecuentemente— aterrizaban realmente cerca de sus pueblos se decía que estaban fabricados en *Merika.* Claramente, mi pueblo y yo pertenecíamos «a los paraísos solares». Pero por claramente que todo esto confirmase los principios clasificatorios del paradigma, se consideró por todos como una estupenda broma: todos reconocían que la etimología era falsa, dado que se basaba en fonemas portugueses, no bororos. Su propio vocablo para todos los occidentales, incluidos los americanos, es *barae;* aunque establecen claras distinciones entre las subdivisiones de esta categoría (como se verá más adelante), los americanos y los objetos especialmente asociados con ellos son inequívocamente *barae* y, por consiguiente, incorpo-

[18] *Cf.* C. Albisetti y A. J. Venturelli, *Enciclopedia bororo,* Campo Grande, Museu Regional de Dom Bosco, 1961, vol. I, pp. 1238-1241.

rados con dificultad al esquema nativo, incluyendo a los antropólogos visitantes.

Pero el asunto apenas acabó ahí. Los nombres propios son generalmente secretos muy guardados incluso dentro de la sociedad nativa. Las etiquetas personales empleadas en la vida cotidiana son esa especie de títulos no serios que llamamos «apodos». Toda persona tiene al menos un apodo; proceden éstos de hechos singulares, y de ahí que cambien tan a menudo en el transcurso de una vida. Los bororo generalmente son bromistas y a menudo rudos. Por ejemplo, un anciano, casi ciego, tullido en su lado derecho por una apoplejía, era muy querido por su buen humor permanente. Era uno de los pocos adultos que podían bromear sobre su supuesta impotencia. Un día durante una caza en grupo (un asunto sagrado y nominalmente prohibido a mujeres y niños), mató por accidente un pequeño caimán, hecho normalmente realizado sólo por jóvenes robustos. (Los caimanes son peligrosos más por sus poderes místicos que por sus dientes y garras.) Fue apodado de modo inmediato y público como «Ejecutor del Gran Reptil» y embromado constantemente acerca de su paternidad inmanente. (Por desgracia, no logro hallar mis notas sobre este caso; el apodo implicaba varios ingeniosos juegos de palabras.)

V. LOS APODOS COMO CLASIFICACIONES: HOMBRE-MONO CON OJOS DE METAL

Las personas de mala reputación social recibían apodos más o menos denigrantes según la valoración de su carácter idiosincrásico; no hace falta decir que rara vez llegan a enterarse de dichos apodos. Todos los *barae* tienen apodos especialmente burlones, aun cuando para dirigirse a ellos de modo solemne y público se empleara su nombre bororo propio. Llegue a enterarme de mis apodos por casualidad; éstas son mis «palabras expresivas» bastante literalmente, pues estos nombres ilustran de modo bello cómo el sistema clasificatorio bororo abarca contingencias tan accidentales como la de un antropólogo en particular inquilinato. Mis apodos eran *Joku meriri,* «Ojos de metal» y *Juko imedu,* «Hombre mono». El primero se refiere a mis gafas pero connota mucho más; el segundo, alude a mi relativa pilosidad general pero, más en particular, al joven mono capuchino que tuve como animal de compañía durante la mayor parte de mi permanencia con los bororo, con abundantes implicaciones más generales, aquí también. El vocablo *meriri* se refiere a todas las sustancias metálicas en general, incluido el cristal, pero ante todo, al oro; como sugieren los morfemas, este nombre para la esencia del metal procede del vocablo *meri*, el sol. Antes del contacto, los bororo trabajan el oro en bruto, hallándose normalmente pepitas del mismo en las corrientes de agua locales del Mato Grosso norte-central. Por supuesto, fue la abundancia de este apreciado mineral lo que, en principio, llevó a los portugueses a la zona, a finales del siglo XVII; Cuiabá, la capital del Mato Grosso, era un pueblo bororo tradicional llamado Kuiapa. Pero para los indios actuales, el oro ha llegado a significar tanto el bien natural como todas las maravillas materiales que la misteriosa alquimia de Occidente puede labrar a partir de aquél. En particular, los americanos son considerados, por buenas razones, muy bien provistos de «productos» manufacturados; a veces nos llaman *barae kurireu*, «grandes civilizados», debido a esta abundante riqueza de material y a nuestra estatura. Finalmente, la mayoría de los bororo más ancianos han perdido vista debido a una combinación de factores genéticos y ambientales; las gafas llegaron a ser uno de los artículos más apreciados que intercambié con ellos. No sin bastante renuencia, me convertí en un minorista local, comerciando con todo tipo de productos occidentales (vasijas, cuchillos, anzuelos, ropa, hilo, jabón, tijeras, tabaco, galletas, además de gafas) por artículos indios. «Ojos de metal» se mereció su apodo.

Igual ocurrió con «Hombre mono». La mayoría de los indios americanos, y ciertamente los de las tierras bajas de Suramérica, parecen odiar la pilosidad corporal y, sobre todo, la facial; los bororo incluso aguantan fuertes dolores para quitarse sus pestañas. Aunque era un joven barbilampiño durante el trabajo de campo, otros *barae* y yo seguíamos siendo bestias muy peludas, en comparación, por supuesto, con los indios. (Un ex hippy barbudo y de larga cabellera, voluntario del Peace Corps, que me visitó en el campo fue instantáneamente apodado *Juko Etawujedu*, «Personificación del mono».) Muy al principio de mi vida entre los bororo, adopté por casualidad a un pequeño mono capuchino (esta especie se llama *juko*, pero esa palabra se usa también para referirse a todos los tipos de monos). Esta criatura se convirtió literalmente en mi compañero inseparable, mucho más por su elección que por la mía. Como los mitos demostrarán pronto, los bororo suponen que los monos en general, y los monos capuchinos en particular, tienen afinidades especiales con los *barae*, o quizá lo contrario. Ambos modos de ser encarnan la antítesis misma del sí mismo (nativo): ruidoso, indisciplinado, inmoral, astuto más que inteligente, cómico a menudo sin saberlo, como cuando se enfurecen. Y los monos (y, por tanto, los seres humanos no indios) son totalmente incapaces de convertirse en «civilizados» o domesticados, a diferencia de la mayoría de las aves, ungulados y felinos. (Los bororo, como sus vecinos indígenas, con frecuencia crían a los cachorros de todos estos últimos animales, pero nunca, que yo sepa, monos.) Además, mis amigos nativos reconocían todos el juego de palabras en los apodos emparejados, *joku/juko* («ojos», «mono»), que es una cuestión de fonética local. De modo más pertinente, con el tiempo me fui convirtiendo en la encarnación de la miríada de connotaciones de estos nombres. Aumentaron las peticiones de mis servicios como comerciante hasta el punto de convertirse en molestas para mí y en una fuente de disputas ocasionales con algunos de los indios. Además, mi querido Juko, al crecer, se convertía en un incordio por sus travesuras con los instrumentos sagrados durante los rituales, y por sus bromas a los perros del pueblo y a los araraunas domesticados. Pero, sobre todo, su «chillido» silbante perturbaba el sueño de todos, pues protestaba rutinariamente por ser confinado a su propio lecho durante la noche. Varias veces, mis amigos me urgieron para que le dejase volver a la selva, donde le correspondía estar; lo intenté una vez, pero a Juko no le gustó la idea. Finalmente, cuando me marché, mi «hermana» se ofreció voluntaria para cuidarle; cuando regresé, dos años después, ella dijo que Juko finalmente se había escapado, regresando a la selva. ¿Se sintieron los bororo igual de aliviados al verme marchar finalmente, de aguantar al último «Hombre mono»?

He pensado en las connotaciones de mis propios apodos porque revelan cuán sistemáticamente intentan los nativos encajar al «otro» en sus propios principios clasificatorios, cómo estos títulos revelan la lógica particular de la reciprocidad que se considera sirve de mediación en esta relación, y cómo, al final, mi occidentalidad irreductible volvió ambiguas y contradictorias tales «colocaciones». También quería demostrar cómo los apodos «expresivos» podían ser como un campo de indagación en los obscuros encuentros donde los sí mismos indígenas deben identificar una diversidad de otros únicos. Pero ahora estudiemos de modo más sistemático y menos anecdótico ejemplos del mismo asunto, la problemática lógica de ordenar moralmente al Otro occidental de modo categórico, en los términos de las propias palabras nativas.

VI. HACIENDO AL «CIVILIZADO»: REPRESENTACIONES INTERPRETADAS

Casi todas las ceremonias bororo pretenden representar de modo figurativo las entidades naturales y místicas («tótems») asociadas con cada uno de los ocho grupos sociales. Utilizan para esto la pintura corporal, adornos, canciones y danzas, motivos que en gran parte han sido descritos e ilustrados con gran detalle por los salesianos [19]. Como se podría esperar ahora, los bororo suponen que cada una de tales representaciones debe ser interpretada por miembros de la mitad opuesta a la de los que «poseen» las entidades que se están personificando. En términos nativos, los *exerae* «se convierten» así en los emblemas de los clanes *tugarege*, y viceversa; esto se considera un ejemplo ideal de lógica recíproca de la *mori-xe*. Aunque estos intercambios tienen múltiples y complejas consecuencias teóricas [20], aquí nos interesamos por la lógica de dónde y cómo los «civilizados» y sus artefactos se sitúan de modo concreto dentro del esquema general, mediante su descripción simbólica en la acción ceremonial. Esta colocación también se refiere a la cuestión de cómo, según se mencionó antes, las palabras místicas casi nunca tratan sobre personas occidentales o sus «cosas».

Reiterando: todas las cosas no exactamente no bororo pero no indias «encajan» en los *exerae*. De interés para nosotros ahora es cómo esta categoría general de «civilizados» se divide entre los cuatro clanes o conjuntos clasificatorios de esa mitad. Ya conocemos la lógica algo sinuosa que sitúa a los americanos y sus productos con los «planificadores inferiores del pueblo». El siguiente clan en el círculo del pueblo son los *kie*, los «tapires», que están particularmente asociados con el color negro y con cosas «de destrucción» tales como buitres, pumas y anacondas. Algunos informadores justificaron esto basándose en la semejanza fonética entre los lexemas

---

[19] C. Albisetti y A. J. Venturelli, ob. cit., pp. 120-162 y *passim.*

[20] J. C. Crocker, ob. cit., 1979; *id., Vital Souls: Bororo Cosmology, Natural Symbolism and Shamanism,* Tucson, University of Arizona Press, 1985.

raíces bororo */ki/* y */bi/*, significando «muerte» el segundo. No es sorprendente que los occidentales «negros» *(barae xoreu)* y todos los tipos de armas de fuego «encajen» en el clan *kie*. En una de las ceremonias propiedad de este grupo, dos o más danzantes se envuelven en lodo negro y blanden mosquetes grotescos hechos con madera podrida. Fingiendo una fuerte borrachera, los actores dan tumbos y traspiés entre los demás danzantes que representan principios totémicos *kie* más tradicionales. Son mucho más patéticos que cómicos.

Después, a lo largo del círculo del pueblo vienen los *bokodori exerae*, los «armadillos». Muchos materiales fabricados en Occidente, tales como ropa, vasijas metálicas y abalorios, «encajan» en este clan, pero como añadidos recientes a sus iconos tradicionales: cuervos, armadillos, el pez conocido como «dorado», y también objetos de manufactura nativa: instrumentos de percusión, algodón hilado y ciertos estilos de bisutería. Ésta se fabrica con fragmentos, cuidadosamente trabajados, de conchas de agua dulce y con diversas semillas silvestres duras. De aquí que este clan tenga entre sus tótems numerosos objetos de fabricación humana, indígenas y occidentales; esto generalmente sucede sólo entre los *exerae* a este respecto. Quizá por eso es el único clan en «poseer» la representación ceremonial *barae pega etawujedu*, «el anciano civilizado», que en sí mismo, entre los ceremoniales bororo, es tan anómalo como la figura que describe. Para empezar, el vocablo *pega* es ambiguo, significando «viejo, sabio, feo»; los bororo consideran generalmente la ancianidad como un desastre natural, inevitable y horrible, que se apodera de todas las cosas vivas.

El *barae pega* siempre aparece como una figura solitaria, completamente independiente de cualquier otra ceremonia, un intruso en un día bororo por lo demás normal. Generalmente lo encarna en *tugaregedu* (un miembro de la mitad opuesta a la del clan *exerae* «propietario»), pero los informadores resaltaron que cualquier adulto bororo, de cualquier clan, puede interpretar el papel si se siente inclinado a ello. El actor viste viejas ropas brasileñas de desecho, complementadas con un viejo y roto sombrero de paja, una pañoleta andrajosa alrededor de su rostro y un largo bastón podrido y torcido. Esta figura siempre está travestida; esto es, una mujer india interpreta siempre a un brasileño y viceversa. (Por lo demás, las mujeres nunca encarnan principios clasificatorios, los tótems de otros clanes, ni tampoco lo hacen los niños. Si lo hiciesen, arriesgarían su vida misma, dañando la base del orden moral: que cada sí mismo puede sólo representar su antítesis lógica [21]. Los occidentales, de cualquier variedad, no son seres lógicos, y por ello nunca pueden ser antitéticos.)

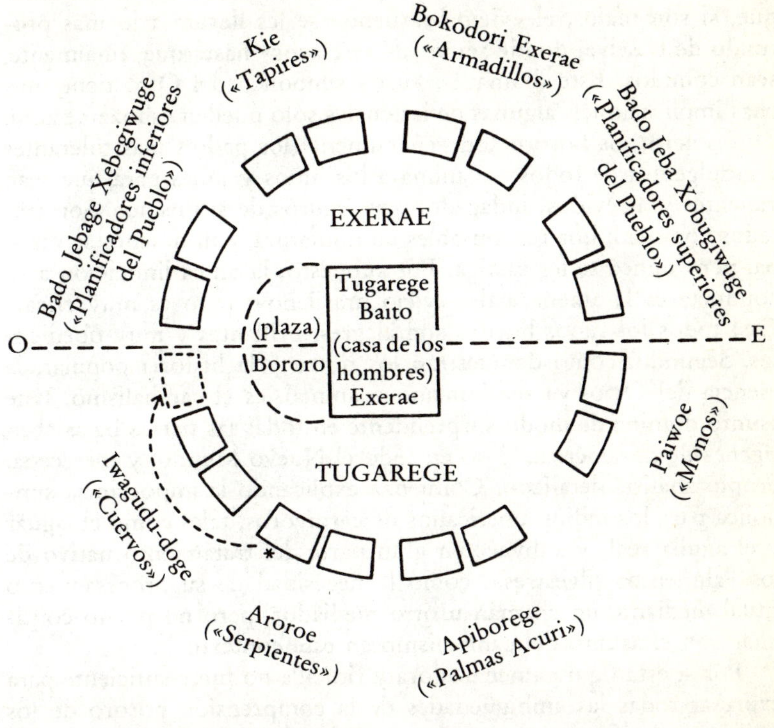

FIGURA. *Plano de pueblo bororo.*

Esta curiosa figura, el *barae pega,* da traspiés entre las cabañas del poblado, tropezando con objetos grandes y pequeños, golpeándose con paredes y árboles. Se interesa por los niños pequeños y pregunta, por supuesto en portugués, si se han comportado todos bien desde su última visita. (El *barae pega* tiende a aparecer aproximadamente una vez cada quince días, pero algo más a menudo si

[21] J. C. Crocker, ob. cit., 1979.

los niños han sido especialmente traviesos.) Mientras los adultos se ríen y comentan la destreza del actor, los niños están aterrados de veras e intentan ocultarse en las faldas de sus madres o bajo las frazadas. Incluso adolescentes jóvenes, que «están en el ajo», muestran incomodidad en su risilla sofocada. Hay una buena razón para este terror real y recordado: una y otra vez se les dice a los niños que, si son malos, el «viejo brasileño» se les llevará a lo más profundo de la selva, donde serán sus «esclavos» hasta que, finalmente, sean comidos. Este dramático «uso» simbólico del Otro tiene muchas implicaciones, algunas de las cuales sólo pueden esbozarse aquí.

Primero, los bororo son generalmente los padres más tolerantes e indulgentes de todos; se anima a los niños y niñas para que sean valientes y atrevidos, indagadores y seguros de sí mismos. Son tratados como adultos responsables en miniatura, con quienes se razona, pero nunca se les castiga. Por supuesto, la única limitación a su conducta es la amenaza del «viejo brasileño»; pero es muy eficaz. Casi todos los niños bororo son alegres, brillantes y muy obedientes. Segundo, como demuestran los mitos y la historia popular, la esencia del Otro, ya sea humano o animal, es el canibalismo. Este asunto domina de modo sorprendente en todas las tierras bajas aborígenes de Suramérica, si no en todo el Nuevo Mundo, y merece su propio análisis detallado. Comienza explicando la importancia simbólica para los indios americanos de carnívoros, tales como el jaguar y el águila real, y subyace en gran parte del tratamiento nativo de los «alimentos silvestres», como la necesidad de su procesamiento ritual mediante un chamán u otro mediador, pero no puedo continuar con el asunto del canibalismo en este contexto [22].

Por si esta figura amenazadora y ridícula no fuese suficiente para expresar todas las ambigüedades de la comprensión bororo de los atributos clasificatorios del Otro occidental y de sus intercambios con él, todavía hay más. El último clan de los *exerae* son los *bado jeba xobugiwuge*, los «planificadores superiores del pueblo», en el otro extremo del pueblo del clan en el que fui integrado, y con atributos corporativos análogos a los del mío. Esto es, los miembros de este clan deberían asegurar el adecuado orden en el pueblo y en el cosmos. Entre las entidades que «encajan» en este grupo están los jaguares, la luna, las pirañas, y los *bareae* («civilizados») genéricamente. Estos últimos son personificados por miembros de la mitad

---

[22] J. C. Crocker, ob. cit., 1985, pp. 139-148, 280-290.

tugarege adecuadamente vestidos y deben aparecer durante una ceremonia particular que es una parte fundamental del largo y complejo ciclo funerario. Pero aunque los *bareare etwawugedu* («representaciones de los civilizados») siempre aparecen entonces, se les pide a menudo que actúen antes de cualquier otra ceremonia importante, cuando hacen payasadas pero también barren la plaza de la danza y retiran la basura en general. A menudo tuve el privilegio de sumarme a estos actores; mi traje variaba pero siempre incluía un par de enormes anteojos hechos con hojas de palma.

Los salesianos dan una descripción tan magnífica de estos actores que la citaré literalmente:

> Muchas veces, el ambiente de seriedad y solemnidad se ve alterado por la aparición de uno o varios bororo que simulan imitar con trajes adecuados a algún animal curioso que viene a presenciar la ceremonia. A partir del contacto con los hombres blancos, prefieren disfrazarse como «civilizados», con largas barbas, vientres hinchados y cabezas calvas. Cubiertos de andrajos, se acercan y fingen examinar todo como hacían los viajeros o exploradores indiscretos. Esta escena nunca deja de provocar la hilaridad general, en especial si los artistas saben interpretar bien su papel. La pantomina recibe el sencillo nombre de *barae,* «civilizado» [23].

La ceremonia durante la cual debe representarse esta escena bufa se denomina *barege e-kedodu,* y Albisetti y Venturelli dan una descripción insólitamente detallada, incluyendo fotografías e ilustraciones [24]. Este ritual honra al ejecutor de un jaguar o un puma o un águila real como *mori-xe* (aquí, «retribución» o «venganza») por la muerte de otro bororo. Por supuesto, es una ocasión de regocijo sombrío, cuando la sociedad celebra su victoria final sobre las fuerzas de la naturaleza, el triunfo de la lógica de la reciprocidad cultural. Aunque los salesianos no lo mencionan, la aparición de los civilizados grotescamente cómicos sería especialmente adecuada durante el período en que los bororo estaban en guerra con los brasileños, y el «animal de la venganza» sería así un «europeo» muerto. Reducir al Otro a una broma, aunque mortal, parece un triunfo idóneo de la lógica del paradigma.

---

[23] M. Albisetti y A. J. Venturelli, ob. cit., 1961, pp. 229-239, p. 236 (véase también la fotografía de p. 233).

[24] *Ibid.*, pp. 229-239.

VII. EL OTRO EN PALABRAS: LA «CIVILIZACIÓN» OCCIDENTAL EN EL MITO

Las narraciones sagradas son de algún modo más ambiguas sobre estos asuntos que las representaciones, y no sólo las de los bororo. Como hemos visto, los animales más frecuentemente asociados con el Otro no nativo son el jaguar y el mono, que, de modo adicional o quizá básicamente, personifican todas las paradojas implicadas en el intercambio con las entidades naturales como análogas del Sí Mismo humano. Estas criaturas se describen al mismo tiempo como menos y más que el ser humano: menos en cuanto sus actos son siempre completamente egoístas o neciamente generosos, más en su astucia y fuerza física o destreza. En los bien conocidos mitos gê sobre el origen del fuego, el jaguar simplemente entrega este bien valioso sin par a un muchacho y muestra total indiferencia cuando el mismo mata a la esposa (¿humana?) del jaguar. El mono es, por supuesto, el mayor embustero suramericano; su víctima usual es el jaguar. (La especie del primero, cuando se identifica claramente, es de modo invariable la del capuchino, *cebus niger,* mi Juko.) En un mito bororo, el mono no sólo consigue matar al jaguar mientras éste duerme, sino que engaña a la esposa del jaguar para que cocine y se coma a su marido sin saberlo: supremo testimonio del canibalismo como la forma lógicamente definitiva de endointercambio entre naturaleza/cultura [25]. En otro mito, los indios «aprenden» a hacer fuego gracias al mono, su propietario original, pero de un modo totalmente fortuito; la transacción se trata de modo bastante literal como un aparte, y obviamente no implica intercambio alguno de regalos. Por supuesto, éste es uno de los mitos bororo más frecuentemente narrado y ampliamente apreciado. Su narración nunca deja de provocar enormes risas entre el público. El punto esencial del relato gira en torno a cómo primero el mono embauca al jaguar para ir a buscar un lejano «fuego de cocina»: en realidad, el arrebol rojizo del sol crepuscular. Más tarde, el jaguar vengativo provoca un fuerte viento para arrojar al mono de su escondrijo en lo alto de una palmera, y se lo traga vivo. Pero el mono emplea su cuchillo de piedra para rajar el viente del jaguar y así le mata. Luego se hace un tocado con

[25] J. Willbert y K. Simoneau, ob. cit., pp. 142-174.

la piel del jaguar que asusta de tal modo a los demás carnívoros que éstos huyen aterrorizados de él [26].

Todos los mitos bororo dan por supuesto que en aquellos tiempos primitivos el mono era «como el hombre: no usaba pieles, utilizaba una canoa, comía maíz y dormía en una hamaca» y poseía el fuego [27]. Los rasgos mencionados son inciertos respecto al carácter exacto de esta semejanza, pues mientras los bororo se definen a sí mismos como utilizando canoas y comiendo maíz de modo aborigen, consideran el empleo de hamacas para señalar a los demás indios como no bororos. De modo general, en sus mitos tratan a tales indios como «criaturas sumamente salvajes». Cuando se encuentran con uno o más de estos seres, se apropian de sus adornos, utensilios y armas nuevos, a veces mediante intercambio pero, mucho más a menudo, con maña o por la fuerza. Tal robo inmoral es especialmente característico de las aventuras de los dos héroes embusteros, demiurgos creativos, *Meri* y *Ari*, el sol y la luna, pero éstos se entienden como estando en activo antes de la creación de la sociedad (bororo) humana por parte de los héroes culturales reales, Bakororo e Itubore. Por ejemplo, una vez *Meri* se encontró con un hombre con un arco bellamente decorado y magníficos adornos de plumas hechos con plumón de ararauna y pato. *Meri* derrotó al hombre en un combate de lucha y le obligó a trocar sus posesiones por el arma y los adornos de *Meri*. Pero estos últimos se transformaron inmediatamente en un palo inútil de madera podrida y en plumas sucias de buitre. (Hasta hoy, los bororo insisten en una «garantía vitalicia» para cualquier objeto adquirido incluso en la más comercial de las transacciones. Como «comerciante», tuve que sustituir continuamente baterías eléctricas agotadas, encendedores desechables y machetes rotos.)

Una vez que los héroes culturales Bakororo e Itubore instituyeron el paradigma moral para la sociedad, los bororo hacían transacciones con otros grupos indios mediante los intermediarios de jefes casi legendarios. Los mitos y las narraciones etnohistóricas reiteran igualmente el principio básico de esos intercambios: «De la gente a quien él llamó, aceptó sólo a quienes vinieron con bellos regalos; mató a todos los demás» [28]. A veces, estos jefes llevaron a los bororo

---

[26] J. Willbert y K. Simoneau, ob. cit., pp. 127-130.
[27] J. Willbert y K. Simoneau, ob. cit., p. 127.
[28] J. Willbert y K. Simoneau, ob. cit., p. 73.

a guerrear con «otras» tribus indias; después de una serie inicial de desastres militares, los bororo lograron la victoria final. La conclusión ideal es muy clara:

El asalto tuvo tanto éxito que Jerigi Otojiwu (un jefe *exeraedu*) logró capturar ocho prisioneros, cuatro mujeres y cuatro hombres. [...] Dio una de las mujeres korege [tribu extranjera] y uno de los hombres al clan de *baiporo* y *kaidagare* [títulos propiedad del clan *exerae bokodori*]... Al clan de *butore* [los *kie*] entregó la mujer Jarudu Aroa Aredu y el hombre Kajomea Atugo. Se quedó para sí mismo [para el clan *bado jeba xobugiwuge*] la pareja [...]. Después de su espectacular victoria, Jerigi Otojiwu decidió participar en una prueba y acordar una tregua con la tribu enemiga. Invitó al jefe de los korege a recibir un adorno de labio artesanal de metal [*meriri* en el texto: sin duda, era de oro] por el daño que había él causado a los korege [...] [29].

En la tradición oral bororo, se creó un espacio físico y categórico especial para estos seres extranjeros asimilados y para sus posesiones. Cada uno de los ocho clanes llegó a tener una subdivisión «media», la de los *boedadawuge*, literalmente «los bororo intermedios». (Cada clan había sido dividido originariamente en dos, una mitad «ascendente» y otra «descendente» por los héroes culturales.) Debería yo señalar que los bororo contemporáneos nunca admiten —ni se supone que pertenecen a— este grupo «medio», que conserva la mancha de su origen degradado. Además, a pesar de las prácticas tradicionales que puedan haber existido respecto a matrimonios con extranjeros, la exogamia tribal es actualmente tan rara que registré, en más de 300 matrimonios en las genealogías, sólo tres casos modernos de uniones con no bororos. Pero también deberíamos recordar que, en el mito, el jefe tomó cautivo igual número de hombres y mujeres; también los dividió de modo igual entre las mitades. Podría no estar tan clara la inmediatez e igualdad absolutas de los matrimonios en sistemas de «intercambio restringido», incluso con «el enemigo».

Mitos variados relatan de modo diferente los orígenes de los distintos seres humanos, incluyendo los del Viejo Mundo. En una leyenda especialmente bien conocida, una enorme inundación acaba con todo, excepto un hombre bororo; éste repuebla el mundo mediante repetidas cópulas con una hembra de venado. Sus descendientes iniciales son muy bestiales, especialmente en su pilosidad; éstos se convierten en los antepasados de las especies naturales. Sólo sus

[29] J. Willbert y K. Simoneau, ob. cit., p. 222.

últimos hijos son completamente humanos, y éstos se convierten en los antepasados de los bororo contemporáneos [30]. Otro mito, uno de cuyos episodios ya se ha mencionado, relata los comienzos de otros tipos de seres humanos. Mediante la travesura de *Meri,* se hace que todos los bororo crucen por un tronco a través de un río crecido; todos caen y son arrastrados excepto un hombre, Akarui Bokodori, de los *exerae.* Resucita a todos los muertos batiendo un tambor y entonando un canto mágico. Los que cayeron aguas arriba tenían cabello rizado y fueron los progenitores de las demás sociedades indias; los que cayeron aguas abajo tenían cabello liso y recuperaron sus identidades bororo [31].

La tradición oral, por contraste con estos relatos originales, resalta que el creador de los «civilizados» y todas sus numerosas posesiones no fue una persona humana ni siquiera un demiurgo tal como *Meri,* sino nuestro viejo amigo Juko el mono, en este caso un miembro de la mitad *tugarege.* Se recordará que caractericé esta división como asociada con todas las cosas naturales e inmutables o «no vivas», tales como las montañas y lagos. En el mito, Juko está solo, para divertirse crea, mediante una vara mágica, todos los diversos tipos de no indios, incluyendo a los *barae xoreu* o *tabae* (los negros). Juko también les proporciona árboles de madera dura que usan para construir sus casas (todas las viviendas indias tradicionales de esta región se construyen con madera de palmera) y vegetales como arroz, caña de azúcar, plátanos y batatas (éstos se consideran todos cultivos no aborígenes).

> Entre tantos tipos distintos de personas, la paz no podía durar mucho. Las disputas eran frecuentes, y a veces verdaderas batallas causaban al pobre Jocoramodogedu [nombre propio de Juko] muchos trastornos. [Las comunidades bororo tradicionales son notablemente pacíficas. La única gente que discute de modo habitual son los maridos y las esposas]. Por esta razón, Juko ordenó la construcción de embarcaciones de todos los tipos y tamaños, las botó en un gran río, y dijo a la gente que fuese en busca de nuevas tierras. Y la gente se marchó, pero nunca regresó. [...] Los bororo y los hombres blancos nunca se volvieron a unir [32].

---

30 J. Willbert y K. Simoneau, ob. cit., pp. 71-76; C. Albisetti y A. J. Venturelli, ob. cit., 1961, pp. 430-434.

31 J. Willbert y K. Simoneau, ob. cit., pp. 75-76.

32 J. Willbert y K. Simoneau, ob. cit., p. 77.

VIII. EL FRACASO DEL PARADIGMA: LOS BORORO EN LA HISTORIA DE BRASIL

El último mito refleja de manera sucinta la intransigencia de los bororo al tratar con las personas del Viejo Mundo. Se hicieron famosos en todo el hemisferio por sus éxitos militares contra los brasileños desde comienzos del decenio de 1730 ó 1740 hasta poco antes de finales del pasado siglo. Pero inicialmente habían cooperado con los intrusos, convirtiéndose en algunos de los más hábiles aliados de los *bandeirantes.* Esto parece haber sido porque, al comienzo, los bororo y los brasileños compartían enemigos comunes, especialmente aquellas sociedades gê (xavante, kayapo, xerente) limítrofes con la tierra bororo en el norte y al este, y que, entonces como ahora, se resistieron a toda asimilación con los bororo [33]. Esta sociedad, según sus propios relatos, llegó finalmente a aceptar la coexistencia con los «civilizados», después de un siglo y medio de dura lucha, debido a varias epidemias desde aproximadamente 1885 hasta 1905. Éstas causaron las enormes pérdidas de población que han continuado produciéndose hasta el presente. Pero, siempre bororo, también exigían magníficos regalos a cambio de su pacificación. También aceptaron las implicaciones humanas de tal reciprocidad, a saber: el matrimonio mixto con brasileños. Que tales uniones se produjeron en este período lo indica quizá mejor el que el general Silvio Rondón, el aclamado explorador y fundador del Servicio de Protección de los Indios, tuvo una madre bororo y, dado que esta sociedad es matrilineal, fue considerado un miembro «por nacimiento». Por supuesto, fue, y adecuadamente he intentado indicarlo aquí para la lógica clasificatoria, un *exerae,* de los *bado jeba xobugiwuge* («planificadores superiores del pueblo»).

Pero tal reciprocidad simétrica, humana e «imparcial» estaba destinada a fracasar, dados los supuestos tácitos de cada sociedad. Para los bororo, la esencia misma de su paradigma moral se expone en el plano del pueblo. Es un microcosmos, que ordena las relaciones entre todas las categorías de seres humanos, entre ellos y el mundo natural, entre éste y el mundo trascendental de los fallecidos inmortales. Fue axiomático, para los bororo, que los occidentales procedentes de matrimonios mixtos de cualquier sexo se estableciesen y

[33] J. Hemming, ob. cit., pp. 405-408.

viviesen apropiadamente donde todos los humanos sabios vivirían, en un pueblo tradicional adecuadamente planificado. Los brasileños, siguiendo la lógica de las presunción de su propia cultura, aportaron a los indios «ciudades» elaboradas, junto con enfermerías, escuelas y fábricas. Movidas por motores de vapor, estas últimas estaban pensadas para procesar madera, caña de azúcar, nueces de coco, tabaco y otros productos agrícolas. Incluso había dos o tres pequeños barcos de vapor para transportar estos productos y otros «productos silvestres», tales como pieles de animales, al mercado. Pero los principios de la *mori-xe* no son los del capitalismo, por benignos y de planificación central que sean. Además, los bororo no estaban dispuestos a abandonar sus pueblos. Viví en una de tales «ciudades» modelo durante las primeras etapas de mi trabajo de campo. Las paredes caídas de la fábrica, de unos 100 por 50 m, cercaban las carcasas oxidadas de maquinaria irreconocible; las embarcaciones llevaban mucho tiempo hundidas en el fondo del río Sao Lourenço. Las cómodas casas de la ciudad estaban vacías, excepto las de unas pocas familias campesinas brasileñas; los bororo se habían marchado todos a vivir en el pueblo tradicional, y también yo lo hice. Y allí viví donde categóricamente debiera yo vivir, pese o debido a mi mono y a mis apodos, los bororo lograron apoderarse de mí.

POST SCRIPTUM

Después de redactar el presente ensayo, tuve la buena suerte de leer una tesis de una joven historiadora brasileña de Arte, Elizabeth Zarur. Recientemente (1987-1988) había realizado un amplio trabajo de campo en el mismo pueblo bororo donde viví. Señala ella que su población, debido a las amplias medidas de sanidad pública y a los esfuerzos de médicos y sanitarios, ha aumentado mucho. Los niños superan ahora a los adultos en una relación de casi dos a uno, mientras que en mi época la relación era de, aproximadamente, uno a cuatro. Aunque la comunidad no logra incorporar por completo el plano tradicional, su esbozo básico está firmemente asentado. Y, a juzgar por las fotografías de la tesis, al menos algunas de las viejas ceremonias se ejecutan en todo su esplendor y complejidad. Los clanes y mitades siguen funcionando como las unidades constituyentes de toda la vida social, recordando celosamente sus tótems distintivos. Por lo que su intransigente adherencia a las tradiciones y su paradigma guía parecen asegurados durante al menos una generación más. Los bororo nunca se sometieron intelectualmente o socialmente a la Conquista; en la actualidad, están resurgiendo con un renacimiento literal. Que su número siga aumentando.

10. MISIONEROS JESUITAS E INDIOS «RECALCITRANTES» EN LA AMAZONIA COLONIAL

DAVID SWEET

University of California, Santa Cruz

Entre 1630 y 1730, la mayoría de las comunidades nativas de la cuenca del Amazonas fue visitada por españoles y portugueses que les ofrecían mercancías de gran valor práctico y les urgían a abrazar su fe cristiana. A cambio, para sus empresas lucrativas, querían los productos forestales de los indios y su fuerza de trabajo. Los nativos amazónicos, rápidos en apreciar las herramientas, armas y telas y las bebidas destiladas que traían los europeos, les dispensaron al principio una acogida generalmente hospitalaria. Satisficieron con alegría las necesidades de los extranjeros, les ayudaron libremente en actividades aventureras, escucharon educadamente sus predicaciones y sólo de modo ocasional mostraron signos de recelo. La mayoría tardó en ver peligro en la presencia europea; y como consecuencia, su resistencia al colonialismo fue demasiado débil, fragmentada y tardía para garantizar su supervivencia.

Los hombres blancos introdujeron, sin saberlo, enfermedades epidémicas que provocaron una catástrofe en las comunidades indias afectadas, eliminando con frecuencia a la mayoría de sus habitantes al cabo de pocas semanas. Después, más que proporcionarles ayuda, lo que hicieron fue secuestrar a los supervivientes, esclavizarlos y llevarlos a lugares alejados de sus hogares. Donde les ofrecieron eventualmente resistencia armada, los europeos asesinaron de modo indiscriminado a hombres, mujeres y niños, quemando sus pueblos, como si estuviesen decididos a no dejar huella alguna de los mismos. Sus mercancías mismas causaron problemas: transformaron el trabajo y la diversión de modo beneficioso, pero crearon asimismo dependencia, relaciones sociales perturbadoras, dando ocasión a gue-

León-Portilla, M.; Gutiérrez Estévez, M.; Gossen, G. H., y Klor de Alva, J. J. (eds.), *De Palabra y Obra en el Nuevo Mundo,* vol. 1, *Imágenes interétnicas,* Madrid, Siglo XXI de España, 1992, pp. 265-292.

rras fratricidas. Finalmente, los extranjeros ofrecieron a los maltrechos y desconcertados amazónicos un dudoso refugio en los pueblos de misión, donde podrían intentar reconstruir sus vidas como trabajadores forzosos bajo la severa administración «temporal y espiritual» de sacerdotes jesuitas, franciscanos, carmelitas calzados o mercedarios.

En tan duros tiempos, los habitantes amazónicos más optimistas lograron una débil supervivencia aceptando su «reducción» y asimilación eventual como campesinado atrasado. A la mayoría no les fue tan bien. Para mediados del siglo XVIII, cientos de miles habían fallecido de muerte prematura o habían sido reducidos a la pobreza crónica y a la marginalidad bajo el gobierno colonial portugués y español. Varias tribus habían dejado de existir. La mayoría de ellas había sufrido una fuerte pérdida de población y una violenta transformación cultural. El resto vivía tan lejos de las vías fluviales de transporte que aún no habían sido visitadas por hombres blancos o sus aliados indios [1].

Los agentes clave en este proceso de destrucción y reconstrucción parcial fueron los sacerdotes misioneros a quienes ambos gobiernos coloniales asignaron la responsabilidad de «domesticar» a sus sujetos indios amazónicos. De aquéllos, los jesuitas fueron los que más tiempo trabajaron con el mayor número de indios; y en esta frontera, como en otras partes de América, fueron quienes dejaron más amplia huella de sus actividades. Las «relaciones jesuitas» de la cuenca del Amazonas son cientos de cartas y crónicas detalladas e informativas escritas en español y portugués. La mayoría están sin publicar o se hallan hoy día en colecciones de libros raros, y tuvieron una limitada difusión fuera de las residencias jesuitas de Suramérica antes del presente siglo. Refiriéndose, como lo hacen, a una región que aún sigue ampliamente despoblada y que ha atraído a pocos historiadores, se han utilizado menos para fines históricos que, por ejemplo, las de los «sotanas negras» del Paraguay, del Canadá francés o del noroeste mexicano. Pero estos documentos son

---

[1] Observaciones de fondo basadas primordialmente en D. Sweet, «A Rich Realm of Nature Destroyed: The Middle Amazon Valley, 1640-1750», tesis doctoral sin publicar, Wisconsin, 1974; *cf.* secciones sobre Amazonia en historias generales del Brasil colonial, especialmente R. Southey, *History of Brazil*, Londres, 1822, reimpr. 1969; F. Adolfo de Varnhagen, *História geral do Brasil*, p.° ed. completa, São Paulo, 1975; Ch. R. Boxer, *The Golden Age of Brazil*, Berkeley, 1964.

tan ricos como otros registros jesuitas en material para la historia social, cultural e institucional de una región fronteriza durante el «largo siglo» de su incorporación al moderno sistema mundial.

I. LAS «RELACIONES JESUITAS» PARA MAYNAS Y PARÁ

Las misiones jesuitas en Amazonia comenzaron en el segundo cuarto del siglo XVII, cuando los españoles de la provincia de Quito entraron en la región de Maynas, en la cuenca alta, y los portugueses de Brasil fueron al valle inferior o Pará. Indios de muchas tribus fueron reunidos en dos grupos, rápidamente ampliables, de pueblos de misión, dado que cada provincia pretendía ampliar su ámbito teocrático en el corazón de Suramérica. El transporte entre Maynas y Pará era tan difícil que las exportaciones desde el sector occidental resultaban antieconómicas. Pocos peruanos estaban instalados en esa frontera; la economía se concentraba en la subsistencia; y Maynas siguió siendo un coto vedado casi exclusivo del clero regular hasta el «auge del caucho», a finales del siglo XIX. Un pequeño número de misioneros trabajaba allí en estrecho contacto con los pocos soldados peruanos enviados para hacer cumplir su autoridad; gobernaban la provincia y allí organizaron un régimen laboral para sus habitantes indios, según consideraron idóneo.

Los colonos portugueses habían expulsado a los comerciantes holandeses de Pará y del cercano Maranhão a comienzos del siglo XVII, e intentaron, primero, convertirse en plantadores de caña de azúcar al estilo brasileño, empleando esclavos indios en vez de africanos para los trabajos. Cuando fracasaron las plantaciones, se vieron obligados a ganarse la vida capturando a trabajadores forzosos indios para el cacao, la vainilla, la zarzaparrilla y otros productos forestales destinados a la exportación. Por ello, la economía de Pará se basó de modo más completo y por más largo período de tiempo en la esclavitud india que la de cualquier otro territorio colonial de América. El Rey asignó a los jesuitas la administración de los pueblos de misión indios de Pará como una alternativa a la esclavitud, así como para aportar trabajadores asalariados indios a los colonos según sus necesidades, a la par que supervisaban y aplicaban las normas jurídicas a un comercio de esclavos patrocinado oficialmente por el gobierno. Su relación con sus «cargos» fue, por ello, bastante distinta de la de los jesuitas en Maynas [2].

No obstante, la principal tarea de los misioneros en ambas provincias fue «domesticar» a los indios amazónicos «reduciéndoles» de su estado natural de libertad a la situación de dóciles trabajadores cristianos y vasallos de los reyes ibéricos, residentes en núcleos permanentes bajo administración misionera. Fue un encargo provocador. Indios nacidos libres se vieron obligados muy a menudo, por sus sufrimientos, a restablecerse en misiones jesuitas en busca de algún respiro del holocausto de la guerra, de las epidemias y de la esclavitud. Pero encontraron allí una dura vida y generalmente se resistieron al programa de domesticación al menos por medios pasivos, en tanto pudieron. Sus hijos, criados en el entorno de la misión, podrían resultar algo más maleables. Aun así, la frustración para los misioneros estaba inserta en tal sistema. Y la exasperación con sus intratables «rebaños» iba a ser tema central en los escritos jesuitas.

Nuestros vocablos «misión», «conversión» y «evangelización» no describen con exactitud este proceso de «domesticación» colonial. La finalidad de estas misiones no era primordialmente procurar la reorientación religiosa de los indios. Convertirse o «hallar a Dios» y cambiar el rumbo de la vida era una experiencia activa y no pasiva, algo que un indio podía hacer, pero que no podía hacérsele. La misión no era, en cualquier caso, un entorno propicio para la expresión de semejante libre elección. Evangelizar era llevar «buenas nuevas» de liberación a los considerados como oprimidos por el peso de su ignorancia y pecado. Los misioneros jesuitas veían su trabajo como sacrificio indispensable para la «salvación» de los indios, así como para la consolidación del Imperio. Imaginaban la condición natural libre de los indios como un tipo de opresión satánica. Pero

---

[2] Sobre los jesuitas de Maynas, véanse las secciones pertinentes en Antonio Astráin, SJ, *Historia de la Compañía de Jesús en la asistencia de España,* 7 vols., IV a VII, Madrid, 1902-1925, y José Jouanen, SJ, *Historia de la Compañía de Jesús en la antigua provincia de Quito,* 2 vols., Quito, 1941-43. Sobre los de Pará, João Lúcio de Azevedo, *Os jesuitas no Grão Pará, suas missões e a colonização,* Coimbra, 1930; Serafim Leite, SJ, *História da Companhia de Jesús no Brasil,* vols. III y IV, Lisboa, Río de Janeiro, 1938-50; Mathias Hiemen, OFM, *The Indian Policy of Portugal in the Amazon Region, 1614-1693,* Washington, 1953; Dauril Alden, «Black Robes *vs.* White Settlers: The Struggle For "Freedom of the Indians" in Colonial Brazil», en Howard Peckham y Charles Gibson (comps.), *Attitudes of Colonial Powers Toward the American Indian,* Salt Lake, 1969, pp. 19-45.

ninguno de ellos escribió alegremente sobre conversión, «buenas nuevas» o «liberación» en las crónicas de estas misiones en el siglo XVII. El regalo que aportaban era una estricta doctrina que debía ser aceptada sin más: la de su Dios, su civilización y su nuevo orden socioeconómico. La respuesta que esperaban no era el renacimiento espiritual, ni una aceptación total de los nuevos ideales por los indios. Era la obediencia, la docilidad y el duro trabajo por bajos salarios, previos a la recompensa celestial.

Los textos aquí estudiados son seis, y son de las más accesibles y representativas comunicaciones jesuitas tempranas de Amazonia. Fueron escritos por misioneros españoles (uno de ellos, nativo de Popayán, en Nueva Granada, y otro, un alemán de Bohemia), tres por portugueses (uno de ellos, luxemburgués). Dos describen experiencias de mediados del siglo XVII; dos, de finales del mismo siglo; y dos, de comienzos del siglo XVIII [3]. También se hará alguna referencia, con fines comparativos, a relatos jesuitas portugueses de mediados del siglo XVIII, la época de la «Ilustración», con un cambio de conciencia tanto entre los jesuitas como entre los administradores coloniales, cuando la esclavitud india y las misiones mismas iban hacia la abolición. Todos estos autores, excepto Acuña (cuyo libro es realmente un relato de viajes) eran misioneros veteranos; escribían basándose en la observación personal, en la de sus contemporáneos y en las cartas de los predecesores guardadas en los archivos de ambas provincias. Sus informes son, por ello, ricas fuentes primordiales para la historia social así como institucional, aunque en varios aspectos resultan limitadas como materiales para la historia india en particular. La mayoría se preocupa de modo primordial por las pe-

---

[3] Cristóbal de Acuña, SJ, *Nuevo descubrimiento del gran río de las Amazonas, 1641*, ed. mod., Madrid, 1891 y Buenos Aires, 1946; Francisco de Figueroa, SJ, *Relación de las misiones de la Compañía de Jesús en el país de los maynas, 1660*, en colección de libros y docs. referentes a la historia de América, vol. I, Madrid, 1904, Samuel Fritz, SJ, *Journal of the Travels and Labours of... in the River of the Amazons between 1686 and 1723*, Londres, Hakluyt Society, 1922, 2.ª ser. 51; António Vieira, «Sermão do primeiro domingo da Quaresma, 1653», en Franio Peixoto, *Vieira brasileiro*, vol. I, París, 1921, pp. 203-221; João Felipe Betendorf, *Chrónica da missão dos padres da Companhia de Jesús no Estado do Maranhão (1697)*, publicado por vez primera como número especial de la *Revista do Instituto Histórico e Geográphico Brasileiro*, núm. 72, 1, 1910; Domingos de Araujo, SJ, «Memorial... (título desconocido), 1720», frg. del cap. XII publicado como nota a pie de página, en Alexandre de Melo Moraes, *Corographia histórica, cronográphica, genealógica, nobiliária e politica do Imperio do Brasil*, II, vol. 3, Río de Janeiro, 1860, pp. 293n-311n.

nalidades y los logros de los misioneros jesuitas mismos; ninguno intenta redactar una historia o hacer una descripción etnográfica de un pueblo indio. Por supuesto, pocos sugieren que sus autores tuviesen costumbre de observar a los indios con detalle. Los nativos amazónicos sirven más de telón de fondo que de sujeto en los relatos que estos escritores elaboran. Aun así, la relación entre indios y misioneros es un tema central de la historia colonial amazónica; y estas relaciones jesuitas son las mejores fuentes que tenemos para estudiarlo.

Al repasar estas obras para el presente trabajo, he concretado mi atención en las observaciones, a menudo oblicuas y fragmentarias, que hacen sobre los rasgos destacados y el carácter moral de los indios amazónicos, procurando identificar modelos en estas descripciones. Una segunda preocupación ha sido sugerir cómo tales «significaciones» del «otro» pueden haber influido sobre la conducta práctica de los misioneros jesuitas para con los indios. Por conveniencia, el resumen se concentrará en las cuestiones clave (para los europeos del siglo XVII) de la humanidad de los indios, su capacidad, su barbarie, su gobierno, su religiosidad y su docilidad.

II. HUMANIDAD

Como católicos y sacerdotes misioneros, los jesuitas de Amazonia se atuvieron, en principio, a la doctrina promulgada por el papa Pablo III en la bula *Sublimis Deus* de 1537: que los nativos americanos eran seres humanos racionales, susceptibles de iluminación por la gracia de Dios y capaces de participar en los sacramentos de la Iglesia. Por ello, eran libres por naturaleza, responsables de sus acciones y estaban sometidos tanto a la ley divina como a la humana. Manoel da Nóbrega, el jesuita fundador en Brasil, había tratado esta cuestión de modo directo en 1557 (entre una fuerte controversia), explicando la tenaz resistencia de los indios a la evangelización como una respuesta racional a la conducta europea observada, adoptando una firma actitud en favor de su humanidad y ofreciendo argumentos contra su esclavitud por los europeos [4]. Con todo, las dudas

---

[4] Sobre *Sublimis Deus,* véase Lewis Hanke, «Pope Paul III and the American Indians», *Harvard Theological Review,* XXX, 1937, pp. 65-102; Manuel da Nóbrega,

sobre el punto fundamental de la humanidad de los indios fueron tan persistentes entre los colonos de Amazonia como lo habían sido en la época de Nóbrega; y bastante a menudo fueron mantenidas por los misioneros mismos, cuando los indios rechazaban su programa de domesticación o se descubría (o se rumoreaba) que practicaban cosas tan «inhumanas» como el canibalismo, el infanticidio o el incesto. (La sodomía, una acusación familiar en otros lugares, rara vez se menciona en los relatos jesuitas amazónicos.)

Según el punto de vista europeo del siglo XVII, la conducta «bárbara» situaba a los indios en un bajo lugar de la gran cadena de la existencia, desde el animal, el salvaje y el civilizado hasta lo divino, que los seres humanos podían recorrer mediante buenas obras en sentido ascendente, o mediante el pecado, en sentido descendente [5]. La semejanza cultural para los europeos era equivalente a la virtud; la diferencia sugería pecado. Los indios amazónicos, vistos a través de esta lente, eran tan diferentes de los europeos como para hacer, por supueto, difícil aceptarlos totalmente como seres humanos. Eran criaturas que no forjaban productos metálicos y que tenían muy escaso conocimiento incluso de la piedra. Subsistían pescando, cazando, recolectando plantas silvestres y practicando una horticultura nómada más que una verdadera agricultura. Se movían desnudos como animales, comían muchas cosas (tales como gusanos hallados bajo troncos podridos) que los europeos consideraban no comestibles. *Não fazem distinção de mãe a filha* («no hacen distinción alguna entre madre e hija») era la fórmula muy repetida para referirse a sus tendencias sexuales imaginadas. Los esclavos recién capturados eran conocidos como *indios da corda*, gente que se consideraba había sido mantenida y guardada en corrales con el fin de ser engordada para fiestas caníbales hasta ser «rescatada» por los comerciantes de esclavos de Pará. Tales ideas ayudaron a mantener abierta a debate la humanidad de los indios, aunque los misioneros, por su parte, se vieron obligados a mantener sus propias dudas bajo verificación, al menos de modo parcial. ¡La misión misma era inconcebible (e indefendible para el erario real del que dependían para subsidios), si se

---

Diálogo sobre a conversão do gentio, ed. de Serafim Leite, SJ, Lisboa, 1954; *cf.* Fred Gillette Sturm, «Estes tem alma como nós? Manuel da Nóbrega's View of the Brazilian Indians», en Hower y Preto-Rodas (comps.), *Empire in transition*, Gainesville, 1985, pp. 72-82.

[5] *Cf.* Cornelius Jaenen, *Friend or Foe: Aspects of French-American Cultural Contact in the 16th and 17th Centuries*, Nueva York, 1976, cap. I.

consideraba que sus sujetos eran incapaces de lograr la salvación! Por ello, los escritores jesuitas afirmaron de modo general la humanidad de los indios, en principio, pero lo hicieron tan a menudo en los pasajes mismos que expresaban con ello su incertidumbre al respecto.

Exasperado por la dificultad de domesticar a los indios de Maynas en su época, Francisco de Figueroa escribió sobre

> el tormento de lidiar con troncos animados y con hombres irracionales. Tales son, comunmente hablando, los indios que se crían en estos bosques, que parecen salvajes, hombres silvestres, brutos con figura humana y hombres con acciones de brutos.

Esto era especialmente evidente, pensaba él, en su curiosa noción de la música. Algunos de ellos podían, por supuesto, ser educados para aprender a cantar palabras y tocar la flauta de modo bastante razonable; ¡pero dejados a sus propios instrumentos, la música que la mayoría de ellos hacía no era más que una imitación de aves, monos y otros animales! [6].

La convicción de que los indios eran seres humanos debe entenderse como una expresión de solidaridad, de creencia en el potencial para una transcultural «asociación en Cristo» entre misioneros e indios considerados como iguales a los ojos de Dios. La cuenca del Amazonas no era la China o la India civilizadas de la «controversia de los ritos» de esa época ni tampoco el ámbito de los aztecas o de los incas imperiales. El discurso jesuita en Amazonia mantuvo de modo consistente a los indios y a sus culturas en muy baja estima. Era habitual, por ejemplo, referirse a ellos en la correspondencia como *peças* («piezas») o *pretos* («negros»), empleando la jerga del comercio de esclavos africanos. Las comparaciones de los indios con animales salvajes abundan tanto en fuentes españolas como portuguesas; y el verbo *domar,* «amansar» o «domesticar», como con los caballos, se utiliza de modo común para describir la relación de los misioneros con ellos. Rara vez se menciona a los indios no jefes por su nombre; y no hay indicio alguno de aparición de amistad incluso con motivo de una larga relación entre jesuitas y personas indias individuales. Ningún escritor jesuita reconoce que haya aprendido nada impor-

---

[6] Figueroa, ob. cit., 1904, p. 229; F. de Figueroa; C. Acuña, *et al., Informes de jesuitas en el Amazonas, 1660-1684,* Monumenta Amazónica, serie B, Iquitos, Perú, Centro de Estudios Tecnológicos de la Amazonia, 1986, cap. XIX, p. 275.

tante de un indio, o expresa aprecio por una aportación india a la cultura regional emergente. Los misioneros eran «pastores», «padres», guías espirituales y administradores en la sociedad patriarcal que intentaban establecer en Amazonia; tenían sus propias respuestas para cada pregunta importante, y las virtudes que ocasionalmente atribuían a miembros de sus «rebaños» eran las de hijos, seguidores y sirvientes.

Antonio Vieira, fundador de la provincia jesuita de Pará, intentó en sus cartas y sermones sentar los principios para una adecuada administración de los indios allí: gentes sobre las que había sacado en conclusión, poco después de su llegada, que su «simplicidad» requería un catecismo resumido, y que sus idiomas eran imposibles de aprender para cualquier persona civilizada. Los escritos de Vieira de esta época constituyen una defensa retóricamente magnífica de los indios contra su explotación ilimitada por los colonos portugueses; y fueron tenidos en tan alta consideración en su propia época como para influir sobre la legislación real para Pará. (De resultas, es recordado a veces como opuesto a la esclavitud india, aunque su principal aportación a la historia de Amazonia fue idear el sistema de *tropa de resgate,* mediante el cual decenas de miles de indios fueron esclavizados bajo estrecha supervisión jesuita.) Pero Vieira tiene, de hecho, muy poco que decir sobre los indios o incluso sobre sus derechos humanos, en estos textos denunciatorios; es evidente, para un lector cuidadoso, que fueron excusa pero no sujeto para su elocuente discurso. La función de los indios como remeros o cocineros anónimos, cortadores de leña o aguadores para los colonos de Pará se da por supuesta; su duro trabajo involuntario como esclavos o por salarios «ridículamente» bajos se indica pero no se lamenta. Vieira no hace referencia alguna a su derecho, legalmente establecido, de vivir libres de la dominación portuguesa si así lo deciden los indios; y apoya sin más defensa el mito convencional de que los indios eran caníbales, como cuando señala la necesidad de la conquista portuguesa para «salvar a los indios de ser matados y comidos». La destacada figura de Vieira da el tono para el ulterior pensamiento y acción jesuitas en Pará, y en ello puede verse la ambivalencia que caracterizó incluso la más enérgica defensa jesuita de la humanidad de los indios amazónicos.

Domingos de Araujo se lamentaba de que la cuestión de si los indios eran o no humanos, resuelta desde hacía mucho tiempo en Teología y Derecho Canónico, seguía siendo tema de animado debate en la sociedad de Pará de comienzos del siglo XVIII. Pese a la generalmente reconocida belleza de los nativos amazónicos, aún había quien los consideraba «sólo aparentemente humanos, una imitación de los seres racionales, y en realidad, un tipo de monstruo nacido de monos con apariencia humana». Esto, como João Daniel aduciría igualmente años más tarde, no era más que una racionalización de la costumbre de los paraenses de «matarles como mosquitos y explotarles, como bestias de carga». Ello nunca había impedido a los colonos hacer uso desvergonzado de las mujeres indias para satisfacer su lujuria, ¡que según la primera premisa les habría hecho a todos culpables del pecado de bestialismo! Araujo aducía que, dado que la perfección y la belleza eran «sólo de Dios, y la fealdad y la brutalidad también podían siempre hallarse en uno mismo», los denigradores de los indios deberían examinarse a sí mismos antes de juzgar a los demás [7].

Araujo examinó las razones aducidas desde la época de la conquista de La Española para argumentar que los indios eran subhumanos y, por ello, podían ser utilizados, como el ganado, según los europeos creyeran oportuno, incluso hasta el punto de alimentar a sus perros con la carne de los indios asesinados con tal fin. Halló la mejor respuesta a esta alegación no cristiana en una carta escrita en 1536 por el obispo Julián Garcés de Tlaxcala al papa Pablo III cuando éste recogía opiniones mientras preparaba su bula *Sublimis Deus.* Garcés había argumentado en favor de la humanidad de los indios, describiendo los logros de los varios cientos de nobles aztecas que estaban estudiando con distinción en las escuelas conventuales mexicanas de su época. Estos muchachos eran menos ruidosos, displicentes, orgullosos o injuriosos unos con otros que los estudiantes europeos. De buen ánimo siempre, eran tímidos, disciplinados, veraces, obedientes a sus profesores, ayudándose mutuamente, sin quejarse, generosos, modestos y moderados en todas las cosas; y eran hábiles, de mente aguda, buenos, cantando y leyendo, escribiendo, pintando y esculpiendo. «¿Qué conciencia habrá tan encallecida, qué mente tan desvergonzada», había aducido Garcés, «como para atreverse a juzgar a unas personas tan hábiles en las artes mecánicas como incapaces para la fe?». Una vez conquistados por los europeos, los indios habían demostrado ser no menos humanos que los anti-

---

[7] João Daniel, *Tesouro descoberto no Rio Amazonas (ca. 1760),* pub. como número especial de *Anais da Biblioteca Nacional,* núm. 95, 2 vols., I, Río de Janeiro, 1976, p. 195; Araujo, pp. 293-294.

guos bárbaros españoles en su encuentro con los romanos civilizados; y eran no menos capaces de ser amansados por la fe. La defensa de la humanidad de los indios por Garcés se había basado, en resumen, en la inteligencia, austeridad y humilde obediencia que se juntaron para ayudar a hacerles buenos cristianos.

Todo esto, concluía Araujo, era aplicable a los indios de Pará, excepto en lo referente a alfabetismo y erudición ya que, según el programa de trabajo de las misiones jesuitas, nunca había existido ocasión para enseñar latín y las artes liberales a ninguno de los indios. Pero respecto a todas sus virtudes y potencial, los indios de Amazonia siguieron siendo tratados como bestias de carga por los colonos. Fueron injustamente esclavizados, obligados a transportar a hombres y mujeres sanos sobre sus espaldas o en literas, a grandes distancias, sometidos a todo tipo de abuso físico y verbal. La negativa a reconocer la humanidad de los indios en la práctica cotidiana no tenía base alguna en los principios cristianos y sólo podía atribuirse a la codicia ilimitada de los colonos [8].

III. CAPACIDAD

Araujo reconocía que las destrezas mentales de los amazónicos habían sido poco estudiadas por los misioneros de Pará ni era probable que existiesen, en tanto estas personas, esclavos o libertos, estaban obligadas a ausentarse de sus pueblos durante seis meses o más cada año, sirviendo como remeros en las canoas de los colonos. Los esfuerzos misioneros por enseñar a leer y a escribir a los indios habían sido someros, en el mejor de los casos, incluso cuando se tomaban —o se secuestraban— hijos a sus padres para criarlos según los jesuitas lo estimaban conveniente. Los pocos que habían aprendido a leer lo habían hecho con rapidez; pero el sistema de trabajo les había dado pocas oportunidades y ningún incentivo para seguir aprendiendo. Aun así, se podía escuchar a indios poco enseñados cantar muy bien en los servicios religiosos de la misión. Se preguntaba Araujo que, si se enseñase latín a los muchachos indios, ¡no habría algún

[8] Araujo, ob. cit., p. 298. Para el texto latino de Garcés, véase Fredi Chiappelli (comp.), *First images of America: The Impact of the New World on the Old*, I, Berkeley, 1976, pp. 375-389.

día sacerdotes indios en Pará! Esto, quede claro, no fue sino vuelo excepcional de la fantasía; en ninguna otra fuente jesuita de la época se sugirió tanto la posibilidad de la creación de un clero nativo.

Donde las destrezas mentales de los indios podían verse más claramente, observaba Araujo, era en la facilidad con que aprendían cualquier tipo de arte manual. Había excelentes peluqueros, sangradores (incluidas algunas mujeres), herreros, aserradores, carpinteros, canteros, pintores y escultores indios en Pará. De hecho, hicieron la mayor parte del trabajo especializado y no especializado de la colonia. Quizá la más impresionante de sus habilidades fue la construcción de enormes canoas bien proporcionadas para largas distancias, de un solo tronco de árbol, embarcaciones que proveerían ellos tan bien con asientos y superestructura que «el Rey mismo podía desplazarse con estilo». Las mujeres de Pará pintaban calabazas para transportar agua y servir alimentos, tan bonitas, útiles y duraderas que hubo un pequeño mercado de exportación para ellas en Europa y Brasil; lo mismo podía decirse, sin duda, de sus hamacas bellamente tejidas si pudiesen conocerse y utilizarse en otros lugares. Los hombres indios, por su parte, suministraban a los mercados locales de Pará una notable diversidad de excelentes cestos y esteras para uso doméstico. Otros escritores jesuitas también encontraron ocasión de comentar las destrezas manuales de los indios según se manifestaba en sus artes y artesanías, en la elaboración de herramientas y armas, en la caza, pesca, edificación y manejo de canoas. Varios señalaron la rapidez con que aprendían nuevas destrezas de los europeos [9]. Los indios de Amazonia en modo alguno aparecen en estas fuentes como estúpidos, excepto cuando martirizan sus cerebros (o no lo logran) con los misterios de la doctrina cristiana.

Aun así, sólo Araujo les consideró capaces de pensamiento racional; y es curioso que para ello se basase más en las reflexiones del obispo de Tlaxcala del siglo XVI que en cualquier experiencia amazónica. ¿Por qué así? En parte, la respuesta debe buscarse en la noción europea de pensamiento como actividad de caballeros. Los estudiantes aztecas tenían origen noble (un aspecto poco resaltado por Araujo); pero en Europa misma, así como en América, ni las mujeres ni los pobres obreros eran considerados racionales por los hombres bien nacidos; y los hombres indios de Amazonia estaban

---

[9] Araujo, ob. cit., 1904, pp. 300-305; *cf.* Figueroa, pp. 206-210 y 233.

lejos de ser calificados como nobles. Además, pocas posibilidades había para la discusión de ideas entre europeos e indios en el mundo social de Pará. En términos generales, ninguno de los dos grupos conocía el idioma del otro ni entendía sus principales preocupaciones. El uno era dominante en todo ámbito de interacción y estaba exento por la ley y la costumbre social del trabajo manual o del castigo físico. El otro estaba subordinado en todo ámbito, dedicado en exclusiva al trabajo manual y, con frecuencia, azotado. La comunicación en las misiones tupíes era en *lingua geral* (lengua franca), un segundo idioma para casi todos sus hablantes durante el período tratado, y sobre la que podemos especular (a la vista de su historia y sus funciones en la sociedad colonial) que fue un vehículo de alcance muy limitado para la expresión de las ideas. El trabajo de explorar los mundos mentales de los indios amazónicos se dejó, por ello, a los etnógrafos del siglo XX, observadores que llegaron demasiado tarde al escenario para estudiar la mayoría de las obras del intelecto que pueden haber adornado a la región. Para los jesuitas del siglo XVII, la premisa de trabajo era la de Francisco de Figueroa: «Es gente que se gobierna poco por razón» [10].

El discurso de los jesuitas de Amazonia sobre la capacidad india se halla en curioso contraste con el de sus contemporáneos franceses entre los algonquinos comerciantes de pieles de Canadá. Estos misioneros eran menos dominantes y más dependientes en relación con sus «cargos», dedicados como estaban a la creación de una gran red de comercio maderero en donde la esclavitud india, la «domesticación» de indios y la violencia misma tenían una parte relativamente pequeña. La «conversión» al cristianismo se lograba allí menos por la fuerza que por la persuasión, que, a su vez, exigía la detallada observación de los modos indios; y era una consecuencia de este modo de actuar el que las relaciones francesas contuviesen más información sobre los indios que las españolas y portuguesas. Resulta vano buscar en las Relaciones amazónicas una nota como ésta:

> la mayoría de [los indios] no son maliciosos en absoluto, sino liberales, tienen una buena y clara mente, hasta discernir entre asuntos comunes y sensibles, deduciendo sus razones con gracia, utilizando siempre alguna comparación placentera. Tienen una excelente memoria para asuntos materiales,

---

[10] Figueroa, ob. cit., 1904, p. 108; ed. 1986, cap. VII, p. 210.

tales como haberte visto, o para las cualidades del lugar donde han estado, o lo que uno hizo en su presencia hace unos veinte o treinta años [11].

Era improbable que los administradores de los trabajadores forzosos «domésticos» distinguiesen de modo tan cuidadoso los procesos mentales o especulasen sobre los valores indígenas de los neófitos esencialmente serviles a su cargo.

IV. GOBIERNO

Los europeos colonos en la América tropical se sintieron decepcionados por el grado de desarrollo político, la «política» o «policía» que hallaron en las sociedades indias. Como dice la frase modelo, *não tem fe, nem lei, nem rei* (no tienen religión, ni legislación ni autoridad debidamente constituida). Tales gentes parecen vivir en un estado de total y absoluta «libertad natural», dando rienda suelta a sus impulsos básicos e irrefrenados por cualquier disciplina. En Amazonia no tenían ciudades o templos; vivían en alojamientos sólo temporales; llevaban poca ropa o ninguna; no acumulaban más excedente del que podían consumir o distribuir mediante comercio; parecían preocuparse exclusivamente por los asuntos materiales inmediatos, ignorando lo espiritual y lo trascendental. En particular, los jesuitas, imbuidos como estaban de los ideales de la civilización como virtud y del orden social como jerarquía disciplinada, tuvieron dificultad para tomar en serio tales sociedades.

Francisco de Figueroa señaló, a propósito de los indios del valle del río Huallaga entre quienes había trabajado, que

> [...] aunque siempre vivieron poblados casi todos juntos, como hallaron los españoles, y por eso parece que habían de tener más de policía que otros que viven muy divididos y apartados unos de otros, con menos comercio humano, con todo eso es poco o nada lo que en sus pueblos alcanzaron de policía.

Había unos pocos signos dispersos de orden civil. Los cocama se vestían con coloridas ropas de algodón, mientras que las demás

---

[11] Pierre d'Avity, en Jaenen, ob. cit., p. 25.

tribus iban desnudas. La mayoría de los indios conocían lo suficiente para organizarse de modo adecuado al ataque y defensa en épocas de guerra. El vivir en pueblos les ayudaba a organizar los festivales de bebida, danza y canción que tanto les gustaban. Pero en otros aspectos

> estaban como si no las huviese entre hombres. No había gobierno; cada qual hacía lo que se le antojaba y tiraba por donde quería: en las maldades y delitos que cometían, no había quien los castigase, ni los caciques tenían mano para nada.

En el río Ucayali, había encontrado a algunos

> [...] ví a unos caciques de nombre (porque ni ellos tienen dominio ni gente que se les sujete como a señor a quien sirven, y deste xaez son quantos caciques he visto).

Si una persona ofendía a otra en tal sociedad, la víctima misma se vengaba.

Esta carencia de *policía* hacía difícil lograr gente para trabajar bajo la supervisión misionera, o asistir regularmente a misa, incluso mediante azote. Parecían ajenos, de hecho, a cualquier sentido (europeo) de justicia. La verdad era que se requería una gran cantidad de paciencia, tolerancia y persistencia para «domar y adoctrinar a una gente tan indomable». Figueroa creía que los jesuitas habrían logrado muchísimo más en Maynas si no se hubiesen visto ante «tales costumbres perniciosas arraigadas y carencia de sujeción, que bloqueaban su deseo de ser cristianos». En tales circunstancias, era notable que los indios de misiones hubiesen adquirido finalmente tanta «doctrina y policía» como habían logrado bajo guía jesuita, y aprendiesen a «obedecer a sus superiores y aceptar el castigo por cualquier delito o desobediencia». Se les habían asignado funcionarios policiales y gubernamentales locales, y había «cárceles donde son encerrados los que se lo merecen». Todos en las estaciones misioneras llevaban por entonces ropas, asistían a misa, participaban en procesiones religiosas y en los sacramentos, y trabajaban para aportar sostén al sacerdote misionero. Pero este régimen nunca se podría haber logrado, reconocía Figueroa, sin la ayuda de fuerzas armadas auxiliares,

> [...] porque la misma brutalidad y costumbres fuera de razón destos indios, en que se crían, está clamando por justicia que los gobierne, corrija y reprima.

Sus jefes no podrían lograr esto; pero cuando se aplicaba fuerza externa, y la

brutalidad y tosquedad de costumbres, falta de enseñanza y profunda ignorancia de todo lo que es honesto a razón y al bien de sus almas.

se remediaba, estas personas eran bastante capaces de convertirse en buenos cristianos [12].

Los jesuitas consideraban la falta de interés en los nativos por la ropa como una clara señal de la ausencia de gobierno disciplinado; y fue una cuestión permanente de preocupación. La desnudez excitaba a algunos y era evitada de modo cuidadoso por otros, una fuente de incomodidad severamente reprobada por todos. Betendorf visitó el cacicazgo de Moaçara en Maranhão, viajando con algunos europeos que había vestido primorosamente como un medio de implantar la autoridad entre los salvajes. Moaçara y sus acompañantes se acercaron a la ribera para reunirse con los visitantes,

enteramente desnudos [...] sólo ella llevaba una pequeña falda tejida con hojas de palmera, sujeta en su espalda [... luego] una espantosa bruja pasó su mano por mi rostro, sonriéndose y diciendo «hi, hi, hi» como para indicar: «qué guapo». Ignoré esta bárbara cortesía y seguí a Moaçara hasta su enorme casa tejida con hojas de palmera. [...] En el centro, había colocado una pequeña estera sobre la que se sentó con sus dos jóvenes hijas, sus sobrinas, invitándome a sentarme junto a ella. Le pedí perdón, alegando los achaques de la edad.

Su compañero jesuita aceptó el honor para evitar una ofensa, pero «se sentó en la estera tan lejos de ella como era posible» [13].

Bento da Fonseca, un jesuita sobresaliente de mediados del siglo XVIII en Pará, escribió más duramente sobre la ausencia de gobierno de los indios. Era imposible, pensaba él, predicar el Evangelio a americanos nativos del modo que podía predicarse a cualquier pueblo «político y articulado» que podía ser convencido por un llamamiento a la razón. Aquí era necesario, en primer lugar, convencer a la gente de los beneficios materiales que podían obtenerse de la domesticación: vivir libremente juntos en pueblos, trabajando sólo por salarios, estando protegidos por sus misioneros de los es-

---

[12] Figueroa, ob. cit., 1904, pp. 81, 82, 106, 180, 181; ed. 1986, pp. 196, 209, 250.
[13] Betendorf, ob. cit., p. 510.

fuerzos de los colonos para esclavizarles o llevarse a sus mujeres e hijos. Los indios de Amazonia eran «más bárbaros y brutos que cualquier pueblo aún por descubrir en el mundo», y la experiencia había demostrado que lo que se requería era «primero convertirles de bestias en seres humanos, y luego, de seres humanos en cristianos». Esta última fórmula (que aparece una y otra vez en fuentes jesuitas) expresaba la necesidad práctica de

sacarles de la selva e instalarles en pueblos donde, gracias a la comunicación regular con los misioneros y los indios civilizados, podían llegar a habituarse a la vida en la sociedad organizada.

Los nativos deben aprender a ver a los misioneros como sus padres y defensores contra la violencia y la explotación por parte de los portugueses. A esto se debe que los reyes de Portugal y de España hubiesen otorgado a los jesuitas la administración temporal y espiritual de las misiones indias; una no podía ser eficaz sin la otra. La misión era indispensable para «reducir» a pueblos a quienes «la Naturaleza no les dio la capacidad o el talento para gobernarse ellos mismos»; y debe considerarse un milagro de la Gracia Divina el que gente tan bárbara como ellos, «criados sin ley alguna, ni siquiera la ley de la Naturaleza», a veces, por supuesto, decidían abandonar su hogar y abrazar una ley y aceptar un rey que no conocían, un modo de vida tan diferente del suyo [14].

Por contraste con esta desaprobación, los jesuitas en el proceso de «reducir» a un pueblo con la colaboración de sus jefes se vieron a veces más favorablemente impresionados por el gobierno indio e inclinados a atribuir al cacicazgo más autoridad y jerarquía de la que quizá tuviese realmente. Escribiendo sobre la misión a los «irurizes» en la desembocadura del río Madeira, Betendorf aludía de modo admirativo a su sistema de gobierno. Cuando fallecía el jefe supremo, los irurizes elegían al mejor cualificado entre sus *principaes* o líderes para sucederle. Los jefes podían tener varias esposas y muchos hijos (una costumbre objetable, en principio, ¡pero impresionante, con todo, como indicación de poder!); y ejercían mucha autoridad sobre sus súbditos. Los jefes de los cinco mayores poblados

[14] Fonseca, «Noticia do governo temporal dos indios (1755)», en Moraes, *Corographia*, IV, pp. 122-186.

iruriz, además, tenían «vasallos» que vivían en aldeas más pequeñas, cercanas, para trabajar sus huertos de mandioca.

Betendorf describe dos «visitas oficiales» al poblado iruriz, que servía como sede de la misión, por jefes vecinos con gran número de sus súbditos. Éstos llegaron en gran número de canoas precisamente cuando caía la tarde, y fueron obligados por el protocolo a permanecer en sus embarcaciones hasta recibir permiso para desembarcar a la mañana siguiente. Entonces, una solemne procesión de hombres armados y pintados, a veces con regalos, desfilaría desde las canoas hacia el poblado, con el jefe y sus principales guerreros situados al final, ellos con insignias de combate y él con una espada desenvainada (presumiblemente lograda mediante comercio con los europeos) y en alto. El jefe iruriz y sus guerreros desfilarían en grupo cerrado para reunirse con los visitantes, intercambiar regalos e invitarles a la gran casa de ceremonias en el centro del poblado. Allí bebieron, danzaron e inhalaron el alucinógeno *paricá* en una fiesta que podía durar varios días. Durante este tiempo, las mujeres iruriz estaban encerradas para impedir el trato con los visitantes; pero cuando se acabó la visita, ¡el jefe les permitiría aparecer y acompañar a sus hombres para despedir a los visitantes! En una de estas descripciones, Betendorf incluso vio cómo los principales acompañantes del jefe visitante iban acompañados de grupos de «vasallos» o «pajes» armados como guardaespaldas [15].

Este esfuerzo para atribuir al gobierno indio los atributos del poder, autoridad y estratificación social fue anticipado en la observación de Acuña sobre que los omaguas eran «la más inteligente y mejor gobernada» de las tribus que conoció en el Amazonas, ¡un hecho que sólo podía atribuir él a haber sido influidos de modo indirecto por los españoles! Los omaguas se desplazaban totalmente vestidos e incluso tenían telas de colores para vender; eran «tan obedientes a sus jefes principales, que una sola palabra es suficiente para hacerles llevar a cabo cualquier cosa que se les ordenase». Éste era el ideal de los jesuitas; pero existen pocas indicaciones históricas o etnográficas que sugieran que era el ideal de cualquier indio amazónico. Las observaciones de Figueroa sobre el gobierno entre los huallaga y los ucayali estaban quizá más próximas a la verdad.

---

[15] Betendorf, ob. cit., pp. 463-465.

V. BARBARIE

Una clara señal de la barbarie de los indios amazónicos era, para los cristianos, su tolerancia de la difundida práctica del infanticidio. Hay varios relatos donde el misionero se entera de que una madre ha quemado vivo a un hijo recién nacido, y él llega para enterrarle y administrarle los últimos sacramentos justo a tiempo para salvar el alma del niño del Purgatorio [16]. Figueroa señalaba con ecuanimidad la práctica común de enterrar a los bebés deformes, para lograr una población adulta libre de minusvalías para sumarse a la lucha por la subsistencia. Pero era muy crítico respecto a la difundida práctica, «peor que las bestias», de matar a los bebés nacidos fuera del matrimonio, o (pensaba él) evitar la molestia de criarles, quemando vivos los hijos no deseados con sus secundinas. «Por esta razón, los indios son pocos.» Por otro lado, se apresuró a señalar que cuando los indios decidían criar a un hijo «¡mostraban demasiado amor por él!» [17].

Incluso más irrecusable y muy influyente era la perenne acusación de canibalismo. Acuña había sabido, por los esclavistas de Pará con quienes viajaba, que los omaguas tomaban prisioneros en la guerra «para comerlos en sus juergas de borrachera». Escéptico, supuso que el relato había sido «inventado por los portugueses para suavizar su injusticia». Dos indios de Pará que habían sido capturados por los omaguas, vivieron con ellos durante ocho meses y participaron en sus incursiones bélicas, le explicaron que sus captores nunca habían comido a sus prisioneros, pero que mataban al «principal y más valiente» para impedirle huir y volver más tarde para vengarse. Luego arrojarían sus cuerpos al río y conservarían sus cabezas como trofeos. Acuña reconocía que podían existir caníbales en Amazonia, pero tuvo dificultad para persuadir a sus lectores de

> que no existen en todo él carnicerías públicas, en que todo el año se pesa carne de indios como publican los que a título de evitar semejante crueldad la usan ellos mayor, haciendo con sus rigores y amenazas esclavos a los que no lo son [18].

---

[16] Por ejemplo, Bartolomeu Rodrigues a Jacinto de Carvalho (Tupinambaranas, 2-V-1714) en Leite, *Histórica,* III, pp. 393-400.

[17] Figueroa, ob. cit., 1904, pp. 240-241.

[18] Acuña, ob. cit., cap. LII, p. 74.

En Maynas, donde el comercio de esclavos carecía de importancia y los jesuitas no se encargaban de legitimarlo, los indios a quienes se atribuía canibalismo eran los que se resistían a la actividad misional. Figueroa mencionaba con horror a los mayorunas del valle de Ucayali (algunos de ellos, establecidos en una misión, habían borrado las huellas y regresado a la selva después de su primer contagio de viruela), que comían la carne de sus propios muertos. Cuando fallecía una persona amada, comenzarían sus lamentaciones, y

> [...] entre los llantos, lo hacen pedaços; comen lo que les parece, cocido ó asado, por vianda de carne fresca; lo restante lo ahuman para otros días [...] los huessos que quedan los tuestan después, y los muelen y beben, echándolos en sus masatos y bebidas. Las cabeças las guardan hasta que críen gusanos en sus cuencas y sesos, y las comen con ellos, porque les sabe muy bien rebueltos con agí [19].

Los que hicieron más uso del mito del canibalismo fueron los colonos portugueses, por la razón que Acuña había señalado. Y como Vieira, la mayoría de los escritores jesuitas portugueses le daban cierto refrendo. Betendorf vuelve a narrar el relato contado por los irurizes cristianos sobre que a sus enemigos jaquezes nada les gustaba más que comer la carne de las mujeres iruriz. Las cazarían y llevarían sus cuerpos a casa como los de los animales salvajes, para repartir la carne fresca entre sus vecinos. Por contraste, los arawaks que vivían al norte de la desembocadura del Madeira (cuya tenaz resistencia a la esclavitud les había granjeado el respeto rencoroso de los portugueses) parecían menos salvajes que valientes. No comían carne humana, indicaba Betendorf, «y si matan a sus prisioneros en ceremonias, es sólo para afirmar la victoria y lograr fama» [20].

Escribiendo después de la abolición del comercio de esclavos y la expulsión de los jesuitas de Pará, el normalmente sobrio e informativo João Daniel elaboró una salaz descripción del canibalismo de algunos *tapuyas* (indios no domesticados) amazónicos no especificados, gente que consideraba inferior a las bestias salvajes dado que éstas morían antes que comer a uno de su propia especie. Estos bárbaros reservarían a los prisioneros más gordos para sus banquetes, y a las jóvenes para el abuso sexual, «a menos que tengan mucha

---

[19] Figueroa, ob. cit., 1904, p. 118; ed. 1986, cap. VIII, p. 216.
[20] Betendorf, ob. cit., pp. 233 y 355.

grasa, en cuyo caso, ni siquiera su belleza les salvará de morir como ganado». Imaginando las ceremonias para el sacrificio de estos prisioneros, les hacía enfrentarse a la muerte «como brutos sin sentimiento alguno [...] como si fuese un juego infantil o una obra teatral». Para rescatar a los indios de tal tratamiento, explicaba él, el gobierno colonial y los jesuitas habían creado las *tropas de resgate* de Vieira varios decenios antes [21]. Al leer este relato, resulta evidente que el asunto no es una costumbre respetada sino un mito oficial. La preservación del mismo era tan importante para los colaboradores jesuitas en el comercio de esclavos indios como lo había sido para los esclavistas mismos. Demasiado raramente se introdujo en este debate la advertencia de Domingos de Araujo, que escribió que, aunque alguna gente amazónica podía ser tan cruel como para comer carne humana, «a menudo lo he oído decir, pero nunca por nadie que afirmase haberlo visto».

VI. RELIGIOSIDAD

Para los misioneros jesuitas del siglo XVII, Satán era una presencia tangible; y las creencias y prácticas religiosas indias eran claras señales del trabajo del Diablo. La misión podía llevarles a un combate cara a cara con el Demonio. Samuel Fritz señaló de los yurimagas, en el Amazonas medio, hacia 1690, que

> un espíritu maligno estaba ejerciendo tal dominio despótico sobre ellos, que, de vez en cuando, él se lanzaba sobre ellos y les golpeaba con crueldad.

Fritz levantó una cruz en el pueblo y anunció que con su ayuda, el espíritu tendría menos poder. Luego, una noche, escuchó sonar una flauta en un ritual en lo profundo de la selva que «me causó tan gran terror, que no podía soportar su sonido». Preguntando al respecto, supo que

> estaban tocando de este modo en honor de Guaricaya, que era el Diablo, que desde la época de sus antepasados se aparecía en forma visible y se establecía en sus pueblos; y ellos siempre le dejan una casa alejada del pueblo dentro de la selva, y allí le llevan bebida y los enfermos que él podría curar.

---

[21] Daniel, ob. cit., I, pp. 225-228.

El misionero, exasperado, preguntó por la apariencia de este Diablo, y le dijeron que no podía describirse sino que adoptaba distintas formas horrorosas, pero que, cuando venía, «todas las mujeres huían con sus pequeños», quedando sólo los hombres adultos, después de lo cual «el Diablo toma un látigo [y] nos azota en el pecho hasta que brota mucha sangre para hacernos valientes». Fritz se preguntaba si este horrible monstruo podía haber estado urgiéndoles a librarse de su misionero, pero le tranquilizó saber que los sonidos que el demonio hacía eran inarticulados, y que, en cualquier caso, desde la colocación de la cruz, no había logrado acercarse al pueblo o ni siquiera curar a los enfermos que eran llevados a su casa en la selva [22]. Leyendo hoy día este relato, uno se sorprende al comprender que Fritz no consideraba a este chamán yurimaga como colega o competidor humano diabólico, y cuya magia tendría que idear de qué podría desacreditar. Le veía como una encarnación del Diablo. Más adelante, señala haber oído relatos similares sobre el trabajo de Lucifer entre los aisuares y otros pueblos de la misma región.

Los indios de João Daniel conocían y temían al Diablo e incluso le esperaban en sus festivales de borrachera, «donde se le ve a menudo danzando entre ellos». Decían que era muy feo, que aparecía de modo regular en ciertos lagos y claros de la selva, que los indios evitaban, y que obedecían sus órdenes por miedo o esperando que le revelase secretos. El primer catecismo amazónico de los jesuitas, señalaba Daniel, había investigado la danza como un modo de lograr conocimiento con Satán; y los niños, siempre rápidos en decir lo que habían visto y oído, habían indicado a veces a sus misioneros haberle visto danzar en las fiestas de sus padres. Otra manifestación diabólica era el duende *curupira* que se aparecía a la gente en las selvas y los huertos de mandioca como una figura humana desnuda con una cabeza afeitada, y que les ayudaba a encontrar lo que estuviesen buscando. Un fuerte sonido atronador procedente de la selva se atribuía a los curupiras; y los recolectores de cacao seguirían tales sonidos creyendo que les llevaría hasta árboles bien provistos. De este modo, señalaba Daniel, Satán se mantiene en contacto incluso con los indios domesticados, ¡cuán mucho más fácilmente debe haberles controlado en su estado natural! El Diablo, parecía a veces, era mejor conocido por los indios de misión, y más «temido, conocido y obedecido» por ellos que el dios cristiano mismo, «que puede

[22] Fritz, ob. cit., pp. 61-62; *cf.* Daniel, I, ob. cit., pp. 248-250.

arrojarnos al Infierno o aniquilarnos en éste». Era esto lo que tan a menudo había vuelto a los indios sordos a la predicación misionera de los misterios de la fe y a sus obligaciones como católicos. Los irurizes de Betendorf, incluso después de aceptar el cristianismo, seguían convencidos de que los demonios les dañarían «si no pagaban tributos anuales en vino y pasteles de mandioca en sus festivales» [23].

Un incordio de la existencia del misionero era el «terreno del Diablo», un claro en la selva en alguna parte no demasiado lejos del pueblo, donde los indios celebraban estas danzas subversivas y juergas de borrachera. En la época del festival, las mujeres les llevarían grandes jarras de vino, y luego todos

> se sentarían en cuclillas y taparían sus ojos para no ver, y sus hechiceros hablarían con voz fuerte y ronca, persuadiéndoles de que ésta era la voz del Diablo, que podía hacerles pensar lo que él quisiera [24].

No obstante, para el urbano Cristóbal de Acuña, sin embargo, un brujo era simplemente un brujo; y el papel de Satán era menos espectacular. Los indios, escribía él,

> [...] es para notar la grande estima en que todos tienen a sus hechiceros; no tanto por amor que les muestren, como por el recelo con que siempre viven de los daños que les pueden hacer.

En una ocasión, señaló haber observado una expresión retorcida de esta estructura mental india: un hombre incapaz de reconocer cualquier «poder o deidad» en los ídolos de su propio pueblo, «se había declarado el dios de esa tierra». La gente de Acuña se enteró y le hizo saber que le visitarían con un Dios más poderoso que él. Cuando llegaron, «deseoso de conocer al nuevo Dios, vino en persona a preguntar por él». Pero resultó que ningún argumento pudo persuadirle de la existencia del Verdadero Dios, porque él podía verle. Así que el chamán

> [...] quedóse en su ceguera haciéndose hijo del Sol, adonde con el espíritu afirmaba ir todas las noches para mejor disponer al día siguiente del universal gobierno que le incumbía. Tal era la malicia y soberbia de este bárbaro [25].

---

[23] Daniel, I, ob. cit., p. 240; Betendorf, ob. cit., p. 465.

[24] Betendorf, p. 170.

[25] Acuña, cap. XLII, p. 65 y XLI, p. 64.

VII. DOCILIDAD

Los primeros escritores jesuitas, tanto en Maynas como en Pará, establecen una distinción funcional entre *indios bravos* (los no domesticados) e *indios mansos* (los domesticados). Los autores de nuestros textos tenían, en su mayoría, escasa experiencia de los primeros y amplia de los segundos. En general, sus observaciones sobre el carácter indio pueden tomarse como reflexiones sobre la conducta observada de los indios domésticos, que estaban muy influidos por las impresiones de las maneras de los indios no domesticados que habían recopilado del folklore fronterizo y de sus propias experiencias en el comercio de esclavos. Dado el contexto, es sorprendente que los rasgos de más interés para los jesuitas fuesen los que podían llevar a los indios a aceptar dócilmente «el yugo de Cristo». Domingos de Araujo descubrió que los indios domésticos de Pará eran

> pacíficos, dóciles, agradables, hospitalarios, amables, muy inclinados a hacer bien a los demás, sumisos, lentos en ofenderse por las muchas indignidades que padecían, no inclinados en su mayoría a la venganza [...] notablemente moderados, contentos con muy poco; con una tela para cubrirse y un poquito de farinha para comer, no piden más. Si no hay alimento, pueden resistir días sin comer; y cuando hay alimento, tomarán una vez para resistir varios días. Pueden gozar de la abundancia o resistir la penuria [...]. Les agrada descansar, pero cuando es tiempo de trabajar, trabajan mucho y pueden resistir en gran medida. No son ambiciosos, e incluso respecto al pago de su propio trabajo duro [...] se contentan con poco. Lo que más critican en los europeos es su excesivo orgullo. Ni aman la vida ni temen la muerte, y en general mueren del mismo tranquilo modo en que han vivido. Resumiendo, los que son cristianos son buenos cristianos si se les permite serlo; y los que no lo son, tienen una gran disposición para ello si se eliminan los estorbos para su conversión.

Esto puede leerse hoy día como una declaración del triunfo sobre la barbarie, un anuncio de que, en cautividad, el espíritu de los indios había sido, por supuesto, «quebrado». Figueroa había proclamado que los xeberos de Maynas evangelizados estaban ahora bien formados en «política y doctrina», mientras que antes nada habían hecho excepto beber y danzar y reducir las cabezas de sus vecinos, viviendo sin restricción según sus costumbres salvajes. En la época de este escrito, los indios disfrutaban realmente llevando sus ropas de estilo peruano y rezando y recibiendo los sacramentos. En los domingos antes de las vísperas, podían pedir permiso para beber un poco; pero nunca bebían en exceso. «Casi nunca se ve a un xebero caído y sin sentido por beber.» Tan completo era su sometimiento que pedirían permiso al Padre incluso para ir a pescar, o recoger tortugas y frutos de la selva en su época. Otro grupo era tan ejemplar en su disciplina que, aunque vivían primordialmente cazando, dejarían sus cerbatanas y subsistirían con pesca y plantas selváticas solamente durante la Cuaresma.

Aun así, trabajar con indios evangelizados tenía sus frustraciones, se lamentaba Figueroa, porque incluso con un intérprete «no les entendemos y ellos no nos entienden», lo que a veces hace parecer a los indios increíblemente estúpidos. «A menudo en confesión repiten simplemente lo que se les dice, incluso las preguntas», lo que planteaba interrogantes a un sacerdote consciente sobre la validez del ejercicio. Pero valía la pena el esfuerzo de ir más allá de esto, afirmaba él,

> [...] debajo de aquella tosquedad y corteza son buena madera, y dentro las acciones brutales encierran comunmente un natural dócil, sugeto y humilde, que por falta de enseñanza y de quien los labre y ponga en figura y ser de hombres no alcanzan lo que les falta.

Con paciencia y por la gracia de Dios, la gente que nunca se había juntado sin matarse y comerse unos a otros podía ser llevada a vivir en paz y armonía. Pero los indios no buscaban la comunión con el Señor por su propia voluntad, reconocía Figueroa. Tenían que ser obligados a ello [26].

VIII. CONCLUSIONES

El discurso jesuita sobre los indios de Amazonas que hemos estado sometiendo a prueba no es el «discurso colonial» de la historia intelectual europea; es el del colonialismo mismo. Su «otro» no es una abstracción; es el hosco y abyecto pero recalcitrante objeto de supervisión y explotación directas («domesticación») por el autor je-

---

[26] Figueroa, ob. cit., 1904, p. 118; ed. 1986, cap. VIII, p. 276.

suita mismo. Un rasgo sorprendente de este discurso sobre la realidad observada es su tono curiosamente arcaico. Éste no es lenguaje convencional de la conquista colonial ibérica, derivado de siglos de lucha contra los moros civilizados; es un lenguaje más antiguo, el de la lectura de los jesuitas en los clásicos acerca de los bárbaros en la frontera romana. Estos indios son los *silvestres homines* de Cicerón: irracionales, desordenados, estúpidos, sucios y no domesticados pueblos proclives por naturaleza al *furor barbaricus*, asimilables a la sociedad civil sólo como esclavos bajo el *dominium* de hombres civilizados. El cristianismo del Nuevo Testamento de los jesuitas no les vuelve más amables. Su rigurosa formación intelectual no les hace más conocibles. Ni la trascendencia humana de ciudad, nación, clase y etnicidad con que la Iglesia primitiva imaginó una «asociación en Cristo», ni el utopismo teocrático humanista mediante el cual los pioneros franciscanos imaginaron la nueva Iglesia del México del siglo XVI pueden descubrir la visión jesuita de la sociedad que intentaban construir en Amazonia. Su cristianidad es triunfalista. Se sienten tan cómodos en el ejercicio de su tarea clave en el sometimiento de pueblos como los misioneros carolingios enviados al norte y este de Europa. Son tan complacientes sobre la eliminación de pueblos como los primeros misioneros castellanos a Canarias y a las Indias Occidentales. Sus métodos son igualmente arcaicos: la «conversión» de los jefes mediante amenaza y soborno, como un medio de someter a sus súbditos; bautismo masivo más que adoctrinamiento individual; abolición total de los rituales paganos y destrucción de ídolos; conversión de los neófitos en una fuerza laboral dependiente; castigo físico para los reincidentes. El énfasis en tal trabajo misionero se ponía en el poder más que en el amor; en la autoridad, obediencia y castigo, más que en la persuasión amistosa. El misionero era el representante legal y pagado de los «principados y poderes»; su esperanza para la propagación de la Fe se basa por entero en la consolidación del dominio cristiano, y ni idealizó este dominio ni miró más allá de ello hacia un futuro más brillante [27].

Por ello, el indio de estas Relaciones jesuitas no es, en general, el indio verdadero de la experiencia práctica de los jesuitas. El compromiso con el poder, junto con el etnocentrismo en estos autores,

---

[27] *Cf.* Richard E. Sullivan, «The Carolingian Missionary & the Pagan», *Speculum*, XXVIII, 1953, pp. 705-740, y W. R. Jones, «The Image of the Barbarian in Medieval Europe», *Comparative Studies in Society and History*, XIII, 1971, pp. 376-407.

ciegan la mirada más aguda y nublan la inteligencia más perspicaz, propiedad de los más santos y más sacrificados hombres, para los fines de exponer el carácter de la Amazonia nativa. Los indios que vivían fuera del sistema de misiones rara vez eran visitados; seguían siendo objeto de sospecha y desinformación sistemática. La ausencia de una viva curiosidad sobre los pueblos indios desconocidos de las selvas es un rasgo especialmente sorprendente de estos relatos. Por otro lado, los indios que habían aceptado los esfuerzos de la domesticación y que, por supuesto, deben haber sido bien conocidos para sus pastores, parecen no haber merecido en sus escritos jamás una observación simpática como seres que piensan y sienten. Los jesuitas eran reporteros bastante cuidadosos de sus propias «buenas obras», y de la conducta de los indios en cuanto les afectaba de modo directo. Observaban con detalle unos pocos aspectos del proceso de asimilación india que supervisaban; pero, hablando en general, veían al «otro» indio sólo con gran dificultad, como a través de un cristal oscuro y como masa, más que como comunidad de personalidades individuales, «almas» o creyentes. El resultado es que, pese a decenios de experiencia entre los indios de Amazonia, logran contarnos muy poco sobre los mismos.

Podemos preguntar de modo razonable por qué todos estos servidores bien preparados de los monarcas cristianos no lograron ver más claramente a los demás seres humanos entre quienes pasaron sus vidas. ¿Por qué no lograron descubrir en la *communitas* viable de la Amazonia nativa una invitación a la coexistencia pacífica, a la creación de *koinonia* más que del holocausto en el trópico americano? ¿Por qué responden a la hospitalidad con exigencias de obediencia y amenazas de castigo? ¿Por qué no logran ver la oportunidad de formar a los más dotados y cooperativos muchachos indios para servir como sacerdotes de nuevas congregaciones indias?; ¿por qué se niegan a compartir la autoridad con jefes y chamanes sabios en la administración de su ámbito teocrático? ¿Cómo la conducta de los seres humanos que intentaban vivir *in imitatione Christi* fue transformada en tan no cristiana por el colonialismo? La reflexión erudita sobre el «choque de culturas» en América se ha sentido incómoda con tales preguntas, mezcladas como están la preocupación moral y la científica. Preferimos tomar la consciencia del siglo XVII como un dato, y atribuir con complacencia a ello lo actualmente desmedido. Pero el encuentro de los jesuitas con el modo viable y sostenible de vida que encontraron ellos tan inaceptable en Amazonia forma un todo con cada encuentro destructor de la vida entre el poder y el «otro» en nuestra propia época. Comprender tales transacciones y aprender a ir más allá de las mismas es poner en tela de juicio las premisas y las percepciones del Poder, así como su praxis.

11. LA VIOLENCIA DEL ESTIGMA: «BLANCOS» Y TUPÍ-GUARANÍ

Georg Grünberg

Universidad de Viena

Abunda la documentación sobre la violencia —que se prolonga durante siglos— perpetrada contra poblaciones tribales, señalando un espacio de la muerte en una parte del Brasil y del Paraguay, área habitada en gran medida por pueblos tupí-guaraní. Este desencuentro fatal ha impregnado las formas particulares que las sociedades involucradas tienen de verse a sí mismas y de percibir a las demás.

Son las conceptualizaciones e imágenes mutuas las que determinan un posible contacto, porque, aunque los otros «hacen las mismas cosas», tienen un significado diferente. Atender a la perplejidad mutua es la propuesta de este ensayo. Trata de sociedades selváticas de agricultores, cazadores y recolectores que carecen de control central, que en vez de un mercado poseen un sistema ritualizado de intercambio de bienes basándose en la reciprocidad del prestigio y en el valor de uso, y cuya religión es omnipresente pero invisible, por ser «una inspiración, sacramentalizada en el canto y en la danza, dirigida por 'profetas' en búsqueda de la tierra sin mal» [1].

La duda de fondo es mutua: ¿serán verdaderas personas, los que parecen ser humanos, pero carecen de «las buenas costumbres y buen modo de vivir»? Y por el lado opuesto: ¿son «bichos do mato», animales salvajes y sin alma? Para entender la dificultad del encuentro entre representantes de ambos mundos se debe tener en cuenta que casi todos los actores del conflicto son monolingües y no usan la escritura, unos por no saberla —son analfabetos—, otros por no querer saberla: son miembros de culturas de tradición oral con un

[1] B. Meliá, *El guaraní, conquistado y reducido. Ensayos de etnohistoria,* Asunción, 1986, p. 158.

León-Portilla, M.; Gutiérrez Estévez, M.; Gossen, G. H., y Klor de Alva, J. J. (eds.), *De Palabra y Obra en el Nuevo Mundo,* vol. 1, *Imágenes interétnicas,* Madrid, Siglo XXI de España, 1992, pp. 293-310.

nivel muy exigente de discurso teológico-filosófico, como es propio de tradiciones chamánicas. La sospecha de que el otro no tenga lengua alguna está siempre presente. Es el «estrecho dudoso» de la comunicación verbal difícilmente explorable. Y es un intento de los heréticos de ambos lados el hacer escuchar la palabra ajena para reanudar un diálogo que antes de fluir ya fue desangrado.

La discusión sobre el futuro de los remanentes de los pueblos indígenas del Cono Sur americano cuestiona la tesis patriótica de una historia oficial que encubre el crimen en la «frontera indígena» como fundamento ideológico y base territorial para el establecimiento del estado nacional actual. La legislación, en parte todavía vigente, refleja el concepto del indígena como un obstáculo al proceso de «hacer patria», invocando el genocidio como gesto noble contra la barbarie, como en la Argentina de Sarmiento, o declarando al indio objeto de tutelaje por parte de un organismo impregnado de paternalismo despótico y corrupto, como es el caso del Brasil [2].

¿Por qué tan raras veces se acepta a los pueblos indígenas contemporáneos como capaces de optar por su propia liberación, conducida en sus propios términos, abriendo un espacio de articulación política, de proyectos históricos convergentes en una «sociedad nacional», que garantice los derechos permanentes de las minorías étnicas con las que convive? Es la «palabra», el conjunto de creencias, ideas, mitos y teorías que a la vez justifican y guían la obra del colonizador, la que imposibilita una relación de aceptación mutua en el encuentro de las sociedades y culturas.

En este ensayo se enfocan casos de una relación aniquilante, bien documentados y, en parte, personalmente conocidos, en el Brasil y en el Paraguay. Frecuentemente, es la historia de un genocidio anunciado, que convierte a unos cazadores en presa fácil de gente armada, que en la visión de aquéllos se convierten en jaguares indomables. Es la historia de una pacificación malograda con guerreros sin sociedad, intentada por una sociedad de guerreros que es aniquilada.

No es un raciocinio económico lo que promueve esta «Endlösung», sino la ideología de la negación violenta del «otro» que no es civilizado, es decir, cristiano, ni persona de razón. Este aspecto aparentemente irracional de exterminar pequeños grupos de indios cazadores y recolectores, que a veces ni siquiera ofrecen resistencia

---

[2] Véase R. Stavenhagen, *Derecho indígena y derechos humanos en América Latina*, México, 1988.

a sus perseguidores, parece relacionarse con el hecho de quienes muestran, y con frecuencia con irrefutable claridad, que es posible vivir mejor quedando fuera del sistema de marginación y opresión que vive la población civilizada regional, como son por ejemplo los caucheros, colectores de castañas, colonos de la frontera agrícola y peones de estancia. Dando prueba de algo que contradice tanto la autoimagen colectiva de la sociedad regional como la retórica de los representantes del Estado Nacional, estos indios se convierten en escándalo que debe ser eliminado. Como me dijo un suboficial del ejército paraguayo, al preguntarle por qué había matado a una mujer aché que lavaba ropa en un arroyo:

¡Me dio vergüenza ver aquella india sucia y desnuda, por eso la maté!

Y el dueño de un seringal matogrossense aclaró:

¡indio é bicho do mato, tem que matar mesmo, porque o Brasil vai pra frente!

Escuchando la palabra de cazadores y de cazados, quisiéramos despertar conocimientos y conciencias que puedan romper el círculo del pensamiento colonizador.

I. ¿SERÁ PERSONA EL BLANCO?

El enfrentamiento entre los representantes de la «sociedad nacional» de tradiciones colonialistas y las sociedades tribales de la selva se da casi siempre dentro del contexto de una economía extractiva sumamente dependiente de la demanda externa, formando ciclos de producción con auge y quiebra abruptas:

La economía extractiva moviliza individuos desgajados de sus comunidades de origen y, por tanto, libres de las formas tradicionales de control social, para lanzarlos sobre áreas inexploradas. Actúan como bandas móviles, penetran en los bosques para procurarse productos de valor mercantil allí donde el azar de la naturaleza los esparció. Cuando se enfrentan a un grupo indígena, su tendencia es desalojarlo violentamente de su territorio o, cuando es posible, esforzarse por colocarlo a su servicio: los hombres son reclutados para la localización de nuevas reservas de productos forestales y para realizar trabajos como de remeros, cargadores y otros; las mujeres, como prostitutas y productoras de géneros alimenticios [3].

La vida cotidiana de los *seringueiros,* los caucheros que encontré, en 1965, en los ríos afluentes del Tapajoz y en territorio kayabí, era tan desoladora, que en las conversaciones surgía frecuentemente la pregunta, hecha por hombres kayabíes: «Pero, tal como viven, ¿serán personas en realidad? Son hombres que viven solos sin familia ni casa comunal, no plantan, no tienen convites festivos ni siquiera se adornan o bailan. Sólo saben recoger caucho, matar animales, matar gente, quiere decir kayabí, y 'civilizados', y además parece que no tienen ninguna clase de sabiduría como, por ejemplo, visiones chamánicas, preparación de chichas y comidas, reuniones políticas, conocimientos curativos, cría de animales domésticos.» Si no fuera por el hecho comprobado de que saben hablar y hacer el amor, aunque de una manera muy inadecuada para seres humanos, los kayabíes hubieran dudado de su existencia como miembros de una sociedad humana.

Los dos *seringueiros* que generalmente trabajan juntos en una *feitoria,* recorren diariamente, de abril a septiembre, una *estrada* que vincula cerca de 300 árboles y entregan cada dos meses entre 600 y 800 kg de látex en «barras» de 30 y 40 kg cada una, al encargado de un *barracao,* que pasa con su lancha vendiendo «fiado» y a precios exorbitantes, arroz, frijol, sal, azúcar, café, tabaco en cuerda, queroseno y munición. El dueño del *seringal,* el *patrao,* tiene el monopolio de la compra de látex, de la venta de todos los productos y además del transporte, tanto de mercadería como de personas. Para garantizar el éxito de este sistema de explotación circular con endeudamiento forzado, dispone de un grupo de *pistoleiros* organizados en pequeños «comandos» para la caza de los *seringueiros* fugitivos [4].

Todos los *seringueiros* del Río dos Peixes tenían malaria; varios, beriberi; en un solo año, hubo cuatro asesinatos y un suicidio entre ellos, sin contar las agresiones contra la población indígena de la región. Lo que fascinó a los kayabíes de los *seringueiros* fueron algunos elementos de la tecnología occidental, como herramientas, ar-

---

[3] D. Ribeiro, *Fronteras indígenas de la civilización,* México, Siglo XXI, 1971, p. 63.

[4] G. Grünberg, «Beitrage zur Ethnographie der Kayabí Zentral-brasiliens», en *Archiv fur Volkerkunde,* XXIV, Viena, 1970, pp. 48-50.

mas de fuego, motores de popa, adaptables a las canoas, y radios; todo lo demás, en la vida del *seringueiro*, no ofrece atracción ninguna, sino al contrario, los kayabíes no se podrían imaginar vida tan triste, pesada y pobre como la de los «civilizados»,

> ... la civilización que les es accesible representa algo muy distinto del progreso industrial y de las excelencias de la ilustración. Para ellos, civilizarse es ser reclutado en la vida famélica del seringueiro, del castañero, del remero; es ser brutalizado bajo el puño del patrón. Es perder la abundancia de la aldea con sus extensas huertas, sus cacerías y pescas colectivas, sus horas de ocio después de cada trabajo extenuante, su gusto de vivir proporcionado por la convivencia con un centenar de personas que ven el mundo como él y cultivan una rica fantasía para interpretarlo alegóricamente. Civilizarse es vivir la vida del seringueiro, aislado con la mujer y los hijos en su choza en un brazo del río, viendo las mismas personas que siempre vienen en la misma canoa para traerle los mismos víveres y llevar la misma producción de goma. Sus oportunidades de gozar los beneficios de la civilización son prácticamente nulas [5].

Es tan evidente que los indios, supuestos «bichos do mato», viven mejor que cualquier «civilizado» en la región, que mis conversaciones con los *seringueiros* discurrían frecuentemente sobre la injusticia abismal en este mundo donde los «civilizados» y cristianos tienen que sufrir y trabajar, mientras que las «bestias paganas» pueden disfrutar de todos los placeres imaginables como son: comida en abundancia, mujeres y balancearse en la hamaca «sin hacer nada». Preguntándoles entonces qué se podía hacer para que pudieran mejorar su propia situación lamentable, la contestación invariable era:

> amansar a los indios para que trabajen [se entiende como *seringueiros*] y si no se dejan, matarlos.

> «... ¡hasta parece gente, mi teniente!» Éste fue el comentario de un cazador de indios (un *bugreiro*) que, por encomienda del Ferrocarril del Noroeste del Estado de São Paulo, tomó por asalto una aldea kaingáng, matando a toda su población, señalando, ante el teniente Pedro Dantas, del recién fundado Servicio de Protección a los Indios, que la aldea estaba cuidadosamente construida, bien cuidada y limpia y habitada por muchos indígenas [6].

---

[5] D. Ribeiro, ob. cit., p. 215.

[6] A. Bandeira, *A Cruz Indigena*, Porto Alegre, 1926, p. 79.

En las matanzas organizadas, el aniquilamiento del «otro» incluía a mujeres y niños, y cuando Herbert Baldus preguntó a un *bugreiro* [7] por qué habían matado también a las mujeres, él le contestó:

Matamos a todos, porque la india es peor que una fiera, tiene las uñas envenenadas [8].

Con muchas variaciones, se suele confirmar: el indio es un animal silvestre *(bicho do mato)*, no es propiamente «gente», está más para el lado de los animales que para el lado nuestro; en fin, no son *veri homines*, a pesar de que el papa Pablo III, en su bula *Veritas ipsa* el año 1537 constatara lo contrario.

Este lenguaje de una imagen preestablecida del «indio» se descarga sobre el viajero, antes de que él pueda configurar la suya propia,

En cada villa cercana a aldeas indígenas se puede oír un enorme repertorio de anécdotas sobre indios, que los describe como animales más que como gente, como perversos, vengativos, cobardes, traicioneros, desconfiados, simuladores, pendencieros, violentos, perezosos, ladrones, mendigos, estúpidos, ignorantes, infantiles, desagradecidos, necios, soberbios, indecentes, disolutos, etc. A través de estas historias es como toda persona aprende a ver a los indios. Por esto mismo, cualquier procedimiento de un indio que discrepe con las normas habituales es interpretado según este juicio.

Este consenso acaba por afectar al indio y muchos de ellos, criados por civilizados, aprenden a considerarse a sí mismos desde este punto de vista y pierden todo respeto por ellos mismos. Como estos estereotipos son inapelables, nadie piensa en ayudar a los indios a luchar contra la embriaguez o a familiarizarse con los patrones de comportamiento previstos como deseables. Uno que otro indio sumiso parece constituir la excepción, y es considerado como 'tan bueno que no parece indio'. Pero estos mismos solamente lo son en cuanto se dejan explotar sin ninguna queja y se colocan invariablemente en el papel que les atribuyen de 'bicho raro'; distante, infantil, que sólo sirve para trabajos groseros. La menor reacción de este indio-bueno contra un abuso de cualquier entidad es vista como una confirmación de los estereotipos. [...] Para los sertanejos, el indio o es *bravo* —y en este caso es un animal feroz que debe ser tratado a balazos— o es

---

[7] El término procede del portugués *bugre*, «indio salvaje», y denomina, en el sur del Brasil, a los cazadores de indios.

[8] H. Baldus, «Métodos e resultados de acao indigenista no Brasil», en *Revista de Antropología*, X, São Paulo, 1962, p. 192.

manso, y entonces, perezoso o ladrón, que sólo trabaja a costa del castigo o estimulado por la promesa de una botella de aguardiente [9].

La conceptualización del «otro» como un ser opuesto, con el que toda identificación y confraternización es imposible, la describen Roque Laraia y Roberto da Matta [10] para el caso de los gaviões del valle de Tocantins, donde vivía un cazador que andaba con perros cazando y matando a los gaviões que, después de ser asesinados, servían de comida a los perros. Es frecuente referirse a los indios en el Brasil de la «frontera indígena», llamándolos «comida de onza». Hasta en relaciones de conocimiento recíproco y convivencia pacífica, en vez de conducir a la comprensión mutua, la «palabra del colonizador» perpetúa barreras ideológicas que fueron levantadas en el primer momento del desencuentro fatal. Los indios, indignados ante tanta ignorancia y deseosos de explicar a los civilizados la convergencia humana entre los unos y los otros, recurren frecuentemente al gran diálogo de los mitos, aumentando también la confusión y confirmando involuntariamente el supuesto hecho de ser biológicamente diferentes. En el norte de Goiás, en el territorio kraho, existe entre la población regional la convicción de que los viejos indios se convierten en animales. El viejo jefe Chiquimo, en su intento de refutar tal insensatez, explicó entonces que solamente puede transformarse en un animal si fuese «dentro del suelo y no antes» como dicen los cristianos, queriendo decir «después de la muerte» [11].

II. LAS PACIFICACIONES FRACASADAS

Los kaingáng del Estado de São Paulo, que durante muchos años. fueron cazados por *bugreiros* pagados por la empresa ferrocarrilera, estaban convencidos, en los primeros años, de que ellos iban a amansar a los «blancos»,

---

[9] D. Ribeiro, ob. cit., p. 245.

[10] R. de B. Laraia y R. da Matta, *Indios e castanheiros. A empresa extrativa e os indios no medio Tocantins*, São Paulo, 1967, pp. 92-93.

[11] J. C. Melatti, *Indios e criadores. A situačao dos krabo na àrea pastoril do Tocantins*, Río de Janeiro, 1967, p. 121.

[...] relataron a sus pacificadores los esfuerzos empeñosamente realizados para amansar a grupos de trabajadores del Ferrocarril Noroeste del Brasil que avanzaban a través de su territorio. En una de esas tentativas, uno de los jefes kaingángs avanzó desarmado al encuentro de una de las cuadrillas, llevando en brazos a un hijo pequeñito, como garantía de sus propósitos de paz. Fue recibido por una descarga de fusiles, pese a sus gestos señalando a la criatura y mostrando que no traía armas. Aun así, se repitió la descarga y un tiro abatió al niño cuando él se retiraba [12].

Los otíes-xavantes, cazadores de la parte occidental del Estado de Saõ Paulo, se enfrentaron durante la primera década de este siglo a una guerra de exterminio por parte de los ganaderos que ocuparon su territorio, llegando desde Minas Gerais. La búsqueda de un contacto pacífico fue tan grande que

[...] nunca ni en los momentos de mayor aprieto los otíes usaron sus armas contra los brasileños [13].

Antes de haber cambiado su política de «amansar a los blancos» desaparecieron, lo que Egon Schaden explica con

[...] patrones de comportamiento preexistentes en los dos sistemas culturales [...] de modo que el substrato humano de los otíes fue destruido antes que las culturas, cuando éstas entraron en conflicto [14].

Muchos relatos del Servicio de Protección a los Indios sobre intentos de «pacificación» comprueban que

aquellas tribus, o estaban sedientas de paz, o por lo menos deseaban establecer relaciones con los blancos. Sólo que no sabían cómo aproximarse, pues en sus múltiples tentativas en este sentido habían sido recibidas a balazos.

En realidad, es prácticamente imposible para un grupo tribal cualquier aproximación fructuosa a los blancos. Sus normas de relación con gente extraña, su etiqueta en el trato a los enemigos, si bien son eficaces para el abordaje de grupos pertenecientes al mismo tronco cultural, no surten efecto entre los blancos. Basta considerar los agasajos guerreros corrientes en di-

---

[12] D. Ribeiro, ob. cit., p. 104.

[13] H. Baldus, «Os otí», en *Revista do Museu Paulista*, VI, São Paulo, 1954, p. 85.

[14] E. Schaden, «Aculturacão indígena», en *Revista de Antropología*, XII, São Paulo, 1965, pp. 43-44.

versas tribus para comprobar la imposibilidad de una aproximación amistosa [15].

Toda la diplomacia kayapó fracasó porque se les consideró como

bestias feroces, perversos por instinto que sólo pueden ser amansados a balazos [16].

En otros casos, como entre los suríes, indios tupí del valle de Tocantins, el acercamiento espontáneo de ellos a los «blancos» de la región encontró una respuesta. Un recolector de castañas decide civilizarlos y

adoptó medidas tales como cortar el cabello a los hombres, vestirlos, construirles —con la separación de las familias nucleares— habitaciones de tipo neobrasileño, introducirles nuevas necesidades elementales como arroz, sal, café y azúcar. Aprovechándose de la buena receptividad encontrada entre los indios, llevó a su tierras a más de veinticinco cazadores que prostituyeron a las mujeres, devastaron los huertos, aceleraron la difusión de la gripe, lo que vino a resultar una letal epidemia que redujo la tribu a cuarenta indios. El hecho de haber impedido a los suríes que cultivaran sus huertos, bajo la falsa promesa de que él proveería a los indios de lo necesario, provocó al año siguiente un período de penuria [17].

Otras formas de pacificación salvaje sufrieron los «cinta larga» del valle de Jiparaná en 1963,

el pequeño avión monomotor ya había hecho dos vuelos rasantes sobre la aldea y ahora, más abajo, casi tocando con las ruedas las hojas de los árboles, se aproximaba con gran ruido. En la *maloca*, los indios corrían hacia adentro de sus chozas y, en medio del terrado, las mujeres y los niños lloraban desorientados. De pronto, una explosión levanta paja, madera, tierra y trozos humanos. Enseguida otra explosión y el avión desaparece sobre la copa de un gran castaño para dar una vuelta y sobrevolar la aldea. Ganó alguna altura y esta vez cayó en picado sobre el campamento. Con el ruido del motor no se puede escuchar el de los tiros, pero en una ventanilla se ve el brazo trepidante de un hombre mientras tabletea una ametralladora. Las

---

[15] D. Ribeiro, ob. cit., pp. 102-103.

[16] K. Nimuendaju, «Os Gorotire Relatório apresentado ao SPI, em 12 de abril de 1940», en *Revista do Museu Paulista*, VI, São Paulo, 1952, *passim*.

[17] R. de B. Laraia y R. da Matta, ob. cit., p. 30.

personas salen corriendo de las pocas casas que aún quedan y la mayoría cae algunos metros adelante sin alcanzar la maleza para protegerse. Así fue exterminada casi una tribu entera de indios «cinta larga» en el Estado de Mato Grosso, a mediados de 1963. Arrojaron cartuchos de dinamita sobre los *malocas,* y los indios que consiguieron sobrevivir al primer ataque fueron alcanzados por tiros de ametralladora. En total, vivían ahí treinta indios, aunque sólo dos pudieron contar esta historia [18].

Los exterminadores volvieron después por tierra para liquidar a los sobrevivientes:

después de haber ametrallado a un grupo de indios junto al río, los hombres de la expedición oyeron un grito de criatura, reprimido por la mano de la madre. Para los que debían regresar en la mañana siguiente con la misión cumplida, aquel sonido demostraba que el servicio no había sido perfecto. Rápidamente encienden las linternas y salen a escudriñar la maleza. Bajo dos cuerpos acribillados por las balas estaban escondidas madre e hija. Los hombres que las encontraron hicieron una fiesta. Dos trataban de violar a la mujer y uno pellizcaba a la niña que lloraba viendo la aflicción de su madre. En redondo, cerrando el círculo, el grupo se divertía. En ese instante, aprovechando un descuido, la criatura se liberó, corrió en auxilio de la madre y, con rabia, mordió la pierna de uno de los hombres. La mujer, aterrorizada, trataba de cuidar a la niña, y al mismo tiempo liberarse de los hombres que la violentaban. El hombre de la pierna mordida fue sustituido por otro, alejóse de la india y, con odio, empezó a estrangular a la criatura. Alguien, queriendo terminar con el espectáculo paralelo que embarazaba al primero, arrancó a la niña de los brazos de su estrangulador y le disparó un tiro de pistola del “45” en la cabeza. El cráneo de la muchachita estalló y la sangre salpicó la ropa de los que estaban en círculo. Viendo a la hija muerta, la mujer no resistió y se desmayó. Indefensa en manos de los asesinos, la india fue violada por todos y luego despedazada a cuchilladas.

La reacción a éste «otro» que parece «gente» pero se niega a cualquier intento de pacificación puede adquirir una dimensión de violencia indiscriminada que sirve de «curativo» para «limpiar» al propio pueblo. Así lo describe un indio apurina del río Purús, que participó en un ataque al *barracão* de un *seringal* en 1962, matando ocho «civilizados» y quemando todas las instalaciones:

un indio no necesita muchas cosas en su vida: una plantación y una choza. Pero el patrón siempre mandó trabajar, entregar productos y en casa siem-

[18] Ronald de Carvalho en *Fatos y Fotos* del 18 de abril de 1968.

pre faltaron las cosas necesarias. Un indio aguanta mucho, quiere ser compadre y comadre de todo el mundo. Pero un día la venganza es buena. Y el indio se venga para valer. Hay que matar a los explotadores así como ellos matan a los indios. El indio sólo sirve para enriquecer a los blancos. ¿Por qué? ¿Por qué el indio tiene que trabajar para el blanco y dejar la propia casa en una miseria? Es verdad que el indio irrita, pero muchas veces es por culpa de los blancos. Ellos se meten en la vida de los indios, jugando unos con los otros. Hacen hechizos, explotan y el indio queda pobre, enfermo, sin tierra, muriéndose. Cuando se hincha demasiado viene la venganza. Solamente así se termina el hechizo y se cura el pueblo [19].

III. LOS CAZADORES DE LA MUERTE

El caso más dramático de los cazadores cazados en el Paraguay se refiere a los achés (guayakíes), que desde el siglo XVI hasta poco después de los años setenta, sufrieron una persecución sistemática, porque

para los peones paraguayos del Este, matar a un guayakí no sólo no constituye delito, sino que es una acción digna de elogio, como cazar un jaguar. El paraguayo Maximiliano Villalba me contó que cuando hacía de guía en los alrededores de Ajos, recibía un premio de 300 a 500 pesos por cada guayakí que mataba [20].

El antropólogo francés, Jean Vellard, cuenta que su acompañante paraguayo vio entre los árboles una mujer aché y la mató a tiros. Castigado por el autor, trató de reconciliarse con su patrón regalándole un bolso que había confeccionado con la piel de los senos de la misma mujer aché [21]. En los años sesenta, ya existía una verdadera industria regional de aprovechamiento de los achés,

en las aldeas situadas cerca de la zona Guayakí están los esclavistas que organizan verdaderas cacerías de estos selvícolas. Sorprenden una familia

---

[19] G. Kroemer, *Cuxiuara. O Purús dos indígenas. Ensaio etnohistórico e etnográfico sobre os indios do médio Purús,* São Paulo, 1985, p. 100.

[20] L. Miraglia, «Gli Ava, i Guayaki ed i Tobas», en *Annali Lateranensi,* V, Roma, 1941, p. 343.

[21] J. Vellard, *Une civilisation du miel. Les indiens Guayakis du Paraguay,* París, 1939, pp. 39-40.

guayakí y, luego de haber asesinado a los padres, llevan a los niños para venderlos. San Juan Nepomuceno [...] era considerado el centro principal de este mercado [22].

Albospino detalla:

con el traicionero *mboca-nuhá*, trampa hecha con arma de fuego que se esconde en la espesura y dispara automáticamente al pasar la víctima; con comidas envenenadas; con señuelos (indios guayakíes cazados de niños y luego enviados, ya adultos, a los montes para atraer a sus hermanos de raza) [...] se los ha perseguido con guías indios de otras tribus o con perros [23].

Tal era la situación de los achés, que el antropólogo Mark Münzel escuchó de un informante aché en 1971, refiriéndose al grupo de Ynaró,

[...] éstos se vieron obligados, en los años cincuenta, a dejarse capturar por los blancos para: 1) no ser liquidados físicamente, 2) obtener víveres necesitados con urgencia; los axés así capturados, casi siempre escapaban de nuevo al monte, después de un cierto tiempo, 'cuando habíamos comido todo el maíz' [24].

Tal como dice el padre Pedro Lozano a principios del siglo XVII, el sentido de las expediciones de caza a los indios era «inspirarles humanidad», usando armas, una soga y un palo para reducirlos [25]. Sigue siendo, aún hoy, la justificación para esas cacerías la de «hacerlos entrar en la civilización».

Para los achés («la verdadera gente»), pasarse al lado de los blancos es convertirse en cadáver viviente, es perder su calidad de ser humano y convertirse en un jaguar asociado a los blancos.

Una canción de un aché, recogida por M. Münzel en el «campo de civilización» llamado «Colonia Nacional Guayakí», dice:

---

[22] L. Miraglia, «Gli Acce o Guayaki, Pigmoidi del Paraguay», en *Archivo per l'Antropologia e la Etnologia,* XCI, Florencia, 1961, p. 84.

[23] L. Albospino, «La casa del guayakí. Trágico resabio de la conquista», en *Nandé,* I, Asunción, 1960.

[24] B. Meliá y M. Münzel, «Ratones y jaguares. Reconstrucción de un genocidio a la manera del de los axés-guayakíes», en *Suplemento Antropológico,* VI, Asunción, 1973, p. 136.

[25] P. Lozano, *Historia de la conquista del Paraguay, Río de la Plata y Tucumán,* I, Madrid, 1873, p. 38.

Yo cuando era Aché (un ser humano),
yo era cazador verdadero
allá en nuestro país,
y animales grandes solía yo matar [26].

Para volver a ser persona hay un solo camino, la muerte:

Ahora
lejos ya me voy
para desaparecer
junto a mis hermanos en la tierra de mis hermanos.
[...] Yo mismo
solo y sin nadie en el mundo,
tengo ya el hermoso hoy (la muerte y el
retorno inmediato junto a los antepasados).

La resignación, resultado de un largo proceso de genocidio que reúne los últimos remanentes de esta civilización en... «un campamento que para sus habitantes es el infierno terrenal» [27] se expresa en la poesía de los cantos,

ahora, nuestras hijas, lindísimas mujeres, la tierra grande no las cubrió, yo que ya no estoy por entre las columnas de la selva, todavía nada sé que me sosiegue. Ahora nuestras hijas, mujeres en su plenitud, ya están en casas grandes de señores que gruñen para que numerosas trabajen, el trabajo del blanco. Nuestras hijas, muchachas bonitas ya, ya están en casas de grandes señores, amansadas totalmente con tanto gruñido. Nuestras muchachas, que eran lindas flores, los blancos solían pisotearlas y, para la gran casa cándida como el sol, las han arrebatado desde lejos, ésas, cuyas cabezas estaban dobladas sobre los brazos cruzados [28].

La conclusión a la que muchas sociedades tribales han llegado en su búsqueda de diálogo con los blancos colonizadores, me la expresó un guaraní de la siguiente manera:

---

[26] M. Münzel, «Kare veja puku. "Dejemos lejos al gran oso hormiguero". Notas preliminares sobre cinco canciones Axé», en *Suplemento Antropológico*, VI, Asunción, 1973, p. 194.

[27] M. Münzel, ob. cit., p. 213.

[28] M. Münzel, ob. cit., pp. 217-218.

los blancos también son personas, pero no lo saben ellos, por eso no se comportan como tales. Sin embargo, algunos ya lo aprendieron y ojalá lo sepan todos antes de que se acabe el mundo.

IV. ¿UNA ALIANZA HISPANO-GUARANÍ O UN MALENTENDIDO SEMÁNTICO?

Para los guaraníes contemporáneos, la religión es determinante para su identidad étnica. Pese a la convivencia con católicos paraguayos, no existen católicos entre los paĩs-tavyterãs, los futuros habitantes del verdadero pueblo (celestial), porque abandonar su religión significa excomunión por parte de su pueblo. El bautismo significa deserción hacia el opresor y la negación de su propia responsabilidad, porque la situación histórica actual, y desde hace siglos, les hace entender como antagónicas su identidad guaraní y la religión cristiana, la de los *karaí.* Creen que para preservar la existencia del orden universal deben observar sus propias «leyes» y realizar su propia liturgia, lo que beneficiaría a todos los seres humanos. La ininterrumpida comunicación con Dios previene el inminente fin del mundo. De ahí que las oraciones nocturnas y las consecuentes restricciones materiales que su práctica religiosa exige son observadas como un peso que no puede ser compensado en esta vida. Así, los esfuerzos proselitistas, incluso violentos, de los misioneros son incomprensibles para los paĩs-tavyterãs que, sin embargo, lo reconocen como una directa amenaza al centro mismo de su existencia y a la existencia continuada del orden cosmológico universal. Hasta el presente, las persecuciones emprendidas contra ellos por parte de «invasores» (españoles, paraguayos, brasileños) han tomado formas tales como violentas apropiaciones de tierras, de mujeres y de mano de obra, con lo que resultaba amenazada la existencia física de los paĩs; pero, con la agresión espiritual llevada a cabo por los misioneros, se amenaza la vida después de la muerte en la «tierra sin mal», razón de la misma existencia de los paĩs-tavyterãs [29].

La sabiduría guaraní, que mantiene el nexo con lo divino, se transmite a través de la palabra inspirada, siguiendo las palabras-al-

---

[29] Véase B. Meliá G. y F. Grünberg, «Los 'Pai-Tavytera': etnografía guaraní del Paraguay contemporáneo», en *Suplemento Antropológico,* VI, Asunción, 1976.

mas originarias, que «fluyen del árbol como tenue llovizna». Saber recibir las palabras, bañarse en ellas y transmitirlas para su reencarnación en los otros, que las quieren escuchar, ésta es la vocación del «verdadero ser humano» guaraní. No extraña entonces que el diálogo con «los cristianos», que los quieren bautizar como prerrequisito para su humanización, tenga que fracasar,

a Remigio Benítez, dirigente del grupo mbya [guaraní] radicado en Zanja Pytá, alguien le abordó sobre el mismo tema [del bautismo] en mi presencia. «Sí, dejarme bautizar, para que cuando me vean pasar me señalen con el dedo y digan: ¡mirad aquel ava [indio] imbécil que se da aires de civilizado! ¿Qué ganaron los de Pa'ihá y Karuperá [extintas misiones católicas]? Los patrones los estafan igual que a nosotros: los obrajes meten sus bueyes en sus chacras sin pedirles permiso y sin pagarles un céntimo de indemnización por los perjuicios que les ocasionan: ningún *pa'i* (sacerdote) cuida de ellos cuando enferman, tampoco los defienden cuando los paraguayos los ultrajan... ¡Es necesario ser imbécil para dejarse bautizar!» [30].

Aun en el caso de los guaraníes, que en siglos de contacto con los «cristianos» han mantenido su intento de diálogo humanizador con el invasor, sin siquiera ser víctimas del aniquilamiento general, se repite la aparente incompatibilidad semiótica. Para los primeros misioneros jesuitas,

es toda esta nación muy inclinada a religión, verdadera o falsa [...]; hasta hoy [...] tienen sembrados mil agüeros y supersticiones y ritos de estos maestros, cuya principal doctrina es enseñarles a que bailen de día y de noche, por lo que vienen a morir de hambre, olvidadas sus sementeras [31].

Y los guaraníes contestaron a los misioneros, en palabras del padre Antonio Ruiz de Montoya, publicadas en su «Conquista espiritual» de 1639,

los demonios nos han traído a estos hombres [...] pues quieren con nuevas doctrinas sacarnos del antiguo y buen modo de vivir de nuestros antepasados [...]. No es razón que éstos pasen adelante, sino que los desterremos de

---

[30] L. Cadogán, «En torno a la aculturación de los mbyá-guaraní del Guairá», en *América Indígena*, XX, México, 1960, p. 147.

[31] «Carta del P. Alonso Banzana, de 1594», en B. Meliá (comp.), *El guaraní, conquistado y reducido. Ensayos de etnohistoria*, Asunción, 1986, p. 112.

nuestras tierras [...]. Ya no se puede sufrir la libertad de éstos que en nuestras mismas tierras quieren reducirnos a vivir a su mal modo [32].

¿Cómo un conocedor tan excelente de la palabra guaraní, como el padre Montoya, era tan profundamente ignorante de su religión? Para los colonos españoles, la tan elogiada alianza de los «cristianos» con los carios-guaraníes en el sitio de Asunción, en la primera mitad del siglo XVI, se basaba en el cuento difundido por los mismos fundadores del fortín, de que ellos serían «hijos de Dios», quiere decir *karaí* con el significado de «sobrenatural», «chamán», y más tarde, ya como nombre genérico de los europeos y cristianos, adquiriendo el significado de «astuto» y «mañoso».

A los guaraníes llamaron *tovajá,* transformando un término de parentesco (*ve rovajá*=marido de mis hermanas y primas cruzadas) en términos étnicos sin implicaciones de reciprocidad obligatoria. Y cuando la alianza se rompe porque los *caraí* se apropian de las tierras y ya no actúan como chamanes guerreros migratorios sino como fundadores de un gran poblado fortificado y en continua expansión, las mujeres guaraníes regresaron a sus comunidades porque sus yernos y sus cuñados ya cumplieron con sus deberes. Los españoles lo llaman traición y persiguen a los tovajás que les robaron a sus mujeres. Rota la alianza, entre 1537 y 1616, los documentos históricos disponibles registran veinticinco rebeliones de los guaraníes contra la colonia española [33]. La alianza hispanoguaraní, un malentendido mutuo, fugaz, que persiste en la semántica colonial y genera la mitología histórica paraguaya.

V. CONCLUSIÓN

Ante la alternativa de matar o pacificar, existen ejemplos para ambas opciones entre unos y otros. La «conquista espiritual» jusuítica encuentra su continuación secularizada en la acción indigenista del Servicio de Protección a los Indios y su contrapartida en la búsqueda del diálogo con los «blancos» por parte de los guaraníes. Sin embar-

---

[32] Véase B. Meliá, ob. cit., 1986, p. 177.

[33] L. Necker, *Indiens Guaraní et chamanes franciscains: Les premiéres rèductions du Paraguay (1580-1800),* París, 1979, pp. 249-254.

go, es el aniquilamiento la opción preferencial por parte del colonizador, que lleva a los pueblos tupí-guaraní en sus experiencias de una pacificación fracasada a su noción del «otro indomable».

El mismo sistema de la ideología colonial, sin excluir a los jesuitas protadores de una utopía opuesta, crea un grado de inconsciencia que imposibilita el diálogo y declara, al «indio» que lo intenta, subversivo dentro del orden establecido. La «situación colonial» (Balandier), en su acaparamiento de los discursos posibles, solamente permite a unos pocos pasar la barrera ideológica como individuos que descubren la palabra ajena como entendible y de provecho propio: los heréticos, los que generalmente son excomulgados de su propia sociedad, optan por cortar los vínculos con su pasado. Los encontramos en casi todas las comunidades tribales, el «civilizado virado bicho» —el cristiano que optó por vivir como animal— en la interpretación de sus ex compatriotas, es el pobre diablo que descubrió que vivir como indio es vivir mejor. Es el sabio, que cuanto más entiende de la palabra ajena, tanto más impermeable le rodea la sociedad impuesta por su propia gente.

¿Será utopía imaginarse una sociedad latinoamericana que sea ambas cosas a la vez, y que permita la ruptura del discurso de la ideología dominante del colonizador?

> En este nuevo orden de relaciones interétnicas, el indio civilizado tanto podrá vivir en libertad su destino de microetnia, porque estará libre de las persecuciones y del odio que hoy lo oprimen, como podrá romper, eventualmente, con su identificación étnica para sumergirse en la nueva etnia nacional [34].

Pero la misma definición de etnia nacional tropieza con el proyecto liberador de las nacionalidades indígenas, pues el Estado

> [...] ha definido un objeto específico para una acción política particular: los indios. Esa política particular busca que dejen de ser indios, que cambien y se incorporen a la sociedad nacional como la concibe el Estado. Pero la misma política indigenista ha creado condiciones para que emerjan movimientos indígenas de afirmación étnica [35].

---

[34] D. Ribeiro, ob. cit., p. 332.

[35] G. Bonfil, «Las nuevas organizaciones indígenas», en *Grupo de Barbados: Indianidad y descolonización en América Latina,* México, 1979, p. 29.

Los indios ponen en tela de juicio la misma «cuestión nacional», como escribe Carlos R. Brandão refiriéndose al Brasil:

> El indio en el mundo de los blancos obliga ahora al blanco a verse también a través de los ojos del indígena, y lo que vemos ocurrir, entre avances y reveses, es una lucha difícil por la conquista de nuevas maneras de participación de grupos minoritarios en la vida nacional. Y entre otras luchas justas y urgentes, sabemos que el desarrollo de ésta puede contribuir a alterar el sentido y los resultados de la historia de las relaciones entre diferentes y desiguales en este país [36].

El reconocimiento mutuo del «otro» implica reconocer y aceptar el ser diferente sin ser desigual, un reto no sólo a la inconsciencia producida por siglos de colonización sino también un reto al mismo estado nacional. Su conceptualización —en imágenes guaraníes— como palabra-alma colectiva, constantemente amenazada por la subversión interna y externa, y bajo protección hermética de una «seguridad» armada, imposibilita que fluya y «tome asiento» (encarne) en los otros. La reciprocidad entre estabilidad politicosocial colectiva y libertad individual es sólo viable por conformidad espontánea, es decir, según palabras e imágenes transmitidas y recibidas en ambas direcciones.

---

[36] C. R. Brandão, *Identidade e etnica construcçao da pessoa e resistencia cultural,* São Paulo, 1986, p. 147.

ACOMODO Y AFIRMACIÓN

Es difícil para dos pueblos, que antes se desconocían del todo, entrar en contacto por vez primera sin experimentar, en un principio, asombro, y con el tiempo y la familiaridad, duda. Las reacciones de repulsa y condena suponen, por su parte, condiciones especiales. Situaciones de aparente igualdad entre unos y otros pueden conducir a la condena como un gesto defensivo, o a la repulsa, si ella es posible. En cambio, relaciones asimétricas pueden dar lugar a rechazos y condenaciones unilaterales. En cualquier caso, es difícil imaginar circunstancias en las que una inalterable actitud de repulsa o condena pueda dar lugar a un género de fusión creadora.

Pero, de alguna forma, y más allá de esas respuestas extremas al contacto cultural, pueden desarrollarse también tácticas de acomodación y estrategias de afirmación. Éstas, aunque rara vez llegan a ser afortunadas para unos y otros, en el mejor de los casos abren un espacio que permite esas transformaciones de las cuales todas las culturas se han derivado, han experimentado los conflictos muchas veces desgarrantes para forjar una identidad y que, en opinión de algunos, han evolucionado de formas de ser más simples. Como es penosamente obvio, el camino que lleva al acomodo y al compromiso, aun en el mejor de los casos, rara vez tiene como cimiento una mutua comprensión. Llegar a «conocer» a otro es más probable que sea una «aprehensión» de sus comportamientos que una comprensión de sus significados y analogías; en provecho propio podrán esperarse más bien apreciaciones que se compenetren con las diferencias.

Como lo muestra el primer trabajo de esta sección, elaborado por J. M. Muriá, desde el momento en que Cortés llegó a lo que

---

León-Portilla, M.; Gutiérrez Estévez, M.; Gossen, G. H., y Klor de Alva, J. J. (eds.), *De Palabra y Obra en el Nuevo Mundo,* vol. 1, *Imágenes interétnicas,* Madrid, Siglo XXI de España, 1992, pp. 311-318.

más tarde sería la moderna nación mexicana, hasta los tiempos actuales, investigadores, administradores y promotores no indígenas han intentado encontrar una significación de lo que son los indígenas, captando sus creencias y prácticas a través de categorías concebidas en función de las propias verdades y maneras de ser. Proyectar el ser indígena sobre esquemas europeos ha conducido a tristes resultados. Ha generado distorsiones en las imágenes, de escala y forma, provocando una narrativa condicionada más por la naturaleza de quienes habrán de escucharla con una mente occidental, que por la realidad misma del objeto de estudio. Ello provoca una absurda confianza en el sentido de que cualquier cosa puede ser conocida, traducida y entendida sin necesidad de una investigación que requiere no poco tiempo. Por otra parte, los procesos de acomodo suponen un compromiso con otras verdades: no todos los traductores son traidores; los que son diferentes y extraños no están necesariamente más allá de la mirada comprensiva y de la mente curiosa y, en pleno sentido antropológico, la diversidad humana está constituida en su esencia por formas humanas que resultan familiares.

Desde los años sesenta, se ha concedido mucha atención a los procesos mediante los cuales diversos grupos metropolitanos han impuesto su imperio sobre sus súbditos coloniales. En los años setenta, el foco de atención se cambió, en parte para concentrarse en las formas del discurso colonial, y cómo respondió a necesidades locales de los centros de poder imperial, circunscribiendo las tácticas nativas de autodeterminación, valiéndose de controles retóricos e imposiciones ideológicas. Pero no ha sido sino hasta tiempos más recientes cuando ha surgido el interés por desvelar los mecanismos por medio de los cuales los subalternos se apropiaron de esas formas de control para su propio beneficio, y pudieron generar así su propio discurso colonial. Los nahuas de México Central se presentan como un caso digno de atención en este contexto.

Como lo sugiere J. J. Klor de Alva en la segunda de las aportaciones aquí incluidas, las fuentes náhuatl al alcance hacen posible estudiar las formas en que este pueblo ha hecho uso de no pocas de las estrategias discursivas de los españoles para defender sus intereses tanto a nivel comunal como personal. A través de formas de narrativa del género de la crónica, actas municipales, cartas y una variedad de instrumentos legales —todos los cuales implican acercamiento a los modelos europeos— los líderes locales, e individuos diversos, se muestran capaces de exteriorizar expresiones tocantes no sólo a sus propios derechos, tanto personales como los de sus grupos étnicos, sino también concernientes a actos de españoles que vienen a depender de una interpretación nahua de los derechos indígenas y las exigencias europeas. Ello fue realmente un reacomodo significativo que hizo posible una respuesta afirmativa a la imposición de categorías españolas sobre la realidad indígena.

Un tercer trabajo, presentado por R. Adorno, expone aquí cómo «el indio ladino» en los Andes —personificado en la figura simbólica de mestizaje cultural de don Felipe Guaman Poma de Ayala— operó, al igual que un escribano nativo en una comunidad nahua, en cuanto mediador entre la comunidad indígena tradicional, en los sectores contrarios a lo hispánico y en el mundo integrado por los españoles. Como resultado lógico de los contactos culturales entre dos pueblos poderosos, de los cuales ninguno pudo someter por completo al otro, estos «indios ladinos», por el sólo hecho de ser hablantes de español, se vieron forzados a interpretar para ambas partes el sentido de las expresiones y las acciones del otro.

Como el último ensayo de este volumen, presentado por Edna Acosta-Belén, pone en claro, en el caso de los puertorriqueños de ahora, el precio que frecuentemente se tiene que pagar por el biculturalismo y el bilingüismo es la liminalidad, la condición de ser percibido como un otro por ambos lados. Aunque algo de marginalización es común a todo esfuerzo de acomodación, que no logra incluir la asimilación, en la situación donde los mestizos ganan poder demográfico y se convierten en una fuerza sociopolítica, su misma liminalidad puede convertirse en la fuente de una nueva identidad colectiva. Cuando llegue el tiempo de hacer posible la afirmación de esta nueva identidad, nuevas etnicidades y, posiblemente, naciones estarán a mano. Es el caso de los Andes y de Yucatán (México), como es analizado en el cuarto y quinto ensayos de esta sección.

En formas distintas, aunque complementarias, el estudio de A. Ortiz Rescaniere acerca del Inca entre los quechuas contemporáneos y el de M. Gutiérrez Estévez que se refiere a la imagen de los mayas contemporáneos o «mayeros» de Yucatán, respecto a sus ancestros prehispánicos, arrojan luz sobre los complejos procesos a través de los cuales pueden formarse nuevas identidades y sociedades mestizas teniendo como trasfondo su propio pasado indígena.

En la tradición andina aparece un Inca mítico que opera al modo de una metáfora clave del dualismo irresoluble que caracteriza las relaciones interétnicas y que constituye la naturaleza misma de la alteridad. Como en el caso del «indio ladino», mediando entre un pasado indígena puro y un presente mestizo contaminado, el Inca legendario es el moderador en un nivel ideológico de las tensiones interminables entre el yo y el otro, lo masculino y lo femenino, lo humano y lo divino. En este marco no dialéctico, donde no hay posibilidades para una síntesis, y los dualismos perduran entre extremos que se complementan, uno de los cuales aparece subordinado siempre pero, a la vez, es indispensable, los reacomodos interétnicos que se producen a través de formas calculadas de sometimiento y de afirmación estratégica no son sólo posibles sino necesarios.

En el caso de los mayas yucatecos, de nuevo son los símbolos e imágenes del pasado nativo anterior al contacto los que se ponen en acción para hacer posible la identidad colectiva de la comunidad contemporánea. Irónicamente, esos mayas modernos o «mayeros» que, viviendo en condiciones interétnicas menos tensas, son identificados como «mestizos», consideran como «otros» esencialmente distintos de ellos a los antiguos mayas que habitaron la región. Por medio de esta respuesta adaptativa que fija una alteridad en el pasado mítico, más bien que en el presente social, los «mayeros» se vuelven capaces de apropiarse de elementos no indígenas sin abandonar sus propios esquemas tradicionales.

Sobre la base de una amplia investigación etnográfica, la sexta de las contribuciones que aquí se concluyen pretende analizar las estrechas conexiones que existen entre las imágenes mutuas del yo y del otro y sus circunstancias ecológicas, socioeconómicas e históricas en los casos de tres comunidades tribales del Brasil moderno. Yendo más allá de dicotomías existenciales y determinismos mecanicistas, se muestra cómo los kaingáng, ya derrotados, llegaron a desarrollar imágenes no muy favorables de sí mismos en contraste con sus propias evaluaciones positivas de las prácticas y estilos de vida de los «blancos». Esta respuesta puede tenerse como una forma extrema de acomodación si se compara con la de los kamaiurá que han relativizado su perspectiva de los no indígenas al mantener su aprecio por su propia cultura tradicional, pero a la vez cuestionando la calidad de los aspectos materiales de su vida. En este caso, la que es una imagen favorable del yo se ve amenazada, al dar lugar a estereotipos populares que la degradan. Finalmente está el caso de los indígenas llamados «cinta larga». Éstos han hecho de los «blancos» un enemigo, en tanto que mantienen una imagen de sí mismos relativamente autónoma. Se fundamenta ella en los valores del grupo que permite integrar una postura pragmática y arrogante frente a los «blancos» invasores que ponen en peligro constante su existencia como entidad autónoma (Carmen Junqueira).

Una combinación semejante de orgullo nacional, ambigüedad de identidad y aceptación de estereotipos negativos que aparecen en esas comunidades brasileñas, es característica también de muchos puertorriqueños contemporáneos que viven en su isla de los EE UU. El último de los trabajos que aquí se incluyen se centra en las actitudes contradictorias de los puertorriqueños que se ven en la necesidad de adaptar sus estrategias de acomodación y afirmación a acondicionamientos anacrónicos de tutelaje colonial y a circunstancias de un ambiente de discriminación social y racial. Este ejemplo de una comunidad moderna, compleja y heterogénea, que lucha por definir su propia imagen frente a quienes tratan de absorberla, tiene características muy peculiares. Permite adentrarnos en el conocimiento de relaciones interétnicas que se producen cuando dos grupos se encuentran, siendo uno mestizo en extremo (incluyendo todas las combinaciones posibles de elementos europeos, africanos e indígenas), en tanto que el otro está en posesión de actitudes agresivas, polarizadas social y racialmente. Para este segundo grupo, en el que ocurre el encuentro de los mestizos puertorriqueños, sus características raciales se han polarizado entre el ideal de los blancos y el extremo negativo de los negros. En su conciencia no parece haber lugar a conceder significación a lo mestizo en lo concerniente a costumbres, razas o etnicidades.

En un punto parecen converger las aportaciones aquí incluidas. A partir de los primeros encuentros interétnicos en las Américas, y hasta los más recientes, en lugar de un desarrollo progresivo de sentimientos de tolerancia, una gran variedad de formas de contacto cultural continúa caracterizando las relaciones entre gentes diferentes, sin que las más recientes prácticas sean necesariamente más benignas que las primeras.

Sin embargo, vale la pena subrayar que, en medio de los enfrentamientos suscitados por los primeros contactos, también se puso en marcha la globalización de la humanidad y, con ello, la posibilidad del diálogo intercultural.

12. CONCEPTOS EUROPEOS EN LA DESCRIPCIÓN DE LA SOCIEDAD NAHUA

JOSÉ MARÍA MURIÁ

Estudios Jaliscienses, Guadalajara

> «En ningún sector de la realidad pueden tener éxito teórico ni práctico más conceptos o categorías que los autóctonos de él».
>
> JOSÉ GAOS, *Notas sobre la historiografía,* 1960

I. INTRODUCCIÓN

Lo que se pretende aquí es revisar, aunque sea de forma somera, un aspecto de lo que representó para los españoles de los siglos XVI y XVII —puede ser también el caso de muchos contemporáneos— la difícil tarea de saber y entender, para luego descubrir y explicar a personas que no vendrían jamás al continente americano, lo que en éste existía y había ocurrido.

Los peninsulares, a quienes era destinada casi toda la literatura americanista hasta mediados del siglo XVII —época en que la impronta del proceso colonizador era lo que definía el encuentro entre los dos mundos—, fuese obra de laicos o de religiosos, podían beneficiar o perjudicar con sus decisiones a los autores de marras, por lo que éstos, al escribir, tomaban sobremanera en cuenta la situación de sus lectores. De esta forma, los esquemas, valores y categorías europeos se harían presentes al procurar saber sobre América y al proceder a describirla.

Véase, a manera de ejemplo tan sólo, el fuerte carácter medieval de la arenga que, según el decir de fray Toribio de Benavente, hacía el llamado «papa mayor» de los mexicas cuando un nuevo gobernante de éstos asumía el mando,

León-Portilla, M.; Gutiérrez Estévez, M.; Gossen, G. H., y Klor de Alva, J. J. (eds.), *De Palabra y Obra en el Nuevo Mundo,* vol. 1, *Imágenes interétnicas,* Madrid, Siglo XXI de España, 1992, pp. 319-338.

Señor mío, mirad cómo os han honrado vuestros caballeros y vasallos; pues ya sois señor confirmado, habéis de tener mucho cuidado de ellos y amarlos como a hijos: habéis de mirar que sean agraviados; ni los menores maltratados de los mayores; ya veis cómo los señores de vuestra tierra, vuestros vasallos, todos están aquí con sus caballeros, cuyo padre y madre sois ya vos, y como tal los habéis de amar y defender y tener en justicia, porque todos sus ojos están puestos en vos [1].

Precisamente el hecho de que esta literatura se haya producido para conocimiento casi exclusivo de los europeos o, más particularmente, de los españoles, constituye una de las razones primordiales para consignar su carácter verdaderamente colonial.

Pero no es tan sólo el hecho de que tal historiografía colonial fuese una de las pocas fuentes de información sobre América para quienes participaban en el gobierno metropolitano, en lo que radica el valor de ahondar en sus problemas de expresión. Aunque ello no deje de ser importante por lo que, en un sentido u otro, influyó en las decisiones oficiales coetáneas, vale tener presente también que, el día de hoy, en buena parte, sigue siendo uno de los recursos más prestigiados y socorridos para conocer las culturas originales de este continente. No en vano algunos de sus autores tuvieron contacto con ellas antes de que se iniciara el proceso de destrucción o cuando éste apenas comenzaba, en tanto que otros, por lo menos, alcanzaron a conocer testigos o testimonios presenciales, europeos o indígenas, que hablaban de aquellas sociedades de acuerdo con sus experiencias directas.

Tal cercanía en el tiempo y el espacio al mundo prehispánico ha valido para que muchos de tales textos, independientemente del valor científico y la seriedad que no pocos tienen, sean considerados como verdaderas autoridades en la materia; más aún si se toman en cuenta las bambalinas tan poco científicas —según el pensar de hoy— que constituían el trasfondo y las referencias culturales al abasto de aquellos autores.

Pero si en el siglo XX todavía tienen gran valor para el estudio del mundo prehispánico, mayor lo tuvieron en el siglo XIX cuando no se había emprendido aún el estudio riguroso y sistemático de fuentes más directas, como es el caso de códices anteriores y poste-

---

[1] Fray Toribio de Benavente Motolinía, *Memoriales*, México, UNAM, 1971, 2.ª parte, cap. X.

riores a la conquista y de los innumerables muebles e inmuebles arqueológicos que durante el último medio siglo han pasado ante los ojos de los investigadores. Ni duda cabe de que nuestros antepasados decimonónicos abrevaron casi exclusivamente en la historiografía colonial de los siglos XVI y XVII para forjarse la idea que tuvieron de las sociedades oriundas de América.

Al mediar el siglo XVIII se empezó a preferir más a lectores americanos que ultramarinos, con lo que la historiografía de los primeros empezó a perder su carácter tributario; de la misma manera que el trasfondo medieval que había servido de referencia para estructurar el saber de lo prehispánico empezó a perder intensidad y a dar cabida también a un cierto andamiaje originario de la antigüedad grecolatina, así el neoclasicismo empezaba a penetrar en América donde se establecería por un buen tiempo, dando lugar a que sus conceptos, categorías y valores se impregnaran también de las imágenes prehispánicas.

Así se vio claramente, por caso, cuando Rodrigo Gutiérrez

Rodrigo Gutiérrez, *El Senado de Tlaxcala*.

(1848-1903) pintó el famoso óleo que se conoce como *El Senado de Tlaxcala.* No obstante destacar entre sus colegas academicistas por su intención de ser muy realista al representar a los indígenas prehispánicos, los miembros del tal «senado» no sólo posan y visten de manera muy semejante a los romanos, sino que incluso parecen obra de éstos los elementos arquitectónicos del trasfondo.

II. UN EJEMPLO PARTICULAR: EL GOBIERNO DE TLAXCALA

Un buen ejemplo para mostrar mejor el problema señalado, puede ser precisamente el concepto que tuvieron diferentes autores entre los siglos XVI y XIX de la organización política existente en Tlaxcala durante los años inmediatamente anteriores a la Conquista; en las cercanías del Valle de México, había un gobierno independiente de los aztecas con el fin de que éstos pudieran llevar a cabo, sin ir muy lejos, aquellas famosas *xochiyaoyoque* «guerras floridas» donde aprehendían a los prisioneros que les eran necesarios para ciertas ceremonias religiosas.

En su *Historia de la conquista de México,* Francisco López de Gómara lo entendió a la manera de una «república como Venecia que gobiernan los nobles y ricos» [2]. Como se sabe, este autor nunca estuvo en Tlaxcala ni en América, de modo que sus principales fuentes de conocimiento sobre el tema fueron los escritos de Hernán Cortés y de algunos frailes, junto a las charlas sostenidas con los conquistadores Andrés de Tapia, Gonzalo de Umbría y mayormente con el propio Hernán Cortés, de quien se dice que fue capellán [3].

Cuando Cortés se refirió a Tlaxcala en su segunda *Carta de relación,* fechada el 30 de octubre de 1502, decía de su gobierno que

> la orden que hasta ahora se ha alcanzado [...] es casi como las señorías de Venecia y Génova o Pisa, porque no hay señor general de todos [4].

[2] F. López de Gómara, *Historia de la conquista de México,* I, cap. XLV, México, Pedro Robredo, 1943, p. 183.

[3] Juan Miralles asegura, en una publicación reciente, que Gómara no conoció personalmente a Cortés, *cf.* «Estudio preliminar» a F. López de Gómara, *Historia de la conquista de México,* México, Porrúa, 1988 (Col. Sepan Cuantos... núm. 566), pp. IX-LX.

[4] H. Cortés, *Cartas y documentos,* México, Porrúa, 1963, p. 46.

Las *Cartas de relación,* con todo y sus grandes méritos descriptivos e informativos, no dejan de ser lo que se denominaba una «relación de méritos y servicios»; esto es, su motivo primordial fue informar con cierta premura a su Majestad —o a las autoridades peninsulares competentes, en general— de lo que había sido la campaña y convencer de lo mucho que su autor se había esforzado en ella, de manera que en el momento de escribir, debe haber tenido muy presentes los posibles conocimientos de los destinatarios residentes en el suroeste europeo.

Vale la pena repetir que a Hernán Cortés, como a muchos conquistadores, a efectos de realzar su propia gesta, les convenía las más de las veces exaltar el valor y la importancia de lo que habían encontrado a su paso; de ahí que el futuro marqués del Valle de Oaxaca hubiese echado mano de recursos del conocimiento de sus gobernantes que gozasen de buen prestigio ante sus ojos, como era el caso de Venecia, Génova y Pisa, para explicar lo que a él le había parecido encontrar en Tlaxcala. Pero Cortés conservó cierta reserva, pues del gobierno de Tlaxcala dijo que era «casi» como el de las referidas repúblicas italianas, en tanto que López de Gómara, deseoso también de exaltar la campaña cortesiana, pero sin el prurito de la experiencia directa, no tuvo empacho en suprimir el «casi» al afirmar que el gobierno de Tlaxcala era de plano «república como Venecia».

Tras esta circunstancia particular, quizá sea más importante tomar en consideración que el aún entonces influyentísimo pensamiento aristotélico concebía sólo tres formas de gobierno: la monarquía, la aristocracia y la democracia, de manera que, para los europeos de entonces cualquier forma de organización política tenía por fuerza que encuadrarse en alguna de estas categorías.

Sin duda es éste un caso en el que desde un conocimiento superficial constreñido por un esquema predeterminado se llega a una gran deformación de la realidad.

Si bien Alfonso de Zorita y Bartolomé de las Casas, en sendos textos tomados de la *Carta* de Cortés, repiten el mismo aserto en relación a Tlaxcala [5], otros autores prácticamente contemporáneos, pero quizá más conservadores en razón de sus particulares intereses, no llegaron tan lejos.

---

[5] Véanse A. de Zorita, *Relación de los señores de la Nueva España,* l. I, 3, cap. XLIX, México, 1941, p. 262; B. de las Casas, *Apologética, historia sumaria,* I, l. III, cap. XLIX, México, UNAM, 1967.

Toribio de Benavente entendió a Tlaxcala simplemente como «partida en cuatro cabeceras o señoríos» o «barrios» [6], mientras que Bernal Díaz del Castillo la recordaría en su muy celebrada *Historia verdadera de la conquista de la Nueva España* formada por «cuatro parcialidades» (cap. LXXV).

Otros textos de quienes fueron soldados, como la *Relación breve de la conquista de la Nueva España* de Francisco de Aguilar [7] y la *Relación de méritos y servicios* de Benardino Vázquez de Tapia, tampoco dieron nota de que el gobierno de Tlaxcala tuviese nada de particular y, mucho menos, de que se pareciese o fuese similar al de Venecia. Quizá este caso podría deberse más bien a que su conocimiento de los pueblos nativos era simplemente muy pobre. Sin embargo, Bernardino de Sahagún, a quien no podrá imputarse que no hubiera estudiado con ahínco *las cosas de la Nueva España,* tampoco parece haber percibido la peculiaridad señalada por Hernán Cortés. Y más aún: fue éste también el caso de Hernando Alvarado Tezozómoc en su *Crónica mexicana;* del franciscano Diego Durán en su *Historia de las Indias de la Nueva España y islas de tierra firme,* y de su compañero de orden Gerónimo de Mendieta, autor de la *Historia eclesiástica indiana.*

Al respecto, la misma *Historia de Tlaxcala* del mestizo Diego Muñoz Camargo, quien incluso fue gobernador de los tlaxcaltecas ya en la época de los españoles, refirió al respecto tan sólo que antes de la conquista había cuatro «cabeceras» y que sus cuatro «señores» gobernaban el reino [8].

En algunas ocasiones Muñoz Camargo recurrió al término «república», pero su intención no parece haber ido más lejos del sentido estrictamente etimológico, más en boga que cualquier otro en el siglo XVI: el de *res-publica* —la cosa pública [9].

Hasta entrado el siglo XVII fue cuando reapareció el aserto de Cortés en obras como las de Juan de Torquemada y Fernando de Alva Ixtlixóchitl, *Monarquía indiana* e *Historia de la nación Chichimeca,* respectivamente. La mayor lejanía del tiempo de la conquista y mejores conocimientos o una mayor instrucción en la cul-

---

[6] Motolinía, ob. cit., cap. LXI.

[7] F. de Aguilar participó en la conquista de México como soldado, fue luego ventero y en 1529 se convirtió en fraile dominico.

[8] D. Muñoz Camargo, *Historia de Tlaxcala,* caps. XII y XIII, México, Secretaría de Fomento, 1892.

[9] D. Muñoz Camargo, ob. cit., cap. IX.

tura española propiciaron que ambos dieran por seguro que Tlaxcala había sido en verdad una «señoría». El primero de ellos, Torquemada, amante de hacer muchas consideraciones complementarias se dio incluso a la tarea de apuntar el significado que se le atribuía a este término en la *Suma* de un tal san Antonino [10], aunque, en realidad, no resultaba ser otra cosa que el esquema de tres tipos de república propuesto por Aristóteles: «monarquía», «señoría» —«gobernación de pocos y buenos» [11]— y «democracia».

Fernando de Alva Ixtlixóchitl fue más austero, pero su concepción de Tlaxcala como una «señoría», en el mismo sentido que Torquemada, es indubitable, reconociéndole también las «cuatro cabezas» de rigor [12].

Con posterioridad a las obras de Ixtlixóchitl, terminada la última en el año 1648, habría de transcurrir casi un siglo de generalizado desinterés por los temas prehispánicos. Apenas Carlos de Sigüenza y Góngora representa una de las pocas excepciones en el ámbito mexicano, pero incluso muchos de sus papeles acabaron perdiéndose como resultado del descuido y la falta de aprecio dominantes.

A mediados del siglo XVIII sobrevino un nuevo aliento, pero, como se apuntó ya, no debido al afán colonial de tributar a Europa el conocimiento de lo aquí sucedido, sino al deseo y a la necesidad de indagar sobre las propias raíces. Fue entonces cuando se dieron los primeros pasos que pudieran llamarse arqueológicos [13] y empezó a existir una historiografía en la que el nacionalismo se hacía ya presente.

En el caso mexicano, dos de sus puntales fueron el jesuita Francisco Javier Clavijero, quien escribió desde su destierro en Bolonia —donde murió en 1787—, y el poblano Mariano Fernández de Echeverria y Veytia. La obra más importante de ambos se titula *Historia antigua de México,* aunque en razón de su alejamiento forzoso de la tierra nativa, en la citada obra de Clavijero, máxime en su «Prólogo» y un texto titulado «A la Real y Pontificia Universidad de

---

[10] J. de Torquemada, *Monarquía indiana,* II l. II, cap. XII, México, UNAM, 1975.

[11] J. de Torquemada, II, l. XI, cap. XXII, ob. cit.

[12] F. de Alva Ixtlixóchitl, *Historia de la nación Chichimeca,* en *Obras históricas,* ed., estudio, introd. y ap. doc. de E. O'Gorman, II, cap. XL, México, UNAM, 1977.

[13] I. Bernal, *Arqueología ilustrada y mexicanista en el siglo XVIII,* México, 1975, pp. 17 ss.

México», se hace patente el «amor a la patria» con mayor intensidad [14].

Ambos se refieren a Tlaxcala como una república aristocrática. Según Veytia dividida en «cuatro cabeceras» [15] y Clavijero en «cuatro pequeñas monarquías» [16]. Dicho así no parece haber mayor diferencia de lo afirmado por Hernán Cortés, Torquemada y los demás, pero asoma un elemento que contrarresta un tanto el carácter medievalizante que hasta aquí había dominado, pues cada uno de los «cuatro señores con otros nobles» formaban, dice Clavijero, una «dieta o senado» [17], mientras Veytia afirma que Tlaxcala

> fue república libre, gobernada por su senado, del que eran los principales miembros cuatro señores que tenían sus cortes y casas en otras cuatro cabeceras en que estaba repartida su capital [18].

Además del término «senado» de indiscutible sabor romano, ésta agrupación, comoquiera que haya sido, no se entiende como la única reunión de los cuatro personajes que encabezaban cada una de las partes en que se dividía Tlaxcala, puesto que también quedaba incluida la nobleza —aristocracia, en este caso—; de otro modo hubiera sido difícil pensar en un verdadero senado compuesto nada más que por cuatro individuos.

Es evidente que en la obra de Clavijero y de Veytia, junto con su nacionalismo, empezaba también a ponerse de manifiesto un mayor saber y preferencia por la antigüedad clásica, en detrimento de la injerencia medieval. Sin embargo, no debe suponerse que esta última haya llegado a perder su hegemonía.

En este caso, no se puede hablar de Clavijero y de Veytia sin aludir por lo menos al caballero italiano Lorenzo Boturini Benaducci, quien además de antecederles no poco influyó en ellos y en todo el mundo académico mexicano de la época. Por su tamaño tan reducido, la *Idea para una nueva historia general de la América septentrional* apenas hace un par de alusiones al peculiar carácter de

---

[14] F. J. Clavijero, *Historia antigua de México*, México, Porrúa, 1964, pp. XVII-XXXVII.

[15] M. Fernández de Echeverria y Veytia, ob. cit., cap. XXXVIII, 1944.

[16] F. J. Clavijero, ob. cit., l. II, cap. XVI.

[17] *Ibid.*

[18] M. Fernández de Echeverria y Veytia, ob. cit.

república que se le atribuyó a Tlaxcala, junto con otros lugares [19] y que

como madre común, recibía a su abrigo a todos los infelices repartiéndoles tierras en sus confines para que defendiesen con la propia la libertad del senado [20].

Esta mencionada presencia de la antigüedad grecolatina corresponde a lo que Silvio Závala encontró sobre *América en el espíritu francés del siglo XVIII* [21]. Tómese como ejemplo el caso de quien firmó como un *citoyen* antiguo síndico de la Cámara de Comercio de Lyon, en 1787, una *Dissertation sur les suites de la découverte de l'Amérique...*: los «republicanos» de Tlaxcala, admirados precisamente por tal calidad y por la heroica defensa que hicieron de sus libertades frente a los aztecas, fueron parangonados con los griegos que defendieron sus pequeños estados de los despóticos persas que los invadieron [22]. Asimismo, la entereza con que se encararon a los españoles se le antojó más gloriosa aún que la resistencia de los troyanos [23].

También, en 1822, unas *Beautés de l'histoire du Mexique...* de un tal A. Dillon mencionan el tema de Tlaxcala

para dar una lección de política al gusto de la época. Ella representa el heroísmo digno de Esparta, la pasión por la libertad, una república como las que admiramos en la antigüedad, la cual debió sorprender a los españoles acostumbrados al gobierno de uno solo [24].

De la misma forma, uno de los más importantes historiadores mexicanos de la primera mitad del siglo XIX, Lucas Alamán (1792-1853), aseguraría que la guerra de Tlaxcala «es la más interesante y poética de la conquista», pues el lector se siente transportado a «los tiempos de Homero y a los campos de Troya» con la relación de aquellos combates. «Jicontencatl y Cortés dominan y sobresalen

---

[19] L. Boturini Benaduci, *Idea para una nueva historia general de la América septentrional,* est. puel. de M. León-Portilla, México, Porrúa, 1974, p. 107.

[20] Ob. cit., p. 110.

[21] S. Zavala, *América en el espíritu francés del siglo XVIII,* México, El Colegio Nacional, 1949.

[22] Ob. cit., p. 51.

[23] Ob. cit., p. 54.

[24] A. Dillon, *Beautés de l'histoire du Mexique...,* 1822, p. 272.

en toda esta escena de animada acción, como Héctor y Aquiles en la *Ilíada* son el centro de donde parten todos los sucesos.» En cuanto a la organización política, Alamán perdió completamente de vista la división interior en cuatro «reinos», «barrios» o «señoríos» y simplemente habla de «el senado o reunión de caciques que ejercía la autoridad» [25].

Cuando la información que se tenía cayó en manos de un historiador acucioso y con un espíritu crítico más acendrado, como Manuel Orozco y Berra (1816-1881), la situación cambió sustancialmente, pues aparte de denunciar la ligereza de quienes le precedieron en el estudio de la sociedad mesoamericana, en el caso concreto del gobierno de Tlaxcala comenzó a desarrollarse un concepto mucho más adecuado de éste. En su *Historia antigua y de la conquista de México* publicada al comenzar la penúltima década del siglo XIX, Orozco y Berra dice que

> no estar el gobierno en manos de un solo monarca, determinó a los antiguos escritores a dar a aquel estado el nombre de república. Esta palabra no debe inducirnos en error, por el sentido que ahora le damos, sabiendo la significación antigua. No era aquél un señorío regido por leyes votadas en una asamblea, determinando los derechos y las obligaciones de hombres libres; propiamente era una oligarquía, en la cual, si bien se deliberaban los negocios por los cuatro jefes, para adoptar las determinaciones de la mayoría, no se reconocía el dominio de constitución alguna, estando sujetos los vasallos a la misma servidumbre de los súbditos de los reyes [26].

III. EL PROBLEMA: SU TRASCENDENCIA Y SUS VARIABLES

La adquisición de conocimientos y su divulgación se realiza por fuerza partiendo de lo que ya se sabe y con base en esquemas y categorías ya adquiridas con anterioridad; también es cierto —por lo menos en lo que se refiere al trabajo de las ciencias sociales— que cualquier situación desconocida cuyo estudio se emprenda, por diferente que sea de lo conocido, en su sentido más general puede asemejársele mucho.

---

[25] L. Alamán, *Disertaciones,* 3 t., México, Jus, 1969, pp. 66-67.

[26] M. Orozco y Berra, *Historia antigua y de la conquista de México,* IV, México, Porrúa, p. 170.

Solamente al profundizar se pueden ir captando los matices singulares que permitan establecer las diferencias correspondientes. De no hacerse así y permanecer en una primera aproximación superficial, muchos de los vocablos que se utilicen y los conceptos que se establezcan —adecuados a circunstancias ajenas— resultarán sin duda peligrosamente inexactos y desvirtuadores de la realidad que se pretende aprehender y designar, puesto que se le atribuirán a ésta particularidades de otra situación diferente.

Siendo inevitable, entonces, en los comienzos del proceso cognitivo, la generalización derivada de asimilar dos o más objetos distintos en un concepto forjado con anterioridad, debe procurarse que mayores y mejores estudios ulteriores permitan perfilar los conceptos que de ella se tengan en aras de una mayor precisión y de ir construyendo una nueva estructura de categorías y conceptos más adecuada o, si se prefiere, de reconstruir y mejorar la ya existente.

En el caso del encuentro del Viejo Mundo con el Nuevo, además de que la mayor profundidad alcanzada en los estudios va redundando en beneficio del conocimiento histórico mismo, tiene además la cualidad de incidir en favor de una mayor identificación de las sociedades americanas contemporáneas de filiación ibérica con su propia realidad actual —derivada, claro está, de su propia historia— y contribuir a erradicar el colonialismo intelectual que en buena medida sobrevive.

El quehacer historiográfico americano aún no ha logrado sobreponerse por completo —y quizá nunca lo haga— al carácter *colonial* que tuvo durante los primeros doscientos años de *encuentro*. En más de un sentido sigue siendo todavía tributario, puesto que sobreviven muchos conceptos y categorías ajenos por completo a su campo de estudio real, y ni siquiera la perspectiva medieval europea se ha perdido del todo.

De ahí la importancia de volver sobre la historiografía americana de los siglos XVI y XVII y aportar algunos elementos para reflexionar precisamente sobre su carácter colonial y la naturaleza de éste.

Si bien empezaban a correr aires renacentistas por la Península Ibérica en el siglo XVI, en parte debidos al impacto producido por la presencia americana, el ideario medieval seguía siendo hegemónico entre los españoles, máxime entre aquellos que no sobresalían por su nivel de cultura. En términos generales era éste el caso de quienes cruzaban el Atlántico, incluyendo a los que, por una razón o por otra, se dedicaron a escribir sobre las cosas de este lado.

Por otra parte, esa creencia medieval, no erradicada por completo aún hoy entre los europeos, que insiste en concebir como posible tan sólo una vía de evolución histórica, obligatoria para todos los pueblos de la tierra, les hizo pensar entonces que los americanos simplemente se encontraban en una etapa anterior de desarrollo, pero que su tendencia era alcanzar el mismo estadio logrado en Europa.

Así pues, no podían ser más que estructuras, categorías y valores medievales el sustento del trabajo intelectual de aquellos primeros historiadores españoles de América y su punto de partida para emprender su quehacer cognitivo; pero además, como se ha mencionado ya, los destinatarios eran a su vez personas desconocedoras por completo del mundo americano y sí, en cambio, estaban cabalmente compenetradas del mundo medieval del Occidente europeo. En consecuencia, la fuerte *medievalización* del mundo prehispánico resulta perfectamente explicable y, más aún, prácticamente imposible de evitar.

Sin embargo, la presencia de conceptos indudablemente medievales para referir elementos de la sociedad prehispánica, lo cual es, sin duda, una forma de medievalizarla, no resultó igualmente intensa en todos los historiadores coloniales. Aunque tuvieron mucho en común, hubo también variantes importantes en cuanto a la intensidad e, incluso, a la forma en que se hicieron presentes de acuerdo, por lo menos, a tres circunstancias:

Una es el *volumen de conocimientos.* Como es obvio, cuanto más se supiera de la sociedad prehispánica, mayor resultaba la posibilidad y la necesidad de recurrir a conceptos europeos. Dicho de otra manera, en el siglo XVI y durante los primeros años del XVII, a mayor saber habrían de resultar más conceptos medievales y mayor medievalización del panorama histórico prehispánico.

Hernán Cortés, que escribió sus *Cartas de relación* sin más ayuda que sus propias experiencias directas, o Bernal Díaz del Castillo, que lo hizo un tiempo después con poca ayuda más, recurrieron a pocos conceptos medievales, a diferencia de quienes pudieron abrevar en otros textos ricos en información, como fue el caso de Gerónimo de Mendieta —*Historia eclesiástica indiana*—, Juan de Torquemada —*Monarquía indiana*— y José de Acosta —*Historia natural y moral de las Indias.*

Pero el mayor conocimiento no depende tan sólo de las posibilidades de obtenerlo, puesto que también tiene mucho que ver con los intereses particulares de cada autor. En algunos casos, como el ya citado de Juan de Torquemada, el interés era vastísimo, a diferencia de los ya mencionados Cortés y Bernal, cuya vocación se centraba en las cuestiones militares, o de Bernardino de Sahagún, a quien este tema no interesó mayormente en aras de ahondar en la religión de los nativos y en otras cuestiones de orden social.

Además, puede observarse también que, en un principio, los conceptos medievales empleados se refieren a objetos muy notorios, mientras que los que aluden a otros más difíciles de percibir fueron de aparición más tardía.

Circunstancia por demás influyente resultó ser también *el lugar y el tiempo del autor.* Ni duda cabe de que la presencia física de la sociedad prehispánica —esto es, la adquisición directa de los conocimientos— limitó la proliferación de tales conceptos, pues se hacía más obvia la diferencia entre ambos mundos. Fuera porque los objetos americanos simple y sencillamente no sugirieran ningún concepto occidental o porque el contacto directo ofreciera menos probabilidades de confusión y más de particularización diferencial, el hecho es que la percepción sensorial o intelectual tiene que haber influido por fuerza en la mayor o menor intensidad de esta conceptuación.

Al respecto pueden considerarse cuatro dimensiones de acuerdo con el espacio y el tiempo:

a. Cercanía en espacio y tiempo. Es de suponer que autores como Cortés, Bernal Díaz, Motolinía y el mismo Bernardino de Sahagún, que tan cerca estuvieron de los indígenas aún no aculturados, fueron más reacios a la aplicación de ciertos conceptos e incluso no dejaron de mostrar ciertas dudas al hacerlo.

b. Cercanía en tiempo pero lejanía en espacio. Contemporáneos de la conquista y de la colonización, pero sin haber estado nunca en América, como fue el caso de López de Gómara, aunque obtuviesen noticias de testigos presenciales tenían que ser menos recatados en el uso de los conceptos de marras. Recuérdese que fue precisamente la lectura de López de Gómara lo que indignó de tal manera a Bernal Díaz del Castillo que le impulsó a escribir su *Historia verdadera de la conquista...*

Otro ejemplo de esta índole fue la *Relazione di alcune cosa della Nuova Spagna et della gran città di Temistitan Messico, fatta per un gentilhuomo del signor Ferdinando Cortese,* bautizada por Francisco

Javier Clavijero como la *Crónica* del «conquistador anónimo». Su autor parece haber sido un español residente en Venecia, de nombre Alonso de Ulloa, muy conocido como plagiario y simulador, quien redactó el texto directamente en italiano o hizo él mismo una traducción que fue publicada en 1556. Se basó más que nada en las *Cartas de relación* cortesianas, pero mañosamente hizo creer que procedía de la pluma de un soldado conquistador y testigo presencial de lo que ahí se cuenta para despertar mayor interés. Basta para imaginar el resultado que una ilustración del Templo Mayor de Tenochtitlan se asemeja mucho más al famoso de Salomón (véase la ilustración de la p. 333) [27].

c. Cercanía en espacio y lejanía en tiempo. Éste es el caso, por ejemplo, de Juan de Torquemada y Fernando de Alva Ixtlixóchitl. Disponiendo de amplia bibliografía y otras fuentes de información, su alejamiento al escribir de casi una centuria del inicio de la Conquista hizo también que tuvieran menos recato en recurrir a ciertos conceptos. No en vano fueron ellos dos sumamente prolijos en esta materia.

d. Es posible también una cuarta dimensión, *lejanía en el tiempo y en el espacio.* Tal sería el caso de Antonio de Herrera y Tordesillas, quien nunca vino a América y vivió hasta entrado el siglo XVII. Valdría la pena revisar con cuidado su *Historia general de los hechos de los castellanos en las islas y tierra firme del mar océano* —mejor conocida como las *Décadas*— publicada entre 1601 y 1615, pues una primera aproximación sugirió la posibilidad de que sobrepasara ampliamente, en su conceptuación europeizante, a todos los demás, en virtud de que a su alejamiento espacial y temporal del mundo prehispánico se agregó una vastísima información bibliográfica y documental para abarcar una gama enorme de aspectos americanos.

Por último, debe tomarse en cuenta también el espíritu crítico de cada uno de los autores, aunque sea una circunstancia muy difícil de medir y menos evidente que las demás. Comoquiera, dio lugar a una cierta restricción en el uso de conceptos europeos y, en algunos casos, al empleo de éstos de una manera dubitativa y vacilante.

El jesuita José de Acosta fue quien más dudas y vacilaciones de este género dejó plasmadas, siendo uno de los autores que poseía

---

[27] F. Gómez de Orozco, «El conquistador anónimo», en *Historia mexicana,* México, II-3, núm. 7, 1953, pp. 401-411.

El Templo Mayor de Tenochtitlan.

una instrucción superior a la mayoría. Otros autores hubo que vacilaron también al aplicar ciertos conceptos europeos; sin embargo, lo mismo que Acosta, ninguno dio muestras de haber cobrado conciencia plena del problema; apenas fueron manifestaciones primarias y casi intuitivas de que algunos términos calzaban mal.

Hernán Cortés, quien fue el primero en aventurarse a escribir sobre la sociedad mesoamericana, aunque fuese únicamente para tener un trasfondo que realzara mejor lo que él mismo había llevado a cabo, los conceptos europeizantes que incorporó fueron muy pocos: por un lado, apenas habló de *naciones* y *provincias* donde los *señores* gobernaban a sus *vasallos.* A una sola institución española parece haberle encontrado parangón, a la *audiencia* en su carácter judicial.

Asimismo, igual que prácticamente la totalidad de los historiadores que le sucedieron, a la manera de su propia tropa, Cortés designó *capitán general* a quien hacía cabeza en los ejércitos indígenas y como *capitanes* a los jefes de menor cuantía.

Vasallos y *señores* igualmente fueron términos de uso ulterior generalizado, de conformidad con la referencia medieval predominante; pero a Cortés le faltó hablar también de esclavos, lo cual sí hicieron muchos otros autores, a pesar de las claras e importantes diferencias entre los esclavos de Europa y los individuos que fueron llamados así en el mundo mesoamericano.

Además, autores como Bernardino de Sahagún, Fernando Alvarado Tezozómoc, Diego Durán, José de Acosta y Juan de Torquemada hablaron lo mismo de *siervos* y no faltaron quienes lo hicieron también de *plebeyos:* Motolinía, Bartolomé de las Casas, Alonso de Zorita, Durán, Acosta, Gerónimo de Mendieta, Torquemada y Fernando de Alva Ixtlixóchitl. En cambio, la decisión de introducir el término *feudal* sólo fue tomada abiertamente por Juan de Torquemada.

Con cierta profusión aceptaron aquellos autores que hubiera *nobles* y una verdadera *nobleza* en Mesoamérica; tal fue el caso de Las Casas, Sahagún, López de Gómara, Tezozómoc, Durán, Acosta, Torquemada e Ixtlixóchitl; tampoco faltaron quienes hablaron de *caballeros* en una sociedad que no tenía caballos, y Las Casas, Gómara y Acosta hablaron incluso de órdenes de *caballería.* También los *hidalgos* hicieron acto de presencia por cuenta de Las Casas, Sahagún, Zorita y Torquemada, y les pareció que había *grandes* como los de España a Tezozómoc, a Durán, a Torquemada y a Ixtlixóchitl.

Asimismo, Durán y Torquemada incluso encontraron en la sociedad mesoamericana personajes de alcurnia que les pareció oportuno llamar *marqueses, condes* y *duques.*

En cambio, conceptos como los de *monarca* y *monarquía* sólo tuvieron cabida en Mesoamérica para Tezozómoc y Torquemada, a diferencia de *rey* que se echa de menos tan sólo en las *Cartas* de Hernán Cortés. Sin embargo, los términos *trono* y *corona,* además de Tezozómoc y Torquemada los emplearon también Durán, Acosta e Ixtlixóchitl, en tanto que *trono* fue utilizado además por Sahagún y *corona* por Alonso de Zorita.

Mayor reserva hubo para incorporar el concepto de *imperio.* Sólo lo hicieron Sahagún, Gómara, Tezozómoc, Acosta, Torquemada e Ixtlixóchitl, pero nadie más que los dos últimos recurrieron al término *imperial* y, sólo ellos, junto con Sahagún y Tezozómoc, pensaron también en un emperador. Por su parte, Cortés, Bernal, Motolinía, Las Casas, Zorita, Durán y Mendieta no parecen haber estado dispuestos a aceptar que hubiese habido un imperio en Mesoamérica.

Además, cabe mencionar que Torquemada dio también entrada al concepto de *emperatriz* y que se dio vuelo hablando de *principados, príncipes* e *infantes,* siendo emulado en cuanto a este último sólo por Mendieta e Ixtlixóchitl, mientras que *príncipe* aparece en lo escrito por varios autores más (Bernal, Gómara, Durán y Acosta). En cuanto a *principado,* Torquemada parece haber sido el único de los autores revisados que lo utilizó.

Más ocasional fue la entrada de términos referentes a cuestiones menos aparentes. La *audiencia* de que habló Cortés resultó de uso frecuente, pero *ayuntamiento* sólo se antojó válido a Motolinía, Las Casas, Zorita y Tezozómoc; *cabildo,* que podría corresponderle, solamente fue utilizado por Tezozómoc, Durán y Torquemada; *cortes,* por Gómara y Zorita, mientras que Tezozómoc, Torquemada e Ixtlixóchitl prefirieron llamarle *senado.* También fue más ocasional la aparición de conceptos medievales sobrepuestos a funcionarios menores. En cuanto a los encargados de impartir justicia aparecen el *presidente* de la Audiencia (Las Casas, Sahagún, Torquemada e Ixtlixóchitl); los *ministros* (Las Casas, Zorita, Tezozómoc, Torquemada e Ixtlixóchitl); los *oidores* (Tezozómoc, Durán Acosta y Mendieta); los *alguaciles* (Motolinía, Las Casas, Gómara, Zorita y Acosta); los *procuradores* como dice Ixtlixóchitl. De otro tenor fueron los *alcaldes* y *corregidores,* en cuya mención coincidieron Durán, Acosta y

Mendieta. Curioso es, por último, que Torquemada llamara *centuriones* a unos personajes del gobierno que, según él, estaban a cargo de «cien vecinos».

IV. CONCLUSIONES

En el siglo XVIII Francisco Javier Clavijero tuvo quizás una idea un poco más clara de este asunto. No dio muestras explícitas, es cierto, pero no deja de ser muy significativo que al analizar rápidamente las diferencias habidas entre los «feudos» europeos y lo que así fue denominado de Mesoamérica por algunos autores, haya dicho al final de cuentas: «Los feudos propiamente tales eran muy pocos y si queremos hablar con rigor: ninguno» [28].

Sin embargo, no parece haber sido hasta bien entrado el siglo XX cuando esta problemática se empezó a ver con verdadera claridad, aunque, tal como se dijo y se puede mostrar, esté todavía muy lejos de solventarse. He aquí tres ejemplos precursores:

En 1931 Manuel M. Moreno señaló en su tesis de licenciatura que tanto cronistas como conquistadores apreciaron «el cuadro de la organización indígena con un criterio occidental» [29], y agregó que «la simple sustitución de términos, aunque arbitraria resulta muy cómoda, y por eso es que en muchas ocasiones designaban con un mismo nombre cosas que guardaban entre sí profunda desigualdad»; costumbre que, por lo demás, «se encuentra vigente en casi todos nuestros historiadores» [30].

Cuando en 1953 Julio le Riverend escribió su tesis de maestría, afirmó que sólo los primeros documentos que se transcribieron o se tradujeron pudieron haber mantenido una cierta pureza, pero al intentar reducir «todos los materiales conocidos a las formas historiográficas occidentales, se vieron forzados a aplicar sistemáticamente sus propios métodos ideológicos a la historia antigua de México» [31].

---

[28] F. J. Clavijero, ob. cit., l. VII, cap. XIV.

[29] M. Moreno, *Organización política y social de los aztecas,* México, Instituto Nacional de Antropología e Historia, 2.ª ed., 1962, p. 13.

[30] M. Moreno, ob. cit., pp. 14-15.

[31] J. Le Riverend, «Problemas de historiografía», en *Historia mexicana,* vol. III-1, núm. 9, México, El Colegio de México, 1953, p. 55.

Como tercero y último ejemplo puede referirse que también Miguel León-Portilla señaló el problema de una manera muy clara:

Desde un principio, quienes entraron en contacto con otras culturas, con frecuencia describieron indistintamente hechos e instituciones peculiares a otros pueblos, sirviéndose para ello de conceptos claramente inadecuados. Se aplicó, para dar un ejemplo, la idea de imperio a lo que sólo era quizás un conglomerado o confederación de tribus. En una palabra, se hizo proyección espontánea y más o menos ingenua, de ideas propias para explicarse realidades extrañas, cuya fisonomía no se alcanzaba a entender [32].

Aunque en el esfuerzo por aprehender a la sociedad mesoamericana o de cualquier otro ámbito del mismo continente con anterioridad a la Conquista sea uno de los casos en que este problema se presenta con mayor claridad, pueden mencionarse también tres ejemplos referentes a la cultura griega de la época clásica.

Werner Jaeger, por ejemplo, se manifestó en su famosísima *Paideia* contra el «afán igualador del positivismo que trata las cosas mediante conceptos de estirpe europea, sin tener en cuenta que el solo hecho de someter los mundos ajenos a un sistema de conceptos que le es esencialmente inadecuado, es ya una falsificación histórica» [33].

Es evidente la injusticia de atribuir todo al «afán igualador del positivismo» y de no tomar en cuenta también la ignorancia sobre las particularidades de los objetos estudiados.

Posteriormente, Károly Kerenyi pasó de lo teórico a lo práctico: revisó cuidadosamente muchos conceptos relativos a la religión de griegos y romanos empleados hoy, analizó su sentido original y detectó los cambios habidos a través del tiempo hasta llegar, en ocasiones, a un significado completamente distinto [34].

Por su parte, Wenceslao Roces señaló hace unos treinta y cinco años que el historiador debe «aquilatar sus palabras para que expresen su contenido histórico», aunque el ameritado maestro atribuía el

---

[32] M. León-Portilla, *La filosofía náhuatl estudiada en sus fuentes*, México, UNAM, 2.ª ed., 1963, p. 16.

[33] W. Jaeger, *Paideia*, 1942, p. 5. [*Paideia: Los ideales de la cultura griega*, Madrid, FCE, 6.ª ed., 1988.]

[34] R. Kérènyi, *The religion of greeks and romans*, Londres, Thames and Hudson, 1962, *passim*.

problema aquí expresado tan sólo al *...vicio del modernismo en la historia antigua* [35].

De cualquier manera, el problema no sólo subsiste sino que la historiografía actual se encuentra aún muy lejos de solventarlo. Tal vez sea necesario, para acortar la distancia, un cuidadoso y sistematizado trabajo tendente a proponer una mejor terminología, debidamente apoyada en un sólido conocimiento tanto de la lengua moderna como de la sociedad mesoamericana, aunque quizás en este último aspecto falte todavía mucho por hacer...

---

[35] W. Roces, *Algunas consideraciones sobre el vicio del modernismo en la historia antigua,* México, UNAM, 1958, p. 91.

13. EL DISCURSO NAHUA Y LA APROPIACIÓN DE LO EUROPEO

J. Jorge Klor de Alva

Princeton University

I. INTRODUCCIÓN. ¿QUÉ ES UN DISCURSO COLONIAL?

Un «discurso colonial» puede definirse como los modos de hablar, escribir, pintar y comunicarse que permitieron que las ideas pasaran de un discurso (o registro delimitado de signos, códigos y significados) a otro, con objeto de autorizar y posibilitar los objetivos del control colonial y las estrategias de resistencia y adaptación al mismo.

En Nueva España, como en cualquier otra situación multiétnica colonial o jerarquizada, todos los encuentros sociales que tenían lugar entre los diversos grupos étnicos podían llegar a politizarse, por lo que la ignorancia de las normas apropiadas para relacionarse invitaba a la confusión y amenazaba con el desastre. En consecuencia, conocer las fórmulas necesarias para traducir los deseos y órdenes del otro era un requisito básico de la supervivencia. Como sujetos empeñados en configurar su destino en una situación de dominio colonial, los nahuas idearon una serie de estrategias sociopolíticas que encajaban en los sistemas nativos de ideación y servían, mejor o peor, para reinterpretar la sociedad colonial en unos términos que les resultaran familiares. Estos sistemas no sólo se expresaban mediante la presentación directa de los propios intereses, tal como se refleja en los documentos pertinentes, sino también en los criterios, implícitos en sus prácticas discursivas, de los que se derivaban las normas para el ordenamiento de la realidad y la valoración de la

---

Traté por primera vez algunas de las ideas analizadas en este ensayo en «Language, Politics, and Translation: Colonial Discourse and Classical Nahuatl in New Spain», en Rosanna Warren (comp.), *The Art of Translation: Voices from the Field,* Boston, Northeastern University Press, 1989.

León-Portilla, M.; Gutiérrez Estévez, M.; Gossen, G. H., y Klor de Alva, J. J. (eds.), *De Palabra y Obra en el Nuevo Mundo,* vol. 1, *Imágenes interétnicas,* Madrid, Siglo XXI de España, 1992, pp. 339-368.

verdad. Estos elementos discursivos de la conciencia nahua se hacen patentes por doquier: en sus traducciones de las órdenes de los españoles, en las tácticas para rechazar los amenazadores efectos de la jerarquía lingüística resultante de la experiencia colonial, en sus taimadas expresiones de sumisión, en la cauta presentación de sus exigencias y en la forma en que representaban al otro europeo.

Pese a que, en los últimos tiempos, se ha prestado mucha atención al «discurso colonial», los análisis se han centrado fundamentalmente en la utilización europea del lenguaje y de otros sistemas simbólicos para afianzar su dominación sobre otras razas [1], mientras que, en comparación, se ha dicho muy poco sobre el papel del discurso colonial como arma con la que oponer resistencia a la dominación o como mecanismo para que las víctimas de la colonización se adapten, utilizando sus propias conceptualizaciones, a las cambiantes condiciones sociales, culturales y políticas [2]. Este breve ensayo, que forma parte de un estudio más extenso sobre el tema, pretende contribuir al análisis de tales funciones, partiendo de la experiencia nahua y centrándose en su apropiación del otro europeo (en el curso de la narrativa del «primer» encuentro) y de la voz del otro (mediante la adaptación del alfabeto escrito al náhuatl); ambos procesos se consideran tácticas para acomodarse a las iniciativas de los españoles a la vez que vehículos mediante los que afirmar su propia visión de la verdad y de la realidad sociopolítica.

II. LA MORAL NAHUA Y LOS DISCURSOS POLÍTICOS

En el siglo XV, las historias europeas que relataban primeros encuentros con otras culturas eran, o bien imaginarias, o bien relativas a acontecimientos conocidos sólo a través de los textos, básicamente de las obras de los autores clásicos. Después de los viajes de Colón, los relatos sufrieron modificaciones sustanciales, a medida que soldados, marinos, misioneros y colonizadores comenzaban a describir encuentros reales o imaginarios con los nativos de las Américas. Pese a que estos pioneros de la observación antropológica rara vez se

[1] J. Fabian, *Language and Colonial Power: The Appropriation of Swahili in the former Belgian Congo 1880-1938*, Nueva York, Cambridge University, 1986.

[2] Véase V. L. Rafael, *Contracting Colonialism: Translation and Christian Conversion in Tagalog Society under Early Spanish Rule*, Ithaca, Cornell University, 1988.

leían mutuamente [3], las narraciones más ampliamente difundidas terminaron por renovar el canon (ya obsoleto) de los discursos sobre los primeros encuentros. Entre las nuevas normas narrativas se hallaban la constante caracterización de lo inesperado como novedoso, la elevación de las novedades a la categoría de descubrimiento, y la conversión del descubrimiento en una justificación para imponer modos de conducta y creencias [4]. En consecuencia, las narraciones de este tipo de discurso colonial versaban en última instancia sobre la discontinuidad, sobre las rupturas entre «nosotros» y «ellos» y sobre la necesidad de rellenarlas con el mortero de la fe cristiana y volcarlas en los moldes de la organización política española.

Paralelamente a esta táctica retórica, encaminada a deslegitimar las costumbres y creencias de los indígenas en favor de la imposición del control social e ideológico europeo, las comunidades nahuas desarrollaron una contranarrativa de la continuidad. Creo que el objetivo (real, si bien no siempre consciente) de esta maniobra discursiva era domesticar los objetos, actos e ideas europeas al ligarlas a los objetivos, prácticas e instituciones indígenas. Asimismo, mantengo que aunque esta estrategia discursiva resultara muy ventajosa a corto plazo y en el ámbito local, a la larga, demostró ser contraproducente para el conjunto de las comunidades nativas. Esta debilidad se debía, en parte, a la asimetría de los efectos sociopolíticos y culturales que los discursos éticos y políticos de españoles y nahuas tuvieron sobre ambos pueblos, así como a las diferentes conceptualizaciones del Otro que esgrimían. Esta observación se basa en una serie de datos empíricos, como los devastadores efectos de las plagas sobre la población autóctona; las nuevas tácticas militares y políticas; la superioridad militar, reflejada en la utilización de la pólvora y de los caballos; la utilidad de muchas prácticas europeas en las áreas técnica, política, social, religiosa y administrativa; y en la superioridad, reconocida por los nahuas, de numerosas técnicas agrícolas y artesanales y de muchas herramientas europeas.

En general, creo que los discursos morales y políticos de los españoles se caracterizaban por: 1. el absolutismo moral, que permitía lanzar un ataque inequívoco contra cualquier hecho o persona susceptible de ser definido como desviado; 2. con excepciones poco

[3] A. Gerbi, *La naturaleza de las Indias Nuevas: De Cristóbal Colón a Gonzalo Fernández de Oviedo,* México, FCE, 1978.

[4] Véase, por ejemplo, H. Cortés, *Cartas y documentos,* intr. de Mario Hernández Sánchez-Barba, México, Porrúa, 1963, pp. 3-328.

notorias, la determinación de excluir al Otro, que posibilitó una reacción común de los europeos contra la oposición nativa real o imaginaria, o contra las simples diferencias, partiendo de la presunción compartida de que la integridad cultural se funda en la negación de todas las demás culturas, y 3. la creencia de que los españoles ocupaban una posición cultural y política dominante en todo el mundo, que les colocaba sociocultural y políticamente en situación ventajosa con respecto a las definiciones indígenas, más limitadas, de las fronteras étnicas, y a sus aspiraciones, más localistas, a la hegemonía y al privilegio.

Los discursos éticos y políticos de los nahuas contrastaban agudamente con la agresiva postura europea. En primer lugar, y para el descontento de los misioneros [5], sus normas de conducta eran más tolerantes y flexibles, y su aproximación a las creencias religiosas menos dogmática [6]. Consecuentemente, enfrentada a un nuevo sistema ético, esta perspectiva generó una clara tendencia hacia la ambigüedad moral y un intento de adaptación; actitudes que contrastaban con las rígidas concepciones españolas de la justicia y de la exclusión [7]. Asimismo, en la medida en que reflejaba la fusión de la ética y la cosmología sobrenatural previas al contacto, la narrativa nahua destacaba la ética situacional sobre la intencionalidad subjetiva, basándose en una valoración normativa de la relación entre los actos humanos y una serie de categorías empíricas, como el tiempo (fechas de calendario), el espacio (lugares con significación ritual) y la dirección en que aquéllos ocurrían [8]. Desde la perspectiva occidental, la conducta nahua puede representarse [9], y de hecho así era

---

[5] B. de Sahagún, *Florentine Codex: General History of the Things of New Spain*, volumen introductorio, trad. y ed. de A.S.D. Anderson y C.E. Dibble, Santa Fe y Salt Lake City, School of American Research y University of Utah, 1950-1982, pp. 74-76.

[6] D. Durán, *Historia de las Indias de Nueva España e Islas de Tierra Firme*, 2 vols. ed. de A. M. Garibay K., México, Porrúa, 1967, p. 237.

[7] Véase L. M. Burkhart, *The Slippery Earth: Nahua Christian Moral Dialogue in Sixteenth-Century Mexico*, Tucson, University of Arizona, 1989.

[8] A. López Austin, *Cuerpo humano e ideología: las concepciones de los antiguos nahuas*, 2 vols., Instituto de Investigaciones Antropológicas, México, UNAM, 1980; H. Ruiz de Alarcón, *Aztec Sorcerers in Seventeenth Century Mexico: The Treatise on Superstitions by Hernando Ruiz de Alarcón*, ed. y trad. de M. D. Coe y G. Whittaker, Monograph Series 7, Albany y Austin, Institute for Mesoamerican Studies (SUNY-Albany) y University of Texas, 1982; L. M. Burkhart, ob. cit., 1989.

[9] Véase F. Karttunen y J. Lockhart, (comps. y trads.), *The Art of Nahuatl Speech: The Bancroft Dialogues*, Nahuatl Studies Series, 2, Los Ángeles, UCLA Latin Ameri-

generalmente interpretada, como la consecuencia de una moralidad mundana y pragmática, que hacía casi imposible que se produjeran respuestas colectivas uniformes emanadas de unos principios generalmente compartidos que trascendieran del mero localismo. Por ejemplo, una queja común entre los misioneros era que los nahuas, fueran cuales fuesen sus declaraciones públicas, no se mostraban dispuestos a dar la vida por la nueva fe —a diferencia de los recién convertidos japoneses [10]—, pues sólo aspiraban a la satisfacción inmediata de sus intereses locales y a los logros temporales [11], y no creían en el castigo eterno [12]. En virtud de estas características, la conducta moral indígena era vulnerable a los desafíos dogmáticos que pudieran combinar referencias a códigos ideales universales con apelaciones a unas autoridades muy reales con capacidad para imponerlos [13].

En segundo lugar, los discursos sociales y políticos de los indígenas reflejaban, por lo general, una visión de la realidad sin fisuras, en la que se dejaba poco espacio teórico a una conceptualización del Otro que trascendiera de las categorías conocidas. Por ejemplo, como se hace patente en el relato de los primeros contactos entre los tlaxcaltecas y los españoles [14] o en el de la conquista de México-Tenochtitlan [15], los nativos no supieron en un primer momento qué naturaleza y significado atribuir a esos extraños que les resultaban totalmente ajenos. El historiador tlaxcalteca del siglo XVI, Diego Muñoz Camargo, nos ayuda a comprender la confusión resultante de los complejos criterios utilizados por los nahuas para determinar la distinción entre los dioses (o hierofanías) y los humanos, y señala las consecuencias políticas de esta aparente confusión al resumir,

---

can Center Publications, 1987; J. Baptista, *Libro de los huehuehtlahtolli: testimonios de la antigua palabra,* ed. de Miguel León-Portilla, trad. de Librado Silva Galeana, facsímil original de 1600. Comisión Nacional Conmemorativa del V Centenario del Encuentro de los Dos Mundos, México, 1988.

[10] B. de Alva, *Confessionario mayor y menor en lengua mexicana,* México, Francisco Salbago, 1634, pp. 11v-12v.

[11] G. de Mendieta, *Historia eclesiástica indiana,* ed. de Joaquín García Icazbalceta, México, Porrúa, 2.ª ed., 1971, pp. 99 y 513.

[12] J. Baptista, ob. cit., 1600, p. 54v.

[13] Véase, por ejemplo, B. Sahagún, *Colloquios y doctrina christiana (1564),* en J. J. Klor de Alva (transc. y trad.), 1980.

[14] D. Muñoz Camargo, *Historia de Tlaxcala,* ed. de Alfredo Chavero, facsímil original de 1892, Guadalajara, Jalisco, Edmundo Aviña Levy, 1972, pp. 174-175.

[15] B. de Sahagún, ob. cit., 1950-1982.

como sigue, los argumentos utilizados por los tlaxcaltecas en sus primeros intentos de comprender quiénes eran los primeros Otros no americanos que habían conocido:

Y finalmente sobre este argumento de si eran dioses ú hombres no se sabían determinar, porque si fuesen dioses, decían ellos, no derribaran nuestros oráculos, ni maltrataran á nuestros dioses, porque fueran sus hermanos, y pues que los maltratan y derriban no deben de ser dioses, sino gentes bestiales y bárbaras [...]. Por otra parte entendían que eran dioses, porque venían en animales muy extraños y jamás vistos ni oídos en el mundo [...] [pero cuando los espías llegaron a México supieron] que al fin eran hombres pues enfermaban, usaban del comer y beber y dormir, y hacían otras cosas de hombres; pero admirábanse mucho de que [los españoles] no trajesen mujeres sino aquella Marina [Malintzin, la intérprete nativa de Cortés], que aquello no podía ser sino que fuese por arte y ordenación de los dioses ¿que cómo sabía su lenguaje? [...] y qué la ballesta y espada preguntábanse ¿que cómo era posible que fuerzas humanas las pudiesen ejercitar? Y ansí puestos en tan extraña confusión, aguardaron á saber cuál fuese su designio, y vista la poca copia de gente que era, Motheuzoma no hizo caso ni imaginó su perdición, antes entendiendo que si fuesen dioses los aplacaría con sacrificios y oraciones [...], é que si fuesen hombres era muy poco su poder [16].

En tercer lugar, como esta cita hace patente, el discurso político de los nahuas estaba tan centrado en las verdades locales que ni siquiera su limitada capacidad para conceptualizar las configuraciones macrohistóricas le permitían trascender de su limitada perspectiva geográfica y sociopolítica. El resultado de este localismo cognitivo fue que, a la larga, las ideologías políticas y morales no generaron una oposición ideológica, política y socioeconómica coherente, que hubiera podido estimular una respuesta unificada y efectiva en un ámbito mayor que el de la ciudad o la aldea. Sea como fuere, en el nivel local, su modo de interpretación asimilacionista, en particular en lo referente a los españoles y a su mundo, les permitió añadir muchas de las prácticas recién introducidas a su antiguo repertorio de tácticas de supervivencia.

---

[16] D. Muñoz Camargo, ob. cit., 1972, pp. 174-175.

III. EL OTRO COMO RELATO FAMILIAR

Las narraciones nahuas coloniales acerca de los primeros (y subsecuentes) encuentros con el Otro constituían una parte importante de este repertorio, aun cuando, como ya se ha señalado, los discursos políticos y morales que las guiaban y las concepciones en exceso familiares del Otro que articulaban produjeran unos resultados muy negativos. Más precisamente, el origen de los problemas fundamentales puede encontrarse en los efectos diferenciales producidos por la situación colonial, en virtud del contraste que, desde nuestro punto de vista, existe entre la conciencia histórica de los nahuas y la de los españoles. Sin olvidar el papel —muy limitado— desempeñado por la profecía en el pensamiento colonial español [17], puede decirse que las conocidas narraciones europeas sobre los primeros encuentros son documentos fundacionales que marcan claramente tanto la ruptura entre un Nosotros poderoso y un Ellos débil, como la frontera entre los españoles cristianos y los pecadores nahuas. De tal modo, los documentos intentaban legitimar un orden nuevo —y ciertamente inesperado—, basado en la necesidad de mantener la primera de las diferencias señaladas más arriba con objeto de poder superar la segunda. Por otro lado, los textos nahuas equivalentes servían a un propósito muy diferente. Enraizadas en una concepción fundamentalmente profética de la historia, enmarcadas en una percepción cíclica del flujo temporal, lejos de legitimar la imposición de un nuevo orden, las narraciones del primer encuentro reflejaban el cumplimiento histórico de las predicciones que justificaban la continuación de las trayectorias sociopolíticas del pasado. En efecto, con resultados positivos y negativos, los discursos acerca del primer encuentro contribuyeron a codificar la situación colonial dentro de los registros nativos.

Un análisis de la estrategia nahua utilizada para desarrollar la historia arquetípica del «primer encuentro» sugiere, como Muñoz Camargo hizo patente, que el Otro siempre está latente en el Nosotros, y que se revela como algo ya conocido y esperado, predicho por los antepasados, por los gobernantes del pasado y por los adi-

---

[17] J. L. Phelan, *The Millennial Kingdom of the Franciscans in the New World*, Berkeley, University of California, 2.ª ed., 1970 [*El reino milenario de los franciscanos en el Nuevo Mundo*, México, UNAM, 1972].

vinos del presente. La llegada del Otro siempre es un acto político: una respuesta a una amenaza inminente al todo social. Al afirmar que es posible la continuidad, se señala el camino para evitar el peligro inminente y, de ese modo, se garantiza que el curso de la historia local continuará desarrollándose sin interrupción. Esta maniobra semiótica, encaminada a restringir la significación del Otro al inscribirlo en el marco de los signos familiares, forma parte de una estrategia discursiva mucho más amplia utilizada, en épocas anteriores al contacto, por los jefes nahuas locales y regionales para legitimar su autoridad, supuestamente derivada de los dioses. El discurso previo al contacto, al que luego se asimila la aparición del Otro, se compone de múltiples mitos sobre la creación y la regeneración, mitos cuyos vestigios pueden encontrarse todavía en numerosos textos actuales (por ej., *Histoire du Mechique* y *Códice Chimalpopoca*) [18]. En estas narraciones, el hombre-*cum*-dioses construye y destruye, pero ante todo, se promete que el ciclo inexorable del tiempo, por el que toda época, pueblo y dinastía gobernante debe ser sucedida por otra, se dilatará todo lo posible si se celebran los rituales adecuados [19].

Se deduce, en consecuencia, que los relatos de identificación entre Cortés y Quetzacóatl, de Muñoz Camargo y otros autores, presentaban al Otro en el papel de un complemento. Utilizo el término en el sentido que le atribuye Derrida [20], es decir, como un ser diferente que, en vez de evocar (al estilo español) las separaciones existentes entre un Nosotros y un Ellos, venía a completar el significado de la imagen, de otro modo incompleta, que los nahuas tenían de su propio ser colectivo, al posibilitar el cumplimiento de la profecía del Eterno Retorno [21]. Por ejemplo, en la conocida historia apócrifa de la conquista, descrita por los informantes del misionero-etnógrafo

---

[18] A. M. Garibay, (comp.), *Teogonía e historia de los mexicanos: tres opúsculos del siglo XVI,* incluye *Historia de los mexicanos por sus pinturas* e *Histoire du Mechique,* México, Porrúa, 1973; *Códice Chimalpopoca, Anales de Cuauhtitlan* y *Leyenda de los soles,* trans. de Primo Feliciano Velázquez, Instituto de Investigaciones Históricas, México, UNAM, 1975.

[19] A. López Austin, *Hombre-dios: religión y política en el mundo náhuatl,* Instituto de Investigaciones Históricas, México, UNAM, 1973.

[20] J. Derrida, *Of Grammatology,* trad. de Gayatri Chakravorty Spivak, Baltimore, Johns Hopkins University, 1976, pp. 141-164 [*De la gramatología,* México, Siglo XXI, 3.ª ed., 1984].

[21] M. Eliade, *Patterns in Comparative Religion,* Nueva York, New American Library, 1974, pp. 388-408.

fray Bernardino de Sahagún, se presenta a los nahuas aduciendo que cuando Moctezuma oyó de la llegada de los españoles,

pensó [...] éste es Topiltzin Quetzacóatl que ha venido [...]. Porque estaba en sus corazones que vendría [...] a encontrar (sus dominios). Pues [se decía que Quetzacóatl] había viajado [hacia el Este] cuando partió [en tiempos remotos] [22].

Más adelante el texto añade que cuando Moctezuma se encontró cara a cara con Cortés, le dijo:

Oh, señor nuestro [...]. Has venido a gobernar tu ciudad de México [...]; la que, durante un momento, he [...] guardado para ti [...]. Los gobernantes [pasados] partieron diciendo que volverías a visitar tu ciudad [...]. Y ahora se ha cumplido [...] [23].

Estas citas también señalan una de las características habituales de la hermenéutica de la historia que, en el caso de los nahuas, alcanza extremos insospechados: por muy trascendente que pueda ser un acontecimiento natural o social, su interpretación encaja en el marco del conocimiento local de la realidad sociocultural. Otros ejemplos narrativos, menos épicos pero más relevantes, sobre la aparición del Otro, que revela esta exégesis restringida y los problemas que acarreó a los nativos que intentaban definir el límite entre lo que era y lo que no era español, se encuentran en los archivos de la Inquisición mexicana.

En las actas del juicio del popular profeta y líder religioso nahua Martín Ocelotl, un testigo le acusa de haberle dicho lo siguiente a un grupo de nativos secretamente reunidos «en una casa bajo el suelo»:

«Yo he enviado á llamar á todos los de esta comarca [...para decirles] que se den priesa á poner todas las manos que puedan de árboles frutales [...], porque por falta de agua ha de venir mucha hambre, é no se dará el maíz [...]». Y [Martín] asimismo le dixo, que dixese á su Señor que agora habían venido del cielo dos apóstoles, con unos dientes é uñas muy grandes é otras

[22] B. de Sahagún, ob. cit., 1950-1982, IX, p. 9.

[23] Ob. cit., IX, p. 44; véase también J. J. Klor de Alva, «The Aztec-Spanish Dialogues of 1524», *Alcheringa: Ethnopoetics*, núm. 4. Trad. y transc. al inglés del texto náhuatl de la obra de B. de Sahagún, *Colloquios y doctrina Christiana* (1564), pp. 58-59; M. León-Portilla, «Quetzalcóatl-Cortés en la conquista de México», *Historia Mexicana*, núm. 24, 1974.

insignias espantosas, y que los frailes se habían de tornar Chichimictli [es decir, *tzitzimime*]. É que de allí en adelante cuando este testigo é los de su pueblo quisiesen alguna cosa, viniesen á aquella casa, porque de ella habían salido todos los de aquella comarca [24].

No es probable que alguna vez llegue a entenderse por completo el sentido que estas acusaciones tenían para los nahuas, pero de ellas se desprende algo evidente. La poligénesis debía de ser una creencia verosímil durante la primera etapa del período colonial, cuando las comunidades corporativas de la *altepetl* (ciudad) y, aún más, la *calpulli/tecpan* (unidad territorial/social limitada), todavía podían reivindicar sus orígenes locales. Otras transcripciones de procesos de la Inquisición secundan esta observación, como puede verse en un ejemplo de 1539 en el que don Andrés, un líder nativo de Culhuacan, aseveraba que «y que está cierta cueva [...] de la cual nacieron sus abuelos: y que algunos dioses también salieron de aquella cueva» [25]. La idea de que diferentes pueblos tenían orígenes diversos habría tenido el efecto paradójico de simplificar en exceso la conceptualización del Otro. Pues, como en el caso de la identificación de Cortés con Quetzacóatl, o, mejor, en el caso de los abuelos de don Andrés, los orígenes de las entidades sobrenaturales y de las entidades humanas podían ser del mismo tipo. Se deduce, por tanto, que la poligénesis contribuyó a sustentar la idea de que, pese a que los otros pudieran parecer muy ajenos, su conducta, su apariencia y su ser deberían poder entenderse como versiones extranjeras de las categorías familiares. Esta mezcla entre distintas clases de seres era común entre los nahuas, como lo demuestra lo extendida que estaba la creencia en el nagualismo, según el cual los chamanes podían transformarse en animales u objetos utilizando la magia [26].

---

[24] AGN, Inquisición, t. 38, expediente 4; véase también L. González Obregón (comp.), *Procesos de indios idólatras y hechiceros,* México, Publicaciones del Archivo General de la Nación, 1912, p. 20; J. J. Klor de Alva, «Martin Ocelotl: Clandestine Cult Leader», en D. G. Sweet y G. B. Nash (comps.), *Struggle an Survival in Colonial America,* Berkeley, University of California, 1981 [*Lucha por la supervivencia en la América colonial,* México, FCE, 1987].

[25] AGN, Inquisición, t. 42, expediente 18; L. González Obregón, ob. cit., 1912, p. 181.

[26] H. Ruiz de Alarcón, *Aztec Sorcerers in Seventeenth Century Mexico: The Treatise on Superstitions by Hernando Ruiz de Alarcón,* ed. y trad. de M. D. Coe y G. Whittaker, Monograph Series 7, Albany y Austin, Institute for Mesoamerican Studies (SUNY-Albany) y University of Texas, 1982.

A la luz de esta concepción del mundo, los acontecimientos sociopolíticos ocurridos tras la aparición de los europeos podrían reconstruirse sobre un continuo histórico y cultural que, a nuestros ojos, difuminara las diferencias entre el pasado indígena y el presente colonial. Este punto queda ilustrado en el párrafo citado anteriormente, donde, Ocelotl —pese a sus intentos de subrayar las diferencias entre los mundos europeo e indígena, acordes con su condición de profeta del derrumbamiento del dominio español— predecía que los frailes se transformarían en «Chichimictli» o *tzitzimime*, es decir, en las criaturas demoníacas cuyo descenso a la tierra se esperaba en la época previa al contacto, pensando que vendrían a devorar a los humanos al final de la época presente. Este mismo entrecruzamiento de categorías ontológicas y culturales (que no debe confundirse con la identificación hecha por los españoles entre los dioses y demonios nativos, considerados como distintos aspectos de las mismas criaturas sobrenaturales) ocurría incluso cuando, en mayor medida que en el caso de Ocelotl, se realizaba un esfuerzo consciente para evitarlo.

Por ejemplo, en fecha tan tardía como 1558, otro líder religioso nativo llamado Juan Tetón predicaba, según nos relata el cronista indígena Juan Bautista, la necesidad de retornar a la antigua fe. Tetón exigía que los indígenas renunciaran al bautismo lavándose la cabeza, y les anunciaba, al estilo de su predecesor, que no quedaba mucho tiempo para hacerlo. Para Tetón, el fin del mundo era inminente, pues la «ligadura de los años» o la finalización de un ciclo de 52 años de la cronología previa al contacto, que siempre suponía una amenaza de que la era histórica expirara violentamente, coincidía precisamente con el año 1558. En el *Diario* de Bautista, se decía que el profeta nahua había dicho y hecho lo siguiente:

> Juan Teton, [...] embaucó y engatusó a los de Coahuatépec y [...] Atlapolco, les hizo burla de su bautismo. Y la forma en que los embaucó y engatusó para lavarles la cabeza, [...], fue ésta [...].
>
> Primero les dice, [...] a los de Coahuatépec: «Oigan ustedes, [...] ¿Ya saben lo que andan diciendo nuestros abuelos? Cuando sea nuestra atadura de años, habrá completa oscuridad, bajarán los *tzitzime*, nos comerán y habrá transformación. Los que se bautizaron, los que creyeron en Dios, se mudarán en otra cosa. El que come carne de vaca, en eso mismo se convertirá; el que come carne de puerco, en eso mismo se convertirá; el que come carne de carnero, en eso mismo se convertirá y andará vestido de su zalea; el que come carne de gallo, en eso mismo se convertirá. Todos, en aquello

que es su comida [...], en las [bestias] que comen [...] se convertirán, perecerán [...], porque habrá llegado a término su vida, su cuenta de años [...]».

«Miren a los de Xalatlauhco, los que primero cayeron, don Alonso: tres capas y tres sombreros se hicieron sus hijos y los principales. Todos se transformaron en otra cosa, todos anduvieron pastando. Ya no aparecen en el pueblo donde estaban, sino en los llanos, en los bosques están de pie: son vacas.

Ahora, yo cumplo con ustedes [¿cuento con vosotros?] ya no tarda mucho tiempo en que se haga la maravilla: si no creen ustedes lo que les digo yo, juntamente con ellos se transformarán ustedes [...]. Yo me burlaré de ustedes, porque se bautizaron. Yo les perdonaré a ustedes, para que no mueran y con eso puede acabar todo. También habrá hambre: [así que] guarden sus colgajos de calabaza, y el tlalamate, el jaltomate, el hongo de árbol, las barbas de elote, las hojas de jilote, las espigas [...]».

Cuando les den a ustedes gritos en Chapultepec, irán ustedes caminando de panza por la arena; entonces los verá la Vieja de dientes duros y con esto les tendrá miedo, con esto no se los comerá a ustedes, sino que los dejará [..]. Y sucederá que solamente allá hará crecer el Dueño de la tierra nuestro sustento. En todas partes del mundo se secará todo lo comestible [...] [27].

En realidad, todas las narraciones citadas hasta el momento reflejan la matriz del pensamiento nahua, donde el orden se conceptualiza como la sustitución compensatoria de un objeto o ser (sea un ritual, un jefe, una deidad o el cosmos) por otro, en el curso de un movimiento rotatorio regular [28]. El presupuesto cultural según el cual el orden no es tanto el resultado de una imposición como el producto de un movimiento giratorio, llevó a que las maniobras coloniales hegemónicas se situaran en la misma categoría que otros fenómenos del pasado. Por un lado, esto facilitaba a los nahuas el proceso de reorganización de la estructura política local siguiendo una orientación nueva fundada en los principios tradicionales [29]. Por otro lado, el modelo de orden rotativo dejaba a los nahuas con

---

[27] J. Bautista (s.f.), *Diario*, manuscrito en el Archivo Capitular de la Basílica de Guadalupe, colección Boturini. (Texto relevante en español en Miguel León-Portilla, «Testimonios nahuas sobre la conquista espiritual», *Estudios de Cultura Náhuatl*, núm. 11, pp. 155-169.

[28] A. López Austin, ob. cit., 1980, pp. 55-98, 285-318.

[29] C. Gibson, *The Azteca Under Spanish Rule: A History of the Indians of the Valley of Mexico, 1519-1810*, Stanford, Stanford University, 1964, pp. 166-193; J. Lockhart *et al.*, *The Tlaxcalan Actas: A Compendium of the Records of the Cabildo of Tlaxcala (1545-1627)*, Salt Lake City, University of Utah, 1986.

escasos significados propios compartidos que les permitieran valorar colectivamente, desde la perspectiva de los europeos, la significación socioeconómica de muchos de los acontecimientos ocurridos durante las primeras décadas del período colonial. Al adoptar una actitud con la que todo podía explicarse y suponer que el poder podía compartirse, los nahuas redujeron enormemente sus posibilidades de eludir unas estrategias ideológicas y coloniales de dominación basadas en la clara diferenciación entre los pueblos, las costumbres y los credos religiosos. De hecho, las creencias nativas generaron unas verdades acerca de los españoles que les convertían a ellos y a sus actividades coloniales en algo más familiar e inteligible, así como menos amenazador y enigmático, de lo que deberían haber sido, privando a los nahuas de las armas necesarias para luchar con éxito por alcanzar algún tipo de hegemonía que no se redujera al estricto ámbito local.

IV. PRIMEROS ENCUENTROS Y LA CONTRANARRATIVA DE LA CONTINUIDAD

Los ejemplos más espontáneos de narraciones sobre el contacto cultural inicial se encuentran en la documentación oficial de la vida burocrática y jurídica de los nahuas. Este *corpus,* debido a los escribas nativos, constituye el registro menos mediatizado de los conflictos y adaptaciones que tuvieron lugar en el curso de la miríada de encuentros sociales ocurridos entre los mundos indígena y europeo. En algunos de los documentos oficiales que recogen, en forma narrativa, los dramas de la vida diaria, los encuentros entre ambos pueblos se reflejan utilizando descripciones de acontecimientos imaginarios expresados en la retórica tradicional y resueltos con la estratagema consistente en transfigurar lo europeo en indígena. Esta estrategia de continuidad servía a algunas comunidades nativas para defender sus derechos establecidos al deslegitimizar las demandas que aquellos que poseían (más) poder presentaban como novedosa; otros, que poseían estatus o riquezas, empleaban esta táctica para justificar sus propias demandas como la conclusión lógica del orden (recién) establecido [30].

---

[30] W. Borah, *Justice by Insurance: The General Indian Court of Colonial Mexico and the Legal Aides of the Half-Real,* Berkeley, University of California, 1983.

Un ejemplo pertinente de este último caso, que puede arrojar nueva luz sobre la imagen española en el pensamiento colonial nahua, se encuentra en un tipo de título de propiedad de la tierra llamado «título primordial», utilizado para resolver los litigios sobre la propiedad a fines del siglo XVII y durante el XVIII. El manuscrito [31] concreto al que nos referiremos forma parte de un conjunto de documentos empleados por los residentes de Santiago Sula (*Zolan*, «lugar de la codorniz»), comunidad nativa situada al sureste de la Ciudad de México, para oponerse a las pretensiones de los propietarios de una hacienda cercana, que intentaban expandir sus dominios a expensas de los nahuas. El documento sobrevive traducido a un español de fuerte influencia náhuatl, y su reveladora forma de exposición resulta extraña por ser tan explícitamente no europea. Pero es precisamente esta curiosa combinación —de códigos lingüísticos contrapuestos luchando por reflejar, al estilo nativo, una exigencia recogida en un documento colonial oficial— lo que convierte a la narración en un ejemplo revelador. Tanto es así, que pese a los fantásticos episodios relatados, el texto transmite una información más certera sobre los encuentros interculturales reales que los diversos textos políticos y nacionalistas que, deliberadamente, lamentan, con una prosa elevada, la conquista de Tenochtitlan y sus repercusiones.

Los «títulos primordiales» solían ser documentos falsificados, y la postura política exhibida por los nahuas en este texto concreto es típica de todo el género. Las gentes de Sula no se oponen abierta ni conscientemente al conjunto de la administración colonial, ni a los representantes españoles seculares o religiosos. Por el contrario, los protagonistas mantienen que la posesión pacífica de las tierras de la comunidad quedó precisamente garantizada por el hecho de que los intentos (previos al contacto) de privarles de sus propiedades fallaron cuando los mexicas/tenochcas (los llamados «aztecas» que fundaron México/Tenochtitlan en el centro de un lago) los tomaron bajo su dominio; y que, posteriormente, recibieron la adecuada confirmación de sus títulos de manos de los representantes oficiales españoles, al poco de que comenzaran a realizarse investigaciones sobre la propiedad de la tierra después de la conquista.

La parte de la historia que viene al caso sigue a la referida a las

[31] El documento de Sula está archivado en la sección de Tierras del Archivo General de la Nación en Ciudad de México.

actas de propiedad y precede a una descripción de las señales que marcan los límites de sus tierras. Se trata, por tanto, de un relato entre paréntesis, donde el discurso nativo (nativo pese a sobrevivir exclusivamente en una traducción indígena) se expresa sin trabas, rodeado de las necesarias crónicas de los rituales legales españoles, por un lado, y de las exigencias de la descripción empírica, por otro. El relato se desarrolla así:

Aquí se [...] declarará cómo los mexicas, antes de fundar la Ciudad de México, vinieron a Sula [pero no se les] permitió [...] [quedarse]. Avanzaban por [...] el camino con trompetas y estandartes, y las gentes de Sula salieron a su encuentro para evitar que les arrebataran sus dominios [...].

Entonces, uno de ellos llamado Aza Persia vino gritando, diciendo: «Señores, vosotros los de Sula, permitidnos [detenernos] aquí, porque estamos muy cansados y hemos recorrido un largo camino».

Y entonces Martín Molcatzin, el Zolteuctli [«Señor de las codornices»] [y] Martín Huitzcol respondieron y dijeron [...], «[...] y todos los que están aquí son habitantes de esta ciudad [...], así que podéis proseguir vuestro camino, porque no podéis deteneros aquí».

Estos dos [...] hermanos [...] dijeron: «Doña Ana García, somos de aquí y somos hijos de los ancianos: nacimos en este valle y nuestros abuelos y abuelas provenían de aquí [...]; son aquellos de la época antigua [o pagana]. Y tú, ¿de dónde procedes? Tal vez te exiliaron de algún lugar. Sigue tu camino, nosotros tenemos nuestros cuestionarios. Sigue adelante y toma el camino que comienza fuera de nuestros límites [breve enumeración de límites y medidas...], y sabed y comprended que no está lejos el lugar a donde iréis; vosotros venís de un lago, y ahora estáis muy cerca de otro lago. Puede que allí [haya] un lugar para vosotros [...]. Tened buen viaje, estáis muy cerca de una ciudad donde puede que os admitan y os concedan un lugar».

Y cuando oyeron lo que les habían dicho, todos partieron, y Ana María [*sic*] y su hija llamada Juana García comenzaron a gritar, diciendo: «Señor, señor, el que posee estas tierras, señor Zolteuctli, hemos oído lo que habéis dicho».

Bueno, mis bien amados hijos, ahora os diré y declararé que Dios nuestro señor creyó conveniente crear a aquel que llaman Zolteuctli, que es Martín Molcatzin, quien se convirtió en serpiente con apariencia de codorniz. Los mexicas, a quienes llaman las gentes de dentro de las aguas, se marcharon, y llegaron hasta las fronteras de Sula, y justo antes del lugar donde la frontera [...] se encuentra, toparon con una serpiente enorme y pavorosa, con aspecto de codorniz [...], y por esa razón la llamaron Zolcóatl [Codorniz-serpiente], y estaba allí extendida cuan larga era y pavorosa. Y los mexicas quedaron sobrecogidos, pues nunca habían visto una serpiente así, por lo que se asustaron mucho, y se marcharon, dejando muy contentos a las gentes de Sula. Porque si los mexicas se hubieran quedado, habrían gobernado la tierra que poseía el pueblo de Sula, la que sus antepasados y abuelos les habían dejado y la que todavía hoy es suya.

Mis bien amados hijos, lo que aquí decimos ocurrió de este modo, y comprendedlo bien. Este Martín Huitzcol quería darles de comer [...]. Pero el hermano mayor, que es Martín Molcatzin, no quería que así fuera; si allí les hubieran dado de comer, se habrían quedado allí y no se habrían marchado. Dios nuestro señor dispone todo, y así todos los alimentos se preservaron [32].

Sin que se perciba como una contradicción, en otro lugar del documento de Sula se describe la llegada de los primeros españoles señalando que:

Cuando el señor Marqués trajo la fe católica, los padres de la orden de [...] San Francisco vinieron trayendo al Cristo sagrado [...], y los españoles, esos de las pieles blancas y con barreños en la cabeza, llevando sus espadas bajo el brazo, dijeron que se llamaban españoles y que habían recibido licencia para establecer todas las ciudades formalmente, y que [las gentes de Sula] debían pensar qué santo deseaban como patrón, porque la fe católica ya estaba en la ciudad de México [33].

El orden indocristiano que se estableció, el único conocido por sus protagonistas, se afirmaba aún con más fuerza por contraste con la visión, inspirada por los misioneros, del mundo caótico que había sido previamente habitado por los antepasados:

En los viejos tiempos, todavía no conocían a Dios, pero adoraban todo aquello que se les antojaba adorar [...] y recorrían las tierras salvajes, escondiéndose entre los peñascos y en las praderas, antes de ser bautizados en el año 1532 [34].

Antes de caer en la tentación de atribuir la precisión de la fecha facilitada a la influencia de la narrativa occidental y a su utilización de la temporalidad, debemos acudir a otros párrafos del texto donde se dice que los españoles entraron en Sula en 1607 y en 1609. Éstos

---

[32] J. Lockhart, «Views of Corporate Self and History in Some Valley of Mexico Towns: Late Seventeenth and Eighteenth Centuries», en G. A. Collier, R. I. Rosaldo y J. D. Wirth, *The Inca and Aztec States, 1400-1800: Anthropology and History*, Nueva York, Academic Press, 1982, pp. 379-380.

[33] Ob. cit., p. 388.

[34] Ob. cit., p. 382.

no son meros errores, sino claves que demuestran hasta qué punto la cronología cristiana no era importante en una narrativa esencialmente mítica.

V. ¿QUÉ CONCLUSIONES PUEDEN EXTRAERSE DE TODO LO EXPUESTO?

En un plano superficial puede señalarse, como ya se ha observado antes, que el grado de entrecruzamiento de las referencias a los elementos pre y pos contacto es tal que sugiere que los nahuas nacidos generaciones después de que comenzara el contacto con los españoles no se preocupaban de hacer distinciones habituales ni sistemáticas entre lo europeo y lo indígena. Esto se hace patente en la abundante documentación colonial, donde las discriminaciones hechas por los nativos se basan fundamentalmente en aspectos político-étnicos, y sólo rara vez en categorías macroculturales como «español» o «indio». Como cabía esperar, casi todo lo europeo tendía a dejar de considerarse tal cuando se asimilaba a la vida nativa. Así pues, los jefes mexicas (aztecas) de la época anterior a la llegada española podían llamarse Aza, Persia, Ana María o Juana García. Y, al estilo español, los nativos podían exhibir cuestionarios escritos en defensa de la aspiración a la pacífica posesión de la tierra.

En un plano más analítico, los primeros encuentros —con mexicas, españoles o cualquier extraño— no se entienden como rupturas. Son momentos especiales («sagrados»), cargados de ese tipo de energía que funde al ser social en una unidad al poner a prueba con éxito su capacidad de solidaridad, su identidad común y sus objetivos compartidos. Por ejemplo, la amenaza mexica a la integridad cultural de Sula tuvo como respuesta la fantástica transformación de Zolteuctli (Martín Molcatzin), y con él la de toda la comunidad, en encarnaciones de Quetzacóatl, la conocida Serpiente Emplumada. Esta narración de cómo toda la comunidad pone en juego fuerzas mágicas constituye un mito fundacional de la victoria sobre el mal, de la superación de los obstáculos y de la consecución de la estabilidad. Así pues, el argumento se narra en estilo épico, el género perfecto para los mitos fundacionales.

Es interesante señalar que, en este caso, son los indios, y no los intrusos, como Cortés y los españoles, los que irónicamente se identifican con la deidad. Lo que parece abundar en el argumento de que el popular relato de identificación entre Quetzacóatl y Cortés no se debía tanto a un error de reconocimiento de la identidad de los extranjeros, como a una estrategia de apropiación. Esta leyenda fantástica, en el contexto de todo el documento, funde en una narración redentora tres encuentros que acontecieron en distintos momentos: el encuentro con los mexicas, la llegada de los españoles y la confrontación con los propietarios de la hacienda. Aunque cada uno represente un punto de inflexión diferente, que requiere una respuesta también diferente, todos se resuelven al incorporar a la propia cultura la amenaza de una imposición.

Primero, se resiste ante los mexicas exhortándoles a que se establezcan en el lago o la ciudad vecinos. Es decir, se les pide que sean vecinos y no intrusos. Según el relato, sólo cuando los mexicas se deciden a partir y dejar en paz a los habitantes de Sula, éstos les asustan con su pavorosa transformación. Esta ambigüedad hacia los mexicas se reitera cuando Martín Huitzcol les invita a compartir una comida que sellará el derecho de los mexicas a vivir en paz entre las gentes de Sula. La conducta de los dos hermanos pone entonces de manifiesto la tensión entre el deseo de incluir y la necesidad de excluir que caracteriza los encuentros de los nahuas con otros grupos étnicos.

En segundo lugar, el episodio de la entrada de Cortés y los frailes se relata a modo de prueba de legitimidad de los derechos cívicos a la integridad y a la ocupación de la tierra que poseen los protagonistas. Así pues, dando la vuelta a la situación de una manera irónica, el que las gentes del pueblo acepten las aspiraciones de poder de los españoles y el que los habitantes de la ciudad se muestren dispuestos a ejecutar lo que los europeos les indican son hechos que, en la narración, vienen a demostrar el derecho de los nativos a la tierra, derecho que, según afirman, siempre les ha correspondido. De tal modo, los primeros españoles que llegan a sus tierras vienen a confirmar los derechos de los nativos contra futuros invasores, ya sean españoles u otros. Asimismo, el intento de vencer a los dueños de la hacienda recurre a la recitación de su mito dual fundacional —pragmáticamente complementado por una serie de inconexas alusiones a motivos cristianos, jurídicos y culturales—, con objeto de argumentar que los hacendados pertenecen precisamente a la categoría de intrusos a quienes se consideraba haber sojuzgado en el pasado, tal como constaba en los registros históricos.

Pese a que he defendido que la contranarrativa de la continuidad era, en última instancia, una pobre defensa contra las narrativas españolas de la ruptura y la imposición, la implacable lógica con que está expuesto el caso de Sula nos hace pensar que tal vez los nahuas alcanzaron el éxito con mayor frecuencia de lo que la mayoría de los historiadores parecen creer. No obstante, la asimilación nativa del mundo colonial europeo, aun cuando se realizara selectivamente con objeto de defenderse contra actos específicos de agresión, era una táctica peligrosa. Era un modo temprano de pluralismo, una actitud de fácil arraigo entre los poligenistas, los politeístas, los habitantes de las antiguas ciudades-Estado, y todos aquellos dispuestos a encontrar similitudes entre las costumbres extranjeras y las propias. Pero la mayoría de los europeos no eran pluralistas, y, tanto en Sula como en el resto de los territorios conquistados se sucederían nuevas épocas, nuevos intrusos y nuevas demandas legales, hasta que el grito en pro de la exclusión terminó por acallar la narrativa de la inclusión. El discurso exclusivista se hizo más audible cuando el colapso demográfico de las comunidades nativas, diezmadas por las plagas, amplió el espacio para las demandas crecientes de los colonizadores. Los consecuentes éxitos de los españoles vinieron a confirmar, a sus propios ojos, la veracidad de los primeros relatos de los descubrimientos, las conquistas, la hispanización y la cristianización. Con todo, los nahuas, al incorporar el mundo europeo a su propio mundo, consiguieron defender sus intereses localistas en una medida sorprendente a lo largo de todo el período colonial. Y una de las estrategias básicas que hizo posible esta supervivencia fue la apropiación del sistema de comunicación del Otro, gracias a la adaptación del náhuatl al alfabeto latino.

VI. PALABRAS DEL NÁHUATL EN LAS LETRAS EXTRANJERAS

Aunque la difusión de la alfabetización al estilo europeo en las Américas pretendía ser un medio de facilitar los objetivos socioculturales, políticos y económicos de los colonizadores —tema al que me he referido en otro lugar [35]—, los nahuas recurrieron con mucha fre-

[35] J. J. Klor de Alva, «Language, Politics, and Translation: Colonial Discourse and Classical Nahuatl in New Spain», en R. Warren (comp.), *Reincarnations: Lectures on Literary Translation*, Boston, University, 1989.

cuencia al náhuatl normalizado para expresar su propio discurso colonial. La existencia de un sistema de escritura antes del contacto y la relativa facilidad con que los nahuas empleaban las formas culturales españolas, tanto para afirmarse como colectividad como para acomodar sus necesidades a las cambiantes circunstancias coloniales, les permitió llegar a utilizar esa arma clave en su propio beneficio en un tiempo relativamente corto.

La política castellana encaminada a colocar toda la Península Ibérica y el Nuevo Mundo bajo el dominio de sus monarcas, contaba entre sus principales tácticas controlar las lenguas locales e imponer la suya [36]. Sin embargo, la política lingüística española siempre estuvo sujeta a muchas contradicciones y disensiones en Nueva España. Por un lado, algunos representantes de la Corona nunca cejaron en sus esfuerzos, casi siempre infructuosos, de forzar a los habitantes a hablar español. Por otro lado, muchos misioneros que vivían en las fronteras lingüísticas intentaban proteger a los nativos de las influencias seculares y de las formas extremas de explotación aislándoles lingüísticamente de los españoles. Por su parte, los colonos, cuyo principal interés era hacerse con un medio de vida, a ser posible a costa de los indígenas, y que solían formar una minoría en las áreas no urbanas, tenían por costumbre aprender el suficiente náhuatl como para ocuparse de sus asuntos, o bien servirse de intermediarios bilingües en sus contactos. Por último, dado que desde el punto de vista demográfico los nativos partían de una situación de abrumadora ventaja, y que un escaso número de agentes coloniales europeos se enfrentaban a toda una multiplicidad de lenguas, al final los administradores se vieron forzados a establecer una comunicación efectiva soslayando algunas lenguas y enseñando a algunos nativos a leer y a escribir en la lengua que hablaban.

Para facilitar el intercambio de información, el náhuatl se introdujo en una serie de comunidades nativas de todo el territorio mexicano, sobre todo en aquellas que tenían recursos demográficos y económicos limitados, poseían tierras marginales, o vivían una existencia no sedentaria. Esta política era una continuación de la de los mexicas («aztecas»), quienes, en la época previa al contacto, obligaron a varios grupos no nahuas a aprender su lengua, como parte de su esfuerzo de crear una nación. Mientras que la transformación del

---

[36] L. Hanke, *Aristotle and the American Indians: a Study in Race Prejudice in the Modern World*, Bloomington, Indiana University, 1970, p. 127, n. 31.

náhuatl en la lengua oficial de la colonización (en la *lingua franca*) maximizaba la utilidad política de los jefes nativos, la formación de un cuerpo de nobles, instruidos en la lengua castellana, que servían de mediadores entre los funcionarios españoles y los jefes y trabajadores nativos [37], puso en manos indígenas gran parte del poder de determinar cómo debían llevarse a la práctica las órdenes recibidas y de interpretar ante los funcionarios españoles la manera en que estaban cumpliéndose. Asimismo, la introducción de un alfabeto escrito, semejante al europeo, entre los nahuas, ayudó a los españoles a establecer su dominación política sobre los nuevos sectores de jefes coloniales e intelectuales nativos, pero también vino a engrosar la reserva indígena de mecanismos de supervivencia, al prestarles un arma valiosa con la que abogar por sus intereses.

Aunque no se sabe mucho acerca de la enseñanza cotidiana de la lengua fuera de las escuelas para indios, los registros coloniales indican que los nahuas cultos, y en especial los escribanos, no se atenían estrictamente a las gramáticas y vocabularios de los misioneros. La lengua (o más precisamente el «código») formal o «vehicular» de la instrucción formal, de la cristianización y de la comunicación ritual era el náhuatl clásico, basado en el *pillahtolli,* el habla elegante y afectada de los *pipiltin* o «nobles». Sin embargo, los escribanos utilizaban sobre todo el náhuatl vernáculo, que había evolucionado del llamado *macehuallahtolli* o «habla común, rústica», utilizada por los *macehualtin* («plebeyos»). Esta prosa directa, muy próxima al habla cotidiana del pueblo, se utilizó durante todo el período colonial para escribir testamentos y peticiones, para registrar las tierras y los datos censales y tributarios, y para redactar las actas de los concejos municipales.

El hecho de que la mayoría de los documentos coloniales estén escritos en la lengua vernácula indica que los colonizadores no controlaban por completo el desarrollo de la lengua formal que habían introducido, y que las escuelas misioneras o bien no consiguieron inculcar eficazmente la versión «correcta» del náhuatl o bien no pudieron monopolizar la instrucción de los nativos. Asimismo, la rapidez y minuciosidad con que los nativos se apropiaron de la lengua europea para ponerla al servicio de sus objetivos políticos y socio-

---

[37] Véase, por ejemplo, A. Anderson *et al.* (comps. y trads.), *Beyond the Codices: The Nahua View of Colonial Mexico,* Latin American Studies Series, 27, Berkeley, University of California, 1976, pp. 126-129.

culturales, como se evidencia en los documentos que han llegado hasta nosotros [38], unidas a la indiferencia hacia el náhuatl clásico como vehículo de comunicación, generalizada aun antes de que la nobleza sufriese una caída en picado a fines del siglo XVI, subrayan la limitada capacidad de los misioneros y de los funcionarios coloniales para controlar la inscripción de los datos burocráticos y administrativos locales. Sea como fuere, el náhuatl clásico, la lengua modelada a semejanza de la que utilizaban aquellos que controlaban la maquinaria ideológica de la zona central de México antes del contacto, y que representaba la forma más pura del habla ritual de los jefes seculares y religiosos, funcionaba en la colonia como vehículo crítico de las etnografías misioneras que exponían las costumbres nahuas a los españoles.

En todo caso, el náhuatl vernáculo de los notarios o escribanos favorecía la capacidad de las comunidades nativas para perseguir sus intereses en el nuevo orden sociopolítico, pues, al ser más inteligible para la mayoría (cuando se leía) que el náhuatl clásico, promovía la participación en la evaluación, redacción y censura de los escritos oficiales. Asimismo, como la redacción de los documentos era una tarea reservada a notarios de intereses localistas y generalmente consonantes con las necesidades de la comunidad, el empleo de la lengua vernácula reflejaba y facilitaba una censura favorable al grupo indígena.

Como cabía esperar, en los pueblos y ciudades pequeñas, los notarios o escribanos solían ser los únicos nahuas alfabetizados. Sus tareas fundamentales se restringían a las comunicaciones y documentos de los gobernantes nativos, sobre todo en su calidad de miembros de los concejos municipales. Pero también atendían a las necesidades jurídicas y burocráticas —y más raramente a las personales— de los particulares que podían permitirse pagar sus honorarios. Los textos pragmáticos que escribían para sus clientes particulares y oficiales creaban un vínculo estructural entre las periferias y el centro, posibilitando que las comunidades nahuas adoptaran los procesos burocráticos de tipo español como complemento de las prácticas

---

[38] Véanse A. Anderson *et al.*, ob. cit., 1976; F. Karttimen y J. Lockhart, *Nahuatl in the Middle Years: Language Contact Phenomena in Texts of the Colonial Period*, Publications in Linguistic, 85, Berkeley, University of California, 1976; S. L. Cline y M. León-Portilla, (comps. y trad.), *The Testaments of Culhuacan*, Los Ángeles, UCLA Latin American Center, 1984; J. Lockhart *et al.*, ob. cit., 1986.

administrativas tradicionales que no habían desaparecido [39]. De este modo, a los jefes indígenas se les facilitaba la tarea de usar, en beneficio de la comunidad nahua, los métodos de administración de los recursos y del personal introducidos por los españoles (aun cuando, en ocasiones, sus iniciativas perjudicaran a individuos determinados) [40]. Al propio tiempo, la incorporación de los procedimientos españoles sirvió para prescindir de una serie de prácticas de administración y registro utilizadas en la época previa al contacto que, en el nuevo contexto colonial, habían perdido su eficacia [41]. Por último, en las ciudades, la alfabetización promovió la implantación de las tácticas y formas documentales de estilo español (por ej., de tipo testamentario, jurídico, tributario, notarial) que podían contribuir a proteger la integridad de las comunidades indígenas al facilitarles el acceso a las instituciones coloniales con capacidad para promover sus intereses y solucionar sus problemas [42].

Aunque la prosa llana de los notarios por lo general se adaptaba mejor a las necesidades cotidianas de los nahuas que la lengua metafórica de la elite, la retórica náhuatl clásica también era empleada por los nativos cultos para hacer oír su voz, para abogar por sus derechos y para mejorar la imagen que de ellos daban sus detractores españoles. El largo texto presentado a continuación, extraído de una extensa carta dirigida a Felipe II en 1560 por el concejo nativo de Huejotzingo, y escrita en náhuatl clásico, es un soberbio ejemplo de cómo los indios defendían sus intereses recurriendo a la contranarrativa de la continuidad. Como los autores son jefes cosmopolitas de la segunda y tercera generación (¿bilingües?), que mantenían un estrecho contacto con los españoles, sus representaciones gozan de una precisión histórica mayor que la de las narraciones previamente citadas; con todo, su retrato de los encuentros iniciales es tan subjetivo como cualquier otro.

Nuestro señor soberano [...] con nuestras palabras nos [...] presentamos ante ti, nosotros los de Huejotzingo que guardamos para ti tu ciudad [...]. Llenos

---

[39] J. Lockhart, ob. cit., 1986, pp. 73-75; C. Gibson, ob. cit., 1964, pp. 166-193; J. Lockhart y S. B. Schwartz, *Early Latin America: A History of Colonial Spanish America and Brazil*, Nueva York, Cambridge University, 1983, pp. 113-116.

[40] Por ejemplo, J. Lockhart, ob. cit., 1986, pp. 72-73.

[41] Ob. cit., pp. 75-77.

[42] Véase, por ejemplo, W. Borah, *Justice by Insurance: The General Indian Court of Colonial Mexico and the Legal Aides of the Half-Real*, Berkeley, University of California, 1983.

de humildad te imploramos: Oh, somos tan desventurados, enorme y pesada es la tristeza que nos aflige, en ninguna parte tu piedad y tu compasión se extienden sobre nosotros ni nos alcanzan, no merecemos, no conseguimos alcanzar tu gobierno. Y siempre desde que tus súbditos españoles llegaron a nuestra tierra [...] hemos tenido la vista puesta en ti, hemos esperado confiados que tu piedad llegara alguna vez a alcanzarnos [...].

Nuestro señor soberano, antes de que nadie [...] nos hiciera conocer tu fama [...] y antes de que nos enseñaran la gloria y el nombre de Nuestro Dios, antes de que la fe llegara a nosotros, y antes de que fuéramos cristianos, cuando tus siervos los españoles llegaron a nosotros y tu capitán general don Hernando Cortés llegó, pese a que todavía no conocíamos al omnipotente, la enorme compasión de la sagrada Trinidad, nuestro Señor Dios el gobernante de los cielos y dueño de la tierra [...] nos iluminó por lo que te tomamos como nuestro rey para pertenecerte y convertirnos en tu pueblo y en tus súbditos; no hubo una sola ciudad que nos aventajara aquí en Nueva España en ese primer y temprano [...] nos dimos a tí [...] nadie nos intimidó, nadie nos forzó a hacerlo, pero en verdad Dios nos condujo a [...] recibir alegres a los recién llegados españoles [...]. Nosotros [...] les abrazamos, les saludamos con abundantes lágrimas, aunque no les conocíamos, y nuestros padres y abuelos tampoco les conocían [...]. Como son nuestros vecinos, en consecuencia les amamos; en ningún lugar les atacamos. En verdad les dimos de comer y les servimos [...]. Aunque las gentes a quienes llaman por el nombre de tlaxcaltecas ayudaron de verdad, nosotros les presionamos fuertemente para que prestaran su ayuda, y les exhortamos para que no presentaran batalla; pero aunque de tal modo les exhortamos, presentaron batalla y lucharon durante quince días.

Y cuando comenzaron su conquista [...]. No sólo prestamos ayuda en la guerra, sino que también les dimos todo lo que necesitaban [...]. Y cuando conquistaron a los mexicas y todas sus posesiones, nunca les abandonamos ni les dejamos atrás en sus empeños. Y cuando fueron a conquistar Michoacán, Jalisco, y Culhuacán, y [...] Pánuco [...] Oaxaca y Tehuantepec y Guatemala [fuimos] los únicos que les siguieron [...] cumplimos muy bien nuestro deber. Pero entre los tlaxcaltecas, varios de sus nobles fueron colgados por no guerrear bien; en muchos lugares huyeron, y a menudo no se portaron bien en la guerra.

Nuestro señor soberano, también [...] declaramos ante ti que [cuando] tus padres los doce hijos de San Francisco llegaron a nosotros [...] vinieron a enseñarnos la [...] santa fe y el credo católico [...] les recibimos con alegría. Cuando entraron en la ciudad de Huejotzingo, les honramos por propia y libre voluntad [...]. Les abrazamos para abandonar la maligna creencia en muchos dioses, y en el acto la abandonamos voluntariamente; de buena gana destruimos, demolimos y quemamos los templos. Y cuando nos dieron el sagrado evangelio [...] con muy buena voluntad y deseo lo recibimos y comprendimos [...] nadie nos forzó [...] nadie [...] fue nunca torturado o quemado por esto, como con harta frecuencia ocurrió aquí en Nueva España. [Las gentes de] muchas ciudades fueron forzadas y torturadas, fueron colgadas y quemadas porque no querían abandonar la idolatría, y recibieron el evangelio y la fe con mala voluntad. Sobre todo esos tlaxcaltecas echaron y repudiaron a los padres, y no querían recibir la fe, pues muchos de sus principales nobles fueron quemados, y algunos colgados, por combatir la defensa y el servicio de nuestro Señor Dios. Pero nosotros los de Huejotzingo [...] siempre te servimos [...]. Por tanto, ahora, en y mediante Dios, presta oídos a estas nuestras palabras [...] para que puedas apiadarte de nosotros [...] y ayudarnos en [estos problemas] con los que todos los días lloramos y nos entristecemos. Estamos afligidos y [...] tú [...] ciudad de Huejotzingo está como si estuviera a punto de desaparecer y ser destruida. He aquí lo que se nos está haciendo: ahora tus administradores y funcionarios reales y el fiscal Doctor Maldonado están imponiéndonos un tributo muy grande [...]. El tributo que debemos dar es 14 800 pesos en moneda, y también todas las medidas de maíz.

Nuestro señor soberano, nunca tal nos ha ocurrido en todo el tiempo desde que [...] los españoles vinieron a nuestra tierra, porque tu siervo don Hernando Cortés [...] en todo el tiempo que vivió con nosotros, siempre nos cuidó mucho y nos mantuvo felices; nunca nos perturbó ni nos agitó. Aunque le pagábamos tributos, nos los imponía con moderación; aun cuando le dábamos oro, sólo era en pequeñas cantidades; sin importar cuánto, sin importar de qué modo, o si no era puro, él lo recibía alegremente [...] porque le resultaba evidente y entendía muy bien cuánto nos entregábamos a su servicio y le ayudábamos. También nos dijo muchas veces que hablaría en nuestro favor ante ti [...]. Pero quizá ante ti se olvidaba de nosotros [...]. Por tanto ahora venimos ante ti [...]. [C]uando el licenciado Salmerón vino a nosotros [...] vio qué preocupada estaba la ciudad con nuestro tributo en oro [... y] estableció nuestro tributo en dinero en 2 050 pesos [...] nunca dejamos de pagarlo [...]. Pero ahora estamos [...] muy asustados y preguntamos, ¿hemos hecho algo mal, nos hemos comportado mal o ruinmente contigo [...] o cometido algún delito contra Dios todopoderoso? Tal vez hayas oído algo de nuestra maldad y por esa razón ahora este enorme tributo ha caído sobre nosotros, excediendo en siete veces todo lo que habíamos pagado antes [...][43].

Siguiendo con (una versión mucho menos transparente de) mi tesis, la imagen del Otro en el pensamiento de estos jefes oficiales nahuas no puede evitar ser asimilada a su proyecto histórico local. Pese a que la afirmación, tan frecuente, de que habían cooperado fielmente con los conquistadores y misioneros del período del con-

---

[43] A. Anderson *et al.*, ob. cit., 1976, pp. 176-191.

tacto es obviamente una respuesta calculada de los nahuas, que son plenamente conscientes de su estatus dependiente, una hábil manipulación ideológica y retórica les permite convertir este discurso de subordinación en una demanda, históricamente fundamentada, no sólo de que se les ayude, sino de que se les reconozcan unos derechos específicos. Así pues, el discurso cristiano predicado por los frailes y el político transmitido por los militares y funcionarios de la Corona española son objeto de una apropiación, y se recodifican para encajar en los registros que afirman la soberanía local y promueven la adaptación favorable de los intereses socioeconómicos locales a los de la colonia.

Las mismas maniobras discursivas se encuentran en la obra de los escribas indígenas que trabajaban al servicio de Sahagún y de otros misioneros-etnógrafos [44]. Aunque ostensible, y tal vez, genuinamente, al servicio de la cristiandad, estos escribas registraron las historias, mitos, leyendas, diálogos didácticos *(huehuehtlahtolli)*, y poesías nahuas, además de muchas costumbres y creencias inaceptables de la época previa al contacto. De tal modo, garantizaron su supervivencia, puesta en peligro por la ruptura de la memoria colectiva precipitada por la llegada de los españoles [45]. Y aunque las obras etnográficas de los misioneros no hayan contribuido tanto a la diseminación de las antiguas costumbres como creían algunos sacerdotes y funcionarios coloniales [46], el que los sacerdotes las mencionaran en las preguntas de confesionario [47], al predicar [48] y al hacer proselitismo [49], sirvió para que los oyentes nahuas tuvieran pre-

---

[44] Véase G. Baudot, *Utopía e historia en México: los primeros cronistas de la civilización mexicana (1520-1569)*, trad. de Vicente González Loscertales, Madrid, Espasa Calpe, 1983.

[45] Por ejemplo, B. de Sahagún, ob. cit., 1950-1982; J. J. Klor de Alva *et al.* (comps.), *The Work of Bernardino de Sahagún: Pioneer Ethmographer of Sixteenth-Century Aztec Mexico*, Studies on Culture and Society, vol. 2, Albany y Austin, Institute for Mesoamerican Studies (SUNY-Albany) y University of Texas.

[46] Véase L. Nicolau d'Olwer, *Fray Bernardino de Sahagún (1499-1590)*, trad. de Mauricio J. Mixco, Salt Lake City, University of Utah, 1987, pp. 78-86.

[47] Véase A. de Molina, *Confesionario mayor en la lengua mexicana y castellana*, facsímil original de 1569. Ed. de Roberto Moreno de los Arcos, Facsímiles de Lingüística y Filología Nahuas 3, México, UNAM, 1984.

[48] Por ejemplo, B. de Sahagún, *Sermonario (siguense unos sermones...)*, Ayer ms. 1485, Chicago, The Newberry Library, 1563.

[49] *Doctrina cristiana en lengua española y mexicana por los religiosos de la orden de Santo Domingo*, facsímil de la edición de 1548, Madrid, Cultura Hispánica; B. de Sahagún, ob. cit., 1980.

sentes una serie de opciones culturales y sociopolíticas que diferían o se oponían directamente al modo de gobierno español y a la ideología cristiana. Estas contranarraciones incorporadas a la bibliografía religiosa se complementaban con los textos en náhuatl y en español resultantes de esfuerzos etnográficos anteriores, como la *Historia de los mexicanos por sus pinturas* y la *Histoire du Mechique* [50] o los *Anales de Cuauhtitlan* y la *Leyenda de los soles* [51]. Otra información adicional estaba contenida en las historias, poemas y cuentos míticos registrados por los escasos nahuas alfabetizados que escribían sin estar al servicio de los misioneros [52]. Estos autores no sólo eran capaces de apropiarse de la voz de los otros y ponerla al servicio de sus propios objetivos, sino, como hemos visto, también de sus palabras.

La alfabetización tuvo otros efectos políticos significativos, surgidos a raíz de la desintegración del sistema de escritura nahua previo al contacto. Al ser un sistema complejo compuesto de una combinación de ideogramas, pictogramas, (algunos) glifos silábicos, códigos de colores, y de una utilización simbólica del espacio pictórico y de la orientación de las imágenes, la transmisión cultural correspondiente a este registro requería que las narraciones asociadas con los libros de imágenes, cuyos jeroglíficos servían como recursos mnemotécnicos, se enseñaran en las escuelas de los centros urbanos o se transmitieran de generación en generación o entre diversos sectores sociales a través de grupos de especialistas rituales y artistas creativos [53]. Sea como fuere, cuando la alfabetización hizo posible que la escritura se independizara de las narraciones orales, el vínculo entre la educación y la autoridad de los jefes nativos tradicionales (instruidos en la manera correcta de «leer» los jeroglíficos) se debilitó, y tanto los misioneros como los nuevos jefes locales se apresuraron a introducirse en este espacio abierto por la ruptura. Así, la alfabeti-

---

[50] A. M. Garibay, ob. cit., 1973.

[51] *Códice Chimalpopoca,* ob. cit., 1975.

[52] Por ejemplo, J. Bautista, ob. cit., s.f.; D. Chimalpahin, *Sixième et septième Relations (1258-1612),* ed. y trad. de Rémi Siméon, París, Maisonneuve et Ch. Leclerc, 1889; J. Bierhorst, *Cantares mexicanos: Songs of the Aztecs,* Stanford, Stanford University, 1985.

[53] A. López Austin (comp. y trad.), *Educación mexica: antología de documentos sahaguntinos,* Instituto de Investigaciones Antropológicas, México, UNAM, 1985; M. León-Portilla, *Los antiguos mexicanos a través de sus crónicas y cantares,* México, FCE, 1961.

zación contribuyó a sustituir la autoridad de los sacerdotes y profesores nativos tradicionales por la de unos misioneros por lo general proindígenas y por la de los recién formados *cabildos* o «concejos municipales».

Asimismo, pese a que la estandarización de la lengua impuso un canon que pretendía deslegitimar los dialectos regionales, la variabilidad dialéctica de los documentos existentes indica que ese intento fue de efectos limitados. Tanto es así, que aunque el esfuerzo por homogeneizar a la población reforzó el control colonial al promover la desaparición de las diferencias regionales (lingüísticas, culturales y sociales), éstas se prolongaron hasta bien entrado el período colonial debido a la supervivencia de algunos tipos de regionalismo étnico y de autonomía local, y a la incapacidad de los españoles para imponer una conciencia panindia. De hecho, las fuerzas centralizadoras de la organización colonial encontraron una resistencia bastante fuerte en las influencias desintegradoras de los jefes locales, tanto españoles como nahuas, pues ambos grupos estaban empeñados en obstaculizar los intentos de aquellos que deseaban distribuir la mano de obra y los recursos sin tener en cuenta los intereses locales. Esta resistencia dificultó las labores de proselitismo, aculturación y control a los funcionarios gubernamentales y a los misioneros. Y aunque la implantación de la uniformidad lingüística restringió la producción de escritos indígenas localistas que reflejaran el habla, los intereses y las demandas locales, éstos, no obstante, se hacen patentes en los documentos testamentarios, jurídicos y administrativos escritos por los notarios o escribanos nativos.

Por último, además de asimilar la otredad y convertirla en una práctica sociocultural estándar, los nahuas eran frecuentemente acusados por los misioneros [54] de constituirse deliberadamente en el Otro de los españoles mediante maniobras mágicas y lingüísticas encaminadas a distanciar la influencia de los europeos y a frustrar sus intenciones. Por ejemplo, en los siglos XVI y XVII era de dominio público que los nahuas que participaban en las prácticas religiosas, curativas y adivinatorias prohibidas, compartían un lenguaje esotérico, el *nahuallahtolli*, aparentemente utilizado para comunicarse con seres sobrenaturales. La opacidad de este lenguaje tenía cuando me-

[54] Por ejemplo, D. Durán, *Book of the Gods and Rites* y *The Ancient Calendar*, trad. y ed. de F. Horcasitas y D. Heyden, Norman, University of Oklahoma, 1971, pp. 299-300.

nos cuatro funciones prácticas, y todas ellas contribuían a preservar la integridad cultural y social de la comunidad. En primer lugar, constituía un discurso mágico, cuyo poder y peligro se controlaban mediante la utilización de complejos tropos con los que confinar su circulación, minimizando así las prácticas de brujería y los efectos no intencionados. En segundo lugar, las restricciones aplicadas a la transmisión de este discurso contribuían a mantener la separación entre los profesionales que lo utilizaban y los no iniciados que recibían sus efectos. De tal modo, como toda jerga profesional utilizada en cualquier lugar, que al restringir la diseminación y la inteligibilidad de su código preserva el poder, el prestigio y la riqueza de los iniciados, el *nahuallahtolli* y los discursos afines contribuían a preservar los empleos de los especialistas nativos y la definición de las fronteras sociales y étnicas. En tercer lugar, la riqueza metafórica de este lenguaje cabalístico actuaba como una forma discursiva de resistencia ante los avances de las fuerzas coloniales y cristianizadoras. Como muy bien sabían los sacerdotes locales, el *nahuallahtolli* generó un sistema secreto de comunicación, que distinguía a los conspiradores que lo empleaban adecuadamente de los colaboradores que lo denunciaban.

En efecto, los nahuas tenían múltiples razones para conspirar con los misioneros y apoyar la idea, propagada por éstos, de que sólo los indígenas podían comprender el código oculto. Sahagún resumió magistralmente la situación al afirmar que:

> nuestro adversario el diablo [...] en esta tierra plantó un bosque o arcabuco, lleno de muy espesas breñas, para hacer sus negocios desde él y para esconderse en él, para no ser hallado, como hacen las bestias fieras [...]. Este bosque o arcabuco breñoso son los cantares que en esta tierra él urdió que se hiciesen y usasen en su servicio [...] sin poderse entender lo que en ellos se trata, más de aquellos que son naturales y acostumbrados a este lenguaje[55].

Si sólo los nativos comprendían lo que decían los nativos, los nahuas podían mantener en su poder las claves de la traducción al español de su lenguaje, costumbres e intenciones. Esta técnica de control, que contribuyó a marginarles, encajaba bien en la imagen de los nahuas como el Otro que habían creado los españoles, pero también permitió que los nahuas dieran soluciones indígenas a las

[55] B. de Sahagún, *Florentine Codex,* 1975, II, pp. 172-173.

condiciones coloniales. A modo de conclusión, quiero sugerir que, con la apropiación del Otro europeo, tal como se expresa en la contranarrativa de la continuidad, y con la apropiación de la voz del Otro, los nahuas se adaptaron y se afirmaron de un modo peligroso pero funcional. De no haberse dado las plagas y epidemias, con sus efectos estragadores sobre la población, estas tácticas podrían haberles permitido sobrevivir hasta el siglo XX como una comunidad bilingüe y bicultural dominante. Sin embargo, las enfermedades cobraron sus víctimas y, al final, las prácticas coloniales de exclusión se impusieron sobre la estrategia de incorporación.

14. EL INDIO LADINO EN EL PERÚ COLONIAL

ROLENA ADORNO

Princeton University

I. INTRODUCCIÓN

El término de «indio ladino» se utilizaba para referirse a quienes, siendo indígenas del Nuevo Mundo hubieran aprendido la lengua de los españoles y la emplearan para ayudar en las negociaciones entre la sociedad colonial de los españoles y la de los andinos (véase figura 1). «Indio ladino» aglutinó una amplia gama de tipos sociales, y se refirió, en principio, al conocimiento que el individuo tuviese de la lengua y cultura españolas, sin que sus logros fuesen necesariamente grandes [1]. Las personas que llegaron a identificarse como «indios ladinos», no representaban, sin embargo, ni a un solo grupo étnico ni a una sola clase social. Tanto mestizos como andinos, por concentrarnos en este caso, se identificaban como «ladinos», y el término llegó a aplicarse igualmente a los primeros naturales americanos que sirvieron a los capitanes españoles en la conquista (como Felipillo y otros intérpretes), a los *kurakakuna*, o señores étnicos, que servían de intermediarios entre las sociedades nativas y la colonial, y a los *yanakuna*, o servidores autóctonos, que, desconectados de sus *ayllu* de origen, trabajaban para patrones coloniales [2].

---

[1] Véanse P. Duviols, *La destrucción de las religiones andinas (conquista y colonia)*, [1971], trad. de A. Maruenda, México, UNAM, 1977, p. 284; F. Salomon, *Native Lords of Quito in the Age of the Incas: The Political Economy of North Andean Chiefdoms*, Cambridge, Cambridge University Press, 1986, p. 239.

[2] F. Salomon, ob. cit., p. 241. Le agradezco al doctor Jan Szemiński sus perspicaces comentarios sobre la versión anterior de este trabajo. Aunque el indio ladino no ha sido tema de investigación comprensiva o sistemática, los estudios siguientes ofrecen datos útiles: Galdo Gutiérrez (1970); Grieshaber (1979); Kluber (1963); Mar-

León-Portilla, M.; Gutiérrez Estévez, M.; Gossen, G. H., y Klor de Alva, J. J. (eds.), *De Palabra y Obra en el Nuevo Mundo*, vol. 1, *Imágenes interétnicas*, Madrid, Siglo XXI de España, 1992, pp. 369-396.

FIGURA 1. *El señor cristiano ladino, abogado de su pueblo, representado idealmente por Guaman Poma* (1987, p. 784).

El término «indio ladino» se utilizaba desde el comienzo de los tiempos coloniales en México y en el Perú; aparentemente había llegado de España en una de sus acepciones conocidas. Según el diccionario castellano de 1611 de Sebastián de Covarrubias [3], el término se refirió originalmente a los habitantes nativos de la Península Ibérica que habían llegado a dominar la lengua de los colonizadores romanos. «Ladino» quería decir, sencillamente, «latino». En tiempos medievales y modernos, llegó a aplicarse a quienes no siendo originariamente hispanoparlantes («al morisco y al estranjero»), que llegaron a ser expertos en la lengua española. Aparte de señalar los logros lingüísticos, el término también adquirió la connotación, según Covarrubias [4], de prudencia y de sagacidad. Fue de uso frecuente este término en la sociedad multiétnica de la España medieval y del Siglo de Oro.

Dado que los llamados indios ladinos no se circunscribían a una sola clase social, ni a una sola vocación, ni a un solo género, y que, como tales individuos, participaban en varios ambientes sociales [5], es imposible ofrecer aquí algo más que un cuadro fragmentario de sus actividades, de sus autopercepciones y de los juicios que merecían. No cabe ninguna duda de que, en términos de acciones e imágenes interétnicas (el tema de esta obra), el indio ladino estuvo más implicado que cualquier otro grupo de la sociedad colonial. Entre los europeos, los clérigos que actuaban como «padres doctrinantes» o «visitadores» de la Iglesia tenían mucho contacto con estas personas. Por consiguiente, uno de los marcos coloniales más idóneos para iniciar esta investigación sobre los ladinos es la interacción entre el indio ladino y los representantes de la Iglesia.

El empleo de auxiliares laicos nativos en las tareas de evangelización y de extirpación de las «idolatrías» era bastante frecuente a causa del insuficiente número de sacerdotes españoles. Según los testimonios de españoles y nativos, los indios ladinos eran indispensables para descubrir las prácticas rituales tradicionales y los objetos

---

tin y Pettus (1973); Salomon (1982); Solano (1975); Spalding (1973, 1974), y Stern (1978, 1982).

[3] S. de Covarrubias, *Tesoro de la lengua castellana o española,* ed. de Martín de Riquer, Barcelona, 1943, p. 747.

[4] *Ibidem.*

[5] P. de Quiroga, *Libro intitulado Coloquios de la verdad [1562],* ed. de fray Julián Zarco Cuevas, Sevilla, 1922, p. 63.

sagrados de culto [6]. Las personas que trabajaban para la Iglesia, como los alguaciles, los fiscales o los coadjutores, recogían información para los padres doctrinantes y ejecutaban sus órdenes. Según los decretos del Segundo Concilio Provincial de Lima de 1567, los deberes de estos individuos consistían en

avisarle [al cura] de todo lo necesario que ocurriere, principalmente si está ausente, *exempli gratia,* de los niños que de nuevo han nacido para que se bautizen, de los que enferman para que reciban los sacramentos, de los que andan en borracheras o comunican con hechiceros y van a *mochar guacas* y hazen otra cosa contra la religión cristiana, para que sean corregidos, y también de los que faltan a la misa o doctrina [7].

De estos «indios de confianza», como los llamaban las constituciones del Concilio, emergían informantes e intérpretes, copistas muy hábiles y, en los dos casos que mejor conocemos —don Felipe Guaman Poma de Ayala y don Juan de Santacruz Pachacuti Yamqui— cronistas independientes [8].

Ninguna fuente sugiere la importancia del indio ladino como tema de investigación ni tan vívidamente como lo hace don Felipe Guaman Poma de Ayala en su *Nueva corónica y buen gobierno* (1615) (véase la figura 2). Utiliza el término «indio ladino» a lo largo de su obra y hace gran número de comentarios sobre la experiencia ladina desde perspectivas múltiples y diversas. Ofrece sus opiniones sobre cómo los europeos —sacerdotes u oficiales civiles— juzgaban al indio ladino; nos dice cómo los *kurakakuna* y los miembros de los *ayllu* miraban al indio ladino. Además, pinta la experiencia «desde dentro», autobiográficamente, a pesar de que él mismo [9] considerara que el término «indio ladino» designaba una clase, casta y cultura inferiores a la suya.

---

[6] Véanse P. Duviols, ob. cit., pp. 280-289; K. Spalding, «Social Climbers: Changing Patterns of Mobility among the Indians of Colonial Peru», *Hispanic American Historical Review,* L (4), pp. 657-660; *id., Huarochirí: An Andean Society under Inca and Spanish Rule,* Stanford, Stanford University Press, pp. 217-218; F. Guaman Poma, *Nueva corónica y buen gobierno [1615],* Madrid, Crónicas de América, vols. 29a, b, c. Historia-16, 1987, 2.ª ed., pp. 298, 908. Se sigue en las citas de la *Nueva corónica y buen gobierno* la numeración de páginas, corregida de la original de Guaman Poma, que aparece en la edición de 1987.

[7] E. T. Bartra, SJ (comp.), *Tercer Concilio Limense: 1582-1583,* Lima, Facultad Pontificia y Civil de Teología, 1982, pp. 177-178.

[8] P. Duviols, ob. cit., p. 284.

[9] F. Guaman Poma, ob. cit., pp. 75, 586.

FIGURA 2. *Autorretrato de Guaman Poma* (1987, p. 368).

Al tomar aquí el testimonio de don Felipe y de otras fuentes impresas disponibles (don Juan de Santacruz Pachacuti Yamqui, el visitador Cristóbal de Albornoz, los testigos en las *Informaciones de servicios* de éste, el canónigo de la catedral del Cuzco, Pedro de Quiroga, y los decretos de los Concilios Provinciales de Lima [1567, 1582-1583]), me atrevo a adelantar esta tipología parcial y preliminar del indio ladino: primero, el *takiunquero,* es decir, el dirigente y participante en *Taki Unquy,* movimiento milenarista descubierto en el año 1560 en el Perú; segundo, el auxiliar del visitador eclesiástico; tercero, el peticionario que se defiende de abusos coloniales; y cuarto, el escritor.

II. EL INDIO LADINO COMO *TAKIUNQUERO*

La primera y más destacada noticia sobre el indio ladino es su participación en *Taki Unqui,* nombre utilizado en los documentos europeos para describir el movimiento milenarista andino que predicaba el retorno de los dioses andinos y el reino del Inca, a la vez que rechazaba todo lo que fuera europeo [10]. El papel clave del indio ladino como predicador y dogmatizador en éste y en otros cultos mesiánicos es indiscutible. Cristóbal de Albornoz [11], principal extirpador del movimiento, identificó a «los indios ladinos criados entre nosotros» como los responsables de la difusión de la herejía *Taki Unqui* en todo el Perú [12]. Mientras esperamos más información para completar el cuadro de los dirigentes de *Taki Unqui* (los testimonios

---

[10] Véanse L. Millones, «Un movimiento nativista del siglo XVI: El Taky Onqoy», *Revista Peruana de Cultura,* III, 1964; *id.,* «Taki Onqoy», *Cielo abierto,* X (28), 1974; L. Millones (comp.), *Las informaciones de Cristóbal de Albornoz,* Cuernavaca, México, Centro Intercultural de Documentación, Sondeos, núm. 79, 1971; Ossio (ed.), *Nuevos aspectos del Taki Onqoy,* 1973; N. Wachtel, *Los vencidos: los indios del Perú frente a la conquista española (1530-1570)* [1971], trad. de A. Escohotado, Madrid, Alianza, 1976; A. Yaranga Valderrama, *Taki Onqo ou la vision des vaincus au XVIè siècle,* 1978; S. J. Stern, *Peru's Indian Peoples and the Challenge of Spanish Conquest: Huamanga to 1640,* Madison, University of Wisconsin Press, 1982; S. MacCormack, «Pachacuti, Miracles, Punishments and Last Judgement», *Americal Historical Review,* XCIII (4); B. Mannheim, «The Virgin and the Pleiades...», 1985.

[11] P. Duviols, «Albornoz y el espacio ritual andino prehispánico», *Revista Andina,* II, 1984, p. 215.

[12] Véanse L. Millones, ob. cit., 1964, p. 138; S. J. Stern, ob. cit., 1982, pp. 51-67.

de Albornoz son muy pobres en este punto, como señala Millones; Abdón Yaranga tiene información importante al respecto) me voy a concentrar en las opiniones de otros «indios ladinos» que se oponían a los takiunqueros.

Nuestra fuente es Guaman Poma, cuyo empleo por el visitador Cristóbal de Albornoz parece ser acertado, a pesar de que no sabemos, como señaló Franklin Pease hace tiempo [13], el tiempo específico ni el escenario exacto en los que se desenvolvió. Clave para seguir el juicio que le merecía a Guaman Poma el *Taki Unquy*, según mi modo de ver, e interesante desde la perspectiva de las imágenes interétnicas, es el hecho de haber llamado a los dogmatizadores «falsos hechiceros». Puesto que se utiliza el término «hechicero», en general, para los especialistas en prácticas espirituales y medicinales, «falso hechicero» no es una redundancia, sino una categoría especial. Por ejemplo, en sus comentarios sobre los tiempos contemporáneos coloniales en el *Buen Gobierno*, comienza el capítulo sobre los visitadores eclesiásticos con un retrato de Albornoz [14]. El autor andino declara que el visitador «quebró y quemó y corosó a los hicheseros yndios, yndias, y castigó a los falsos hicheseros y *taqui oncoy*» [15].

Retornando a la *Nueva corónica* y a las descripciones que Guaman Poma presenta en ella de los tiempos del Inca y anteriores, vemos que hace varias referencias a los «falsos hechiceros» al discutir las tradiciones antiguas espirituales, y menciona también *Taki Unquy*, de nuevo en el contexto de su empleo por Cristóbal de Albornoz. De estos especialistas religiosos «falsos», Guaman Poma dijo:

> Otros hichezeros hablan con los demonios y chupan y dizen que acan enfermedades del cuerpo y que saca plata o piedra o palillos o guzanos o zapo o paxa o mays del cuerpo de los hombres y de mugeres. Estos dichos son falsos hichezeros; engaña a los yndios y al demonio sólo a fin de engañalla su hazienda y enseñalle a los yndios ydúlatras. Éstos dizen que ay enfermedad de *taqui oncuy*... [16].

¿Qué es lo que hizo del *takiunquero* un chamán falso, en opinión de Guaman Poma? Citaba, no olvidemos, una base tradicional de

---

[13] F. Pease, «Prólogo», en Felipe Guaman Poma de Ayala, *Nueva corónica y buen gobierno*, ed. de F. Pease, Caracas, Biblioteca Ayacucho, 1980, p. XII.

[14] F. Guaman Poma, ob. cit., 1987, p. 689.

[15] F. Guaman Poma, ob. cit., p. 690.

[16] F. Guaman Poma, ob. cit., p. 282.

este fenómeno. Notó que *Taki Unquy* era una enfermedad que debía erradicarse, en los tiempos del Inca y después. Describió el mes de septiembre en el calendario ritual como el tiempo de limpiar sus pueblos de enfermedades; tenían muchas ceremonias para hacerlo, incluso «muchas serimonias para echar *taki unquy, sara unquy, pukyu unquy, pacha panta*», y otros más [17]. La enfermedad del baile y la enfermedad del maíz, descritas a la vez por Guaman Poma, también se nombraban juntas en el relato de Polo de Ondegardo, en el que Polo [18] se refirió a «una enfermedad de bayle que llaman *Taqui onco* ó *cara onco:* para cuya cura llaman á los hechizeros».

El análisis reciente de Sabine MacCormack [19] del *Taki Unquy* completa el cuadro dibujado en Guaman Poma. Ella ha recogido suficiente y amplia información para fundamentar el argumento de que *Taki Unquy* era un fenómeno que se repetía, entendiéndose los acontecimientos de 1565 como «una expresión intensificada, provocada por la conquista, de un tema andino perenne» que había sido modificado a tenor de las circunstancias [20]. Según Millones [21], esta versión colonial del *Taki Unquy* perduraba hasta la segunda década del siglo XVII. Bajo esta luz, las referencias repetidas de Guaman Poma al *Taki Unquy* —sin someterse a una época o tiempo específico— tienen sentido.

Según Guaman Poma, quien conocía los orígenes tradicionales de *Taki Unquy,* y como ayudante de visitador que observaba sus prácticas actuales, *Taki Unquy* fue explotado por sus dirigentes para sus propios propósitos. Esta imagen del charlatán religioso, que engañaba a los demás en su provecho propio, describe, en parte, la visión que Guaman Poma ofrece del *takiunquero.* Corresponde con la imagen ofrecida en el testimonio del sacerdote mestizo Cristóbal de Molina en las *Informaciones de servicios* de Cristóbal de Albornoz [22]. Sin embargo, mientras que Molina y otros testigos europeos veían la explotación de los andinos por los nuevos *takiunqueros* como meramente económica, Guaman Poma la contemplaba como grotesca explotación espiritual. Estos chamanes eran fraudulentos,

---

[17] F. Guaman Poma, ob. cit., p. 255.

[18] J. Polo de Ondegardo, «Los errores y supersticiones de los indios, sacados del tratado y averiguación», *Revista Histórica,* I, 1906, p. 198.

[19] S. MacCormack, ob. cit., 1988, pp. 982-987.

[20] S. MacCormack, ob. cit., p. 984.

[21] Ob. cit., 1964, p. 138; 1973, p. 97.

[22] L. Millones (comp.), 1971, 1/22, 3/28-29.

FIGURA 3. *El visitador eclesiástico y extirpador de* Taki Unquy, *Cristóbal de Albornoz, infringiendo uno de sus castigos* (Guaman Poma, 1987, p. 689).

dijo Guaman Poma, porque engañaban a los naturales y al mismo demonio. Veamos lo que quería decir.

Albornoz [23] describió cómo los líderes del *Taki Unquy* invitaron a los *kamayuqkuna,* los especialistas religiosos tradicionales, a una reunión para poder después asesinarlos. Explicó que, con el fin de dominar a los otros cultos «para que no oviese otros que mandasen ni predicasen otra religión que la del ynga», los *takiunqueros* reunieron a todos los *kamayuqkuna* de todas las provincias cercanas. Al reunir a tantos imprevistos invitados, hicieron que bailaran y se emborracharan, y los *takiunqueros* lograron matarlos, según Albornoz, sin ninguna resistencia. La condena de este crimen por el visitador es previsible; y Guaman Poma la compartió. Sin embargo, no explica del todo la reacción del autor andino.

Albornoz y los otros testigos europeos consideraban peligroso el movimiento por oponerse al cristianismo y negar la lealtad y obediencia de los naturales peruanos al régimen colonial. Guaman Poma, mientras tanto, veía el culto como una amenaza a las prerrogativas de la sociedad tradicional. Como andino, interpretaba las consecuencias de las acciones de los líderes del culto como una usurpación de la posición de los *kamayuqkuna* en la sociedad tradicional. Es decir, ve al *Taki Unquy* dentro del contexto de una tradición espiritual antigua y auténtica, en la cual había muchos tipos de «hichiseros y pontífeses y obispos y saserdotes, otros buenos y otros falsos» [24]. Explica: «Los buenos los llaman criados de los demonios que hablauan con ellos, como *Mama Uaco, coya,* y los rruynes engañan al diablo y a los yndios» [25]. En la tipología ofrecida por Guaman Poma, los buenos son los que ordenan la sociedad andina según sus valores tradicionales. Describe a los malos, y entre ellos incluía a los de *Taki Unquy,* como los que engañaban al mismo Satanás. Guaman Poma condena así a los de *Taki Unquy,* pero ¿condena las actividades de otros especialistas religiosos? A pesar de su profesión de fe cristiana, es evidente que su identidad como cristiano es más compleja —y su actitud es mucho más tolerante— que la de sus patrones eclesiásticos.

El análisis del término «falsos hechiceros» revela algo más que la condena del movimiento por Guaman Poma. Revela a la vez una empatía con la religión tradicional que sus protestas, demasiado fuer-

---

[23] En P. Duviols, ob. cit., 1984, p. 216.
[24] F. Guaman Poma, ob. cit., p. 267.
[25] *Ibid.*

tes, parecen negar. Así, el entusiasmo de Guaman Poma por la extirpación del movimiento que llevó por nombre *Taki Unquy* era diferente que el de su patrón Albornoz. Para Guaman Poma, *Taki Unquy* no era meramente un obstáculo a la imposición o defensa de la doctrina cristiana. Al contrario, tenía una resonancia profunda en la experiencia andina que correspondía a la lucha entre prácticas espirituales «legítimas» o sinceras y otras falsas, es decir, entre las que eran capaces de servir a la sociedad andina y las dedicadas a la destrucción de sus modos tradicionales.

A pesar de la declaración hiperbólica de Guaman Poma [26] al proclamar a Cristóbal de Albornoz como autor de la destrucción de la idolatría, nuestro cronista andino habla de los «falsos hechiceros» como chamanes activos en su momento, es decir, en los años 1613 y 1614, época de la redacción de la última versión de su obra. Destacan entre estos especialistas falsos los apóstatas indios ladinos:

> Que los dichos yndios estando borracho el más cristiano, aunque sepa leer y escriuir, trayendo rozario y bestido como español, cuello, parese santo, en la borrachera habla con los demonios y *mocha* a las *guacas* ydolos y al sol, *pacaricos* [celebración ritual], *oncoycunamanta uanocmantapas pacaricoc* [velorio con ocasión de enfermedades o una muerte], *uarachicoc* [investidura de taparrabos], *cusmallicoc* [investidura de camisón], *uacachicoc* [lamentos rituales] y de otras hechesirías. Hablando de sus antepasados, algunos hazen sus serimonias [27].

El testimonio de Guaman Poma sugiere que la apostasía entre indios ladinos —dentro de o sin ninguna relación con el *Taki Unquy*— era una amenaza al ladino cristiano, en tanto que la tendencia de los colonos era ignorar las diferencias internas entre los nativos. De ahí la frecuencia con que hace explícita la referencia al indio ladino, calificándolo de «cristiano».

III. EL INDIO LADINO COMO VISITADOR

En las *Informaciones de servicios de Cristóbal de Albornoz*, a los nativos que ayudaban en la tarea de la supresión del culto se les

---

26 F. Guaman Poma, ob. cit., p. 282.

27 F. Guaman Poma, ob. cit., p. 877.

llamaba «oficiales de confianza» [28]. Como la descripción del indio ladino en los documentos del Segundo Concilio Provincial, mencionado anteriormente, esta denominación llegó a ser una aseveración o afirmación vigorosamente defendida en los escritos de tales personas. El peruano ladino, como un cristiano devoto, era tanto una autorrepresentación como una noción aceptada por los otros. Era la imagen del indio ladino presentada en el *Tercero catecismo y exposición de la doctrina christiana por sermones* (Lima, 1685) [29], en el cual el indio ladino se citaba como ejemplo a imitar: «Éstos son benditos de Dios y los Padres los quieren mucho». Guaman Poma [30] corrobora esta opinión con respecto a la estima que los sacerdotes tenían de los indios ladinos.

El testimonio de Juan de Santacruz Pachacuti Yamqui Salcamayhua, descendiente de los señores de Collaguas en la provincia de Canchis (hoy en el Departamento del Cuzco) es de interés en este contexto. Al ofrecer un preámbulo a su *Relación de antigüedades deste reyno del Pirú* (1613?) [31], no sólo proclama su propia fe cristiana, sino que presenta a sus antepasados como extirpadores de idolatrías. Jan Szemiński [32] ha analizado la genealogía de don Juan de Santacruz y ha descubierto que habría pertenecido a la quinta o la sexta generación de la posconquista, de su familia, de modo que su perspectiva corresponde a una generación posterior a la de Guaman Poma.

Pachacuti Yamqui comienza su relación declarando que sus ancestros, «hijos adoptivos de Jesucristo» [33], destruyeron las *waqakuna* (objetos y lugares sagrados) y castigaron de una manera ejemplar a sus custodios en todas sus jurisdicciones. Su actitud, según la cual la fidelidad religiosa se expresaba no sólo proclamando la fe sino también oponiéndose a la antigua y a sus especialistas, y descubriendo a las autoridades cristianas sus actividades, revela la importancia

---

[28] L. Millones (comp.), 1971, 2/115, 2/151.

[29] Oficina de la calle de San Jacinto, 1773, p. 141; véase también p. 170.

[30] F. Guaman Poma, ob. cit., p. 637.

[31] Ed. de Jiménez de la Espada, Madrid, Ministerio de Fomento, 1879, pp. 231-233.

[32] *From Inca Gods to Spanish Saints and Demons,* Paper in International Workshop on Indigenous Responses to Western Christianity, Jerusalén, 1987; véase también, *Un Kuraka, un dios y una historia: Relación de antigüedades deste reyno del Pirú por don Joan de Santa Cruz Pacha Cuty Yamqui Salca Mayqua,* Jujuy, Argentina, Universidad de Buenos Aires, 1987.

[33] Ob. cit., p. 232.

que dio a la participación en las campañas de extirpación como «prueba» de una conducta cristiana ejemplar.

Por ser los *kurakakuna* frecuentemente los responsables de la conservación y protección de los cultos locales tradicionales, según los informes elaborados por los visitadores, las protestas de Pachacuti Yamqui tendrían como uno de sus objetivos la protección del nombre de su propia familia y ascendencia, frente a tales calumnias. Conocer la historia del linaje y familia de don Juan nos ayudaría a perfilar con detalle la experiencia de los señores étnicos ladinos.

Por el momento, sin embargo, la mejor fuente sobre la relación entre el «principal» ladino y la extirpación de idolatrías continúa siendo don Felipe Guaman Poma. Un área de su testimonio que podría investigarse más son sus opiniones sobre el mencionado Albornoz y sobre Francisco de Ávila. Al haber declarado Guaman Poma que había escrito su obra sobre un período de veinte o treinta años, hemos supuesto que las reflexiones del autor sobre las campañas de extirpación —concretamente su aprobación entusiasta por la labor de Cristóbal de Albornoz y su condena amarga de la de Francisco de Ávila— reflejan el paso del tiempo y el cambio de perspectiva, desde la década de 1560 hasta la segunda década del siglo XVII. Sin embargo, el texto completo de la *Nueva corónica y buen gobierno*, tal como lo conocemos, lo escribió don Felipe en 1612 y 1613, y lo sometió a revisión en 1614, terminándolo probablemente durante los primeros meses de 1615 [34]. Así, a pesar de que Guaman Poma hubiera trabajado para Albornoz en 1560, sus comentarios sobre el visitador son los que le resultaban actuales en el año 1613. Y poco después, tan pronto llegó el 1614, condenó rotundamente las acciones del padre doctrinante de Huarochirí, después su visitador, Francisco de Ávila.

Incluso en las últimas agregaciones a la obra hechas por Guaman Poma en la revisión sistemática de la misma en 1614, reiteraba sus recomendaciones para la continuación de inspecciones de los poblados nativos, y recomendó vigilar no sólo a los nativos sino también

[34] Véanse R. A. Pietschmann, «Renseignements sommaires», en Felipe Guaman Poma de Ayala, *Nueva corónica y buen gobierno (Codex péruvien illustré)*, París, Institut d'Ethnologie; R. Adorno, «The *Nueva Corónica y Buen Gobierno:* A New Look at the Royal Library's Peruvian Treasure», *Fund og Forskning*, XXIV, Copenhague, The Royal Library, 1979-80; *id.*, «Cronista y príncipe: La vida y la obra de Felipe Guaman Poma de Ayala», Lima, Universidad Pontificia Católica, Fondo Editorial, 1989, en prensa.

a los padres doctrinantes [35]. Hasta terminar sus correcciones finales, don Felipe expresaba una actitud a favor de la visita eclesiástica aunque muy crítica hacia el comportamiento de los visitadores. Como Duviols concluyó [36], Guaman Poma no criticaba la institución de la extirpación en sí, sino los abusos cometidos bajo su protección. En estas enmiendas finales a la obra, Guaman Poma repite sus recomendaciones anteriores sobre la necesidad de suprimir ciertos ritos tradicionales. Muchos ejemplos podrían citarse como testimonio de la influencia perdurable sobre Guaman Poma de sus experiencias como ayudante de visitador. En efecto, la adhesión de Guaman Poma a los juicios de su antiguo patrón Albornoz aparecen una y otra vez en su obra [37], y muchas de sus opiniones aparentemente anticolonialistas coinciden con la crítica española interna de las prácticas coloniales expresada por el mismo Albornoz [38].

La coincidencia previsible del punto de vista del visitador y su auxiliar andino se enriquece en muchas ocasiones por el hecho de que la perspectiva del indio ladino no es tan sencilla. Guaman Poma revela que el asistente laico también exhibía una amplia independencia de criterios. Ya hemos visto, como ejemplo, la diferencia que Guaman Poma destacaba entre los especialistas religiosos tradicionales auténticos y los que consideraba fraudulentos. Otro ejemplo parecido son los *takikina,* los bailes rituales de las comunidades andinas, sobre los cuales don Felipe ofrece una opinión igualmente sagaz y perspicaz. Al concluir su descripción de los bailes tradicionales, declara: «Por eso pongo todas las ydúlatras que tenían para que sean castigados de lo malo, de lo bueno se guarde» [39].

En su *Instrucción,* Albornoz opinó que los *takikuna* merecían un escrutinio y vigilia especiales, porque los participantes se emborrachaban al salir de sus pueblos y volvían a la adoración de sus *waqakuna* [40]. Su experiencia con *Taki Unquy* sin duda suscitaba en él sospechas sobre toda clase de ceremonia ritual con elementos de baile. Guaman Poma lo vio de manera distinta: Los bailes antiguamente celebrados para los *waqakuna* («dioses falsos, demonios por

---

[35] F. Guaman Poma, ob. cit., p. 711.

[36] Ob. cit., 1984, p. 180.

[37] R. Adorno, «Las otras fuentes de Guaman Poma: sus lecturas castellanas», *Histórica,* II, Lima, 1978; P. Duviols, ob. cit., 1984.

[38] Véase P. Duviols, ob. cit., 1984, p. 180.

[39] F. Guaman Poma, ob. cit., 1987, pp. 217, 330.

[40] P. Duviols, ob. cit., 1984, p. 202.

mandado de los pontífices *layqakuna,* hichiceros») ahora deben hacerse para «el verdadero Dios y todo lo que la iglesia sagrada romana demanda [...]». Sin las grandes borracheras («Con ello dansen y baylen hasta caer con todo su seso; cin pecado, se huelgue» [41]), los bailes rituales eran una cosa muy buena y muy cristiana. Además, insistió Guaman Poma, serían el mismo medio por el cual los andinos podían abandonar sus prácticas idolátricas. Recomendó que los padres doctrinantes debieran permitir e incluso apoyar el uso continuado de estas ceremonias bailadas y que la gente debiera ser castigada si no las hicieran [42]. Guaman Poma justificó su posición citando las Sagradas Escrituras: «Lo an de hazer pues que el mismo rrey Dauid, delante del sacramento de la ley bieja, danzaua y tañía» [43].

A pesar de que Guaman Poma adoptara, en parte, la perspectiva del visitador, debemos preguntarnos si admiraba a Cristóbal de Albornoz tanto como parece. La pregunta fue hecha recientemente por Sabine MacCormack [44]; ella opina que, a pesar de que Guaman Poma mencione a Albornoz respetuosamente como «juez cristiano, quien castigaba a todos, sean humildes o personas importantes», no dejó de tener en cuenta que el visitador hacía de bisagra entre los intereses espirituales de la iglesia misionera y los intereses materiales del virrey y de sí mismo. Al repasar la pertinente evidencia del asunto, notamos que Albornoz había sido acusado por haber abusado de sus poderes de juez eclesiástico [45]. Lamentablemente, Duviols [46] dice que no está en condiciones de decir si estas quejas fueron o no justificadas, y tampoco el silencio de Guaman Poma nos ayuda.

En el relato de Guaman Poma, descubrimos que le acusó al fiscal Juan Cocha Quispe —pero no a Albornoz— de hacerse rico, gracias a las confiscaciones que acompañaban a las prácticas de extirpación [47]. Guaman Poma señala el oportunismo del ayudante andino:

Por mandado de Cristóbal de Albornoz, destroyyó todas las *uacas* ydolos, escondiendo lo suyo. Y por ello, alcansó *curaca* pero llebó éste grandes

---

[41] F. Guaman Poma, ob. cit., 1987, p. 796.
[42] F. Guaman Poma, ob. cit., 1987, p. 798.
[43] *Ibid.*
[44] «The Heart has its Reasons: Predicaments of Missionary Christianity in Early Colonial Peru», *Hispanic American Historical Review,* LXV, 1985, p. 461.
[45] P. Duviols, ob. cit., 1984, p. 179.
[46] *Ibid.*
[47] F. Guaman Poma, ob. cit., 1987, p. 690.

cohechos. Y ancí [Cocha Quispe] [48] salió muy rrico, el jues salió pobre. Y con ello se hizo *curaca*, prencipal, que le obedició todos los yndios Quichiuas, *mitimays* [que reside fuera de su pueblo]. Y se quedó hasta agora sus hijos en el mando del dicho *ayllo* Quichiua.

Aquí Guaman Poma ofrece una crítica implícita de Albornoz, no por sacar provecho de estas actividades sino por permitir y apoyar a sus asistentes que las hacían. De nuevo, los puntos de vista del visitador y nuestro observador andino son distintos. Desde la perspectiva de Albornoz, este tipo de recompensa ganada por los auxiliares era útil para mantener y asegurar su colaboración. Desde el punto de vista de Guaman Poma, este mecanismo usurpaba injustamente las prerrogativas y robaba las propiedades de otros andinos. En su *Instrucción,* Albornoz recomendó que las extirpaciones de idolatrías se llevaran a cabo por «religiosos discretos y sin cobdicia» y que estos oficiales dieran «premios a los ayudadores y descubridores, [...] a unos promoviéndoles oficios y mexorías de haziendas, a otros dando cacicazgos» [49]. Guaman Poma [50], mientras tanto y como hemos visto, expresa su repugnancia ante esta práctica, criticando a Juan Cocha Quispe, a quien desprecia no sólo por haber recibido un cacicazgo (del cual seguían disfrutando en 1613 sus herederos), sino también porque era un «yndio bajo». Además, revela Guaman Poma, Cocha Quispe «destruyyó las *uacas* ídolos, escondiendo lo suyo».

Como queda sugerido en su descripción de las actividades de Cocha Quispe, el testimonio de Guaman Poma revela que el indio ladino era tal vez la persona más odiada del equipo de inspección, menospreciado tanto por la comunidad nativa como por su padre doctrinante. El desprecio con el que el sacerdote y los miembros de la comunidad andina consideraban al indio ladino, no tenía que ver con la lucha entre las creencias andinas y las cristianas, sino con el conflicto sobre quiénes tendrían acceso a la hacienda de las comunidades, el sacerdote local o el equipo de inspección. Obviamente, la intervención del visitador le quitaría al padre, si estuviera corrupto, sus oportunidades más importantes. Por esta razón, la colusión entre el padre doctrinante y la comunidad es blanco de la crítica

---

[48] P. Duviols, ob. cit., 1977, p. 285, interpreta este pasaje de la misma manera que yo.

[49] P. Duviols, ob. cit., 1984, p. 218.

[50] Ob. cit., 1987, p. 690.

frecuentemente repetida de Guaman Poma. Esto nos lleva a la consideración de Francisco de Ávila.

La tensión entre el silencio sumiso o conforme y la amenaza de traer quejas en contra de él constituía el meollo de la controversia alrededor de Francisco de Ávila. Al examinarlo detenidamente, vemos con más claridad por qué una persona cristiana ladina como Guaman Poma encontraría ultrajante y atroz este caso. Antonio Acosta [51] confirmó recientemente lo que Pierre Duviols había sospechado hace mucho tiempo acerca de Ávila. Según Acosta, los naturales de San Damián de Huarochirí llevaron su acusación, de más de cien capítulos, contra Ávila el año antes de que —y no después, como aseveró el mismo Ávila— el doctrinero comenzara su campaña de extirpación en su propia parroquia [52].

En su narración del caso de Huarochirí, que Guaman Poma hace en el último capítulo («Camina el autor»), agregado posteriormente a su manuscrito completo, nuestro autor se concentraba sólo en las crueldades sufridas por los miembros de la comunidad por la campaña posterior y vindicativa de Ávila, y no en la primera colusión y antagonismos posteriores ocurridos entre el doctrinero y sus feligreses. Sin embargo, Guaman Poma sí describió el carácter del conflicto entre cargo y contracargo que se había desarrollado en Huarochirí y sobre lo que se habría informado, en un caso que había ocurrido en Lucanas [53]. Dada su familiaridad con tales instancias, podemos conjeturar que la ira expresada por Guaman Poma contra Francisco de Ávila surgiera no sólo de las actividades de éste como extirpador de idolatrías sino también de sus acciones como padre doctrinante.

Así, me gustaría plantear la idea de que la diferencia en el juicio que Guaman Poma hace de Albornoz y de Ávila radica, en última instancia, en el grado en que la corrupción, al nivel local y una vez desilusionados los participantes, destruyera la comunidad que Ávila había sido tan hábil en explotar. La reputación de Albornoz evitó el furor que Guaman Poma guardaba para Ávila, porque Albornoz

---

51 «El pleito de los indios de San Damián (Huarochirí) contra Francisco de Ávila», *Historiografía y Bibliografía Americanistas*, XXIII, 1979; *id.*, «Francisco de Ávila: Cuzco, 1573 (?)-Lima 1647», en *Ritos y tradiciones de Huarochirí del siglo XVII*, ed. y trad. de G. Taylor, Lima, Instituto de Estudios Peruanos, e Instituto Francés de Estudios Andinos, 1987, pp. 569-579.

52 A. Acosta, ob. cit., 1987, pp. 570-572.

53 F. Guaman Poma, ob. cit., 1987, pp. 791-793.

no se había comprometido a sí mismo ni a las *ayllukuna* locales en las oportunidades allí presentadas cuando era padre de doctrina. En cambio, Ávila reunió en sí las prácticas peores de padre doctrinante corrompido y visitador brutal e hipócrita. Albornoz, alejado del ambiente y tentaciones locales, representaba para Guaman el comportamiento comprensivo pero estricto («brabo jues», «llano santo hombre», «cristino juez») que Guaman Poma admiraba y, en parte, emulaba en sus propios escritos.

Con la expresión de su preocupación por la colusión entre el clérigo y los habitantes de su doctrina, Guaman Poma trae a la vista la imagen compleja que tenía de los *kurakakuna* coloniales, a quienes identificaba siempre como caciques principales. Su capítulo sobre los principales, que se dedica exclusivamente a los ritos tradicionales que debían abolirse y los ritos cristianos que los debían reemplazar, revela muy claramente su actitud ante el comportamiento típico de los caciques. Resumió el carácter de los señores étnicos —o de los que se presentaban así— de la manera siguiente: «Y todos los días están jugando borrachos, *mochan guacas* ydolos, y con los demonios, estando borrachos, se buelben en su antigua ley» [54]. De hecho, los retratos de *kurakakuna* particulares que agrupan en este capítulo son precisamente los que describe como hechiceros [55]. Lo que revela el testimonio de Guaman Poma mejor que nada es la manera en la que el *kuraka,* cuyo poder se basaba en la doctrina y en el corregimiento, podía manipular los dos para su propio provecho.

Sabemos que Guaman Poma condenaba a los *kurakakuna* no sólo como idólatras sino también como usurpadores de derechos legítimos y heredados. Atribuye a la pérdida de los señores legítimos la desintegración de la sociedad andina. Según su modo de ver, la usurpación subsiguiente de sus prerrogativas por «yndios bajos» quienes llegaron a ser «falsos caciques prencipaless» era la fuente de la ruina de la sociedad autóctona. Su juicio lo corrobora el canónigo cuzqueño Pedro de Quiroga [56], que puso en boca del personaje ficticio del indio Tito su crítica de la autorización de señores no legítimos:

---

[54] F. Guaman Poma, ob. cit., 1987, p. 788.

[55] F. Guaman Poma, ob. cit., 1987, pp. 791-793, 904-905, 908.

[56] P. de Quiroga, *Libro intitulado Coloquios de la verdad [1562],* ed. de fray Julián Zarco Cuevas, Sevilla, 1922, pp. 95; 68, 93.

Y en muriendo uno de destos luego hacéis otro, aunque sea de un palo, y hacéis nuestro señor y cacique al más mal indio y mayor ladrón que tenéis en vuestra casa y servicio [...]. Tened por muy cierto que la mayor opression, el mayor daño y el mayor trabajo que estos reinos hoy padescen es hecho por los caciques [57].

Partiendo de su experiencia como ayudante de visitador, Guaman Poma recomendó, como antes veíamos, que los padres doctrinantes, no sólo los habitantes nativos de las poblaciones, sean sumisos al examen de la visita de inspección [58]. La condena de Guaman Poma hacia los padres doctrinantes por codiciosos y corruptos es demasiado bien conocida como para tener que repetirla aquí. «En lugar de ánimas sacan reales y plata», resume su lamento eterno [59]. Lo que importa de su perspectiva de indio ladino es que repite las opiniones controvertidas expresadas en los decretos del Tercer Concilio Limense con respecto al sacerdocio y a los excesos cometidos por visitadores [60].

El profundo conocimiento que Guaman Poma tenía de los decretos conciliares en cuanto a las recomendaciones muy específicas a los eclesiásticos, se revela en los capítulos sobre los padres doctrinantes y los visitadores. En otra ocasión [61] mencioné como problema que merecía estudiarse si Guaman Poma pudiera haber trabajado en 1583 para la comisión traductora del concilio, posiblemente alistado por su paisano de Huamanga, el franciscano Luis Jerónimo de Oré. Su familiaridad con los decretos y las obras de las personas allí reunidas legitima la pregunta. Lo cierto es que el descubrimiento de información sobre la participación de indios ladinos en el Tercer Concilio, y en el Segundo, podrían ofrecer nuevas perspectivas sobre las interacciones entre clérigos y nativos bilingües.

En general, el testimonio de Guaman Poma revela un alejamiento de la comunidad nativa local y de su jerarquía. Sus condenas a los *kurakakuna* sobre dos puntos —como idólatras y/o embusteros— indica la diferencia y la distancia que quería establecer entre él y

[57] Véase K. Spalding, *De indio a campesino: cambios en la estructura social del Perú colonial*, Lima, Instituto de Estudios Peruanos, 1974, pp. 31-87.

[58] F. Guaman Poma, ob. cit., 1987, p. 711.

[59] F. Guaman Poma, ob. cit., 1987, p. 914.

[60] E. Bartra, SJ (comp.), *Tercer Concilio Limense: 1582-1583*, Lima, Facultad Pontificia y Civil de Teología, 1982, pp. 30, 31, 74-76, 79, 95, 97, 98, 150.

[61] R. Adorno, ob. cit., 1978, p. 140.

ellos. Una explicación, claro está, es su linaje: Guaman Poma se presenta no como representante de la clase *kurakakuna* sino como *awki qhapag churi*, hijo de grandes príncipes y poderosos [62]. Los individuos a quienes criticaba eran, según Guaman Poma, inferiores en abolengo, a pesar de que ocuparan, en la administración colonial, el mismo cargo que él, el de gobernador de indios.

Otra explicación para el alejamiento social que Guaman Poma expresa tiene que ver con su *ladinidad*. Temido o despreciado por su capacidad para participar en el sistema legal colonial, al indio ladino, según el testimonio repetido de nuestro autor, le echaban de las jurisdicciones locales no sólo los doctrineros sino también los corregidores, temerosos de que el indio ladino hiciera acusaciones de mala conducta contra los oficiales [63]. Recordemos lo que dice al respecto:

> Todo lo dicho que lo e uisto a uista de ojos y los padres de las dotrinas lo conicente porque más precian ellos sus rrescates el salario y el pie del altar que otra cosa. Antes dexiéndole y abisándole desto, luego manda que lo eche al yndio ladino del pueblo [64].

En cada instancia, el indio ladino se presenta como el testigo de vista perseguido. Su capacidad para reconocer prácticas prohibidas por la Iglesia —y su habilidad de presentarlas por escrito— eran explotadas por el equipo de inspección y despreciadas por la comunidad local. Aquí tenemos, claro está, la opinión de Guaman Poma basada en la triste realidad de su experiencia. El empleo del indio ladino por los visitadores le convirtió en blanco de desprecio y sospecha por parte de los doctrineros, sus feligreses, y los *kurakakuna* también.

---

[62] Al hacer el examen minucioso del manuscrito autógrafo en Copenhague en 1977, pude confirmar el hecho de ser «qhapag ques prencipe» una enmienda al texto hecho repetidamente para sustituir la frase original «caciques prencipales» (véase Adorno: obras citadas, 1979-1980; 1980).

[63] F. Guaman Poma, ob. cit., 1987, pp. 497, 609, 637, 728, 920.

[64] F. Guaman Poma, ob. cit., 1987, p. 298; véanse también pp. 294, 299.

IV. EL INDIO LADINO COMO PLEITISTA

El papel del indio ladino como peticionero y demandador contra el gobierno colonial y sus oficiales aparece consistentemente en las fuentes europeas y andinas. Los sermones del *Tercero catecismo*, el modelo principal, aunque escaso de sermones, para el clero rural en las primeras décadas del siglo XVII [65], ofrece información relevante. Aquí, queremos interpretarla tomando como presupuesto la idea de que los comportamientos contra los que se hablaba eran justamente los que más comúnmente se observaban en la práctica. Estos sermones hacen hincapié en temas de conducta moral, social y política de la población indígena. Dentro de este *corpus*, hay muchas advertencias y amenazas contra la protesta indígena.

Con respecto a la protesta o la petición, contra las acciones de las autoridades coloniales, o de dar testimonio oral contra ellos, los sermones hablan claramente: los andinos debían de sufrir el maltrato causado por las autoridades coloniales —sacerdotes o corregidores que fueran malos o negligentes— porque Dios castigaría a los ofensores [66]. Los indígenas no deben denunciar a sus amos coloniales ni dar testimonio falso contra ellos; los sermones explicitan los castigos que se les inflige por hacerlo [67]. Al mismo tiempo, y al callar los abusos de los colonialistas [68], se les amonestaba a avisar al sacerdote y a los visitadores sobre las actividades prohibidas de los *kurakakuna* locales.

Los autores del sermonario revelan una preocupación constante hacia este último punto, quejándose de la tendencia de los naturales a hacer exactamente lo contrario, comunicándose entre ellos, callando sus pecados, negándose a colaborar con las autoridades eclesiásticas como informantes o espías, y, sin embargo, siendo parlanchines y chismosos cuando se les mandaba callar [69]. Las muchísimas amonestaciones para no hacer quejas y para no hacer capítulos contra los doctrineros y otros oficiales coloniales nos permite suponer que, en 1585, estas prácticas estaban muy bien establecidas. Un sermón

[65] P. Duviols, ob. cit., 1977, p. 342.

[66] *Tercero Catecismo y exposición de la doctrina christiana por sermones [1585]*, Lima, Oficina de la calle de San Jacinto, 1773, pp. 298-307, 355-357, 361, 382.

[67] *Ibid.*, pp. 177-178, 266-270.

[68] *Ibid.*, pp. 199, 367.

[69] *Ibid.*, pp. 367-368.

lo resume todo: «Guardad vuestra lengua, hermanos, y tenéis guardada vuestra ánima» [70].

Esta perspectiva colonial y exterior del indio —sobre todo del indio ladino— como potencial elemento perturbador, la corrobora el testimonio de Guaman Poma. Expresa con amargura el odio que creía que todos los colonialistas tenían hacia los indios ladinos. Al citar los términos «ladinejo» y «santico ladinejo» como descripciones despectivas aplicadas al ladino, Guaman Poma [71] muestra que al indio ladino muchas veces se le caracterizaba como un neófito ofensivo y celoso. Condenaba a los que no permitieran que los indios ladinos cumplieran con sus cargos oficiales [72]. En una de sus diatribas contra las autoridades coloniales locales por obstaculizar el aprendizaje del español por parte de los andinos, Guaman Poma declara:

> No quieren uer a yndios ladinos cristianos hablando en Castilla; se le espanta y me manda echar luego de los dichos pueblos. Todos pretenden que fueran bobos, asnos para acauallo de quitalle quanto tiene, hazienda, muger y hija. Y ací si el buen cacique prencipal quiere defendelle, luego que quieren echalle con pleytos y mentiras [73].

En la *Nueva corónica y buen gobierno*, el estigma de ser visto como pleitista se desarrolla más en los amargos diálogos satíricos, en los que Guaman Poma pone en la boca de los españoles consejos para sus compatriotas recién llegados, sobre cómo sobornar a los indios ladinos o castigarlos. Las ficticias voces españolas desprecian a los naturales ladinos, por un lado, por pusilánimes e incompetentes, como individuos que «con un espanto desmayará y se huyrá» [74]. Por otro lado, se les pinta como bachilleres, es decir, como grandes fanfarrones y sinvergüenzas también. Esta visión externa, relatada por Guaman Poma, se había apreciado unos cincuenta años antes, en los *Coloquios de la verdad* de Pedro de Quiroga. Ser «malo y

---

[70] *Ibid.*, pp. 368-369.

[71] F. Guaman Poma, ob. cit., pp. 733, 738, 796, 838.

[72] *Ibid.*, pp. 544, 586.

[73] *Ibid.*, p. 920. Véanse Mannheim («Una nación acorralada: Southern Peruvian Quechua Language Planning and Politics in Historical Perspective», *Language and Society*, XIII, Cambridge, Cambridge University), para un análisis de la política lingüística colonial; y Adorno (Writing about Reading: An Andean View of Literacy in the Early Spanish Colonial Period», *Yale journal of Criticism*, II, 1988) para un estudio de la actitud de Guaman Poma ante la importancia de dominar la lengua escrita.

[74] F. Guaman Poma, ob. cit., 1987, p. 738.

bachiller» eran imágenes colonialistas del indio ladino que pasaban de mano en mano [75].

El reverso de la medalla del habla andina era el silencio resentido; tanto Guaman Poma como Quiroga lo comentaron. Guaman Poma condenó el silencio de los indios ladinos como resultado del soborno. A pesar de conocer la ley y poder hacer peticiones y cargos, muchos ladinos, se quejó Guaman Poma, se dejaban persuadir fácilmente para no hacerlo. Todo lo que quieren es «beber hasta caer; conbídele nuestra merced una botixa de bino, cuesta poco, con que se contentarán y callarán» [76] (véase la figura 4). Cincuenta años antes, Pedro de Quiroga [77] había contemplado otro tipo de silencio por parte de los andinos; no significaba la sumisión, sino lo contrario: «Calláis como ofendidos y enojados, porque os contradecimos vuestra idolatría; calláis como quien se quiere vengar y como quien no quiere tomar ni dar razón de lo que le dicen». Éste es el silencio nativo comentado también en el sermonario de 1585. Contra este telón de fondo de silencios vengativos, el indio ladino peticionario empuñó la pluma.

V. EL INDIO LADINO COMO ESCRITOR

Al resumir sus propias experiencias, Guaman Poma [78] utilizaba los verbos «ver», «alcanzar», «servir» y «escribir» todos juntos: «Andubo en el mundo pobre el autor con los demás pobres yndios para uer el mundo y alcansar y escriuir este dicho libro y corónica, seruicio de Dios y de su Magestad y bien de los pobres yndios deste rreyno». El tipo de acción social que asumió Guaman Poma tenía como objeto la palabra escrita. A pesar de lo poco que sabemos de la vida de Guaman Poma [79], podemos hacer algunas observaciones generales basadas en su caso particular.

Para el indio ladino, en contacto con una cultura escrita que le distinguía de sus padres y antepasados, conocedores exclusivamente

[75] P. de Quiroga, *Libro intitulado Coloquios de la verdad [1562]*, ed. de fray Julián Zarco Cuevas, Sevilla, 1922, pp. 80, 84.

[76] F. Guaman de Poma, ob. cit., 1987, p. 733.

[77] Ob. cit., pp. 112, 113.

[78] *Ibid.*, p. 916.

[79] *Ibid.*, p. 716; véase J. Stern, ob. cit., 1982.

FIGURA 4. *El* ladino kuraka, *en la actualidad un «indio bajo», es cooptado con vino en una mesa española* (Guaman Poma, 1987, p. 617).

de la oral, no hay ninguna duda de que la palabra escrita se veía como parte del mundo de los hechos. El *corpus* de los escritos del Perú colonial sobre los problemas de la evangelización y la extirpación de idolatrías, particularmente los semonarios y catecismos publicados en ediciones bi o trilingües para la población andina, y los informes sobre las prácticas autóctonas para los clérigos de las visitas, tenían todos como objetivo cambiar el comportamiento y el pensamiento de la gente. En la conclusión de su *Relación de los ritos y fábulas de los Incas* [1575], Cristóbal de Molina [80] habló de la visita como el informe escrito: «la visita que entre manos tengo». En este caso, la visita de inspección y su relato final llevan el mismo nombre y los dos son aspectos de una sola acción: la extirpación de las prácticas que describían.

Al participar en las actividades que conducían a, e incluían, la producción de estas obras, los naturales que dominaban la lengua colonizadora habrían visto la palabra que mandaba acción y la que la interpretaba como inextricablemente relacionadas. Habían visto que las actividades lingüísticas —desde la creación y la conservación de las tradiciones orales hasta la producción de textos escritos— no se podían separar de las prácticas sociales sino que eran constituyentes de las mismas [81]. El indio ladino comprendía que la escritura era una institución clave de la colonización europea, y entrar en su uso era tomar una posición frente a ella [82].

VI. CONCLUSIÓN: IDENTIDAD Y ALTERIDAD

El hilo más vívido que se destaca en estas diversas perspectivas sobre imagen y acción interétnicas es el de sospecha de traición. Lo resumo a grandes rasgos: El indio ladino que se hace *takiunquero* es, desde el punto de vista europeo del visitador, el cristiano nuevo que vuelve a las creencias antiguas. El *takiunquero* también es señalado como traidor por el andino cristiano, pero desde una perspectiva un

[80] Buenos Aires, ed. Futuro, 1959, p. 104.

[81] Véase B. Mannheim, «Discursive and Presentational Form in Language: Subliminal Patterning in a Quechua Folksong», *Through an Andean Klaidescope*, ed. de B. J. Isbell, 1989, en prensa.

[82] Véase R. Adorno, *Guaman Poma: Writing and Resistance in Colonial Peru*, Austin, University of Texas, 1986.

poquito diferente: es el impostor que traiciona las tradiciones antiguas y que usurpa el papel del gran sacerdote. El *kuraka* es visto por el visitador como el traidor del cristianismo, que esconde sus *waqas* y todas las prácticas con ellos relacionadas. Este mismo *kuraka* es visto por los señores legítimos entre los nativos como un embustero, el que se arroga los puestos de autoridad que pertenecen legítimamente a otros. Este cacique falso se ve como traidor a sus propios súbditos, al trabajar, sobornado, con los oficiales coloniales para servir a sus propios intereses. Los puntos de vista del visitador eclesiástico y del ladino coinciden en la condena de la colaboración interesada entre el padre doctrinante y el *kuraka,* al esconder las *waqas* y sus tesoros. El indio ladino en sí es visto por los oficiales de la visita como ayudante fiel («oficiales de confianza») a su misión, pero como «yndio pleitista» por los oficiales locales para quienes el pleito lanzado por los indígenas era fuente de conflictos y acosos.

En fin, este resumen destaca sólo algunos de los aspectos obvios de la complejidad de la posición del indio ladino como tema de investigación. Sospechoso para muchos, al ser identificado como un subversivo potencial, por ser culturalmente mestizo, y bautizado con una sola etiqueta a pesar de la gama de castas y de clases así ocultadas, los individuos que se identificaban como indios ladinos tuvieron que ajustarse y adaptarse continuamente, asumiendo a la vez posiciones aparentes y/o verdaderamente contradictorias.

Según el testimonio detallado de Guaman Poma, podemos suponer que el natural andino que hablaba castellano se veía como extraño a las varias agrupaciones y afiliaciones sociales que constituían la sociedad colonial. Esto se revela relativamente tarde en el libro de Guaman Poma, cuando recomendó que hubiera en cada pueblo un indio ladino como veedor, visitador, que pudiera vigilar todos los grupos de la sociedad: sacerdotes y corregidores, encomenderos, caciques e «yndios mandoncillos» [83]. La recomendación de que hubiera veedores ladinos y cristianos para vigilar las actividades de europeos y criollos, por un lado, y la comunidad autóctona, por otro, revela una percepción del indio ladino cristiano como externo a varios grupos sociales y étnicos. La duda sobre el otro, que expresaba Guaman Poma, era, por así decirlo, una duda que ponía en tela de juicio no sólo el concepto de la alteridad sino también el de la misma identidad. La identidad del que culturamente mestizo resultaba, como

[83] F. Guaman Poma, ob. cit., 1987, p. 903.

nos muestra Guaman Poma, constantemente desafiada, por andinos comunes y principales, por europeos eclesiásticos y civiles. El indio ladino ocupaba una posición de alteridad no sólo desde la perspectiva del europeo o del criollo, sino también desde la del pueblo andino. Esta visión del indio ladino no es ni pintoresca ni romántica. Sin embargo, tiene la ventaja de destacar la angustia y la duda de una experiencia importante que necesita comprenderse, para poder evaluar plenamente lo que era la vida en los encuentros interétnicos de los primeros tiempos coloniales, por parte de los individuos que los vivían.

15. LO PROPIO Y LO AJENO EN LAS REPRESENTACIONES DEL INCA

ALEJANDRO ORTIZ RESCANIERE

Universidad Católica, Lima

Con la finalidad de acercarnos a las imágenes y actitudes que el andino contemporáneo tiene del otro tratamos, en este breve ensayo, de enmarcar la concepción andina de la alteridad a través de su tradición mítica. Luego intentamos entrever cómo estas ideas informan la práctica social. Más allá de los modos y accidentes de las relaciones interpersonales o entre sociedades, deseamos indagar sobre la estructura de la alteridad que posee esta cultura. Las diversas posiciones que ocupa en aquella mitología un personaje fabuloso, el Inca, servirán de hilo conductor del análisis.

I. EL INCA, MODERADOR DE UN PRESENTE MEDIATIZADO

En la tradición oral, el Inca suele ser el héroe cultural por antonomasia. En ese sentido, representa lo autóctono, lo humano, el «nosotros». Media entre nosotros y los demás —sean éstos dioses, espíritus o bárbaros. Tanto en los Andes como en la Amazonia occidental, el Inca o el personaje que con otro nombre hace las veces de tal, se halla en numerosos relatos. En ellos encontramos ciertas coincidencias y reiteraciones que lo describen: hijo de una divinidad celeste, el Sol, a veces su madre es la Tierra; es marido de su propia hermana. Aquellos que se enfrentan al Inca, definen sus respectivas parcelas de misterio, de no cultura o representan las diferentes fuerzas que componen el cosmos. Así, la función mítica más recurrente del Inca (o sus equivalentes) es doble: mediador entre principios

León-Portilla, M.; Gutiérrez Estévez, M.; Gossen, G. H., y Klor de Alva, J. J. (eds.), *De Palabra y Obra en el Nuevo Mundo*, vol. 1, *Imágenes interétnicas*, Madrid, Siglo XXI de España, 1992, pp. 397-416.

encontrados y, por lo mismo, representación de lo central de este mundo, es decir, de lo propio frente a lo ajeno.

En algunos relatos hay un trueque de valores. Entonces el Inca es un personaje cuya presencia en este mundo o cuyas virtualidades, significan una amenaza para el orden, para el centro, es decir, para lo propio. Estas mudanzas y contrastes de la función del Inca de las fábulas se comprenden mejor si se tienen en cuenta los rasgos más constantes de la mitología del área. Intentemos una síntesis de tal cosmovisión.

Numerosos mitos, tanto antiguos como modernos, de los Andes y de la cuenca amazónica occidental, explican que en esta tierra priman y se suceden en el tiempo ordenamientos generales o mundos. Cada cual es antitético del anterior. Y para que uno sea impuesto, el otro debe ser vencido o si no destruido. Estas mudanzas cataclísmicas las realiza —según los relatos— ya un mismo personaje o dos. Pueden ser padre e hijo, o simplemente enemigos. Sean ellos idénticos o contrastados, sus obras son irreconciliables. El orden, o para ser más preciso, el ex orden, no es del todo abolido, subsiste, como virtualidad, como fuera de un futuro amenazante; los dioses y héroes vencidos son los espíritus adversos del presente. Grafiquemos:

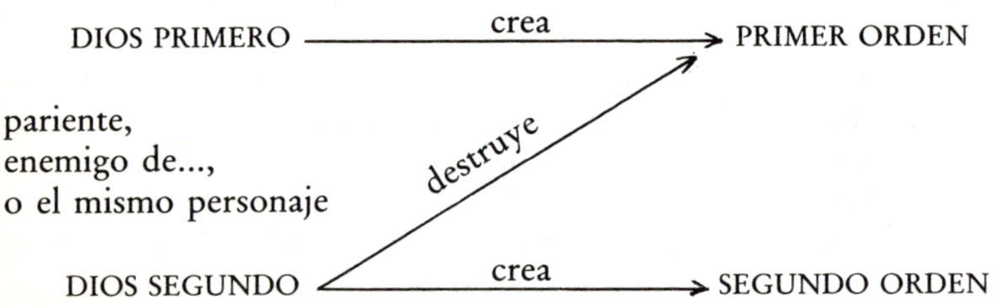

Esta matriz se desdobla cuando describe el paso de más de dos ordenamientos terrenos, el último de los cuales —futuro mundo antitético del nuestro— puede estar sólo anunciado. Los humanos, o más bien sus equivalentes, señorean y son destruidos con el mundo que les tocó vivir. En ese sentido, no hay continuidad. La derrota del dios del presente acarreará el fin de la humanidad; luego vendrá otro dios, otro presente y otras gentes. En este contexto, no hay para el andino una espera de salvación final (sin duda, la tradición cristiana tiende a neutralizar tal radical pesimismo; mas el esquema mítico mencionado es aún persistente).

Nuestro presente es concebido como mediano. Por lo mismo, los grandes pasado y futuro son descritos como excesivos con relación al nuestro. El mundo anterior fue de tinieblas, sus gentes eran salvajes caníbales; o por el contrario, vivieron en un dilatadísimo y radiante día, plenos de riqueza. En todo caso, siempre fueron avaros con nuestros emergentes héroes o ancestros, con las semillas del presente. Según algunos mitos actuales el Inca fue el representante del pasado y, por tanto, sus restos, su cadáver que crece (como una suerte de antisemilla), estos tiempos y la llegada de un nuevo futuro —entonces nuestra humanidad será destruida; o nos convertiremos en restos perturbadores de ese nuevo orden y en heraldos de su fin. En otros mitos (por lo general, los más antiguos y algunos amazónicos occidentales) el Inca es el señor del presente [1].

Esta sucesión de mundos o de grandes tiempos, con un presente mediano, tiene su correlato en el espacio del mundo actual y en su división entre las principales y dominantes fuerzas divinas, frente a las que, siendo emergentes, tratan de subvertir el orden.

Nuestro espacio humano se encuentra entre otros ámbitos superiores e inferiores. Cada cual posee su particular fisonomía y ejerce diferentes influencias sobre el nuestro. El chamán y sus seguidores en el trance alucinatorio son los únicos hombres que viajan a través de estas esferas cósmicas.

La polarización divina actual está en estrecha vinculación con la

---

[1] Por lo general, los relatos presentan al Inca o *Incarrí* como representante de los valores considerados autóctonos, indios; a él se le enfrenta, siempre vencedor, el que llegó después, España o *Españarrí*, él personifica lo que se considera nuevo, foráneo, hispano. Pero, en algunas pocas variantes encontramos una inversión de estos papeles. Es el caso de una serie de historias que nos contó una dama de Sihuas (Callejón de Conchucos, en la sierra, al norte de Lima): *Por qué hablamos mal.* «Los incas nos enseñaron el castellano. Ellos lo habían aprendido de los españoles. Cuando se pelearon, los incas se escaparon, vinieron por aquí y nos dieron su castellano mal hablado. Por eso hay pueblos enteros que no saben quechua. Los españoles aprendieron, cada cual como pudo, quechua. Y cuando vinieron a Corongo, nos enseñaron el quechua que sabían. Cada español enseñó el quechua que hablaba a un pueblo. Por eso cada cual tiene un quechua distinto, pero ninguno es el legítimo. Si los jóvenes de un lugar dejan de practicar el quechua, diremos que, seguro, eso se debe a que el encanto del español de ese pueblo, se habrá corrido, tal vez por miedo a que el Inca venga a buscarle lío.»

concepción señalada y con la visión mixta del presente. Las potencias de arriba son, en su conjunto, benéficas y protectoras del orden humano, presente. Los espíritus de abajo hacen que las cosas cambien, amenazan el estado del presente; son los espectros del pasado y los gérmenes del futuro. Los mediadores entre ambas fuerzas extrahumanas son los chamanes amazónicos y andinos. En algunos antiguos textos andinos encontramos que el Inca era el mediador principal entre los hombres y los dioses celestes y las fuerzas misteriosas de los bajos confines de la tierra.

Al esquema de la sucesión de edades, debemos de agregar entonces uno sobre este mundo y sus fuerzas divinas:

Arriba	SOL	Dios del orden, dominante.
Centro	INCA	Mediador, señor de este mundo.
Abajo	PACHACAMAC	Dios del cambio, emergente

Estos tres personajes suelen cambiar de nombre y hasta de posición en el esquema, según los textos, regiones y épocas. Pero el modelo es estable, constante. Así, en algunos relatos de Ávila la función del Sol es reemplazada por *Pariacaca* (dios montaña, protector del orden del mundo y de la etnia Huarochirí); también *Cuniraya* y *Huiracocha* asumen ciertos roles solares y ordenadores. En los relatos actuales encontramos algunos cambios recurrentes de los términos; el Sol ha sido reemplazado por Dios o Jesús y el término mediador suele ser ahora el pueblo o el santo patrón del narrador. El lugar del amenazante *Pachacamac,* a veces lo ocupa la imagen de uno de los numerosos cristos peruanos que dominan los terremotos, o que si nos fijan su mirada anuncian nuestra muerte, o que el día que tornen la cabeza este mundo acabará.

En conclusión, el esquema divino y espacial de la mediania presente es solidario y complementario con el que formulamos a propósito de la sucesión en el tiempo de dioses y de mundos. Se puede decir que son dos ejes —uno sincrónico y otro diacrónico— de una misma matriz o estructura mítica elemental. Mostraremos algunas concreciones y variantes del mismo en su nivel sincrónico.

II. LOS MATICES DE LA MEDIANÍA

Como la dualidad definitoria del presente es fruto de un compromiso entre dos potencias opuestas, el equilibrio es frágil. A esta doblez básica se agregan otras oposiciones de fuerzas sobrenaturales que precisan y describen aún más el quebradizo compromiso que define las dinámicas cósmica, natural y humana de este mundo. Así, a la oposición básica del tipo —dios del orden y dios del cambio—, podemos agregar otros relatos que tratan de los distintos aspectos de este presente: el moral, el clima y los espacios culturales, la naturaleza frente a la cultura, el enfrentamiento de corrientes culturales. Los personajes de estos términos se oponen entre sí para lograr de esa manera el equilibrio, por fuerza frágil, de este orden varias veces dicotómico.

Los ancianos aymaras explican a través de un mito el porqué nos regocijamos cuando los demonios al final vencen a los arcángeles y a sus ejércitos del bien. Esta batalla es representada en una suerte de espléndido auto sacramental bailado; es la llamada «diablada» de Oruro y Puno. Dice el mito que en los tiempos antiguos dominaba el Padre Jesùcristo. Era el reino del bien. Su hijo, el malvado *Supaya*, fue contaminando y cambiando aquella uniforme beatitud. Su obra terminó cuando, ganando a su Padre, ambas fuerzas se equilibraron. Así empezó este vivir nuestro, con un triunfo relativo de las potencias demoníacas. Hoy día, a veces gana el Padre, otras, el Hijo. Los hombres mismos tenemos siempre, o según las circunstancias, más de uno que del otro. Éste es un reino compartido. Por eso festejamos en el baile de la diablada cuando *Supaya* y sus secuaces lograron nivelar a las huestes del Padre, porque fue cuando este nuestro mundo se echó a andar.

Esta estructura es usada también en otros mitos para explicar algunos de los contrastes básicos del clima del presente. Así, los huancas de hoy (sierra central del Perú), afirman que las buenas y malas lluvias, los buenos y malos estados climáticos para la agricultura se deben al estado de una lucha siempre renovada de dos suertes de dragones, los *Amaru* o *Amalu*. Cuentan estos campesinos que en el fondo de un lago habitan dos *Amaru:* uno plateado y joven; otro, negro y viejo. En los tiempos antiguos reinó sobre la tierra el Amaru negro. Entonces todo estaba cubierto por las aguas. Tan sólo sobresalía la peña Huanca; allí se asentaba el *Amaru* negro. Nuestros primeros padre y madre se hallaban refugiados bajo las aguas pues temían al *Amaru* oscuro. Esos tiempos acabaron cuando el dios *Ticsi* creó al *Amaru* blanco. Ambos monstruos se disputaron la peña Huanca y la supremacía del mundo. En su lucha se elevaron por los cielos, agitaron los aires y las aguas; éstas se replegaron a los lagos y mares de hoy; apareció la tierra firme. Para dar término a la riña, *Ticsi* los fulminó con los rayos —que creó a propósito de la ocasión. Los *Amaru* cayeron fulminados al fondo de un lago. Hasta ahora habitan allí. Todos los años salen de la laguna, se elevan por los cielos; renuevan así sus luchas. Según quien gane, las lluvias serán fructíferas o no para los campos. El triunfo del *Amaru* blanco acarrea buenas cosechas.

Encontramos este mismo esquema en mitos que tratan de las relaciones entre diversas culturas o componentes culturales de hoy: la aymara y la quechua; lo hispánico y lo indio. Veamos algunos de ellos.

Tanto los quechuas como los aymaras narran un mito sobre sus diferencias culturales y hasta regionales. Los protagonistas son el quechua *Incarrí* y el aymara *Collarrí*. Ambos héroes protagonizan una sucesión de juegos competitivos. El resultado siempre es previsible: gana el quechua y todo lo que representa. Durante la contienda se perfilan diversas características de los dos ámbitos. Este mito ha sido analizado detenidamente por Manuel Gutiérrez Estévez. Él demuestra que:

1. La supremacía quechua se da en un juego donde el ganador y el perdedor son siempre los mismos.
2. Estos triunfos reiterados no son, sin embargo, absolutos. Incarrí gana pero de manera precaria.
3. La competencia describe y fundamenta la relación de intercambio entre ambas culturas (definida en la competencia, la rivalidad y la asimetría).
4. El resultado de esta lucha lúdica expresa la relatividad de la supremacía, la desigualdad y la igualdad que entraña todo intercambio. El triunfo de una de las partes carece en este contexto de significación. Luego extiende este modelo a otros relatos afines (sobre las luchas de *Incarrí* y *Españarrí*), y a la representación sur andina de los Reyes Magos [2].

---

[2] Véase M. Gutiérrez Estévez, «Historia, identidad y mesianismo en la mitología andina», *Anthropologica*, II, Lima, Universidad Pontificia Católica del Perú, 1984.

El valor de este análisis es doble: reduce el tema de la competencia entre los héroes representantes de diferentes culturas al principio del intercambio asimétrico (tal es además la característica de las relaciones entre los pueblos en cuestión). Por otro lado, extiende el modelo a mitos conexos. Es por ambas cualidades que puede enriquecer nuestro esquema sobre la medianía del mundo presente. La contienda de *Collarrí* e *Incarrí* y la de sus respectivos pueblos puede ser percibida como una concreción del esquema de la medianía que hemos formulado aquí. El bien y el mal, las lluvias positivas y negativas para la agricultura, definen este mundo, como la pareja divina —la del orden y dominante, la del cambio y la emergencia— lo hace de manera general. Asimismo el enfrentamiento entre los héroes *Incarrí* y *Españarrí* y las corrientes culturales y sociales que representan, constituyen también expresión de la doblez del mundo actual. Estas múltiples dualidades parecen estar marcadas por un intercambio asimétrico, por un complejo juego de competencia recíproca. Los resultados, a veces, son previsibles —como es el caso de *Incarrí* y *Collarrí,* o el de *Incarrí* y *Españarrí*—; a veces, son deseados, como lo son el triunfo de las buenas lluvias sobre las nocivas y el del buen comportamiento sobre la maldad. Pero aún estos mitos también dan cuenta de una primera lucha cuyos resultados fueron previsibles: el nuevo dios siempre vence sobre su antecesor. Es en este contexto donde debemos situar numerosos relatos actuales, populares y urbanos sobre el Inca. Tal vez bajo el influjo de la escuela y de la tradición antihispánica de la república, se describe un Inca representante de un pasado paradisíaco, en el cual vivían nuestros antepasados. Luego el Inca luchó y fue vencido por los conquistadores. Ésta fue una contienda cósmica, y trajo consigo uno de los aspectos de la medianía actual: la mediocridad de nuestras gentes. En efecto, según ese mito, ahora somos pequeños, feos, no sabemos alimentarnos bien, no amamos en plenitud, nos comportamos y hablamos mal. Con la derrota del Inca y el triunfo español somos lo poco que somos. Este discurso no es explícitamente mesiánico. No se afirma que este orden, por estar marcado por la pequeñez, deberá ser regenerado gracias a la vuelta y venganza del Inca. Ello significaría, en la perspectiva de la mítica andina, el fin del mundo humano. Pero quizá algunos perciban la historia como una llamada a la justicia radical, o bien, como una vuelta a un pasado de gloria inca. Tal disposición es posible debido a la ideología de la escuela, de la tradición política republicana, del indigenismo de los intelectuales, y de la propia Iglesia que alienta el optimismo y la sed de justicia histórica [3].

Pero la visión cataclísmica del transcurso del tiempo, la percepción de una humanidad restringida (que tiende a coincidir con la del grupo étnico) son incompatibles con un sentimiento mesiánico; pues éste supone un transcurrir recuperable, una humanidad vasta, donde el pueblo elegido forma de todas maneras parte de un concierto humano, hoy día injusto para los elegidos, pero que no lo será después de la llegada del Mesías.

III. EL MITO Y ALGUNAS DEFINICIONES SOCIALES ELEMENTALES

Los mitos que hemos revisado describen el mundo presente como una multiplicidad de dualidades. Los valores de los términos de cada par son relativos, reversibles, pues tienen una definición contextual. Los mundos vencidos, los virtuales, los espíritus y gentes que los pueblan, son potencias opuestas pero complementarias de nuestro presente; constituyen amenazas, perturbaciones que nos recuerdan que nuestro reino es como fue el de aquéllos, perecedero. Como se concibe al mundo así se concibe al hombre. La doblez del presente define la cultura, y valga la redundancia, la cultura humana, lo que es el «nosotros». Éste es un nosotros amerindio (se da en el marco de una concepción de humanidad restringida) cuyo valor entonces no coincide en plenitud con nuestra propia definición. Por lo mismo la noción de «vosotros» tampoco es en cabalidad concordante. Detengámonos brevemente en estos términos básicos de referencia social. Una primera y genérica dicotomía de referencia la constituye aquella que divide a los hombres de este presente y la gente y espíritus de los mundos superiores e inferiores. Esta primera división es la más cercana a la cristiana pues reconoce una cierta y amplia humanidad. Otra distinción es la que separa a los hombres por su sexo

---

[3] No obstante, la cosmovisión catastrófica andina y amazónico-occidental parece tener ciertas actitudes y creencias de corte mesiánico. Tal es el caso de los campa asháninca y de los tupíes. Ambos pueblos amazónicos, o por lo menos sus líderes, esperan el regreso de un salvador de sus respectivas sociedades. Estos casos serían de excepción; quizá se deban al intenso influjo que tuvieron sobre estos pueblos las misiones franciscanas y jesuitas. Por otro lado, hemos notado que algunos sabios andinos, en especial sus chamanes, expresan a veces una cierta esperanza, mesiánica, por el regreso del Inca.

y edad. Esta división a veces también se aplica a los seres de los mundos superiores e inferiores. Así, los términos quechua *runa* y *warmi* designan al hombre y a la mujer respectivamente; sólo son aplicables a aquellos que forman pareja estable y logran tener un hijo.

En quechua, pues, para ser hombre y mujer cabales, habrá que ser marido-mujer y padre-madre. Fuera de la pareja hombre-mujer, frente a esta humanidad por antonomasia se yergue toda una amplísima y compleja sociedad distinta, y en general, opuesta y complementaria a ella: la sociedad de nuestros niños, la de los ancianos, la de los mestizos —o *misti*—, la de los blancos —*wiracochas*—, la de los selvícolas —o *chunchos*. A ellos se les priva de los apelativos *runa, warmi;* no son entonces hombres en sentido literal. A veces, y en ciertas circunstancias, estos términos tampoco son aplicados a los indígenas de pueblos vecinos, y con mayor razón a los de otros valles y regiones. Esta discriminación idiomática va a la par y manifiesta toda una compleja actitud hacia el foráneo. Una última clasificación dicotómica es la que se refiere a la persona frente a los demás. La unidad personal, el *yo,* sólo es comprendido en relación a su par, a su *tú.* Todo y todos deben de tener su par, su otro, su *yana.* Quisiéramos retomar e ilustrar algunos aspectos de este juego de clasificaciones elementales.

La primera y más amplia distinción, la que divide a los hombres de los otros seres y potencias, los modos de sus mutuos y complejos influjos, se comprende mejor si tenemos en cuenta el modelo del complejo chamánico: la división cósmica entre mundos superiores e inferiores, la correlativa gradación de espíritus, de los más altos, etéreos, indiferentes, pasando por los más próximos y actuantes, hasta llegar a los más bajos y nocivos, y la posibilidad humana de lograr, con su conocimiento y arte, arreglos, alivios y beneficios de estas potencias extrañas. Tales rasgos son parte medular del sistema chamánico y lo es también de la cosmovisión andina y amazónico-occidental. El hombre debe enfrentarse a estas fuerzas en este su propio *kay pacha,* vale decir, en este su propio presente. Pues la naturaleza misma en la que mora está comandada, repartida, por fuerzas cuyas fuentes son los mundos superiores e inferiores.

A este propósito la antropóloga Ana de la Torre Araujo nos brinda un ejemplo extenso [4]. Ella realizó una paciente y minuciosa

---

[4] Ana de la Torre, *Los dos lados del mundo y del tiempo,* Cajamarca, Perú, Centro de Investigación, Educación y Desarrollo, 1986.

descripción del sistema clasificatorio que poseen los campesinos de la comunidad de Kilish, Cajamarca, sierra norperuana. Afirma De la Torre que los indígenas de aquella comarca realizan una identificación y poseen una nomenclatura de animales y vegetales que siguen criterios morfológicos, utilitarios y del medio geográfico. Este ordenamiento está subsumido en un sistema binario, en el que se conjuga una cosmovisión y una observación de las cualidades genéricas de las cosas de este mundo. Así, los seres, fenómenos y accidentes naturales están adscritos a una de las dos entidades: el *Amito,* señor del mundo de arriba, es el buen Dios que domina y protege el ordenamiento humano; y el *Shapi,* el envidioso y amenazador amo de abajo. Según este criterio, la flora y fauna silvestres están divididas respectivamente entre las que son del *Amito* y aquellas que pertenecen al *Shapi.* Lo mismo ocurre con las plantas y animales criados por el hombre y los accidentes geográficos.

La clasificación detallada y totalizadora de los campesinos cajamarquinos —que nos reproduce Ana de la Torre— no es señal de un mundo fijado o tan sólo ordenado, sino que también es manifestación del equilibrio fundamental del presente: entre los bienes del *Amito* y los del *Shapi.* Ana de la Torre afirma que el *Amito* y su séquito de espíritus celestes, representan el principio de orden, y el *Shapi* y sus bajos aliados, el de caos. No es una división equitativa: este mundo está dominado por el primer término; es más, es el fruto de la contienda y de los compromisos que siempre se quiebran y renuevan; en esas vicisitudes las fuerzas del *Amito* llevan la mejor parte. Los hombres son criaturas protegidas del *Amito,* pero se ven tentados y también precisados a recurrir constantemente a los ámbitos del *Shapi.*

La clasificación cajamarquina es solidaria con la definición básica de este mundo. Este modelo mítico constituye asimismo un marco general para comprender la compleja relación entre el yo y el otro, entre lo propio y lo ajeno. De alguna manera el «nosotros» pertenece al ámbito de lo conocido, de lo ordenado, del *Amito;* el «otro» en cambio, nunca cabalmente entendido, es por lo mismo, y en cierta medida, lo desordenado. Sin embargo, estos términos son circunstanciales y relativos: una misma persona o grupo pertenece, ora a un buen y tranquilizador nosotros, ora a un inquietante otro. Pero ambos términos son manifestación de una misma realidad, son complementarios; necesitamos de los demás como requerimos de las cosas del *Shapi.*

El otro empieza donde termina el yo individual. Es mi mujer, mis hijos ante mí; es nuestro barrio con respecto a los demás barrios; es nuestro pueblo frente a los demás; es nuestro valle frente a los que pertenecen a otros; somos éstos y todos nosotros frente a los mestizos, a los *wiracochas* o blancos, y todos somos «nosotros» frente a los *chunchos* de la selva o a los *gringos* de otros países. Así, llamaré a mi mujer «mi *yana*» y ella me dirá lo propio. *Yana* es el otro más entrañable. *Yana* quiere decir *sensu lato,* negro, oscuro. *Yana* es mi pareja, mi complemento; *yana* es aquel que me presta su fuerza de trabajo. *Yanacuna* eran los servidores del Inca, y luego los aliados y siervos de españoles y criollos. Aparte de oscuro tiene, pues, la significación de servir, de complementarse con uno. La asociación de ambos sentidos —oscuridad y servicio complementario— se explica si se tiene en cuenta que el yo o el nosotros se define por una estrecha vinculación con el valor dominante de la cultura: la luz, el día frente a mi complemento, que entonces es oscuridad y mi noche. Y éste parece ser el modelo y la metáfora básica de la relación con todo otro —sea persona o pueblo—: un *ego* diurno y dominante frente a un nocturno, sumiso, pero necesario otro. El yo como el tú andinos parecen funcionar a la manera de un *Españarrí* que es vencedor sobre un añorado *Incarrí;* de un quechua *Incarrí* que siempre gana a un aymara *Collarrí.* Yo venzo sobre un tú que, no obstante, me define, que me es indispensable y entrañable. Es un vínculo de competencia donde el yo ganador requiere de un tú sojuzgado. Y si se impone el *Amaru* negro (el otro) sobre el blanco (el yo, lo propio) será una desgracia. En estas condiciones, la horizontalidad, la equidad fundamental, buscadas por la tradición hispano-cristiana, son una quimera. A este nivel, *Españarrí* representa la fuerza propia que reina y señorea frente a un *Incarrí,* que es el otro, derrotado, pero también, atractivo y amenazante. No es en vano que los propios inventores de estos mitos —los indígenas andinos— insistan sobre el triunfo de un *Españarrí,* voluntarioso señor de nuestro mundo, sobre un amado y temido *Incarrí.* Existe, pues, una lectura de estos mitos en la que tales personajes no representan tanto sus culturas respectivas como las definiciones elementales de las relaciones sociales: un yo fuerte debe dominar sobre un tú ambivalente y misterioso.

Para ser un yo cabal y reconocido será menester poseer ciertas cualidades complementarias. Como lo hemos mencionado, habrá que ser además marido o mujer y padre o madre. Sólo entonces se es merecedor de los términos hombre y mujer —*runa* y *warmi*. Los niños, los célibes no son tales; en ese sentido pertenecen más bien, como dirían los cajamarquinos, a los círculos fascinantes del *Shapi*. Todos debemos, pues, pasar por un largo período en confusas oscuridades, necesarias, sin embargo, para lograr ascender a la plenitud luminosa de la humanidad.

Hay gentes —si bien, adultas, casadas y paternales— que no logran merecer los apelativos propios de la total humanidad —*runa* y *warmi*. Es el caso de las clases socioculturales surandinas de los *mistis*, la de los *wiracochas* y, por extensión, a quienes llaman *gringos*. En el sur andino peruano los *mistis* son aquellos que habitan en un barrio determinado, no de *runas*. Son bilingües por tradición; es en el hogar, y ahora también en la escuela, donde cultivan el castellano. Asimismo conservaron, sobre todo en el seno de la familia, ciertos hábitos considerados «castellanos». Son, en general, más receptivos a las influencias del exterior. Muchas veces gozaron de una relativa preeminencia política y económica respecto a los hombres, es decir, a los *runas*. *Los mistis* tienden a ser racialmente mestizos, aunque ésta no es una condición socialmente indispensable. Así, en un pueblo, un *runa* u hombre puede tener una apariencia más blanca que un *misti*.

Los hombres o *runas* llaman *wiracochas* a los «señores». *Wiracocha* es el hacendado y su familia; *wiracocha* es el abogado, el médico, el catedrático de la pequeña ciudad del sur andino-peruano. Es un señor que suele cultivar un quechua distinguido, mientras que el campesino *runa*, e incluso el *misti* pueblerino, apenas si lo entiende. El término *wiracocha* es de vieja prosapia: es así como llamaban al dios caminante y recreador, el que prueba la bondad y la paciencia de los hombres; es así como los indios llamaron a los conquistadores y colonos. Este nombre divino dado a los españoles americanos, ha contribuido tal vez a que la conquista haya sido percibida más como fábula que como suceso por desentrañar. Para los indios el conquistador no podía ser un hombre, un *runa;* debía ser un personaje fantástico, una suerte de dios llegado de más allá del mundo, de los mares, venido para trastocar el orden de los hombres. Su osadía, sus armas tronantes, y sobre todo el animal que lo convertía en centauro, eran manifestaciones de su carácter sobrehumano. Esta imagen mistificada tiene su contrapartida: la visión de un indio ingenuo, y más que religioso, supersticioso a ultranza. Tal vez el indio de entonces tuviese algo de aquel retrato. Sólo que el retrato es eso, un producto que se fue forjando a través de las letras y a la par que la leyenda del conquistador.

Cuando el campesino de hoy trata a un señor de *wiracocha,* algo de la leyenda y de sus personajes pareciera actualizarse... a nosotros, una vez más, a gente de letras, externa a la estricta humanidad andina. No sabemos, a ciencia cierta, qué piensa el hombre *runa* del *wiracocha.* Mucho es lo que se ha especulado al respecto y poco lo que se ha estudiado. Tenemos, sí, este dato concreto: el indio se reserva para sí el apelativo quechua que indica la humanidad cabal, y da a las personas más alejadas de su horizonte social, el nombre del antiguo dios andariego y transformador (que como personaje andino, es reversible, es decir, ora divino, ora demonio). Creemos, a modo de hipótesis, que esta visión ambivalente, mutante de lo sagrado, de raíz prehispánica, es el patrón con que el andino —por lo menos el más tradicional del sur peruano— define a aquellos que sitúa a los márgenes de su entidad social, como una relación de dependencia, equívoca.

Existen otros términos indígenas para designar diversos tipos de personas extraordinarias: el *chuncho,* el *gringo,* el cura, el militar... El *chuncho* es el indio de las tribus amazónicas. El andino lo desprecia, piensa que es un salvaje. Pero admira en él una supuesta naturalidad y fiereza. Y así, doble, lo representa en sus danzas teatrales. El *gringo* es un forastero, parece aún más extraño que el *wiracocha.* El cura tiene entre otras, la peculiaridad, insólita para un hombre-*runa,* de no tener mujer. Y el militar, tampoco. Sólo que en ambos casos hay curiosas e inquietantes excepciones.

Los sentimientos encontrados del *runa* frente a los *wiracochas* y *chunchos* también se manifiestan, en diferente grado y matiz, frente a los otros personajes del paisaje marginal a su mundo social. Estas posturas, claro, van a la par con la compleja dinámica de los vínculos sociales, económicos, políticos, que establecen estos grupos entre sí. Describir esta trama de relaciones y de percepciones rebasaría los límites de nuestro trabajo. Mas intentaremos, sí, presentar algunas ilustraciones de las actitudes y de los lazos que el hombre-*runa* mantiene con los otros. Las observaciones estarán centradas en la cuestión sexual.

El andino concibe el mundo presente sexualizado. Los astros, los dioses montañas, los arroyos divinos, las lagunas encantadas, así como las cosas y accidentes comunes tienen sexo, y, por tanto, su destino es vivir en pareja. Y no sólo en la superficie de este mundo, a veces se dice que los seres de los círculos subterráneos y de los superiores también lo tienen. Hay *qari shapi* y *china shapi* —es decir, diablos machos y diablesas (aunque también hay quienes se figuran a los personajes de los mundos inferiores sin sexo o con sexo desmedido, en contraste con nuestra humanidad —restringida— que es sexuada, pero con moderación). En algunos relatos la Virgen aparece como esposa de Jesucristo. Las imágenes de los santos populares suelen tener sus parejitas del sexo opuesto. Así, el alma milagrosa de Sarita Colonia aparece en las estampas y escapularios en cuyo reverso hallamos un santo varón (san Benito de Palermo, Domingo Sabio, el padre Urraca...); encontramos asimismo una curiosa excepción, es común que en el reverso de la imagen de Sarita vaya la de la Mano Poderosa (preciosa para hacer milagros). Hemos visto algunos raros escapularios con parejas del mismo sexo: Sarita con santa Filomena, otra Sarita con santa Rosa de Lima. Cuando preguntamos sobre el asunto a una devota nos respondió: «Es que son como hermanitas, así pasa con los hermanos. Ellas se ayudan para hacer milagros. Pero, claro, las parejitas son más legales».

Si los santos y demonios son asexuados, con mayor razón los seres de este mundo: los *mistis,* los *wiracochas,* los militares, los curas... tienen un sexo, pero salvaje, fuera de las normas que rigen el interior de la sociedad de los *runa.*

El ideal de matrimonio andino es el endogámico (al interior de la Comunidad; a veces se hace extensivo a las comunidades anexas). En los hechos esto se cumple en una proporción variable y a menudo modesta. Los matrimonios entre «la gente» y «los otros» es, pues, frecuente. Ocurre también que una persona se case con un *misti.* Lo que sí es raro es el matrimonio o, más bien, la convivencia en regla con un *wiracocha,* un policía o un cura (lo que es menos excepcional es una relación estable del tipo policía [«Cholo de Dios sabe dónde»] y una campesina del lugar). La reprobación será más tajante cuanto más alejado del núcleo social sea el extraño. Veamos unas anécdotas sobre estos rechazos y preferencias.

Vicos es una comunidad campesina del Callejón de Huaylas (en la sierra, al norte de Lima). Sus gentes se dedican a la agricultura y, como actividad secundaria a la agricultura, al comercio. Fue una antigua hacienda. Cuando en los años sesenta realizábamos nuestras primeras prácticas de campo como estudiantes, los vicosinos eran casi todos monolingües quechuas. El castellano que aprendían las primeras promociones en la nueva escuela de poco les servía fuera de las aulas. Vicos era una comunidad muy tradicional. Los trajes peculiares que usaban y su desconocimiento del castellano los distinguía del resto de los pueblos y comunidades vecinas (donde el bilingüismo es la norma). La migración de los vicosinos era entonces rara —tal vez por entonces la mortandad infantil constituía un regulador poblacional eficaz—; y sus egresados de la escuela aún no eran numerosos. Se limitaban a ir a los pueblos de los alrededores a intercambiar sus productos. Los campesinos *runa,* o *nuna,* como por allá se dice, y los mestizos de las villas albergaban hacia ellos sentimientos complejos: admiraban la «pureza de sus costumbres», les temían por su hermetismo y cohesión interna, envidiaban sus dilatadas tierras, su relativa prosperidad económica y el favor que les brindaban los *gringos* de la Universidad de Cornell que allá trabajaban; pero, al mismo tiempo, los encontraban ignorantes y hasta brutales. Los vicosinos no se casaban con gente de fuera. Por entonces supimos que había dos hogares en que uno de los cónyuges era de la comunidad indígena del frente; pero que además un vicosino vivía con una «chola» (es decir, mestiza o *misti*) del valle vecino de Conchucos. También se comentaba, no sin cierta malicia y algo de estupor, que una antropóloga norteamericana de Cornell se había llevado a un joven informante vicosino, y que después tuvieron un hijo y se casaron allá.

Cuando los vicosinos llegaron a conocernos y comenzamos a ser aceptados, fuimos hospedados en casa de una familia. Pasadas unas semanas el dueño de casa, medio en broma, nos manifestó inquietud por nuestra falta de pareja. Este aparente desasosiego estuvo desde entonces sujeto a discretas pero continuas ironías. Así transcurrieron unos meses. Cierta vez, entre solemne y sonriente, el dueño de casa vino a vernos con toda su familia, para ese propósito reunida; nos hizo saber que él se preocupaba de nuestro bienestar y que por tal razón había estado pensando ofrecernos una de sus hijas, pero que por desgracia ninguna estaba siquiera próxima a vestirse de moza. Que también había reparado en una ahijada; que era bonita, pero cuando fue a tantear el asunto, sus compadres le dijeron que habían notado que ella mostraba marcado y creciente interés por cierto vecinillo.

Por otro lado, las mozas de Vicos no nos miraban de frente, y si no las conocíamos o nos cruzábamos con ellas por algún camino, se mostraban huidizas; más parecían avergonzadas que temerosas. Pero a medida que el tiempo transcurría y los carnavales se aproximaban, las muchachas se mostraban ante nosotros y demás estudiantes foráneos, menos cohibidas. En general, la gente joven se volvía más amable con nosotros. En los días de carnaval la ordenada sociedad se desbordaba: aparecían hombres vestidos de mujer; otros representaban largas parodias del personal de Cornell y de los profesores de la escuela. Las personas casadas se embriagaban, algunos mostraban o proclamaban sus relaciones extraconyugales. Los niños llegaban a ser insolentes. Los mozos de cada sexo formaban bandas rivales. Los encuentros solitarios entre parejas eran constantes, accidentados, constituían motivo de escándalo y burla. Sucedía por entonces que algunas muchachas nos hacían entusiastas y poco disimuladas incitaciones a la aventura; sin duda, otro tanto ocurría con los demás jóvenes forasteros. No viene al caso contar aquí el resultado de tales propuestas. Lo que sí diremos es qué fueron aquéllos amores de carnaval.

En repetidas ocasiones preguntamos a nuestros amigos vicosinos sobre estos cambios de actitud respecto a nosotros. Ellos daban esta suerte de explicaciones: que los carnavales eran para eso, para hacer lo que nos viene en gana; pero que en tiempos normales las jóvenes vicosinas decían que los extraños apestaban; el mestizo de al lado menos que el *gringo* de Cornell. El mal olor era, pues, más fuerte cuanto de más lejos provenía el forastero. Pero que la razón fundamental para evitar las relaciones con uno de fuera era que podía provocar la infertilidad; el riesgo se hacía mayor cuanto más duraran las relaciones y más distante fuese la tierra del foráneo. Los jóvenes afirmaban que ésas eran creencias de mujeres. Que nada o casi nada de todo aquello era verdad. Sin embargo, cierta vez esos mismos amigos nos contaron el caso de un vicosino que después de su servicio militar (hacerlo entonces era cosa rara y notable para ellos), fue a la capital de la provincia, Huaraz, a trabajar como doméstico. Allí convivió en secreto con la patrona. Al cabo de un año y terminada la aventura, regresó a Vicos. Al poco tiempo enfermó de impotencia. Después de pasar penitencias y curas logró sanar y pudo entonces formar pareja. Nuestros amigos terminaron su historia recalcando que ése fue un hecho particular, pero que por lo que a ellos concernía, más valía no arriesgar el vigor.

Las nociones y actitudes de los vicosinos de los años sesenta sobre la relación sexo-foráneo, que hemos expuesto, pueden resumirse así:

1. Como marca de buena educación se ofrece al visitante una compañía sexual, una esposa temporal.
2. Las relaciones sexuales con un foráneo son desagradables y peligrosas (pestilencia, infertilidad, impotencia). Estos inconvenientes aumentan con el grado de extranjería y la frecuencia de las relaciones.
3. Por breve tiempo, durante el carnaval, tales temores parecen desvanecerse.

En cuanto al primer punto, la costumbre de ofrecer al huésped una mujer por cortesía, es sólo eso, una cortesía. No tenemos noticia de que tal formalidad se haya luego materializado. Tal vez algunas veces pudiera ocurrir. Pero, en el pasado y en una vasta región del Pacífico sudamericano y de la Polinesia, ésta sí fue una costumbre. Los conquistadores la aprovecharon para allegarse a poderosas familias incas y de otras estirpes. Para éstas y aquéllos fue un medio privilegiado de establecer alianzas en un Perú que nacía con incertidumbre y dolor. El ofrecimiento puede ser formalidad o propuesta concreta, dependería entonces de las circunstancias. Es una posibilidad que se reservaría una sociedad con marcada ideología —y también algo de práctica— endogámica. A pesar de las reticencias básicas, a veces es conveniente ceder al forastero una mujer propia. En aras de la ilusión autárquica se sacrifica una parte de la misma, la endogamia.

El segundo aspecto —los supuestos riesgos que entraña una relación sexual con un foráneo— constituye una expresión negativa de la vocación endogámica. Y la combinación de los dos aspectos —el ofrecer mujer y la repulsa hacia el extraño— muestran bien la compleja ambivalencia de las relaciones entre el «nosotros» y los «demás» de los andinos. El asco —el mal olor de los otros— es un sentimiento, sin duda, sincero pero superable. La infertilidad e impotencia que pueden acarrear las relaciones con los foráneos es también superable; pero esta creencia es más compleja que aquélla, y su aceptación es problemática: hay casos concretos conocidos por los vicosinos que prueban que es una idea con poco asidero real: ahí están los mesticillos y los hijos del carnaval como excepciones de la regla. Se afirma que la relación con alguien de fuera es tanto más arriesgada cuanto más lejana está la persona. Esta idea se complementa y explica por el hecho de que una alianza matrimonial con uno de fuera que posee tierras en un piso ecológico que nuestra comunidad no tiene, puede ser motivo suficiente para que el sentimiento de riesgo disminuya o sea superado: un pretendiente de fuera que posee tierras vecinas, distintas a la de nuestra comunidad, tenderá a ser menos peligroso que otro que viene de «sabe Dios dónde».

El tercer componente de las actitudes de los vicosinos hacia los extraños consiste en las licencias, sobre todo las de Carnaval. Como dicen los vicosinos y otros andinos del norte del Perú, ésa es la época en que los *shapis* o diablillos entran en la comunidad; provocan el desorden, suspenden entonces las principales reglas sociales, alientan la alegría desenfrenada, los hallazgos sorprendentes, los encuentros furtivos, los amores pasajeros. Es el triunfo momentáneo y tolerado de las fuerzas de los mundos subterráneos. Es el triunfo de lo desconocido. El extraño dejará de ser peligroso y repulsivo, será, entonces, fascinante. Y todo lo nuevo será bien aceptado: la máquina del blanco, sus negocios, sus decires y él mismo.

El ordenamiento cultural que supone el conjunto de los ideales examinados, es puesto a prueba por la dinámica intensa que acarrea una masiva y espontánea migración a la ciudad. Otras bases materiales, otros requerimientos y valores entran en juego. Una nueva síntesis andino-citadina parece estar lejos de lograrse. A veces detectamos algunas manifestaciones. Así, los discursos míticos urbanos de hoy sobre el Inca, a la par que recogen puntos de vista de la ideología nacional (antihispanismo, indianismo...) manifiestan el viejo espíritu autárquico (en forma de rechazo a lo foráneo —actual y urbano—, idealización de un pasado de paraíso o de una sana tierra natal). También hemos notado en los migrantes, aun entre los nacidos en la ciudad, una tendencia marcada a establecer sus lazos sociales más estrechos con las personas provenientes de los mismos pueblos y regiones de origen. Pero la fascinación por el extraño, que en las comunidades andinas se manifiesta en lugares y circunstancias precisas (en la escuela, en carnavales...) es más intensa y difusa en las ciudades. En ellas tienen la imperiosa necesidad de sobrevivir cambiando, adaptándose. Así, por ejemplo, se han apropiado y recreado grandes sectores de la actividad económica de las ciudades. Ellos son los que dominan la más dinámica cada vez economía informal [5]. Por otro lado, dedican parte importante de su tiempo y haberes a los estudios. Estas expectativas no son en especial materiales —los estudios no aseguran una mejoría económica—, sino más

[5] H. de Soto, *El otro sendero,* Lima, El Barranco, 1986.

bien de prestigio social; la escuela es su nuevo templo, el saber del blanco les apasiona.

La presencia andina modifica el paisaje urbano y sus instituciones. No es un cambio organizado, no hay síntesis. Como nuestro país pasa por una intensa transformación social y cultural, no sabemos en qué medida los ideales indígenas en torno a la autarquía (autosuficiencia, etnicidad, humanidad restringida, fascinación carnavalesca por el otro, endogamia...) primen o no frente a la posición básica occidental (universalidad, humanismo ecuménico, aproximación a un otro semejante, exogamia...) Mas no vemos a este nivel conciliación posible. Este desencuentro de fondo es cuatro veces secular y va a la par con un Perú en que las sangres y los intereses están más mezclados que nunca. Pero la búsqueda del entendimiento jamás ha sido abandonada por los actores del drama: los *runas* y los otros.

IV. REFLEXIONES FINALES

El Inca de los mitos andinos de hoy posee varias funciones. Cuando él, o el que hace sus veces, es el héroe del presente y de la humanidad, entonces entraña los valores de lo propio, del nosotros, del *ego*. Su contrincante —porque no hay personaje mítico que no lo tenga, salvo tal vez la Madre Tierra—, a su vez, representa los valores (o contravalores para el yo) del otro, del que está frente a mí, de lo ajeno. En algunos relatos el Inca aparece cumpliendo este segundo tipo de rol.

Así, la definición mítica del yo y del otro no es igualitaria, sino de competencia, de complementación asimétrica.

Estas funciones míticas parecen ser solidarias con las relaciones sociales correspondientes.

La configuración mítica y social planteada no debe de ser peculiar del área andina. La descripción apunta a perfilar relaciones elementales (el yo y el otro a través de los mitos y sus correlatos en la dinámica social) y, por tanto, deben ser comunes al área amerindia.

Sin embargo, habría que probar éstas que son hipótesis más que conclusiones. Con esa mira, sugerimos que entre los andinos, así como entre otros pueblos y culturas indígenas americanas, se lleven a cabo investigaciones de este tenor:

1. Análisis etnolingüístico de vocablos definitorios de las relaciones sociales elementales; por ejemplo, habría que estudiar el campo semántico de los términos quechuas *ñoga* (yo), *qam* (tú)... y su concreción en la práctica social.

2. Seguimientos, observaciones finas del comportamiento de individuos de cultura, por decir, andina, frente a los demás, sean éstos de propia o de ajena procedencia cultural. Esto habría de hacerse teniendo en cuenta los perfiles míticos correspondientes.

3. Estudios psicosemánticos encaminados a esclarecer qué es para un indígena de una cultura amerindia lo propio y lo ajeno, a partir de una indagación a nivel de sus propias definiciones espirituales y corporales.

4. Habría que analizar los modos o intentos de articulación en el nivel de los discursos concretos de los informantes, entre una cosmovisión y valoración de tradición indígena y la correspondiente hispanocristiana; por ejemplo, cómo en un discurso particular se compatibiliza o enfrenta la visión andina cataclísmica y repetitiva del gran tiempo, y el optimismo mesiánico y finalista de Occidente; o bien, cómo un individuo o grupo determinados resuelven el encuentro entre los valores amerindios que emanan de una concepción de humanidad restringida, y los que provienen de un humanismo de vocación universal.

16. MAYAS Y «MAYEROS»: LOS ANTEPASADOS COMO OTROS

MANUEL GUTIÉRREZ ESTÉVEZ

Universidad Complutense, Madrid

Tanto los grupos étnicos, como las naciones, afirman, por analogía con los individuos, que tienen «antepasados». Los «antepasados» nacen, como las versiones de la propia historia colectiva, de las necesidades del presente. Situándose al margen de cualquier consideración biológica, puede decirse que no son los «antepasados» quienes generan a los hombres actuales, sino que son éstos los que conciben, inventan y construyen narrativamente a «sus antepasados» en función de su estrategia presente. La necesidad de poseer una identidad histórica —de elaborar una imagen estable de sí mismos que vaya más allá de las variaciones circunstanciales de cada época— conduce a los pueblos a considerar como «sus antepasados» a todos, o más frecuentemente a una parte, de quienes les precedieron en su actual territorio; o, en otros casos, a considerar como tales a quienes, en otro territorio lejano más o menos mítico, se ha escogido para que representen sus «orígenes» y, por tanto, la fuente legitimadora de su posición en el mundo.

Los «antepasados» son algunos de los que, habiendo permanecido un tiempo en el espacio emblemático del grupo (coincida o no con el territorio del presente), han sido elegidos para representar un papel de paternidad histórica para las gentes actuales. La elección de «antepasados» puede obedecer a muy distintos criterios (por ejemplo, la consideración, fundada o no, de que se comparte con ellos la lengua, «el carácter» o determinadas costumbres), pero es, además, una elección variable según varían los intereses presentes del grupo. Así, quienes en un momento dado, pueden ser tratados, homenajeados o reivindicados como «antepasados», pueden, en otro momento, pasar a ser repudiados, negados o denostados como tales. Son éstos

León-Portilla, M.; Gutiérrez Estévez, M.; Gossen, G. H., y Klor de Alva, J. J. (eds.), *De Palabra y Obra en el Nuevo Mundo*, vol. 1, *Imágenes interétnicas*, Madrid, Siglo XXI de España, 1992, pp. 417-442.

los conocidos avatares de numerosos procesos de formación de una «conciencia nacional», pero son también los de cualquier conciencia de identidad étnica; una y otra se elaboran, no sólo con respecto a los contemporáneos —sean próximos o lejanos, reales o imaginarios—, sino también en relación a los anteriores, quienes vivieron antes en el mismo lugar y a quienes se les imagina como poseedores de unos rasgos, físicos o morales, semejantes a los propios.

La conciencia generalizada de pertenecer a un grupo con identidad estable en el tiempo se promueve a través de la aceptación de un relato verosímil, y no necesariamente «verdadero», de su historia colectiva. Amigos y enemigos, que pudieron ser circunstanciales en el pasado, se convierten, por obra de la autorrepresentación colectiva del propio grupo, en amigos y enemigos «esenciales», permanentes. Se hereda a los antagonistas porque se quiere heredar a los protagonistas, a los que se ha elegido como «antepasados». Herencia e identidad histórica se justifican mutuamente. La «herencia» de un pueblo, encarnada por «sus antepasados» frente a «sus enemigos» históricos, es utilizada como legitimadora de su identidad presente y como la fuente de la que «nacen» sus tradiciones. Herencia y tradición se convierten en figuras narrativas en el relato histórico para permitir a un pueblo verse a sí mismo como singular, como poseedor de una identidad reconocible por doquier; verse como algo que, pese a la diferenciación promovida por el transcurso del tiempo, permanece de alguna manera idéntico a sí mismo. Autobiografía y relato histórico son actos interlocutorios en los que la relación con otros orienta selectivamente la memoria y el olvido para construir, en un caso, la identidad personal y, en el otro, la identidad colectiva.

Entre los pueblos que tienen una concepción lineal de la historia, «sus antepasados» serán vistos o representados como más o menos diferentes según la intensidad de las pretensiones de modernismo que tengan los contemporáneos; el «nosotros» del tiempo presente se hace, se construye, con diferencias muy medidas respecto al «ellos» del tiempo pasado (diferencias que se enfatizan retóricamente durante los períodos «revolucionarios»). Pero a la vez, la imagen del «nosotros» se hace junto con «ellos», los del pasado, sin cuestionar la transmisión continuada de unos rasgos esenciales que, constitutivos de su «herencia», configuran la expresión idiosincrásica de una identidad compartida. En cambio, para un pueblo que se represente la historia con severos cortes en su continuidad, con una concepción «cíclica» del tiempo, habrá distintas clases de «antepasados», según cuál sea la ubicación que se les asigne en las diferentes edades, períodos o tiempos, que se han sucedido antes de la era presente. Como el de otros muchos pueblos amerindios, es éste el caso de los mayas yucatecos y en él se centrará la atención de las páginas que siguen.

Se tratará la cuestión de las relaciones existentes entre los intereses por construir una determinada identidad colectiva y los perfiles asignados a la imagen de «los antepasados». Para ello habrá de hacerse referencia, primero, a los signos diacríticos que los mayas yucatecos actuales consideran que los diferencian sustancialmente de los mayas antiguos. En segundo lugar, se aludirá a la concordancia entre las ideas cosmogónicas de los mayas y su concepción de la historia. Después se tratará, también brevemente, del significado concedido a las ruinas como espacio que actualiza el poder de los mayas antiguos. Por último, se harán unas consideraciones sobre el sentido que, en la vida social de los mayas actuales, tiene el hecho de haber constituido una imagen de «sus antepasados» como «otros».

I. MAYAS Y MAYEROS

Una gran parte de la población rural que, en la actualidad, vive en la península de Yucatán utiliza, de manera indiferenciada, dos tradiciones culturales muy distintas, la de los mayas de la época posclásica y la española del período colonial. Ambas tradiciones se encuentran amalgamadas en un único sistema cultural que proporciona significado a la vida personal y colectiva de esta población. Pero en las diversas partes de este sistema puede observarse cómo una u otra de las tradiciones que lo conforman han tenido una influencia más o menos amplia y profunda. El propio grupo social, que encarna en sus usos y costumbres este sistema cultural, se da a sí mismo y recibe de otros, diferentes nombres que destacan, cada uno, distintos aspectos de su compleja identidad.

«Mayas yucatecos» es el nombre con que son designados en los estudios etnológicos. Se les adjudica así una identidad, la de «mayas», que es espacial y temporalmente genérica y que sólo se limita mediante la adjetivación regional de «yucatecos». Así denominados, los «mayas» yucatecos parecen compartir lo sustantivo de su cultura con los «mayas» de las tierras Altas de Chiapas o con los «mayas» quichés de Guatemala, lo que puede ser aceptable, pero también con los «mayas» que construyeron Uxmal o gobernaron en Chichén Itzá, lo cual es más dudoso.

Ellos, por su parte, en la sociedad más amplia en que están insertos, no reciben ni se dan a sí mismos el nombre con que los etnólogos los conocen. Los términos de «mestizo», *macehual* o «mayero» son los que, en diversos contextos y con diferentes connotaciones, están consagrados por los usos sociales yucatecos. El de «mestizo» es el nombre con que, hoy día, se designa con más frecuencia al grupo étnico, que en otros lugares de Mesoamérica, se llama «indio». Paradójicamente los «indios» de Yucatán son llamados «mestizos». Entre los requisitos que justifican la aplicación de este término se privilegia el vestido; hay un vestir de «mestizo» y de «mestiza». Como indicaba Redfield ya en 1933: «Si un hombre viste pantalones de algodón, camisa de algodón y sandalias especiales es un "mestizo"; si una mujer usa huipil y rebozo es una "mestiza"; no importa cuál sea el color de su piel. Correspondientemente, cualquiera que lleva modernas ropas europeas es gente "de vestido"» [1]. Pero, en realidad la forma de vestir no es sino el signo, emblemático, escogido por los grupos étnicos en interacción como el de máximo valor o utilidad, para la diferenciación. Los «mestizos» no son sólo gente que usan ropas pintorescas; «hablan el maya (aunque la mayoría es completamente bilingüe hoy día), y son los únicos que siguen practicando los antiguos ritos del bosque, de la milpa y del hogar; únicamente ellos reconocen y rinden homenaje a los viejos dioses mayas de los bosques, el viento y la lluvia. Aunque se les conoce por "mestizos" y no sean evidentemente los representantes impolutos de varios milenios de cultura maya, sí son, sin embargo, los herederos modernos de una tradición popular en la cual predominan las costumbres indígenas» [2]. Al nombrarse como «mestizos» se oponen a «la gente de vestido», los «catrines», los que usan ropas urbanas de carácter regional (la guayabera) o internacional. Los «catrines» tienen un mayor dominio del castellano que los «mestizos», menosprecian el trabajo agrícola y no hay «milperos» entre ellos,

---

[1] R. Redfield, «Raza y clases en Yucatán», en *Enciclopedia Yucatanense*, vol. VI, Mérida, 1977, p. 297.

[2] R. A. Thompson, *Aires de progreso: Cambio social en un pueblo maya de Yucatán*, México, Instituto Nacional Indigenista, 1974, p. 27.

gozan de mayor prestigio social y de una posición económica más desahogada, sus prácticas rituales son más próximas a la ortodoxia romana y, en general, pueden ser considerados como la versión regional yucateca de la tradición cultural hispánica.

La dicotomía étnica en Yucatán se manifiesta en la polaridad entre «catrines» y «mestizos». No hay «indios» para nadie, salvo como insulto gravemente ofensivo. Sólo algunos, de manera confusa y casi mítica, suponen que hay «indios», salvajes por lo demás, en los bosques de Quintana Roo. Pero otros saben que quienes viven allí son sólo «anticuados», «atrasados», pero no sustancialmente distintos de los «mestizos». Se han ido borrando así, con el paso del tiempo, las marcas terminológicas heredadas de la guerra de castas, en la que se identificó como «indios» a los enemigos de la sociedad civilizada y se concedió el título de «mestizos» honorarios a todos los indígenas que no se sublevaron. Los «buenos» indios se hicieron «mestizos» y sólo los «malos» indios permanecieron «indios» [3]. Ha resultado así que la caracterización étnica yucateca, en términos dicotómicos, opera de diferente manera que en el resto de Mesoamérica. «La distinción en dos términos de la población de México y Guatemala: hispánico ("mestizo" o "ladino") e indio, es el resultado histórico de la reducción del sistema de tres términos —blanco, intermedio e indio— por la eliminación del primero de ellos. En Yucatán el mismo sistema de tres términos ha sido reducido a dos términos también, pero por la eliminación del último término "indio", dejando por ello a los mayas indígenas bajo la rúbrica de "mestizos"» [4].

Hasta hace treinta años en las comunidades más rurales de Yucatán, y todavía hoy en los pueblos de Quintana Roo, el término colectivo con que se designaban a sí mismos los «mayas» yucatecos era el de *macehuales*. El término «macehual» (fonéticamente *masewal*) tiene una doble connotación. Por un lado, como se deduce de su origen náhuatl, alude al significado de «gente común», aunque llevando implícito un sentido de subordinación o «vasallaje» (como se indica en el vocabulario de Molina) [5]. Por otro lado, *macehual* se opone a *d'zul* (extraño o forastero) y, de este modo, se hace equi-

[3] J. Pitt-Rivers, «Mestizo or Ladino?», *Race,* X, 1969, p. 473.

[4] J. Pitt-Rivers, ob. cit., p. 474.

[5] A. de Molina, *Vocabulario en lengua castellana y mexicana,* México, Porrúa, 1977.

valente a «natural» (el término castellano que usan preferentemente para autodesignarse los indígenas «mayas» del Altiplano guatemalteco). Es en esta segunda acepción como el término ha de entenderse en los usos sociales yucatecos. «La distinción importante para estos aldeanos (de Chan Kom) es entre la gente del pueblo o del grupo de pueblos vecinos que mantienen entre sí una firme solidaridad, por una parte, y los forasteros, la gente que no es de "nosotros", por la otra. Y para esta distinción se usan principalmente dos palabras indias: *masewalob* y *ts'ulob*. Hablando en términos generales, un *masewal* es uno de nosotros, un indio por sangre y por costumbres, mientras que un *ts'ul* es un fuereño, un blanco con diferentes costumbres» [6]. El término *dsul* (o *ts'ul* como lo transcriben Redfield y otros) puede tener, dependiendo de la tensión interétnica, un valor apreciativo y de respeto, como en Chan Kom, o despectivo, como era frecuente entre los *macehuales* de Quintana Roo. Entre estos últimos, «el hombre rubio suele ser llamado *nohoch dsul*, o sea, *dsul* superior; es de indicarse que esta designación puede extenderse hasta el *dsul* que, sin tener la piel clara, da muestras de estatus superior por su estilo de vida y modo de comportarse» [7]. En contraste con la forma *nohoch dsul* está la de *kas dsul* que denota a un *dsul* inferior. «Se aplica a las personas como los chicleros y comerciantes ambulantes que visitan la región.» Un término especial, *huaches*, se utiliza para designar a los mexicanos no yucatecos; es, casi siempre, un término profundamente despectivo. A los *huaches* se les considera lo peor de la humanidad, por sus malas costumbres, su crueldad y su falta de religiosidad. En Quintana Roo «algunos les atribuyen despedir vientos malos a su paso, originando así enfermedades y epidemias en los lugares que atraviesan» [8]. Frente a *dsul'ob* y *huach'ob*, los *macehuales* representan la gente común, nacida en un pueblo yucateco, que trabaja en la milpa y respeta las tradiciones.

Otro término de designación étnica muy empleado en Yucatán es el de «mayero». Es, quizá, el que tiene una mayor neutralidad valorativa y remite a aquel que tiene «la maya» como lengua materna. Quienes «saben hablar la maya» son llamados «mayeros». En Yucatán, aunque subordinada, la «maya» no es una lengua margi-

---

[6] R. Redfield, ob. cit., p. 309.

[7] A. Villa Rojas, *Los elegidos de Dios. Etnografía de los mayas de Quintana Roo*, México, Instituto Nacional Indigenista, 1978, p. 274.

[8] A. Villa Rojas, ob. cit., p. 275.

nada o despreciada; no lo es, al menos, en términos comparables a como lo son otras lenguas indígenas, también «mayas» o «mayances», que, en los Altos de Chiapas, son consideradas por los «ladinos» como dialectos que no permiten expresar un pensamiento que merezca el nombre de tal. En estas regiones, como en otras muchas de Mesoamérica, son pocos los «ladinos», o mestizos, que saben una lengua indígena y, en el mejor de los casos, sólo conocen algunas frases y palabras sueltas que les resultan suficientes para las relaciones de patrón con peón o de comerciante con cliente, que son las casi exclusivas que mantienen con los indígenas. En Yucatán, en cambio, no es infrecuente que individuos con una clara afiliación cultural hispánica hablen maya. En Mérida hay academias para la enseñanza del maya y en los periódicos locales se publican, aunque no diariamente, pequeños artículos en maya. Los «mayeros», pues, no son propiamente quienes saben maya, sino quienes tienen esta lengua como materna por pertenecer al ámbito social y cultural que se ha expresado tradicionalmente en ella. En la actualidad, una gran mayoría de los «mayeros» varones son bilingües y muchas de las mujeres pueden expresarse también en castellano o, al menos, lo entienden.

El empleo del término «mayero» tiene también otra dimensión que debe comentarse. En Mesoamérica es excepcional que un término de pertenencia lingüística sea utilizado socialmente como término de adscripción étnica; en general, puede decirse que es inexistente la conciencia colectiva de pertenecer a un grupo social definido por su lengua común. La norma es, como señaló Sol Tax [9] y luego han confirmado numerosos estudios, que la identificación se produce con respecto a la comunidad local. La comunidad local es hasta tal punto el ámbito prioritario de interacción social, de identificación emocional y de proyección ideológica, que Mesoamérica, junto con Java preferentemente, proporcionó los materiales etnográficos para sugerir a Eric Wolf [10] el concepto de «comunidad campesina corporativa» o «cerrada». Para cualquier indígena mesoamericano su caracterización étnica se refiere a la comunidad local a la que pertenece y

---

[9] Sol Tax, «Los municipios del Altiplano mesoccidental de Guatemala», *Cuadernos del Seminario de Integración Social Guatemalteca*, núm. 9, Guatemala, 1965

[10] E. Wolf, «Comunidades corporativas cerradas de campesinos en Mesoamérica y Java Central», en *Antropología económica. Estudios etnográficos*, ed. de J. R. Llobera, Barcelona, Anagrama, 1981.

que, a todos los efectos, constituye su «grupo étnico» con sus fronteras bien definidas [11]. Nunca se refiere a la lengua que comparte con otras comunidades locales que, para él, son ajenas. Un indígena de San Juan Chamula, por ejemplo, es un «chamula» y no un «tzotzil», aunque su lengua sea el tzotzil. Un indígena de Almolonga, en Guatemala, es un «almolongueño», y no es un «quiché», aunque la lengua de su pueblo sea el quiché. En cambio, quienes hablan maya yucateco se nombran a sí mismos como «mayeros» y no hacen referencia enfática o sustantiva a su origen local. La explicación, probablemente, reside en las diferentes características de su respectivo pasado prehispánico (con mayor unificación cultural y política en Yucatán que en Chiapas), reforzadas por circunstancias sociales y económicas que, en el presente, han permitido el afloramiento de una conciencia regional yucateca. En todo caso, parece indudable que las diferencias locales y, consecuentemente, la identificación localista, tienen mucha menos significación con respecto a los «mayas» yucatecos que con relación a otros grupos hablantes de lenguas mayas.

El término «mayero» permite, claro está, diferenciar al que habla «la maya» del hablante de castellano, pero establece además otra distinción más importante con respecto al mecanismo autoidentificatorio de la población indígena yucateca, la diferencia entre «mayero» y «maya». El empleo de un término *ad hoc* para referirse, mediante el sufijo «ero» a un hablante de la lengua no es algo casual; es el resultado del interés por distinguir a los «mayeros» de los «mayas». Estos últimos son los que vivieron en el pasado, los «antiguos», los que construyeron los «cuyos» (los templos, pirámides o palacios de piedra), los que dejaron un testimonio visible de su existencia en la tierra yucateca y, como luego se verá, quienes intervienen, indirecta pero continuamente, en la vida cotidiana de los «mayeros». Éstos no se ven a sí mismos como «mayas», no se nombran como tales y se esfuerzan por señalar las diferencias que los separan, a despecho de los etnólogos que, invariablemente, los nombran como «mayas» yucatecos.

Los «mayeros», por otra parte, saben, y éste es un saber que opera explícitamente en su conciencia, que los «mayas» habitaron antes el mismo territorio de la península de Yucatán. Piensan que los «mayas antiguos» formaron parte de un mundo y de una huma-

---

[11] *Cf.* F. Barth, *Los grupos étnicos y sus fronteras,* México, FCE, 1976.

nidad anteriores que fueron destruidos por un diluvio. Por regla general, y quizá con la excepción de algunos grupos de Quintana Roo, no creen tener una descendencia o filiación directa con respecto a los «mayas», a quienes consideran «otros» e incomprensibles. Aunque la lengua de los «mayeros» sea, probablemente, la misma que hablaron los «mayas», la apariencia enigmática de su escritura y el no conocer una versión aceptable de la antigua función de sus ruinas, influye en el distanciamiento conceptual y emotivo con que la generalidad de los «mayeros» se refiere a los «mayas». Por ejemplo, uno de mis informantes se expresa así:

los otros sí son mayas también, pero es diferente su idioma de ellos. Las letras que tienen las ruinas de Uxmal es su idioma de ellos, es el idioma de ellos, es otra forma de idioma, como entonces nosotros estamos hablando otro idioma. Lo que tuvo esa gente, pasaba que no formaron pueblos; o sea vecino por vecino y enfrente otros vecinos. No hubo. Ellos, donde les gustó hicieron su casita; pero de otra manera, de pura piedra, embutidas están.

La imposibilidad de leer los jeroglíficos de los mayas lleva a deducir que usaban otra lengua (que no eran «mayeros» entonces) y, por otro lado, su poblamiento disperso («no formaron pueblos») unido a la creencia de que sus casas estaban medio enterradas como aparecen hoy sus ruinas, hace que sean representados como muy diferentes, social y culturalmente.

Pero la diferencia principal está referida a las creencias religiosas y, como consecuencia, al distinto saber y poder del pueblo antiguo y el moderno. La transformación religiosa, que sigue a la llegada de los españoles y la posterior conquista de Yucatán, es expresada en el Chilam Balam de Chumayel con estas palabras:

Once ahau es el nombre del *Katún* en que cesaron de nombrarse mayas. «Mayas cristianos» se nombraron todos, vasallos de los sucesores de San Pedro y de la Majestad del Rey [12].

Como dijo el profeta, «cesaron de nombrarse mayas»; su nombre es ahora el de «mayeros», el de «mayas cristianos». Los de antes eran grandes hechiceros. Así lo dice uno de mis informantes:

---

12 *Libro de Chilam Balam de Chumayel*, trad. de A. Mediz Bolio, México, UNAM, 1979, p. 139.

hay veces que yo estoy encaprichándome de pensar. ¡Dios mío!, aquella época, aquella gente [maya], aquí hubo más sabios. ¿Cómo aprendieron? ¿Cómo conocieron tantas hierbas, que todas las hierbas son medicinas? ¿Cómo hicieron para llegar a saber qué puede curar toda clase de hierbas? Allí está duro [difícil de aprender]. Entonces, para aprender a ser yerbatero y ser hechicero ¿cómo pudieron hacer para aprender? Pero nuestro señor Jehová arrasó con esa gente. Entonces, cuando después del diluvio, se seca lo que hay, se quemó aquella tierra y aquel polvo se vino abajo y se quedó entre la tierra.

Los «mayas antiguos» fueron los primeros y más grandes yerbateros y hechiceros, pero pese a su saber fueron destruidos, mediante el diluvio, por nuestro señor Jehová. Pero no fueron muertos totalmente, ya que el polvo de su destrucción «se quedó entre la tierra». En las ruinas de las viejas ciudades y de los antiguos templos está el polvo de su poder.

II. COSMOGONÍA MAYA E HISTORIA

Los pueblos mayas comparten con la mayoría de los pueblos mesoamericanos, y con otros muchos de todo el continente, la creencia de que el mundo y los hombres han sido creados y destruidos sucesivamente en tres, cuatro o cinco ocasiones. La clase de humanidad que ha existido en cada uno de esos mundos sucesivos tiene características y poderes singulares y diferentes entre sí. Como para otros pueblos de tradición maya, para los yucatecos la humanidad primera estuvo constituida por enanos y fue destruida por un diluvio (*cf.* la variada información etnográfica e histórica sintetizada por J. E. Thompson) [13]. Según información obtenida por Tozzer [14] de los «mayeros» de las cercanías de Valladolid, este mundo está ahora en el cuarto período de su existencia. En la primera época vivían los *Sayan-uinikob,* u hombres magos según Villa Rojas [15]. Estos hombres, que constituían la raza primitiva de Yucatán, eran enanos y

---

[13] J. E. Thompson, *Historia y religión de los mayas,* México, Siglo XXI, 1975, pp. 397-417.

[14] A. M. Tozzer, *Mayas y lacandones. Un estudio comparativo,* 1.ª ed., 1907, México, Instituto Nacional Indigenista, 1982, pp. 179-180.

[15] Véase A. M. Tozzer, ob. cit., p. 12.

construyeron grandes ciudades y templos, las actuales ruinas mayas; su trabajo fue hecho en la oscuridad, antes de que hubiera sol alguno y, tan pronto como éste apareció, se volvieron de piedra y son sus imágenes las que hoy se encuentran entre los restos de lo que fueron sus casas y ciudades. La primera época de los enanos se separa de la segunda por una inundación, en realidad un diluvio, que recibe el nombre de *Hayyogokab* (agua sobre la tierra). Una versión recogida en Tusik (Quintana Roo) menciona a los *Ppuso'ob* (corcovados) como los pobladores de la primera época; los considera como enanos, muy industriosos y de mucha agilidad. Estos seres gozaron de un largo período de abundancia y prosperidad, se hicieron de costumbres relajadas y, en castigo, Dios les mandó un diluvio que los destruyó a todos [16].

Otra versión —relatada por Virgilio Canul en Pustunich [17]— se refiere a tres épocas, cada una con una clase diferente de hombres. Según V. Canul, la primera raza fue la de los *aluxes,* constructores de las antiguas ciudades mayas, que se ahogaron con el diluvio, pero «quedaron clavados en el suelo como piedras», «eran de piedra»:

[...] los antepasados de que u Tzicbatco ten, de que yax raza bine aluxoob letiee ca tu formato ciudado aburrido tulaca casi mundoi u mehmu ruinaso u ruina ppati bey le cu chaantah mene raza beheelaa desde que kuch tu kin u terminado siglobee taaz a avisarto bine men Dios. Halibee hijos, teexee, dzooc teexii mulu cin cinzceex cu taa diluvio [...]

Según la traducción de F. Ligorred [18]: «[...] mis antepasados me lo contaron. La primera raza fueron los *aluxes,* éstos construyeron las antiguas ciudades mayas. El mundo era aburrido; ahora quedan las ruinas que todavía hoy vemos. Un día, al finalizar el siglo llegó un aviso de Dios. Pues bien, hijos, bien, vais a morir en los cerros a causa de un diluvio [...]»

La segunda raza fue la de los indios, que vivían siempre en el monte y fueron destruidos por los españoles:

entonces ca yanhi ulah raza ulah raza anhie indios maa chunazcoon respeto, maachi u vestircubaoo maachi u trataro e razao ti u yet critianoe, chan

---

[16] A. Villa Rojas, ob. cit., p. 439.

[17] F. Ligorred, *Consideraciones sobre la literatura oral de los mayas modernos,* México, INAH, 1990, pp. 96-97.

[18] Ob. cit., pp. 126-127.

helaane cu cinzcoo tioobii letioo u kaatoo mandar letioobee mala gente mala raza, impresentable, toda la vida vive en el monte, toda la vidaee tianoo kaxe te cuxanoobee. Entonces cu ta indiosee ca tal españolesoo caa cinzaboo ca uch men e guerrao guerra segundo este segundo guerra ti cimi ula razao.

F. Ligorred, que recogió este relato, lo traduce así: «Entonces surge otra raza, la raza de los indios. No merecían éstos ningún respeto, e iban desnudos. No daban buen trato a sus congéneres ("cristianos", como sinónimo de "hombres", en la versión original). Eran mala raza, vivían siempre en el monte, con aspecto despreciable; toda la vida en el monte. Entonces llegaron los españoles y los indios fueron exterminados. Empezaron las guerras; empezó así la segunda destrucción con la muerte de esta raza india.»

Por último, vino la raza actual, de gente civilizada y educada, que será destruida por Dios antes de que cambie el siglo:

letiee enilom behlaa ti e raza behlaa presentable, obedientes, educados, civilizados, tulacloon c natic razon, bizicba utzi, maalob vestircicba, maalob hana, maalob diverticba, yete tulac u clase diversión uay yoko caba tan tan gozartic yanic vida men Dios. Pero yalmoobee tialah bin Diosee nucah dzooc yoko cabe. Nicin ua teex mil novecientos y...! le mil novecientos y...! tyah Diosoo le yoo mixmaac i natic bax u sentido bax kin ba tu dzah u terminaciones pero mil novecientos y...! tii naa ci letiee c paatic toon yaniloon uay yoko caba u ordenes Hahal Dios, tu nak u caani.

Lo que, en la traducción de Ligorred, dice así: «Actualmente, ahora, la raza de ahora es de gente civilizada y obediente, gente educada y llena de entendimiento; de bien verse, adecuadamente vestida y adecuadamente alimentada. Con diversiones, con toda clase de diversiones de este mundo creado por Dios. Pero se ha dicho, y lo ha dicho Dios, que este mundo está por acabarse. ¡Allá por el mil novientos y...! ¡El mil novecientos y...! Nadie entiende, nadie sabe el día en que el mundo terminará pero ¡será el mil novecientos y...! El fin para este mundo de aquí en la tierra debe esperar las órdenes del Dios verdadero, Él las dará desde los confines del universo.»

La primera humanidad, según V. Canul narrador del relato anterior, fue la de los *aluxes,* constructores de ciudades de piedra, hoy en ruinas; la segunda, fue la de los indios, «mala gente, mala raza», terminada en la guerra con los españoles; la tercera, la de hoy, formada por hombres «obedientes, educados, civilizados», espera su próximo final por las órdenes de Dios. Desde la perspectiva de la «raza» presente, las anteriores representan clases de hombres muy diferentes y, frente a las cuales, la autopercepción no es sólo estar en la cima de una escala, sino también estar frente a «otros» que son cualitativamente heterogéneos.

Estas creencias cosmogónicas son contexto de una de las más conocidas leyendas yucatecas contemporáneas, la del «enano de Uxmal». En ella se expresa la ambivalencia moral con que los «mayeros» respetan, temen y rechazan, a la vez, el poder de los «mayas antiguos» y de sus símbolos. Aunque hay diferencias significativas entre las varias versiones disponibles [19], el relato puede ser resumido de la siguiente manera:

Una anciana hechicera consigue un huevo y lo empolla. De él nace un niño que, según unas versiones, tiene un aspecto humano normal, pero que, según otras, tiene medio cuerpo cubierto de plumas. El niño aprende precozmente a caminar y a hablar, aunque su crecimiento se detiene muy pronto y queda como un enano o un corcovado. Según algunas versiones, el enano aprovecha la ausencia de la vieja para encontrar un címbalo o un gong, que ella tenía escondido, y lo toca, siendo esa música desafiante la que lo conduce frente al rey. Otras versiones cuentan que el enano, llamado *Ez* [«cosa que está encantada o hechizada», según el Diccionario de Motul], es secuestrado por los soldados que salían periódicamente a buscar niños con que alimentar a una gran serpiente que poseía el rey. Cuando llegaron a buscar a *Ez,* éste se escondió una astilla de pedernal bajo la lengua y se dejó llevar. La serpiente lo tragó, pero *Ez,* una vez dentro, le cortó el hígado y el corazón, la acuchilló toda y salió por su ombligo, siendo «más grande y fuerte que nunca». Un pájaro avisó al rey de lo ocurrido y los soldados fueron, de nuevo, a detener a *Ez.* Sea por iniciativa propia, sea, como en la mayoría de las versiones, por haber tocado la música de percusión, o sea por haber matado a la serpiente y haber «nacido» después de su interior, el enano es conducido ante el rey. Es, entonces, sometido a una serie de pruebas [de fuerza, de habilidad o de conocimiento] que supera mediante el uso de diversos medios ingeniosos o mágicos. La última prueba, narrada por todas las versiones, consiste en que ambos contendientes, el enano y el rey, han de partir sobre sus respectivas cabezas un cierto número de los frutos durísimos de una determinada clase de palmera. El enano protege su cabeza de modo oculto y pasa la prueba mientras que el rey, en cambio, muere. El enano es entonces proclamado como nuevo rey de Uxmal o de Chichén Itzá, según las versiones.

---

[19] M. Gutiérrez, «Lógica social en la mitología maya-yucateca: La leyenda del enano de Uxmal», en M. Gutiérrez (comp.), *Mito y ritual en América,* Madrid, Alhambra, 1988, pp. 60-110.

Uno de mis informantes cuenta así lo que sucedió después:

[el enano] entonces, creo que ya le calcó que ya viene el diluvio. Entonces decía él a la gente: «No sé que nos va a suceder, pero ya me parece que nos vamos a acabar. La única forma que podemos saber esto, [es] que haya un testigo que nos compruebe qué nos va a pasar. Está bueno. Ahora que hagan un santo de madera». Hicieron un santo de madera, pero [lo] pusieron en la candela [y] ceniza se volvió. Se volvió ceniza. Hicieron otro de piedra, también se volvió cal. «Pues dos [veces] ya fracasamos.» [dijo el enano] «Pues mira, el último, lo vamos a hacer de barro.» Nueve días y nueve noches está ardiendo, está ardiendo, hasta que quedó colorado, [colorado] está el barro. Entonces sí habló: «Sepa, sepa el Medio Pollito [el enano], que se va a hacer el diluvio de anegación de agua». Entonces, por eso hicieron esos cuyos altos sobre los cerros. El primer rey fue Tutul-Xiu. El segundo Medio Pollito [el enano]. Ya no hubo un tercero. Ya no hubo. Ya es el final de la emigración que vino. El [enano] estaba mandando cuando el diluvio entró.

Con el diluvio desaparecen de la vida social ordinaria el enano y sus súbditos. Las construcciones que hizo («esos cuyos altos sobre los cerros») son las ruinas que hoy salpican el territorio de los «mayeros», en ellas, se encuentran, como luego veremos, restos de la obra del enano que conservan el poder mágico que tuvieron. El enano, hijo prodigioso de una hechicera, fue él mismo experto en esas artes, hoy ocultas, con las que venció al rey. Fue también el creador de las figuras de barro que hablan, de «los ídolos» según la terminología de los cristianos que, con un diluvio, se destruyeron. El enano, medio cubierto de plumas y surgido del ombligo de una serpiente, es la actual representación popular del antiguo *Kukulcán*, el nombre maya de *Quetzalcoatl*, la serpiente emplumada, el gran héroe civilizador mesoamericano, cuyo mismo nombre reciben los máximos sacerdotes de su culto.

Los «mayas» del período posclásico y de los comienzos del período cristiano, señalaron que fue *Kukulcán* (como sacerdote y como metonimia de la influencia cultural y religiosa de las tierras altas del centro de México sobre las tierras bajas de Yucatán) quien extendió «la idolatría» entre ellos. Por ejemplo, en 1581, las gentes de Muxuppipp se expresaban, a este respecto, del siguiente modo:

Dicen los antiguos de esta provincia que antiguamente, cerca de ochocientos años ha, en esta tierra no idolatraban, y después que los mexicanos entraron en ella y la poseyeron, un Capitán, que se decía *Quetzalquat* en la lengua mexicana, que quiere decir en la nuestra plumaje de culebra, y entre ellos a la sierpe le ponen este nombre porque dicen que tiene plumaje, y este capitán susodicho introdujo en esta tierra la idolatría y uso de ídolos por dioses, los cuales hacía hacer de palo y de barro y de piedra, y los hacía adorar y los ofrecían muchas cosas de caza y de mercadurías y, sobre todo, la sangre de sus narices y orejas, y corazones de algunos que sacrificaban en su servicio, y los incensaban con sahumerios de copal, que es incienso de esta tierra, y esta costumbre quedó hasta que los conquistadores los conquistaron y los religiosos se las fueron quitando poco a poco [20].

El período del enano anterior al diluvio, el tiempo de los más directos «antepasados» de los «mayeros», fue un tiempo de ídolos y de hechicería, de poder para el encantamiento. Es este poder el que permite a los «mayas» seguir interviniendo en la vida actual de los «mayeros». Y es, por esta presencia activa en su vida, por lo que los «mayeros» han de definir su identidad mediante el contraste y la oposición con sus antepasados mayas. Aunque la versión más común acerca de la desaparición de los «mayas antiguos» la relaciona con el diluvio, no faltan versiones que, más próximas a la crónica histórica, la atribuyen a la conquista española. Así y todo, también en estas versiones, los «mayas antiguos» logran conservar una vida «encantada» que se mantiene hasta el presente. Véase, por ejemplo, el siguiente relato sobre la conquista

Mensurado estaba sobre la superficie de la tierra. Mensurado estaba también bajo la superficie de la tierra. Las mensuras de abajo las hicieron Chinan Kaabo, son los hombres de Itzá. Son la gente de Juan Tutul Xiu, que actualmente viven bajo la superficie de la tierra. Son hombres encantados. Los hombres del Itzá tienen sus templos construidos aquí sobre la tierra. El templo de Valladolid es uno de ellos. Ése no es trabajo de hombres, es trabajo de los *Sayan Huinikob* [hombres magos]. Eso se hizo a media noche, en una noche se terminó. Los que hicieron que los hombres del Itzá se volvieran encantados fueron los españoles. Antes de encantarse eran hombres que hacían su milpa. Antes hacían su milpa frente a la orilla del mar. Frente al mar estaban los barcos de los españoles, estaban pescando. Cuando los españoles llegaban a la orilla del mar y bajaban de sus barcos, se acercaban a las milpas para preguntar quiénes eran sus dueños. Entonces los itzaes encantaban a sus milpas convirtiéndolas en varias clases de espinas. Nadie podía entrar en ellas. Hasta los caminos que llevaban a las milpas se

---

[20] *Relaciones histórico-geográficas de la Gobernación de Yucatán (circa 1579)*, I, 2 vols., México, UNAM, p. 377.

encantaban. Así cae la tarde, así cae el sol [pasa el tiempo]. Entonces los pescadores que siempre estaban allí no estaban conformes, porque viendo que había milpas y que tenían sus dueños no podían acercarse. Entonces un día el más grande jefe de los itzaes decidió no encantar las milpas, y lo hizo por curiosidad, para saber quiénes eran los españoles. Y así llegaron los españoles y comenzaron a hablar. Los itzaes estaban dentro de su milpa sembrando sandía, unas sandías grandes. Los caminos de sus pueblos eran de piedra. Entonces entraron tres españoles para hablar con el dueño de la milpa que era Tutul Xiu. Cuando los españoles llegaron al pueblo de los itzaes encontraron a tres princesas hijas de Juan Tutul Xiu, ellas eran muy blancas y extremadamente hermosas. Los españoles las robaron a las tres. Cuando llegó el dueño de la milpa, el Rey Tutul Xiu, le contaron que sus hijas habían sido robadas por los tres *dzules*. Entonces dijo Juan Tutul Xiu: «Esto no va a terminar pacíficamente, va a terminar gravemente». Entonces Juan Tutul Xiu comenzó ir a Oriente a buscar a sus hijas. Allí se colocaron en Uxmal, Maní, Cobá y Chichén Itzá, allí se colocaron. Allí quedaron para siempre. Ahora en Chichén Itzá sólo se encuentran montones de piedra, sólo piedras labradas se ven, sólo muñecos de piedra hay. Son la raza de piedra. Pero no están muertos, sólo están encantados. Si los golpeas con un martillo se vería que no están muertos. Puedes romperlos golpeándolos con un martillo pero [ellos] te obligarían a componerlos nuevamente. Si los rompes, estás perdido, has cometido un gran delito [21].

Aunque en este relato hay numerosos elementos significativos del sistema de creencias de los «mayeros», ahora sólo nos interesa destacar uno de ellos. Los «mayas antiguos» son presentados como grandes «encantadores», que no sólo «encantaban» las milpas para defenderse de los españoles, sino que posteriormente se «encantaron» a sí mismos para mantenerse ocultos durante siglos. Es éste un rasgo fundamental en el perfil simbólico que los habitantes de las ruinas, los «mayas antiguos» tienen para los «mayas» yucatecos contemporáneos. Los «antiguos» eran grandes hechiceros, conocían las formas de causar el mal y de protegerse de él; los «mayeros» reciben de ellos conocimiento y poder, pero también amenazas y peligros.

---

[21] Trad. del maya; citado en M. A. Bartolomé y A. M. Barabas, *La resistencia maya. Relaciones interétnicas en el oriente de la península de Yucatán*, México, INAH, 1977, Colección Científica núm. 53, 1977, pp. 61-63.

III. EL PODER DE LAS RUINAS

Numerosas historias de la tradición oral «mayera» están destinadas a narrar los peligros que amenazan a quienes tratan a las ruinas, a los «cuyos», sin el respeto debido. En las ruinas se mantiene, de forma oculta y misteriosa, la vida de los «antiguos mayas» y éstos quieren preservar su autonomía frente a los actuales habitantes de Yucatán, los «mayas cristianos», como los nombra el Chilam Balam de Chumayel. El resumen de un relato de este género de «historias de ruinas» es el siguiente:

Esto sucedió hace cien años. Un joven trabajador de la finca en cuyas tierras estaban las ruinas de Uxmal, tiene a su madre muy enferma. Agobiado por la falta de dinero para celebrar el velorio inminente, decide salir de cacería en la noche del Jueves Santo; así, con lo que gane de la caza podrá pagar los gastos. Se pierde en el monte, y está llorando, cuando escucha voces de una conversación. Se acerca al lugar de donde vienen las voces y encuentra una ciudad muy iluminada. Unas personas, que están allí sentadas, le hablan, le preguntan qué hace y le reprochan el salir a cazar en esa noche del Jueves al Viernes Santo. El joven se excusa por la necesidad en que se encuentra y esas personas le regalan productos para él desconocidos: tabaco, vela, tela de manta, café, azúcar y bizcocho; son las cosas necesarias para el velorio de su madre. Con la ayuda de estas personas, consigue también una gran cantidad de dinero que hay en una habitación cuidada por una serpiente. Le dan instrucciones para que esconda ese dinero y sólo gaste, cada día, una pequeña cantidad. Le indican el camino de salida y el joven se marcha. Al poco de salir, mira para atrás y ve el lugar en que ha estado: es un «cuyo». Cuando llega a su casa, su madre está muerta y celebra el velorio con los productos que ha recibido de los habitantes de las ruinas. Sus vecinos se extrañan de la calidad, para ellos desconocida, de todos esos productos y uno de sus amigos le interroga insistentemente, hasta que el joven declara lo que sucedió. En castigo por su falta de discreción muere esa misma noche. El amigo acude al mismo lugar en que se perdió el joven fallecido y finge una situación semejante, con lloros y lamentaciones. Aparecen los habitantes de las ruinas y le dan una paliza. El hombre se marcha y cuenta, lo que le ha pasado a él y lo que le contó su amigo, al capataz de la finca y éste, a su vez, se lo cuenta al dueño. El dueño de la finca decide ocultar lo que sabe y se marcha a los Estados Unidos. Regresa con dos norteamericanos que, con numerosos trabajadores, comienza a excavar el «cuyo». El trabajo que hacen el primer día es anulado durante la noche y el «cuyo» amanece intacto. El segundo día sucedió lo mismo. Los norteamericanos deciden trabajar noche y día, pero durante la noche, una gran culebra que reside en el interior del «cuyo», lo sacude y arroja al suelo y adormece a todos los trabajadores. Los norteamericanos desisten de continuar su trabajo. Dicen así: «No. Hasta aquí; no podemos. Lo que ya oímos que tiene, que contiene este "cuyo". Si ese animal, esa culebra, si llega a salir, nos traga a todos» .

El narrador termina su relato diciendo:

nosotros estamos oyendo la historia de ese «cuyo», o sea las ruinas de Uxmal. El finado de mi abuelo tenía un libro. Se llama ese libro, «El libro de las Palmiras de las ruinas de Uxmal». Así se llama. En ese libro está copiado el fin de esta raza que estamos; qué es lo que va a suceder. Esta carretera que vemos todavía no se ha terminado. Ese libro dice [que] va a haber autoridades para que hagan un camino hasta el fin del mundo, para [poder] escuchar la Justicia [final] aquí, en las ruinas de Uxmal.

Los «mayas antiguos» aparecen en este relato [22] como gentes poseedoras de productos que, conocidos por los «mayeros», ya que son los de uso obligado en un velorio, tienen, sin embargo, una calidad desconocida. Poseen, también, dinero en abundancia. Pero, sobre todo, tienen como rasgo característico el de vivir en una ciudad oculta bajo apariencia ruinosa que está protegida de las intromisiones por una gran culebra. De nuevo, como en el relato antes citado sobre el enano de Uxmal, aparece en éste la relación íntima entre los antiguos y la culebra. Además, las ruinas en que se desarrolla esta historia, las ruinas de Uxmal, serán el escenario del próximo Juicio final. En ellas fue, también, donde las figuras de barro, construidas por el enano emplumado, anunciaron el final de una edad y el advenimiento del diluvio. Así, donde terminó el mundo y el tiempo anterior, se presenciará también «el fin de esta raza que estamos». Las ruinas, el espacio propio de los «antepasados», son protagonistas de los límites de cada edad; son el gozne entre un tiempo y otro.

Pero las ruinas son, también, un límite en el espacio. Cualquier «mayero» sabe que en las proximidades de los «cuyos» puede tener algún «espanto». Entre los seres que pueden aparecerse en el campo, figuran, con mucha frecuencia, unos hombrecillos de muy baja estatura, enredadores y algo malévolos, que son los llamados *aluxes*. El término *alux* parece proceder de la expresión *ah lox katob*, que

---

[22] Analizado por M. Gutiérrez, «Cuento, ejemplo y conversación entre los mayas de Yucatán», *Ethnica*, núm. 18, 1982, pp. 102-106.

el diccionario de Motul traduce por «ydolatrías» y que puede, según distintos autores, entenderse por «las fuertes imágenes de barro» [23] o por «los barros de los adoradores» [24].

Son muy numerosas las descripciones disponibles sobre estos seres. Por ejemplo, un hombre natural de Pisté se los describía a F. Horcasitas [25] en estos términos:

> los aluxitos son como enanitos de barro con sus sombreros del mismo material. Viven en las cuevas y grutas con sus perritos de barro. A veces se les oye tocar sus instrumentos que son algo así como trompetas, también de barro. Si uno los alimenta cuidarán las milpas. Hay que llevarles bebida, pozole y otras cosas y, así, ni un pájaro se atreverá a entrar en la siembra. Apedrean a los ladrones. Siempre después de cosechar hay que llevarles los primeros elotes. Sólo se les puede matar suspendiendo una gran piedra de una reata sobre algún lugar donde ellos se amontonen. Cuando se pudre la reata cae sobre ellos y los mata. Todavía existen muchos de estos seres.

Un informante de A. Villa Rojas [26] dice que el *alux* (llamado *arux* en Quintana Roo), «reside donde hay montículos antiguos con restos de cerámica que usaron los antepasados». Esta creencia es general. Los *aluxes* son los viejos ídolos de barro que se encuentran en las proximidades de las numerosas ruinas yucatecas y que, de vez en cuando, pero sobre todo por las noches, cobran animación y cometen pequeñas maldades, aunque pueden, también, proteger a los hombres. R. Irigoyen [27], citando a fray Estanislao Carrillo, cura de Ticul [28], informa sobre la atribución al *alux* del origen de algunas enfermedades que se padecen en el campo; cuando hallan a un hombre durmiendo y le tocan suavemente en la cara, le producen una calentura que lo postra por mucho tiempo. Numerosos informantes contemporáneos coinciden también en ello.

---

[23] D. G. Brinton, *El folklore de Yucatán,* 1.ª ed. de 1883, Mérida, México, 1976, p. 31.

[24] A. Barrera Vázquez, *Nuevas notas a «El folklore de Yucatán» de D. G. Brinton,* Mérida, México, 1976, pp. 46-47.

[25] F. Horcasitas, «Los *alux:* un concepto de lo sobrenatural entre animistas», *XXXV Congreso Internacional de Americanistas,* 1964, vol. II, pp. 39-41.

[26] A. Villa Rojas, ob. cit., p. 297.

[27] R. Irigoyen, «Esencia del folklore de Yucatán», *Revista de la Universidad de Mérida,* vol. X, núm. 55, 1968, pp. 17-36.

[28] E. Carrillo, «Papeles sueltos del P. Carrillo. Fantasmas», *Registro Yucateco,* 4, 1846, pp. 103-106.

Los *aluxes* son, pues, seres animados de pequeña estatura que proceden de las figuras de barro prehispánicas. Son, entonces, el producto de la actividad fundacional del enano de Uxmal; son, en realidad, su propia pervivencia multiplicada en profusión de figuras. Podemos decir que los *aluxes* constituyen la encarnación plural del enano de Uxmal, el personaje que, según la leyenda, fabricó los primeros ídolos de barro.

Ahora bien, los hechiceros yucatecos, los *h-men'ob* adquieren y ejercen su poder a través de la posesión de un pequeño cristal o piedra traslúcida (el *sastún*) que encuentran, como signo de su destino y elección, en las proximidades de las ruinas o de los «cuyos». En el *sastún* el hechicero ve los males que padece su cliente, la causa que tienen, las posibilidades de curarlos. El *sastún* es, según uno de mis informantes *h-men*, el «juguete» de los *aluxes*. Son los *aluxes* quienes entregan a un hombre el *sastún* y con ello le dan «el don» para convertirse en hechicero. Luego, durante numerosas noches, le inician, mientras sueña, en los numerosos secretos de su oficio. Los *aluxes* explican al futuro hechicero cuáles son los nombres y los poderes de los vientos, cómo hay que invocarlos, cuáles son los nombres de las enfermedades y males que causan, cuáles son las hierbas que curan. Los *aluxes* dan el poder y el saber al hechicero yucateco; el *sastún* representa en el ritual ese poder y ese saber.

Según R. Redfield y A. Villa Rojas [29], en el pueblo de Chan Kom, Yucatán, es a los *balam'ob* —o *tatabalanes* como son llamados en otros lugares— a quienes corresponde el papel que aquí hemos asignado a los *aluxes*. A los *tatabalanes* se les describe como cuatro ancianos de largas barbas blancas, es decir como «antiguos», que tienen la principal función de proteger, en las noches, los pueblos mayas desde los cuatro puntos cardinales; son también protectores de los cultivos y, a veces, se les denomina «cuidadores» o «dueños» del monte. En Chan Kom, los *balam'ob* o *balames* o *tatabalanes*, al atacar a un mal viento, para proteger a los hombres, le arrojan fragmentos de obsidiana que luego se encuentran en el suelo. Estos fragmentos, que también son restos del pasado, son los que recogen los *h-men'ob* para adivinar las enfermedades que sufren sus pacientes y curarlos. Hay testimonios de otros lugares que muestran, también, a los *balam'ob* como iniciadores y maestros de *h-men*. Esto, sin

---

[29] R. Redfield y A. Villa Rojas, *Chan Kom, a Maya Village*, Chicago, University of Chicago Press, 2.ª ed., 1964, pp. 114 y 167.

embargo, no resta validez a las referencias anteriores sobre el papel asignado, en otros lugares de Yucatán, a los *aluxes.* Unos y otros, *tatabalanes* y *aluxes,* comparten muchos rasgos y, en especial, el que ahora nos interesa destacar: ambos son «mayas», no «mayeros». O. Smailus [30] advierte sobre las numerosas semejanzas que hay entre ellos, y hay «mayeros» que utilizan, en ocasiones, ambos términos como sinónimos. Así me fue dicho: «Debes creerlo para saberlo: lo que vimos que están chiflando es los *aluxes,* son los *tatabalanes* que andan rodeando el puebo donde estamos unificados durmiendo».

El poder de las ruinas es el poder de los «antepasados» que las habitaron y el poder de los seres, *aluxes* o *balam'ob,* que, ahora, las tienen como residencia. En las ruinas encuentran los *h-men'ob* el símbolo de su poder curativo, pero de las ruinas, también, surge un aire, un «mal viento», que causa graves males a quienes se acercan descuidadamente a ellas. El poder de curar y el de enfermar procede de las ruinas. Porque la gran culebra que protege su autonomía es *X-Kukicán,* la serpiente con alas que al volar, durante la canícula, produce el remolino y extiende las enfermedades.

El poder de las ruinas se manifiesta en sus múltiples niveles de significación. Las ruinas remiten a un tiempo pasado (el de los «mayas»), a un tiempo futuro (el del Juicio) y a un tiempo presente (el de los *aluxes* y los *balam'ob*). También las ruinas crean un espacio único. Las ruinas son un espacio que no es el del poblado (de los «mayeros») siendo, sin embargo, un poblado (de los «antiguos» y de los «espantos»); los «cuyos» pueden estar en el monte o en la milpa, pero no son monte ni milpa. Son el espacio del margen, el escenario de las experiencias extraordinarias. Son, para los «mayeros», el espacio «sagrado» por antonomasia y tienen, en consecuencia, un significado ambivalente. Sólo los *h-men'ob* pueden trasladarse de un tiempo al otro, de uno a otro espacio; son ellos los que pueden utilizar el poder de las ruinas para acrecentar su propio poder y su conocimiento, lo que necesitan para su trabajo ritual.

---

[30] O. Smailus, «El concepto de los espíritus del monte *(aluxoob)* en la mitología de los mayas yucatecos modernos», *XLV Congreso Internacional de Americanistas,* 1976, vol. III, pp. 217-223.

IV. LOS ANTEPASADOS COMO OTROS

Para los «mayeros», como para muchos otros pueblos de muy diversas regiones del mundo y épocas históricas, sus «antepasados» son diferentes; les atribuyen conocimiento y poderes muy distintos, no necesariamente mejores ni peores, de los que ellos mismos poseen en la actualidad. En ausencia de una disciplina profesional de la historia, sin una historia formulada con pretensión de veracidad, las diferencias entre los hombres actuales y los anteriores se encarnan figurativamente, se concretan y particularizan, en múltiples «historias», en numerosas narraciones referidas a «aquel tiempo».

Mediante estos relatos, las diferencias entre la conducta de unos y otros hombres se hacen percepción interiorizada del transcurso del tiempo; el tiempo se hace patente en la conciencia por medio de la representación narrativa de sus efectos en la vida social. Los «mayeros» dicen que los «mayas» de la antigüedad vivían de forma diferente, sabían cosas diferentes, tenían poderes diferentes; el tiempo acabó con todo ello y se hizo polvo, ruinas.

Pero los «mayeros» —de modo semejante a otros mesoamericanos y otros amerindios— consideran que el conjunto de las diferencias con los predecesores se articulan entre sí y convergen para proporcionar un sentido singular y propio a cada época o edad, para expresar el destino diverso de los sucesivos períodos cosmogónicos. Aunque a cada edad le sea asignada una clase de seres o de «humanidad» muy diferente, los «mayeros» no son, en cuanto a la lógica empleada en esta concepción temporal, muy distintos de aquellos pensadores europeos que dividen la historia en etapas y asignan a cada una un carácter dominante con el cual la nombran y reconocen (como, por ejemplo, las etapas «teológica», «metafísica» y «positiva» de Comte, o tantas otras secuencias que han sido establecidas por las diferentes corrientes historicistas). Sin embargo, los sucesivos mundos o «soles» mesoamericanos no tienen una dirección explícita tan marcada como en el historicismo y el concepto de «progreso» no los subyace e impregna como a las filosofías de la historia elaboradas en el seno de la tradición bíblica. Son estas semejanzas las que, pese a todos los reparos que pueden hacerse a una división tajante entre ellas, permiten distinguir la llamada concepción «lineal» del tiempo de la concepción mesoamericana, impropiamente calificada como «cíclica».

En el caso de los «mayeros» no se trata sólo de que, como otros muchos pueblos, establezcan signos de diferenciación con los «antepasados»; ni se trata sólo de que, como los mesoamericanos antiguos, asignen un significado unitario a los rasgos característicos de cada época; sino que, además, los «mayeros» han reducido a dos las cuatro o cinco etapas características de su tradicional representación de la cosmogénesis y de la historia. Esta simplificación reductora, cualesquiera que hayan sido sus «causas» (hayan sido «coloniales» o de exigencia lógica), tiene el efecto (y la utilidad) de constituir una versión histórica formada por dos únicas edades que, muy fácilmente, se pueden pensar como contrapuestas; la edad de los hombres actuales es pensada por los «mayeros» como globalmente contrastada con una, y sólo una, edad del pasado. Su concepción del tiempo no puede calificarse como lineal, pero tampoco como cíclica; es una concepción dualista del tiempo en la cual el «antes» y el «ahora» se definen mutuamente, como en una pulsación. El «después», al que en estas páginas no se ha hecho referencia alguna, es apocalíptico como todos los goznes, los períodos transicionales entre un tiempo y otro; y es con relación a este futuro, pero próximo, apocalipsis como los «mayeros» construyen el desenlace del argumento de conflicto moral planteado por la confrontación entre el «antes» y el «ahora».

El dualismo temporal, entre el tiempo de «los mayas» y el tiempo de los «mayeros», no es una disyunción. El mundo de «antes», en sus fragmentos ruinosos, está, aunque de forma peculiar, vivo en el mundo de «ahora»; el pasado no ha pasado y está en el presente. En la medida en que los «antepasados» no han quedado aislados en el pasado, en la medida en que no han sido confinados al recuerdo o la memoria, el presente de los «mayeros» se hace en relación, y por la relación, con ellos. Los «antepasados» son así, no sólo diferentes sino «otros» implicados en el proceso de autorrepresentación de los «unos», de los «mayeros». Si los «antepasados» mayas estuvieran irremisiblemente muertos, podrían ser representados como sólo «diferentes», dignos de orgullo o merecedores del olvido; pero cuando están, con su autonomía y su propio poder, interviniendo en la trama de la vida personal y colectiva, entonces, son algo más que «diferentes», son los «otros», los «otros» por antonomasia. Los habitantes de Yucatán que son «mayeros» no lo son por ser «mestizos», en lugar de ser «gente de vestido» o «catrines», o por ser *macehuales* y no ser *dsules,* sino, ante todo, son «mayeros» porque no son «mayas». Es en relación a «sus antepasados», como los «mayeros» construyen el esquema central de su identidad; de la consideración de que no son «mayas», y del hecho de mantener una permanente relación ambigua de dependencia y hostilidad con ellos, nace el principal componente, tanto de su percepción de sí mismos como de su ubicación imaginaria frente a los restantes «otros», de carne y hueso, con los que se relacionan socialmente.

El que la identidad étnica de los «mayeros» esté construida (no sólo, pero sí de modo primordial) frente a «sus antepasados», deriva en una peculiar actitud colectiva respecto a la tradición («la herencia» de esos «antepasados») y, por tanto, respecto al cambio histórico. En la imagen de los «antepasados» como «otros» étnicos se encuentra la mejor explicación de la forma característica en que los «mayeros» combinan tradicionalidad y modernismo en su vida social y en su cultura; es esta imagen de alteridad conflictiva con su propio pasado lo que les permite ser «modernos» sin dejar de ser, pese a su voluntad, «mayas». La siempre sorprendente capacidad de los «mayeros» para aceptar innovaciones culturales conservando, sin embargo, la matriz referencial de su tradición histórica, es posible por su peculiar relación de alteridad con los «antepasados». Los «mayeros» son «tradicionales» porque su pasado, el de sus «antepasados», está vivo y actúa explícitamente en el presente; y son «modernos», porque esos mismos «antepasados» son representados como «otros» ante quienes hay que nombrarse e identificarse por contraste. Los «mayeros» son «conservadores», pero no para mantener y reproducir las fronteras étnicas con los «catrines» o los *dsules,* sino porque «sus antepasados» están vivos y disponen de autonomía para administrar los restos del capital simbólico de los antiguos mayas. Los «mayeros» son progresistas o «modernos», pero no porque estén inermes —económica, política o simbólicamente— ante las innovaciones, sino porque «sus antepasados» son «otros» y, en numerosos sentidos, son su contramodelo. (Afirmaciones que, claro está, no implican un juicio negativo ni de la existencia de fronteras étnicas en Yucatán ni de la situación social de «dependencia» de los «mayeros», pero sí implican conceder un significado heurístico subordinado y poco relevante a tales proposiciones.)

Si —como se muestra en otros trabajos de este mismo volumen— las imágenes étnicas mutuas orientan la acción interétnica y sirven, por tanto, como clave (en Do, o en Re,...,) de la aculturación, la imagen de los «antepasados», a diferencia de las anteriores, es lo que permite formular el *tempo* (*maestoso, allegro* o *vivace,...*) del cambio cultural en la historia. Si pueden emplearse los conocidos términos de la polaridad levi-straussiana entre «historia fría» e «historia caliente», los «mayeros» estarían insertos en una historia «tibia», «templada». Es mediante la representación imaginaria que construyen de «sus antepasados» como los «mayeros» controlan la «temperatura» de su historia.

17. CONCIENCIA DE SÍ MISMOS Y DE OTROS ENTRE LOS KAINGÁNG, KAMAIURÁ Y «CINTA LARGA»

CARMEN JUNQUEIRA

Universidad Católica de São Paulo

I. UNA PRIMERA APROXIMACIÓN AL TEMA

Estudiar la autoimagen indígena y la dinámica de su formación en el contexto actual supone sin duda un doble desafío. Si es relativamente fácil definir qué es la autoimagen en términos abstractos, no ocurre lo mismo cuando se trata de elaborar su construcción a partir de datos empíricos.

Los etnólogos saben de antemano las dificultades que implica el tratamiento de semejante tema, pues muy raramente las informaciones conducen de modo directo a la construcción de un cuadro claro del yo individual o social. En la mayoría de los casos, los caminos para esta elaboración se inician en la captación de la cosmología del grupo [1] y terminan en la concepción de la persona [2]. Si en el primer tipo de problema se trabaja con elementos considerados constitutivos del universo, en el segundo la atención se dirige hacia la comprensión de las instituciones y de las representaciones. En ambos casos el camino se muestra tortuoso, no sólo debido a la amplitud del campo de observación y análisis, sino también por las disyunciones que, para el observador externo, acompañan la propia lógica de estas sociedades. La aventura intelectual de estudiar la autoimagen de un pueblo significa, así, zambullirse profundamente en sus categorías y tomar consciencia de las representaciones que unifican su universo.

---

[1] S. Lallemand, «Cosmologia, Cosmogonia», en M. Augé, *A construçao do mundo,* Lisboa, Edições 70, 1978, pp. 25-42.

[2] F. Michel-Jones, «A noção de pessoa», en M. Augé, *A construçao do mundo,* Lisboa, Edições 70, 1978, pp. 43-68.

León-Portilla, M.; Gutiérrez Estévez, M.; Gossen, G. H., y Klor de Alva, J. J. (eds.), *De Palabra y Obra en el Nuevo Mundo,* vol. 1, *Imágenes interétnicas,* Madrid, Siglo XXI de España, 1992, pp. 443-462.

En la práctica se suelen interponer algunos problemas antes de que se tenga acceso al hallazgo. ¿Cómo evitar, por ejemplo, el peligro de trabajar con proyecciones contingentes, disparadas en situaciones momentánes y pasajeras? Quienes acompañan las producciones culturales de un mismo grupo durante varios años no dejan de constatar fluctuaciones de este tipo. Ocasiones en que las imágenes se invierten, como por encanto, para retornar lentamente apenas al flujo más regular del imaginario. ¿Cuál es el peso de estas «pesadillas» en la consolidación de la autoimagen?

Sólo un estudio prolongado puede ofrecer alguna garantía para la selección de los caminos más seguros, con la condición de que el propio antropólogo indague en sí mismo: ¿cómo me veo? ¿quién soy yo? ¿qué imagen estoy proyectando de estos desconocidos? [3].

II. CONCEPTO DE LA AUTOIMAGEN

Aunque siempre existe un riesgo al formular ciertas definiciones breves, creo que no es erróneo definir el concepto de la autoimagen de un pueblo como el cuadro que se constituye a partir de atributos sociales legitimados por la tradición y actualizados en la vida cotidiana. Es un proceso que se inicia en las primeras etapas de socialización de la vida comunitaria y que tiene como contrapunto la existencia concreta y, también, la imagen de pueblos vecinos, aliados o enemigos, que pueblan el contexto social más amplio.

Este cuadro aparece con cierta claridad en los estudios etnográficos realizados en sociedades indígenas que viven en regiones que, por razones históricas, son relativamente estables, protegidas del impacto directo de la economía nacional, y que no experimentan cambios bruscos o constreñimientos irreversibles. En estas condiciones, resulta posible delinear el sistema conceptual que orienta la formación de la autoimagen, así como los vínculos que ésta mantiene con el saber que abarca el universo humano y natural.

---

[3] El mecanismo de proyeccion que acompaña los actos de cognición y percepción fue utilizado como principal instrumento de análisis en un estudio de Gambini sobre los jesuitas misioneros y los pueblos indígenas en el Brasil del siglo XVI. Se trata de una valiosa contribución de la psicología junguiana a la comprensión de los fenómenos involucrados en la confrontación del hombre con lo desconocido (*O espelho indio —Os jesuitas e a destruição da alma indígena*, Río de Janeiro, Espaço e Tempo, 1988).

Esta nitidez, sin embargo, desaparece cuando fuerzas exteriores imponen transformaciones en el estilo de vida de la comunidad subvertiendo el orden anterior. El yo se enfrenta a muchos otros y la alteridad gana mayor complejidad. En la tentativa de comprender este nuevo horizonte, el mayor desafío es desvelar la ambigüedad que la imagen de este otro ofrece, y también, entender su comportamiento e intenciones. Si él es denominado blanco, civilizado, dominador, patrón, la sociedad indígena se esfuerza por conocerle y sustituir su identidad cambiante por un cuadro de contornos más nítidos. Debido a la carencia de datos consistentes para conocer la dinámica de la sociedad invasora, los indios sólo pueden trabajar con informaciones contingentes, heteróclitas y particulares. En estas condiciones, el resultado puede ser la proyección de imágenes desfasadas de la realidad, ya sea por fuerza de la naturaleza de los esquemas cognitivos indígenas o por las contradicciones vividas en este nuevo contexto.

III. DATOS DE UNA TRAYECTORIA

Un ejemplo que muestra el marcado contraste entre la postura de un pueblo en las etapas iniciales del encuentro con el otro desconocido y su autoimagen, varias décadas después, nos es ofrecido por un grupo indígena del Estado de São Paulo: los kaingáng [4].

A partir de 1850, los indios kaingáng fueron alcanzados por la expansión agrícola y por el trabajo misionero, para, finalmente, a principios de siglo, ser asediados por una vía férrea que cortaba su territorio. Su poder de resistencia fue notable hasta que fueron exterminados por expediciones armadas. En 1912, un plan de pacificación pone fin a los conflictos, dando lugar al diálogo entre los kaingáng y los funcionarios del Servicio de Protección a los Indios (SPI) [5].

---

[4] S. H. S. Borelli, «Os kaingang no Estado de São Paulo: constantes históricas e violência deliberada», en S. H. S. Borelli *et al.*, *Índios no Estado de São Paulo: Resistência e transfiguração*, São Paulo, Yankatu Editora e Comissão Pró-Índio de São Paulo, 1984, pp. 45-82.

[5] El Servicio de Protección a los Indios (SPI), fundado en 1910, fue el primer órgano federal de la República encargado de las cuestiones indígenas. En 1967, fue

En la etapa inicial de contacto, conservaban alguna disposición guerrera, la autoconfianza y el vivo orgullo de ser indios. Creían haber amansado a los blancos hasta el punto de declarar bondadosamente uno de sus jefes: «No tengan miedo, nosotros los protegeremos».

Después de dos años de contacto amigable, un funcionario del SPI decidió llevar a tres jefes kaingáng a la ciudad de São Paulo:

> Entraron en el vagón y tomaron asiento, mostrándose locuaces y alegres mientras atravesaban la selva. Al llegar a la primera estación, mientras observaban el vaivén de los pasajeros que embarcaban y desembarcaban, todavía intercambiaban comentarios. Las estaciones se fueron sucediendo, cada una más llena de gente, porque ya entonces recorrían regiones más densamente pobladas. Una tristeza y un abatimiento cada vez mayor se fue apoderando de los indios; dejaron de hablar, ya no respondían a las preguntas del pacificador. Así, pasmados, se bajaron en São Paulo. [...] Ahora conocían en toda su extensión cuán insignificantes eran frente a la inmensa tribu de los blancos. [...] Desde entonces, el prestigio que atribuían a los blancos pasó a ser de tal orden, que ningún valor tribal pudo subsistir. Habían aprendido que nada podían frente al blanco, sino entregarse inermes a su dominio [6].

En 1976 y 1977, como parte de una investigación más amplia sobre comunidades indígenas de São Paulo, los kaingáng fueron entrevistados. Uno de los objetivos del estudio era captar la visión que las comunidades tenían de su propia situación y de la sociedad brasileña. Fue una etapa difícil del trabajo conseguir que hablaran abiertamente. Callados, envueltos en un silencio de ideas y conceptos, temerosos de ver caer sobre sí la censura del civilizado, ocultaban sus proyectos, sus representaciones. Poco a poco decidieron exteriorizar lo que pensaban, pero en fragmentos. De este discurso fragmentado, marcado por silencios y por enajenación, fue posible organizar el relato que, para los propósitos de la investigación, sirvió de base a un diagnóstico preliminar de la situación.

De la misma manera que los kaingáng fueron también estudiados los grupos terena y guaraní [7], que igualmente revelaron las marcas

---

suprimido y sustituido por la Fundación Nacional del Indio (FUNAI) que es, actualmente, el órgano responsable de la ejecución de la política indigenista brasileña.

[6] D. Ribeiro, *Fronteras indígenas de la civilización*, México, Siglo XXI, 1971, p. 120.

[7] L. H. Rangel, «Vida em reserva», en S. H.S. Borelli *et al.*, ob. cit., pp. 83-122.

y cicatrices dejadas por el impacto del encuentro con el blanco. Las tres comunidades se encontraban, en mayor o menor grado, paralizadas por la serie de agresiones recibidas y retenían apenas la faz represiva de la sociedad nacional y de sus instituciones [8].

En un encadenamiento circular, creen que la justicia contempla apenas a los virtuosos, tocándole a la ley velar por la necesaria seguridad e impedir que se cometan faltas. Aquí interviene la policía, que no sólo ejecuta, sino que también hace la ley; es casi un simulacro del «cacique que orienta al pueblo». Su misión es capturar a los culpables y decidir sobre lo correcto y lo incorrecto; es, ante todo, guardián de la justicia. Justicia, ley y policía, expresiones del mundo blanco, conocen la verdad, y están de tal forma distanciadas de los indios que a éstos no se les ocurre que sean hombres sus autores. En sus mentes «tener derecho» es la prerrogativa de los que no cometen errores: «si andamos cometiendo errores no tenemos derecho». El derecho contempla a los que obedecen, y como la ley no crea derechos, sino que muestra errores, si se procura no errar, no se necesita la ley. El gobierno, especie de entidad abstracta, hace las leyes, que los hombres deben seguir.

Generalmente, los indios desconocen no sólo las instituciones y el funcionamiento de la sociedad nacional, sino también sus propios derechos instituidos por el Estatuto del Indio. No hay indio que sepa explicar con convicción de quién es la tierra donde habita y, cuando cree que le pertenece, al menos por una razón histórica, se acuerda que es también de la FUNAI (Fundación Nacional del Indio). En relación con la defensa del territorio que les abriga, la actitud aguerrida de unos pocos —dispuestos a luchar para garantizar los límites de la tierra— contrasta con la pasividad de los que apelan a los canales burocráticos. Aunque no haya litigios en relación con las tierras, no deja de ser inquietante la desproporción entre aquellos que dicen: si las tierras fuesen invadidas «reuniría a la gente y les echaría, aunque no existiera la FUNAI, iría a pelear y a enfrentarme» porque la «tierra es de los indios y, si viene algún extraño, la indiada lo mata», y los muchos que declaran que la solución más adecuada sería: «comunicárselo al jefe de la oficina y esperar lo que nos mande hacer», o hasta «mandar un telegrama a la FUNAI».

---

[8] CESIND, «Relatório de actividades», São Paulo, mímeo, 1978, pp. 27-40. Agradezco a los colegas doctora Betty Mindlin, doctor Edgard de Assis Carvalho y doctor Roberto Gambini, que junto conmigo elaboraron esta relación, el permiso para reproducir la sección sobre «Representaciones».

En relación con el trabajo, la noción de los indios sobre los derechos derivados de éste es también escasa. Creen que las vacaciones y el descanso semanal remunerado son únicamente privilegios de funcionarios y habitantes de la ciudad. Interpretan sus relaciones con los terratenientes y patrones como si estuviesen fundamentadas en las obligaciones morales. El acuerdo que pactan con el patrón define los límites de sus derechos y obligaciones; y están seguros de que sin el patrón no podrían sobrevivir: «si el patrón no da empleo, el empleado no come, no puede vivir», «si no existiera patrón, no existía dinero».

Ser libre implica la ruptura de la monotonía de lo cotidiano: trabajar hoy, mañana pescar. Sueño distante que sólo la memoria tribal tiene el privilegio de experimentar. Despreocupados, idealizan la vida en la selva, donde cazar no era trabajo, pescar era una diversión y el resto era miel, flor de palmera y fiestas. Pero la selva se acabó, vinieron las haciendas y, en medio de éstas, las reservas. Los animales desaparecieron y hoy la caza es remunerada. El pescado se compra, ya no se vive sin sal, la ropa se compra a plazos y los alimentos en el almacén. Lejos de lo que era, y sin lograr ser lo que podría ser, salvo en un ambiente de pobreza, la comunidad se debate entre el apego a una identidad que se pierde en un pasado oscuro, «en los tiempos en que el indio vivía en el monte», y en la desconfianza, consolidada por la experiencia de la debilidad y la discriminación, de que su modo de ser no es el más apto para permitirle una ascensión social, como se ve en la ciudad, donde el indio podría abandonar el salario del cultivo de la tierra y entrar en el mundo de los que «trabajan en la sombra». Se añade a todo el orgullo herido: «el civilizado cree que indio tiene tierra y no trabaja. Pero nosotros no tenemos máquina como ellos tienen. La mayor vergüenza es trabajar tanto y producir casi nada».

El civilizado, dentro de una visión genérica, es considerado bueno, con más estudios, más rico. En la medida en que se refieren a personas con quienes mantienen un contacto regular y para quienes guardan criterios más objetivos, esta visión se desvanece a causa de la agresión que sufren y de las actitudes discriminatorias de las que son víctimas. Así, los funcionarios de la oficina, los terratenientes, las profesoras y las personas de ciudades vecinas son muchas veces definidos como aquellos que consideran al indio vago, perezoso, infantil, irresponsable, sucio e insubordinado. Esta visión corresponde, sin exageración, al concepto que del indio se tiene en la región.

Bajo el impacto de estas discriminaciones vive el indio, ya sea en su reserva o en la región, imposibilitado de encontrar amparo para la construcción de una autoimagen con la que pueda afirmar su valor como trabajador. Sin lograr apoyarse en un pasado cuyo recuerdo se torna cada vez más descolorido en su memoria, y en el que podría reencontrar el orgullo de ser heredero de un pueblo que en otros tiempos construyó una vida cultural rica y creativa, se ve con los ojos del blanco, como indio manso: un extraño en su propia tierra.

Las características del material presentado no posibilitan el delineamiento de un cuadro que refleje las estructuras cognitivas de los kaingáng, de los terena y de los guaraníes como miembros de culturas diferenciadas. Desde las amplias clasificaciones antropológicas hasta los detalles etnográficos, los tres grupos étnicos pertenecen a grupos lingüísticos distintos [9], son herederos de organizaciones sociales igualmente diferentes y tuvieron trayectos propios desde su inserción en la sociedad brasileña [10]. No habría una explicación razonable que deslindara el secreto de la similitud que muestran sus declaraciones, si un factor común no las hubiera afectado a todas ellas. Me refiero al universo poblado de represiones que sofocó en estas gentes el libre ejercicio de categorías anteriores de pensamiento, en favor de mecanismos reflejos de autodefensa y supervivencia [11]. La voluntad de libertad que poseen la viven en el plano de la utopía, del sueño pasado. La palabra que podrían pronunciar fue adormecida por la larga privación de libertad, y su comportamiento en la reserva es disciplinado por la palabra del otro.

---

[9] A. D. I. Rodrigues, *Línguas brasileiras,* São Paulo, Edições Loyola, 1986.

[10] E. de A. Carvalho, *As alternativas dos vencidos: índios terena no Estado de São Paulo,* Río de Janeiro, Editora Paz e Terra, 1979; B. Meliá, «El modo de ser guaraní en la primera documentación jesuítica (1954-1639)», *Revista de Antropología,* vol. XXIV, São Paulo, 1981, pp. 1-23.

[11] Para una visión general de la cuestión indígena en Brasil, véanse: D. Ribeiro, ob. cit.; S. H. Davis, *Víctima do milagre: O desenvolvimento e os índios do Brasil,* Río de Janeiro, Zahar Editores, 1978; M. P. Gomes, *Os índios e o Brasil,* Petrópolis, Editora Vozes Ltda., 1988; C. Junqueira y E. Paiva, «La legislación brasileña y las poblaciones indígenas en Brasil», en R. Stavenhagen, *Derecho indígena y derechos humanos en América Latina,* México, El Colegio de México, Instituto Interamericano de Derechos Humanos, 1988, pp. 243-269.

IV. EL UNIVERSO ḲAMAIURÁ

Con datos de campo recopilados durante cerca de seis años, fue posible articular aspectos de la visión del mundo de los indios kamaiurá del Brasil central. Contactados al final del siglo pasado [12], permanecieron relativamente aislados hasta 1946 [13], y hasta el día de hoy su estilo de vida se compone de muchos de los patrones tradicionales, aunque bajo constante amenaza, ya que sus tierras ofrecen crecientes atractivos a la economía brasileña.

El héroe cultural *Mavutsinín* creó al mismo tiempo al kamaiurá y al civilizado. Una de las versiones los equipara como gemelos: el indio nace primero y, después, enseguida, el civilizado. Otra de las versiones establece que la sangre del primero es vertida sobre el civilizado, reafirmando su íntimo vínculo. Cuando ambos se hicieron adultos, *Mavutsinín* hizo un arco negro y un arma de fuego y ordenó que el kamaiurá escogiera el que más le gustara: «Tú puedes escoger aquélla, mi nieto», habló el héroe señalando hacia el arma de fuego, pero el kamaiurá se quedó fascinado por el arco negro, quedándole al civilizado escoger el arma de fuego. Airado por el hecho, *Mavutsinín* determinó: «Tú, civilizado, te vas lejos, tu hermano se queda por aquí mismo». Antes de que partiera, el creador le dio el puerco, el arroz, la grasa, el ladrillo, el machete y una lista interminable de bienes. El indio recibió el pescado y el *beijú,* las tortillas de mandioca o maíz.

De un acto de creación semejante, surgieron los representantes ancestrales de los diversos grupos aliados que habitan la región: Kalapálo, Kuikúro, Awetí, Yawalapití, Waurá, etc. Los enemigos potenciales tuvieron otro origen: son hijos de la serpiente y por eso son bravos.

Mavutsinín creó el mundo para los buenos, para que vivan en armonía [14].

---

[12] Véase K. von den Steinen, «Entre os aborígenes do Brasil Central», *Revista do Arquivo,* vols. XXXIV a LVIII, São Paulo, 1940.

[13] E. Galvão, «Apontamentos sobre os índios kamaiurá», en E. Galvão, *Índios e brancos no Brasil. Encontro de sociedades,* Río de Janeiro, Editora Paz e Terra, 1979, pp. 17-38.

[14] El testimonio que sigue fue grabado en la lengua kamaiurá y posteriormente traducido. Se intentó transcribir las ideas sin alterar demasiado el estilo de la narrativa. Los procedimientos metodológicos y la selección de los entrevistados están expuestos en C. Junqueira, *Os índios de Ipavu,* São Paulo, Ática, 1975.

Jaguar existe para quedarse en el monte, para comer animales y para adornar el bosque; pájaros existen para quedarse en el árbol, para ser criados y para dar plumas y, algunos, para comerse; pez, para quedarse en la laguna a la espera de quien los quiera pescar. Historia existe para ser contada por los viejos, para que no se olvide lo que pasó, para que se conozca cómo se hacen las cosas; en fin, para no acabar. Gente sirve para quedarse de pie, cortejar, casarse y tener hijos.

Hombre trabajador, que sabe pescar, cazar y preparar el terreno para el cultivo debe casarse en seguida que tenga su propio pedazo de tierra. Casarse para que la mujer trabaje para él, arrancando mandioca, haciendo comida y red. Hombre y mujer también se casan para cortejar, tener experiencias afectivas más profundas. Para mujer casarse es bueno: hombre caza, pesca, trabaja la tierra y ayuda al suegro.

Es bueno tener hijos. No muchos. Mucho hijo acarrea gran gasto de comida. Mucho hijo significa mucho trabajo. Trabajar es como comer, siempre se hace y despacio. Quien come de prisa se traga la espina, quien trabaja muy ligero puede hacerse daño. Trabajar despacio no es tener pereza.

Aquel que trabaja mucho, tiene mucho, tiene cosa para guardar. Pero guardar todo no es bueno. Se debe dar regalos para amigos, parientes. Sólo las personas malas guardan todo, no dan a los amigos, a los hermanos. Con capitán [líder] es diferente: él debe dar todo lo que recibe, distribuir por la aldea. No debe dar mucho para indio de otra aldea. En el trueque es bueno que todo sea igual: si doy cosas bonitas para mi amigo y él me da poca cosa, lo encuentro ruin. Es bueno dar y recibir cosas bonitas.

Cuando indio muere su alma va a la aldea de las almas. Cada tribu tiene su aldea propia, réplica de la aldea terrena. Muchos kamaiurá ya murieron, por eso su aldea es grande, con muchas casas. Allá la vida no es como aquí: las almas andan siempre adornadas, no trabajan, sólo bailan, juegan fútbol. Cuando alguien muere debe ser enterrado con todos los adornos que tiene, para que permanezca siempre adornado. Allá no se come pescado o *beijú*. Se come grillo, cucarachas. No hay machete de piedra, diente de piraña, porque el alma no trabaja. Dicen que *caraib* [civilizado] también tiene su aldea de las almas. Pero las almas kamaiurá no se encuentran con almas *caraib*. Dicen que alma de indio no sabe que existe *caraib*, no conoce cuchillo de caza, *miçanga*, cuchillo [...] nada de eso.

Abuelo *Mavutsinín* hizo kamaiurá y civilizado iguales, con la misma sangre. Ambos tienen mucho en común, les gusta, por ejemplo, ponerse bonitos. Por eso civilizado usa ropa e indio se pinta con *urucú*. Por eso ellos parecen diferentes: civilizado se queda blanco e indio, quemado por el sol, se pone negro. Este color tiende a perpetuarse porque civilizado se queda en casa, mientras que indio anda mucho bajo el sol, por el monte. Como hay mucho mosquito, indio siempre se protege con aceite de *piqui* y *urucú*. *Urucú* ensucia la gente e indio siempre está sucio. Así, civilizado permanece bonito, blanco y limpio. Si indio usara camisa seguramente se pondría blanco como civilizado. Antiguamente cuando no había civilizado, la ropa no gustaba. Pero ahora que civilizado apareció, a indio le empezó a gustar usar camisa, pantalón, porque mosquito no pica cuando se usa ropa.

No todos los civilizados son bonitos. Hay feos: aquellos que no son blancos, los negros con pelo muy rizado. Hay civilizado diferente: calvo, barbudo, pelo rizado, pelo blanco, rubio. Hay civilizado muy parecido a indio: es japonés. Tiene pelo y ojos iguales a los del indio. Es posible que japonés no sea civilizado en su origen, tal vez sea indio que se volvió civilizado.

Como *Mavutsinin* se puso muy bravo con kamaiurá, le dio apenas hierba de cogón para construir casa, al civilizado dio ladrillo. La casa de *caraib* es muy fuerte, muy bonita y limpia. La del indio es débil y sucia. Indio no limpia, indio es mismamente así. Pensándolo bien, civilizado ya no es como indio. Es muy diferente. *Caraib* vive de forma diferente al indio no sólo porque tiene máquina. También trabaja diferente. Trabaja para conseguir ropa, para comprar cosas. Indio no, trabaja sólo para él, para mujer e hijo. No trabaja para otro. Trabaja poco. Es mejor trabajar como indio. *Caraib* trabaja demasiado: va a trabajar, a las once mira el reloj: ya es hora de irse. Come. Al mediodía mira el reloj: ya es hora de regresar a trabajar. Trabaja. Mira el reloj: es muy tarde, hora de regresar a casa. Está cansado y tiene hambre. Trabaja mucho así porque tiene mucho que hacer. Indio no. Trabaja sólo una vez. Va al campo, cuando siente el sol caliente regresa en seguida para comer *beijú*, papilla de mandioca y pescado. Kamaiurá come mucho, más que *caraib*. Come todas horas, el día entero.

Existe mucho *caraib*, más que indio. Antiguamente había mucho indio. Pero había también mucho indio guerrero, bravo, que siempre atacaba kamaiurá. Indio moría peleando. Después apareció enfermedad y mató casi todo. Hace mucho tiempo, la piedra gritó. *Mavutsinin* dijo a los kamaiurá que respondieran. Kamaiurá no respondió. Sólo respondió al grito del palo. Por eso muere pronto, cualquier enfermedad acaba con kamaiurá. *Caraib* es más fuerte, muere viejo.

A kamaiurá le gusta *caraib* por las cosas que tiene, le gusta también por medicina. *Caraib* tiene todo. Es bueno trocar con él. A kamaiurá le gusta hacerse amigo de *caraib*, recibir regalos. Existe indio en Ipavú que no le gusta mucho ver *caraib:* creen que *caraib* trae más enfermedades que regalo y por eso no quieren ni siquiera hacer amistad con civilizado. «A mi padre no le gustaba civilizado. Decía que cuando *caraib* no aparecía por aquí se vivía bien, sin enfermedad.» Hoy nos gusta *caraib* a causa de anzuelo, munición, ropa. A indio sólo no le gusta cuando civilizado no trae nada o cuando trae muy poquito. Los que pelean con civilizado son solamente txukarramãe, kayabí, jurúna, suyá. Matan civilizado para cogerle armas de fuego. Sólo piensan en despojar a civilizado de estas riquezas. Hace mucho tiempo que ellos hacen esto y cada vez que civilizado se enfada, los mata también. *Caraib* es siempre más bravo que indio. Lo más feo que puede hacer *caraib* es venir aquí y tomar nuestra tierra. No nos metemos en su tierra [...] no hay motivo para que se metan en la nuestra.

Algunos indios piensan que civilizado viene a la aldea sólo para trocar. Indio no quiere trocar más con civilizado. Arco, flecha, adornos, están acabando. Da mucho trabajo hacer arco, penacho. [...] Penacho es sólo para fiesta. Indio no quiere trocar más. Civilizado quiere trocar red por camisa rasgada, peine, porquería, no es posible. A indio no le gusta trocar porquería. Cuando se cambian cosas buenas, a todos les gusta. La oficina (de FUNAI) es diferente. Fue creada para amansar indio: txicão, kayabí, jurúna, txukarramãe para evitar que altoxinganos fueran atacados. La oficina fue creada también porque a los jefes de la oficina les gusta indio, no quieren ver indio muriendo, indio enfermo. Por eso la oficina da medicina, herramientas, llama médico para aumentar el número de niños en la aldea. A indio le gusta mucho la oficina, pues indio necesita mucho machete, cuchillo de caza, hoz, medicina. Algunos dicen que la oficina sirve para cuidar indio, para impedir que civilizado venga aquí y tome esta tierra. Es posible, ya hay mucho civilizado por aquí. La verdad es que la oficina también sirve para curar enfermo. Indio enfermo corre para allá para ser curado. *Payé* [chamán] también sabe curar enfermedad, pero demora mucho. Oficina cura rápido. Y hay más: a *payé* es necesario pagar [...] en la oficina no se paga. Se da alguna cosa, una vez que otra, y él ayuda indio también. La oficina tiene todo que indio necesita.

Fue *Mavutsinín* quien dio dinero a *caraib*. Y cuando las personas quieren dinero, trabajan por dinero. Indio no. Kamaiurá tiene arco negro que también es como dinero. Cuando alguien quiere arco bueno entonces ayuda a otro en el trabajo. Arco y dinero, aunque diferentes, sirven para las mismas cosas. Pero dinero no vale nada en el monte, sólo en la ciudad sirve para trocar. Quien trabaja mucho tiene mucho dinero, quien trabaja poco tiene poco. *Caraib* trabaja y jefe paga. Indio es la misma cosa: quien no trabaja tiene poco, quien trabaja tiene más collar, escarapela.

Es bueno vivir como indio, como se vive ahora. Antiguamente había mucho hechicero. Los niños de hoy vivirán, cuando adultos, como indio, esto es, como se vive hoy y como se vivió siempre. Si quieren vivir como *caraib* entonces siempre usarán camisa, ya no sabrán luchar ni cultivar la tierra ni pescar. A indio no le gustaría cambiar: nació indio, vive como indio.

Es bueno que *caraib* viva en la ciudad e indio aquí. Si todo *caraib* viviera aquí no sería bueno. Kamaiurá vive mejor que civilizado. Vive muy bien: baila, se pone *urucú,* usa collar, trabaja bien, trabaja a la hora que quiere, duerme a la hora que quiere. La vida de civilizado es dura, más dura que la de indio.

El encadenamiento del texto kamaiurá es bastante visible: uno de los énfasis del proceso de socialización se centra en el desarrollo de la generosidad. Las personas mezquinas son débiles, dependientes o hasta malas, en oposición a la imagen del donador generoso, cualidad inherente a los cargos de jefatura. El gran hombre para ser pródigo necesita igualmente ser trabajador, pues así podrá cubrir las necesidades de su familia y atender las debilidades de los dirigidos.

La jefatura le confiere distinción social al individuo, pero es al mismo tiempo una carga pesada, al colocar a su ocupante en la incómoda posición de tener siempre que atender las peticiones de donación. Por otro lado, el mismo imperativo que hace que el jefe acumule, actúa en el sentido de anular la posibilidad de acumular riquezas, forzando una constante redistribución. Así las personas con prestigio son virtualmente las más ricas y las más pobres de la aldea. No pueden ostentar la riqueza como emblema de su posición, a no ser que se interrumpa el flujo de donaciones y, consecuentemente, pierdan prestigio.

Donar es un ejercicio de generosidad, pero también de poder. Por esta razón cuando dos jefes se encuentran, el ofrecimiento de regalos es siempre recíproco: signo de la igualdad entre ambos. Lo mismo ocurre entre personas comunes en las relaciones usuales de trueque, que deben ser equilibradas en cuanto a los valores intercambiados, pues el deudor siempre estará en posición subalterna.

El civilizado es visto como socio prometedor, dueño de muchos bienes. Como ya vimos, en el acto de la creación *Mavutsinín* distribuyó una cantidad desigual de objetos entre ellos. Esto hizo que los civilizados llegaran a tener más riqueza material y que también se vieran obligados a trabajar más para reproducirla. Su mayor empeño en el trabajo es consecuencia de la desigualdad inicial.

Así, el kamaiurá no acepta pasivamente la denominación tan común en Brasil de que el indio es perezoso. Reacciona y además explica las verdaderas razones del ritmo diferente de trabajo. Pero se nota que poco a poco algunas discriminaciones son incorporadas en su imagen de pueblo. No sólo el color de piel oscuro, sino la noción de la falta de limpieza parecen insinuarse en su universo. Aunque ambas sean fruto de las acciones del héroe civilizador, parecen constituirse de forma negativa.

En las interpretaciones más abstractas que hacen de la sociedad brasileña, los kamaiurá trabajan con analogías no siempre adecuadas. Éste es el caso, por ejemplo, de la noción sobre la moneda y el valor del trueque. Tampoco analizan con claridad la relación que mantienen con la oficina indígena, que conciben como gran donadora de bienes sin cuestionarse la posición subalterna que les toca dentro de esta relación.

Hasta el día de hoy los kamaiurá parecen mantener una autoimagen positiva, lo cual les ha garantizado una vida comunitaria bastante integrada. Mientras tanto formulan un proyecto de vida que conjuga en el mismo plano el mantenimiento de valores tradicionales y el deseo de una interacción pacífica entre economía tribal y economía de mercado.

En 1984, después de una serie de conflictos con haciendas vecinas, los indios txukarramãe lograron recuperar parte del territorio anteriormente perdido. Desde entonces uno de sus líderes comenzó a dirigir el Parque de Xingú, colocando sólo a indios en la jefatura de las oficinas indígenas de la zona. Para los kamaiurá el director del Parque no era un igual, sino que pertenecía a los pueblos hijos de la serpiente. Por mera coincidencia, las oficinas indígenas redujeron el flujo de donaciones y, como consecuencia, los kamaiurá empezaron a mantener un diálogo directo y estrecho con la Fundación Nacional del Indio en Brasilia, donde obtenían recursos para la implantación de sus proyectos. Y, hoy en día, su imagen tiene un lugar destacado en la cínica propaganda gubernamental, donde son mostrados como ejemplo de la política indigenista, engañando a la opinión pública, mientras prosigue el genocidio.

V. CAZADORES Y GUERREROS

La suavidad que el proceso de socialización kamaiurá sugiere contrasta en muchos aspectos con lo que ocurre entre los «cinta larga». Para el kamaiurá, el objetivo es estimular en el individuo el paso de la etapa del deseo de omnipotencia infantil en dirección a patrones de altruismo y generosidad. Hacer que el niño comprenda las limitaciones de las actitudes egocéntricas y se convierta en un ser adulto apto para recibir recompensas sociales. Es una apertura hacia afuera de sí mismo, dirigida al conocimiento del otro, del mundo y también de las autolimitaciones.

En cierta forma, los «cinta larga» se mueven en la misma dirección, pero utilizando métodos diferentes. Desgraciadamente no disponemos de testimonios más completos que sirvan de ilustración, sino sólo de datos compilados entre 1979 y 1985, cuyo análisis presentamos a continuación.

Viven ellos en la selva amazónica, en el noroeste del Mato Grosso, en moradas dispersas con patrilinajes. Son cazadores por excelencia y tuvieron hasta hace poco tiempo una existencia salpicada de disputas intertribales y embates guerreros contra grupos enemigos y los campamentos del invasor blanco. Temidos en la región, llegaron a tener contacto más regular con funcionarios del servicio federal de asistencia a partir de 1972 [15].

En líneas generales, la formación del individuo tiene el siguiente desarrollo: después del nacimiento, el niño continúa estrechamente ligado a la madre, como si todavía formara parte de su cuerpo. Hasta los tres o cuatro años es su compañero inseparable, e incluso cuando tiene la fuerza suficiente para andar y correr, recurre con frecuencia a la cómoda situación de ser cargado. Siempre adornado con collares, pulseras y plumas, circula por los alrededores de la casa y del río con seguridad y orgullo. Bonito y mimado, hace valer sus caprichos, pero desde temprano aprende a temerle al *Pavú,* ente amenazador que vaga por el monte, al mismo tiempo que aprende a defenderse de otros peligros. En esta fase es interesante su relación con los padres. Algunas veces pude presenciar a la madre impaciente por sus caprichos darle una palmada; sin pestañear, el niño le respondía con rabia e indignación. También ocurría lo contrario, las mordeduras eran contestadas con un golpe u otra mordedura, quitándole estímulo a los nuevos ataques del agresor.

Es notable el contraste entre la primera fase de la infancia y el período que le sigue, cuando se juntan en pequeños grupos de niños en los juegos y paseos por los alrededores de la aldea. Son bandos incansables que exploran y desafían los peligros del monte y del río. La emancipación de la tutela de los padres es notable, dando la impresión de constituir seres capaces de sobrevivir por cuenta propia. Salen de casa al amanecer y regresan al final del día, contentos y alimentados. Cada vez aparece más nítido que el desafío al que se les enfrenta es el de aprender a defenderse. Defender la integridad

---

[15] Los diversos núcleos «cinta larga» establecieron contacto con miembros de la sociedad nacional en diferentes fechas, siendo posible —incluso hoy día— la existencia de grupos aislados. Los datos que presentamos se refieren a los moradores de Sierra Morena, en el río Arapuaná: véase C. Junqueira, «Os cinta larga», *Revista de Antropologia,* vols. XXVII-XXVIII, São Paulo, 1984-1985, pp. 213-232.

personal en cualquier circunstancia. El resultado es la formación de una actitud desenvuelta y algo turbulenta, que mantiene la disposición de luchar contra las cosas que le desagradan.

Es en el joven, de alrededor de 16 años, donde esta postura mejor se manifiesta. Valiente, agresivo, a veces grosero y rudo, el joven «cinta larga» parece no aceptar limitaciones, imposiciones u órdenes de nadie. Sabe pedir lo que quiere directamente, sin rodeos, y en ningún momento es adulador o servil. Agrede pero acepta la represalia y, si se le molesta, reacciona inmediatamente. Con matices sutiles, que varían según la edad o el sexo, es posible decir que tal es el perfil del «cinta larga».

La etiqueta que orienta el comportamiento cotidiano del grupo revela, de forma peculiar, la valoración de la autosuficiencia. Como idealmente las personas se deben bastar por sí mismas, las relaciones están desprovistas de actitudes serviles, obsequiosas. La ayuda, por ejemplo, tiende a ser solicitada, raramente es ofrecida, incluso en el caso en que el servicio prestado sea tradicionalmente esperado, como en la relación entre yerno y suegro. Poco se interfiere en la esfera estricta del individuo, posiblemente como forma de darle crédito a la capacidad de cada uno para resolver por sí mismo las propias dificultades. De esto resulta una relación respetuosa, pero de apariencia poco gentil. Es que las personas se muestran como dotadas de igual competencia para afrontar tanto la vida en el monte como en la aldea. Se valora el esfuerzo individual como ejercicio y demostración de la autosuficiencia.

La literatura etnográfica revela que los grupos de cazadores generalmente tienen altas tasas de mortalidad, no sólo infantil sino también de adultos, y desarrollan mecanismos de reposición poblacional. La guerra ha sido identificada como uno de los recursos más antiguos para, contradictoriamente, permitir el equilibrio demográfico. Son incursiones armadas cuya finalidad es vengar ataques sufridos y capturar mujeres.

En otros tiempos, los «cinta larga» hicieron uso de este recurso. Relatos pasados mencionan agresiones intertribales, actos de venganza incluyendo o no muertes. En sus relatos, se acuerdan de ataques a otros grupos «cinta larga» declarando que se involucraban en ellos sólo para defenderse: «No robamos mujer, pero cuando otro indio viene a robar mujer, matamos. No nos gusta ladrón». Cuando se trataba de tribus enemigas, la expedición guerrera se aproximaba a la aldea con el objetivo de matar el mayor número de hombres, vengando así ataques que ellos mismos habían sufrido anteriormente. El círculo de ataques y contraataques era interminable, perdiéndose en el pasado la razón inicial que desató la enemistad y el odio mutuo. Incursiones igualmente violentas ocurrían todavía en la década de los sesenta con la finalidad de limpiar las tierras de bandidos e invasores blancos.

Todavía hoy la guerra es la primera alternativa recordada para resolver disputas de intereses con grupos vecinos, la forma segura de liquidar conflictos. En contrapartida, es constante la sospecha de un ataque sorpresa del enemigo, como si el enemigo rondara por la zona a la espera del descuido y de la distracción en la defensa de Sierra Morena. No es que el grupo se mantenga en un sobresalto perenne, sino que el asunto se apodera de las conversaciones, se incorpora a lo cotidiano, estimulando la irritación de los ánimos, por lo menos en su expresión verbal.

En los últimos años, el escenario regional ha ido alterándose rápidamente, y entre los «cinta larga» y las tribus enemigas se han formado pueblos y ciudades. Pero el valor guerrero, si no puede ser renovado en enfrentamientos directos, encuentra en el ritual una fuerza viva de expresión.

Cuando la memoria del viejo guerrero se abre a los recuerdos de otros tiempos, todos son transportados al campo de batalla:

Una joven pareja «cinta larga» caminaba por el bosque cuando fue atacada y asesinada por los indios canuires. En la aldea todos lloraron mucho y los hombres se prepararon para vengar el crimen. Antes de la partida hicieron que resonara el *berewá* [16] en forma de eco, bebieron *iwa* [17] y bailaron, haciendo rodar las flechas en su propio pecho. La fiesta fue muy bonita.

Todavía era de noche cuando partieron, y de madrugada cuando avistaron la casa de los canuires. Sin hacer ruido y atentos a cualquier movimiento, los guerreros invadieron la casa y mataron a los enemigos que dormían en sus hamacas. Ni hombres ni mujeres despertaron, murieron durmiendo. Fueron muchos. Cerca de diez. A tres de ellos, jóvenes y fuertes, les degollaron y les quitaron las tripas. Cargaron los cuerpos, limpios así, hasta la

---

[16] Canto individual de elogio a las hazañas del guerrero y el cazador. Actualmente, además de los temas tradicionales que relatan eventos relacionados con la guerra y la caza, los cantos también tratan sobre los viajes a los pueblos y ciudades de la región hechos por los «cinta larga».

[17] Bebida levemente fermentada hecha a base de mandioca, papas o maíz. Es la única bebida ofrecida en las fiestas y es muy apreciada cuando está endulzada con miel.

aldea. Los cargaron como se carga un tapir muerto, amarrados como una carga a la espalda.

La alegría se apoderó de la aldea cuando, con el sol ya alto, llegaron los vencedores. Las mujeres corrieron para encontrarlos e inmediatamente prepararon el moquem y el fuego. En seguida, los cuerpos estaban sobre el fuego. Los guerreros clavaron sus flechas en el suelo batido del patio y, uno a uno, se las ofrecieron al *zabiwai* [jefe]. Horas después, tuvo inicio el banquete ceremonial. Sólo el «cinta larga» es capaz de tal hazaña, recordó al final [18], pues es como *ip pep* [19].

En el ritual de sacrificio del *bebé aká*[20], el pasado es evocado repitiéndose los *berewá*, los pasos firmes del baile, las flautas *tuku tuku ap* y, finalmente, cuando amanece, el banquete ceremonial. La comunidad se une en la exaltación de los valores guerreros lista para retomar la rutina diaria con orgullo redoblado; fue reafirmado el contacto estrecho con los símbolos que más valoran.

Pero la valentía guerrera no es cosa del pasado o metáfora petrificada apenas en ceremonias de celebración. El «cinta larga» de hoy está seguro de su imagen y dialoga con el blanco, no como indio, característica considerada ofensiva, sino como *Kabã*, que es su verdadera autodesignación [21].

Su discurso, incluso frente a las autoridades gubernamentales, es firme y directo:

Los blancos han estado robando nuestras tierras. La tierra donde fue instalada la planta siempre perteneció a mi pueblo. En los últimos años, los blancos han estado robando tierras una y otra vez, engañando al «cinta larga» y haciendo falsas promesas. Si quieren continuar las obras, tienen que pagar [22].

---

[18] Este relato es una traducción libre del discurso indígena.

[19] *Ip* es «madera» o «palo» y *pep*, «negro». Es una madera oscura, muy resistente, utilizada en la confección de la parte superior de las flechas «cinta larga».

[20] *Bebé* es el puerco salvaje, el tapiz, y *aká* significa literalmente «matarlo». *Bebé aká* es una de las ceremonias más importantes entre los «cinta larga» y su parte principal es el sacrificio de un puerco salvaje.

[21] Hay indicios de que el término *Kabã* es una designación clánica, con filiación patrilineal, del grupo que habita la región del río Arapuanã. Los demás «cinta larga» están distribuidos en los grupos *Kakí* y *Mã*.

[22] Síntesis de un largo discurso hecho en la propia lengua por un jefe «cinta larga» en una reunión con el gobierno del Mato Grosso, a causa de un conflicto surgido por la construcción de una planta hidroeléctrica estatal en tierras indígenas.

¿Qué piensan estos indios sobre el blanco? La visión que tienen es estratificada, reconocen las cualidades y los defectos de aquellos con quienes entran en contacto. No se sabe con certeza si por desprecio o por una razón simbólica más profunda, jamás trajeron a sus víctimas blancas al banquete ceremonial. Ya se ha oído decir que su carne no es de guerrero; afirmación que tanto puede proyectar una imagen que engloba signos de contaminación como de cobardía.

Pero, de cualquier forma, hoy están dispuestos a dialogar con aquellos que se les presenten como amigos. Asumen entonces una postura de hombres de negocios en torno a una mesa de conversaciones y arreglos, definiendo de modo pragmático los términos del intercambio que les parezcan más ventajosos. De esta manera, en 1989 decidieron firmar contratos con empresas para la tala de madera de su rico territorio. Lo que reciben a cambio en estos acuerdos, lamentablemente, está lejos de beneficiar a la comunidad. Sin darse cuenta, abrieron sus bosques a la destrucción, tal vez por haber sido alcanzados por la fascinación de las mercaderías.

VI. PROCESO DE FORMACIÓN DE LA IMAGEN FRENTE AL OTRO

La imagen que un pueblo tiene de sí es proporcionada por la historia, por el proceso que engendra su propia existencia como pueblo. Incluso cuando esta imagen es enunciada a través de símbolos de difícil traducción, no tiene como origen alguna esencia, ni tampoco es la consecuencia natural de uno o más factores; siempre será el resultado de actos humanos aunque no se pueda recuperar íntegramente el recuerdo de su producción. Por esto es indispensable decir que el otro, lejos de ser exterior o contingente, es un componente interno de dicha dinámica. En los tres ejemplos anteriores, el otro siempre está presente, aunque no aparezca en la narrativa.

El otro que aquí enfocamos es aquel que figura como el blanco, el civilizado; aquel que entra en escena como el conquistador cruel, el misionero piadoso, el comerciante hábil, el funcionario autoritario, el científico comprensivo y muchos otros, intentando apropiarse de la existencia indígena. Éstos no aparecen al mismo tiempo, con la misma intensidad o frecuencia, pero acaban por saturar con su presencia el espacio original, obligando a las comunidades a reacomodaciones sucesivas y reacciones distintas.

La desproporción del poder de envolvimiento y de destrucción que preside los contactos, dificulta pero no impide la reacción indígena. A veces la comunidad intenta expulsar al invasor a través de la lucha armada o busca formas de adaptación que permitan neutralizar o evitar las agresiones más insoportables, y cuando todo le es desfavorable, se refugia en el pasado, haciendo de la utopía su escudo de resistencia pasiva y continuada. De la guerra a la destrucción, se intercalan incidentes específicos, concretamente vividos por cada comunidad y que constituyen la historia de su transcurso. Es una historia que llega a nuestros días condensada en signos, modo eficiente que las sociedades indígenas adoptaron para preservar el registro de la memoria. Éstos son comunicados a través de muchos tipos de lenguaje: la lengua hablada, las expresiones corporales, dibujos, música y una serie de recursos expresivos sutiles y de difícil percepción, como es el caso de los silencios que marcan su diálogo con el otro.

Revisando el material expuesto, es evidente que la intensidad del contacto, tanto en términos de la violencia sufrida, como en relación con la frecuencia de las relaciones con la sociedad nacional, interfiere en la visión que cada grupo elabora sobre sí mismo y sobre el otro. Al ordenar los grupos de acuerdo con estos factores, los kaingáng ocupan el punto más crítico, por haber estado envueltos en combates sangrientos, que en el espacio de 15 años redujeron su contingente poblacional cerca de un 80 % [23], y por estar aislados en una región con un importante desarrollo agrícola. Luego vienen los kamaiurá que, aunque contactados hace un siglo, viven relativamente protegidos de las relaciones directas con la economía nacional. Finalmente, los «cinta larga», de contacto más bien reciente y que llegaron a establecer relaciones de carácter mercantil apenas en la última década.

La autoimagen más despreciativa corresponde a los kaingáng que se ven como parias, ocupando una posición poco superior a la del jornalero. Se valoran a sí mismos a través de los parámetros definidos por el capitalismo: producen poco, pero son trabajadores. Los kamaiurá valorizan la cultura tradicional, pero muestran ambigüeda-

---

[23] La población estimada antes del contacto era de 1 200 indios en 1912. Ya viviendo en la reserva llegaban a los 700, y en 1916 no pasaban de 200 individuos: véanse, D. Ribeiro, ob. cit., p. 130 y L. B. H. Barbosa, «Relatórios dos trabalhos realizados pela Inspetoria do SPI em São Paulo durante o ano de 1916», *Revista do Museu Paulista,* vol. VIII, São Paulo, 1954, nueva serie, pp. 70-72.

des con relación a aspectos de la calidad material de su vida. El resultado es, entonces, una imagen positiva, pero amenazada de cerca por la incorporación de estereotipos comunes en la sociedad nacional. Les corresponde a los «cinta larga» la visión más autónoma, formulada a partir de los valores del grupo.

La secuencia no es la misma si intentamos delinear la imagen que proyectan del otro. De un modo directo, los «cinta larga» relacionan al blanco con los enemigos tradicionales —ladrones y mentirosos—, manteniendo frente a ellos una postura altiva y pragmática. Esta visión es matizada por los kamaiurá a través de operaciones que relativizan las diferencias. Pero son los kaingáng quienes captan el aspecto que mejor define el sistema, al mostrar que, aunque el otro pueda ser bueno, instruido y rico, es la represión lo que caracteriza su sociedad. La visión «liberal», que de algún modo ronda el discurso kamaiurá, no encuentra lugar en las reflexiones de los kaingáng. Sería válido decir que incorporaron la experiencia vivida, crudamente, en las propias representaciones. Pero el precio fue alto y para hacer tolerable su realidad dejaron que la voluntad del otro sustituyera su propia voluntad.

Resulta difícil aventurarse a hacer un pronóstico sobre las posibilidades de resistencia y reacción de estos pueblos, cuando se sabe que la constitución del Estado brasileño, desde la unificación territorial hasta el control político, se basó en la dominación y el exterminio de otros pueblos. Por otro lado, la movilización indígena ha crecido desde 1980 e incluso ha alcanzado alguna importancia política. Los obstáculos que hay que vencer son muchos, pero la historia ha presenciado inflexiones sorprendentes, y una imagen de sí mismo y del otro políticamente significativa puede convertirse en instrumento apropiado para indicar nuevos rumbos.

18. IDEOLOGÍA COLONIALISTA Y CULTURA NACIONAL PUERTORRIQUEÑA

EDNA ACOSTA-BELÉN

University of New York at Albany

I. INTRODUCCIÓN

Este ensayo analiza la ideología que hay detrás de los paradigmas utilizados comúnmente por los estudiosos norteamericanos y de otros países para analizar la experiencia cultural e histórica de Puerto Rico. Nuestro principal objetivo es demostrar que la mayoría de las interpretaciones de la cultura y de la identidad cultural puertorriqueñas que han predominado en la literatura académica están basadas en una ideología colonialista donde se ha visto al pueblo de Puerto Rico desde posiciones subordinadas y desde perspectivas «orientadas al problema», principalmente.

Los supuestos implícitos o explícitos de la ideología colonialista que han impregnado las interpretaciones sobre los puertorriqueños en la literatura académica condujeron a:

1. la propagación y perpetuación de imágenes confusas de los puertorriqueños basadas en concepciones míticas o distorsionadas acerca de su carácter y cultura nacionales;
2. un alto grado de separación del pueblo de Puerto Rico con respecto de su propia herencia cultural, tanto en la isla como en los EE UU;
3. la interiorización de los valores y autodefiniciones que reflejan y perpetúan su propia experiencia opresiva como personas colonizadas;
4. la omisión o supresión general de las contribuciones de los puertorriqueños a la construcción de su sociedad;

León-Portilla, M.; Gutiérrez Estévez, M.; Gossen, G. H., y Klor de Alva, J. J. (eds.), *De Palabra y Obra en el Nuevo Mundo*, vol. 1, *Imágenes interétnicas*, Madrid, Siglo XXI de España, 1992, pp. 463-498.

5. el encubrimiento o mitificación de la relación colonial entre las sociedades puertorriqueña y estadounidense.

Cualquier discusión sobre la cultura e identidad puertorriqueña está inevitablemente condicionada por casi cien años de dominación estadounidense en la isla. Con ella vinieron la dependencia colonial, profundas transformaciones socioeconómicas y culturales generadas por el desarrollo del capitalismo imperialista y los problemas de integración nacional inherentes a cualquier contexto colonial. Desde la invasión norteamericana en 1898, la isla se ha transformado, de sociedad agrícola y tradicional, en moderna e industrial; un proceso que ha tenido profundos efectos de dislocación en diferentes sectores sociales de Puerto Rico y en la manera en que cada uno conceptualiza la cultura nacional.

Puede generarse una valiosa discusión del concepto de cultura nacional en la relación con los puertorriqueños si partimos, como sugiere Ramírez [1], de la definición que Franz Fanon hace de la cultura nacional en sociedades colonizadas:

> La cultura nacional no es el folclore donde un populismo abstracto ha creído descubrir la verdad del pueblo. No es esa masa sedimentada de gestos puros, es decir, cada vez menos atribuibles a la realidad presente del pueblo. La cultura nacional es el conjunto de esfuerzos hechos por un pueblo en el plano del pensamiento para describir, justificar y cantar la acción a través de la cual el pueblo se ha constituido y mantenido. La cultura nacional, en los países subdesarrollados, debe situarse, pues, en el centro mismo de la lucha de liberación que realizan esos países [2].

El concepto de cultura nacional de Fanon descarta las aproximaciones superfluas que piensan que la cultura es un ente unificado, básicamente constituido por el folclore, las artes y artesanías o por el mantenimiento de tradiciones pasadas, incluyendo aquellas que puedan ser opresivas para ciertos sectores sociales. Esta noción es sustituida por otra que reconoce que el colonialismo es por definición una lucha contra el genocidio cultural.

La compleja red de tradiciones y modos de representación recí-

---

[1] R. L. Ramírez, «National Culture in Puerto Rico», *Latin America Perspectives,* 3. 3, verano, 1976, pp. 109-116.

[2] F. Fanon, *The Wretched of the Earth,* Nueva York, Grove Press, 1963, p. 133, [*Los condenados de la tierra,* México, FCE, 1963, p. 214].

procas que intervienen en el concepto de cultura nacional expresa la relación entre las personas y el desarrollo histórico de la producción. Este punto ha sido elaborado convincentemente por Cortés, Falcón y Flores, quienes argumentan que, a pesar de los trazos de uniformidad o referencia interna que pueden resistir a lo largo de siglos o épocas de cambio histórico, encontrados en cualquier cultura nacional, ésta también tiene

[...] funciones y características radicalmente distintas; sus elementos aparentemente predominantes pueden remitir en favor de otras sustancialmente nuevas, y el mismo concepto [...] puede asumir un significado y un poder totalmente distintos para los diferentes miembros o grupos en la misma [3].

Es con su unidad y diversidad, su cohesión y sus tensiones internas como una cultura nacional da testimonio de la vitalidad, aspiraciones y luchas de una nación viva a través del curso objetivo de la historia.

La relación colonial particular establecida entre Puerto Rico y los EE UU tras la guerra hispano-cubano-americana de 1898 y la consecuente emigración de puertorriqueños a EE UU, principalmente después de la segunda guerra mundial, indican que la influencia de los EE UU en la vida cultural, histórica y socioeconómica puertorriqueña ha sido y continúa siendo muy importante. Esta relación colonial 'especial' o 'única', como se la describe corrientemente, ha sido objeto de muchos estudios y debates. A pesar de que, en 1952, Puerto Rico se convirtió en un Estado Libre Asociado, o Commonwealth, su nombre oficial en inglés, esta nueva situación política con todas sus previsiones de autogobierno no dio soberanía nacional a Puerto Rico ni alteró sustancialmente la relación colonial básica entre EE UU y Puerto Rico. Áreas tales como ciudadanía, servicio militar, moneda, sistema judicial y comercio exterior se mantienen todavía bajo el control y la jurisdicción norteamericana.

Cualquier descripción que se haga de los puertorriqueños representa fundamentalmente a las comunidades de la isla y de los EE UU. La relación colonial entre Puerto Rico y EE UU une intrínsecamente ambas comunidades y produce una conexión recíprocra entre «los de aquí y los de allá». Este contacto suscita inevitablemente conti-

---

[3] F. Cortés, A. Falcón y J. Flores, «The Cultural Expression of Puerto Ricans in New York: A Theoretical Perspective and Critical Review», *Latin American Perspectives,* 3, 3, verano, 1976, pp. 117-152 (la cita, en p. 119).

nuidades y discontinuidades en la existencia cultural y socioeconómica de todos los puertorriqueños.

Las imágenes e interpretaciones predominantes de las comunidades puertorriqueñas tanto en EE UU como en Puerto Rico presentan frecuentemente las contradicciones, que son muchas, del desarrollo colonial, y este estudio intenta analizar estas visiones conflictivas. Es importante tener en cuenta que existen diferencias significativas y también puntos en común entre las diversas descripciones de los puertorriqueños hechas por los extranjeros y en cómo los puertorriqueños se perciben a sí mismos. Sin embargo, tanto los intelectuales extranjeros como los puertorriqueños han contribuido en distintas ocasiones a la perpetuación de los tradicionales mitos y errores sobre los puertorriqueños.

En décadas recientes, estudiosos puertorriqueños, tanto en Puerto Rico como en EE UU, han emprendido el reexamen y el desmantelamiento de los paradigmas predominantes de interpretación de los procesos culturales e históricos de los puertorriqueños. Este proceso ha conducido al redescubrimiento y a la reconstrucción de la realidad puertorriqueña, y ha dado origen a una nueva escuela basada en un análisis más centrado en la realidad socioeconómica que los efectuados por las generaciones anteriores. La mayor parte de la nueva escuela ha tratado de desmentir algunos de los mitos y estereotipos utilizados corrientemente y que hasta hace poco habían pasado, incuestionados, de generación en generación.

¿Cuáles han sido algunas de las imágenes de los puertorriqueños propagadas por académicos y comentaristas norteamericanos y de otros países?

Durante las primeras cuatro décadas de dominación norteamericana, Puerto Rico ha sido descrito generalmente como la «tierra condenada» [4], una tierra de campesinos atrasados, superpoblada, hambrienta y llena de enfermedades; una pequeña isla sin recursos naturales que ha heredado todos los males del colonialismo español. Los norteamericanos, en cambio, se presentan a sí mismos como los apóstoles de la democracia, portadores de una civilización superior con la que pueden rescatar a la isla de sus desgraciadas condiciones. En algunas de las crónicas hechas por oficiales norteamericanos, la

---

[4] V. Clark, *Porto Rico and its problems,* Washington, D. C., Brookings Institution, 1930, reimpreso en Nueva York, Arno Press, 1975; R. G. Tugwell, *The Stricken Land: The Story of Puerto Rico,* Garden City, Nueva York, Doubleday, 1947.

cultura puertorriqueña se comenzó a definir como una versión menor y adulterada de los valores y tradiciones españolas, confusa y diluida por el mestizaje y por la resultante amalgama con indios y africanos.

Esta imagen de isla «desposeída» comenzó a cambiar en los años cuarenta con la implantación de los programas asistenciales del Nuevo Trato (New Deal), siendo gobernador Rexford G. Tugwell, seguido del movimiento populista liderado por Luis Muñoz Marín, quien en 1948 se convirtió en el primer gobernador puertorriqueño electo. En los años cincuenta, como resultado del programa de desarrollo industrial conocido como «Operación Manos a la Obra» (Operation Bootstrap) implantado por el gobierno de Muñoz Marín, Puerto Rico se modernizó y se transformó en la «vitrina de la democracia» en el continente americano y en la «radiante estrella del Caribe» para turistas, una imagen constantemente reforzada por los anuncios publicitarios. No obstante, el fracaso de la «Operación Manos a la Obra», que se hizo patente durante las recesiones económicas mundiales de mediados de los años setenta y principios de los ochenta, ha acentuado la imagen contemporánea prevaleciente: ésa del Estado benefactor que acepta la dominación norteamericana y que depende totalmente de cupones de alimentos y de los fondos federales para subsistir [5].

La cultura y la lengua de los puertorriqueños han sido objeto de errores y omisiones: es raro que Puerto Rico sea estudiado como parte de América Latina, pues se supone que su cultura está muy «americanizada» y, por lo tanto, no es genuinamente latinoamericana. Se dice que los puertorriqueños no hablan español sino un dialecto excesivamente contaminado por el inglés. También se ha asumido que los puertorriqueños no tienen una cultura o una historia digna de mención y que sucedieron más cosas durante las primeras décadas de mandato estadounidense que en cuatro siglos de dominación española. Además, se comenta que los puertorriqueños son dóciles, una explicación simplista al por qué no han aspirado nunca a convertirse en nación independiente, y también que no tienen sentido —o tan sólo un vago sentido— de identidad nacional.

Si consideramos las imágenes que de los puertorriqueños predominan en los EE UU, concluiremos que tienden a ser desfavorables.

[5] R. Carr, *Puerto Rico: A Colonial Experiment,* Nueva York, N. Y. University Press, 1984.

Los inmigrantes de la isla fueron considerados por mucho tiempo «el problema puertorriqueño de Nueva York». Los barrios infestados de pandillas *West Side Story* en los años cincuenta se han transformado en los modernos guetos infestados de drogas, caracterizados por la violencia y los edificios abandonados. El Bronx se ha convertido en «Fuerte Apache», una metáfora de violencia, deterioro comunitario y desintegración. Este panorama conduce a una conclusión inevitable: nunca ha existido un fuerte sentido de comunidad entre los inmigrantes puertorriqueños, lo cual explica su bajo nivel socioeconómico y su incapacidad para subir por la escalera mágica de la movilidad social, tal como han hecho antes que ellos muchos otros grupos étnicos en EE UU [6].

Como en el caso de los puertorriqueños en la isla, la lengua de los inmigrantes es también objeto de burla. Se dice que los puertorriqueños en EE UU no hablan bien ni español ni inglés sino una jerga mixta llamada «espanglish» [7]. Incluso son percibidos así de pobres culturalmente como lo son socioeconómicamente hablando.

De todas las imágenes mencionadas anteriormente surgen las siguientes preguntas: ¿Cuáles son los fundamentos materiales de estas imágenes? ¿Por qué y cómo se han perpetuado tanto en la literatura académica como en la creativa? ¿Cuáles son sus mayores deficiencias teóricas? ¿Qué cosas han sido omitidas que pudieran proveer una interpretación más equilibrada y auténtica de las realidades cultural e histórica de Puerto Rico?

II. EL PROCESO DE AMERICANIZACIÓN Y LA BÚSQUEDA DE UNA DEFINICIÓN DE LA CULTURA NACIONAL

Uno de los aspectos más sobresalientes del desarrollo cultural e histórico de Puerto Rico son los continuos intentos intelectuales por encontrar una definición propia que afirme una identidad nacional dividida en el contexto de la lucha colonial. Este esfuerzo fue articulado primero por la elite intelectual criolla de la isla en el siglo XIX como parte del movimiento separatista contra la dominación espa-

[6] N. Glazer y P. Moynihan, *Beyond the Melting Pot*, Cambridge, MA, MIT Press, 1970. 1.ª ed., 1963.

[7] C. Varo, *Consideraciones antropológicas en cuanto a la enseñanza del 'Spanglish' en Nueva York*, Río Piedras, P. R., Ediciones Librería Internacional, 1971.

ñola. Desde entonces, esta preocupación sigue siendo un tema pendiente para aquellos intelectuales puertorriqueños comprometidos en la lucha contra el colonialismo estadounidense. Irónicamente, la búsqueda de elementos cohesivos en la cultura puertorriqueña para contrarrestar, primero, el colonialismo español, y el norteamericano después, se ha convertido en argumento favorable para la reiteración y perpetuación de los mitos más comunes sobre los puertorriqueños.

Por su posición geográfica como colonia española, Puerto Rico fue considerada punto estratégico de avanzada del imperio de ultramar. Sin embargo, una vez que extrajeron su oro, ya en los primeros años de la colonización, se le prestó poca atención a la isla hasta finales del siglo XVIII, cuando al incremento del comercio con España se unió el estímulo de la inmigración europea para alentar la expansión agrícola. Por esta razón la reaparición política y económica de la burguesía criolla en Puerto Rico, un proceso frenado por el influjo de inmigrantes europeos [8] y por la política económica restrictiva de España, significó que la clase comerciante y mercantil peninsular resultó la principal beneficiaria.

En Puerto Rico, en el siglo XIX, los hacendados criollos, una clase que intentaba colmar sus aspiraciones de convertirse en la burguesía nacional, representó el sector antagonista ante los peninsulares [9]. La elite intelectual criolla de esta clase social expresó, a través de sus escritos, sus preocupaciones como clase dominante emergente en oposición al dominio colonial español, defendiendo el derecho de autonomía o independencia. Estos esfuerzos de clase culminaron en 1897 cuando se consiguió una victoria parcial en el logro de un autogobierno de España bajo la Carta Autonómica. No obstante, la oportunidad de autogobierno fue pronto interrumpida, menos de un año después, por la guerra hispano-cubano-americana y la consecuente anexión de la isla por los EE UU.

En lo sucesivo, el problema cultural pareció estar fuertemente ligado al cambio económico y social que sobrevino con la dominación norteamericana. A la complejidad de este problema contribuyó el hecho de que, cuando los EE UU tomaron la isla, el proceso de

---

[8] F. Scarano (comp.), *Inmigración y clases sociales*, Río Piedras, P. R., Huracán, 1981.

[9] Á. Quintero Rivera, *Conflictos de clase y política en Puerto Rico*, Río Piedras, P. R., Huracán, 1976; *id.*, *Worker's Struggles in Puerto Rico: A Documentary History*, Nueva York, Monthly Review Press, 1976; *id.*, *Patricios y plebeyos; burgueses, hacendandos, artesanos y obreros*, Río Piedras, P. R., Huracán, 1988.

formación de la conciencia nacional puertorriqueña no estaba totalmente consolidado [10]. El universo cultural campesino del antiguo esclavo y del criollo europeizado constituían esferas claramente separadas por las distinciones de clase social. A pesar de que había un grado de permeabilidad cultural entre estos sectores, fue la cultura de los hacendados criollos la que se impuso como cultura dominante en la sociedad puertorriqueña durante este periodo, y de este modo se presentaban a sí mismos como la fuerza definitoria y como los depositarios de sus valores y tradiciones. Con su señorial visión del mundo [11], basada en una relación de deferencia y paternalismo con la masa plebeya, esta clase patriarcal fue testigo de la transición de un modo de vida semifeudal a una sociedad burguesa capitalista en Puerto Rico.

Los sueños hegemónicos y las aspiraciones de la clase hacendada nunca pudieron verse realizados bajo el nuevo poder colonial. Desde fuera, los EE UU pusieron en movimiento la maquinaria administrativa, política y económica necesaria para incorporar a la isla al modo de vida americano *('American way of life').*

El sistema escolar se convirtió en una de las mejores herramientas en este proceso de americanización [12]. La idea de que la cultura puertorriqueña debía sucumbir a la fuerza y superioridad intrínsecas de la forma de vida americana y los intentos erróneos de forzar a los puertorriqueños a entrar en moldes extraños, en nombre del progreso y de la civilización, generaron entre los intelectuales nativos y entre los líderes políticos una profunda preocupación por la autodefinición nacional y por la búsqueda y afirmación de la tradición cultural. Incluso aquellos puertorriqueños que dieron la bienvenida a los supuestos beneficios económicos y políticos de la anexión a los EE UU se fueron preocupando más por los temas culturales y lingüísticos y por la conservación de los valores y tradiciones que distinguían a Puerto Rico de los EE UU.

La afirmación cultural y la resistencia a la americanización aumentaron como consecuencia de los profundos cambios políticos y económicos. La prosperidad que había sido anticipada por la clase ha-

---

[10] Á. Quintero Rivera *et al.*, *Puerto Rico: Identidad nacional y clases sociales,* Río Piedras, P. R., Huracán, 1979; *id.*, ob. cit., 1988; J. L. González, *El país de cuatro pisos,* Río Piedras, P. R., Huracán, 1980.

[11] Á Quintero Rivera, obs. cits, 1976, 1988.

[12] A. Negrón de Montilla, *Americanization in Puerto Rico and the Public School System, 1900-1930,* Río Piedras, P. R., Edil, 1971.

cendada marcó su propia muerte. La inversión norteamericana a gran escala en la agricultura puertorriqueña y el establecimiento de corporaciones absentistas que monopolizaron la economía de la isla durante las primeras décadas de la dominación estadounidense, destrozaron los sueños de hegemonía nacional de los hacendados y produjeron un inesperado cambio de la infraestructura social y económica del país. A finales de los años treinta, la clase hacendada había resultado severamente deteriorada y era reemplazada por una burguesía nativa de banqueros, tecnócratas, comerciantes y profesionales que, desde entonces, sirvieron como intermediarios y representantes de los intereses económicos norteamericanos en la isla.

Es comprensible, entonces, encontrar que en los trabajos de la elite intelectual de las primeras tres décadas de la dominación estadounidense predominaran la defensa cultural y las denuncias de la agresión cultural norteamericana, rechazando la imposición del uso del inglés en la escuela. Esto fue acompañado de la búsqueda constante de una identidad y tradición puertorriqueñas definidas colectivamente que pudieran prevalecer contra la amenaza de erosión cultural causada por la americanización. Las definiciones de identidad cultural puertorriqueña que dio la elite intelectual parecían ser, ante todo, una definición antiamericana concebida como una respuesta concertada a las omnipresentes dominación e influencia norteamericanas.

En el proceso de afirmación de su diferencia cultural con los EE UU y en su natural inclinación elitista de considerar las raíces culturales europeas como la pauta suprema, los intelectuales puertorriqueños se convirtieron en hispanófilos, apegándose con tenacidad al legado de la madre patria española y exaltando con nostalgia el mundo que ellos conocieron antes de la llegada de los americanos. Su mundo cultural se construyó alrededor de su posición privilegiada. Por esto, se le prestó poca atención a cómo las poblaciones indígena y africana influyeron en la formación de la cultura puertorriqueña como resultado de siglos de mestizaje; una posición que presupone la inherente inferioridad de estas dos culturas.

Los grandes esfuerzos del gobierno de los EE UU por americanizar la población de la isla están bien documentados. Se hizo evidente desde el principio, con la llegada de los generales norteamericanos a cargo de las fuerzas invasoras. En palabras del comandante general Miles:

Como consecuencia de la guerra que contra el Reino de España mantiene el pueblo de los Estados Unidos por la causa de la libertad, de la justicia y de la humanidad, sus fuerzas militares han venido a ocupar la isla de Puerto Rico. Vienen ostentando el estandarte de la Libertad [...]. Les traen el apoyo de una Nación de gente libre, cuyo gran poderío descansa en su justicia y humanidad para con todos aquellos que viven bajo su protección. No hemos venido a hacer la guerra contra el pueblo de un país que ha estado oprimido durante siglos sino, por el contrario, a traerles nuestra protección, no sólo a ustedes sino también a sus propiedades, a promover su prosperidad y derramar sobre ustedes las garantías y bendiciones de las instituciones liberales de nuestro gobierno [13].

Los sentimientos paternalistas expresados en la declaración de Miles, y que fueron reiterados más tarde por otros oficiales del gobierno estadounidense, sentaron las bases del estilo de autopresentación de los EE UU como poder colonial. Eran los portadores de la democracia y del progreso, los liberadores de la población nativa de la isla, victimizada durante siglos de negligente y autoritaria dominación española. Los territorios recientemente adquiridos serían ahora sometidos a un periodo de tutela para liberarlos de los viejos vicios dejados por España. Fue parte de los principios de política colonial claramente delineados por Elihu Root, secretario de Guerra de EE UU en aquellos momentos:

[...] antes de que al pueblo de Puerto Rico se le pueda confiar plenamente un autogobierno debe aprender primero la lección de autocontrol y respeto a los principios del gobierno constitucional que precisa la aceptación de sus decisiones pacíficas. Esta lección necesariamente debe ser aprendida despacio porque no es materia de aprehensión intelectual sino de carácter y adquisición de hábitos de pensamiento y sentimiento. No tendría sentido presentar ahora a los puertorriqueños una constitución o marco legal por escrito, aunque sea perfecto, y decirles que vivieran bajo él. Fracasarían inevitablemente sin la tutela ejercida por una mano fuerte [14].

Las primeras opiniones emitidas por los oficiales norteamericanos sobre el pueblo puertorriqueño estaban dominadas por sentimientos paternalistas, de superioridad e incluso de desprecio hacia la población de la isla y su cultura. Los problemas de pobreza, anal-

---

[13] N. Miles, *Serving the Republic*, Londres, Harper and Brothers, 1911, p. 302.

[14] E. Root, «The Military and Colonial Policies of the United States», en R. Bacon y J. B. Scott (eds.), Cambridge, MA, Harvard University, 1916, pp. 164-165.

fabetismo, sanidad, etc. fueron atribuidos a la ineptitud del anterior gobierno colonial español o al carácter natural de los puertorriqueños: «No tienen ambición», dijo el general Davis. El mayor Glassford tenía opiniones parecidas: «El campesino, como el indio, no es dado al trabajo; su resistencia a la civilización hace que sus esfuerzos se reduzcan justo a la satisfacción de sus necesidades». El capitán Swift fue más específico: «He tenido la oportunidad de observar a la clase trabajadora [...]. Son mucho peores que los recolectores de algodón en los Estados Unidos. Son más débiles psicológicamente, menos ambiciosos, más vagos y ociosos» [15].

Todos los comentarios y críticas anteriores sobre los puertorriqueños sirvieron para justificar los esfuerzos de los oficiales estadounidenses por eliminar la sociedad atrasada que encontraron y modelarla de acuerdo a sus propios esquemas. Los juicios valorativos que hicieron estos oficiales pronto influyeron en la política que sirvió al sistema educativo de la isla. Victor Clark, primer comisionado de Educación bajo el nuevo régimen militar norteamericano, en un informe sobre la educación en Puerto Rico concluyó que:

> [...] podemos decir que un cuidadoso estudio de la historia de las escuelas públicas en Puerto Rico [...] ayudaría mucho al apreciar las características del problema aquí. No parece que haya entre las masas la misma devoción a su lengua materna o a ningún ideal nacional como la que animó a los franceses en Canadá o en las provincias del Rin, por ejemplo. Otro dato importante que no puede ser olvidado es que la mayoría de la población de la isla no habla un español puro. Su lengua es un dialecto casi siempre indescifrable para los naturales de Barcelona o Madrid. No poseen literatura y su valía intelectual media es de poco valor. Tan escasa posibilidad hay de que pueda ser educada esta gente desde su dialecto al inglés como que puedan ser educados en la elegante lengua de Castilla. Sólo desde la pequeñísima minoría intelectual puertorriqueña educada en Europa e imbuida en las ideas europeas de educación y gobierno, podemos anticipar alguna resistencia activa a la introducción del sistema educativo americano y del inglés [16].

La imposición del inglés como principal vehículo de enseñanza en el sistema de educación pública fue una de las primeras políticas

---

[15] Véase H. Wells, *The Modernization of Puerto Rico,* Cambridge, MA, Harvard University Press, 1969, pp. 78-79.

[16] V. Clark, *Education in Porto Rico,* 56.° Congreso, primera sesión, Documento del Senado, núm. 363, Washington, D. C., Government Printing Office, 1900, p. 60.

introducidas en la isla. Con este afán vino el reconocimiento de la importancia de socializar a las generaciones más jóvenes en los valores, ideales y modelos norteamericanos. Esto permitió además la legitimación del nuevo poder colonial. La educación se convirtió en una de las formas más efectivas de modelar la mentalidad colonial y de alcanzar el consenso necesario entre la población puertorriqueña en favor de la dominación estadounidense. Clark era consciente de los pasos necesarios que debían tomarse para alcanzar estas metas:

> Si el sistema de educación pública es dejado a la incompetencia y negligencia, el despertar de la gente se pospondrá indefinidamente. Si se permite que siga siendo de corte europeo, y Francia y España continúan siendo las amantes intelectuales de la isla, la mejora del sistema público de enseñanza tenderá a alejar las simpatías fundamentales de la gente del gobierno del cual forman parte. Si las escuelas son americanas y los profesores y alumnos están inspirados en el espíritu americano [...], la isla cambiará sus simpatías, percepciones y actitudes hacia la vida y hacia el gobierno por las esencialmente americanas. La gran masa de puertorriqueños es todavía pasiva y maleable [...]. Sus ideales están en nuestras manos para ser creados y moldeados. Seremos responsables del trabajo cuando esté hecho y es nuestro deber solemne considerar cuidadosa y seriamente [...] el carácter que queremos dar al producto final de nuestra influencia y nuestro trabajo [17].

Las severas opiniones de Clark son representativas de la imagen predominante en EE UU sobre los puertorriqueños. A pesar de las diferencias en el tono y contenidos, calificaciones sorprendentemente similares se encuentran constantemente en informes gubernamentales y libros académicos publicados durante la primera parte de este siglo. El mismo Clark, muchos años después, no había cambiado de parecer con respecto de sus primeras evaluaciones sobre los puertorriqueños. En su libro *Porto Rico and its problems* (Puerto Rico y sus problemas), ya citado, un estudio de 1930, encargado por la Institución Brookings, incluyó un análisis sobre el jíbaro (campesino) puertorriqueño escrito por José Rosario, un miembro de la facultad de la Universidad de Puerto Rico que le asistió en el proyecto. Con vigoroso desprecio y en un estilo retórico, Rosario pregunta:

> ¿Qué hacen los jíbaros comúnmente en sus ratos de ocio? Muchos de ellos dan rienda suelta a diversiones más anticulturales que culturales. Organizan

---

[17] V. Clark, *ibid.*, p. 180.

peleas de gallos y pasan la tarde del domingo sentados, como los indios (en cuclillas), alrededor de la arena gesticulando y gritando con la más potente de sus voces para instigar al gallo a matar a su oponente. Juegan a los dados en la calle [...]. Pero la inmensa mayoría de los campesinos simplemente no hace nada [18].

El autor no es consciente del hecho de que, en ese tiempo, los campesinos normalmente trabajaban doce horas diarias. Es también interesante observar las reacciones de Rosario hacia las tradiciones populares de los campesinos (como las peleas de gallos), que él califica de conductas anticulturales, suponiendo que sólo las masas educadas producen cultura. No obstante, el propósito general del libro de Clark fue elogiar todo lo que EE UU había logrado en la isla, en particular, reducir el analfabetismo de los campesinos a la mitad desde la invasión. Estaba convencido de que, a pesar de sus deficiencias, los puertorriqueños iban en la dirección correcta al aceptar la americanización y renunciar a su pasado:

Las clases educadas de la isla tienen antecedentes culturales latinos. Las masas hablan español o un dialecto del español, y la mayoría de sus tradiciones culturales fueron heredadas de España. Sin embargo, son sólo parcialmente de raza latina; sus costumbres y hábitos mentales han sido modificados por siglos de ambiente primitivo y, más recientemente, por 30 años de contacto con norteamericanos. Las clases trabajadoras ciertamente miran hacia un futuro norteamericano más que europeo o latinoamericano [19].

Después de Clark, muchos académicos norteamericanos han seguido propagando que, a causa del proceso de americanización, Puerto Rico, cuando se le compara con el resto de países de América Latina y del Caribe, es una rareza cultural; un mito basado en la supuesta homogeneidad cultural de estas regiones y que contribuye al aislamiento de Puerto Rico del resto del continente.

Lo mucho que se logró con el control norteamericano de la isla fue legitimado en un principio aprobando leyes que afectaban al pueblo puertorriqueño sin su consulta y consentimiento. La Ley Foraker de 1900, que proveyó a Puerto Rico de un gobierno civil nombrado por los EE UU, y la posterior Ley Jones de 1917, que hizo ciudadanos estadounidenses a los puertorriqueños, son los me-

[18] V. Clark, ob. cit., 1930, p. 568.
[19] V. Clark, ob. cit., 1930, reimpreso en 1975, p. 10.

jores ejemplos de esta práctica. La intención de la mayoría de estas leyes era crear una total dependencia a todos los niveles.

La Ley Foraker creó el puesto de Comisionado de Educación, «el Zar de la Educación en Puerto Rico» [20]. Este funcionario de gobierno era simultáneamente miembro de las ramas legislativa y ejecutiva, violando así la doctrina de separación de poderes. Además, cuando se fundó la Universidad de Puerto Rico en 1903, el Comisionado también fue canciller universitario.

El fuertemente centralizado sistema de educación pública fue controlado cerca de cuatro años por comisionados norteamericanos, y el objetivo primordial era fomentar una lealtad inconmovible a la presencia estadounidense en la isla y minar sistemáticamente la herencia cultural puertorriqueña o cualquier práctica educativa concebida para reforzar los sentimientos nacionalistas en la población [21].

Otro Comisionado de Educación norteamericano, Paul G. Miller, que prestó servicio entre 1915 y 1921, escribió la historia que durante muchos años sirvió como texto principal en la escuela secundaria. Este texto reitera algunas de las concepciones superficiales y fragmentadas antes mencionadas de la cultura e historia puertorriqueñas y glorifica la situación colonial como la mejor alternativa para el pueblo puertorriqueño.

El libro de Miller fue reemplazado como texto oficial por el del escritor puertorriqueño José Luis Vivas. Sin embargo, el marco teórico de Vivas adolece de las mismas limitaciones encontradas en el texto de Miller. Pero, además, ilustra el papel que el colonizado juega en el mantenimiento de mitos sobre sí mismo. Publicado en 1962, este texto se convirtió en herramienta para justificar el nuevo Estado asociado. Vivas sostiene que bajo el Estado Libre Asociado, «Puerto Rico lograba al fin un estatus digno entre otros pueblos dignos de América» [22]. Veía la masiva emigración de puertorriqueños a EE UU como un fenómeno positivo, afirmando que «[...] ha ayudado a los planes de reconstrucción económica del país» y que «No tan sólo hace lugar para que otros ocupen los empleos, sino que envía dinero a los familiares en la isla, ayudando así a mejorar el nivel de vida de la isla» [23]. Este último comentario produce la falsa

---

[20] A. Negrón de Montilla, ob. cit., 1971.

[21] E. Rivera Medina, «Colonialism and Education in Puerto Rico», *Sociedad y Cultura,* 1, 1, 1976.

[22] J. L. Vivas, *Historia de Puerto Rico,* Nueva York, Las Américas, 1962, p. 235.

[23] J. L. Vivas, ob. cit., p. 248.

impresión de que los emigrantes puertorriqueños han alcanzado prosperidad y riqueza, cuando en realidad viven en la más abyecta pobreza.

Las opiniones iniciales que sobre los puertorriqueños vertieron los funcionarios del gobierno estadounidense estuvieron concordes desde el principio con aquéllas hechas por académicos norteamericanos que estudiaron la isla y su gente. Por ejemplo, Dinwiddie suscribe la percepción de Clark sobre el puertorriqueño maleable, el individuo pasivo y dúctil que puede ser fácilmente moldeado en la nueva civilización americana:

> El puertorriqueño no es ni anarquista ni insurreccionista [...]. Entonces es, a pesar de su descalabro, suciedad y pobreza, como hemos visto, un hombre bastante complacido; y como puede tomar mucho tiempo moldear este tipo de hombre —que representa la mayoría— en un útil, digno y votante ciudadano de Estados Unidos, esto se puede lograr porque es dócil, servicial, agradecido y, lo mejor de todo, porque posee una cortesía y una educación innatas, y un temperamento tranquilo que le permite absorber rápidamente las nuevas ideas.
>
> La nación americana será para él [...] sinónimo de todo lo grande, justo y recto y, si no abusamos de nuestro poder, Puerto Rico puede llegar a ser el Jardín del Edén del siglo XX [24].

Estas tempranas descripciones reafirman una vez más la idea de que los norteamericanos no estaban en Puerto Rico sólo para administrar la colonia sino para dar a la población un mayor nivel de vida social y político, un estándar de vida más alto y, al mismo tiempo, producir sujetos leales. La gran masa campesina, que constituía la mayoría del pueblo puertorriqueño, representó el gran reto para el nuevo gobierno. Eran vestigios del pasado colonial español, un producto de la tierra que, según Mixer «[...] se aferraban a ella con tenacidad a través de todas las vicisitudes de su progreso [...]». Se dice que el campesino «arrebató su patrimonio a su propietario autóctono y primitivo y, en su ociosidad, permitió que involucionara a la selva original [...]», y además se le describe como «un paria sin un lugar donde posar la cabeza». Abandonado y desposeído, se dice, el campesino está buscando venganza en su isla: «su arma pasiva es su gran poder casi ilimitado de reproducción» [25].

---

[24] W. Dinwiddie, *Puerto Rico: Its Conditions and Possibilities,* Nueva York, Harper and Row, 1899, p. 166.

[25] K. Mixer, *Porto Rico: History and Conditions,* Nueva York, Macmillan, 1926, p. 208.

Estos retratos paternalistas, ampliamente extendidos, del campesino puertorriqueño se utilizaron para justificar la dominación americana en la isla. Todos los problemas existentes en la isla en el momento de la invasión fueron atribuidos generalmente a «esos pasados cuatro siglos» de colonialismo español y a los «elementos históricos y raciales que los sustentaban» [26].

De estas descripciones surgió una imagen de Puerto Rico como país sin cultura nacional ni sentido de identidad fuertes, donde el español no se hablaba con propiedad y con pocos eventos históricos memorables. Estas opiniones fueron reiteradas en la literatura académica, particularmente entre los años cuarenta y sesenta, un periodo de cambio social acelerado en la isla que la convirtió en el lugar favorito para el trabajo de campo de los científicos sociales norteamericanos. La mayor parte de las investigaciones hechas durante este periodo tenían la intención de estudiar los cambios y transformaciones que tuvieron lugar en Puerto Rico desde el comienzo de la dominación americana. Algunos de estos trabajos han sido sometidos a examen crítico por Nieves Falcón [27] y Ramírez [28].

Al estudiar al pueblo puertorriqueño, los científicos estadounidenses generalmente mostraron más inclinación a enfocar los aspectos relativos a la modernización en Puerto Rico y los cambios producidos en los patrones culturales tradicionales de la sociedad rural que estaba padeciendo un proceso de urbanización. Esta aproximación se vio reducida comúnmente a una confrontación cultural entre el «puertorriqueño tradicional» y el «americano moderno» [29]. La preocupación de muchos estudiosos norteamericanos por describir la transición de la isla desde un modo de vida campesino hacia una sociedad industrial, que trajo consigo, por sus lazos económicos, una nación más desarrollada, es un acercamiento problemático en sí mismo pues está basado en la presunción de la superioridad esencial de la nación más desarrollada, en este caso, EE UU. También se convirtió en lugar común reducir las desiguales relaciones de poder entre países más o menos desarrollados en seudoconflictos. El ejemplo que sigue muestra las observaciones etnocéntricas de Edward Byron

[26] T. White, *Puerto Rico and its People,* Nueva York, F. A. Stokes Co., 1938. Reimpresión Nueva York, Arno Press, 1975.

[27] L. Nieves Falcón, *Diagnóstico de Puerto Rico,* Río Piedras, P. R., Edil, 1972.

[28] E. Rivera Medina y R. L. Ramírez (comps), *Del cañaveral a la fábrica: Cambio Social en Puerto Rico,* Río Piedras, P. R., Huracán, 1985.

[29] Ramírez, ob. cit., p. 23.

Reuter, un antiguo presidente de la Asociación Americana de Sociología:

El americano es realista, conciso, exacto, irreverente, competente, puntual y formal; el puertorriqueño tiende a ser romántico, difuso, vago, supersticioso, incapaz, lento e informal. Donde el americano es moderno, el puertorriqueño es medieval; donde el americano es científico, el puertorriqueño es místico; donde el americano es certero, el puertorriqueño es poético. Donde la vida moderna y la industria demandan exactitud, el puertorriqueño es informal y descuidado [...]. El americano se interesa por los resultados, el puertorriqueño por la poesía [30].

Por supuesto, todas estas características son atribuidas también a otras nacionalidades latinoamericanas cuando tratan de explicar por qué no alcanzan la medida de los estándares y logros norteamericanos.

Incluso estudiosos de reconocido prestigio como Steward [31] y Mintz [32], quienes hicieron valiosas contribuciones al estudio de la vida rural en Puerto Rico, han caído en abstracciones cuidadosamente expresadas en sus intentos frustrados de encontrar una cultura nacional global donde todos los miembros de una nación compartan actitudes, motivaciones y respuestas que sean el resultado de un núcleo común de características y experiencias culturales. En principio, Mintz se cuestiona la tendencia extendida de buscar una cultura unitaria con rasgos de carácter distintivos y permanentes y con actitudes que puedan asignarse uniformemente a la población, pero, al mismo tiempo, deplora la decepcionante difusión encontrada en la noción de cultura nacional puertorriqueña. También señala la «falta de alguna base objetiva para la interpretación del impacto de los cambios en la cultura y los valores puertorriqueños. Las consecuencias obvias son sólo eso: obvias; pero esta comprensión ni nos permite conocer a fondo la sociedad ni nos concede poder alguno de predicción» [33].

---

[30] E. B. Reuter, «Culture Contacts in Puerto Rico», *American Journal of Sociology,* 52, 2, septiembre de 1946, p. 98.

[31] J. Steward, *The People of Puerto Rico,* Urbana, University of Illinois, 1969, 1.ª ed. 1956.

[32] S. Mintz, «Puerto Rico: An Essay on the Definition of a National Culture», en F. Cordasco y E. Buchioni (comps.), *The Puerto Rican Experience,* Totowa, N. J., Littlefield and Adams, 1973.

[33] S. Mintz, *ibid.*, p. 86.

Steward [34] hace hincapié en la existencia de subculturas puertorriqueñas separadas entre sí que están determinadas ecológicamente, confirmando así la falta de una cultura nacional unificada que permita hacer frente a la preponderancia arrolladora de la dominación americana e influya en la isla.

En años más recientes, la célebre antropóloga Margaret Mead se vio envuelta en una controversia a raíz de sus superfluas observaciones acerca de que quienes promulgan la independencia nacional para Puerto Rico están sólo exacerbando el sentimiento de identidad ambigua [35].

Las dificultades que algunos estudiosos extranjeros han tenido al explicar la difusión o ambigüedad que rodea el problema de la cultura nacional puertorriqueña o el escabroso camino que los puertorriqueños han seguido para articular o proyectar una imagen nacional fuerte, provienen principalmente de percibir la experiencia colonial como una mera confrontación o choque entre un sistema de valores tradicional hispánico y otro moderno norteamericano. Esto está ligado con la tendencia, muy generalizada, de buscar símbolos nacionales específicos, figuras sobresalientes y grandes sucesos como los grandes determinantes de la cultura y de la historia. Este enfoque posterior tiende a ignorar las muchas maneras con las que la gente de Puerto Rico, sin distinciones de clases, raza o género, ha contribuido a la formación y desarrollo de su propia sociedad y a la supervivencia de su cultura en medio del colonialismo. En una sociedad colonizada y estratificada socialmente como la puertorriqueña, la homogeneidad cultural o la presencia de una cultura unificada acepta implícitamente la premisa de que la cultura es socialmente neutra; un planteamiento que fácilmente conduce a tipologías y estereotipos. En este marco, las culturas tienden a ser reducidas a la enumeración de características y elementos distintivos permitiendo sólo un acceso limitado a lo que Eric Wolf describió como «Cadenas de sistemas dentro de sistemas, en lugar de fenómenos aislados con fronteras impermeables» [36]. Sólo cuando la cultura y la historia se conciben como algo más que una compilación de características, artefactos o registros de los eventos más importantes y se concentra

---

[34] J. Steward, ob. cit.

[35] M. Mead, «Problemas de identidad cultural puertorriqueña», *Revista Interamericana*, 5, 2, verano de 1975, p. 169.

[36] E. Wolf, *Anthropology*, Englewood Cliffs, N. J., Prentice Hall, 1964, p. 53.

la atención en el análisis de los procesos y de las interrelaciones pueden entenderse en toda su extensión.

Los constructos culturales e históricos que están basados sólo en los productos estéticos de una elite educada, en la acumulación de eventos de resonancia mundial o en las contribuciones de hombres importantes son excluyentes ya que frecuentemente omiten o minan la importancia de las diferencias de clase, raza o género en la construcción de cualquier sociedad. El uso de estos paradigmas exclusivistas también ha llevado a distorsionar o denigrar la valoración de la historia y la cultura puertorriqueñas y a la supresión de esos elementos culturales que no reflejan las tradiciones de la madre patria, España. Por ejemplo, hasta hace poco, sólo algunos estudios sobre los puertorriqueños prestaban mucha importancia a la presencia indígena o africana en la evolución cultural e histórica de la isla. Lo mismo puede decirse de las contribuciones de las mujeres y de la clase trabajadora. La influencia e importancia de formas culturales populares en la cultura dominante está solo comenzando a ser reconocida [37].

Daniel Boorstin, un destacado estudioso norteamericano y antiguo director de la Biblioteca del Congreso, ilustra el acercamiento cultural exclusivista cuando describe a Puerto Rico como:

> [...] un país con un largo pasado pero con una corta historia. Cualquier historiador que estudie el pasado puertorriqueño como una crónica de hombres e instituciones comparables a aquéllos de Francia, Inglaterra, Holanda, Japón o Israel, no puede decir honestamente que esté especialmente llena de incidentes. La historia política puertorriqueña carece hasta de una sola revolución o guerra civil de gran dramatismo o importancia decisiva. Su historia cultural ha producido pocos monumentos [...]. Su historia constitucional ha producido pocos hechos emocionantes [...]. La pequeñez y la homogeneidad geográfica [..] han significado que haya carecido de los dramáticos conflictos internos encontrados en comunidades más grandes y más variadas [38].

La concepción histórica no demasiado rara de Boorstin proviene de una posición ideológica que niega el papel y las contribuciones

[37] F. Cortés, A. Falcón y J. Flores, art. cit.; Á. Quintero Rivera, obs. cits., 1976, 1979, 1988.

[38] D. Boorstin, «Self-Discovery in Puerto Rico», *The Yale Review*, 45, 2, diciembre de 1955, pp. 236-237.

de la clase trabajadora en la vida de cualquier sociedad. No cree posible que los conflictos sociales y políticos no tengan necesariamente que conducir a la guerra para ser parte importante de la historia. Despoja a los puertorriqueños de su pasado histórico y concluye que «pueden descubrir la grandiosidad mejorando el presente» [39], ahora que el país está bajo la bandera de la democracia y de la prosperidad.

Otros historiadores, tales como Richard Morse [40], confirman la historia «pasiva» de Puerto Rico aventurándose a comentar que esta pasividad contrasta con la violencia externa que el país ha tenido que soportar de huracanes, bucaneros e invasores franceses, holandeses y británicos durante el periodo colonial español.

Una de las ideas que ha sido divulgada continuamente por los defensores de la actual situación colonial y por los que proponen la «estadidad» (que Puerto Rico sea un Estado de los EE UU) es que Puerto Rico representa «un puente entre dos culturas», un puente entre el mundo anglosajón y el hispánico, concibiendo así la cultura nacional como un híbrido de esos dos mundos culturales. Esta posición ha sido frecuentemente presentada por funcionarios gubernamentales de manera positiva y, más recientemente, por el estudioso británico Raymond Carr [41]. Carr ha usado la metáfora para concluir que por causa de la americanización, la cultura puertorriqueña es descrita preferiblemente como un «híbrido inestable», y que la isla «no es ni una imagen de los EE UU ni una sociedad esencialmente latinoamericana o caribeña como la República Dominicana». Ve a los puertorriqueños como «[...] víctimas de una omnipresente esquizofrenia cultural» [42].

El diagnóstico de la ambigüedad cultural puertorriqueña que han notado persistentemente los estudiosos extranjeros también ha sido reforzado, de diversas maneras, por la elite intelectual del país a lo largo de este siglo en sus intentos de autodefinición nacional. La autocrítica más comúnmente expresada en los trabajos de muchos escritores de las generaciones del treinta y del cincuenta dejan ver su sentimiento de impotencia y frustración, causado por lo que ellos

---

[39] D. Boorstin, art., cit., p. 237.

[40] R. Morse, «La transformación ilusoria de Puerto Rico», *Revista de Ciencias Sociales,* 4, 2, 1960.

[41] R. Carr, ob. cit., 1984.

[42] Ob. cit., p. 290.

perciben como americanización infiltrada. Su respuesta a esta agresión cultural se puede encontrar en su mitificación del mundo rural tradicional de hacendados y jíbaros como principal depositario de la tradición nacional.

Más que un rasgo innato, como se argumenta frecuentemente, el problema de la ambigüedad cultural puertorriqueña es inherente a su situación colonial. Las prácticas sistemáticas de desnacionalización y americanización que han caracterizado la política norteamericana hacia la isla durante las primeras cuatro décadas de este siglo y las prácticas más tenues de tiempos recientes pueden ser ampliamente documentadas [43]. Pero el hecho de que los puertorriqueños sigan siendo cultural y lingüísticamente distintos a los estadounidenses después de casi un siglo de colonización también debe ser subrayado. Dejando de lado su ciudadanía norteamericana, los puertorriqueños se ven a sí mismos como puertorriqueños, más cercanos culturalmente a las naciones del Caribe y de América Latina que a los EE UU.

A nivel político, aproximadamente el 90 % de los puertorriqueños sigue favoreciendo a los partidos políticos que defienden o bien al Estado Libre Asociado o bien a la Estadidad, las alternativas que perpetúan los estrechos lazos con los EE UU. Las ventajas de la relación entre la isla y la metrópolis se definen generalmente en términos de beneficios económicos y protección militar. Los leales al Estado Libre Asociado luchan tenazmente por encontrar un equilibrio entre luchar contra algunas de las limitaciones coloniales existentes y mantener el flujo de fondos federales a la isla. Por otro lado, los que apoyan la estadidad admiten fácilmente que Puerto Rico sigue siendo una colonia, y sueñan con la posibilidad de una «estadidad jíbara» en la que Puerto Rico se convertiría en un Estado de la Unión pero se le permitiría mantener su lengua y su integridad cultural. Sin embargo, las posibilidades de que este sueño se convierta en realidad son escasas si consideramos la experiencia de Hawai y de Alaska, los dos últimos Estados que se anexionaron a los EE UU. Además, en EE UU ha habido históricamente un claro patrón de etnocentrismo blanco, anglosajón, que rechaza la diversidad cultural, racial y lingüística dentro de sus fronteras nacionales (por ejemplo, el movimiento estadounidense «Inglés Solamente»).

---

[43] J. J. Osuna, *A History of Education in Puerto Rico,* Río Piedras, P. R., Universitaria, 1949, 1.ª ed. 1923; A. Negrón de Montilla, ob. cit., 1971.

III. PUERTO RICO COMO VITRINA DE LA DEMOCRACIA

Con la nueva situación de autonomía para Puerto Rico con el Estado Libre Asociado, se acuñó una nueva imagen para la isla —ésa de «Vitrina de la democracia». El programa de industrialización promovido por el gobierno de Muñoz Marín a finales de los años cuarenta y en los años cincuenta recibió atención internacional como el primer ejemplo de una revolución industrial que se hacía en una de las áreas subdesarrolladas del mundo. Los incentivos dados por el gobierno colonial de la isla para atraer capital extranjero por medio de exenciones contributivas y mano de obra barata, produjeron la introducción de cerca de 1 000 nuevas fábricas en Puerto Rico en un periodo de veinte años. El 80 % de las nuevas empresas estaban controladas por capital norteamericano. Para 1963, Puerto Rico había superado a cualquier país latinoamericano en ingreso per cápita, si bien seguía siendo el más bajo comparado con los otros Estados de la unión. Sin embargo, con la industrialización y el aumento en el nivel de vida vinieron todos los problemas de las sociedades urbanas así como un incremento sustancial de la dependencia de la isla de los fondos federales para mantener muchos de los programas locales.

Varios estudios académicos tales como *Administration of a Revolution* [44] de Goodsell; *The Modernization of Puerto Rico* [45] de Wells; *Transformation: the Story of Modern Puerto Rico* [46] y *Puerto Rico: Land of Wonders* [47] de Hanson, y el libro de Hancock *Puerto Rico: A Success Story* [48] exaltaron el Estado Libre Asociado recientemente establecido y dieron fe de la prosperidad que trajo a Puerto Rico su relación con los EE UU. Una imagen de tarjeta postal de la isla sustituyó gradualmente la anterior imagen de tierra condenada. Puerto Rico se convirtió en el modelo de revolución democrática y no violenta y de la prosperidad económica que los países subdesa-

---

[44] Ch. T. Goodsell, *Administration of a Revolution; Executive Reform in Puerto Rico Under Governor Tugwell, 1941-1946*, Cambridge, MA, Harvard University Press, 1965.

[45] H. Wells, ob. cit., 1969.

[46] E. P. Hanson, *Transformation: The Story of Modern Puerto Rico*, Nueva York, Simon and Schuster, 1955.

[47] E. P. Hanson, *Puerto Rico: Land of Wonders*, Nueva York, Alfred Knopf, 1960.

[48] R. Hancock, *Puerto Rico: A Success Story*, Nueva York, Van Nostrand, 1960.

rrollados podían tener bajo la tutela estadounidense. Desde la perspectiva norteamericana, ellos estaban dando forma a Puerto Rico como el mejor ejemplo de los beneficios de la democracia y del sistema de libre empresa para que los demás países latinoamericanos lo siguieran.

La imagen de escaparate de la isla fue poco a poco desmentida por las fluctuaciones económicas y las tendencias a la baja de las economías mundiales y de los EE UU desde mediados de los años setenta y principios de los ochenta. Aunque la «Operación Manos a la Obra» alimentó el sentimiento de la autoestima y proporcionó sustanciales beneficios a los inversores norteamericanos, no mitigó sin embargo las condiciones de pobreza de la población puertorriqueña. Por el contrario, fue el catalizador de la numerosa emigración de puertorriqueños a los EE UU y del aumento de la dependencia económica.

El controvertido estudio *La vida: A Puerto Rican Family in the Culture of Poverty* [49] de Oscar Lewis ilustró el hecho de que la pobreza no había sido erradicada en Puerto Rico, contradiciendo los reclamos de éxito económico hechos por EE UU, y por los funcionarios del Estado Libre Asociado. El trabajo de campo de Lewis sobre una familia del arrabal dio a los estudiosos un nuevo constructo teórico para explicar la persistencia de la pobreza en los países del Tercer Mundo. Lo que él llamó «cultura de la pobreza» fue definido como una condición transmitida de generación en generación donde quiera que la pobreza haya perpetuado la marginación de los pobres de las instituciones más relevantes de la sociedad. Este modelo conceptual atribuye a los pobres ciertos valores y conductas características como determinantes de su conducta colectiva, argumentando que «el individuo que crece en esta cultura tiene un fuerte sentimiento de fatalismo, impotencia, dependencia e inferioridad» [50].

A pesar de que Lewis define la cultura de la pobreza como «una adaptación y una reacción del pobre a su posición marginal en una sociedad capitalista, estratificada y altamente individualizada» [51], su conclusión de que «la pobreza de cultura es uno de los rasgos cruciales de la cultura de la pobreza», eclipsa las distintas luchas de los

---

[49] O. Lewis, *La vida: A Puerto Rican Family in the Culture of Poverty,* Nueva York, Random House, 1963 [*La vida,* México, Joaquín Mortiz, 1969].

[50] O. Lewis, ob. cit., p. 69.

[51] O. Lewis, ob. cit., p. 111.

pobres puertorriqueños por enfrentarse y sobrevivir a las realidades de su posición estructural. También refleja un sesgo tradicional y la renuencia a valorar las expresiones culturales del sector proletario como componentes legítimos de la cultura nacional.

IV. EL PUERTORRIQUEÑO DÓCIL

Como se mencionó en la primera parte de este ensayo, una de las principales características colectivas perpetuadas en la literatura creativa y en la académica ha sido la supuesta docilidad de los puertorriqueños. Este tema fue ampliamente desarrollado tanto por estudiosos extranjeros como por puertorriqueños en diferentes momentos históricos. Detrás de este concepto descansa la idea de que el pueblo de Puerto Rico es colectivamente «dócil», una noción descrita en el lenguaje popular como *ñangotados* (postrados, en cuclillas), superados por «el aplatanamiento» (falta de fuerza o voluntad para resistir) y dejándose llevar como «nave al garete» (barco perdido en el mar).

Los principales exponentes de la teoría de la docilidad han sido intelectuales puertorriqueños de este siglo: Antonio S. Pedreira en su ensayo *Insularismo* [52] y René Marqués en su *El puertorriqueño dócil [The Docile Puerto Rican]* [53]. Sin embargo, la atribución de docilidad al carácter nacional puertorriqueño es un residuo de los tiempos de la colonia española. Usando un determinismo geográfico y racial para explicar la docilidad, indolencia y servilismo del campesino puertorriqueño, esta idea fue ya adelantada en un trabajo de fray Íñigo Abbad [54], así como en los escritos de la elite intelectual criolla del siglo XIX. La docilidad fue también un rasgo que los cronistas atribuían frecuentemente a la mayoría (con la notable excepción de los caribes) de los habitantes indígenas de las Indias Occidentales.

Si consideramos el contexto más amplio de América Latina, es común encontrar que las elites intelectuales criollas educadas en Eu-

---

[52] A. S. Pedreira, *Insularismo*, Río Piedras, P. R., Edil, 1969, 1.ª ed. 1934.

[53] R. Marqués, *The Docile Puerto Rican*, trad. de B. Bockus Aponte, Filadelfia, Temple University Press, 1976.

[54] Fray A. Í. Abbad y Lasierra, *Historia geográfica, civil y natural de la isla de San Juan Bautista de Puerto Rico*, Río Piedras, P. R., Universitaria, 1970, 1.º ed. 1788.

ropa de la mayoría de los países compartieron opiniones desfavorables sobre las pobres masas rurales y vieron esta condición como un impedimento para el progreso de sus países. Tipos rurales mestizos tales como el gaucho en Argentina, el *sertanero* brasileño o el jíbaro puertorriqueño representaron para ellos el atraso o barbarie que impide el camino a la civilización.

En el caso de Puerto Rico, por ejemplo, estas respuestas están muy bien representadas en los ensayos de Salvador Brau, uno de los primeros escritores del siglo XIX que intentó definir el carácter nacional. En su «Las clases jornaleras...» Brau vio en la masa campesina, que en ese tiempo constituía la mayoría de la población de la isla, la encarnación de los elementos esenciales de los vicios y virtudes de los puertorriqueños:

> Ahí tenéis las primordiales fuentes de nuestro carácter: del indio nos quedó la indolencia, la taciturnidad, el desinterés y los hospitalarios sentimientos; el africano le trajo su resistencia, su vigorosa sensualidad, la superstición y el fatalismo; el español le inoculó su gravedad caballeresca, su altivez característica, sus gustos festivos, su austera devoción, la constancia en la adversidad y el amor a la patria y a la independencia [55].

Años después, comentaristas norteamericanos de la realidad puertorriqueña [56], suscribieron valoraciones parecidas subrayando los efectos degenerativos del mestizaje en la vida puertorriqueña y cómo ha generado una disminución de las capacidades mentales y físicas y ha conducido a la población campesina a la inferioridad intelectual y a la degradación moral.

Pero fue Antonio S. Pedreira, la fuerza intelectual que estaba detrás de la generación de escritores de los años treinta, quien escribió uno de los tratados más influyentes sobre autodefinición nacional. Su *Insularismo* [57] intenta dar respuesta a las siguientes preguntas: ¿Qué somos? ¿Cómo somos? ¿A dónde vamos? Estas preguntas ya habían sido formuladas de alguna manera por otros inte-

---

[55] S. Brau, «Las clases jornaleras de Puerto Rico», en *Disquisiciones sociológicas y otros ensayos,* Río Piedras, P. R., Universidad de Puerto Rico, 1956, 1.ª ed. 1882, p. 14.

[56] R. A. van Middeldyk, *The History of Puerto Rico,* Nueva York, Appleton and Co., 1903. Reimpresion Nueva York, Arno Press, 1975; D. Feagle, *Social Problems of Porto Rico,* Boston, Heath, 1917; R. Mixer, ob. cit., 1926.

[57] A. S. Pedreira, ob. cit., 1934.

lectuales puertorriqueños tales como Salvador Brau, Manuel Zeno Gandía, Francisco del Valle Atiles, Rosendo Matienzo Cintrón y Mariano Abril. El ensayo de Pedreira, sin embargo, fue publicado durante un periodo crucial que los propios intelectuales han descrito como de «crisis de identidad». Representó una coyuntura crítica autorreflexiva impulsada por más de cuatro décadas de agresión cultural estadounidense. *Insularismo* representó para su generación y la siguiente el libro definitivo de autointerpretación y autodefinición del carácter nacional puertorriqueño basado en la metáfora de aislamiento insular y docilidad colectiva:

En el fondo de nuestra población encontraremos sin ardoroso empeño una pugna biológica de fuerzas disgregantes y contrarias que han retardado la formación definitiva de nuestros modos de pueblo [...]. La firmeza y la voluntad del europeo retienen a su lado la duda y el resentimiento del africano. Y en los momentos más graves nuestras decisiones vacilan en un ir y venir sin reposo buscando su acomodo. Nuestras rebeldías son momentáneas; nuestra docilidad permanente [58].

El mito de la docilidad continuó dominando los esfuerzos intelectuales de autodefinición nacional y se convirtió en un atributo esencial de la personalidad puertorriqueña reforzado por muchos renombrados estudiosos de la realidad puertorriqueña. Morse [59], por ejemplo, ve la docilidad puertorriqueña como un modo de esconder la hostilidad y las frustraciones colectivas, y sostiene que hay una tendencia en los puertorriqueños a esperar ayuda de afuera (queriendo decir EE UU) y no confiando en sus propias iniciativas y sentimientos particularmente cuando se enfrentan a situaciones críticas. Como muchos otros antes que él, Morse señala que la historia puertorriqueña ha sido pobre en símbolos y triunfos nacionales y que la gente carece de autoestima fuerte, claros propósitos y sentido de identidad nacional.

Los esfuerzos por encontrar un retrato global único de los puertorriqueños, que se ha hecho utilizando la docilidad innata o adquirida y, por tanto, justificando su dependencia colonial, han generado muchas observaciones superfluas tales como las expresadas por el crítico norteamericano Alfred Kazin. Siendo profesor visitante de la

[58] Ob. cit., p. 38.
[59] R. Morse, ob. cit.

Universidad de Puerto Rico, Kazin escribió el ensayo «In Puerto Rico», en el que describe sus percepciones sobre sus anfitriones:

Están acostumbrados a esperar en la vida, a depender de terceros; están acostumbrados a recibir órdenes; son susceptibles hasta lo intolerable, pero no tempestuosos.

¿Son «dóciles» porque alguien ha tomado el mando, o son sencillamente dóciles? A mi parecer, son los huerfanitos en la alta política de las potencias, la encarnación de las masas coloniales sumergidas, las masas emergentes de África y de las Indias Orientales [...] [60].

Kazin no da ninguna explicación profunda que respalde sus observaciones del servilismo puertorriqueño, pero concluye que «[...] en Puerto Rico el debate sobre la situación política no puede ocultar el hecho de que no hay un pasado nacional positivo, rico y brillante y tampoco puede salvarlos de los americanos ni afiliarles a ellos» [61].

Por reacción al ensayo de Kazin, el escritor René Marqués concibió su teoría de la docilidad puertorriqueña, complementando así el *Insularismo* de Pedreira y ampliando su tesis básica. En su análisis, Marqués usa la literatura de su generación, la del 1950, como trampolín para lanzar la idea de que los puertorriqueños son, claro está, gente dócil, y para dramatizar algunas facetas del carácter nacional:

El hecho sigue siendo que los puertorriqueños pueden ser antisociales, insolentes o solamente inconformistas en ocasiones e incluso pueden ser heroicos en algunos casos como individuos, pero somos ciertamente dóciles como pueblo [..]. La docilidad es, por supuesto, un rasgo más adquirido que innato. Los puertorriqueños son dóciles hoy simplemente porque han sido, desde el comienzo de su historia, un pueblo colonizado, personas del estrato social más humilde de la España del siglo XVI. Al contrario de la experiencia colonial de otras regiones, Puerto Rico fue colonizado por un puñado de gente poco laboriosa o francamente indolente que aprendieron la docilidad en España, obteniendo su inferior condición social dentro de la rígidamente estratificada sociedad europea de ese periodo. Con ellos se mezclaron, sin mucho esfuerzo, dos grupos étnicos primitivos, hechos dóciles por la fuerza y la esclavitud: taínos y africanos [62].

---

[60] A. Kazin, «In Puerto Rico», en *His Contemporaries,* Nueva York, Little Brown and Co., 1960, p. 35.

[61] A. Kazin, ob. cit., p. 40.

[62] R. Marqués, ob. cit., 1976, p. 30.

Marqués, un ávido defensor de la independencia de Puerto Rico, ve el Estado Libre Asociado como el sistema político en el que «la docilidad puertorriqueña encuentra su expresión más cómoda y natural» [63]. Fue capaz de darse cuenta de que, en la relación colonial que une a Puerto Rico con los EE UU, los puertorriqueños son vistos y tienden a verse a sí mismos como subordinados; un complejo de inferioridad que, desde la perspectiva de Marqués, se manifestaba a través de la docilidad colectiva y la aceptación mayoritaria del Estado colonial.

Pedreira y Marqués, en diferentes periodos históricos, buscaron una conceptualización del carácter nacional puertorriqueño, un arquetipo social que pudiera concentrar los valores y las expectativas de una cultura nacional. Sin embargo, ninguno de los dos fue capaz de reconocer el carácter clasista de la cultura y el significado que cada clase social ha atribuido al concepto de puertorriqueñidad. Marqués estuvo más cerca que Pedreira de reconocer la posición inferior en la que el colonizador coloca al colonizado y cómo esta subordinación es, en cambio, internalizada por el último. Con todo, ambos escritores se apegaron nostálgicamente a un irrecuperable modo de vida agrario como elemento aglutinador de la cultura nacional puertorriqueña. Es ésta la perspectiva fundamental que explica el pesimismo, impotencia y docilidad colectiva que ellos expresan en sus escritos.

En años más recientes, varios académicos [64], han sido críticos en cuanto a la teoría de la docilidad como característica nacional que justifica la situación colonial. A pesar de estos intentos, los funcionarios del gobierno siguen glorificando la imagen de Puerto Rico como «un pueblo pacífico y ajeno a la violencia» que repudia cualquier tipo de lucha revolucionaria. Los textos educativos omiten o restan importancia histórica a las confrontaciones más violentas contra las estructuras de poder colonial. La importancia de los levanta-

---

[63] Ob. cit., p. 44.

[64] J. A. Silén, *Hacia una visión positiva del puertorriqueño,* Río Piedras, P. R. Edil, 1970; E. Acosta-Belén (comp.), *The Puerto Rican Woman: Perspectives on Culture, History and Society,* Nueva York, Praeger, 1986, 1.° ed. 1979; *id.,* «From Settlers to Newcomers: The Hispanic Legacy in the United States», en E. Acosta-Belén y B. R. Sjostrom (comps), *The Hispanic Experience,* Nueva York, Praeger, 1988; M. Maldonado Denis, «Reflexiones en torno a un mito: la docilidad del puertorriqueño», *Casa de las Américas,* 21, 23, 1980; C. Rosario Natal, *El puertorriqueño dócil: historia, pasión y muerte de un mito,* San Juan, P. R., Esmaco Printers, 1987.

mientos indígenas y de esclavos y la resistencia cultural durante los tiempos de la colonia española; los movimientos insurreccionistas del siglo XIX por la autonomía y la independencia; las huelgas de trabajadores y las luchas por la justicia social durante la primera parte de este siglo; el papel militante del movimiento nacionalista desde los años treinta a los cincuenta y el activismo antimilitarista de los estudiantes universitarios en los años sesenta han sido minimizados pues contradicen la imagen oficial de «pueblo pacífico». Los esfuerzos orquestados por EE UU para desnacionalizar a la gente de Puerto Rico han contribuido a la perpetuación de este mito y han facilitado la clasificación en listas negras como «subversivos», «simpatizantes comunistas» o «terroristas» a aquellos que promulgan abiertamente cualquier sentimiento nacionalista o patriótico o que favorezcan la independencia.

V. EL EMIGRANTE PUERTORRIQUEÑO

El repaso crítico de los mitos más comunes sobre los puertorriqueños que hemos presentado antes en este ensayo nos conduce al examen de las realidades cultural e histórica de los emigrantes puertorriqueños en EE UU. Los estrechos lazos entre la isla y la metrópoli mantienen una interacción constante entre la vida expresiva de la población emigrante y las viejas tradiciones de lucha y articulación de la cultura de la isla [65]. Por lo tanto, todo lo que se dice sobre la cultura puertorriqueña en los EE UU tiene, en última instancia, un punto de referencia cultural e histórico en la isla. A pesar de tener este punto de referencia para comparar y contrastar ambas experiencias, a veces puede llevar a debates estériles sobre la puertorriqueñidad o la autenticidad de las expresiones culturales y autodefiniciones del propio emigrante, restando así valor a la consideración y a la comprensión legítimas de cualquier nueva forma de adaptación cultural de los emigrantes.

La experiencia del emigrante en la metrópoli acontece en un escenario donde los puertorriqueños están expuestos a dos lenguas y

---

[65] J. Flores, *The Insular Vision: Pedreira's Interpretation of Puerto Rican Culture*, Nueva York, Centro Working Papers, 1978, p. 3 [*Insularismo e ideología burguesa*, trad. de A. Nicolás, Río Piedras, P. R., Huracán, 1979].

dos mundos culturales distintos y donde tropiezan con la discriminación como minoría racial. La emigración puertorriqueña a EE UU fue en un principio de origen proletario. Desde que los EE UU invadieron la isla, la fuerza laboral nativa ha estado en constante movimiento como resultado del gran desplazamiento de población producido por una economía totalmente controlada y dependiente de las prioridades de inversión del capital norteamericano. En diferentes momentos históricos, la emigración se convirtió en una conveniente válvula de escape para aliviar los eternos problemas de desempleo y pobreza en Puerto Rico.

La explicación oficial para la gran emigración de Puerto Rico a EE UU fue, sin embargo, muy diferente. La imagen de una isla no sólo azotada por los huracanes sino también por un tremendo problema de «sobrepoblación» predominó en la literatura académica de la primera parte de este siglo. Basándose en conceptos malthusianos, se decía que Puerto Rico tenía una gran densidad poblacional para ser una isla pequeña sin recursos naturales. En consecuencia, estas condiciones naturales que afectaban a la isla fueron las que forzaron a los puertorriqueños a desplazarse en busca de una vida mejor. La emigración a EE UU se convirtió así en la alternativa lógica a estas condiciones.

La mayoría de los estudios sobre la experiencia migratoria de los puertorriqueños se adhieren al mito del problema de sobrepoblación como causa principal de la emigración [66]. Mills, Senior y Goldsen dramatizaron este punto en la primera línea de *The Puerto Rican Journey:* «Si Estados Unidos estuviera tan abarrotado como Puerto Rico, podría contener a toda la población mundial» [67]. Chenault comparte la misma opinión cuando asegura que «un factor importante que puede causar la emigración de un país tan lleno como Puerto Rico es la falta de recursos naturales que mantengan a su creciente población» [68].

Los anteriores estudios también dieron una base informada para la implantación de los programas de esterilización femenina en Puerto Rico, una fórmula para el control de la población promovida por

---

[66] O. Handlin, *The Newcomers: The Negroes and Puerto Ricans in a Changing Metropolis*, Cambridge, MA, Harvard University Press, 1959; L. Chenault, *The Puerto Rican Migrant in New York City*, Nueva York, Columbia University Press, 1938.

[67] C. Mills, C. Senior y R. Goldsen, *The Puerto Rican Journey*, Nueva York, Harper and Row, 1950, p. 3.

[68] Ob. cit., p. 12.

los países desarrollados para hacer frente a la pobreza del Tercer Mundo. Estas campañas hicieron de Puerto Rico el país con las tasas más altas de esterilización femenina en el mundo [69]. Entre 1950 y 1970, la tasa total de fertilidad de las mujeres puertorriqueñas cayó en un 48 %. A pesar de todo, irónicamente, éste fue el periodo de mayor emigración, siendo la correlación entre sobrepoblación y emigración bastante débil. Sin embargo, aquí sí hay una clara relación entre la promoción de la esterilización femenina en Puerto Rico y facilitar las crecientes demandas del mercado de personal femenino para el trabajo en fábrica o fuera del hogar.

Otra deficiencia de los estudios sobre la emigración puertorriqueña es su tendencia a contemplarla en su contexto local, en lugar de verla en el contexto más amplio del desarrollo del capitalismo internacional y de las corrientes de emigración laboral. Por su situación colonial, Puerto Rico es un país en el que el desarrollo desigual de sus sectores productivos ha sido controlado desde afuera. Más que un patrón producido por las prácticas productivas puertorriqueñas, la emigración ha sido una herramienta económica útil promovida por las autoridades federales y por el gobierno colonial local casi desde el comienzo de la dominación norteamericana.

Las olas migratorias durante la primera parte de este siglo anunciaron la emigración en masa tras la segunda guerra mundial y que coincidió con el gran cambio en la fuerza laboral agrícola producido por el programa de industrialización «Operación Manos a la Obra». La industrialización sustituyó a la agricultura como una actividad económica importante en la isla, desplazando a un gran segmento de la población. Para 1960, la población puertorriqueña en los EE UU había aumentado veinte veces y media con respecto a lo que había sido dos décadas antes.

Al tratar de entender el proceso de adaptación llevado a cabo por los puertorriqueños que vivían en los barrios de la ciudad de Nueva York, los estudiosos quedaron desconcertados a menudo por lo que consideraron el fracaso de los puertorriqueños en su intento de adaptarse con éxito al modo de vida americano. ¡Mientras se decía que los puertorriqueños en la isla estaban demasiado americanizados, los emigrantes puertorriqueños eran criticados por no estar asimilados!

---

[69] J. L. Vázquez Calzada, «Fertility Decline in Puerto Rico», *Demography*, 5, 2, 1968; H. B. Presser, «Puerto Rico: Recent Trends in Fertility and Sterilization», *Family Planning Perspectives*, 12, 2, 1980.

Además, esta notoria resistencia a la asimilación ha sido usada para justificar el bajo nivel socioeconómico que tienen los puertorriqueños, pues los indicadores socioeconómicos se han mantenido esencialmente iguales durante décadas de emigración colocándolos al fondo de la escala de movilidad social.

Otro razonamiento comúnmente usado para explicar el limitado éxito económico de los emigrantes puertorriqueños es su supuesta falta de fuertes tradiciones culturales y organizativas en la metrópoli. Mills, Senior y Goldsen elaboraron este punto que ha seguido teniendo eco en otros trabajos académicos:

Los mundos de anteriores inmigrantes en Nueva York han sido engrandecidos a menudo por organizaciones de compatriotas. Los inmigrantes que han llegado recientemente ingresan en grupos cuyos miembros incluyen a los que llegaron antes al nuevo país, quienes les «muestran el negocio» y así suavizan el impacto del viaje [...]. Los puertorriqueños no tienen esa tradición organizativa y en Nueva York parece ser que existen comunidades desorganizadas de puertorriqueños [70].

El influyente libro *Beyond the Melting Pot* [71] de Glazer y Moynihan se convirtió en la fuente clásica en los años sesenta para el estudio de esos grupos de Nueva York que parecía que no iban a seguir el mismo patrón de asimilación de los muchos grupos de europeos que llegaron antes que ellos. La tesis central de los autores de que la asimilación del «crisol» nunca ocurrió, aunque fundamentalmente correcta, no dio la importancia debida al racismo como principal obstáculo a la asimilación de la gente de color en la sociedad americana. Aparte de este gran defecto, en su sección sobre los puertorriqueños, Glazer y Moynihan dan una interpretación intrascendente de los problemas de pobreza que afronta la comunidad puertorriqueña. Después de señalar la importancia que tienen una cultura rica y un sistema familiar fuerte para enfrentar la vida en otros grupos inmigrantes, concluyen que:

En estos dos aspectos, Puerto Rico es tristemente deficiente. Están faltos de arte folclórico, dudosos de sus tradiciones culturales, sin una fe poderosa [...]. La cultura indígena sigue siendo significativa en México, en Perú; la cultura afroamericana en Brasil y Haití. Pero los indios de Puerto Rico hace

---

[70] C. Mills, C. Senior y R. Goldsen, ob. cit., 1950, p. 105.
[71] N. Glazer y P. Moynihan, 1.ª ed. 1963, ob. cit.

tiempo fueron absorbidos por la población y su gran población africana de antiguos esclavos, alrededor de la mitad de la población total a mediados de los 1860, no mantuvieron el rico conjunto de vestigios culturales africanos que animan otras partes del Caribe [...]. La gran tradición cultural hispánica a la que Puerto Rico estuvo ligada también siguió su débil existencia allí [72].

Mills, Senior y Goldsen [73] ya habían aludido a la teoría de la deficiencia cultural cuando describieron la falta de una tradición organizativa de los inmigrantes puertorriqueños. El error prevaleciente de que, por su situación de pobreza, la vida organizativa y la cohesividad comunitaria entre los puertorriqueños no ha sido tan fuerte como en otros grupos étnicos ha comenzado a ser desmentida por el descubrimiento y la publicación de dos importantes libros autobiográficos: *A Puerto Rican in New York and Other Sketches* [74] de Jesús Colón, y las *Memorias de Bernardo Vega* [75] (escritas en los años cuarenta, publicadas en 1977). Estos trabajos, escritos por dos inmigrantes puertorriqueños, documentan la vida en la comunidad antes de la segunda guerra mundial y arrojan luz sobre la tradición de lucha, solidaridad y efervescencia cultural de los trabajadores que aparecieron de nuevo en la comunidad durante el movimiento de revitalización étnica de los años sesenta y setenta [76]. El estudio de Sánchez Korrol [77] sobre la comunidad puertorriqueña en Nueva York, que cubre el periodo desde 1917 hasta 1948, también contribuye a descartar algunos de los supuestos erróneos sobre la comunidad inicial que han sido corrientes en la literatura académica.

Otro aspecto sobresaliente del estudio de Glazer y Moynihan con respecto a los puertorriqueños es su concepción de España como el único centro gravitatorio de la cultura puertorriqueña. Descartan las herencias indígena y africana como insignificantes y excluyen cualquier impacto en la trayectoria de la historia cultural puertorriqueña. En esencia, sus puntos de vista repiten los paradigmas de

---

[72] Ob. cit., p. 88.

[73] C. Mills, C. Senior y R. Goldsen, ob. cit., 1950.

[74] J. Colón, *A Puerto Rican in New York and Other Sketches,* Nueva York, International Publishers, 1982, 1.ª ed. 1961.

[75] B. Vega, *Memoirs of Bernardo Vega,* Trad. de Juan Flores, Nueva York, Monthly Review Press, 1977 [*Memorias de Bernardo Vega,* César Andreu Iglesias, ed., Río Piedras, P. R., Huracán, 1984].

[76] E. Acosta-Belén, *ibid,* 1988.

[77] V. Sánchez Korrol, *The Puerto Rican Community in New York City, 1917-1940,* Westport, CT, Greenwood Press, 1983.

deficiencia cultural que han sido utilizados muy frecuentemente para interpretar las realidades nacional y cultural de Puerto Rico.

A pesar de las deficiencias de su trabajo, Glazer y Moynihan reconocen que la emigración en masa de puertorriqueños a la metrópoli se contrapuso a los antecedentes de la historia de éxito de la «Operación Manos a la Obra» de la isla. Pero la contradicción entre la visión de la isla como vitrina y el contrastante estado de pobreza de la comunidad emigrante nunca fue explicada por los autores. En cambio, se convirtieron en defensores del Estado Libre Asociado proclamando los grandes avances hechos en «educación, sanidad, autoestima, capacidad de trabajo y formación» [78] en la isla bajo el nuevo gobierno y señalando cómo estos avances elevaron el nivel de los que emigraron evitando una condición más desastrosa en su situación general.

Aparte de los que se pueden encontrar en la literatura de las Ciencias Sociales, los medios de comunicación populares (especialmente el cine y la televisión) han reforzado ciertas imágenes estereotipadas sobre los puertorriqueños y los latinos en general. Por ejemplo, la película *West Side Story*, con toda su memorable y hermosa música, resaltó la guerra interétnica que recibió tanta atención de los medios de comunicación en los años cincuenta como la está recibiendo ahora en relación a la comunidad chicana en Los Ángeles. Otras películas menos importantes como *Fuerte Apache: El Bronx* o *Q y A* recrean principalmente la violencia y la corrupción en un ambiente atestado de drogas, sin explorar ninguna de las dinámicas más amplias que perpetúan estas condiciones.

En décadas recientes, el reexamen y el desmantelamiento de los paradigmas predominantes de interpretación de los procesos cultural e histórico de Puerto Rico han sido emprendidos por académicos puertorriqueños tanto en Puerto Rico como en EE UU. Este proceso ha conducido al redescubrimiento y la reconstrucción de la realidad puertorriqueña y a una nueva escuela basada en un análisis más integrado y con una base más socioeconómica que el que emprendieron generaciones anteriores. La mayor parte de la nueva escuela ha intentado desmentir algunos de los mitos y estereotipos que han sido típicos y hasta hace poco pasaron incuestionados de generación en generación.

---

[78] N. Glazer y P. Moynihan, ob. cit., 1963, p. 91.

VI. EL PROCESO DE REDESCUBRIMIENTO

Las deficiencias teóricas encontradas en algunas de las definiciones y autodefiniciones más corrientes de la cultura nacional puertorriqueña y en la descripción de la comunidad emigrante ha sido materia de escrutinio crítico en años recientes, conduciendo a un proceso de descolonización cultural y volviendo a descubrir la realidad puertorriqueña. Lo mejor de la nueva escuela que ha surgido a partir de finales de los años sesenta, es que se basa en el reconocimiento de que cualquier formulación sobre la cultura nacional puertorriqueña es inseparable de su condición colonial. La descolonización de las mentalidades predominantes es, sin embargo, una tarea monumental que no se puede llevar a cabo en su totalidad sin autodeterminación. Puerto Rico sigue siendo una posesión colonial de los EE UU y el debate permanente sobre el futuro estatus político apenas toca los grandes y complejos problemas del colonialismo.

A menudo influenciados por la teoría marxista, la generación intelectual formada en los años sesenta y setenta presta más atención al análisis de clase y a la influencia que los procesos socioeconómicos tienen en la historia y en la cultura. Una visión más dinámica e inclusiva de la historia —esa que incorpora «la gente sin historia»— ha surgido dando mayor importancia a la participación de la clase trabajadora, las mujeres y los negros en la construcción de la sociedad.

Un número sustancial de estudiosos comprometidos con este proyecto de reconstrucción de la realidad cultural e histórica de Puerto Rico ha estado asociado a dos importantes colectivos de investigación: el Centro de Estudios de la Realidad Puertorriqueña (CEREP), fundado en Puerto Rico en 1970, y el Centro de Estudios Puertorriqueños de la City University of New York (CUNY), fundado en 1972. Estos dos centros han jugado un papel importante en la difusión del trabajo de jóvenes estudiosos y han propiciado un foro para la discusión y el debate que ha conducido a una riqueza de material publicado en las dos últimas décadas. Además, la fundación de Ediciones Huracán en 1975, una editorial puertorriqueña comprometida con la promoción y difusión de estudios progresistas, facilita los nuevos esfuerzos académicos.

Otro aspecto sobresaliente de la nueva escuela sobre los puertorriqueños es que está hecha fundamentalmente por los propios puertorriqueños quienes han desmentido rápidamente los mitos y distorsiones sobre su experiencia cultural e histórica que el colonialismo ha promovido vigorosamente. En su quehacer, se enfrentan a las «vacas sagradas» de la tradición intelectual, ofreciendo nuevas visiones y abriendo caminos inexplorados. También están dando muestras de una vitalidad permanente y superando las limitaciones del pasado en la investigación sobre los puertorriqueños.

BIBLIOGRAFÍA

Abbad y Lasierra, fray A. I., *Historia geográfica, civil y natural de la isla de San Juan Bautista de Puerto Rico,* Río Piedras, P. R., Universitaria, 1970, 1.ª ed. 1788.

Acosta, A., «El pleito de los indios de San Damián (Huarochirí) contra Francisco de Ávila», *Historiografía y Bibliografía Americanistas,* XXIII, 1979.

— «Francisco de Ávila: Cusco 1573(?)-Lima 1647», en *Ritos y tradiciones de Huarochirí del siglo XVII,* ed. y trad. Gerald Taylor, Lima, Instituto de Estudios Peruanos e Instituto Francés de Estudios Andinos, 1987.

Acosta-Belén, E. (comp.), *The Puerto Rican Woman: Perspectives on Culture, History, and Society,* Nueva York, Praeger, 1986, 1.ª ed. 1979.

— (comp.), *La mujer en la sociedad puertorriqueña,* Río Piedras, P. R., Huracán, 1980.

— «From Settlers to Newcomers: The Hispanic Legacy in the United States», en E. Acosta-Belén y B. R. Sjostrom (comps.), *The Hispanic Experience,* Nueva York, Praeger, 1988.

Acuña, C., SJ, *Nuevo descubrimiento del gran río de las Amazonas,* 1641, ed. mod. Madrid, 1891 y Buenos Aires, 1946.

Adorno, R., «Las otras fuentes de Guaman Poma: sus lecturas castellanas», *Histórica,* II (2), Lima, 1978.

— «The *Nueva corónica y buen gobierno:* A New Look at the Royal Library's Peruvian Treasure», *Fund og Forskning,* XXIV, Copenhague, The Royal Library, 1979-80.

— «La redacción y enmendación del autógrafo de la *Nueva corónica y buen gobierno*», en *Guaman Poma,* XXXII-XLVI, 1980.

— *Guaman Poma: Writing and Resistance in Colonial Peru,* Austin, University of Texas, 1986.

— «Writing about Reading: An Andean View of Literacy in the Early Spanish Colonial Period», *Yale Journal of Criticism,* II (1) (octubre de 1988).

— «Cronista y príncipe: La vida y obra de Felipe Guaman Poma de Ayala»,

León-Portilla, M.; Gutiérrez Estévez, M.; Gossen, G. H., y Klor de Alva, J. J. (eds.), *De Palabra y Obra en el Nuevo Mundo,* vol. 1, *Imágenes interétnicas,* Madrid, Siglo XXI de España, 1992, pp. 499-526.

Lima, Fondo Editorial, Pontificia Universidad Católica del Perú, 1989 (en prensa).

— (comp.), «From Oral to Written Expression: Native Andean Chronicles of the Early Colonial Period», *Foreign and Comparative Studies/Latin American Series,* núm. 4, Syracuse, Nueva York, Maxwell School of Citizenship and Public Affairs of Syracuse University, 1982.

Ahlbrinck, W., *Encyclopaedië der Karaïben. Koninklijke Akademie van Wetenschappen te Amsterdam, Afd. Lett,* núm. 27 (1), 1931.

Alamán, L., *Disertaciones,* 3 t., México, Jus, Col. México Heroico, núm. 83, 1969.

Albisetti, C. y Venturelli, A. J., *Enciclopedia bororo,* vol. I, Campo Grande, Museu Regional de Dom Bosca, 1961.

Albornoz, C. de, «[1581-84] Informaciones de servicio», en Millones (comp.), 1971, 1/1-3/63.

— «Relación de amancebados, hechiceros y huacas», en Millones (comp.), 1971, 4/1-4/46.

— «Instrucción para descubrir todas las guacas del Pirú y sus camayos y haziendas», en Duviols, 1984.

— «Relación de la visita de Apcara», en Millones (comp.), 1971.

— «Relación de la visita de Hatun Lucana», en Millones (comp.), 1971.

Albospino, L., «La caza del guayakí. Trágico resabio de la conquista», en *Nandé,* I (22), Asunción, 1960.

Alden, D., «Black Robes *vs* White Settlers: The Struggle for "Freedom of the Indians" in Colonial Brazil», en H. Peckham y Ch. Gibson (comps.), *Attitudes of Colonial Powers Toward the American Indian,* Salt Lake, 1969.

Alegría, R., *Las primeras representaciones gráficas del indio americano, 1493-1923,* San Juan de Puerto Rico, Centro de Estudios Avanzados de Puerto Rico y el Caribe, 1986.

Alva, B. de, *Confessionario mayor y menor en lengua mexicana,* México, Francisco Salbago, 1634.

Alva Ixtlixóchitl, F. de, *Obras históricas,* 2 vols., ed. de E. O'Gorman, México, UNAM, 1975.

Alvarado Tezozómoc, F., *Crónica Mexicáyotl,* trad. de Adrián León, México, UNAM, 1944, 1975.

Alvord, C. W. y Bidgood, L. (comps.), *The First Explorations of the Trans-Allegheny Region by the Virginians, 1650-1674,* Cleveland, Arthur H. Clark, 1912.

Anales de Cuauhtitlán, en *Códice Chimalpopoca,* trad. de Primo Feliciano Velázquez, México, UNAM, 1945.

Anales de los Cakchiqueles (Memorial de Sololá), ed. de Adrián Recinos, México, FCE, 1950.

Anales (Unos) históricos de la nación mexicana, manuscrito 22 bis de la Biblioteca Nacional de París, 5.ª parte: *Historia de Tlatelolco...,* más conocidos como *Anales de Tlatelolco*, en *Récits aztèques de la conquête*, ed. de G. Baudot y T. Todorov, París, Le Seuil, 1983.

Anderson, A. J. O.; Berdan, F., y James Lockhart, J. (comps. y trad.), *Beyond the Codices: The Nahua View of Colonial Mexico*, Latin American Studies Series 27, Berkeley, University of California, 1976.

Anglería, P. M. de, *Décadas del Nuevo Mundo*, Buenos Aires, Bajel, 1944.

Araujo, D. de, SJ, «Memorial... (título desconocido), 1720», frag. del cap. XII publicado a pie de página en Alexandre de Melo Moraes, *Corographia histórica, cronográphica, genealógica, nobiliária e politica do Imperio do Brasil*, Río de Janeiro, 1860.

Aristóteles, *Politeia (La política)*, prólogo, versión y notas de Manuel Briceño Jáuregui, SJ, Bogotá, Instituto Caro y Cuervo, 1989.

Arrom, J. J., *Certidumbre de América*, Madrid, Gredos, 1971.

— *Mitología y artes prehispánicas de las Antillas*, México, Siglo XXI Editores, 1975.

— *Esquema generacional de las letras hispanoamericanas*, Bogotá, Instituto Caro y Cuervo, 1977.

— *Estudios de lexicología antillana*, La Habana, Casa de las Américas, 1980.

— «Cimarrón: apuntes sobre sus primeras documentaciones y su probable origen», *Revista Española de Antropología Americana*, núm. 13, 1983.

— *En el fiel de América*, Roma, Bulzoni Editor, 1985.

Astráin, A., SJ, *Historia de la Compañía de Jesús en la asistencia de España*, 7 vols., Madrid, 1902-1925.

Ávila, F. de, *Dioses y hombres de Huarochirí* (1598), trad. de José María Arguedas, estud. de Pierre Duviols, Lima, Museo Nacional de Historia-Instituto de Estudios Peruanos, 1966.

Axtell, J., *The Invasion Within: The Contest of Cultures in Colonial North America*, Nueva York, Oxford University Press, 1985.

— *After Columbus: Essays in the Ethnohistory of Colonial North America*, Nueva York, Oxford University Press, 1988.

Azevedo, L., *Os jesuitas no Grão Pará, sus missoēs e a colonização*, Coimbra, 1930.

Bacon, H., *Barbarians in Greek Tragedy*, Yale University Press, 1961.

Balbas Capo, V., *Puerto Rico a los diez años de americanización*, San Juan, P. R., Tipografía Heraldo, 1910.

Baldry, H. C., *The Unity of Mankind in Greek Thought*, Cambridge, Cambridge University Press.

Baldus, H., «Os otí», en *Revista do Museu Paulista*, VIII, São Paulo, 1954.

— «Métodos e resultados de acao indigenista no Brasil», en *Revista de Antropología*, X, São Paulo, 1962.

Ballabriga, A., *Le Soleil et le Tartare. L'image mythique du monde en Grèce archaïque*, París, 1986.

Balmori, C. H., *La conquista de los españoles y el teatro indígena americano*, Tucumán, 1955.

Balsdon, J. P. V. D., *Romans and Aliens,* Londres, Duckworth, 1981.

Bandeira, A., *A cruz indigena,* Porto Alegre, 1926.

Baptista, J., *Advertencias para los confessores de los naturales,* México, M. Ocharte, 1600.

— *Libro de los huehuehtlahtolli: testimonios de la antigua palabra,* ed. de Miguel León-Portilla, trad. de Librado Silva Galeana, facsímil original de 1600. Comisión Nacional Conmemorativa del V Centenario del Encuentro de los Dos Mundos, México, 1988.

Barbosa, L. B. H., «Relatórios dos trabalhos realizados pela Inspetoria do SPI em São Paulo durante o ano de 1916», *Revista do Museu Paulista,* nueva serie, vol. VIII, São Paulo, 1954.

Barbour, Ph. L. (comp.), *The Jamestown Voyages Under the First Charter, 1606-1609,* Cambridge, Hakluyt Society Publications, 2d ser. 136-37, 1969.

Barrera Vázquez, A., *Nuevas notas a «El folklore de Yucatán» de D. G. Brinton,* Mérida, México, 1976.

Barth, F., *Los grupos étnicos y sus fronteras,* México, FCE, 1976.

Bartolomé, M. A. y Barabas, A. M., *La resistencia maya. Relaciones interétnicas en el oriente de la península de Yucatán,* Colección científica núm. 53, México, INAH, 1977.

Bartra, E. T., SJ (comp.), *Tercer Concilio Limense: 1582-1583,* Lima, Facultad Pontificia y Civil de Teología, 1982.

Basso, E. B., *A Musical View of the Universe. Kalapalo Myth and Ritual Performances,* Filadelfia, University of Philadelphia Press, 1985.

Baudot, G., *Utopía e historia en México: los primeros cronistas de la civilización mexicana (1520-1569),* trad. de Vicente González Loscertales, Madrid, Espasa-Calpe, 1983.

Bautista, J. (s.f.), «Diario» manuscrito en el Archivo Capitular de la Basílica de Guadalupe, Colección Boturini. (Texto relevante en español en Miguel León-Portilla, «Testimonios nahuas sobre la conquista espiritual», *Estudios de Cultura Náhuatl,* núm. 11.)

Baxer, R., *The Golden Age of Brazil,* Berkeley, 1964.

Berkhofer, R. F., Jr., *A Behavioral Approach to Historical Analysis,* Nueva York, Free Press, 1969.

Bernal, I., *Arqueología ilustrada y mexicanista en el siglo XVIII.* Discurso de ingreso en la Academia Mexicana de la Historia correspondiente a la española, México, Centro de Estudios de Historia de México de Condumex, S. A., 1975.

Bernheimer, R., *Wild Men in the Middle Ages: A Study in Art, Sentiment, and Demonology,* Cambridge, Mass., Harvard University Press, 1952.

Bertonio, L., *Vocabulario de la lengua aymara,* Suli, 1612.

Betendorf, J. F., *Chrónica da missão das padres da Companhia de Jesús no Estado do Maranhão (1697),* publicado por vez primera como número especial de la *Revista do Instituto Histórico e Geographico Brasileiro,* núm. 72, 1, 1910.

Bierhorst, J., *Cantares mexicanos: Songs of the Aztecs,* Stanford, Stanford University, 1985.

Bitterli, U., *Los «salvajes» y los «civilizados». El encuentro de Europa y Ultramar,* trad. de Pablo Sorozábal, México, FCE, 1982.

Blackburn, J., *The White Men. The First Response of Aboriginal Peoples to the White Man,* Londres, Orbis Publishing, 1979.

Block Friedman, J., *The Monstrous Races in Medieval Art and Thought,* Cambridge, Harvard University Press, 1981.

Bonfil Batalla, G., «Las nuevas organizaciones indígenas», en *Grupo de Barbados: Indianidad y descolonización en América Latina,* México, 1979.

Boorstin, D., «Self-Discovery in Puerto Rico», *The Yale Review,* 45, 2, diciembre de 1955.

Borah, W., *Justice by Insurance: The General Indian Court of Colonial Mexico and the Legal Aides of the Half-Real,* Berkeley, University of California, 1983.

Borelli, S. H. S., «Os Kaingang no Estado de São Paulo: Constantes históricas e violência deliberada», en S. H. S. Borelli *et al.* (comps.), *Índios no Estado de São Paulo: Resistência e transfiguração,* São Paulo, Yankatu Editora e Comissão Pró-Índio de São Paulo, 1984.

Bosch García, C., *Sueño y ensueño de los conquistadores,* México, UNAM, Instituto de Investigaciones Históricas, serie Historia Novohispana, núm. 40, 1987.

Bosch Gimpera, P., «Pueblos e imperios», *Revista Mexicana de Estudios Antropológicos,* México, t. XX, 1966.

Boturini Benaduci, L., *Idea para una nueva Historia General de la América septentrional,* est. prel. de Miguel León-Portilla, México, Porrúa, col. Sepan Cuántos..., núm. 278, 1974.

Brandão, C. R., *Identidade e etnia construcçao da pessoa e resistencia cultural,* São Paulo, 1986.

Brau, S., «Las clases jornaleras de Puerto Rico», en *Disquisiciones sociológicas y otros ensayos,* Río Piedras, P. R., Universidad de Puerto Rico, 1956, 1.ª ed. 1882.

Brett, W. H., *Legends and Myths of the Aboriginal Indians of British Guiana,* Londres, William Wells Gardner, 1880.

Bricker, V. R., *Ritual humor in Highland Chiapas,* Austin, University of Texas Press, 1973 [*Humor ritual en la Altiplanicie de Chiapas,* México, FCE, 1986].

— *The Indian Christ, the Indian King: The Historical Substrate of Maya Myth and Ritual,* Austin, University of Texas Press, 1981.

— «The Calendrial Meaning of Ritual among the Maya», en V. R. Bricker y G. H. Gossen (comps.), *Etnographic Encounter in Southern*

Mesoamerica: Essays in Honor of Evon Z. Vogt, Jr., Albany, Nueva York, Institute for Mesoamerican Studies. Studies in Culture and Society.

Brinton, D. G., *El folklore de Yucatán*, 1.ª ed. 1883, Mérida, México, 1976.

Brown, I. W., «The Calumet Ceremony in the Southeast and Its Archaeological Manifestations», *American. Antiquity*, núm. 54, 1989.

Burkhart, M., *The Slippery Earth: Nahua-Christian Moral Dialogue in Sixteenth-Century Mexico*, Tucson, University of Arizona, 1989.

Butt, A., «The Birth of a Religion», *Journal of the Royal Anthropological Institute*, núm. 90 (1), 1960.

Butt-Colson, A., «Ritual Blowing: Taling as a Causation and Cure of Illness among the Akawaio», *Man*, núm. 56.

— «The Akawaio Shaman», en E. Basso (comp.), *Carib Speaking Indians. Culture, Society and Language*, Tucson, The University of Arizona Press, 1977.

Cadogán, L., «En torno a la aculturación de los mbyá-guaraní del Guairá», en *América Indígena*, XX (2), México, 1960.

Calame, Cl., «Nature humaine et environnement: le racisme bien temperé d'Hippocrate», *Sciences et racisme*, Lausana, Payot, 1986.

Canny, N. P., *The Elizabethan Conquest of Ireland: A Pattern Established, 1565-76*, Nueva York, Barnes and Noble, 1976.

Carr, R., *Puerto Rico: A Colonial Experiment*, Nueva York, New York University Press, 1984.

Carrillo, E., «Papeles sueltos del P. Carrillo. Fantasmas», *Registro Yucateco*, IV, 1846.

Carrithers, M., «The antropologist as author: Geertz *Works and Lives*», *Anthropology Today*, vol. IV, núm. 4, 1988.

Carta del P. Fray Gerónimo de Mendieta al P. Comisario General Fray Francisco de Bustamante, en *Cartas de religiosos de Nueva España*, México, Chavez-Hayhoe, 1941.

Cartier, J., *The Voyages of Jacques Cartier*, ed. de H. P. Biggar, Ottawa, Publications of the Public Archives of Canada, núm. 11, 1924.

Carvalho, E. de A., *As alternativas dos vencidos: Índios terena no Estado de São Paulo*, Río de Janeiro, Editora Paz e Terra, 1979.

Casas, Bartolomé de las, *Apologética, historia sumaria*, ed., est. prelim. de Edmundo O'Gorman, 2 t., México, UNAM, 1967.

— *Apologética historia de las Indias*, Madrid, 1909.

— *Historia de las Indias*, México, FCE, 1951.

Caso, A., «¿Existió un imperio olmeca?», en *Memoria de El Colegio Nacional*, México, t. V, núm. 3, 1964.

— *Reyes y reinos de la Mixteca*, 2 vols., México, FCE, 1977-1978.

CESIND, Centro de Estudos Sociais e Indígenas, «Relatório de Atividades», mímeo, São Paulo, 1978.

Chenault, L., *The Puerto Rican Migrant in New York City,* Nueva York, Columbia University Press, 1938.

Chiapelli, F., *First Images of America: The Impact of the New World on the Old,* Berkeley, 1976.

Chimalpahin Cuauhtlehuanitzin, D., *Sixième et Septième Relations (1258-1612),* ed. y trad. de Rémi Siméon, París, Maisonneuve et Ch. Leclerc, 1889.

Chumayel, *Libro de Chilam Balam de Chumayel,* trad. de A. Mediz Bolio, México, UNAM, 1979.

Cirino, A. C., *Indiaanse Vertelingen,* 2 vols., Paramaribo, Bolivar Editions, 1977.

Civrieux, M. de, *Watunna. An Orinoco Creation Cycle,* ed. y trad. de D. M. Guss, San Francisco, North Point Press (1970), 1980.

Clark, V., *Education in Porto Rico,* 56.° Congreso, primera sesión, Documento del Senado, núm. 363, Washington, D.C., Government Printing Office, 1900.

— *Porto Rico and its problems,* Washington, D.C., Boorkings Institution, 1930, reimpreso en Nueva York, Arno Press, 1975.

Clavijero, F. J., *Historia antigua de México,* ed. y pról. de Mariano Cuevas, México, Porrúa, col. Sepan Cuántos..., núm. 29, 1964.

Clayton, J., *The Reverend John Clayton: A Parson With a Scientific Mind: His Scientific Writings and Other Related Papers,* ed. de Edmund Berkeley y Dorothy Smith Berkeley, Charlottesville, University Press of Virginia, 1965.

Cline, S. L. y León-Portilla, M. (comps. y trad.), *The Testaments of Culhuacan,* Los Ángeles, UCLA Latin American Center, 1984.

Códice Chimalpopoca, Anales de Cuauhtitlan y *Leyenda de los soles,* trad. de Primo Feliciano Velázquez, Instituto de Investigaciones Históricas, México, UNAM, 1975.

Códice Florentino, manuscrito 218-220 de la colección Palatina. Biblioteca Medicea-Laurenziana, Florencia, reproducción facsimilar por el gobierno mexicano, Secretaría de Gobernación, 1979.

Códice Matritense de la Real Academia de la Historia, ed. facsimilar por Francisco del Paso y Troncoso, Madrid, Hauser y Menet, 1970.

Códice Matritense de Palacio Real de Madrid, Informantes de Sahagún, manuscrito núm. 3 280.

Códice Vaticano A o Ríos (3738), en *Antigüedades de México* basadas en la recopilación de lord Kingsborough, México, Ed. J. Corona Núñez, 1964-67.

Códice Xólotl, ed. y estudio de Charles E. Dibble, Universidad, 1980.

Códices Tlotzin y Quinatzin, en Anales del Museo Nacional de Arqueología, Historia y Etnografía, época 1, t. III, ed. de E. T. Hamy, México, 1986.

CODOIN=*Colección de documentos inéditos relativos al descubrimiento, con-*

quista y organización de las antiguas posesiones españolas de Ultramar, Madrid, 1.ª y 2.ª serie.

Coll, C. van, «Gegevens over Land en Volk van Suriname», *Bijdragen tot de Taal- Land- en Volkenkunde van Nederlandsch-Indie*, núm. 55, 1903.

Colón, C., *Diario del primer viaje*, numerosas ediciones, 1492.

Colón, F., *Vida del almirante don Cristóbal Colón*, México, FCE, 1947.

Colón, J., *A Puerto Rican in New York and Other Sketches*, Nueva York, International Publishers, 1982, 1.ª ed. 1961.

Coloquios y Doctrina Cristiana... con que los doce frailes de San Francisco... convirtieron a los Indios de la Nueva España, ed. de Miguel León-Portilla, México, UNAM, 1986.

Columbus, C., *The Journal of Christopher Columbus*, ed. de L. A. Vigneras y trad. de Cecil Jane, Nueva York, Bramhall House, 1960 [*Diario de Colón*, Madrid, Cultura Hispánica, 2.ª ed., 1972].

Cooley, C. H., *Life and the Student*, Nueva York, Alfred Knopf, 1927.

Cortés, F.; Falcón, A., y Flores, J., «The Cultural Expression of Puerto Ricans in New York: A Theoretical Perspective and Critical Review», *Latin American Perspectives*, 3, 3, verano de 1976.

Cortés, H., *Cartas de Relación*, en Biblioteca de Autores Españoles, t. XXII: *Historiadores primitivos de Indias*, t. I, Madrid, M. Rivadeneyra ed., 1887.

— *Cartas y documentos*, introd. de Mario Hernández Sánchez Barba, México, Porrúa, 1963.

Covarrubias Horozco, S. de, *Tesoro de la lengua castellana o española*, ed. de Martín de Riquer, Barcelona, 1943.

Crawford, J. M., *The Mobilian Trade Language*, Knoxville, University of Tennessee Press, 1978.

Crocker, J. Ch., «My Brother the Parrot», en G. Urton (comp.), *Animal Myths and Metaphors in South America*, Salt Lake City, University of Utah Press, 1985.

— «Selves and Alters among the Eastern Bororo», en D. Máybury-Lewis (comp.), *Dialectal Societies*, Cambridge, Harvard University Press, 1979.

— *Vital Souls: Bororo Cosmology, Natural Symbolism and Shamanism*, Tucson, University of Arizona Press.

Curatola, M., «Mito y milenarismo en los Andes: Del Taki Onqoy a Inkarrí», *Allpanchis Phuturinqa*, Cuzco, vol. X, núm. 10, 1977.

Da Matta, R., *Un mundo divido: A estrutura social dos indios Apinaye*, Petropolic, Editora Vozes, 1976.

Daniel, J., *Tesouro descoberto no Rio Amazonas (ca. 1760)*, pub. como número especial de *Anais da Biblioteca Nacional*, núm. 95, Río de Janeiro.

Darbo-Peschanski, C., *Le discours du particulier. Essai sur l'enquête hérodotéenne*, París, Du Seuil, 1987.

Dauge, Y. A., *Le barbare. Recherches sur la conception romaine de la barbarie et la civilisation*, Bruselas, Latomus, 1981.

Davis, S. H., *Víctimas do milagre: O desenvolvimento e os índios do Brasil,* Río de Janeiro, Zahar Editores, 1978.

De Lucca D. M., *Diccionario aymara-castellano, castellano-aymara,* La Paz, 1983.

Delawarde, J.-B., «Les Galibi de la Mana et d'Iracoubo (Guyane française) (II)», *Journal de la Société des Américanistes,* núm. 56 (2), 1967.

Derrida, J., *Of Grammatology,* trad. de Gayatri Chakravorty Spivak, Baltimore, Johns Hopkins University, 1976 [*De la gramatología,* México, Siglo XXI, 3.ª ed., 1984].

Descola, Ph., *La nature domestique. Symbolisme et praxis dans l'écologie des Achuar,* París, Éditions de la Maison des Sciences de l'Homme, 1986.

Díaz del Castillo, B., *Historia verdadera de la conquista de la Nueva España,* México, Porrúa, 1960, reproducción facsimilar de la primera edición, Madrid, 1632.

Diccionario, *de Motul maya-español, atribuido a fray Antonio de Ciudad Real,* ed. de Juan Martínez Hernández, Mérida, Talleres de la Compañía Tipográfica Yucateca, 1929.

Dickason, O. P., *The Myth of the Savage and the Beginnings of French Colonization in the Americas,* Edmonton, University of Alberta Press, 1984.

Dillón, A., *Beautés de l'histoire du Mexique...,* 1822.

Dinwiddie, W., *Puerto Rico: Its Conditions and Possibilities,* Nueva York, Harper and Row, 1899.

Doctrina cristiana, en lengua española y mexicana por los religiosos de la orden de Santo Domingo, facsímil de la edición de 1548, Madrid, Cultura Hispánica, 1944.

Drummond, L., «Structure and Process in the Interpretation of South American Myth: The Arawak Dog Spirit People», *American Anthropologist,* núm. 79 (4), 1977.

Durán, D., *Historia de las Indias de Nueva España,* 2 vols., ed. de J. F. Ramírez y A. Chavero, México, 1867-1880.

— *Historia de las Indias de Nueva España e Islas de la Tierra Firme,* 2 vols., México, Porrúa, 1967.

— *Book of the Gods and Rites* y *The Ancient Calendar,* trad. y ed. de Horcasitas y D. Heyden, Norman, University of Oklahoma, 1971.

Duviols, P., *Ethnohistoire religieuse du Pérou colonial,* documentos editados por Pierre Duviols, París, 1971.

— «Un inédit de Cristóbal de Albornoz: La instrucción para descubrir todas las guacas del Pirú y sus camayos y haziendas», *Journal de la Société des Américanistes,* LVI, París, 1967.

— *La destrucción de las religiones andinas (conquista y colonia) [1971],* trad. de Albor Maruenda, México, UNAM, 1977.

— «Albornoz y el espacio ritual andino prehispánico», *Revista Andina,* II (1), 1984.

— *Cultura andina y represión. Procesos y visitas de idolatrías y hechicerías, Cajatambo siglo XVII,* Cuzco, 1986.

Ehrenreich, P., «Über einige ältere Bildnisse südamerikanischer Indianer», *Globus,* núm. 66 (6), 1894.

Eliade, M., *Patterns in Comparative Religion,* Nueva York, New American Library, 1974.

Fabian, J., *Language and Colonial Power: The Appropriation of Swahili in the Former Belgian Congo 1880-1938,* Nueva York, Cambridge University, 1986.

Fanon, F., *The Wretched of the Earth,* Nueva York, Grove Press, 1963, 1.ª ed. 1961 [*Los condenados de la tierra,* México, FCE, 1963].

Feagle, D., *Social Problems of Porto Rico,* Boston, Heath, 1917.

Ferguson, J., *Utopias of the Classical World,* Nueva York, 1975.

Fierens, P., *Le fantastique dans l'art flamand,* Bruselas, Éditions du Cercle d'Art, 1947.

Figueroa, F., SJ, *Relación de las misiones de la Compañía de Jesús en el país de los maynas 1660,* Colección de libros y documentos referentes a la historia de América, vol. 1, Madrid, 1904.

Figueroa, F.; Acuña, C., *et al., Informes de jesuitas en el Amazonas, 1660-1684,* Monumenta Amazónica, serie B, Iquitos, Perú, Centro de Estudios Teológicos de la Amazonia, 1986.

Finley, M. I., *Ancient Slavery and Modern Ideology,* Londres, Chatto-Windus, 1980.

Flores, J., *The Insular Vision: Pedreira's Interpretation of Puerto Rican Culture,* Nueva York, Centro Working Papers, 1978 [*Insularismo e ideología burguesa,* trad. de A. Nicolás, Río Piedras, P. R., Huracán, 1979].

Fonseca, «Noticia do governo temporal dos indios (1755)», en Moraes, *Corographia,* IV.

Friedman, J. B., *The Monstrous Races in Medieval Art and Thought,* Cambridge, Mass., Harvard University Press, 1981.

Fritz, S., SJ, *Journal of the Travels and Labours of... in the River of the Amazons between 1686 and 1723,* Londres, Hakluyt Society, 1922.

Galdo Gutiérrez, V., *Educación de los curacas: una forma de dominación colonial,* Ayacucho, 1970.

Galvão, E., «Apontamentos sobre os índios kamaiurá», en E. Galvão (comp.), *Índios e brancos no Brasil. Encontro de sociedades,* Río de Janeiro, Editora Paz e Terra, 1979.

Gambini, R., *O espelho índio — Os jesuitas e a destruição da alma indígena,* Río de Janeiro, Espaço e Tempo, 1988.

García, G. L., *Historia crítica, historia sin coartadas,* Río Piedras, P. R., Huracán, 1985.

García-Gual, C., *Los orígenes de la novela,* Madrid, Istmo, 1972.

Garibay K., A. M. (comp.), *Teogonía e historia de los mexicanos: tres*

opúsculos del siglo XVI, México, Porrúa. 2.ª ed., 1973. Incluye la *Historia de los mexicanos por sus pinturas* y la *Histoire du Mechique*.
Geertz, C., *Works and Lives: the Anthropologist as Author*, Cambridge, Polity Press, 1988 [*El antropólogo como autor*, Barcelona, Paidós, 1989].
Gerbi, A., *La naturaleza de las Indias Nuevas*, trad. de Antonio Alatorre, México, FCE, 1978.
Gibson, C., *The Aztecs Under Spanish Rule: A History of the Indians of the Valley of Mexico, 1519-1810*, Stanford, Stanford University, 1964.
Gigante, M., *Nomos basileus*, Nápoles, Glaux, 1956.
Gil, J., *Mitos y utopías del Descubrimiento. I. Colón y su tiempo*, Madrid, Alianza, 1989.
Glazer, N. y Moynihan, P., *Beyond the Melting Pot*, Cambridge, MA, MIT Press, 1970, 1.ª ed. 1963.
Goeje, C. H. de, *Zondvloed en zondeval bij de Indianen van West-Indië*, Amsterdam, H. J. Paris, 1948.
Gomes, M. P., *Os índios e o Brasil*, Petrópolis, Editora Vozes Ltda., 1988.
Gómez de Orozco, F., «El conquistador anónimo», en *Historia mexicana*, México, vol. II-3, núm. 7, enero-marzo de 1953.
González, J. L., *El país de cuatro pisos*, Río Piedras, P. R., Huracán, 1980.
— *Nueva visita al cuarto piso*, Madrid, Exlesa, 1986.
González, L. M y Quintero Rivera, Á., *La otra cara de la historia*, Río Piedras, P. R., CEREP, 1984.
González Holguín, D., *Vocabulario de la lengua general de todo el Perú llamada lengua qquichua o del Inca compuesto por el padre Diego Gonçalez Holguín de la Compañía de Jesús, natural de Cáceres*, Lima, 1952.
González Obregón, L. (comp.), *Procesos de indios idólatras y hechiceros*, México, Publicaciones del Archivo General de la Nación, 1912.
Goodsell, Ch. T., *Administration of a Revolution: Executive Reform in Puerto Rico Under Governor Tugwell, 1941-1946*, Cambridge, MA, Harvard University Press, 1965.
Gossen, G. H., «Temporal and Spatial Equivalents in Chamula Ritual Symbolism», en William Lessa y Evon Z. Vogt (comps.), *Reader in Comparative Religion: An Anthropological Approach*, 3.ª ed., Nueva York, Harper and Row.
— «A Chamula Calendar Board from Chiapas, Mexico», en N. Hammond (comp.), *Mesoamerican Archaeology: New Approaches*, Austin, University of Texas Press, 1974.
— *Chamulas in the World of the Sun: Time and Space in a Maya Oral Tradition*, Cambridge, Harvard University Press, 1974.
— «The Chamula Festival of Games: Native Macroanalysis and Social Commentary in a Maya Carnival», en Gary H. Gossen (comp.), *Symbol and Meaning Beyond the Closed Community: Essays in Mesoamerican Ideas*, Albany, Nueva York, Institute for Mesoamerican Studies, Studies in Culture and Society, vol. I, 1986.

Granda, G. de, *Transculturación e interferencia lingüística en el Puerto Rico contemporáneo,* Río Piedras, P. R., Edil, 1972.

Gregório, J. I., *Contribuiçao Indígena ao Brazil. Lendas e Tradiçôes, Usos e Costumes, Fauna e Flora, Lingua, Raices, Toponimia, Vocabulario,* 3 vols., Minas Gerais, 1980.

Grieshaber, E. P., «Hacienda-Community Relations and Indian Acculturation: An Historiographic Essay», *Latin American Research Review,* XIV, 1979.

Grünber, G., «Beitrage zur Ethnographie der Kayabí Zentralbrasiliens», en *Archiv fur Volkerkunde,* XXIV, Wien, 1970.

Guaman Poma de Ayala, F., *El primer nueva corónica y buen gobierno [1615],* ed. crítica de John V. Murra y Rolena Adorno con traduc. de Jorge L. Urisote, México, Siglo XXI, 1980.

— *Nueva corónica y buen gobierno [1615],* 2.ª ed. crítica de John V. Murra y Rolena Adorno, con traduc. quechua de Jorge L. Urioste, *Crónicas de América,* vols. 29a, b, c., Madrid, Historia-16, 1987.

Guss, D., «Historical Incorporation among the Makiritare: From Legend to Myth», *Journal of Latin American Lore,* núm. 7 (1), 1981.

— «Keeping it oral: a Yekuana ethnology», *American Ethnologist,* núm. 13 (3), 1986.

Guthrie, W. K. C., *Historia de la filosofía griega,* III, Madrid, Biblioteca Clásica Gredos, 1988.

Gutiérrez Estévez, M., «Historia, identidad y mesianismo en la mitología andina», *Anthropologica,* II, Lima, Universidad Pontificia Católica del Perú, 1984.

— «Cuento, ejemplo y conversación entre los mayas de Yucatán», *Ethnica,* núm. 18, 1982.

— «Lógica social en la mitología maya-yucateca: La leyenda del enano de Uxmal», en M. Gutiérrez (comp.), *Mito y ritual en América,* Madrid, Alhambra.

Hancock, R., *Puerto Rico: A Sucess Story,* Nueva York, Van Nostrand, 1960.

Handler, R., *Nationalism and the Politics of Culture in Quebec,* Madison, University of Wisconsin Press, 1988.

Handlin, O., *The Newcomers: The Negroes and Puerto Ricans in a Changing Metropolis,* Cambridge, MA, Harvard University Press, 1959.

Hanke, L., *Aristotle and the American Indians: A Study in Race Prejudice in the Modern World,* Bloomington, Indiana University, 1970.

— *The Struggle for Justice in the Conquest of America,* Boston y Toronto, Little, Brown and Co., 1965 [*La lucha por la justicia en la conquista de América,* Madrid, Istmo, 1988].

— *Interrogatorio jeronimiano 1517,* en Emilio Rodríguez Demorizi, *Los dominicos y las encomiendas de indios de la isla Española...,* 1971.

— «Pope Paul III and the American Indians», *Harvard Theological Review,* XXX, 1937.

Hanson, E. P., *Transformation: The Story of Modern Puerto Rico,* Nueva York, Simon and Schuster, 1955.

— *Puerto Rico: Land of Wonders,* Nueva York, Alfred Knopf, 1960.

Harley, J. B., «New England Cartography and the Native Americans. Paper presented at the conference on The Land of Norumbega», Portland, Maine, 3 de diciembre de 1988.

Hartog, Fr., *Le miroir d'Hérodote, Essai sur la répresentation de l'autre,* París, Gallimard, 1980.

Heckewelder, J., *History, Manners, and Customs of the Indian Nations Who Once Inhabited Pennsylvania and the Neighbouring States* (1818), ed. de William G. Reichel, Filadelfia, Historical Society of Pennsylvania, 1876.

Heinimann, F., *Nomos und Physis. Herkunft und Bedeutung einer Antithese in griechischen Denken des 5 Jahrhunderts,* 1945 (reed. Darmstadt, Wissenschaftliche Buchgesellschaft, 1976).

Hemming, J., *Red Gold: The Conquest of the Brazilian Indians,* Cambridge, Harvard University Press, 1978.

Heródoto, *Historia,* 5 vols., trad. española de C. Schrader, Madrid, Biblioteca Clásica Gredos, 1977-1989.

Hiemen, M., *The Indian Policy of Portugal in the Amazon Region, 1614-1693,* Washington, 1953.

Hipócrates, *Tratados hipocráticos,* Madrid, Biblioteca Clásica Gredos, I, 1983; II, III, 1986; IV, 1988.

Historia Tolteca-Chichimeca, ed. de Luis Reyes y Odena Güemes, Instituto Nacional de Antropología e Historia, México, 1976.

History Task Force, Centro de Estudios Puertorriqueños, Labor Migration Under Capitalism, Nueva York, Monthly Review Press, 1979.

Hocquenghem, A. M., «Noche: Mito, rito y actualidad», *Allpanchis Phuturinqa,* vol. XX, núm. 23, Cuzco, 1984.

Hoffman, W. J., *The Menomini Indians,* Washington, D.C., Bureau of American Ethnology, Pt. 1, 14th Annual Report.

Horcasitas, F., «Los *alux:* un concepto de lo sobrenatural entre animistas», *XXXV Congreso Internacional de Americanistas,* volumen II, 1964.

Huamantinco, F.; Millones, L., y Sulca, E., «Los incas en el recuerdo poético andino», en prensa, 1987.

Huertas Vallejos, L., *La religión en una sociedad rural andina, siglo XVII,* Ayacucho, 1981.

Hugh-Jones, S., *The Palm an the Pleiades,* Cambridge, Harvard University Press, 1978.

Hulsius, L., *Die fünfte Schiffart. Kurtze Wunderbare Beschreibung des Goldenreichen Königreichs Guianae,* 1599.

Hulton, P., *America 1585: The Complete Drawings of John White,* Chapel Hill, University of North Carolina Press, 1984.

Husson, J.-P., *La poésie quechua dans la cronique de Felipe Waman Puma de Ayala,* París, 1985.

Iberville, P. Le Moyne d', *Iberville's Gulf Journals,* ed. y trad. de Richebourg Gaillard McWilliams, Alabama, University of Alabama Press, 1981.

Im Thurn, E. F., *Among the Indians of Guiana,* Londres, Kegan, Paul, Trench and Co., 1883.

Irigoyen, R., «Esencia del folklore de Yucatán», *Revista de la Universidad de Mérida,* vol. X, núm. 55, 1968.

Jacobs, W. R., *Wilderness Politics and Indian Gifts: The Northern Colonial Frontier, 1748-1763,* Stanford, Stanford University Press, 1950.

Jacquin, P., *Les Indiens Blancs: Français et Indiens en Amérique du Nord (XVIe-XVIIIe siècle),* París, Payot, 1987.

Jaeger, W., *Paideia,* 1942 [*Paideia: Los ideales de la cultura griega,* Madrid, FCE, 6.ª ed., 1988].

Jaenen, C., *Friend or Foe, Aspects of French-American Cultural Contact in the 16th and 17th Centuries,* Nueva York, 1976.

— «The Role of Presents in French-Amerindian Trade», en *Explorations in Canadian Economic History: Essays in Honour of Irene M. Spry,* ed. de Duncan Cameron, Ottawa, University of Ottawa Press, 1985.

Jesuit Relations, *The Jesuit Relations and Allied Documents,* ed. de Reuben Gold Thwaites, 73 vols., Nueva York, Pageant Book Co., 1959.

Jones, W. R., «The Image of the Barbarian in Medieval Europe», *Comparative Studies in Society and History,* XIII, 1971.

Jouanen, J., SJ, *Historia de la Compañía de Jesús en la antigua provincia de Quito,* 2 vols., Quito, 1941-1943.

Junqueira, C., *Os índios de Ipavu,* São Paulo, Ática, 1975.

— «Os cinta larga», *Revista de Antropologia,* vol. XXVII/XXVIII, São Paulo, 1984-1985.

Junqueira, C. y Pavia, E., «La legislación brasileña y las poblaciones indígenas en Brasil», en R. Stavenhagen (comp.), *Derecho indígena y derechos humanos en América Latina,* México, El Colegio de México, Instituto Interamericano de Derechos Humanos, 1988.

Karttunen, F., y Lockhart, J., *Nahuatl in the Middle Years: Language Contact Phenomena in Texts of the Colonial Period,* Publications in Linguistics, 85, Berkeley, University of California, 1976.

— (comps. y trad.), *The Art of Nahuatl Speech: The Bancroft Dialogues,* Nahuatl Studies Series, 2, Los Ángeles, UCLA Latin American Center Publications, 1987.

Katz, F., *Situación económica y social de los aztecas durante los siglos XV y XVI,* trad. de M.ª Luisa Rodríguez Sala y de Elsa Büller, México, UNAM, 1966.

Kazin, A., «In Puerto Rico», en *His Contemporaries,* Nueva York, Little Brown and Co., 1960.

Keen, B., *La imagen azteca en el pensamiento occidental,* trad. de Juan José Utrilla, México, FCE, 1984.

Kellogg, L. P. (comp.), *Early Narratives of the Northwest, 1634-1699. Original Narratives of Early American History,* Nueva York, Charles Scribner's Sons, 1917.

Kérènyi, K., *The religion of greeks and romans,* Londres, Thames and Hudson, 1962.

Kloos, P., «Becoming a pïyei: variability and similarity in Carib Shamanism», *Antropological,* núm. 24, 1968.

— «Search for Health among the Maroni River Caribs», *Bijdragen tot de Taal-, Land- en Volkenkunde,* núm. 126 (1), 1970.

— *The Maroni River Caribs of Surinam,* Assen, Van Gorcum, 1971.

— «Syncretic Features of Contemporary Maroni River Carib Religious Belief», *Antropologica,* 1986 (en prensa).

Klor de Alva, J. J., «Martin Ocelotl: Clandestine Cult Leader», en *Struggle and Survival in Colonial America,* en David G. Sweet y B. Nash (comps.), Berkeley, University of California, 1981 [*Lucha por la supervivencia en la América colonial,* México, FCE, 1987].

— «Language, Politics, and Translation: Colonial Discourse and Classical Nahuatl in New Spain», en R. Warren (comp.), *Reincarnations: Lectures on Literary Translation,* Boston, Northeastern University.

— (comp. y trad.), «The Aztec-Spanish Dialogues of 1524», *Alcheringa: Ethnopoetics,* núm. 4, 1980. Transc. y trad. al inglés del texto náhuatl de la obra de Sahagún, *Colloquios y doctrina christiana* (1564).

Klor de Alva, J. J.; Nicholson, H. B., y Quiñonez Keber, E. (comps.), *The Work of Bernardino de Sahagún: Pioneer Ethnographer of Sixteenth-Century Aztec Mexico,* Studies on Culture and Society, vol. 2, Albany y Austin, Institute for Mesoamerican Studies (SUNY-Albany) y University of Texas.

Krim, A. J., «Acculturation of the New England Landscape: Native and English Toponomy of Eastern Massachusetts», en *New England Prospect: Maps, Place Names, and the Historical Landscape,* ed. de Peter Benes, *Annual Proceedings of the Dublin Seminar for New England Folklife,* 1980, p. 88.

Kroemer, G., *Cuxiuara. O Purús dos indígenas. Ensaio etnohistórico e etnográfico sobre os indios do médio Purús,* São Paulo, 1985.

Kubler, G., «The Quechua in the Colonial World», en *Andean Civilizations,* ed. de Julian H. Steward, Handbook of South American Indians, vol. 2 [1946], Washington, D.C., Smithsonian Institution, Reimpresión, Nueva York, 1963.

Kupperman, K. Ordahl, *Settling with the Indians: The Meeting of English and Indian Cultures in America, 1580-1640,* Totowa, N.J., Rowman and Littlefield, 1980.

Lallemand, S., «Cosmologia, Cosmogonia», en M. Augé, *A Construção do Mundo,* Lisboa, Edições 70, 1978.

Lara, J., *Ataw Wallpaj p'uchukakuyninpa wankan: Tragedia del fin de Ataw Wallpa,* Cochabamba, 1957.

— *La literatura de los quechuas. Ensayo y antología,* La Paz, 1969.

Laraia, R. de Barros y Da Matta, R., *Índios e castanheiros. A empresa extrativa e os índios no médio Tocantins,* São Paulo, 1967.

Lasso de la Vega, J. S., «La objetividad del historiador en Heródoto», en *De Safo a Platón,* Barcelona, Planeta, 1976.

Leach, E., «Two Essays Concerning the Symbolic Representation ot Fime», en *Rethinking Anthropology,* Londres, The Athlone Press, 1961 [«Dos ensayos sobre la representación simbólica del tiempo», en *Replanteamiento de la Antropología,* Barcelona, Seix Barral, 2.ª edición, 1972].

Leite, S., SJ, *História da Companhia de Jesús no Brasil,* vols. II y IV, Lisboa, Río de Janeiro.

León-Portilla, M., *Tiempo y realidad en el pensamiento maya,* Ciudad de México, Instituto de Investigaciones Históricas, UNAM, 1968.

— *La filosofía náhuatl estudiada en sus fuentes,* 2.ª ed., pról. de Ángel M.ª Garibay K., México, UNAM, Instituto de Historia, Seminario de Cultura Náhuatl, 1959.

— *Los antiguos mexicanos a través de sus crónicas y cantares,* México, FCE, 1961.

— «El pensamiento prehispánico», en *Estudios de historia de la filosofía en México,* México, UNAM, 1963.

— «Quetzalcóatl-Cortés en la conquista de México», *Historia Mexicana,* núm. 24, 1974.

— *Toltecáyotl. Aspectos de la cultura náhuatl,* México, FCE, 1980.

Le Riverend Brusone, J., «Problemas de historiografía», en *Historia mexicana,* vol. III-1, núm. 9, México, El Colegio de México, julio-agosto de 1953.

Lévi-Strauss, C., *The Elementary Structures of Kinship,* Boston, Beacon Press, 1969 [*Las estructuras elementales del parentesco,* Barcelona, Paidós Ibérica, 1988, 2.ª ed.].

— *The Raw and the Cooked,* Chicago, University of Chicago Press, 1969 [*Mitológicas, I. Lo crudo y lo cocido,* México, FCE, 1972].

— *From Honey to Ashes,* Chicago, University of Chicago Press, 1973 [*Mitológicas, II. De la miel a las cenizas,* México, FCE, 1972, 2.ª ed.].

— *The Origin of Table Manners,* Nueva York, Harper and Row, 1978 [*El origen de las maneras de mesa. Mitológicas, III,* México, Siglo XXI, 1984; 5.ª ed.].

— *The Naked Man,* Nueva York, Harper and Row, 1981 [*El hombre desnudo. Mitológicas, IV,* México, Siglo XXI, 1983, 3.ª ed.].

— *The View from Afar,* Nueva York, Basic Books, 1985 [*Palabra dada,*

Madrid, Espasa-Calpe, 1984; *La mirada distante,* Barcelona, Argos, 1985].

Lewis, O., *La vida: A Puerto Rican Family in the Culture of Poverty,* Nueva York, Random House, 1963 [*La vida,* México, Joaquín Mortiz, 1969].

Ligorred, F., *Consideraciones sobre la literatura oral de los mayas modernos,* México, INAH.

Linn, P. R., «Chamula Carnival: the "Soul" of Celebration», en Victor Turner (comp.), *Celebration: Studies in Festivity and Ritual,* Washington, D.C., Smithsonian Institution, 1982.

Lira, J. A., *Diccionario kechwa-español,* Bogotá, 1982.

Lockhart, J., «Views of Corporate Self and History in Some Valley of Mexico Towns: Late Seventeenth and Eighteenth Centuries», en G. A. Collier; R. I. Rosaldo, y J. D. Wirth (comps.), *The Inca and Aztec States, 1400-1800: Anthropology and History,* Nueva York, Academic Press, 1982.

Lockhart, J. y Schwartz, S. B., *Early Latin America: A History of Colonial Spanish America and Brazil,* Nueva York, Cambridge University, 1983.

Lockhart, J.; Berdan, F., y Anderson, A. J. D. (comps. y trad.), *The Tlaxcalan Actas: A Compendium of the Records of the Cabildo of Tlaxcala (1545-1627),* Salt Lake City, University of Utah, 1986.

Longo, O., «I mangiatori di pesce», *Materiali e discussioni per l'analisi dei testi classici,* Pisa, Giardini, 1987.

López Austin, A., *Hombre-dios: religión y política en el mundo náhuatl,* Instituto de Investigaciones Históricas, México, UNAM, 1973.

— *Cuerpo humano e ideología: las concepciones de los antiguos nahuas,* 2 vols., Instituto de Investigaciones Antropológicas, México, UNAM, 1980.

— (comp. y trad.), *Educación mexica: antología de documentos sahaguntinos,* Instituto de Investigaciones Antropológicas, México, UNAM, 1985.

López Baralt, M., *The yana k'uychi or Black Rainbow in Atawallpa's Elegy: A Look at the Andean Mataphor of Liminality in the Cultural Context,* Amsterdam, 1986.

López de Gómara, F., *Historia general de las Indias,* Madrid, Biblioteca de Autores Españoles, t. XXII, 1852.

— *Historia de la conquista de México,* introd. y notas de Joaquín Ramírez Cabañas, 2 t., México, Pedro Robredo, 1943.

Lozano, P., *Historia de la conquista del Paraguay, Río de la Plata y Tucumán,* vol. I, Madrid, 1873.

MacCormack, S., «The Heart Has Its Reasons: Predicaments of Missionary Christianity in Early Colonial Peru», *Hispanic American Historical Review,* LXV (3), 1985.

— «Pachacuti: Miracles, Punishments and Last Judgement. Visionary Past and Prophetic Future in Early Colonial Peru», *American Historical Review,* XCIII (4), 1988.

Magaña, E., «Hombres salvajes y razas monstruosas de los indios kaliñas de Surinam», *Journal of Latin American Lore*, núm. 8 (1), 1982.

— *Contribuciones al estudio de la mitología y astronomía de los indios de las Guayanas*, Amsterdam, CEDLA Latin America Studies, 35, 1987.

— *Orión y la mujer Pléyades. Simbolismo astronómico de los indios kaliñas de Surinam*, Amsterdam, CEDLA Latin America Studies, 44, 1988.

— «Orión entre los kaliñas de Surinam», *Revista Antropológica*, 1988 (en prensa).

— «Simbolismo y praxis kaliñas: identidad, ideología y tecnoeconomía», *Ponencia presentada a la II Reunión Latinoamericana sobre Religión Popular, Identidad y Etnociencia*, México D.F., Escuela Nacional de Antropología e Historia, 1988.

— «Las mujeres de Luna: cultivo de la mandioca, consanguinidad y elaboración culinaria entre los kaliñas de Surinam», *Revista Antropológica*, 1988 (en prensa).

Maldonado Denis, M., «Reflexiones en torno a un mito: la 'docilidad' del puertorriqueño», *Casa de las Américas*, 21, 23, 1980.

Mannheim, B., «Una nación acorralada: Southern Peruvian Quechua Language Planning and Politics in Historical Perspective», *Language and Society*, XIII, Cambridge, Cambridge University Press, 1984.

— «The Virgin and the Pleiades: Poetic and Religious Synchretism in Colonial Peru», en *Civil Administration, Ecclesiastical Indoctrination and the Transformation of Andean Politics*, ed. de T. Abercrombie, 1985 (en prensa).

— «Discursive and Presentational Form in Language: Subliminal Patterning in a Quechua Folksong», *Through an Andean Kaleidescope*, ed. de B. J. Isbell, 1989 (en prensa).

Marqués, R., *The Docile Puerto Rican*, trad. de B. Bockus Aponte, Filadelfia Temple University Press, 1976.

— *Ensayos (1953-1971)*, Río Piedras, P. R., Antillana, 1972, 1.ª ed. 1966.

Martin, L. y Geurin Pettus, J. A., *Scholars and Schools in Colonial Peru*, Dallas, Texas, School of Continuing Education, Southern Methodist University, 1973.

Marzal, M. M., «Funciones religiosas del mito en el mundo andino cuzqueño», *Cuatro Debates sobre Antropología*, Lima, 1979.

— *La transformación religiosa peruana*, Lima, 1983.

Mason, P., «Ethnocentrism, Eurocentrism, Alterity. Marginal Remarks on Yekuana, Kalapalo and European Myth», *Revindi*, núm. 1, 1988.

Mauss, M., «Essais sur le don: Forme et raison de l'echange dans les societés archaiques», *Année Sociologique*, n.s., vol. I, 1925.

Maybury-Lewis, D., *Dialectical Societies*, Cambridge, Harvard University Press, 1979.

Mead, M., «Problemas de identidad cultural puertorriqueña», *Revista Interamericana*, 5, 2, verano de 1975.

Melatti, J. C., *Indios e criadores. A situaçao dos krabo na área pastoril do Tocantins,* Río de Janeiro, 1967.
Meliá, B., *El guaraní, conquistado y reducido. Ensayos de etnohistoria,* Asunción, 1986.
— «El modo de ser guaraní en la primera documentación jesuítica (1954-1936)», *Revista de Antropologia,* vol. XXIV, São Paulo, 1981.
Meliá, B.; Grünberg, G., y Grünberg, F., «Los 'pai-tavytera': etnografía guaraní del Paraguay contemporáneo», en *Suplemento Antropológico,* XI (1-2), Asunción, 1976.
Meliá, B. y Münzel, M., «Ratones y jaguares. Reconstrucción de un genocidio a la manera del de los axés-guayakíes», en *Suplemento Antropológico,* VI, Asunción, 1973.
Mendieta, G. de, *Historia eclesiástica indiana,* ed. de Joaquín García Icazbalceta, México, Porrúa, 2.ª ed., 1971.
Meneses, T., «Debate de los incas», Anónimo, *Kuntur, Perú en la cultura,* trad. y notas de Teodoro Meneses, Lima, núm. 5, pp. 25-40.
Michel-Jones, F., «A noção de pessoa», en M. Augé (comp.), *A construção do mundo,* Lisboa, Edições 70, 1974.
Miles, N., *Serving the Republic,* Londres, Harper and Brothers, 1911.
Miller, P. G., *Historia de Puerto Rico,* Nueva York, Rand MacNally, 1947, 1.ª ed. 1922.
Millones Santa Gadea, L., «Un movimiento nativista del siglo XVI: El Taki Onqoy», *Revista Peruana de Cultura,* III, 1969.
— «Nuevos aspectos del *Taki Onqoy*», en Ossio (comp.), 1973.
— «Taki Onqoy», *Cielo Abierto,* X (28), 1974.
— (comp.), *Las informaciones de Cristóbal de Albornoz,* Cuernavaca, México, Centro Intercultural de Documentación, Sondeos, núm. 79, 1971.
Mills, C. W.; Senior, C., y Goldsen, R., *The Puerto Rican Journey,* Nueva York, Harper and Row, 1950.
Mintz, S., «Puerto Rico: An Essay on the Definition of a National Culture», en F. Cordasco y E. Bucchioni (comps.), *The Puerto Rican Experience,* Totowa, N. J., Littlefield and Adams, 1973.
Miraglia, L., «Gli Ava, i Guayaki ed i Tobas», en *Annali Lateranensi,* V, Roma, 1941.
— «Gli Acce o Guayaki, Pigmoidi del Paraguay», en *Archivo per l'Antropologia e la Etnologia,* XCI, Florencia, 1961.
Mixer, K., *Porto Rico: History and Conditions,* Nueva York, Macmillan, 1926.
Molina, A. de, *Vocabulario en lengua castellana y mexicana,* México, Porrúa, 1977.
— *Confesionario mayor en la lengua mexicana y castellana,* facsímil original de 1569. Ed. de Roberto Moreno de los Arcos. Facsímiles de Lingüística y Filología Nahuas 3, México, UNAM, 1984.

Molina, C. de, *Relación de favulas i ritos de los ingas,* manuscrito, Madrid, Biblioteca Nacional, 1575.

— *Ritos y fábulas de los incas [1575],* Buenos Aires, Futuro, 1959.

Molinie Fioravanti, A., *El regreso de Viracocha,* manuscrito, 1988.

Momigliano, A., *Sagesses barbares. Les limites de l'hellénisation,* París, Maspero, 1979.

Montaigne, M. de, *The Complete Works of Montaigne,* trad. de Donald M. Frame, Stanford, Stanford University Press, 1948 [*Montaigne: ensayos completos (Obra completa),* Barcelona, Orbis, 1985, 2.ª ed.].

Moreno, M. M., *Organización política y social de los aztecas,* 2.ª ed., México, Instituto Nacional de Antropología e Historia, 1962.

Morse, R., «La transformación ilusoria de Puerto Rico», *Revista de Ciencias Sociales,* 4, 2, 1960.

Motolinía, fray T. de B., *Historia de los Indios de la Nueva España,* ed. de G. Baudot, Madrid, Castalia, 1985.

— *Memoriales,* ed., notas y est. anal. de Edmundo O'Gorman, pref. de Miguel León-Portilla, México, UNAM, 1971.

Mourt, G., *A Journal of the Pilgrims at Plymouth: Mourt's Relation (1962),* ed. de Dwight B. Heath, Nueva York, Corinth Books, 1963.

Mróz, M., *Los runa y los wiraqucha: Estudios sobre la ideología social andina a través de la tradición oral quechua,* manuscrito, Varsovia, 1984.

— «Los viracochas de la conquista: Entre un mito andino y un prejuicio cristiano», Ponencia presentada en el VIII Congreso de AHILA, Szeged, 1987.

Münzel, M., «Kawre veja puku. "Dejemos lejos al gran oso hormiguero". Notas preliminares sobre cinco canciones axé», en *Suplemento Antropológico,* VI, Asunción, 1973.

Muñoz Camargo, D., *Historia de Tlaxcala,* ed. y anot. por Alfredo Chavero, México, Oficina Tip. de la Secretaría de Fomento, 1892. Ed. facsímil E. Aviña Levy, 1966.

Murga Sanz, V., *Cedulario puertorriqueño,* vol. III, t. II, Río Piedras, Universidad de Puerto Rico, 1964.

Muriá, J. M., *Sociedad prehispánica y pensamiento europeo,* México, Secretaría de Educación Pública (col. Sepsetentas, núm. 76), 1973.

Mussolini, G., «Os meios de defesa contra a molestia e a morte em duas tribos brasileiras», en *Revista do Arquivo Municipal,* CX, São Paulo, Brasil, 1945.

Myers, J. P., Jr. (comp.), *Elizabethan Ireland: A Selection of Writings by Elizabethan Writers on Ireland,* Hamden, Conn., Archon Books, 1983.

Necker, L., *Indiens Guaraní et chamanes franciscains: Les premières réductions du Paraguay (1580-1800),* París, 1979.

Negrón de Montilla, A., *Americanization in Puerto Rico and the Public School System, 1900-1930,* Río Piedras, P. R., Edil, 1971.

Nicolau d'Olwer, L., *Fray Bernardino de Sahagún (1499-1590),* trad. de Mauricio J. Mixco, Salt Lake City, University of Utah, 1987.

Nieves Falcón, L., *Diagnóstico de Puerto Rico,* Río Piedras, P. R., Edil, 1972.

Nimuendaju, K., «Os gorotire. Relatório apresentado ao SPI, em 12 de abril de 1940», en *Revista do Museu Paulista,* VI, São Paulo, 1952.

Nóbrega, M. da, *Diálogo sobre a conversão do gentio,* ed. de Serafim Leite, SJ, Lisboa, 1954.

Ochiai, K., *Cuando los santos vienen marchando: Rituales públicos intercomunitarios tzotziles,* San Cristóbal de las Casas, Chiapas, México, Centro de Estudios Indígenas, serie Monografías 3, Universidad Autónoma de Chiapas, 1985.

Orozco y Berra, M., *Historia antigua y de la conquista de México,* est. previo Ángel M.ª Garibay K. y biograf. Miguel León-Portilla, México, Porrúa, 1960.

Ortiz Rescaniere, A., *De Adaneva a Inkarrí, una visión ideológica del Perú,* Lima, Retablo de Papel Ediciones, 1973.

— «Símbolos y ritos andinos: un intento de comparación con el área vecina amazónica», *Anthropológica,* III, Lima, Universidad Pontificia Católica del Perú, 1985.

Ossio A., J. M. (comp.), *Ideología mesiánica del mundo andino.* Antología, Lima, Biblioteca de Antropología, 1973.

Osuna, J. J., *A History of Education in Puerto Rico,* Río Piedras, P. R., Universitaria, 1949, 1.ª ed. 1923.

Overing, J., «Images of Cannibalism, Death and Domination in a "Non Violent" Society», *Journal de la Société des Américanistes,* núm. 72, 1986, pp. 133-156.

Oviedo, G. F. de, *Historia general y natural de las Indias,* Madrid, Biblioteca de Autores Españoles, 1959.

Pacha cuti yamqui Salca Mayhua, J. de Santacruz, *Relación de antigüedades deste reyno del Piru,* manuscrito, Madrid, Biblioteca Nacional, 1615.

— «Relación de antigüedades deste reyno del Pirú», en *Tres relaciones de antigüedades peruanas,* ed. de Jiménez de la Espada, Madrid, Ministerio de Fomento, 1879.

Pagden, A., *La caída del hombre natural. El indio americano y los orígenes de la etnología comparativa,* Madrid, Alianza.

Pané, R., *Relación acerca de las antigüedades de los indios,* nueva versión con notas y apéndices de J. J. Arrom, México, Siglo XXI, 1974.

Pease G. Y., F., «Las versiones del mito de Inkarrí», *Revista de la Universidad Católica,* núms. 2 y 31, Lima, 1977.

— «Prólogo», en Felipe Guaman Poma de Ayala, *Nueva corónica y buen gobierno,* ed. de Franklin Pease G. Y., Caracas, Biblioteca Ayacucho, 1980.

Pédech, P., *Historiens compagnons d'Alexandre,* París, Les Belles Lettres, 1984.

Pedreira, A. S., *Insularismo,* Río Piedras, P. R., Edil, 1969, 1.ª ed. 1934.

Penard, F. P. y Penard, A. Ph., *De Menschetende Aanbidders der Zonnesland,* Paramaribo, H. Heyde, 1907.

Pénicaut, A., *Fleur de Lys and Calumet: Being the Pénicaut Narrative of French Adventure in Louisiana,* ed. y trad. de Richebourg Gaillard McWilliams, Baton Rouge, Louisiana State University Press, 1953.

Pérez de Oliva, H., *Historia de la invención de las Indias,* estudio, edición y notas de J. J. Arrom, Bogotá, Instituto Caro y Cuervo, 1965.

Pfister, Fr., *Kleinen Schriften zum Alexanderroman,* Meisenhein am Glan, A. Hain, 1976.

Phelan, J. L., *The Millennial Kingdom of the Franciscans in the New World,* Berkeley, University of California, 2.ª ed., 1970 [*El reino milenario de los franciscanos en el Nuevo Mundo,* México, UNAM, 1972].

Picó, F., *Historia general de Puerto Rico,* Río Piedras, P. R., Huracán, 1986.

Pietschmann, R. A., «Renseignements sommaires», en Felipe Guaman Poma de Ayala, *Nueva corónica y buen gobierno (Codex péruvien illustré),* París, Institut d'Ethnologie, 1936.

Pitt-Rivers, J., «Mestizo or Ladino?», *Race,* X (4), 1969.

Pohlenz, M., *Hippokrates und die Begründung der wissenschaftlichen Medizin,* Berlín, De Gruyter, 1938.

Polo de Ondegardo, J., «Los errores y supersticiones de los indios, sacados del tratado y averiguación», *Revista Histórica,* I (1), 1906.

Popol Vuh, *Las antiguas historias del Quiché,* trad. de Adrián Recinos, México, FCE, 1953.

Porter, H. C., *The Inconstant Savage: England and the North American Indian, 1500-1660,* Londres, Duckworth, 1979.

Pozas, R., *Chamula: un pueblo indio de los altos de Chiapas,* México, D.F., Instituto Nacional Indigenista, 1959, Nueva edición 1977, Colección de Clásicos de la Antropología mexicana, 2 vols., México, D.F., Instituto Nacional Indigenista.

Presser, H. B., «Puerto Rico: Recent Trends in Fertility and Sterilization», *Family Planning Perspectives,* 12, 2, 1980.

Pseudo Calístenes, *Vida y hazañas de Alejandro de Macedonia,* trad. española C. G. Gual, Madrid, Biblioteca Clásica Gredos, 1977.

Pulgar Vidal, J., *Notas para un diccionario de huanuquenismos,* Lima, 1967.

Quinn, D. B., *The Elizabethans and the Irish,* Ithaca, N.Y., Cornell University Press, 1966.

— *Set Fair for Roanoke: Voyages and Colonies, 1584-1606,* Chapel Hill, University of North Carolina Press, 1985.

— (comp.), *New American World: A Documentary History of North America to 1612,* 5 volúmenes, Nueva York, Arno Press and Hector Bye, 1979.

— y Quinn, A. M. (comps.), *Virginia Voyages from Hakluyt,* Londres, Oxford University Press, 1973.

— y *The English New England Voyages, 1602-1608,* Londres, Hakluyt Society Publications, 2.ª serie 161, 1983.

Quintero Rivera, Á., *Conflictos de clase y política en Puerto Rico,* Río Piedras, P. R., Huracán, 1976.

— *Worker's Struggles in Puerto Rico: A Documentary History,* Nueva York, Monthly Review Press, 1976.

— *Patricios y plebeyos: burgueses, hacendados, artesanos y obreros,* Río Piedras, P. R., Huracán, 1988.

— *et al., Puerto Rico: Identidad nacional y clases sociales,* Río Piedras, P. R., Huracán, 1979.

Quiroga, P. de, *Libro intitulado Coloquios de la verdad [1562],* ed. de fray Julián Zarco Cuevas, Sevilla, 1922.

Rafael, V. L., *Contracting Colonialism: Translation and Christian Conversion in Tagalog Society under Early Spanish Rule,* Ithaca, Cornell University, 1988.

Ramírez, R. L., «National Culture in Puerto Rico», *Latin American Perspectives,* 3, 3, verano de 1976.

Rangel, L. H., «Vida em reserva», en Silvia Helena Simões Borelli *et al., Índios no Estado de São Paulo: Resistência e transfiguração,* São Paulo, Yankatu Editora e Commissão Pró-Índio de São Paulo, 1984.

Redfield, R., «Raza y clases en Yucatán», en *Enciclopedia Yucatanense,* vol. VI, México, Ed. oficial del Gobierno de Yucatán, 1977.

Redfield, R. y Villa Rojas, A., *Chan Kom, a maya village,* 2.ª ed., Chicago, Univ. of Chicago Press, 1964.

Reichel-Dolmatoff, G., «Tapir Avoidance in the Colombian Northwest Amazon», en G. Urton (comp.), *Animal Myths and Metaphors in South America,* 1985.

Relaciones Histórico-geográficas de la Gobernación de Yucatán (ca. 1579), 2 vols., México, UNAM, 1983.

Reuter, E. B., «Culture Contacts in Puerto Rico», *American Journal of Sociology,* 52, 2, septiembre de 1946.

Ribeiro, D., *Fronteras indígenas de la civilización,* México, Siglo XXI, 1971.

Ricardo, A., *Vocabulario y phrasis en la lengua general de los indios del Perú, llamada quichua, y en la lengua española,* Lima, 1951.

Rivera Medina, E., «Colonialism and Education in Puerto Rico», *Sociedad y Cultura,* 1, 1, 1976.

— y Ramírez, R. L. (comps.), *Del cañaveral a la fábrica: Cambio social en Puerto Rico,* Río Piedras, P. R., Huracán, 1985.

Roces, W., *Algunas consideraciones sobre el vicio del modernismo en la historia antigua,* México, UNAM (cuadernos del seminario de problemas científicos y filosóficos, 2.ª serie, núm. 5), 1958.

Rodrígues, A. Dall'I., *Línguas brasileiras,* São Paulo, Edições Loyola, 1986.

Rodríguez Demorizi, E., *Los dominicos y las encomiendas de indios de la isla Española,* Santo Domingo, Editora del Caribe, 1971.

Root, E., *The Military and Colonial Policies of the United States,* en R. Bacon y J. B. Scott (comps.), Cambridge, MA, Harvard University, 1916.

Rosario, J. C., «The Porto Rican Peasant and His Historical Antecedents», en V. Clark, *Porto Rico and its Problems,* Washington, D.C., Brookings Institution, 1930. Reimpresión, Nueva York, Arno Press, 1975.

Rosario Natal, C., *El puertorriqueño dócil: historia, pasión y muerte de un mito,* San Juan, P. R., Esmaco Printers, 1987.

Rouse, I., «The Taínos», en *Migrations in Prehistory,* New Haven y Londres, Yale University Press, 1986.

Ruiz de Alarcón, H., *Aztec Sorcerers in Seventeenth Century Mexico: The Treatise on Superstitions by Hernando Ruiz de Alarcón,* ed. y trad. de M. D. Coe y G. Whittaker, Monograph Series 7, Albany y Austin, Institute for Mesoamerican Studies (SUNY-Albany) y University of Texas, 1982.

Sahagún, B. de, *Sermonario (siguense unos sermones...).* Ayer MS 1485, Chicago, The Newberry Library, 1563.

— *Florentine Codex: General History of the Things of New Spain.* 12 vols., trad. y ed. de J. O. Anderson y C. E. Dibble, Santa Fe y Salt Lake City, School of American Research and the University of Utah, 1950-1982.

— *Historia de las cosas de la Nueva España,* ed. de A. M. Garibay K., México, Porrúa, 1975.

— *Colloquios y doctrina christiana.* Véase J. Jorge Klor de Alva, 1980

Salley, A. S., Jr. (comp.), *Narratives of Early Carolina, 1650-1708. Original Narratives of Early American History,* Nueva York, Charles Scribner's Sons, 1911.

Salomon, F., «Chronicles of the Impossible: Notes on Three Peruvian Indigenous Chroniclers», en Adorno, 1982.

— *Native Lords of Quito in the Age of the Incas: The Political Economy of North Andean Chiefdoms,* Cambridge, Cambridge University, 1986.

Sánchez Korrol, V., *The Puerto Rican Community in New York City, 1917-1940,* Westport, CT, Greenwood Press, 1983.

Santo Tomás, fray D. de, *Lexicon o vocabulario de la lengua general del Perú,* Lima, 1951.

Sauvole, A. de, *The Journal of Sauvole,* ed. y trad. de Jay Higginbothan, Mobile, Colonial Books, 1969.

Scarano, F. (comp.), *Inmigración y clases sociales,* Río Piedras, P. R., Huracán, 1981.

Schaden, E., «Aculturaçao Indígena», en *Revista de Antropología,* XIII, São Paulo, 1965.

Schrader, C., «Heródoto», en *Historia de la Literatura Griega,* Madrid, Cátedra, 1988.

Seeger, A., *Nature and Society in Central Brazil,* Cambridge, Harvard University Press, 1981.

Sepúlveda, J. G. de, «Democrates alter, sive de justis belli causis apud indos», trad. de M. Menéndez y Pelayo, *Boletín de la Real Academia de la Historia,* t. XXI, 1892.

— *Demócrates segundo* o *De las justas causas de la guerra contra los indios,* ed. crítica bilingüe, trad. de Ángel Losada, 2.ª ed., Madrid, Consejo Superior de Investigaciones Científicas, Instituto Francisco de Vitoria, 1984.

Sheehan, B. W., *Savagism and Civility: Indians and Englishmen in Colonial Virginia,* Cambridge, Cambridge University Press, 1980.

Silén, J. A., *Hacia una visión positiva del puertorriqueño,* Río Piedras, P. R., Edil, 1970.

Smailus, O., «El concepto de los espíritus del monte *(aluxoob)* en la mitología de los mayas yucatecos modernos», *XLV Congreso Internacional de Americanistas,* vol. III, 1976.

Solano, F. de, «El intérprete: uno de los ejes de la aculturación», en *Terceras jornadas americanistas de la Universidad de Valladolid: Estudios sobre política indigenista española en América,* Valladolid, Universidad de Valladolid, 1975.

Soustelle, J., «L'univers des Aztèques», en *La pensée cosmologique des anciens Mexicains,* V, París, Hermann, 1979.

Southey, R., *History of Brazil,* Londres, 1822.

Spalding, K., «Social Climbers: Changing Patterns of Mobility among the Indians of Colonial Peru», *Hispanic American Historical Review,* L (4), 1970.

— «*Kurakas* and Commerce: A Chapter in the Evolution of Andean Society», *Hispanic American Historical Review,* LIII (4), 1973.

— *De indio a campesino: cambios en la estructura social del Perú colonial,* Lima, Instituto de Estudios Peruanos, 1974.

— *Huarochirí: An Andean Society under Inca and Spanish Rule,* Stanford, Stanford University, 1984.

Sprague de Camp, L. y Ley, W., *De la Atlántida a El Dorado,* Barcelona, L. de Caralt, 1960.

Stavenhagen, R., *Derecho indígena y derechos humanos en América Latina,* México, 1988.

Steinen, K. von den, «Entre os aborígenes do Brasil Central», *Revista do Arquivo,* vols. XXXIV a LVIII, São Paulo, 1940.

Stern, S., «El taki Onqo y la sociedad andina, Huamanga, siglo XVI», *Allpanchis Phuturinga,* vol. XVI, núm. 19, Cuzco, 1982.

— «Algunas consideraciones sobre la personalidad histórica de don Felipe Guaman Poma de Ayala», *Histórica,* II (2), Lima, 1978.

— *Peru's Indian Peoples and the Challenge of Spanish Conquest: Huamanga to 1640,* Madison, University of Wisconsin, 1982.

Steward, J., *The People of Puerto Rico,* Urbana, University of Illinois, 1969, 1.ª ed. 1956.

Sturm, F. G., «Estes tem alma como nós? Manuel Nóbrega's view of the

Brazilian Indians», en Hower y Preto-Rodas (comps.), *Empire in Transition,* Gainesville, 1985.

Sullivan, R. E., «The Carolingian Missionary and the Pagan», *Speculum,* XXVIII, 1953.

Sweet, D., «A Rich Realm of Nature Destroyed: The Middle Amazon Valley, 1640-1750», tesis doctoral sin publicar, Wisconsin, 1974.

Synodinou, K., *On the Concept of Slavery in Euripides,* Joannina University Press, 1977.

Szemiński, J., *Anatomía del Wira Quchan. Los himnos quechuas de la «Relacion de las Favulas i Ritos de los Ingas hecha por Christoual de Molina» y las trampas de la traducción,* manuscrito, 1986.

— *Un kuraka, un dios y una historia y «Relación de antigüedades deste reyno del Pirú» por don Joan de Santa Cruz Pacha cuti yamqui Salca Maygua,* Jujuy, Argentina, Universidad de Buenos Aires, Facultad de Filosofía y Letras, 1987.

— *From Inca Gods to Spanish Saints and Demons,* Paper in International Workshop on Indigenous Responses to Western Christianity, Jerusalén, 1987.

Támara, F., *El libro de las costumbres de todas las gentes del mundo, y de las Indias,* Anvers, En casa de Martín Nucio, 1556.

Tax, S., *Los municipios del altiplano mesoccidental de Guatemala,* Guatemala, Cuadernos del Seminario de Integración Social Guatemalteca, núm. 9, 1965.

Taylor, G., *Ritos y tradiciones de Huarochirí del siglo XVII,* Lima, 1987.

Tercero catecismo y exposición de la doctrina christiana por sermones [1585], Lima, Oficina de la calle de San Jacinto, 1773, 1.ª ed. 1585, Antonio Ricardo, Lima.

Thompson, J. E., *Historia y religión de los mayas,* México, Siglo XXI Editores, 1975.

Thompson, R. A., *Aires de progreso: Cambio social en un pueblo maya de Yucatán,* México, Instituto Nacional Indigenista, 1974.

Titu Kushi Yupanki Inca, *Instrucción del ynga Don Diego de Castro Titu Cussi Yupangui para el muy ilustre señor licenciado Lope García de Castro,* Lima, 1985.

Todorov, T., *The Conquest of America,* Nueva York, Harper and Row, 1984 [*La conquista de América. La cuestión del otro,* México, Siglo XXI, 2.ª ed., 1989].

Torquemada, J. de, *Monarquía indiana,* ed. coord. de Miguel León-Portilla, t. II, México, UNAM, 1975.

Tozzer, A. M., *Mayas y lacandones. Un estudio comparativo,* 1.ª ed. 1907, México, Instituto Nacional Indigenista, 1982.

Tugwell, R. G., *The Stricken Land: The Story of Puerto Rico,* Garden City, N.Y., Doubleday, 1947.

Turner, V., *The Drums of Affliction: A Study of the Religious Processes among the Ndembu of Zambia,* Oxford, Clarendon Press and the International African Institute, 1968.

Tyrrell, W. B., *Amazonas,* Baltimore-Londres, John Hopkins Univ. Press, 1984.

Urbano, H. O., «Del sexo, el incesto y los ancestros de Inkarrí: Mito, utopía e historia en las sociedades andinas», *Allpanchis Phuturinqa,* vol. XV, núms. 17-18, Cuzco, 1981.

Urton, G., *Animal Myths and Metaphors in South America,* Salt Lake City, University of Utah Press, 1985.

Valencia Espinosa, A., «Las batallas de Rumitaqe-Movimientos campesinos de 1921 en Canas», en J. Flores Ochoa y A. Valencia Espinosa (comps.), *Rebeliones indígenas quechuas y aymaras. Homenaje al Bicentenario de la Rebelión Campesina Thupa Amaro 1780-1980,* Cuzco, 1980.

Van den Berg, Hans, o.s.s., *Diccionario religioso aymara,* Iquitos, 1985.

Van Middeldyk, R. A., *The History of Puerto Rico,* Nueva York, Appleton and Co., 1902. Reimpresión Nueva York, Arno Press, 1975.

Varnhagen, A., *História geral do Brasil,* São Paulo, 1975.

Varo, C., *Consideraciones antropológicas en cuanto a la enseñanza del 'Spanglish' en Nueva York,* Río Piedras, P. R., Librería Internacional, 1971.

Vázquez Calzada, J. L., «Fertility Decline in Puerto Rico», *Demography,* 5, 2, 1968.

Vega, B., *Memoirs of Bernardo Vega,* trad. de Juan Flores, Nueva York, Monthly Review Press, 1977 [*Memorias de Bernardo Vega,* César Andreu Iglesias, ed., Río Piedras, P. R., Huracán, 1984].

Vellard, J., *Une civilisation du miel. Les indiens Guayakís du Paraguay,* París, 1939.

Vernant, J. P., *Los orígenes del pensamiento griego,* Buenos Aires, Eudeba, 1965.

Vieira, A., «Sermão do primeiro domingo da Quaresma, 1653», en F. Peixoto, *Vieira brasileiro,* vol. I, París, 1921.

Villa Rojas, A., *Los elegidos de Dios. Etnografía de los mayas de Quintana Roo,* México, Instituto Nacional Indigenista, 1978.

Vivas, J. L., *Historia de Puerto Rico,* Nueva York, Las Américas, 1962.

Vogt, J., *Ancient Slavery and the Ideal of Man,* Oxford, Blackwell, 1974.

VV AA, *Grecs et Barbares* (Arts. de H. C. Baldry, A. Dihle, H. Diller, W. Peremans, O. Reverdin y H. Schwabl), Vandoeuvres-Ginebra, Fondation Hardt, 1961.

— «Die Antike und Europa-Zentrum und Peripherie in der antiken Welt», *Schriften zur Geschichte und Kultur der Antike,* núm. 30, Berlín, 1989.

Wachtel, N., *La vision des vaincus: Les indiens du Pérou avant la conquête espagnole 1530-1570,* París, 1971 [*Los vencidos: los indios del Perú frente a la conquista española (1530-1570)* [1971], trad. de Antonio Escohotado, Madrid, Alianza, 1976].

Wells, H., *The Modernization of Puerto Rico,* Cambridge, MA, Harvard University Press, 1969.
White, T., *Puerto Rico and its People,* Nueva York, F. A. Stokes Co., 1938. Reimpresión Nueva York, Arno Press, 1975.
Wilbert, J. y Simoneau, K., *Flok Literature of the Boro indias,* Los Ángeles, UCLA Latin American Center Publications, University of California, 1983.
Wolf, E., *Anthropology,* Englewood Cliffs, N. J., Prentice Hall, 1964.
— «Remarks on The People of Puerto Rico», *Revista Interamericana,* 8, 1, primavera de 1978.
— «Comunidades corporativas cerradas de campesinos en Mesoamérica y Java Central», en J. R. Llobera, *Antropología económica. Estudios etnográficos,* Barcelona, Anagrama, 1981.
Wroth, L. C., *The Voyages of Giovanni da Verrazzano, 1524-1528,* New Haven, Yale University Press, 1970.
Yaranga Valderrama, A., «Taki Onqo ou la vision des vaincus au XVIe siècle», *Histoire et problématique,* Tours, Publications de l'Université de Tours, 1978.
— «Les mentalités dans la Péninsule Ibérique et en Amérique Latine aux XVIe et XVIIe siècles: Histoire et problématique», *Actes du XIIIe Congrès de la Société des Hispanistes Français de l'Enseignement Supérieur, Tours 1977,* Tours, 1978.
Zarur, E., «Art and Symbolism in Central Brazil: The Bororo Indias of Mato Grosso», tesis sin publicar, The University of Georgia, Athens, Georgia, 1989.
Zavala, S., *América en el espíritu francés del siglo XVIII,* México, El Colegio Nacional, 1949.
Zorita, A. de, *Relación de los señores de la Nueva España,* publicado con la *Relación de Texcoco* de Juan Bautista Pomar, México, Salvador Chávez Hayhoe, 1941.

ÍNDICE DE NOMBRES

Abbad, fray Íñigo, 486
Abril, Mariano, 488
Acosta, Antonio, 385
Acosta, José de, 330, 332, 334, 335
Acosta-Belén, Edna, 315, 463, 490n., 495n.
Acuña, C., 269, 282, 283n., 284, 287
Adolfo de Varnhagen, F., 266n.
Adorno, R., 172n., 315, 381n., 382n., 387n., 390n., 391n.
Agramonte, Juan, 84
Aguilar, Francisco de, 324
Aguilar, Marcos de, 74
Agustín, san, 28, 29
Ahlbrinck, W., 144n., 157n.
Alamán, L., 328 y n.
Albisetti, C., 249n., 253n., 257, 261n.
Albornoz, Cristóbal de, 374, 376, 378, 379, 381-384, 386
Albospino, L., 304n.
Alejandro Magno, 8, 11, 15, 20-22, 27-29
Almagro, 181, 188
Alonso Banzana, P., 307n.
Alva, B. de, 343n.
Alva Ixtlilxóchitl, F., 98n., 323, 332, 334, 335
Alvarado, Pedro de, 54
Alvarado Tezozómoc, F., 40n., 100, 324, 334, 335
Alvord, C.W., 123n.
Allouez, padre, 125
Anaximandro de Mileto, 9
Anderson, A., 342n., 359n., 360n., 363n.
Andreu Iglesias, Juan, 495n.
Anglería, P.M. de, 72n.
Agüero, Jerónimo de, 74
Antifonte, 20, 27
Antonio Diógenes, 31, 33
Araujo, Domingos de, SJ, 269n., 273-276, 285, 288
Aristeas de Proconeso, 26
Aristóteles, 7, 15, 16, 19-22, 77, 78
Arrom, J.J., 59, 63, 64n., 65n., 69, 84n., 85n.
Assis Carvalho, Edgard de, 447n.
Astráin, Antonio, 268n.
Ataw Wallpa Inca, 175, 181, 184, 187, 188-190
Aulo Gelio, 29 n.
Ávila, Francisco de, 381, 385, 386, 400
Aviña Levy, Edmundo, 343n.
Avity, Pierre d', 278n.
Axtell, J., 60, 119n., 127n., 131n., 140n.
Ayala, P. de, 172n.
Azevedo, João Lúcio, 268n.

Bacon, H., 20n.
Bacon, R., 472n.
Bahmori, C.H., 186n.
Baiton, 28
Baldry, H.C., 7n., 22n., 23n.
Baldus, Herbert, 298, 300n.
Balsdon, P.V.D., 23n.
Ballabriga, A., 10n.
Bandeira, A., 297n.
Baptista, J., 343n.
Barabas, A.M., 432n.

Barbosa, L.B.H., 461n.
Barbour, Ph. L., 116n., 134n.
Barlowe, Arthur, 128, 141
Barrera Vázquez, A., 435n.
Barth, F., 424n.
Bartolomé, M.A., 432n.
Bartra, E.T., 372n., 387n.
Basso, E.B., 147n., 161n., 238n.
Baudot, G., 59, 87, 103n., 110n., 111n., 364n.
Bautista, J., 349, 350n., 365n.
Benavente, fray Toribio de, 319, 320n., 324
Benes, Peter, 133n.
Benítez, Remigio, 307
Bérard, Cl., 12n.
Berg, H. van den, 188n., 189n.
Berkeley, D., 119n.
Berkeley, S., 119n.
Berkhofer, R.F. Jr., 117n.
Bernheimer, R., 118n.
Bertonio, L., 176n.
Betendorf, João Felipe, 269n., 280n., 282, 284, 287
Bibbar, H.P., 124n.
Bidgood, L., 123n.
Blackburn, J., 147n., 156n.
Bolton, J.D.P., 26n.
Bonfil, G., 309n.
Boorstin, Daniel, 481, 482n.
Borah, W., 351n., 361n.
Borelli, S.H.S., 445n.
Borges, J.L., 29
Boturini Benaducci, Lorenzo, 326, 327
Boxer, Ch. R., 266n.
Brandão, R., 310n.
Brau, S., 487, 488
Bretk, W.H., 156n.
Briceño Jáuregui, Manuel, 77
Bricker, V.R., 200n., 207n., 216n., 230
Brinton, D.G., 435n.
Brookings, D.C., 466n.
Brown, I.W., 125n.
Burkhart, L.M., 342n.
Butt, A., 146n., 163n.
Byron, Edward, 478, 480

Cabeza de Vaca, A.N., 121, 122
Cadogán, L., 307n.
Calla Poma, Alonso, 190
Cambises, 18
Campo, Gonzalo de, 73
Canny, N.P., 139n.
Canul, Virgilio, 427, 428
Carlos V, 107
Carr, R., 467n., 482
Carrillo, fray Estanislao, 435
Carrirthers, Michael, 245
Cartier, Jacques, 124, 126 y n., 129, 130, 137
Carvalho, Ronald de, 302n.
Carvalho, E. de A., 449n.
Carvalho, Jacinto de, 283n.
Caso, A., 51n.
Cicerón, 8, 23, 290
Cirino, A.C., 158n.
Ciro, rey persa, 14
Civrieux, M. de., 147n.
Clames, Cl., 12n.
Clark, V., 466n., 473-475, 477
Clavijero, F.J., 326, 332, 336
Clayton, J., 119n.
Cline, S.L., 360n.
Cocha Quispe, Juan, 383, 384
Coe, M.D., 342n., 348n.
Colón, Cristóbal, 60, 63, 64, 69, 80, 115, 116, 121, 130-133, 135-137, 140, 187, 340
Colón, Diego, 71
Colón, Fernando, 76, 80n.
Colón, Hernando, 33
Colón, Jesús, 495
Columbus, C., 121n.-134n., 136n.
Coll, C. van, 158n.
Collier, G.A., 354n.
Córdoba, fray Pedro de, 70

Cornelius, Jaenen, 271n.
Cortés, F., 465n., 481n.
Cortés, Hernán, 54, 59, 98-101, 103, 104n., 105, 106, 219, 322-324, 326, 330, 331, 334, 335, 341n., 347, 348, 356
Covarrubias, S. de, 371.
Crawford, J.M., 140n.
Crocker, Ch., 143n., 169, 253n., 255n., 256n.
Crocher, J.C., 242n.
Ctesias, 26, 27, 28
Curatola, M., 174n.

Chakravorty Spivak, G., 346n.
Chavero, Alfredo, 40n., 343n.
Chenault, L., 492n.
Chiappelli, Fredi, 275n.
Chimalpahin, D., 365n.

Daniel, João, 274, 284-286, 287n.
Dantas, Pedro, 297
Darbo-Peschanski, C., 11n.
Darío, 18
Dauge, Y.A., 23n.
Davis, general, 473
Davis, John, 124
Davis, S.H., 449n.
De Soto, Hernando, 121, 127-129, 140, 414n.
DeBry, Theodore, 138
Delaward, J.B., 160
Derrida, J., 346
Descola, Ph., 159n.
Díaz de Aux, Miguel, 80, 83
Díaz del Castillo, Bernal, 103, 324, 330, 331, 335
Dibble, C.E., 342n.
Dickason, O.P., 118n., 139n.
Diller, H., 10n.
Dillon, A., 327
Dinwiddie, W., 477
Diodoro de Siracusa, 31
Donnacona, 126, 130
Drummond, L., 146n.
Durán, fray Diego, 40n., 91, 93-95, 99, 102n., 334, 335, 342n., 366n.
Duviols, P., 190, 369n., 372n., 374n., 378n., 382, 384n., 385, 389n.

Eliade, M., 346n.
Eratóstenes, 21, 22
Escílax de Carianda, 26
Escohotado, A., 374n.
Estrabón, 22
Estratón de Quíos, 22
Eurípides, 19, 20
Evans Pritchard, E.E., 245

Fabián, J., 340n.
Falcón, A., 465n., 481n.
Fanon, Franz, 464
Feliciano Velázquez, P., 43n., 88, 346n.
Felipe II, 361, 381, 382
Ferguson, J., 30n.
Fernández de Echeverria y Veytia, M., 326n.
Figueroa, F., 269, 272, 277-279, 283, 284n., 289
Fillipillu, 187, 188
Finley, M.I., 16n.
Fiore, Joaquín de, 110, 112
Flores Ochoa, J., 192n.
Flores, J., 465n., 481n., 491n., 495n.
Fonseca, Vento da, 280, 281n.
Francisco I, 134
Freud, S., 235
Friedman, J.B., 118n.
Fritz, Samuel, 269n., 285, 286

Galdo Gutiérrez, V., 369n.
Galvão, E., 450n.
Gambini, Roberto, 447n.
Gaos, José, 319
Garcés de Tlaxcala, Julián, 274-276, 323, 326, 327
Garcés, Juan, 70

García Icazbalceta, Joaquín, 343n.
García-Gual, C., 4, 35
Garibay, A.M., 89n., 342n., 346n., 365n.
Geertz, C., 245
Gerbi, A., 341n.
Gibson, C., 350n., 361n.
Gigante, M., 18n.
Gil, J., 34
Gillette Sturm, Fred, 271n.
Glassford, mayor, 473
Glazer, N., 468n., 494-496
Goeje, G.H. de, 157n., 158n.
Goldsen, R., 492, 494, 495
Gomes, M.P., 449n.
Gómez de Gómara, Francisco, 76, 99, 335
Gómez de Orozco, F., 332n.
González Loscertales, Vicente, 364n.
González Obregón, L., 348n.
González Holguín, D., 189
González, J.L., 470n.
Goodsell, Ch. T., 484n.
Gosnold, Bartholomew, 135
Gossen, G.H., 169, 200n., 201n., 202n., 214
Grieshaber, E.P., 369n.
Grünberg, G.G., 168, 293, 296n., 306n.
Guadalupe, fray Juan de, 112
Guaman Poma de Ayala, F., 172n., 178n., 180n., 181n., 184, 315, 372, 375, 376, 378-388, 390, 391, 394, 395
Guglielmi, N., 24n.
Guss, D., 146n., 147n., 163
Guthrie, W.K.C., 18n.
Gutiérrez, Rodrigo, 321
Gutiérrez Estévez, M., 315, 400, 417, 429n., 433n.
Gutiérrez, Juan, 206
Guzmán, Gonzalo de, 82

Hain, A., 25n
Hammand, N., 201n.
Hancock, R., 484n.
Handler, R., 245n.
Handlin, O., 492n.
Hanke, L., 65n., 71n., 72n., 73n., 74n., 270n., 271, 358n.
Hanson, E.P., 484n.
Harley, J.B., 133n.
Harriot, Thomas, 130
Hartog, Fr., 10n., 17n.
Heath, D.B., 116n.
Hecateo de Mileto, 9, 16, 26
Heckerwelder, J., 121n.
Heinimann, F., 17n.
Hemming, J., 244n., 262n.
Henry, R., 27n.
Hermesianacte, 27
Hernández Sánchez-Barba, Mario de, 341n.
Heródoto, 7-10, 11n., 12, 14, 16-19, 26, 27
Herrera y Tordesillas, Antonio de, 332
Herrmann, J., 23n.
Hesíodo, 25, 26
Higgingbotham, J., 130n.
Hipócrates, 12
Hoffman, W.J., 126n.
Homero, 8n., 11, 24, 27
Horcasitas, F., 435
Horton Cooley, Ch., 117n.
Huertas Vallejos, L., 190
Hugh-Jones, S., 238n., 241n.
Hulton, P., 138n.
Humantinco, F., 186n.
Huracán, P.R., 469n., 470n.
Husson, J.-Ph., 186n.

Iberville, P. Le Moyne d', 124n., 136n.
Im Thurn, E. F., 154n.
Irigoyen, R., 435
Isabel I, 134
Isbell, B.J., 393n.

Jacobs, W.R., 137n.
Jacquin, Ph., 140n.
Jaebebm, C.J., 137n.
Jaeger, W., 337n.
Jane, C., 121n.
Jenófanes, 18
Jerjes, 18
Jiménez de la Espada, Ed. de, 380n.
Jones, W.R., 290n.
Jouanen, José, SJ, 268n.
Juan de Mandeville, 25, 29
Juan Tetón, 349
Junqueira, Carmen, 443, 449n., 450n., 456n.

Karttinen, F., 342n., 360n.
Kazin, Alfred, 488, 489
Kellogg, L. Ph., 122n., 123n.-126n., 130n., 139n.
Kérènyi, R., 337n.
Kloos, P., 143n.
Klor de Alva, J.J., 7, 314, 339, 347n., 357n., 364n.
Kluber, 369n.
Knopf, Alfred, 117n.
Krim, A.J., 133n.
Kroemer, G., 303n.
Kuch, H., 23n.
Kuperman, K.O. 139n.

Lallemand, S., 443n.
Lara, J., 186n., 187n., 188n.
Laraia, R. de, 299, 301n.
Las Casas, B. de, 69n., 70, 76-78, 81, 82, 233, 334, 335
Lasso de la Vega, J.S., 11n.
Le Riverend, Julio, 336
Leach, E., 247n.
Leclerc, Ch., 365n.
Lehmann, Walter, 88
León, A., 40n.
León-Portilla, M., 4, 88, 97, 107n., 201n., 327n., 337n., 343n., 347n., 360n., 365n.
Lessa, E.Z., 195n.
Lévi-Strauss, Claude, 237, 238, 240n., 241, 242, 245, 247
Lewis, Oscar, 485
Ley, W., 25n.
Ligorred, F., 427, 428
Linn, P.R., 200n.
Lira, J.A., 176n.
Lockhart, J., 342n., 350n., 354n., 360n., 361n.
Lombroso, C., 74
Longo, O., 27n.
López Austin, A., 342n., 346n., 350n., 365n.
López Baralt, Mercedes, 186
López Calixto, Mariano, 225, 231-233
López de Gómara, Francisco, 100, 322, 323, 331, 335
Losada, Ángel, 79n.
Lozano, Pedro, 304 y n.
Luciano, 25, 28, 31, 33

Llobrera, J.R., 423n.

MacCormack, Sabine, 376, 383
Magaña, Edmundo, 60, 143, 148n., 150n., 153n., 157n., 158n., 161n.
Malinowski, B., 245
Malintzin, 100
Mannheim, B., 374n., 390n., 391n.
Manqu Inca, 167, 175, 176
Manteo, 141
Marco Polo, 68
Marqués, René, 486, 489, 490
Marquette, Jacques, 123, 125
Maruenda, A., 369n.
Mason, P., 147n.
Mata, R. da, 238n.
Matienzo Cintrón, Rosendo, 488
Matta, Roberto da, 299, 301n.
Mauss, M., 243
Maximiliano, emperador, 230
Máybury-Lewis, D., 238n.

McWilliams, R.G., 124n., 259n.
Mead, Margaret, 480
Megástenes, 28
Melatti, J.C., 299n.
Meliá, B., 293n., 304n., 306n., 307n., 308n., 449n.
Mendieta, fray Gerónimo de Benavente, 111, 112, 324, 330, 334, 335, 336, 343n.
Menéndez y Pelayo, M., 79n.
Meneses, T., 186n.
Michel-Jones, F., 443n.
Middeldyk, R.A. van, 487n.
Miles, N., 471, 472n.
Millares, Juan, 322n.
Millares, L., 186n.
Miller, Paul G., 476
Millones, L., 374n., 375, 376, 380n.
Mills, C., 492, 494, 495
Mindlin, Betty, 447n.
Mintz, S., 479
Miraglia, L., 303n., 304n.
Mixco, Mauricio J., 364n.
Mixer, K., 477
Moaçara, 280
Moctecuhzoma, 100-102, 347
Molina, A. de, 364n., 376, 421
Molina, Cristóbal de, 174 y n., 393
Momigliano, A., 17n.
Montaigne, M., 117
Montesinos, fray Antón de, 70, 71
Moreno, Manuel M., 336
Moreno, R., 88n.
Moreno de los Arcos, Roberto, 364n.
Morse, Richard, 482, 488
Mosquera, Juan, 73
Motolinía, fray Toribio, 110, 111, 324, 331, 334, 335
Mourt, G., 116n.
Moynihan, P., 468n., 494, 495, 496
Mróz, M., 176n., 181, 189n.
Müller, R., 23n.
Münzel, Mark, 304, 305n.
Muñoz Camargo, Diego, 90n., 96, 324, 343, 344n., 345
Muñoz Marín, Luis, 467, 484
Muriá, J.M., 313, 319
Murra, J.V., 172n.
Mussolini, G., 244n.
Myers, J.P., 139n.

Narváez, P., 121
Nash, G.B., 348n.
Nearco, 27, 28
Necker, L., 308n.
Neduz Bolio, A., 425n.
Negrón de Montilla, A., 470n., 476n.
Nicolás, A., 491n.
Nicolau d'Olwer, L., 364n.
Nieves Falcón, L., 478
Nimuendaju, K., 301n.
Nóbrega, Manoel da, 270

Ocelotl, Martín, 347, 349
Ochiai, K., 200n.
Ondegardo, Polo de, 376
Onesícrito, 27, 28
Oré, Luis Jerónimo de, 387
Orozco y Berra, Manuel, 102n., 328
Ortega, Mariano, 206
Ortiz, fray Tomás, 71, 72
Ortiz Rescaniere, A., 174n., 315
Osuna, J.J., 483n.
Overing, J., 153n.
Oviedo, G.F. de, 64n., 69n., 74, 75n., 76

Pablo III, 270, 274, 298
Pagden, A., 15n.
Pairaundepo, 148-150
Paiva, E., 449n.
Palma, Ricardo, 191
Pané, R., 65n., 66, 76
Panesio, 23
Paris, H.J., 158n.
Paso y Troncoso, F. del, 88
Pease, F., 375n.

Pédech, P., 27n.
Pedreira, Antonio S., 486-490
Penard, F.P., 147n., 148, 149n., 150n., 151, 153n., 156n., 162n.
Penard, A. Ph., 147n., 148, 149n., 150n., 151, 153n., 156n., 162n.
Pénicaut, A., 124n., 128, 129, 136n.
Pérez de Oliva, H., 65n., 76
Perrot, Nicolás, 122, 123, 126, 130
Pfister, Fr., 25n.
Phelan, John L., 110n., 345n.
Pietschmann, R.A., 381n.
Píndaro, 18
Píteas de Masalia, 28
Pitt-Rivers, J., 421n.
Pizarro, F., 181, 184, 187-189
Platón, 7n., 11, 19, 30n., 31, 32
Plinio, 29n.
Plutarco, 21, 24
Pohlenz, M., 12n., 13n.
Polibio, 23
Porter, H.C., 139n.
Posidonio, 21, 23
Pozas, R., 195n., 200
Presser, H.B., 493n.
Pring, Martin, 136
Protágoras, 17
Psamético, 17n.
Pseudo Calístenes, 29
Pulgar Vidal, J., 176n.

Quini Raya Wira Qucha, 177
Quinn, D.B., 116n., 119n., 121n.-124n., 127n., 128n., 131n., 133n., 135n., 136n., 137n., 139n.-141n.
Quintero Rivera, Á., 469n., 470n., 481n.
Quiroga, P. de, 371n., 374, 386, 390, 391

Rabelais, F., 25
Radisson, Pierre, 130
Rafale, V.L., 340n.
Ramírez, J.F., 40n.
Ramírez, R.L., 464n., 478
Rangel, L.H., 446n.
Recinos, A., 51n., 52n.
Redfield, R., 420, 422, 436
Reichel-Dolmatoff, G., 143n.
Reuter, E.B., 479n.
Reverdin, O., 24n.
Ribault, Jean, 136, 137
Ribeiro, D., 296, 297n., 299n., 300n., 301n., 309n., 446n., 449n., 461n.
Ricardo, A., 176n.
Rivera Medina, E., 476n., 478n.
Robredo, Pedro de, 322n.
Roces, W., 388n.
Rodrigues, A.D.I., 449n.
Rodrigues, Bartolomeu, 283n.
Rodríguez Demorizi, E., 65n.
Roldán, 80
Rondón, Silvio, 262
Root, Elihu, 472
Rosaldo, R.I., 354n.
Rosario Natal, C., 490n.
Rosario, José, 474, 475
Rouse, I., 63n.
Rowman, N.J., 139n.
Ruiz de Alarcón, H., 342n., 348n.
Ruiz de Montoya, Antonio, 307

Sahagún, fray Bernardino de, 36, 42, 107, 167, 324, 331, 334, 335, 342, 343n., 347n., 364n.
Sahlins, Marshall, 246
Salomon, F., 369n., 371n.
Salley, A.S., 124n., 133n.
Sánchez Korrol, V., 495
Santacruz Pachacuti Yamqui de Salca Maygua, Joan, 184, 372, 374, 380
Santo Tomás, fray Domingo de, 176n.
Sarmiento, fray Diego, 83
Sauvole, A. de, 130n.
Scarano, F., 469n.
Scarcella, A., 23n.

Scott, J.B., 472n.
Schaden, E., 300n.
Schrader, C., 11n.
Schwabl, H., 24n.
Schwartz, S.B., 361n.
Seeger, A., 238n.
Séneca, 33
Senier, C., 492, 494, 495
Sepúlveda, J.G., 77, 78, 79n.
Sharp, Stephen, 246
Sheehan, B.W., 139n.
Silén, J.A., 490n.
Silio Itálico, 23
Silva Galena, L., 343n.
Siméon, Rémi, 365n.
Simoneau, K., 247n., 258n., 259n., 260n., 261n.
Sjostrom, B.R., 490n.
Smailus, O., 437
Sócrates, 19, 20
Sófocles, 20
Solano, F. de, 371n.
Soustelle, Jacques, 90
Southey, R., 266n.
Spalding, K., 371n., 372n., 387n.
Sprague de Camp, L., 25n.
Stavenhagen, R., 294n., 449n.
Steinen, K. von den, 450n.
Stern, S.J., 172n., 371n., 374n., 391n.
Steward, J., 479, 480n.
Sulca, E., 186n.
Sullivan, Richard E., 290n.
Sweet, D., 168, 266n., 347n.
Synodinou, K., 20n.
Szemiński, J., 168, 171, 369n., 380

Taki Unquy, 172, 174, 176
Tales, 9
Tapia, Andrés de, 322
Tax, Sol, 423n.
Taylor, G., 177n., 178n.
Thompson, J.E., 426
Thompson, R.A., 420n.
Thupa Amaru Inca, 174, 184, 187
Titu Kushi Yupanki Inca, 172, 174, 175n., 176n., 180
Todorov, T., 103n., 237, 238n.
Toledo, Francisco de, 184
Tolomeo II, 28
Torquemada, Juan de, 324, 326, 330-332, 334-336
Torre Araujo, Ana de la, 405, 406
Tozzer, A.M., 426n.
Tucídides, 17
Tugwell, R.G., 466n., 467
Tupaq Katari, 187
Turner, Victor, 203
Tutul Xiu, Juan, 431, 432
Tyrrel, W.B., 27n.

Ulloa, Alonso de, 332
Umbría, Gonzalo de, 322
Urbano, H.O., 186n.
Urioste, J.L., 172n.
Urton, G., 143n., 240n.

Valencia Espinosa, A., 192n.
Valle Atiles, Francisco del, 488
Varo, C., 468n.
Vázquez Calzada, J.L., 493n.
Vázquez de Coronado, Francisco, 119
Vázquez de Tapia, Bernardino, 324
Vega, B., 495n.
Velázquez, Miguel, 84
Vellard, Jean, 303 y n.
Venturelli, A.J., 249n., 253n., 257, 261n.
Vernant, J.P., 10n.
Vieira, Antonio, 269n., 273, 284
Vigneras, L.A., 121n.
Villa Rojas, A., 422n., 426n., 427n., 435, 436
Villalba, Maximiliano, 303
Villasante, Antón, 73
Vivas, José Luis, 476
Vogt, J., 16n.
Vogt, E.Z., 195n.

Wachtel, N., 186, 374
Wanchese, 141
Warren, R., 357n
Waylla Wisa, 187
Waymouth, George, 131
Wayna Qapaq Inca, 171
Wells, H., 473n., 484n.
White, John, 138
Whittaker, G., 342n., 348n.
Wilbert, J., 247n. 258n., 259n., 260n., 261n.
Willka Pampa, 174, 189
Wira Quchan, 175
Wirth, J.D., 3543n.
Wolf, Eric, 423, 480
Worth, L.C., 138n.

Yambulo, 31-33
Yaranga Valderrama, A., 174n., 374n.
Ynga Ataguallapa, 181

Zarco Cuevas, fray Julián, 371n., 386n., 391n.
Zarur, Elizabeth, 263
Zavala, Silvio, 327
Zeno Gandía, Manuel, 488
Zenón, 22n.
Zorita, Alfonso de, 323, 334, 335

ÍNDICES DE PUEBLOS Y LUGARES

achés (guayakíes), 303, 304
África, 10, 35, 115, 138
africanos, 489
aisuares, 286
Alaska, 483
algonquinos, 277
Almolonga, 424
Altiplano
guatemalteco, 422
amazonas, 12, 27
Amazonas, río, 150, 156, 168, 241, 265-292, 398
Amazonia, 265-267, 269-278, 281, 290, 291, 397, 405
América, 113, 115, 117, 118, 123, 128, 129, 167, 267, 276, 278, 319-322, 331, 332
Central, 41
amerindios, 36, 87, 88, 101, 102, 107, 109, 110, 111, 113, 240
Andes, 171, 174, 176, 184, 192, 193, 315, 397-416
andinos, 369, 379, 389, 393, 397-416
Antillas, 80, 109
Menores, 64
arahuacos (taíno), 63, 131
Arapuaná, río, 456
Arapuaña, río, 459
arawak, 145, 154, 156, 160, 161, 284
Argentina, 294
arianos, 21
Asia, 9, 12, 13-15, 20, 35, 115
Menor, 10, 13, 16
Asunción, 308
Atenas, 19
atenienses, 20
Ática, 14
Atlántico, 14, 329
aymara, 401
aztecas (mexicas o-), 4, 36, 66, 220, 327, 355, 358

Babilonia, 16, 28
Baffin, isla, 124
bárbaros, 7-9, 15, 16, 19-22, 35
bayogoulas, 127, 128, 136
Biloxi, 124, 128-130
Bolonia, 325
bororo, 143, 237, 242, 243, 246-264
Brasil, 167, 237, 267, 270, 276, 293, 294, 299, 316, 444, 450, 494
brasileños, 244, 254, 262, 263, 267, 306

Cabo Cod, 116
Cajamarca, 406-408
cakchiqueles, 52
calatias, 18
Callejón de Huaylas, 410
Canadá, 140, 266, 277
Canarias, islas, 290
Canchis, 380
caníbales, 68
canibas, 68
canimas, 68
canuires, 458
Carhuamayo, 186
caribas, 68
Caribe, 60, 97, 475, 483, 495
caribes, 60, 64, 68
Carolina del Norte, 129, 141
Carolina del Sur, 133
cartagineses, 21

casquis, 129
Castilla, 174, 177, 178, 180
Caxa Marca (Cajamarca), 177, 186
ciboneyes, 64
ciguayos, 64
«cinta larga», 301, 316, 443, 455-462
Clisa, 186
Cobá, 432
Cochabamba, 186, 187
Conchucos, 411
Cono Sur, 167, 168, 294
Corongo, 399
Cozumel, 104
cree (indios), 246
Creta, 16
criollos, 85
Cuba, 64, 82
Cuibá (Kuiapa), 251
Culhuacán, 52, 348, 362
Cuzco, 171, 174, 175, 178, 186, 374, 380

chalcas, 45, 46
Chalco, 45, 46, 91
Chamula (San Juan), 195, 199, 201, 203, 204, 206, 207, 220, 424
chamulas, 196, 197, 198, 200, 207, 213, 217, 219, 220, 226, 235
Chan Kom, 422, 436
Charcas, 186
cherokees, 123
chesapeakes, 116
Chiapas, 168, 195, 206, 207, 221, 420, 422, 424
Chichén Itzá, 420, 429, 432
chichimecas, 41-47, 54, 55
  teo-chichimecas, 41, 42
  zaca-chichimecas, 42
Chile, 184
chinos, 30
chippewa, 246
Chiquian, 186
choctaws, 130
Cholula, 96

delawares, 120
Delfos, 9, 10

Egeo, 10, 11, 16
egipcios, 7, 11
Egipto, 16, 28, 35
escitas, 7, 12
Escitia, 16
España, 15, 31, 180, 184, 189, 190, 281, 334, 371, 399, 469, 474, 475, 489, 495
españoles, 121, 171, 174, 175, 180, 181, 184, 187-192, 214, 265, 277, 306, 308, 320, 324, 327, 340-347, 353-356, 358-360, 362, 366, 367, 369, 403
esquimales, 124
EE UU, 115, 174, 433, 463-498
etíopes, 12, 18, 26, 27
Europa, 9, 12, 13, 15, 35, 117, 137, 168, 174, 207, 276, 334
europeos, 87, 117, 118, 119, 122-129, 132, 134, 135, 137-139, 141, 146, 147, 154, 156, 167, 169, 257, 320, 330, 340, 341, 342, 351, 356, 359, 366, 371, 389
Extremadura, 14

Fasis, 11, 13
Fenicia, 35
Florida, 123, 127, 131, 135, 140
fox, 125
franceses, 121, 123, 126, 128, 131, 147
Francia, 474

Gaspé, península, 124
gaviões, 299
gê (sociedades), 168, 237, 242, 244, 262
Génova, 322, 323
Georgia, 131
Gibraltar, 11
gimnosofistas, 27, 28, 30

Goiás, 299
Grandes Lagos, 122, 126, 139
Grecia, 9, 13, 15, 16, 23
Green Bay, 122, 123
griegos, 4, 5, 7-33, 35, 327
Guanahaní, 63, 115, 132, 134
guaraníes, 305-308, 446, 449
Guatemala, 362, 420, 421
Guayana (francesa), 143, 146, 156, 160, 162
Guinea, 180

Haití, 494
Hawai, 483
helenos, 15
hiperbóreos, 27
Hochelaga, 123
hochelagas, 126, 129
holandeses, 120, 131, 147, 267
Huallaga, río, 278
Huanca, 401, 402
huancas, 401
Huarochirí, 400
huaxtecos, 37-40
Huejotzingo, 362, 363
Huitzilopochtli, 50, 53
hurones, 131

ictiófagos, 27, 28
illinois, 123, 125
incas, 66, 171, 187, 188
India, 11
Indias Occidentales, 121, 180, 181
Índico, 31
«indio», 355
«indio ladino», 369-395
indios americanos, 116-124, 128, 132, 134, 135, 137-139, 241, 420, 421
Indo, 11
ingleses, 121, 123
Irlanda, 139
irlandeses, 138
irurizes, 282, 287

Islandia, 31
Israel, 35
Istro (Danubio), 10
Italia, 16
itzaes, 431, 432

Jalisco, 362
James, río, 134
japoneses, 343
Java, 423
Jonia, 10, 13, 14

kaimurá, 443, 450-455, 461, 462
kaingáng, 297, 299, 300, 316, 443, 445-449, 461, 462
kaliña, 60, 143-164
kayabíes, 296
Kilish, 406

La Española, 64, 65, 72, 74, 80, 81, 133, 274
lacandones, 207, 221
ladinos, 207, 213, 214, 226, 228, 234, 235
Libia, 10
libios, 12
lidios, 16
Lima, 399
Los Ángeles, 496
Lucanas, 385
lucayos, 132
Luisiana, 124, 130, 140
Lyon, 327

macrocéfalos, 12, 26, 27
Madeira, río, 281, 284
maines, 131
Malinaleo, 91
Maní, 432
Manitú, 120
Mar Negro, 11
Maranhão (Marañón), 267, 280
Maroni, 150, 151
Mato Grosso, 168, 237, 251, 302, 456, 459

mayas, 36, 66, 315, 417-441
quichés, 420
yucatecos, 316, 419, 424, 426
«mayeros», 315, 417-441
Maynas, 267, 268, 272, 279, 284, 288
Mediterráneo, 10, 13, 35
menominis, 126
Mérida, 423
Mesoamérica, 41, 44, 45, 60, 87, 88, 97, 99, 104, 109, 334-336, 420, 421, 423
mesoamericanos, 5, 36, 334, 338, 426, 438, 439
Mesopotamia, 35
mestizo, 83, 207, 369, 420, 421
mexicas, 4, 38-41, 47, 50, 52-55, 100, 101, 105-107, 319, 353, 355, 356, 358, 362
México, 36, 40, 41, 59, 96, 107, 112, 121, 167, 169, 204, 230, 290, 344, 371, 421, 430, 494
Central, 314, 360
Ciudad de, 352-354
Valle de, 44, 49, 322
México-Tenochtitlan, 38, 53, 55, 89, 91, 106, 343, 352
michhuaques (o tarascos), 39, 40
Michigan, lago, 126
Michoacán, 39, 362
micmacs, 124
Mictlán, 89
Minas Gerais, 300
Misisipí, 122, 127, 129, 130
mixtecas, 36
mohawks, 131
Montañas Smoky, 123
Montreal, 126

nahuas, 4, 36-43, 48, 59, 87-113, 314, 319-368
Narragansett, bahía de, 138
narragansetts, 131
nausets, 116
Nilo, 10, 28
Norteamérica, 60, 116, 125, 127, 130, 132, 133, 137, 141
nuer, 240
Nueva España, 339, 358, 363
Nueva Granada, 269
Nueva Inglaterra, 135
Nueva Jersey, 120
Nueva York, 120, 131, 468, 493-495

Oaxaca, 91, 323, 362
olmeca (período), 41
omaguas, 282, 283
Ontario, 131
Oruro, 186, 401
oties-xavantes, 300
otomíes, 37-40

paĩs-tavyterãs, 306
Pánuco, 362
Pará, 267, 268, 271, 273, 275-277, 280, 283, 284, 288
Paraguay, 266, 293, 294, 303
paraguayos, 306
Paruro, 186
Pátzcuaro, lago de, 40
persas, 11, 14, 16, 19, 325
Persia, 11, 35
Perú, 167, 168, 371, 374, 413-415, 494
peruano, 380, 408
piaroa, 153
pigmeos, 26, 27
Pisa, 322, 323
Pisté, 435
Plymouth, 116
Polinesia, 413
Popayán, 269
popolocas, 43, 46, 48, 54, 55, 60
Portugal, 281
portugueses, 138, 265, 267, 269, 277, 283
potawatomi, 122, 123
Potosí, 186
Powhatan, 134

powhatan, 119
Pozonaltépetl, 38
Puerto Rico, 65, 82, 463-498
puertorriqueños, 315, 317, 463-498
Puno, 401
Purús, río, 302

Quebec, 126
Quetzalcóatl, 5, 36, 42, 44, 47-55, 59, 88-91, 94, 97-100, 346, 348, 355, 356
quichés, 51
Quintana Roo, 421, 422, 425, 427, 435
Quito, 186, 267

Roanoke, islas de, 116, 128, 129, 138, 141
Rhode Island, 131
Río dos Peixes, 296
romanos, 21, 35

San Cristóbal, 206
San Damián de Huarochirí, 385
San Lorenzo, 120, 123
São Paulo, 299, 300, 445, 446
Sierra Morena (Mato Grosso), 456, 458
Sihuas, 399
stadaconans, 124, 126, 130
Sula, 352-357
Suramérica, 60, 239, 240, 246, 251, 256, 266, 267
suríes, 301
Surinam, 60, 143, 150

taínos (arahuacos), 63, 64, 66, 68-70, 82-84, 115, 489
Tapajoz, 296
Tawantinsuyu, 171, 174, 192
Tehuantepec, 362
Tenochtitlan, 207, 332, 352
Teotihuacán, 89
terena, 446, 449
Texas, 121
Tezcatlipoca, 54, 88, 91
tezcocanos, 36
Ticul, 435
timucua, 136
Tlaxcala, 105, 276, 332-328
tlaxcaltecas, 36, 343, 344, 362, 363
Tlillan Tlapallan, 97
Tocantins, 299, 301
toltecas, 5, 42, 45, 47-49, 51, 52, 54, 55
Tóxcatl, 54
tracios, 18, 20
Troya, 327
troyanos, 327
tukanos orientales, 143
Tula, 44, 48-53, 55, 97
Tule, 33
Tumbes, 181
tupí-guaraní, 168, 293, 301, 309
txukarramãe, 455
tzotziles, 168, 195-235, 424

Ucayali, 279, 284
Uxmal, 420, 425, 429, 432-434, 436

Valladolid, 426, 431
Venecia, 322-324, 332
Vicos, 410-412
Virginia, 116, 119, 123, 134, 138
virginianos, 131

Willka Pampa, 172, 174
Wisconsin, 130

xebero, 289
Xochitlan, 49

Yucatán, 104, 315, 419-426, 430, 433, 436, 437, 439, 440
yungos tallanas, 175
yurimagas, 285

zunis, 119